Praxishandbuch VMware vSphere 7

5., aktualisierte Auflage

Praxishandbuch
VMware vSphere 7

Leitfaden für Installation, Konfiguration und Optimierung

Ralph Göpel

Ralph Göpel

Lektorat: Dr. Michael Barabas
Projektkoordinierung: Anja Weimer
Copy-Editing: Ursula Zimpfer, Herrenberg
Satz: Gerhard Alfes, mediaService, Siegen, *www.mediaservice.tv*
Herstellung: Stefanie Weidner
Umschlaggestaltung: Karen Montgomery, Michael Oréal, *www.oreal.de*
Druck und Bindung: mediaprint solutions GmbH, 33100 Paderborn

Bibliografische Information der Deutschen Nationalbibliothek
Die Deutsche Nationalbibliothek verzeichnet diese Publikation in der Deutschen Nationalbibliografie;
detaillierte bibliografische Daten sind im Internet über *http://dnb.d-nb.de* abrufbar.

ISBN:
Print   978-3-96009-167-7
PDF   978-3-96010-483-4
ePub   978-3-96010-484-1
mobi   978-3-96010-485-8

Dieses Buch erscheint in Kooperation mit O'Reilly Media, Inc. unter dem Imprint
»O'REILLY«. O'REILLY ist ein Markenzeichen und eine eingetragene Marke von
O'Reilly Media, Inc. und wird mit Einwilligung des Eigentümers verwendet.

Hinweis:
Dieses Buch wurde auf PEFC-zertifiziertem Papier aus nachhaltiger
Waldwirtschaft gedruckt. Der Umwelt zuliebe verzichten wir zusätzlich
auf die Einschweißfolie.

5., aktualisierte Auflage
Copyright © 2021 dpunkt.verlag GmbH
Wieblinger Weg 17
69123 Heidelberg

5 4 3 2 1 0

Inhalt

## KAPITEL 1

Einführung

In diesem Kapitel wollen wir uns kurz mit der Thematik der Virtualisierung im Allgemeinen befassen und die wichtigsten Begrifflichkeiten klären. Anschließend geht's dann direkt mit dem VMware-Produkt vSphere 7.0 los.

Virtualisierung im Allgemeinen

Um mal eben etwas auszuprobieren oder ein weiteres Betriebssystem zu installieren, muss man nicht unbedingt eine zusätzliche Partition zur Installation haben oder gar einen weiteren Rechner anschaffen. In den meisten Fällen reicht es, eine Software zu starten, »in« der ein zusätzlicher Computer unabhängig läuft. Eine solche Konstellation nennt man *Virtualisierung*. Den Computer, auf dem die Software installiert wird, nennt man *Host* oder *Wirt*, den Rechner, der im Fenster läuft, nennt man *virtuelle Maschine* (im Folgenden oft mit VM abgekürzt).

Natürlich erlauben viele Betriebssysteme und Anwendungen heute eine Testphase von 30 oder sogar mehr Tagen. Aber wer möchte schon gerne auf seinem Arbeitsrechner, geschweige denn auf einem Server eine Software zu Testzwecken installieren, nur um nach ein paar Tagen festzustellen, dass sie sich nicht mehr so einfach deinstallieren lässt? In einer virtuellen Maschine kann keine Software Schaden anrichten, und mit den meisten Virtualisierungsprogrammen lässt sich vor der Installation der aktuelle Zustand einfrieren und bei Belieben anschließend wiederherstellen.

Ein Computer, auf dem beliebig viele unterschiedliche Betriebssysteme gleichzeitig laufen können, also unabhängige und verschiedene Rechner in Fenstern, ist der Traum jedes Entwicklers, Supporters oder auch versuchsfreudigen Anwenders. Programme von VMware, Microsoft, XEN, KVM oder anderen erzeugen einen kompletten virtuellen Rechner. Mit nur ein paar Mausklicks steht ein neuer Test-PC schnell zur Verfügung.

So ein »PC-Emulator« ist ein Programm, das nach dem Start virtuelle Maschinen (kurz VMs) auf einem Hostsystem, also dem realen Hardwarecomputer, zur Verfügung stellt, in denen sich weitere Betriebssysteme installieren lassen (die Gastsysteme). Eine VM verfügt wie jeder echte PC über die üblichen Hardwarekomponenten wie Prozessor, Arbeitsspeicher, Festplatte, Netzwerkkarte usw. und bringt auch ein eigenes BIOS oder EFI (Extensible Firmware Interface) mit. Die im Fenster installierten Gastbetriebssysteme bemerken üblicherweise nicht, dass die Hardware, auf der sie laufen, nur emuliert wird.

Die meisten Hersteller dieser Virtualisierungslösungen sind sich dabei sogar einig und nutzen die gleiche Hardwareausstattung für ihre virtuelle Umgebung. Da sich der i440BX-Chipsatz von Intel zu Zeiten des Pentium II als sehr stabil erwiesen hat, wird dieser meist in der VM zur Verfügung gestellt. Das wiederum hat den Vorteil, dass sowohl alte als auch neue Microsoft-Betriebssysteme und auch so gut wie alle Linux-Distributionen in der virtuellen Maschine installiert werden können. Abhängig vom Hersteller der eingesetzten Applikation oder Hypervisoren sind auch andere Betriebssysteme verwendbar, z. B. DOS, Novell, Unix, OS/2 oder Mac OS X.

Warum virtualisieren?

Viele spezielle Anwendungen, gerade auf Serverbetriebssystemen, erfordern einen eigenständigen Rechner. Nur so verspricht der Hersteller einen reibungslosen Einsatz. Gerade bei der öffentlichen Verwaltung und in Krankenhäusern werden diese Anforderungen an den Einsatz der Software im produktiven Bereich gestellt. In der Praxis sind das dann häufig Computer, die bei 2 bis 5 % CPU-Auslastung laufen! Als virtuelle Maschine könnten aber gut zehn solcher Server eine einzige Hardware benutzen, um die Systemauslastung dann bei 20 bis 50 % zu halten. Die gesparten neun Computer verbrauchen somit keinen Strom und belasten die Klimaanlage nicht – in der Regel rechnet sich die Anschaffung einer Virtualisierungssoftware daher schon nach wenigen Monaten. Das ist auch im Sinne von Green IT und wohl auch die beste Möglichkeit, große Einsparungen bei der Energieversorgung, der Hardware und Wartung sowie dem Platzbedarf für neue Server zu erreichen.

Wie Sie im Laufe des Buches noch lesen werden, ist die Energieeinsparung beim Virtualisieren jedoch nur einer von mehreren wichtigen Aspekten. Da eine VM nur von wenigen Dateien repräsentiert wird, ist ein Kopieren oder *Klonen* des Systems äußerst einfach. Durch das Nachhalten mehrerer Zustände des Gastbetriebssystems (Snapshots) lässt sich ohne Probleme mal eben etwas ausprobieren – sei es eine zusätzliche Software, ein neuer Releasestand oder auch ein Servicepack für das Betriebssystem. Funktioniert alles bestens, kann dieser Zustand getrost übernommen werden. Geht etwas daneben oder funktioniert es nicht wie gewünscht, so kann jederzeit zu einem vorherigen Stand (Snapshot) zurückgewechselt werden.

Ein weiterer Einsatzzweck für Virtualisierung: Ältere Betriebssysteme wie Windows NT laufen auf aktueller Hardware nicht mehr – meistens können sie noch nicht mal auf neuen Rechnern installiert oder portiert werden. In einer virtuellen Maschine ist das kein Problem.

Wann nicht virtualisieren?

Einzige Ausnahme bei den installierbaren Betriebssystemen sind wohl Echtzeitsysteme wie QNX, RTOS und VXworks, bei denen es auch keinen Sinn macht, diese virtuell laufen zu lassen. Zeitgenaue Abfolgen bei Betriebssystemen oder Anwendungen sollten nicht virtuell laufen – dafür ist das Laufzeitverhalten der VM nicht genau genug. Ein ESXi-Server (Host) macht keine abrupten Zeitänderungen, sondern dehnt Sekunden aus oder verkürzt sie, um die richtige Zeit irgendwann zu erreichen – auch das wäre für Echtzeitanwendungen sehr schädlich. Auch bei manchen Linux-Systemen, gerade mit spezieller Software, ist von der Virtualisierung grundsätzlich abzuraten.

Außerdem wird nur eine Standardhardware zur Verfügung gestellt, sodass spezielle Komponenten wie Steuerungssysteme oder spezielle Bus-Karten usw. leider nicht emuliert werden können. Gängige PCI- und PCIe-Adapter wie z.B. ISDN-Karten können aber – zumindest unter ESXi auf einigen Plattformen – an die VMs durchgereicht werden (PCI-Passthrough bzw. DirectPath-I/O-Konfiguration).

Was manche SysAdmins abschrecken kann: Die Administration der Systeme ist mit Virtualisierung zwar einfacher und sicherer – in gewisser Weise aber auch komplexer, weil zusätzliche Systeme (ESXi-, vCenter Server etc.) berücksichtigt werden müssen.

Die Technik virtueller Maschinen

Auf Großrechnern wie den Mainframes von IBM sind virtuelle Maschinen schon seit langer Zeit nichts Besonderes. Das Grundprinzip ist einfach: In einer Sandbox (von Betriebs- und Dateisystem unabhängige Laufzeitumgebung, in der sich gegebenenfalls gefährlicher Code ohne Gefahr für die Stabilität und Sicherheit des Systems testen lässt) wird ein Computer »emuliert«, der über alle notwendige Hardware sowie Maus und Tastatur verfügt. Innerhalb dieses geschlossenen Systems kann ein Betriebssystem gestartet werden, das auf die virtuelle Hardware zugreift, als sei es ein echter Computer.

In der Praxis gestaltet sich diese Aufgabe jedoch erheblich schwieriger. Immerhin muss eine Vielzahl benötigter Komponenten virtuell erzeugt werden. Da das Betriebssystem auf dem Hostrechner immer den exklusiven Zugriff auf die Hardware behält, kann ein virtuelles Gastbetriebssystem keinen direkten Zugriff auf die reale Hardware bekommen (mit wenigen Ausnahmen). Deshalb findet das Betriebssystem in der virtuellen Maschine auch andere Hardware vor, als tatsächlich im PC eingebaut ist.

Die wichtigsten zu emulierenden Komponenten sind:

- Prozessor
- (A)PIC ((Advanced) Programmable Interrupt Controller)

- DMA (Direct Memory Access)
- IDE- oder SATA-Controller, gegebenenfalls SCSI oder SAS
- CMOS (BIOS-Setup) oder (U)EFI ((Unified) Extensible Firmware Interface)
- Realtime-Clock (Echtzeituhr)
- PIT (Programmable Interval Timer)
- Memory und I/O-Controller
- Festplattenspeicher
- PCI- und Host-Bus sowie PCI-Bridge
- Videoadapter
- Keyboard-Controller
- Keyboard und Maus (ggf. über USB)

Neben diesen wesentlichen Komponenten wird häufig auch noch eine Reihe anderer Komponenten in der virtuellen Maschine benötigt, wie beispielsweise:

- APM oder ACPI (Power Management)
- Netzwerkkarte(n)
- CD-/DVD-Laufwerke
- Soundkarte
- COM- und LPT-Anschlüsse
- Game- bzw. Midi-Port
- USB-Anschlüsse

Zwei der wichtigsten Komponenten – CPU und Festplatte – widme ich einen eigenen Abschnitt, weil hier die meisten Missverständnisse auftreten und sich bei Unwissenheit über bestimmte Details auch Fehler einschleichen können.

Virtueller Prozessor

Die CPU ist der Hauptbestandteil des echten und des virtuellen Rechners. Die AMD- oder Intel-Architektur hat allerdings hinsichtlich der Abbildung virtueller Maschinen gegenüber den Mainframes einige Schwächen. Letztere sind schon architektonisch auf VMs ausgelegt. Intel-Entwickler hatten früher hingegen nie einen virtuellen Rechner als primäres Ziel vorgesehen. Einen ersten Schritt machte AMD mit der »Pacifica« genannten Virtualisierungstechnik im Prozessorkern, Intel zog nach und nannte seine Virtualisierungsfunktion zunächst »Vanderpool Technology«. Heute heißt diese Funktion AMD RVI bzw. Intel VT-x und lässt sich im BIOS des Servers aktivieren.

Die AMD- und Intel-Architektur der 32- und 64-Bit-CPUs bietet vier verschiedene Privilegien an, mit denen dem Betriebssystem, Treibern und Programmen unterschiedliche Rechte zugewiesen werden können, was Sie in der Abbildung 1-1 sehen können. Normalerweise laufen OS (Operating System, Betriebssystem) und einige Treiber im sogenannten Ring 0 (Kernel Mode) und Applikationen im Ring 3 (User Mode). Der Trick beim Erzeugen eines virtuellen Systems besteht darin, es im Benutzermodus als Applikation ablaufen zu lassen.

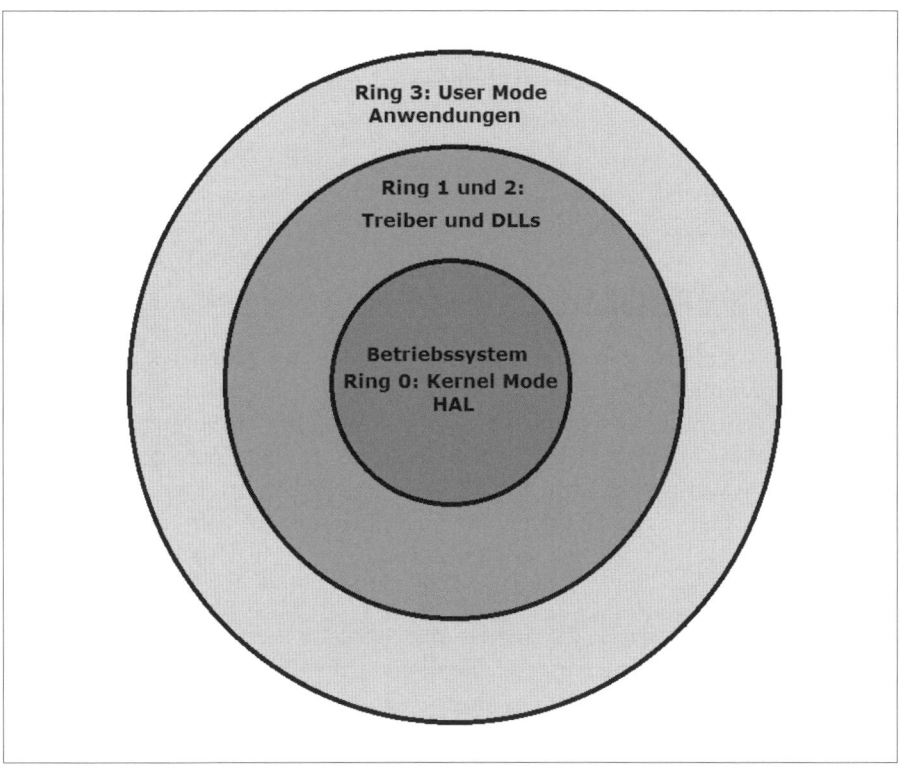

Abbildung 1-1: Die Ring-Modi eines Betriebssystems

Wenn das Betriebssystem des virtuellen Rechners nun einen Befehl ausführen will, der nur im Ring 0 gestattet ist, löst der Prozessor eine Exception (Ausnahme) aus. Routinen zur Behandlung dieser Ausnahmen können dann den privilegierten Befehl emulieren. Dabei behält das Hostsystem die volle Kontrolle über das System. Die wichtigste Voraussetzung für das Funktionieren dieses Ansatzes ist, dass der Prozessor bei jeder unberechtigt durchgeführten privilegierten Anweisung eine Exception auslöst.

Leider sind die Prozessoren bei den Ausnahmen nicht ganz so gründlich, wie man es sich wünschen könnte. Beispielsweise werden Speicherzugriffe beim x86 über eine GDT (*Global Descriptor Table*, globale Beschreibungstabelle) abgewickelt. Diese ist eine globale Ressource und wird vom Betriebssystem verwaltet. Eigentlich müsste jeder direkte Zugriff auf diese Ressource als privilegierte Handlung angesehen werden und dürfte dementsprechend im User Mode nicht erlaubt sein. Der x86 behandelt die LGDT-Anweisung (Load Global Descriptor Table) auch als privilegiert. Allerdings führt SGDT (Store Global Descriptor Table) nicht zu einer Schutzverletzung. Allein diese Inkonsistenz macht es unmöglich, die GDT zu »virtualisieren«.

Um dennoch virtuelle Maschinen auf einer Intel-Architektur mit 32 oder 64 Bit realisieren zu können, müssen sich die Entwickler von Virtualisierungssoftware eine ganze Menge einfallen lassen. Connectix (2003 von Microsoft aufgekauft) untersuchte beispielsweise Code, der im Kernel Mode laufen soll, vor der Ausführung und änderte kritische Sequenzen um.

Damit erklärt sich auch der Eintrag im Gerätemanager der virtuellen Maschine: Er sieht den tatsächlichen Prozessor, kann aber nicht unbedingt jede Funktion von ihm nutzen – dazu später mehr.

Emulation der Festplatte

Ein weiterer wichtiger Bestandteil bei virtuellen Maschinen sind Massenspeicher. Generell funktioniert der Zugriff auf Massenspeicher ähnlich wie beim virtuellen Prozessor. Wenn das Gastsystem eine I/O-Anweisung (Input/Output, Ein-/Ausgabeanweisung) ausführt, wird eine Exception ausgelöst, da es sich hierbei um eine privilegierte Anweisung handelt. Die Virtualisierungssoftware fängt diese Exception ab und übersetzt die Anweisung in eine Operation auf dem realen Dateisystem. Bei deren Realisierung steht der VM-Software eine ganze Reihe von Möglichkeiten zur Verfügung.

So könnte sie beispielsweise die Anweisungen direkt auf der physikalischen Festplatte ausführen. Das widerspräche allerdings dem Anspruch an eine Sandbox, denn kein Programm darin darf das Hostsystem beschädigen. Der direkte Zugriff wird zumeist nur bei CD-ROMs oder DVDs eingesetzt. Zwei Ausnahmen davon gibt es allerdings: RDM (Raw Device Mapping), also direkter Zugriff auf eine LUN (Logical Unit Number) im SAN (Storage Area Network), und Direct Passthrough, z. B. bei Netzwerkkarten. Dazu erfahren Sie später ebenfalls mehr.

Meistens wird die virtuelle Festplatte mit einer Datei auf dem Hostbetriebssystem realisiert. Die Virtualisierungssoftware verändert deren Größe teilweise dynamisch. Eine interessante Option sind dabei Festplatten, die beim Herunterfahren wieder in den Zustand von vor dem Start der virtuellen Maschine zurückversetzt werden. So kann man die virtuelle Maschine immer in einem definierten Zustand starten und kritische Tests ausführen. Beim nächsten Start befindet sich die VM wieder im Originalzustand.

Als virtuelles CD-/DVD-ROM-Laufwerk kommen meist ISO-Images zum Einsatz, die als Datei auf der lokalen Platte des Hosts, einer Freigabe im Netzwerk oder einem angeschlossenen NAS (Network Attached Storage) oder SAN (Storage Area Network) liegen. Das Betriebssystem in der VM erkennt diese als »echte« optische Medien, wobei die Zugriffe und Übertragungsraten dort erheblich höher als bei realen Laufwerken sind.

Hardwareausstattung

Welche Hardware die zu installierenden Betriebssysteme in einer VM vorfinden, hängt von mehreren Faktoren ab: Erstens von dem, was die Virtualisierungssoftware an Hardware zur Verfügung stellt, zweitens von den Komponenten des Hosts, die teilweise an die VM durchgereicht werden, und drittens von der Konfiguration durch den Anwender, der entscheiden kann, welche Hardware diese bekommt, wie viel davon dem Gast zur Verfügung steht oder was direkt durchgereicht wird. Abbildung 1-2 zeigt beispielhaft den Gerätemanager eines virtuellen Systems.

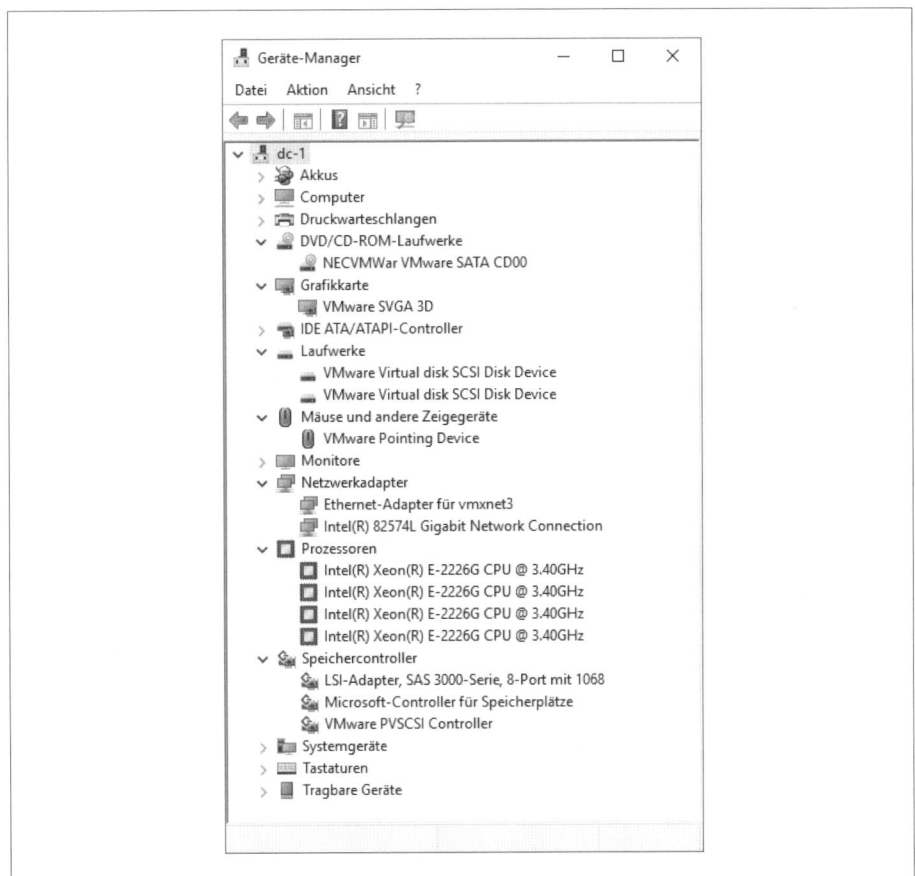

Abbildung 1-2: Gerätemanager unter Windows Server in der VM

Zu den notwendigen Komponenten der VM gehören unter anderem der Chipsatz des Motherboards (z.B. Intel 440BX), BIOS (AMI oder Phoenix) oder EFI, Festplatte sowie Grafik-, Sound- und Netzwerkkarte. Während Motherboard und Festplatte meistens mit den generischen Treibern der Betriebssysteme laufen, muss für die Grafikkarte ein angepasster Treiber installiert werden. VMware übergibt zum Beispiel der VM eine spezielle SVGA-II- oder sogar 3D-Karte, Microsoft bevorzugt hier meist eine Trio 32/64. In den VMware Tools enthaltene Treiber sollten für den korrekten Zugriff nach der Installation des Betriebssystems noch installiert werden.

Als Netzwerkkarte wird bei VMware unter anderem eine AMD-PCnet-PCI-II- oder Intel-LAN-Pro-Karte (PCI oder PCIe), bei Microsoft eine Intel-21140-Karte emuliert, für die die meisten Linux-Derivate und moderne Windows-Versionen Treiber mitbringen. Weiterhin emuliert VMware als SCSI-Adapter BusLogic und LSI Logic, für die ältere Windows-Versionen passende Treiber haben, XP jedoch nicht. Neuere Windows-Versionen unterstützen zum Teil den einen oder anderen Adapter. Falls nicht, bietet VMware einen Treiber zum Download an. In neueren Versionen der Virtualisierungssoftware werden noch weitere Netzwerkkarten und Festplattenadapter unterstützt.

Bei seriellen und parallelen Anschlüssen, CD-, DVD- und Diskettenlaufwerken kann man in der VM wahlweise auf die Hardware des Hosts zurückgreifen oder diese Geräte vollständig emulieren. Andere Hardware wie etwa FireWire-Anschlüsse, (DSL-)Modems oder interne ISDN-Karten sucht man in der Hardwareausstattung vergeblich. VMware bietet in der neuen Version den Zugriff auf USB-2.0- und -3.1-Geräte sowie externe SCSI-Geräte wie Streamer.

Hypervisoren

Im Allgemeinen unterscheidet man zwischen zwei unterschiedlichen Ansätzen bei der Virtualisierung. Von einem Hypervisor des Typs 1 ist die Rede, wenn ohne installiertes Betriebssystem eine Virtualisierung von Gastbetriebssystemen direkt auf der Hardware möglich ist, wohingegen der Typ 2 ein vollständiges Betriebssystem voraussetzt und die Virtualisierung durch eine zusätzliche Anwendung zur Verfügung gestellt wird. Beim ersten Typ spricht man auch häufig von *Bare Metal Hypervisor* oder auch *Paravirtualisierung*. Zum Typ 1 zählen zum Beispiel der ESXi-Server, XEN, KVM (Kernel-based Virtual Machine), dem Typ 2 ordnet man unter anderem die Workstation und Serverversionen von VMware und Microsoft zu sowie Produkte von Bochs, VirtualBox, QEMU usw.

Virtualisierung mit VMware

Das amerikanische Unternehmen VMware Inc. wurde 1998 in Palo Alto in Kalifornien gegründet, um ein Produkt zu entwickeln, das virtuelle Maschinen auf normalen Computern lauffähig machen kann. Der Mutterkonzern EMC Corporation brachte die Tochter im August 2007 an die Börse und verkaufte nur 10% der Aktien. Nach dem ersten Tag stiegen die VMware-Aktien von 29 auf 54 US-Dollar und brachten an dem einen Tag über 19 Milliarden US-Dollar Gewinn. Mittlerweile gehört EMC und damit auch die Tochterfirma VMware zu Dell.

VMware-Produkte

Als erstes Produkt brachte VMware die WORKSTATION heraus, die heute immer noch das bekannteste Produkt ist und mittlerweile in der Version 15 vorliegt. Das Produkt heißt mittlerweile »VMware Workstation Pro«. Diese Applikation wird auf einem bestehenden Betriebssystem (Windows oder Linux) installiert. Ähnlich verhielt es sich mit dem kostenlosen Nachfolger des ehemaligen GSX-Servers, dem VMware SERVER, der aber nicht weiterentwickelt wird. Sowohl Workstation als auch Server sind Anwendungen, die aufgrund des darunterliegenden Betriebssystems und eingeschränkten Hardwareausbaus meist nur wenige VMs gleichzeitig laufen lassen können. Dabei ist es egal, ob das Betriebssystem Linux oder Windows ist und ob es sich um z.B. Windows 10 oder einen Server handelt.

Weiterhin gibt es für den nicht kommerziellen Gebrauch den kostenlosen VMware PLAYER, der eigentlich nur vorhandene virtuelle Maschinen abspielen konnte. Seit der Version 3.0 ist man aber damit ebenfalls in der Lage, neue VMs zu generieren, aktuell liegt er in der Version 15 vor und nennt sich »VMware Workstation Player«. Der Player läuft unter 32-Bit-Betriebssystemen nur allein, unter 64 Bit auch mit Server oder Workstation zusammen, wobei es dann auf die Installationsreihenfolge und die Versionen der beiden Anwendungen ankommt. Da die Konfigurationsmöglichkeiten hier eingeschränkter sind als beispielsweise bei VMware Workstation Pro, aber die Anwendung deutlich kleiner ist und weniger Ressourcen verbraucht, ist der Player durchaus dazu geeignet, als Ersatz für Workstation mit wenigen VMs eingesetzt zu werden.

VMware FUSION ist eine Virtualisierungssoftware für Apple Macintosh-Rechner, die auf einem Intel-Prozessor laufen. Damit hat man die Möglichkeit, Linux und Windows im Fenster zu installieren und laufen zu lassen. Unter Apple-Betriebssystemen ist dieses die einzige lauffähige Möglichkeit von VMware, denn weder Workstation und Server noch der Player können hier installiert werden. Fusion gibt es auch als Pro-Version, die deutlich mehr Funktionen mitbringt.

VMware ACE (Assured Computing Environment) bietet einem ACE-Manager die Möglichkeit, VMs zu erstellen, die zusätzliche Sicherheitsrichtlinien – unabhängig vom Betriebssystem – aufweisen. Zu den Einstellungen gehören Zugriffsrechte, Systemressourcen wie Netzwerk, Drucker, Laufwerke und Ähnliches. ACE ist als Bestandteil in Workstation und Player Pro enthalten, es gibt aber auch noch weitere Komponenten (ACE Management Server), die man zusätzlich käuflich erwerben kann.

Als Desktop- und Anwendungs-Virtualisierungslösung gibt es bei VMware HORIZON (ehemals View), HORIZON CLOUD, HORIZON APPS und HORIZON FLEX jeweils in der Version 8. Die Namensgebung bei der Vorgängerversion, Virtual Desktop Infrastructure (VDI), war da schon aussagekräftiger. Der Sinn dieser Software ist es, komplette Arbeitsplatzrechner auf Hosts zur Verfügung zu stellen und nicht mehr am Arbeitsplatz. Die Technologie lässt sich mit Terminals oder Thin Clients vergleichen, die auf einen Terminalserver zugreifen – nur wird hier nicht eine Anwendung zur Verfügung gestellt, sondern ein ganzer Rechner. Bei HORIZON CLOUD (ehemals AIR DESKTOPS) liegt der Schwerpunkt auf VMware vCloud, wohingegen HORIZON FLEX eher die Unterstützung für Macs und Windows bietet.

Will man ähnlich wie bei virtuellen Maschinen nur eine Applikation zur Verfügung stellen, so bietet VMware das Produkt ThinApp. Damit ist es möglich, jegliche Version jeglicher Software als Applikation für die Benutzer zur Verfügung zu stellen. ThinApp nutzt die Thinstall-Technik, um Anwendungen in ein MSI-Paket (Microsoft Software Installation) oder eine EXE-Datei zu packen und dann auf einem Server, dem Netzwerk oder einem USB-Stick teilweise ohne Installation zur Verfügung zu stellen.

VMware vSphere with Kubernetes (auch vSphere Integrated Container, VIC) ist das neue Highlight bei der aktuellen Version. Damit können Container statt ganzer VMs zur Verfügung gestellt werden. Somit muss nicht mehr für jede Applikation eine eigene VM bereitgestellt werden, sondern nur eine isolierte Umgebung innerhalb des Betriebssystems der VM – der Container.

Für mittelständische bis große Unternehmen war Virtual Infrastructure gedacht, das jetzt vSphere 7.0 heißt. Der große Unterschied zu den oben genannten Lösungen ist das Zusammenfassen von mehreren Servern zu einer Ressource, die Verwaltung von mehreren Virtualisierungsservern und virtuellen Maschinen von einem Rechner aus, die Ausfallsicherheit und viele weitere Funktionen, die wir in den nächsten Kapiteln ausführlich besprechen werden.

Warum VMware?

Es gibt auf dem Markt mittlerweile sehr viele kommerzielle und Open-Source-Lösungen für die Virtualisierung von Rechnern. Viele davon sind mit den oben genannten vergleichbar, mit einer Ausnahme: VMware vSphere. Viele Funktionen, die bei diesem System seit einigen Jahren verfügbar sind, werden bisher nicht von anderen Herstellern angeboten. Einen Vergleich braucht VMware bezüglich Funktionen, Sicherheit, Skalierbarkeit, Zuverlässigkeit etc. nicht zu scheuen. Auch die neue Version von Microsoft »Hyper-V« ist gegenüber vSphere in einigen Details noch eingeschränkt.

Häufig wird mir in Gesprächen gesagt, dass Hyper-V von Microsoft kostenlos ist. Der alleinstehende ESXi-Host ist ebenfalls kostenlos, erst wenn man einen vCenter Server einsetzen will und ein Datacenter braucht, muss man Lizenzen kaufen, und das ist bei dem Microsoft-Produkt genauso.

## KAPITEL 2

Die Bestandteile von vSphere

In diesem Kapitel erhalten Sie einen groben Überblick über die einzelnen Bestandteile einer vSphere-7-Umgebung sowie ihrer Begrifflichkeiten und Funktionen. Außerdem werden wir die Unterschiede der verschiedenen Editionen besprechen. Die einzelnen ESXi-Einsatzszenarien werden im dritten Kapitel unter die Lupe genommen.

Komponenten der vSphere-Umgebung

»VMware vSphere 7« besteht aus mehreren Komponenten, die z.T. unabhängig voneinander sind wie z.B. ein Betriebssystem und eine Anwendung. Mit einer Anwendung alleine kann man allerdings nichts anfangen – man muss ein unterstütztes Betriebssystem haben, auf dem diese installiert werden kann. Genauso verhält es sich mit den Bestandteilen von VMware vSphere: Es ist ein erweiterbares Paket mit Einzelteilen, die in einigen Fällen nur Sinn machen, wenn man auch andere Teile hat.

Zunächst ist der ESXi-Server, auch Host genannt, zu erwähnen. Er ist ein unabhängiger Computer, auf dem die Installation der Virtualisierungsschicht, also des eigentlichen Hypervisors, durchgeführt wird. Am Host selbst kann man nur sehr bedingt eine virtuelle Maschine erstellen oder verwalten, dafür benötigt man eine weitere Anwendung, die z.B. auf einem Client installiert wird. Das ist dann der vSphere oder HTML5-Client. In Abbildung 2-1 sehen Sie, wie ein Client-PC auf den Host zugreift.

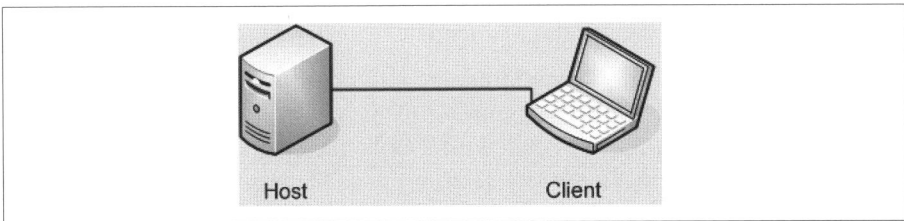

Abbildung 2-1: Hostzugriff über einen Client

Mit diesem Client kann man alle täglich anfallenden Arbeiten auf dem Host durchführen, auch die Konfiguration des Hosts, das Erstellen der virtuellen Maschinen, das Starten und Herunterfahren, Backup und Recovery usw.

Da man die Browsersitzung auch mehrfach starten kann, besteht die Möglichkeit, auch mehrere unabhängige Hosts gleichzeitig zu verwalten, wie in Abbildung 2-2 dargestellt. Das geschieht dann allerdings in verschiedenen Fenstern und es ist nicht möglich, virtuelle Maschinen von einem ESXi-Server auf den anderen zu verschieben oder Ressourcen wie Arbeitsspeicher, CPU-Leistung etc. aufzuteilen oder zu bündeln.

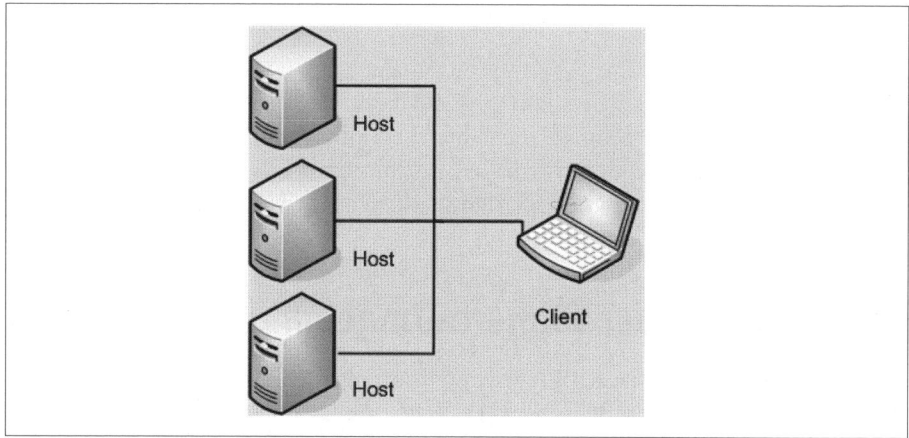

Abbildung 2-2: vSphere Client greift auf drei Hosts zu.

Ist einer unserer Hosts mit virtuellen Maschinen zu stark belastet und die beiden anderen Hosts langweilen sich, wünscht man sich eine Art automatisches Load Balancing zwischen den beteiligten Komponenten. Dieses lässt sich über einen vCenter Server erledigen, mit dem man alle ESXi-Server zu einem Cluster verbinden kann.

Fällt die Hardware eines Hypervisors aus, so wäre ein automatischer Neustart der ausgefallenen VMs auf den verbliebenen Servern eine tolle Sache. Das und noch einiges mehr bekommt man über den vCenter Server. Dieser wird als zentrale Managementinstanz zwischen einem oder mehreren Clients und den ESXi-Servern eingesetzt. In Abbildung 2-3 sehen Sie den Zugriff des Clients über den vCenter Server auf die Hosts und die darauf laufenden virtuellen Maschinen.

Ein vCenter Server ist eine Anwendung, die als Dienst im Hintergrund läuft und über eine fertige Linux-VM (sogenannte Appliance), die man bei VMware herunterladen kann, zur Verfügung gestellt wird. Der Benutzer kann wie vorher mit dem Browser arbeiten und verbindet sich jetzt mit dem Management-Server. Nun bekommt er ein Fenster, in dem alle ESXi-Hosts und alle virtuellen Maschinen aufgelistet sind. Seit der Version vSphere 7.0 ist dies eine fertige virtuelle Maschine, die auf der Basis von Photon Linux die Aufgaben vom Windows vCenter Server vollständig übernommen hat. Die Linux-Distribution Photon stammt direkt von VM-ware. Eine Anwendung, die unter Windows installiert werden kann, steht nicht mehr zur Verfügung.

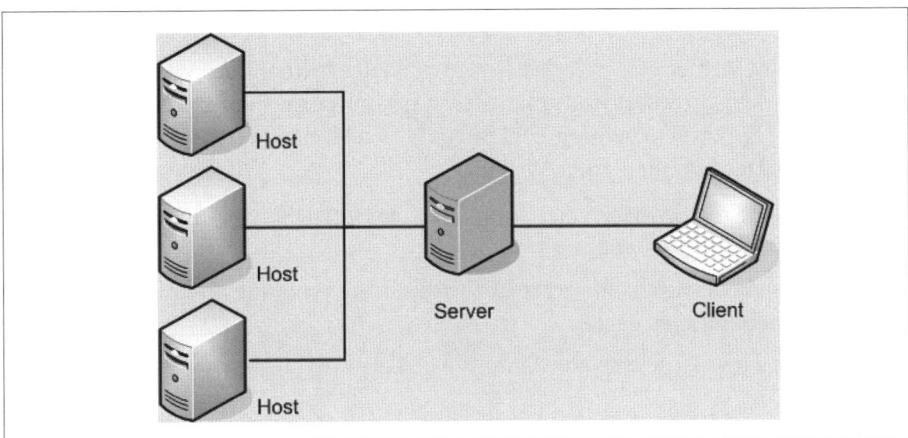

Abbildung 2-3: Zugriff des Clients über den vCenter Server

Um die schon vorher genannten Funktionen, wie das Verschieben von VMs zur Laufzeit (vMotion), das Load Balancing über die Auslastung von Prozessor und Arbeitsspeicher der Hosts (DRS, Distributed Resource Scheduling) oder den automatischen Neustart der VMs beim Ausfall einer Hosthardware (High Availability, HA), zu erreichen, ist ein gemeinsamer Storage (gemeinsame Festplatten, NAS- oder SAN-Speicher) notwendig. Dieser wird, wie in Abbildung 2-4 gezeigt, an die ESXi-Server angeschlossen.

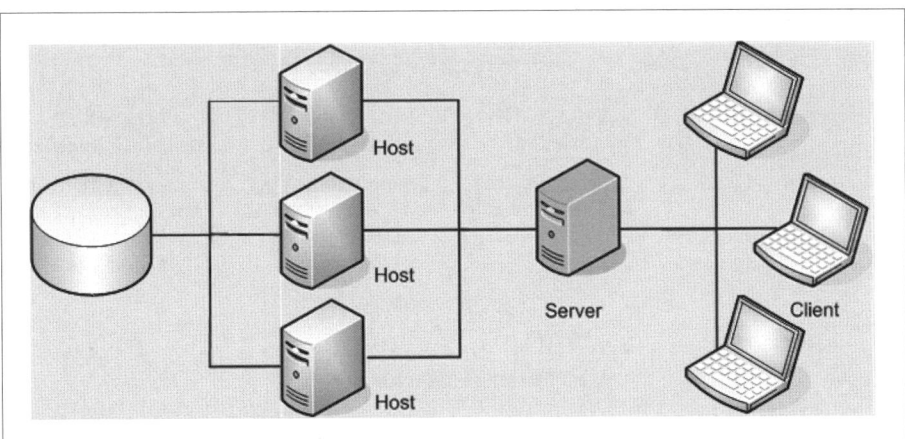

Abbildung 2-4: vSphere-7-Umgebung mit SAN oder NAS

Auf dem gemeinsamen Speicher werden alle Dateien der virtuellen Maschine abgelegt und somit sind sie von allen beteiligten Hosts erreichbar.

VMware Cloud-Betriebssystem

Auf welchem Server sich eine Webseite befindet, spielt beim Zugriff über einen Browser im Internet keine Rolle – Hauptsache, sie wird erreicht. Das Internet wird deswegen in schematischen Zeichnungen meistens als Wolke (Cloud) dargestellt.

Da auf die VM immer vom vCenter Server aus zugegriffen wird (wie auf die Internetseite mit dem Browser) und über diesen gesteuert und kontrolliert wird, können wir die vSphere-Umgebung ebenfalls als Wolke darstellen. Bei VMware versteht man Folgendes unter einer Wolke:

- Auf welchem ESXi-Host sich wann welche virtuelle Maschine befindet, ist unwichtig.
- Über welchen Switch eine Netzwerkverbindung zustande kommt, ist aus Sicht des Betriebssystems egal.
- Welcher Host Arbeitsspeicher und CPU-Leistung zur Verfügung stellt, spielt keine Rolle.
- Wo sich der Festplattenplatz befindet, kann ebenfalls egal sein.

Deshalb nennt VMware vSphere 7 ein *Cloud-Computing-Betriebssystem*. Streng genommen handelt es sich hierbei um eine Private Cloud.

Die Editionen im Vergleich

VMware bietet die Komponenten von vSphere 7 in verschiedenen Bundles und den kostenlosen ESXi-Server auch allein an. Je nach Version sind einige der in diesem Buch beschriebenen Funktionen enthalten. Die nachfolgende Tabelle zeigt einen Ausschnitt des aktuellen Angebots.

Tabelle 2-1: VMware vSphere-Editionen mit zugehörigen Funktionen

	Standard	Enterprise Plus	vSphere EP mit Operations Management
Übersicht	Serverkonsolidierung und Business Continuity	Ressourcenmanagement, verbesserte Verfügbarkeit und Performance von Anwendungen	Ressourcenmanagement, verbesserte Verfügbarkeit und Performance von Anwendungen
Produktkomponenten			
Lizenzberechtigung	Pro CPU	Pro CPU	Pro CPU
Kompatibilität für zentrales Management			
vCenter Server (separat erhältlich)	vCenter Server Standard	vCenter Server Standard	vCenter Server Standard
Cloud-API-Integration			
VMware Integrated OpenStack			Support für VMware Integrated OpenStack ist separat erhältlich.

$\rightarrow$

Tabelle 2-1: VMware vSphere-Editionen mit zugehörigen Funktionen (Forts.)

	Standard	Enterprise Plus	vSphere EP mit Operations Management
Business Continuity und Sicherheit			
vMotion	ja (+ Cross vSwitch)	ja (+ Cross vSwitch)	ja (+ Cross vSwitch/Cross vCenter/Long Distance)
Storage vMotion	ja	ja	ja
High Availability	ja	ja	ja
Data Protection	ja	ja	ja
Fault Tolerance	4 vCPUs	8 vCPUs	8 vCPUs
vShield Endpoint	ja	ja	ja
vSphere Replication	ja	ja	ja
Hot Add	ja	ja	ja
Priorisierung von Ressourcen und verbesserte Performance von Anwendungen			
Virtual Volumes	ja	ja	ja
Storage Policy-Based Management	ja	ja	ja
Reliable Memory		ja	ja
Big Data Extensions		ja	ja
Virtual Serial Port Concentrator		ja	ja
Distributed Resources Scheduler (DRS), Distributed Power Management (DPM)		ja	ja
Storage DRS			ja
Storage I/O Control			ja
Network I/O Control			ja
Unterstützung von Single Root I/O Virtualization (SR-IOV)			ja
Flash Read Cache			ja
NVIDIA GRID vGPU			ja
Automatisierte Administration und Bereitstellung			
Content-Bibliothek	ja	ja	ja (+ Vorlagenbereitstellung)
Storage APIs for Array Integration, Multipathing		ja	ja
Distributed Switch			ja
Host Profiles und Auto Deploy			ja

Um eine Übersicht über die Preisunterschiede zu bekommen, können Sie sich auf der VMware-Webseite die Kaufoptionen ansehen. Häufig bekommt man aber bei Distributoren günstigere Preise. Auch gibt es für bestimmte Gruppen von Unternehmen preiswertere Angebote, wie zum Beispiel für Akademien und Schulen.

Neu seit der Version 6 sind zwei Lizenzmodelle, bei denen die Anzahl der VMs (bis maximal 25) begrenzt ist und die sich offiziell vSphere Remote Office Branch Office Editions nennen. Deren Funktionen sind in der nachfolgenden Tabelle gelistet.

Tabelle 2-2: VMware vSphere Office-Editionen mit zugehörigen Funktionen

	vSphere Remote Office Branch Office Standard	vSphere Remote Office Branch Office Advanced
Übersicht	Servervirtualisierungsplattform für Remote-Standorte mit Funktionen für Business Continuity und Backup	Servervirtualisierungslösung für Remote-Standorte mit Funktionen für Business Continuity und Backup sowie die Standardisierung von Hostkonfigurationen
Produktkomponenten		
Lizenzberechtigung	Paket mit 25 virtuellen Maschinen	Paket mit 25 virtuellen Maschinen
Zentrale Managementfunktion		
vCenter Server (separat erhältlich)	vCenter Server Standard	vCenter Server Standard
Business Continuity und Sicherheit		
vMotion	ja	ja
Storage vMotion	ja	ja
High Availability	ja	ja
Data Protection	ja	ja
Fault Tolerance	2 vCPUs	4 vCPUs
vShield Endpoint	ja	ja
vSphere Replication	ja	ja
Hot Add	ja	ja
Standardisierung und Compliance		
Host Profiles und Auto Deploy		ja
Distributed Switch		ja

Häufig werden auch vSphere Essentials Kits angeboten. Diese gibt es dann üblicherweise in zwei verschiedenen Ausbaustufen, wie die nachstehende Tabelle 2-3 zeigt:

Tabelle 2-3: VMware vSphere Essentials Kits mit zugehörigen Funktionen

	Essentials Kit	Essentials Plus Kit
Übersicht	Servervirtualisierung und -konsolidierung mit zentralem Management	Servervirtualisierung und -konsolidierung mit Business Continuity
Zentrales Management	vCenter Server Essentials	vCenter Server Essentials
Lizenzberechtigung	3 Server mit jeweils bis zu 2 Prozessoren	3 Server mit jeweils bis zu 2 Prozessoren
Funktionen	vSphere Hypervisor	vSphere Hypervisor, vMotion, High Availability, vShield Endpoint, vSphere Replication

Kostenloser ESXi-Server

Einen alleinstehenden Host, der einige virtuelle Maschinen laufen lassen kann, erhält man bei VMware kostenlos. Diese Version ist allerdings gegenüber der lizenzierten deutlich eingeschränkt. So ist es nicht möglich, per Skripte (siehe Kapitel 9) etwas zu automatisieren oder diesen Host über einen vCenter Server zu managen. Hardwareseitig gibt es kaum Einschränkungen:

- Unbegrenzte Anzahl an Kernen pro Prozessor
- Unbegrenzte Anzahl an Prozessorsockeln
- VMs können maximal acht vCPUs bekommen.
- Alle Betriebssysteme werden wie in der Vollversion unterstützt.

Weitere Einschränkungen gibt es nicht.

Lizenz-Resümee

Eine Faustregel, für welche Umgebung welche Edition sinnvoll oder angebracht ist, lässt sich nicht ableiten. Als Beispiel sei hier Fault Tolerance angesprochen. Gespiegelte virtuelle Maschinen auf unterschiedlichen ESXi-Servern laufen zu lassen, um eine fast 100%ige Ausfallsicherheit zu bekommen, ist schon verlockend. Wenn Sie sich aber die aufgeführten Einschränkungen in Kapitel 10 und die dort angegebenen unterstützten Betriebssysteme ansehen, wird schnell deutlich, dass man diese Ausfallsicherheit nur für wenige Maschinen nutzen wird. Das größte Manko war bisher, dass nur Einprozessormaschinen hierbei unterstützt wurden. Ab vSphere 6.7 sind es je nach Lizenz vier Kerne oder in der Enterprise-Plus-Variante acht Kerne. Die wichtigen Rechner, die möglichst immer zur Verfügung stehen sollen und von vielen Usern genutzt werden, haben häufig deutlich mehr CPUs nötig. Allerdings muss man gestehen, dass VMware die Einzigen sind, die das überhaupt anbieten.

Überlegen Sie sich, welche Ihrer Server Sie virtualisieren wollen, und machen Sie sich eine Liste. Nehmen Sie dann die Liste zur Hand und überprüfen jeden Server z. B. nach der gewünschten Verfügbarkeit. Wenn Sie zu dem Ergebnis kommen, dass es nicht schlimm wäre, wenn Ihre Server mal für ein paar Minuten nicht laufen, brauchen Sie keine Fault Tolerance. Wenn Sie die Auslastung der ESXi-Server gut im Blick haben, benötigen Sie kein DRS. Wenn eine Trennung der LAN-Verbindung von maximal einer Sekunde nicht schlimm ist, brauchen Sie keinen Distributed vSwitch, usw.

Bevor Sie sich entscheiden, eine der oben genannten Versionen anzuschaffen, sollten Sie sich anhand dieses Buches zunächst eine detaillierte Übersicht über die Funktionen verschaffen, die oben erwähnte Liste zur Hand nehmen und dann erst die für Sie richtige Edition wählen.

## KAPITEL 3

Der Hypervisor

Die erste Komponente, die man für eine vSphere-Umgebung braucht, ist der Host. In früheren Versionen – bis einschließlich vSphere 4.1 – gab es für diesen Server zwei unterschiedliche Ansätze: eine Version mit einem stark abgespeckten Red Hat-Linux-Betriebssystem (ESX) und eine Version ohne Betriebssystem (ESXi). Seit der Version 5.0 von vSphere gibt es nur noch den ESXi, der nunmehr auf der Internetseite von VMware generell als »Hypervisor« bezeichnet wird, aber auf fast allen Bildschirmen und Dokumentationen weiter als »ESXi« oder schlicht »Host« auftaucht.

Die physikalische Hardware des Hosts, auf der letztendlich die virtuelle Maschine später laufen soll, muss diverse Voraussetzungen mitbringen, die bei den verschiedenen Virtualisierungslösungen sehr unterschiedlich sein können. VMware bietet dafür eine Webseite, auf der man die Kompatibilität vorhandener oder noch zu beschaffender Komplettsysteme mit einzelnen Geräten überprüfen kann, und zwar unter:

http://www.vmware.com/resources/compatibility/search.php.

Da VMware in unregelmäßigen Abständen Updates für den ESXi-Server herausbringt, kann in der Liste auch die Kompatibilität mit der jeweiligen Neuerung vermerkt sein, also z.B. »ESXi 7.0 U1« (kompatibel auch mit dieser oder erst ab dieser Version).

Die weiteren Angaben, die man auf der Internetseite in die dargestellte Maske eingeben kann, beziehen sich auf spezielle Funktionen, wie EVC (Enhanced vMotion Compatibility) und FT (Fault Tolerance). Die Auswahl beruht auf dem oder den jeweils verbauten Prozessor(en), dazu erfahren Sie in Kapitel 10 mehr.

Der Begriff »ESX(i)« ist übrigens ein Name und keine Abkürzung, auch wenn im Internet teilweise etwas anderes behauptet wird, wie z.B. »Elastic Sky X (Integrated)«.

Embedded oder Installable

Bei den Hypervisor-Versionen mit dem »i«, also *Embedded* oder *Installable*, gibt es keine Unterschiede mehr, lediglich in der Dokumentation von VMware und auf der grafischen Oberfläche tauchen diese beiden Begriffe auf.

Es ist zwar möglich, auf die Kommandozeile zu kommen und dort ein paar Befehle einzugeben, aber man wird wohl eher das *vSphere Remote Command Line Interface* (RCLI) oder PowerCLI als Erweiterung für die Windows Powershell dafür nutzen, das man sich bei Bedarf bei VMware herunterladen kann. Das CLI kann man auf einem Linux- oder Windows-Rechner installieren und so Befehle an den ESXi-Server senden – fast so, als säße man direkt an der Konsole des Servers. Es gibt auch fertige virtuelle Maschinen, sogenannte Appliances, die bereits das CLI lauffähig vorinstalliert haben. Auf beide CLI-Versionen gehe ich in Kapitel 9 näher ein.

Der ESXi ist ein sogenannter Bare-Metal-Hypervisor, der direkt auf der Serverhardware installiert wird bzw. bereits im Server – meist als USB-Stick oder (SD-)Speicherkarte – auf dem Motherboard steckt. Damit ist das Ressourcenmanagement für die virtuelle Maschine mit den vier Kernkomponenten (»Four-Core«: CPU, RAM, Storage und Netzwerk) rein als virtuelle Schicht anzusehen.

 Da der ESXi kein Betriebssystem hat, bietet er deshalb auch weniger Angriffsmöglichkeiten z.B. für Viren, Trojaner oder Ähnliches.

Der ESXi kann auch als kostenlose Version eingesetzt werden – beide Varianten (frei und nicht frei) haben übrigens die gleichen Hardwareanforderungen. Dort gibt es eine kleine, abgespeckte Konsole (die BusyBox), mit der man diesen Server mit ein wenig Know-how zum Teil auch von der Kommandozeile aus bedienen kann. Nach der Installation auf einem Datenträger (siehe unten) können dort ähnlich wie beim ehemaligen ESX-Server Befehle eingegeben werden. Dazu später mehr in Kapitel 9.

VMware bietet nur noch den ESXi als vSphere Hypervisor an und der Support der alten ESX- und ESXi-Versionen (bis 6.0) ist ausgelaufen, der Support für die Version 6.5 läuft nach fünf Jahren am 15.12.2021 und für 6.7 am 15.10.2022 aus.

Hier eine kurze Übersicht über die Besonderheiten beim ESXi-Server:

- Die Konfiguration erfolgt am Server über eine Umgebung, die an ein BIOS erinnert (DCUI, Direct Console User Interface). Agenten können nur über einen CIM-Provider (Common Information Model) installiert werden. Die Konfiguration ist lediglich über die grafische Oberfläche oder das Remote CLI oder PowerCLI (Command Line Interface) möglich.
- Das Remote CLI kann auf einem Linux- oder Windows-PC oder als virtuelle Maschine installiert werden. Dabei handelt es sich meist um Pearl-Skripte, die eine Verbindung zum ESXi-Host aufnehmen.
- vSphere RCLI und PowerCLI haben bei der kostenlosen Version nur Lese-, aber keine Schreibberechtigungen.
- Die Installation über Kickstart-Skripte (z.B. USB oder CD) ist möglich.
- Booten über SAN wird bei ESXi auch unterstützt.

- SNMP wird nur im lizenzierten Modus unterstützt.
- Im lizenzierten Modus sind Active Directory Integration und Beitritt zur Domäne über GUI und CLI möglich (Einträge im DNS müssen manuell gemacht werden).
- Agenten können nur über einen CIM-Provider installiert werden, ein Teil ist gegebenenfalls vorinstalliert. Es gibt angepasste ESXi-Versionen von diversen Herstellern wie Dell, Lenovo, Fujitsu, HP etc.
- Software-Patches und -Updates verhalten sich wie Firmware-Updates und -Patches. Neue Aktualisierungen beinhalten meist alle alten.
- Der Web Client wird auf ESXi nicht unterstützt.
- Der ESXi-Server kann als Teil einer Infrastruktur lizenziert werden, aber auch kostenlos als alleinstehender Host eingesetzt werden.
- Der ESXi wird häufig zusammen mit der Serverhardware ausgeliefert. Einige Hersteller, darunter Dell, Lenovo und HP sowie NEC und Fujitsu, tun dies bereits seit einiger Zeit.

ESXi-Hardwareanforderungen

Zur Verwendung von ESXi sind bestimmte Hardware- und Systemressourcen erforderlich. Hier werde ich nur die wichtigsten bzw. gebräuchlichsten aufzählen. Für eine Gesamtübersicht ziehen Sie bitte die Internetseite von VMware zurate; gerade wenn es neue Updates zu diesem Produkt gibt, könnten auch andere Geräte unterstützt werden. Wenn Sie bereits eine Serverhardware besitzen, können Sie die Kompatibilität mit der Version 7.0 unter *www.vmware.com/resources/compatibility* nachschlagen.

64-Bit-Prozessor

Der Hypervisor kann nur auf Hardware mit x86-CPUs im 64-Bit-Modus installiert und ausgeführt werden und benötigt mindestens zwei Kerne.

Zu den geeigneten Prozessoren gehören fast alle Serverprozessoren von AMD (Epyc) und Intel (Atom, i3, i5, i7, xeon).

RAM

Mindestens 4 GByte RAM, ab 8 GByte kann eine VM eingeschaltet werden.

Netzwerkadapter

Ein oder mehrere Ein-, Zehn- und schnellere Gigabit-Netzwerkadapter. Die unterstützten Netzwerkadapter umfassen u.a.

- Broadcom NetXtreme 570x Gigabit-Controller und
- Intel PRO 1000-Adapter sowie
- Mellanox Adapter.

SCSI-Adapter, Fibre-Channel-Adapter oder interner RAID-Controller

Einer oder mehrere der folgenden Controller (alle Kombinationen möglich):

- Die SCSI-/SAS- und RAID-Controller von Adaptec, Emulex, Hitachi, LSI Logic Fusion-MPT und die meisten Intel SCSI-Controller. Fibre-Channel-Adapter von ATTO, Cisco, Dell, Emulex, Fujitsu, HP/HPE, Hitachi, IBM, QLogic etc.

Installation und Speicherung

Eine SATA- oder SCSI-Festplatte, Fibre-Channel-LUN oder RAID-LUN mit nicht partitioniertem, mindestens 32 GByte großem Bereich oder für die Installation auf USB- oder SD-Geräte mindestens 8 GByte gelten als Mindestvoraussetzung. In diesem Laufwerk oder RAID-Verbund werden die Dateien für den Hypervisor und später die Dateien der virtuellen Maschinen abgelegt. Software-iSCSI über eine normale Netzwerkkarte wird zum Starten oder Installieren von ESXi nicht unterstützt. Nach der Installation kann man dieses aber sehr wohl für die VMs benutzen.

In der Kompatibilitätsliste für IO-Devices werden für ESXi 7.0 zurzeit 5.585 Geräte aufgeführt.

Beachten Sie für den produktiven Einsatz Ihres ESXi-Servers, dass es spezielle SATA-Laufwerke gibt, die mit »24/7« für den Dauerbetrieb ausgelegt sind, was für handelsübliche SATA-Platten nicht zutrifft.

Sie können sowohl ein normales BIOS als auch ein UEFI-System benutzen. Beachten Sie aber, dass bei einer Änderung nach der Installation das System nicht mehr booten kann.

Ab ESXi 5.0 wird das GUID-Partitionstabellenformat (GPT) verwendet, das Bootlaufwerke über 2 TByte erlaubt. Es wird nur die erste Festplatte während der Installation formatiert.

ESXi-Hardwareempfehlungen

Vor der Installation des Hypervisors sollten Sie noch einige wichtige Punkte beachten:

- Verwenden Sie für die Installation eine kleine Festplatte, um darauf das Bootimage zu speichern (mindestens 32 GByte). USB-Sticks und SD-Karten benötigen mindestens 8 GByte, werden aber aufgrund meiner Erfahrungen nicht für den Dauereinsatz empfohlen. Nehmen Sie für den VMFS-Datenspeicher nach der Installation, falls Sie keine externen SAN oder NAS verwenden wollen, eine weitere große Festplatte, um dort die VMs abzulegen. Aus Performance-Gründen sollten Sie nicht eine einzige Platte für beides verwenden. Fügen Sie die große Festplatte sicherheitshalber erst nach der Installation hinzu und erstellen Sie eine VMFS-Partition über den HTML5-Client – nur so ist sichergestellt, dass ein automatisches Alignment an der 64-K-Grenze erfolgt. Beachten Sie zum Punkt Alignment auch das Kapitel 7, Storage-Konfiguration!

- Die CPU-Auslastung ist bei den meisten Systemen eher gering, wichtig ist hierbei aber der Prozessorcache. Hingegen wird der Arbeitsspeicher sehr intensiv genutzt. Hier bedeutet mehr gleich besser.

- Sie sollten mindestens zwei separate Ethernet-Adapter für das Management Network und die virtuellen Maschinen verwenden. Auch hier ist mehr besser – je nachdem, wie viele VMs und sonstige Dienste (wie iSCSI, NFS, vMotion und FT) Sie nutzen wollen. Beachten Sie auch die Hinweise in Kapitel 6, Netzwerkkonfiguration.

ESXi interaktiv installieren

Die Installation des ersten VMware ESXi-Servers wird üblicherweise komplett manuell durchgeführt. Eine automatisierte Installationsroutine kann hinterher implementiert werden (siehe dazu später den Abschnitt »Weiteren ESXi-Server über ein Skript installieren« auf Seite 34).

Vor der Installation des ESXi-Servers sollten Sie – vorausgesetzt, Sie wollen nicht vom SAN booten – alle vorhandenen Fibre-Channel-Anschlüsse und iSCSI-Storages abziehen bzw. trennen, damit Sie nicht durch die womöglich vorhandenen LUNs (Logical Unit Numbers, also Volumes) unnötig durcheinanderkommen. Des Weiteren sollten Sie sich noch vergewissern, dass keine Hardware vorhanden ist, die vom ESXi-Server nicht unterstützt wird. Da es für manche zertifizierte Serverhardware, die Sie auf der oben genannten Webseite bei VMware finden, zu beachtende wichtige Informationen zur Installation gibt, ist ein Besuch dieser Webseite vorher ratsam. Ein weiterer wichtiger Punkt sind die Netzwerkkarten: Mindestens eine Netzwerkkarte ist Pflicht, bei der Verwendung von vMotion werden sogar drei empfohlen.

ESXi installieren – Schritt für Schritt

Die Installation des VMware Hypervisors kann von einer CD/DVD oder einem vorher vorbereiteten USB-Stick erfolgen, der mit einem Tool (wie z.B. UnetBootIn) erstellt werden kann. Haben Sie bei der Bestellung der Hardware schon »ESXi« ausgewählt, so ist auf einem Stick oder einer (gespiegelten) SD-Karte schon eine Version installiert. Eine Installation über die Netzwerkkarte (PXE, Preboot Execution Environment) ist ebenfalls möglich.

 Falls gleich Fehlermeldungen wie »unknown PCI Device« erscheinen, ist eine Komponente eingebaut, die nicht vom ESXi unterstützt wird, d. h., Sie können die Komponente später nicht verwenden. Mit ein wenig Linux-Kenntnissen, was die Treiberverwaltung betrifft, könnten Sie dieses Gerät zu einem späteren Zeitpunkt möglicherweise manuell über die Konsole bereitstellen, nicht jedoch für die VMs als virtuelle Netzwerke. Da eine solche Konstellation nicht von VMware unterstützt wird, ist ein Anpassen über die Konsole um eigene Treiber nur für »Testsysteme« angebracht. In produktiven Umgebungen sollten Sie keinesfalls Geräte ohne VMware-Unterstützung einsetzen, weil Sie damit ein unnötiges Risiko eingehen. Überprüfen Sie, ob Ihr Serverhersteller ein angepasstes ISO mit Treibern auf der VMware-Webseite bereitstellt.

Verbinden Sie den bootfähigen Datenträger mit dem Hostsystem oder booten Sie ihn übers Netzwerk.

Gehen Sie im Detail folgendermaßen vor:

1. Stellen Sie im BIOS oder EFI ein, dass der Server von der CD/DVD oder dem Stick gestartet wird. Überprüfen Sie, ob der Virtualisierungsmodus Intel VT-x bzw. AMD RVI und gegebenenfalls Hyperthreading aktiviert sind. Achten Sie auf die Uhrzeit und das Datum des Systems.

    a. Starten Sie den Computer neu.

    b. Drücken Sie die entsprechende Taste, um das BIOS-/EFI-Setup oder das Startmenü Ihres Computers zu öffnen. Oft ist dies eine Funktionstaste (F2, F9 o. Ä.) oder die Entfernen-Taste.

    c. Legen Sie das CD-/DVD-Laufwerk oder den USB-Stick als erstes Startgerät fest.

    d. Speichern Sie die Änderungen und verlassen Sie das BIOS/EFI.

2. Wenn Sie keine der beiden Möglichkeiten (installieren oder von Festplatte booten) auswählen oder die Enter-Taste betätigen, startet die Installation automatisch nach fünf Sekunden. Ein Laufbalken am oberen Bildschirmrand zeigt den Ladevorgang an.

    Es werden erst diverse Installationsmeldungen auf dem Bildschirm angezeigt, bevor die Begrüßungsseite erscheint.

3. Betätigen Sie zum Fortfahren die Taste Enter bzw. Return.

4. Wählen Sie *Ich akzeptiere die Bedingungen der Lizenzvereinbarung*, indem Sie die Taste F11 drücken.

    Sie können das Produkt nur installieren, wenn Sie der Lizenzvereinbarung zugestimmt haben.

Die Einrichtung der Lizenzinformationen für den Hypervisor erfolgt später. Neu angelegte oder bereits vorhandene virtuelle Maschinen lassen sich bis zur korrekten Eingabe der ESXi-Serverlizenz nicht starten, wenn der Evaluierungsmodus nach 60 Tagen beendet ist. Falls Sie über eine zeitlich begrenzte Lizenz verfügen, werden die virtuellen Maschinen nach Ablauf des gesetzten Zeitraums in den Suspend-Modus geschaltet und können erst nach Eingabe einer gültigen Lizenz wieder gestartet werden.

5. Wählen Sie einen Datenträger aus der Liste und drücken Sie gegebenenfalls. F1 für weitere Details. Drücken Sie anschließend Enter, um in das nächste Fenster zu gelangen.

   Sollte sich auf dem Datenträger eine frühere Installation eines ESXi-Servers befinden, können Sie diesen mit allen Informationen und Einstellungen sowie VMs aktualisieren. Sind andere Daten vorhanden, werden Sie aufgefordert, das Löschen zu bestätigen.

6. Mit den Pfeiltasten können Sie das gewünschte Tastaturlayout auswählen, mit der Bild-hoch-Taste kommen Sie an den Anfang der Liste. Drücken Sie anschließend Enter, um in das nächste Fenster zu gelangen. Das Tastaturlayout kann auch noch nach der Installation geändert werden (passen Sie dann aber bei der Passworteingabe auf!).

7. Geben Sie zweimal hintereinander ein Passwort mit mindestens sieben Zeichen für den User *root* ein. Es muss, anders als bei älteren Versionen, komplex sein. Drücken Sie danach Enter.

   Das System wird nun ein weiteres Mal nach Geräten und Inkompatibilitäten durchsucht. Sollte ein nicht unterstütztes Gerät gefunden werden oder ein wichtiges Gerät fehlen, so wird eine Fehler- oder Warnmeldung angezeigt. Überlegen Sie sich dann, ob Sie diese Meldung für einen produktiven Einsatz ignorieren oder nochmals auf der Webseite von VMware nach kompatibler Hardware Ausschau halten wollen.

8. Nun wird es ernst. Wenn Sie im Fenster CONFIRM INSTALL die Taste F11 drücken, wird die eigentliche Installation gestartet.

   Das Installationsprogramm löscht gegebenenfalls den gesamten Inhalt auf dem ausgewählten Speichergerät.

   Drücken Sie F11, um die Installation zu starten.

9. Wenn der Laufbalken mit den Prozentangaben bei 100 % angelangt ist, werden Sie in einem neuen Fenster (hoffentlich) darauf hingewiesen, dass die Installation SUCCESSFULLY verlaufen ist, wie Abbildung 3-1 zeigt.

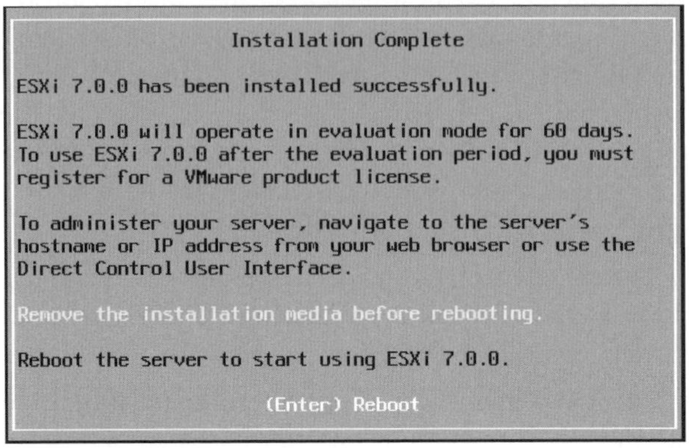

```
                    Installation Complete

ESXi 7.0.0 has been installed successfully.

ESXi 7.0.0 will operate in evaluation mode for 60 days.
To use ESXi 7.0.0 after the evaluation period, you must
register for a VMware product license.

To administer your server, navigate to the server's
hostname or IP address from your web browser or use the
Direct Control User Interface.

Remove the installation media before rebooting.

Reboot the server to start using ESXi 7.0.0.

                    (Enter) Reboot
```

Abbildung 3-1: Abschluss der erfolgreichen Installation

10. Nehmen Sie die CD/DVD aus dem Laufwerk oder den USB-Stick aus dem Server und bestätigen Sie mit Enter den Neustart des Systems.

11. Stellen Sie bei Bedarf die Bootreihenfolge wieder um.

Ist der Server wieder hochgefahren, können Sie am Bildschirm die erste Konfiguration vornehmen.

Erste Konfiguration des ESXi-Servers

Sollte in Ihrer Umgebung ein DHCP-Server installiert sein, wird der ESXi-Server wohl von diesem IP-Adressinformationen zugewiesen bekommen. Wenn nicht, wird er sich nach einiger Zeit eine APIPA-Adresse (*Automatic Private IP Address*) aus dem Bereich 169.254.x.y mit der Subnetzmaske 255.255.0.0 nehmen. Beachten Sie, dass damit kein ausgehender Datenverkehr möglich ist. Hat er aber über DHCP eine Adresse bekommen, so können Sie die nächsten Schritte auch über den HTML5-Client erledigen.

Über die Funktionstaste F2 können Sie sich anmelden und ähnlich wie bei einem BIOS einige Einstellungen vornehmen, die in den folgenden Abschnitten näher beleuchtet werden. Dafür habe ich die einzelnen Einträge in der Originalsprache als Überschrift gewählt.

Configure Password

Ein Passwort ist unbedingt notwendig, muss also gesetzt sein. Hier ist im Gegensatz zu älteren Versionen ein komplexes Passwort für den User *root* notwendig und auch für alle anderen Benutzer, die Sie nachträglich anlegen. Sie können für *root* eines wählen, das aus kleinen und großen Buchstaben, Zahlen und Sonderzeichen besteht (mindestens drei der vier Möglichkeiten sind erforderlich). Beachten Sie bitte, dass die Tastatur eventuell noch nicht auf das deutsche Tastaturlayout eingestellt ist. Ist Ihr gewähltes Passwort zu kurz oder stimmt es nicht überein, bekommen Sie eine Fehlermeldung. Ist es einmal gesetzt, kommen Sie in diese Konfigurationsseite nur noch mit dem gewählten Passwort. Da Sie während der Installation schon eines vergeben haben, können Sie diesen Schritt auch überspringen.

Die Einstellungen für das notwendige Passwort befinden sich in der Datei *passwd* im Verzeichnis */etc/pam.d*. In Kapitel 18, Sicherheit in der virtuellen Umgebung, gehe ich detailliert auf die Einträge ein.

Vorgehensweise:

1. Um sich auf der Konsole anmelden zu können, müssen Sie zunächst bei der Konfiguration die »Troubleshooting Mode Options« ändern. Wollen Sie sich direkt an dem ESXi-Server anmelden, wählen Sie mit den Pfeiltasten den Eintrag »Enable ESXi Shell« aus und drücken Sie Return.

2. Drücken Sie die Tastenkombination Alt+F1, um auf die erste Konsole zu kommen.

3. Geben Sie das Passwort des Users *root* ein und drücken Sie erneut die Enter-Taste.

4. Da es hier nur den Editor *vi* gibt, geben Sie an der Position, an der Sie sich befinden, vi /etc/pam.d/passwd ein und drücken Sie die Enter-Taste.

5. Gehen Sie mit den Pfeiltasten zu der Zeile, die mit folgendem Argument beginnt:

   password requisite /lib/security/$ISA/pam_passwdqc.so.

   Drücken Sie die Einfg-Taste und ändern Sie am Ende der Zeile gegebenenfalls folgende Parameter:

   retry=<Versuche> min=disabled,disabled,disabled,7,7

   - Die drei Einträge disabled zeigen an, dass Kennwörter mit nur einem oder zwei Zeichenklassen nicht erlaubt sind, Passwörter mit drei oder vier verschiedenen Zeichenklassen brauchen mindesten die Länge 7.
   - Eine Zeichenklasse mit einer Stelle am Anfang oder Ende zählt dabei nicht zur Komplexität. Ohne obige Zeile zu verändern, könnte das Passwort zum Beispiel so aussehen »ESXadmin20«.

6. Drücken Sie die Esc-Taste und anschließend :wq zum Speichern und Verlassen des Editors.

Sie brauchen weiter nichts zu veranlassen, denn diese Änderung wirkt sofort bei der nächsten Anmeldung auf der Konsole. Die Bedienung der Kommandozeile und des Editors vi wird in Kapitel 9 ausführlich behandelt.

Alternativ können Sie auch unter »Troubleshooting Mode Options« den SSH-Zugriff aktivieren und zum Beispiel mit WinSCP den Zugriff versuchen. Bei diesem Windows-Programm ist ein Editor eingebaut, der Windows-Nutzern eher intuitiv erscheint.

Über den HTML5-Client können Sie die Passwortkomplexität ebenfalls ändern:

1. Loggen Sie sich mit dem zuvor vergebenen Passwort auf der Webseite des Hosts ein (*https://>IP-Adresse>/ui*).

2. Klicken Sie auf den Punkt VERWALTEN, wählen Sie die Registerkarte SYSTEM und anschließend ERWEITERTE EINSTELLUNGEN.

3. Geben Sie rechts oben in das Suchfeld die Zeichen »Password« ein und bestätigen Sie mit Enter.

4. Klicken Sie auf den angezeigten Eintrag und anschließend auf OPTION BEARBEITEN.

5. Legen Sie keinen großen Wert auf Sicherheit, so ändern Sie den Eintrag zum Beispiel auf »retry=3 min=0,0,0,0,0«.

Auch ohne einen Neustart des Hosts können Sie nun über die Weboberfläche das Kennwort des Users *root* in ein nicht komplexes Passwort ändern.

Configure Lockdown Mode

Den Sperrmodus können Sie nur über den HTML5-Client auf dem vCenter Server in zwei Sicherheitsstufen aktivieren. Gehört der Host (noch) nicht zum vCenter Server, lässt sich diese Option nicht anwählen. Wenn Sie eine der Stufen auswählen, kann der Benutzer *root* nicht mehr mit dem Browser-Client oder der Remote CLI (*Command Line Interface*) auf den Server zugreifen. Das geht dann nur noch lokal oder auch über ssh, falls dieses eingestellt wurde (siehe weiter unten bei »Troubleshooting Options«). Haben Sie die höchste Stufe ausgewählt, geht das auch nicht mehr. Das Aktivieren dieses Befehls kann auch andere Software, wie Management-Tools, beeinflussen. Der vCenter Server greift über den *vpxuser* auf den Host zu, nicht über *root*.

Configure Management Network

In dem nun folgenden Untermenü können Sie

- sich die Netzwerkadapter mit ihrem Verbindungsstatus ansehen und bei Bedarf einen anderen Adapter für den Zugriff über den Browser-Client auf das Management Network mit der Leertaste auswählen,

- ein VLAN einrichten (besser geht das über die grafische Oberfläche mit dem Browser-Client),

- unter IPv4 Configuration zwischen DHCP und statischer IP-Adresse wechseln und eine IP-Adresse, Subnetzmaske und ein Default-Gateway eingeben oder auch IPv4 ganz abwählen,

- unter IPv6 Configuration zwischen DHCP und bis zu drei statischen IP-Adressen wechseln oder IPv6 deaktivieren, was allerdings einen Neustart erfordert,

- den ersten und gegebenenfalls zweiten DNS-Server sowie einen Namen für den Host eingeben (bevorzugen Sie hier wenn möglich einen FQDN (Full Qualified Domain Name) wie z. B. esx1.cssv.dom)
- und falls erforderlich ein weiteres DNS-Suffix (Such-Domäne) angeben.

Drücken Sie nach der Konfiguration die Esc-Taste und bestätigen Sie die Übernahme der Einstellungen mit Y.

Restart Management Network

Wie der Name schon sagt, können Sie hier das Management-Netzwerk neu starten. Das kann notwendig sein, wenn man eine neue IP-Adresse vom DHCP-Server haben möchte, eine IP im Netzwerk aus Versehen doppelt vergeben war oder auch weil der Remote-Zugriff unterbrochen war. Die Netzwerkeinstellungen werden dann aus den Konfigurationsdateien neu gelesen und die zugehörigen Dienste neu gestartet.

Dabei wird die Verbindung über den Browser-Client oder den vCenter Server unterbrochen und es kann passieren, dass die gerade laufenden virtuellen Maschinen kurzfristig ebenfalls keine Netzwerkverbindung haben.

Bekommt der Host dabei durch DHCP eine neue Identität, müssen Sie sich am Browser-Client neu anmelden oder den Host über den vCenter Server neu verbinden.

Test Management Network

Um die vorgenommenen Einstellungen zum Standardgateway, zum ersten und gegebenenfalls zum zweiten DNS-Server sowie die Auflösung des Hostnamens zu überprüfen, können Sie diesen Schritt ausführen. Die Adressen, an die ein ping-Signal (ICMP-Paket) geschickt wird, werden vorher nochmals aufgelistet. Sollte der Name des ESXi-Servers nicht aufgelöst werden können, tragen Sie unbedingt die IP-Informationen in den betreffenden DNS-Servern ein. Ohne korrekte DNS-Konfiguration funktioniert später ein Cluster nicht einwandfrei.

Restore Network Settings

Um die Netzwerkeinstellungen zurückzusetzen, kann dieser Punkt ausgewählt werden. Beachten Sie dabei, dass eventuell laufende VMs gestoppt werden und die kompletten Standardeinstellungen (z. B. DHCP, wie direkt nach der Installation des Hosts) wieder verwendet werden.

Restore Standard Switch

Dieser Menüpunkt ist nur auswählbar, wenn Sie einen Distributed Virtual Switch über den vCenter Server erstellt haben. Benötigen Sie diesen nicht mehr, können Sie an dieser Stelle den Standardswitch wieder herstellen. Dabei wird der nicht mehr benötigte Netzwerkadapter an diesen Switch gebunden.

Über eine weitere Netzwerkkarte können Sie aber auch mit dem Browser-Client eine neue Verbindung zum Management Network herstellen und dann über die grafische Oberfläche diese Arbeiten durchführen.

Restore vDS

Hiermit ist es möglich, einen falsch konfigurierten vDS (virtual Distributed Switch) in einen Standardswitch (vSwitch) zurückzuwandeln oder dessen Einstellungen zu ändern. Einen vDS können Sie nur über den vCenter Server erstellen und das auch nur mit der Enterprise-Plus-Lizenz.

Configure Keyboard

Hier lässt sich das Tastaturlayout auf insgesamt 28 verschiedene Einstellungen ändern. Der Eintrag US DEFAULT stellt übrigens die amerikanische Tastatur ein, wohingegen es auch die Einstellung UNITED KINGDOM gibt. Suchen Sie sich Ihr Layout aus, aktivieren Sie es mit der Leertaste und bestätigen Sie die Änderung mit Enter. Für die deutsche Tastatur empfehle ich den Eintrag GERMAN.

Troubleshooting Options

Dahinter verbergen sich fünf weitere wichtige Optionen, die man bei Bedarf ändern kann. Zwei der Einträge ändern sich, je nachdem, ob sie aktiv sind oder nicht.

Enable / Disable ESXi Shell

Wenn Sie sich über die Kommandozeile der BusyBox anmelden wollen, müssen Sie auf diesem Eintrag die Enter-Taste betätigen. Dann ändert sich der Text von ENABLE ESXI SHELL auf DISABLE ESXI SHELL. Das heißt, wenn dort DISABLE ESXI SHELL steht, dass die Shell aktiviert wurde und Sie sich mit Alt+F1 dort anmelden können. Ist die Shell aktiviert, bekommen Sie über den Browser-Client nach der Anmeldung einen Hinweis im gelben Kasten darüber auf der Registerkarte ÜBERSICHT.

Enable / Disable SSH

Um sich über das Netzwerk mittels einer Remote Secure Shell (wie *putty* oder *WinSCP*) anmelden zu können, muss diese Option aktiviert sein. Achten Sie darauf, dass im rechten Teil des Fensters nach Drücken der Enter-Taste der Text auf SSH IS ENABLED wechselt. Auch diese Aktivierung wird über die grafische Oberfläche in einem gelben Balken angezeigt, da sie gegebenenfalls einen nicht autorisierten Zugriff ermöglicht.

Modify ESXi Shell and SSH timeouts

Der Standardwert nach der Installation ist hier auf 0 gesetzt, d.h., es gibt kein Timeout für die Arbeiten in der BusyBox. Sie können hier bis zu 1440 Minuten (24

Stunden) für den Remote- und lokalen Shell-Zugriff festlegen. Nach Ablauf der Zeit wird der angemeldete User ausgeloggt. Wenn die Shell oder SSH aktiviert ist, lässt sich diese Einstellung nicht ändern.

Modify DCUI idle timeout

Hier ist der Standardwert nach der Installation auf 10 Minuten gesetzt, d.h., nach diesem Timeout an dem Direct Console User Interface müssten Sie sich neu anmelden. Sie können hier ebenfalls bis zu 1440 Minuten als Wert oder 0 für keine Zeit festlegen. Nach Ablauf der Zeit wird der angemeldete User ausgeloggt.

Restart Management Agent

Diesen Menüpunkt dürfen Sie nicht mit RESTART MANAGEMENT NETWORK (siehe oben) verwechseln. Diese Agenten sind für die Verbindung vom vSphere Client oder dem vCenter Server zuständig und werden bei der Installation des Hosts bereits installiert und gegebenenfalls aktiviert. Wenn der Zugriff auf den ESXi-Server nicht mehr möglich ist, können Sie über den Neustart der Agenten versuchen, die Verbindung zurückzusetzen. Dabei werden alle Agenten und Dienste, die im Ordner *etc/init.d* auf dem Host gelistet sind, neu gestartet. Zu den 43 gelisteten Daemonen, die meist an dem »d« am Ende des Namens zu erkennen sind, gehören zum Beispiel: hostd, ntpd, sfcbd, slpd, vobd, vpxs und wsman.

Bei diesem Neustart wird die Verbindung über den vSphere Client oder auch den vCenter Server unterbrochen und es kann passieren, dass die gerade laufenden virtuellen Maschinen kurzfristig ebenfalls keine Netzwerkverbindung haben.

Das Neustarten der Management-Agenten (ein Agent oder Daemon ist vergleichbar mit Diensten auf einem Windows-Rechner) ist normalerweise nicht notwendig. Es kann aber sein, dass auf der grafischen Oberfläche mal etwas nicht aktualisiert oder aus einem anderen Grund falsch angezeigt wird. Nach dem Neuanmelden mit dem Browser-Client ist das Problem dann oft nicht behoben. Nach einem Neustart der Management-Agenten müsste aber alles wieder richtig und aktuell angezeigt werden.

View System Logs

Insgesamt sechs Logdateien werden zur Ansicht angeboten: Syslog, VMkernel, Config, Management Agent (hostd), VirtualCenter Agent (vpxa) und VMware ESXi Observation log vobd. Wenn Sie eine der Logdateien mittels Drücken einer Zahl ausgewählt haben, wird das unter Linux bekannte Programm *less* für die Ansicht genutzt. Sie können sich mithilfe der Pfeiltasten und den Tasten Bild hoch bzw. Bild herunter die Texte ansehen und mit Q die Ansicht verlassen. Über die Taste H bekommen Sie weitere Tastenkommandos angezeigt, und mit dem Schrägstrich / können Sie nach Ausdrücken in der Logdatei suchen. Sollten Sie später mal Probleme oder lange Wartezeiten beim Server haben, nehmen Sie sich diese Logdateien als Erstes vor, um nach Lösungen zu suchen.

Eine grobe Übersicht über das Verhalten des Servers bekommen Sie auch auf der 12. Konsole. Mit Alt+F12 können Sie sich die letzten Zeilen der *VMkernel-Logdatei* ansehen. Läuft die Anzeige sehr schnell weiter und zeigt immer den gleichen Eintrag an, hat der ESXi ein Problem – das ist häufig bei fehlenden oder nicht mehr verbundenen Festplatten der Fall (z.B. bei Fiber Channel oder iSCSI). Mittels Alt+F2 kommen Sie zur DCUI zurück.

View Support Information

Auf diesen beiden Seiten sind Einträge zur Lizenz, zu SSL, zur Supportwebseite von VMware, zur BIOS-Version und gegebenenfalls noch weitere zu finden. Über die Tasten Bild hoch bzw. Bild herunter kann man sich die Seiten anzeigen lassen.

Reset System Configuration

Mit dem Auslösen dieses Befehls und einem anschließenden Neustart wird der ESXi-Server wieder fast in den Ursprungszustand vor allen Änderungen zurückgesetzt. Auch die schon erstellten virtuellen Maschinen müssen anschließend neu registriert werden (z.B. über den Datenspeicherbrowser) und sollten vorher verschoben oder heruntergefahren werden. Selbst das Passwort für den User *root* ist auf »leer« gesetzt. Haben Sie sich also verkonfiguriert und bekommen das anschließende Chaos nicht mehr in den Griff, können Sie es hierüber versuchen. Meistens funktioniert nach dem Neustart wieder alles, und Sie brauchen den Server nicht neu zu installieren.

Alternative Installationsmöglichkeiten

Anstatt von einer CD/DVD zu booten, haben Sie auch die Möglichkeit, einen Medienpool über die Netzwerkkarte mittels FTP, HTTP/HTTPS oder NFS zu erreichen. Das funktioniert aber bisher nur über IPv4, nicht über IPv6. Stellen Sie dann im BIOS des Servers PXE (Preboot Execution Environment) als Startmedium ein. Bei beiden Installationsmöglichkeiten gibt es entweder einen Assistenten, der Sie wie oben geschildert durch den Vorgang leitet, oder Sie können jeweils eine Kickstart-Datei (*ks.cfg*, siehe unten) dafür verwenden.

Wenn Sie bisher noch nicht mit einer Installation eines Rechners über das Netzwerk zu tun hatten, lohnt sich vermutlich auch nicht der Aufwand, den Sie hierfür betreiben müssten: Sie brauchen eine Netzwerkstruktur mit DHCP-Server, einen TFTP-Server (Trivial File Transfer Protocol), ein SYSLINUX-Paket zum Starten des Installationsprogramms und eine Netzwerkfreigabe über NFS, HTTP oder FTP.

Manche Remote-Management-Anwendungen können ebenfalls für die Installation des ESXi-Servers genutzt werden. Dazu gehören HP Integrated Lights-Out (iLO), Dell Remote Access Card (DRAC), IBM Management Module (IMM) und Remote

Supervisor Adapter II (RSA II). Hierbei kann ebenfalls ein *ks.cfg*-Skript verwendet werden.

Die Dateien für die Installation und das Skript können sich ebenfalls auf einem USB-Laufwerk befinden, von dem aus dann statt von CD/DVD oder Netzwerkkarte installiert wird.

Ein Installationsskript erstellen

Wie bereits oben erwähnt, kann man sich eine Textdatei basteln, die die jeweiligen Antworten auf die Fragen bei der Installation automatisch gibt. Das Vorgehen mit so einer Antwortdatei dürfte vielen von Windows oder Linux bekannt sein. Das Besondere bei dieser Datei ist, dass man hiermit Fragen beantworten kann, die sonst gar nicht gestellt würden. Man hat also mit dem Skript eine Einflussnahme, die man sonst nicht hätte.

Beispiel 3-1 zeigt, wie eine manuell erstellte *ks.cfg*-Datei für den nächsten ESXi-Server aussehen könnte:

Beispiel 3-1

```
# Lizenzvereinbarung akzeptieren
vmaccepteula
# Kennwort von root, z.B. für den "Tech Support"-Modus
rootpw GanzGeheim2020
# alle vorhandenen Festplattenpartitionen außer VMFS löschen (optional)
clearpart -alldrives
# Festplattenpartitionen inkl. VMFS löschen und erste Festplatte vorbereiten
(optional)
clearpart --alldrives --overwritevmfs
# Installationsanweisung: install, upgrade oder installorupgrade
install --firstdisk # oder install usb oder install remote --server=cssv.dom
--dir=/nfs/ESXi70
# Tastaturlayout (optional)
keyboardtype German
# entweder Netzwerkeinstellungen mit DHCP für den ersten gefundenen Adapter …
network --bootproto=dhcp --device=vmnic0
# … oder Netzwerkeinstellungen, statisch für den dritten gefundenen Adapter.
network --bootproto=static --device=vmnic2 --ip=10.0.0.22 -gateway=10.0.0.50
--nameserver=10.0.0.10 --netmask=255.255.255.0 --hostname=esx2.cssv.dom
# gewünschte VMFS-Partition eintragen
(nicht nötig und nur auf zusätzlicher Festplatte anwendbar)
part datastore <Datenspeichername> --firstdisk
# nach dem Abschluss der Installation noch weitere Skripte ausführen, %post kann
# mehrfach verwendet werden (optional)
%post --interpreter=[python|BusyBox]
```

Wenn Sie in Ihrem Netzwerk DHCP nutzen, können Sie das obige Skript auch für mehrere Rechner verwenden und die jeweiligen Parameter wie Name und IP von diesem beziehen.

Auf der letzten Konsole, die Sie mit Alt+F12 erreichen, können Sie die letzten Zeilen der VMkernel-Logdatei ansehen. Es ist immer eine gute Idee, diese wichtige Logdatei im Auge zu behalten!

Weiteren ESXi-Server über ein Skript installieren

Die obige Kickstart-Datei kann man leicht modifiziert auch für den dritten und für weitere Hosts verwenden. Ein Beispiel dazu habe ich oben schon aufgeführt.

Sie können die *ks.cfg*-Datei für Ihre eigene Installation anpassen und verwenden. Wichtig ist, dass Sie den Namen der Datei (*ks.cfg*) beibehalten, damit sie gefunden wird. Alternativ können Sie aber auch einen zusätzlichen Parameter mit der Tastenkombination Shift+O (Edit boot options) angeben, z.B. wenn sich die Datei auf einer CD befindet: *ks=CD-ROM:/<Pfad zur Datei ks.cfg>*.

Auf der Webseite von VMware wird der Vorgang mit einigen weiteren Parametern beschrieben. Nehmen Sie diese Seite zur Hand, wenn Sie Probleme mit der Skriptinstallation haben oder weitere Parameter angeben möchten.

Wir starten wieder von der CD, drücken die Tastenkombination Shift + O und geben z.B. folgenden Eintrag ein:

```
mboot.c32 -c boot.cfg ks=usb:/esx3
```

Mit der zusätzlichen Angabe des Pfades können Sie für jeden Host eine *ks.cfg*-Datei in einem Unterverzeichnis ablegen (hier */esx3/ks.cfg*). Nachdem Sie Return gedrückt haben, erscheint Ihre Auswahl hinter dem Wort *runweasel*. Bestätigen Sie dieses wiederum mit Return.

Dabei muss die Datei *ks.cfg* im Root- oder einem zusätzlich angegebenen Verzeichnis liegen. Sollte beim Starten das USB-Gerät nicht erkannt werden, stecken Sie es in einen anderen Slot. Der Installer schaut nach zehn Sekunden nochmals nach und findet dann (hoffentlich) den USB-Storage. Es spielt keine Rolle, ob sich noch andere Dateien auf dem Stick befinden, nur im gewünschten Verzeichnis muss eine Datei namens *kf.cfg* sein. Drücken Sie anschließend Return.

Wenn alles fertig ist, drücken Sie zum Neustart Enter, nehmen die CD und den Stick wieder heraus und beobachten den Bootvorgang.

Wenn der ESXi-Server den Start vollendet hat, können Sie sich über den vSphere Client mit ihm verbinden. Sie brauchen eine noch offene Sitzung mit dem ersten ESXi-Host dafür nicht zu beenden.

ESXi-Installation mit Skript von USB

Eine nette Möglichkeit, einen oder mehrere ESXi-Server per Skript zu installieren, bietet ein USB-Stick. Dorthin kann man alle benötigten Daten startfähig übertragen und die *ks.cfg*-Datei gleich mit draufpacken. Als Tool habe ich UNetbootin verwendet, das man sich kostenlos aus dem Internet von der Seite *http://unetboot-*

in.sourceforge.net herunterladen kann. Damit man keine zusätzlichen Startparameter angeben muss, kann man nach der Übertragung auf den Stick die Datei *boot.cfg* ändern und die eigene *ks.cfg*-Datei dort eintragen. Damit erreicht man eine benutzerdefinierte, vollständig automatisch ablaufende Installation.

In der Datei *boot.cfg* steht eine Zeile, die folgendermaßen aussieht:

```
kernelopt=cdromBoot runweasel
```

Ändern Sie diese Zeile für Ihren USB-Stick wie folgt ab:

```
kernelopt=ks=usb
```

Starten Sie anschließend Ihren Server vom Stick.

 Sollte die Installation mit dem Skript nicht funktionieren und Sie bekommen eine Fehlermeldung wie *cannot find kickstart file*, versuchen Sie es nochmals und geben Sie die Datei in Großbuchstaben an: *ks=usb:/KS.CFG*.

Über den vCenter Server gibt es noch eine weitere Möglichkeit, die Installation von mehreren ESXi-Hosts automatisiert zu erledigen. Nähere Informationen darüber erfahren Sie in Kapitel 4.

Den ersten ESXi-Host verwalten

Sie verwalten Hosts mit dem Host-Client über einen Browser (Google Chrome 50, Mozilla Firefox 45, IE 11, Edge 38 und Safari 9 oder höher). Mit dem ehemaligen vSPHERE CLIENT (Programm unter Windows) können Sie leider nicht mehr arbeiten. Der Host-Client basiert auf HTML5, genauso wie der Zugriffs-Client für den vCenter Server, der mittlerweile vSphere Client genannt wird.

Jetzt können Sie sich über die Webseite des Servers weitere Informationen holen und von dort aus die restlichen Schritte konfigurieren. Verbinden Sie sich über einen Browser mit Ihrem neuen ESXi-Server »https://>Name oder IP</ui«.

Als Benutzernamen verwenden Sie *root* (das ist der Administrator oder Superuser) mit dem komplexen Passwort, das Sie bei der Installation gewählt haben.

Der Host-Client ist der einzige Weg, um sich an der Webschnittstelle des ESXi-Hosts direkt anzumelden. Bei einigen Browsern gibt es leider immer wieder Probleme, versuchen Sie dann einen anderen Browser. Über den Browser erfolgt auch der Zugriff auf den vCenter Server, eine andere Variante wird nicht mehr zur Verfügung gestellt.

Bevor eine Verbindung zustande kommt, wird noch eine Sicherheitswarnung für das Zertifikat ausgegeben, die Sie zu diesem Zeitpunkt ignorieren können. Diese Warnung wird angezeigt, weil der Browser ein vom ESXi-Host selbst signiertes Zertifikat erkannt hat (Standardeinstellung). Bei sehr sicheren Umgebungen empfiehlt VMware Zertifikate, die von einem vertrauenswürdigen Drittanbieter generiert werden. Sie können natürlich auch Ihre eigenen Zertifikate generieren und anschließend einspielen.

 Sollte die Verbindung nicht klappen, suchen Sie zuerst nach den Einstellungen in Ihrer Firewall (vom Betriebssystem oder der Antivirensoftware). Nähere Informationen über den Grund der nicht erfolgten Verbindung können Sie auch in den Logdateien des Browsers finden. Verwenden Sie gegebenenfalls alternative Browser wie FireFox oder Chrome.

Bei der erstmaligen Anmeldung am Host wird noch gefragt, ob Sie VMware unterstützen und dem Programm zur Verbesserung der Benutzerfreundlichkeit (CEIP) beitreten möchten. Darüber werden anonyme Daten über das Verhalten des Host-Clients an den Hersteller übermittelt.

Den Host-Client konfigurieren

Nach der Anmeldung am Host können unter anderem noch einige Standardeinstellungen vorgenommen werden, die die tägliche Arbeit ein bisschen vereinfachen. Das Laufzeitverhalten des Clients kann allerdings nicht lokal, sondern erst nach einer Verbindung eingestellt werden.

Greifen Sie auf mehrere Hosts zu, so werden für jeden Host – und hinterher auch für den vCenter Server – eigene Einstellungen vorgenommen. Greifen Sie in erster Linie über den vCenter Server auf die Umgebung zu, so lohnt es sich nicht, die einzelnen Host-Oberflächen zu konfigurieren.

Menü Anmeldename@esxi-Host

Im oberen blauen Rahmen rechts steht der Anmeldename, mit dem man sich am Host angemeldet hat. Hierbei handelt es sich um ein Drop-down-Menü, über das man Folgendes einstellen kann:

- AUTOMATISCH AKTUALISIEREN: Standardmäßig ist die automatische Aktualisierung deaktiviert. Für eine Sitzung kann man diese Einstellung auf 15, 30 oder 60 Sekunden abändern. Melden Sie sich erneut an, ist wieder der Standardwert aktiv. Aktualisieren Sie das Browserfenster manuell und müssen sich neu anmelden, gilt ebenfalls wieder keine automatische Aktualisierung.

- KENNWORT ÄNDERN: Das Passwort des gerade angemeldeten Benutzers lässt sich hierüber ändern. Beachten Sie, wie auch oben schon erwähnt, dass Sie ein komplexes Passwort brauchen, damit die Änderung übernommen wird.

- EINSTELLUNGEN – NUTZUNGSSTATISTIK SENDEN: Wenn Probleme mit der Oberfläche des ESXi-Servers auftreten, können Informationen an VMware gesendet werden. Beim ersten Aufruf des Host-Clients auf einem Host werden Sie nach dieser Einstellung einmalig gefragt.

- EINSTELLUNGEN – VISUELLE EFFEKTE AKTIVIEREN: Ähnlich wie beim Programme-Menü von Windows werden hier die Menüs »schöner« auf- und zugeklappt.

- EINSTELLUNGEN – NUR AKTUELLE OBJEKTE ANZEIGEN: Auch diese Einstellung kann man lediglich pro Sitzung einstellen, nach dem erneuten Anmelden ist diese Option wieder ausgeschaltet, obwohl dies nicht angezeigt wird. Haben Sie zu diesem Feature eine Änderung gemacht, wird das Bild komplett neu aufgebaut und im Navigator erscheinen dann alle VMs, Datenspeicher und VM-Netzwerke.

- EINSTELLUNGEN – WILLKOMMENSMELDUNG ANZEIGEN: Nach der Anmeldung wird im oberen Teil des Bildschirms diese Meldung in einem hellblauen Balken angezeigt, der leider manchmal etwas Wichtiges verdeckt.

- EINSTELLUNGEN – SPRACHE: Standardmäßig wird die Anzeigesprache aus den Browsereinstellungen übernommen. Um diese auf seine bevorzugte Sprache umzustellen, hat man acht verschiedene Möglichkeiten.

- EINSTELLUNGEN – KONSOLE – TASTATURLAYOUT: Neun verschiedene Einstellungen für die Anordnung der Keyboard-Tasten lassen sich hier auswählen.

- EINSTELLUNGEN – KONSOLE – STANDARDKONSOLE: Man kann zwischen der im Browser integrierten und der zusätzlich installierbaren VMware Remote Console (VMRC) umschalten. Ich empfehle die VMRC unter anderem, weil hier die Bedienung wesentlich einfacher ist, das Tastaturlayout nicht immer wieder auf US zurückgesetzt wird und es in einem unabhängigen Fenster dargestellt wird, das man auch an die Größe anpassen kann. Details zur VMRC habe ich im nächsten Abschnitt aufgeführt.

- EINSTELLUNGEN – TIMEOUT DER ANWENDUNG: Diese Auswahl wird pro ESXi-Server gespeichert und lässt sich für 15 oder 30 Minuten, eine oder zwei Stunden und komplett ausschalten. Lassen Sie es bei einem zeitlichen Timeout, so werden Sie ohne Tastaturanschläge oder Mausklicks nach dieser Zeit automatisch abgemeldet.

- EINSTELLUNGEN – AUF STANDARDWERTE ZURÜCKSETZEN: Bei einem Klick auf diesen Eintrag werden alle vorher gemachten Einstellungen wieder zurückgesetzt.

Hilfe-Menü

Im oberen blauen Rahmen rechts neben dem Anmeldename gibt es sechs Einträge, die ich der Vollständigkeit halber auch kurz erwähnen möchte:

- HILFE – INFO: Bei einem Klick auf diesen Eintrag werden in einem neuen Fenster Informationen zur Clientversion, zum ESXi-Server mit Version und Build sowie die Open-Source-Lizenz mit Copyright-Angaben angezeigt.

- HILFE – HILFE: Beim Aufruf wird die offizielle VMware-Dokumentation im Internet aufgerufen.
- HILFE – UPDATE: Hierüber können Updates für den Host eingespielt werden. Die Vorgehensweise beschreibe ich unten ausführlich.
- HILFE – VMWARE.COM: Hierüber kommt man zum Webauftritt *https:// www.vmware.com/*.
- HILFE – TOOLS UND LINKS: Über das angezeigte Untermenü mit insgesamt fünf Einträgen wird man auf die dafür vorgesehenen Webseiten bei VMware geleitet. Dazu gehören BROWSER FÜR VERWALTETE OBJEKTE (Informationen für Programmierer), SDK-DOKUMENTATION (Software Development Kit) Online, REMOTE-BEFEHLSZEILEN TOOLS (Onlinedokumentation für vSphere Command-Line Interface), VMWARE REMOTE CONSOLE (VMRC-Download nach der Anmeldung) und VCENTER SERVER ABRUFEN (Download der Dateien für den vCenter Server nach der Anmeldung).

Navigator »Virtuelle Maschinen«

Wie in Abbildung 3-2 zu sehen ist, sind hier alle virtuellen Maschinen aufgeführt, die auf dem Host registriert sind. Dabei kann man

- den Zustand (eingeschaltet oder ausgeschaltet),
- den zurzeit benötigten Speicherplatz (inklusive Auslagerungsdatei),
- das konfigurierte Gastbetriebssystem,
- den DNS-Namen, der durch die VMware Tools erkannt wurde,
- die CPU-Last, den diese VM auf dem Host verursacht, und
- den Arbeitsspeicher, den diese VM auf dem Host belegt,

Abbildung 3-2: Informationen über die Ressourcen der VMs

sehen. Des Weiteren wird gegebenenfalls eine Anmerkung zur virtuellen Maschine angezeigt, die man eingetragen hat, und auch Alarmaktionen, wenn der Host über den vCenter Server läuft.

Wie bei fast jeder Liste, die man sich über den Browser-Client ansehen kann, lassen sich hier noch weitere Spalten hinzufügen (siehe Abbildung 3-3). Auch eine beliebige Sortierung kann man erreichen, indem man auf den gewünschten Spaltenkopf klickt. Die Reihenfolge ist übrigens bei jeder Liste beliebig durch Klicken mit der linken Maustaste veränderbar.

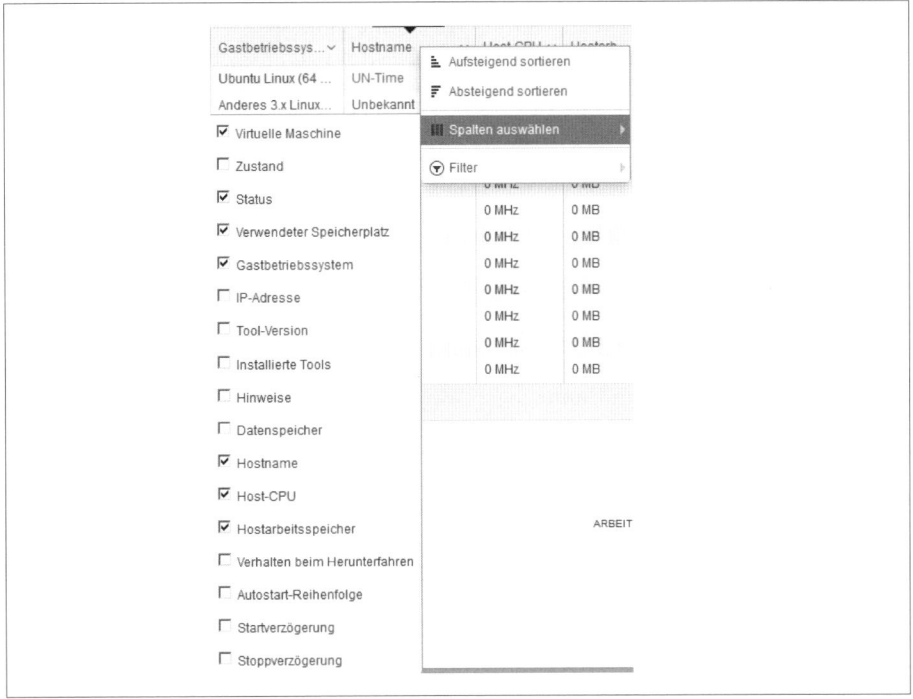

Abbildung 3-3: Spalten ein- oder ausblenden

Die Breite der Spalten lässt sich ähnlich wie bei Microsoft Excel ebenfalls mit der linken Maustaste ändern. Leider werden die Spaltenbreiten beim erneuten Aufruf des Fensters wieder auf die vorigen Breiten zurückgesetzt (manchmal nicht sofort, sondern erst später).

Hat man in dieser Liste viele virtuelle Maschinen, kann man oben rechts über das Feld SUCHEN auch einen Filter einsetzen. Wollen Sie z.B. nur die eingeschalteten Rechner sehen, klicken Sie in das Filterfeld, geben dort EINGESCHALTET an und drücken die Enter-Taste. Es reicht auch aus, nur einen Teil der Zeichenkette zu verwenden. Wenn Sie das Feld löschen und erneut Enter drücken, werden wieder alle Maschinen angezeigt.

In dieser Liste lassen sich auch mehrere VMs anklicken (Shift- und Strg-Taste), um für mehrere Maschinen Aktionen auszuführen. Je nach Zustand der markierten VMs können Sie aus dem Kontextmenü oder der Aktionen-Schaltfläche unterschiedliche Aufgaben auslösen.

Weitere Konfigurationen des Hosts

Nun ist es an der Zeit, uns die Konfiguration des Hosts näher anzuschauen. Leider kann mit dem Host-Client nicht alles Notwendige eingestellt werden. Einiges geht später nur über den vCenter Server mit dem HTML5-Client (siehe nächste Kapitel).

Beim aktuellen ESXi-Server 7.0 können noch diverse weitere Einstellungen gesetzt und verändert werden. Vieles davon war auch schon bei der Vorgängerversion 6.x vorhanden – einige Einstellschrauben sind aber jetzt anders oder neu. Mit dem vorherigen vSphere Client waren die meisten Optionen verfügbar, jedoch kann man damit jetzt leider nicht mehr arbeiten.

Die meisten dieser Anzeigen und Einstellungsmöglichkeiten – ausgenommen Netzwerk und Speicher (Storage) – werden Sie wohl eher selten benötigen. So wird z.B. der Systemstatus auch als Alarm gemeldet, sollte mal ein Fehler auftreten.

Auch wenn Sie nicht jeden Punkt dieses Kapitels der Reihe nach durchlesen wollen, sollten Sie wenigstens beim ersten ESXi-Server Folgendes einer genaueren Betrachtung unterziehen:

- HOST – CPU: Hier sollten Sie je nach vorliegenden physischen CPUs das Hyperthreading überprüfen und es gegebenenfalls im BIOS/EFI einschalten.
- NETZWERK – TCP/IP-STACK – DNS UND ROUTING: Sind alle gemachten Angaben während der Installation korrekt eingetragen worden, oder hat sich im Laufe der Zeit vielleicht die IP-Adresse eines DNS-Servers verändert?
- VERWALTEN – SYSTEM – UHRZEIT UND DATUM: Stimmen die Angaben zum NTP-Server? Beachten Sie auch unbedingt die Einstellungen bei den VMware Tools innerhalb der VMs. Beachten Sie dazu auch die Angaben in Kapitel 5.
- VERWALTEN – SYSTEM – AUTOSTART: Ist nur sinnvoll auf einem alleinstehenden ESXi-Server, da es so eine Einstellung leider nicht über den vCenter Server gibt. Schauen Sie sich dazu in Kapitel 9 das Skript für USV/UPS an, ob dieses in Ihrer Umgebung das Tool der Wahl ist.

Im Folgenden erläutere ich in der Reihenfolge der Einträge in den drei Abschnitten HOST, VERWALTEN und ÜBERWACHEN die Punkte mit kurzen Hinweisen, die man bei der Grundkonfiguration beachten sollte.

Den beiden großen und wichtigen Themen »Netzwerk« und »Storage« (Speicher) habe ich zwei eigene Kapitel (siehe Kapitel 6 und 7) gewidmet und gehe dort sehr detailliert mit Beispielen auf die Thematik ein.

Hardwareeinstellungen des ESXi-Servers

Sieht man von den beiden großen und wichtigsten Bereichen Netzwerk- und Speichertechnik, die ich in den Kapiteln 6 und 7 sehr detailliert bespreche, mal ab, gibt es hier nur sehr wenig, was man einstellen oder ändern muss (siehe auch die vorherige Aufzählung).

Der Vollständigkeit halber gehe ich aber kurz auf die einzelnen Punkte ein, die in Abbildung 3-4 gezeigt werden.

Abbildung 3-4: Konfiguration – ESXi-Hardware

Hardware – CPU

Unter diesem Punkt werden die installierten Prozessoren mit Typ, Anzahl der Kerne, Geschwindigkeit und Anzahl der Sockel angezeigt. Die Summe der logischen Prozessoren ergibt sich aus der Anzahl der Sockel mal Anzahl der Kerne. Haben Sie, wie in Abbildung 3-5 gezeigt, nur einen Sockel, reicht eine Lizenz aus. Bei zwei Sockeln benötigen Sie zwei Lizenzen usw. Die Anzahl der Kerne pro Sockel oder der logischen CPUs spielen dabei zunächst keine Rolle, solange diese nicht mehr als 32 Kerne haben.

▼ 🖳 CPU	
Logische Prozessoren	6
Prozessortyp	Intel(R) Xeon(R) E-2226G CPU @ 3.40GHz
Sockets	1
Kerne pro Socket	6
Hyper-Threading	Nein

Abbildung 3-5: Prozessoren des ESXi-Servers

Die Höchstanzahl der logischen CPUs ist auf 768 pro Host beschränkt. Davon können einer virtuellen Maschine je nach Lizenz maximal 256 zugeteilt werden. Sie können bis zu 1024 virtuelle Maschinen pro Host verteilen. Hyperthreading ist standardmäßig aktiviert und kann nur bei SYSTEM – ERWEITERTE EINSTELLUNGEN deaktiviert werden. Lesen Sie im Kasten unten mehr zum Thema »Hyperthreading«. Durch Hyperthreading verdoppelt sich die Anzahl der logischen Prozessoren, nicht aber die Leistung – diese wird im besten Falle um ca. 6–10 % erhöht.

Hyperthreading

Das von Intel erfundene Hyperthreading, das als Erstes bei einigen XEON-CPUs ab Anfang 2002 und später in Pentium-4-Prozessoren eingesetzt wurde, wird aktuell wieder in den neuen Core i7- und den meisten XEON-CPUs genutzt.

Es handelt sich hierbei aber nicht um zwei echte Rechenkerne, sondern es wird nur ein zusätzlicher Registersatz und ein APIC (*Advanced Programmable Interrupt Controller*) hierfür verwendet. Mengenmäßig erweitert Intel den Prozessor dadurch um 1 % mehr Transistoren, ohne den Cache, auf den beide Teile zugreifen, zu erhöhen.

Für die Virtualisierung bringt das Hyperthreading eine bessere Verteilung der Lasten. Da nicht jede Anwendung innerhalb einer VM damit klarkommt, konnte es früher individuell in deren Einstellungen abgeschaltet werden, heute ist das nicht mehr möglich.

Host – Arbeitsspeicher

In der Übersicht werden der gesamte Arbeitsspeicher, das vom System benutzte RAM und das für die virtuellen Maschinen zur Verfügung stehende RAM angezeigt.

Host – Netzwerk

Während der Installation und bei der ersten Konfiguration auf der DCUI (Direct Console User Interface) wurden schon die notwendigen Angaben zum Netzwerk hinterlegt. Klappen Sie die Anzeige hier auf, sehen Sie die vorgenommenen Einstellungen. Änderungen können hier nicht gemacht werden, das erledigt man über Netzwerk – TCP/IP-Stack – DNS und Routing.

Host – Speicher

Der gesamte vom ESXi-Host erkannte Datenspeicher, auf dem sich eine VMFS-Partition befindet, die über NFS angeschlossen wurde, sowie die Anzahl der physischen Adapter wird nachfolgend angezeigt. Jedes Volume wird als blauer Link dargestellt und wenn Sie darauf klicken, gelangen Sie zu den Details des Speichers.

Host – Konfiguration

In dem Kasten werden die Version und das Build (Update-Level) des Hosts sowie ein eventuell konfigurierter HA-Zustand angezeigt und ob vMotion möglich ist und gegebenenfalls bereits konfiguriert wurde.

Host – Systeminformationen

Wie in Abbildung 3-6 gezeigt, wird hier nur eine grobe Übersicht über sechs Details zum System aufgelistet. Wichtig ist hier das aktuelle Datum und die Uhrzeit des ESXi-Servers, weil beim Starten alle VMs diese Zeit mitgeteilt bekommen und eine zeitliche Eingrenzung sehr wichtig ist, wenn Fehler in Logdateien gesucht werden. Beachten Sie, dass es sich hier um die UTC handelt, die im Winter eine und im Sommer zwei Stunden von unserer Zeit abweicht. Dementsprechend wird auch in den Logdateien die Uhrzeit in UTC angegeben.

▼ Systeminformationen	
Datum/Uhrzeit auf dem Host	Montag, 20. Juli 2020, 10:10:58 UTC
Installiert am	Donnerstag, 16. Juli 2020, 07:43:45 UTC
Asset-Tag	
Seriennummer	6V6ND43
BIOS-Version	2.2.3
BIOS-Veröffentlichungsdatum	Freitag, 27. September 2019, 02:00:00 +0200

Abbildung 3-6: Systeminformationen des ESXi-Servers

Host – Leistungsübersicht, letzte Stunde

Eine grobe Anzeige der in der vergangenen Stunde belegten CPU in Prozent und des belegten RAM in GB bekommen Sie über diesen Kasten. In dem Fenster oben rechts sehen Sie ständig eine relativ aktuelle prozentuale Auslastung von CPU, Arbeitsspeicher und Speicher (Storage). Eine detailliertere Anzeige der Leistungsdaten erhalten Sie über ÜBERWACHEN – LEISTUNG (siehe weiter unten in diesem Kapitel).

Verwalten – System – Erweiterte Einstellungen

Hier wird eine Liste von Einstellungen angezeigt, deren Verwendung von VMware nur dann empfohlen wird, wenn der technische Support von VMware Sie dazu anleitet.

Auch hier sollten Sie ohne konkrete Hinweise vom VMware-Support keine Änderungen vornehmen. Im Verlaufe des Buches werde ich noch die eine oder andere Option besprechen.

 Sie finden Ihre Änderungen an den Einstellungen auf dem Host in der Datei *esx.conf* im Verzeichnis */etc/vmware/*. Um die Standardeinstellungen wieder herzustellen, suchen Sie die Zeile, die mit »adv.« anfängt, und löschen diese einfach. Starten Sie anschließend den Server neu, damit die Standardkonfiguration wieder eingetragen und aktualisiert wird.

Sollte Ihr Server über einen USB-Stick oder eine SD-Karte installiert worden sein, so wird darauf keine Partition für die Logdateien erstellt. In der Übersicht zum Host bekommen Sie eine Warnmeldung, dass der Host über keinen dauerhaften Speicher für Systemprotokolle verfügt. Um dieses zu ändern, lesen Sie unten den Abschnitt »Warnmeldung über Logdateien« durch und stellen Sie eine Umleitung auf einen dauerhaften (persistenten) Speicher ein.

Verwalten – System – Autostart

Diese Einstellung zeigt eine Liste virtueller Maschinen auf dem Server an und ob diese beim Start des ESXi-Servers hoch- oder heruntergefahren werden sollen. Im Dialogfeld EINSTELLUNGEN BEARBEITEN müssen Sie zunächst die Automatik über das Kontrollkästchen aktivieren, um Einstellungen vornehmen zu können. Hier können Sie einstellen, wann die jeweilige virtuelle Maschine in welcher Abhängigkeit zu einer anderen VM auf dem Server ein- oder ausgeschaltet bzw. heruntergefahren wird oder in den Suspend-Modus geht. Die Optionen umfassen unter anderem das Starten oder Anhalten zu bestimmten Zeitpunkten in Relation zum Ein- und Ausschalten des ESXi-Servers. Nachdem Sie auf SPEICHERN gedrückt haben, können Sie im unteren Teil des Fensters noch für jede VM individuelle Änderungen zu den vorgenommenen generellen Änderungen durchführen. Das Fenster teilt sich in zwei Bereiche, von denen der obere Bereich die allgemeinen Einstellungen betrifft und der untere der expliziten Konfiguration der einzelnen VMs dient.

Wenn Sie eine USV (unterbrechungsfreie Stromversorgung) oder UPS (*Uninterruptible Power Supply*) einsetzen, sollten Sie Überlegungen zu jeder einzelnen Maschine anstellen: Exchange- und Datenbankserver sind wahrscheinlich schneller im Suspend-Modus als heruntergefahren. Gegebenenfalls sollten Sie die VMware Tools nutzen und eigene Skripte für das Beenden von Diensten anlegen. Erfahrungsgemäß fährt z.B. ein älterer Exchange-Server schneller herunter, wenn die betroffenen Dienste über die Kommandozeile mit `net stop <service>` beendet werden.

Von einigen USV- oder UPS-Herstellern gibt es auch fertige virtuelle Maschinen, sogenannte Appliances, die über eine Webkonsole den Start und das Herunterfahren der VMs sowie der Hosts übernehmen können.

VMs ohne VMware Tools können nicht heruntergefahren werden – schicken Sie diese in den Suspend-Modus.

Wenn Sie den ESXi-Host in den vCenter Server aufnehmen, wird dieser Dialog wieder deaktiviert. Sie können ihn anschließend erneut aktivieren oder z.B. HA für den Neustart der VMs konfigurieren. Wirklich helfen wird Ihnen das aber nicht, weil die VMs ja vielleicht auf einem anderen Server landen. So eine Einstellung gibt es im vCenter Server leider nicht (siehe dazu das Skript in Kapitel 9).

Verwalten – System – Auslagerung

Wie in Kapitel 5 ausführlich erklärt wird, wird beim Einschalten einer virtuellen Maschine üblicherweise in ihrem Verzeichnis auf dem Storage eine Auslagerungs-datei in der Größe des Arbeitsspeichers angelegt und beim Ausschalten wieder ge-löscht. Hier kann man den Speicherort dieser Datei für alle VMs auf dem Host än-dern – und bei einer einzelnen Maschine dieses wieder außer Kraft setzen.

Verwalten – System – Uhrzeit und Datum

Hier werden die auf dem ESXi-Server gesetzte Uhrzeit (UTC) und das Datum ange-zeigt. Geben Sie möglichst direkt nach der Installation einen NTP-Server an, mit dem sich der Host aktualisiert. Dafür kann die Rolle des PDC-Emulators des ers-ten Windows-Domänencontrollers genutzt werden (siehe auch den Abschnitt »VMware Tools anpassen« in Kapitel 5). Beachten Sie aber bitte dabei, dass ein PDC-Emulator ohne detaillierte Konfiguration nur den Active-Directory-Mitglie-dern auf Zeitanfragen antwortet.

Damit Sie innerhalb Ihrer Umgebung eine einheitliche Zeit bekommen, gehen Sie wie folgt vor:

Schauen Sie auf einem Domänencontroller unter ACTIVE DIRECTORY BENUTZER UND COMPUTER nach, wer die Rolle als PDC-EMULATOR ausführt. Klicken Sie dazu mit der rechten Maustaste auf Ihre Domäne und wählen Sie aus dem Kon-textmenü BETRIEBSMASTER aus. In dem neuen Fenster klicken Sie auf die Register-karte PDC und sehen in dem Feld BETRIEBSMASTER, wer die Rolle innehat. Melden Sie sich auf dem angezeigten Server mit administrativen Rechten an und starten Sie *regedit.exe*. Navigieren Sie zu dem Schlüssel [*HKEY_LOCAL_MACHINE\SYS-TEM\CurrentControlSet\Services\W32Time*]. In dem Unterschlüssel *\Parameters* sollte der Eintrag *"Type"="NTP"* stehen. Ist der Typ aber »NT5DS«, so bedeutet das, dass der Zeitserver eine Domänenzeit wählt statt der eingetragenen Zeitquel-len. Unter *"NtpServer"=* werden die externen Zeitquellen eingetragen, bei Server 2003 waren diese noch in dem Unterschlüssel \TimeProviders aufgelistet.

In dem Unterschlüssel [*…\W32Time\Config*] sollte *"AnnounceFlags"=dword:* *00000005* eingetragen bzw. geändert werden. Überlegen Sie sich noch, ob Sie die Werte für *"MaxNegPhaseCorrection"* und *"MaxPosPhaseCorrection"* auf einen ge-ringeren Wert (z. B. =dword:00000e10) einstellen wollen. Unter [*…\W32Time\ TimeProviders\NtpServer*] sollte der Eintrag "Enabled"=dword:00000001 und unter [*...\W32Time\TimeProviders\NtpClient*] "SpecialPollInterval"=dword:00000258 stehen. Der Hex-Wert e10 bedeutet 3600 Sekunden, also jede Stunde, der obige Wert 258 alle 10 Minuten.

Auf der Webseite zum Buch können Sie auch eine Datei namens *timeserver.reg* he-runterladen und an Ihre Bedürfnisse anpassen. Der Inhalt ist wie folgt:

```
Windows Registry Editor Version 5.00
[HKEY_LOCAL_MACHINE\SYSTEM\CurrentControlSet\Services\W32Time\Parameters]
"Type"="NTP"
rem Timeproviders (NtpServer) für Windows 2008 und neuer hier
rem Für Windows 2003 im Unterschlüssel
rem [HKEY_LOCAL_MACHINE\SYSTEM\CurrentControlSet\Services\W32Time\TimeProviders]
"NtpServer"="ptbtime1.ptb.de,0x1 ptbtime2.ptb.de,0x1 ptbtime3.ptb.de,0x1"
[HKEY_LOCAL_MACHINE\SYSTEM\CurrentControlSet\Services\W32Time\Config]
"AnnounceFlags"=dword:00000005
"MaxNegPhaseCorrection"=dword:00000e10
"MaxPosPhaseCorrection"=dword:00000e10
[HKEY_LOCAL_MACHINE\SYSTEM\CurrentControlSet\Services\W32Time\TimeProviders\
NtpServer]
"Enabled"=dword:00000001
[HKEY_LOCAL_MACHINE\SYSTEM\CurrentControlSet\Services\W32Time\TimeProviders\
NtpClient]
"SpecialPollInterval"=dword:00000258
rem Für "alle 10 Minuten", hexadezimal oder 900 dezimal für alle 15 Minuten
```

Beachten Sie bitte, dass das Arbeiten in der Registry gefährlich ist und nur mit genauen Kenntnissen durchgeführt werden sollte. Nach den oben beschriebenen Änderungen müssen Sie den W32Time-Dienst neu starten (Windows-Zeitgeber) und in der Ereignisanzeige unter System nachschauen, ob die Zeitsynchronisierung mit der angegebenen Zeitquelle funktioniert.

Falls es Probleme mit dem Einstellen des NTP-Servers über den Client gibt, können Sie auch einfach die Datei */etc/ntp.conf* bearbeiten und eine Zeile mit dem Zeitserver einfügen:

```
restrict default nomodify notrap nopeer noquery
restrict 127.0.0.1
restrict -6 ::1
driftfile /etc/ntp.drift
logconfig +clockstatus +peerstatus +sysstatus +syncstatus
server 10.0.0.10
```

Über den HTML5-Client können Sie das aber üblicherweise auch grafisch erledigen:

1. Klicken Sie unter VERWALTEN – SYSTEM – UHRZEIT UND DATUM auf EINSTELLUNGEN BEARBEITEN.

2. Wählen Sie aus dem Drop-down-Menü STARTRICHTLINIE FÜR NTP-DIENST den Eintrag MIT DEM HOST STARTEN UND BEENDEN aus.

3. Tragen Sie im Feld NTP-SERVER die IP-Adresse des PDC-Emulators oder einen anderen Zeitserver ein. Sie können auch mehrere Zeitserver, getrennt durch ein Komma und ein Leerzeichen, eintragen.

4. Klicken Sie auf SPEICHERN.

5. Klicken Sie jetzt auf AKTIONEN und wählen Sie NTP-DIENST – STARTEN.

Meist wird die Anzeige nicht automatisch aktualisiert, deshalb sollten Sie vor einer eventuellen Fehlersuche die Schaltfläche AKTUALISIEREN betätigen.

Im Gegensatz zum NTP (Network Time Protocol), das eine Genauigkeit von Milli-sekunden bietet, wird beim PTP (Precision Time Protocol) im Mikrosekundenbe-reich aktualisiert. PTP wird auch nur im lokalen Netzwerk eingesetzt, wohingegen NTP die Zeit meist übers Internet holt. Erst ab Windows Server 2019 und Windows 10 (Version 1809) kann dieses eingesetzt werden, bei Linux ist dies be-reits seit mehreren Jahren möglich.

Verwalten – Hardware – PCI-Geräte

Ab vSphere 4.0 unterstützt ESXi eine direkte PCI-Geräteverbindung (DirectPath I/O-Konfiguration) für virtuelle Maschinen, die ab Intel Nehalem- oder AMD-V-Plattformen ausgeführt werden. Dazu muss im BIOS des Hosts die Funktion von Intel (VT-d) oder AMD (IOMMU) eingeschaltet sein. Jede virtuelle Maschine ab Hardwareversion 7 kann mit bis zu sechs Passthrough-Geräten verbunden werden. Die Einstellungen finden Sie unter HOST → VERWALTEN → HARDWARE → PCI-GERÄTE.

Ab der Version 7.0 hat sich der Zugriff auf die Hardware für die VM geändert. Bis-her wurde über eine ID der PCI- oder PCIe-Karte zugegriffen, was ein Verschieben auf einen anderen Host unmöglich machte. Jetzt wird das Gerät nach Hersteller und Modellname identifiziert. Ist so ein Gerät auf einem anderen Host frei, so kann die VM zu diesem migriert werden. Die neue Funktion heißt »PCI vSphere Dynamic DirectPath I/O-Geräte«, bei der alten Version fehlt das »Dynamic« im Namen.

Die folgenden Funktionen sind nicht für virtuelle Maschinen verfügbar, die mit VM-DirectPath (ohne »Dynamic«) konfiguriert sind:

- vMotion und DRS (Ausnahme: ein Distributed Virtual Switch von Cisco oder Ihre Lizenz beinhaltet »Direct Path vMotion«)
- Hinzufügen und Entfernen von virtuellen Geräten im laufenden Betrieb
- Anhalten und Fortsetzen (Suspend und Resume)
- Erstellung, Wiederherstellung oder Übernahme von Snapshots
- Fehlertoleranz (Fault Tolerance)
- Hohe Verfügbarkeit (High Availability)
- DRS, also Performance Balancing (eingeschränkte Verfügbarkeit; die virtuelle Maschine kann Teil eines Clusters sein, kann aber nicht über Hosts hinweg migriert werden)

Auf der Seite PCI-GERÄTE (siehe Abbildung 3-7) werden alle verfügbaren Pass-through-Geräte aufgelistet. Dieses können PCI- und PCIe-Geräte sein. In der Spalte »Passthrough« steht, ob ein Gerät aktiv, deaktiviert oder nicht fähig ist. Der Host muss nach Änderungen neu gestartet werden, bevor das Gerät verwendet werden kann.

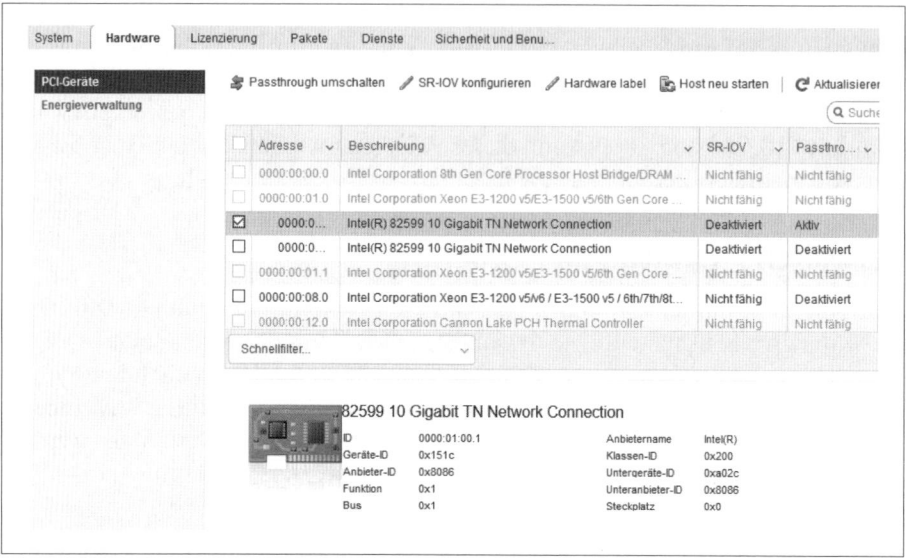

Abbildung 3-7: Passthrough-Geräte

Wenn Sie hier ein Gerät aktivieren, steht es nach dem Neustart des Hosts nur noch den Gästen zur Verfügung. Dort können Sie dann beim Gast unter BEARBEITEN → ANDERES GERÄT HINZUFÜGEN → PCI-GERÄT diese Komponente der virtuellen Maschine hinzufügen.

Nicht jede Serverhardware bietet diese Funktion. Bei einigen in der Kompatibilitätsliste stehenden Rechnern wird diese Funktion nicht angeboten. Achten Sie auf die BIOS-Einstellungen Intel VT-d und AMD IOMMU.

Für die VM wird der Arbeitsspeicher leider nicht mehr automatisch reserviert, das müssen Sie manuell vornehmen, damit die VM eingeschaltet werden kann.

Verwalten – Hardware – Energieverwaltung

Je nachdem, welche Prozessoren im ESXi-Server werkeln, kann hier die Energieverwaltung des Hosts in vier verschiedenen Modi eingestellt werden. Über den Link RICHTLINIE ÄNDERN oben öffnet sich ein neues Fenster mit den Auswahlmöglichkeiten. Sollten Sie in dem Fenster eine Änderung vornehmen, wird diese nicht sofort angezeigt, sondern erst, wenn Sie auf AKTUALISIEREN geklickt haben. Sollte die Funktion im BIOS nicht aktiviert sein, sehen Sie nur den Hinweis, dass dieses nicht unterstützt wird. Bei HP-Servern heißt das Energiemanagement übrigens *Cooperative Power Management*.

Laut Empfehlung von VMware (und mir) sollten alle Power-Management-Einstellungen im BIOS des Hosts deaktiviert sein. Welche Einstellung Sie dann hier verwenden, kommt auf die Erfordernisse und Gesamtauslastung des Servers an: Haben Sie mehr als ca. 30 % CPU-Last und 50 % Arbeitsspeicherbelegung, sollten Sie hier eher HOCHLEISTUNG auswählen, sonst lassen Sie es bei AUSGEGLICHEN, dann kümmert sich der ESXi-Server selbst darum.

Verwalten – Lizenzierung

Hier wird der aktuelle Lizenzierungsstatus in der virtuellen Infrastrukturumgebung angezeigt. Dazu zählen Lizenzquellen, Lizenzserver oder -datei, Lizenztyp und Add-on-Lizenzierung, z. B. vMotion, HA (High Availability), Fault Tolerance oder DRS (Performance Balancing). Oben rechts finden Sie den Link AKTIONEN, den Sie auswählen können, um dem Host einen neuen oder anderen Lizenzschlüssel zuzuweisen. Auch können Sie hier Lizenzen entfernen. Manchmal funktioniert die Eingabe von Lizenzen hier nicht, gehen Sie in diesem Fall über HOME → LIZENZIERUNG, damit es klappt (nur über den vCenter Server).

Einiges von dem, was in Abbildung 3-8 aufgeführt wird, ist selbsterklärend (z. B. dass unbegrenztes virtuelles SMP bedeutet: bis zu 256 CPUs für die VM mit symmetrischem Multiprocessing), andere Funktionen wie vMotion, HA, Fault Tolerance, Data Protection und DRS werden wir noch detailliert besprechen. Deshalb erkläre ich hier nur die nicht ganz eindeutigen Produktfunktionen:

vCenter-Agent für VMware Host

Hier ist nur der Agent zum ESXi-Server gemeint, der gebraucht wird, wenn der Host zum vCenter Server hinzugefügt wird. Dieser wird durch den vCenter Server aktiviert und konfiguriert.

vSphere API

Softwareschnittstelle für SAN-Anbieter, um z. B. das Multipathing, die Sicherheit oder ein Backup besser unterstützen zu können. Dazu gehören auch Speicher-APIs, APIs for Storage Awareness usw.

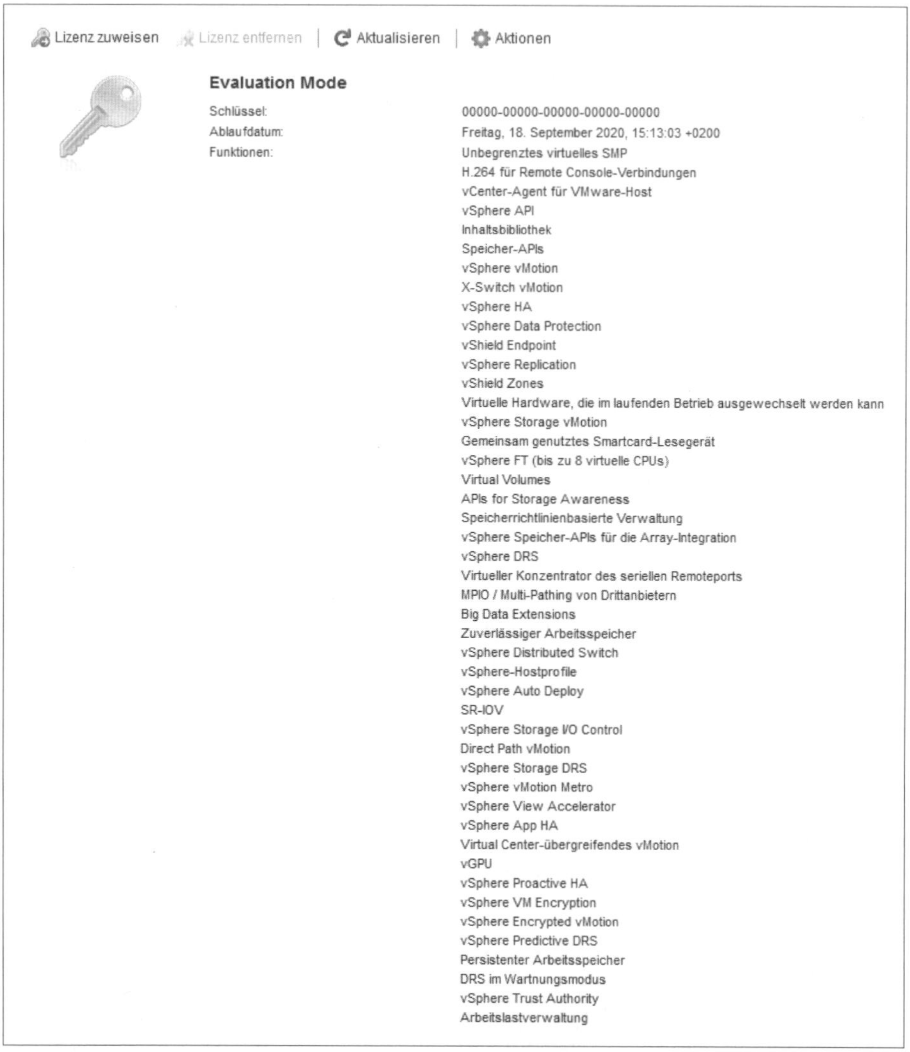

Lizenz zuweisen   Lizenz entfernen | Aktualisieren | Aktionen

Evaluation Mode

Schlüssel: 00000-00000-00000-00000-00000
Ablaufdatum: Freitag, 18. September 2020, 15:13:03 +0200
Funktionen: Unbegrenztes virtuelles SMP
                        H.264 für Remote Console-Verbindungen
                        vCenter-Agent für VMware-Host
                        vSphere API
                        Inhaltsbibliothek
                        Speicher-APIs
                        vSphere vMotion
                        X-Switch vMotion
                        vSphere HA
                        vSphere Data Protection
                        vShield Endpoint
                        vSphere Replication
                        vShield Zones
                        Virtuelle Hardware, die im laufenden Betrieb ausgewechselt werden kann
                        vSphere Storage vMotion
                        Gemeinsam genutztes Smartcard-Lesegerät
                        vSphere FT (bis zu 8 virtuelle CPUs)
                        Virtual Volumes
                        APIs for Storage Awareness
                        Speicherrichtlinienbasierte Verwaltung
                        vSphere Speicher-APIs für die Array-Integration
                        vSphere DRS
                        Virtueller Konzentrator des seriellen Remoteports
                        MPIO / Multi-Pathing von Drittanbietern
                        Big Data Extensions
                        Zuverlässiger Arbeitsspeicher
                        vSphere Distributed Switch
                        vSphere-Hostprofile
                        vSphere Auto Deploy
                        SR-IOV
                        vSphere Storage I/O Control
                        Direct Path vMotion
                        vSphere Storage DRS
                        vSphere vMotion Metro
                        vSphere View Accelerator
                        vSphere App HA
                        Virtual Center-übergreifendes vMotion
                        vGPU
                        vSphere Proactive HA
                        vSphere VM Encryption
                        vSphere Encrypted vMotion
                        vSphere Predictive DRS
                        Persistenter Arbeitsspeicher
                        DRS im Wartungsmodus
                        vSphere Trust Authority
                        Arbeitslastverwaltung

Abbildung 3-8: Übersicht über lizenzierte Funktionen

Denken Sie bitte daran, dass Sie möglichst vor Ende der Testzeit Ihre Lizenzen einspielen müssen, sonst können Sie Ihre VMs nicht mehr starten. Haben Sie Funktionen während der Testzeit konfiguriert, die Ihre tatsächliche Lizenz nicht abdeckt, müssen Sie diese erst rückgängig machen. Also müssen Sie z.B. die Portgruppe für vMotion löschen, wenn Ihr Vertrag kein vMotion vorsieht.

vShield Endpoint

Erlaubt das Hinzufügen von zusätzlichen Sicherheitsprodukten von Drittanbietern, die dann in Zusammenarbeit mit der Virtualisierungsschicht eine höhere Sicherheit für den Server und die Gäste gewährleisten. McAfee, Kaspersky und TrendMicro waren die ersten Hersteller, die eine Antivirenlösung für diese Schnittstelle (ehemals VMsafe) anboten. Eine zusätzliche Software in der VM ist dann obsolet.

vSphere Replication

Das Replizieren von VMs zu einem anderen Ziel (Datacenter, Host, Storage).

vShield Zones

vShield Zones ist eine Art Firewall für die virtuellen Maschinen. Sie erleichtert die Sicherheit über Policies bei Anwendungen in verteilten Umgebungen über Netzwerksegmentierung von Benutzern und sensiblen Daten.

MPIO/Multi-Pathing

Arbeitet im Zusammenhang mit vSphere APIs. Auch hier geht es um eine Softwareschnittstelle für verteilte Zugriffe auf einen gemeinsamen Storage.

vSphere Speicher-APIs

vAAI, *vSphere Storage API for Array-Integration,* ist ebenfalls eine Softwareschnittstelle für SAN-Hersteller.

vSphere vMotion Metro

Ein vMotion über große Strecken, das eine hohe Latenzzeit hat, wird über vMotion Metro abgewickelt. Diese Funktion ist automatisch aktiviert, wenn sie in der eingegebenen Lizenz enthalten ist, und lässt sich nicht weiter konfigurieren.

vSphere View Accelerator

Eine Funktion für VMware Horizon View, die Desktops für Anwender zur Verfügung stellt. Hiermit wird für das Produkt Horizon View eine Caching-Option angeboten, die Master-Images im RAM hält und damit deutlich schneller darauf basierende Desktops starten und ausführen kann.

Verwalten – Pakete

In dieser Registerkarte werden die installierten Komponenten mit ihrer jeweiligen Version, dem Anbieter und dem Zeitpunkt ihrer Installation angezeigt. Über die Schaltfläche UPDATE INSTALLIEREN können Sie den Host auf den neuesten Stand bringen, indem Sie eine Webseite oder ein Paket auf einem VMFS-Volume angeben.

Auf der angegebenen Webseite oder dem lokalen Pfad muss ein VIB-Paket (VMware Installation Bundle) vorhanden sein oder Sie melden sich unter *my.vmware.com* an und laden eine ZIP-Datei für Ihren Server herunter. Nach dem Entpacken können Sie es mit dem Datenspeicherbrowser oder WinSCP auf ein

VMFS-Volume legen und dort den gesamten Pfad zu der Datei angeben, z. B. */vmfs/volumes/esx1-datastore3/Esxi-Updates/vib20/VMware_bootbank_esx-base_ 7.0.2-0.1.1584387.vib.*

Den ESXi-Server so auf den neuesten Stand zu bringen ist aber sehr mühsam. Gerade habe ich eine ZIP-Datei von VMware heruntergeladen, die insgesamt 122 Dateien enthielt. Besser, man versucht es über die Kommandozeile mit dem Befehl esxcli, wie in Kapitel 9 ausführlich beschrieben.

Verwalten – Dienste

Üblicherweise werden auf dieser Registerkarte fünfzehn Dienste mit ihrem Status angezeigt. Von hier aus haben Sie unter anderem die Möglichkeit, Zugriffe über SSH zu erlauben und auf die DIREKTE KONSOLE (DCUI) zu unterbinden. Auch der Agent für den vCenter Server (vpxa) ist hierüber steuerbar. Die zu den Diensten gehörenden Firewall-Regeln findet man jetzt unter NETZWERK.

Wollen Sie einen Dienst auf Dauer gestartet haben, so können Sie diesen anklicken und über AKTIONEN – RICHTLINIE – MIT DEM HOST STARTEN UND BEENDEN oder mit FIREWALL-PORTS STARTEN UND BEENDEN auswählen. Letzteres bedeutet, dass Sie unter NETZWERK einen Port öffnen und der dazugehörige Dienst automatisch gestartet wird.

Wenn Sie den Dienst SSH starten oder unter NETZWERK die ESXi-Shell erlauben, wird in der Bestandsliste des vCenter Servers ein gelbes Warndreieck angezeigt und auf der Übersichtsseite des Hosts ebenfalls ein Konfigurationsproblem gemeldet. Wenn Ihnen das bewusst ist, können Sie diese Meldungen unter ERWEITERTE EINSTELLUNGEN abschalten. Klicken Sie dazu auf der linken Seite des Fensters auf USERVARS und scrollen Sie mit dem rechten Balken ganz nach unten bis zum Punkt USERVARS.SUPPRESSSHELLWARNING. Setzen Sie dort den Wert 1 für »keine Meldung mehr darüber anzeigen«.

Verwalten – Sicherheit und Benutzer

Die meisten der sechs hier aufgelisteten Unterpunkte wird man nur selten brauchen, deshalb gehe ich im Folgenden nur kurz darauf ein.

Akzeptanzebene

Sollten Sie auf dem ESXi-Server zusätzliche Pakete (VIB-Dateien) installieren wollen, dann beachten Sie die Akzeptanzebene im unteren Teil bei SICHERHEIT UND BENUTZER. Die VIB-Dateien beinhalten Signaturen, die die Installation beim gewählten Profil ermöglichen können oder auch nicht. Über EINSTELLUNGEN BEARBEITEN können Sie zwischen vier Ebenen wählen.

Die Änderungen an dieser Stelle können das Updaten des ESXi-Servers nachteilig beeinflussen, denn die Firmware-Updates und Patches sind ebenfalls VIB-Dateien.

Authentifizierung

Es besteht die Möglichkeit, den ESXi-Server in die Active Directory Zone mit auf-
zunehmen. Das hat den Vorteil, dass Sie für User im Active Directory Berechtigungen vergeben können. Gehört der Host zu einem vCenter Server, brauchen Sie das
nicht zu tun, weil die Berechtigungen dann über dieses Mitglied der Domäne erledigt werden. Der Host trägt sich dabei als Computer ins AD ein – ein Eintrag im
DNS wird dadurch aber nicht erstellt.

Zertifikate

Bei der Installation des Hosts wird ein selbstsigniertes Zertifikat erstellt, wie bereits oben erwähnt. Details zu diesem Zertifikat kann man sich hier anzeigen lassen. Gehört der Host zu einem vCenter Server, so wird das Zertifikat automatisch
ausgetauscht.

Über den Link NEUES ZERTIFIKAT IMPORTIEREN können Sie eine Signierungsanfor-
derung für IP und Namen (FQDN) generieren oder ein bestehendes Zertifikat im
PEM-Format importieren. Weitere Informationen über Zertifikate erhalten Sie
nach der Installation des vCenter Servers.

Benutzer

Wie bei jedem Betriebssystem üblich, sind nach der Installation schon einige vordefinierte Benutzer und Gruppen im System angelegt, bei Linux-basierten Systemen sind es ein paar mehr, unter Windows nur wenige. Das liegt an der unterschiedlichen Handhabung der Dienste, die im Hintergrund ablaufen, und deren
notwendige Berechtigungen.

Bei einem Linux-System ist der User *root* die höchste Instanz, hat also die höchste
Berechtigung. Beim Windows-System ist es das System selbst. Der Administrator
darf längst nicht alles. Bei unserem Host handelt es sich also eher um Linux als um
Windows, obwohl hier kein echtes Betriebssystem mehr vorhanden ist (BusyBox).
In der Anzeige werden nicht alle User auf dem System angezeigt, sondern üblicher-
weise nur *root* und neu hinzugefügte.

Die User-ID (UID) sagt unter anderem etwas über die Rechte im System aus. Grob
gesagt: Je niedriger die ID, desto höher die Berechtigungen und umgekehrt.

Der erste User wird mit der UID 1000 angelegt und gehört automatisch zur
Gruppe *users*. Auf dem ESXi gibt es über die Oberfläche seit der Version 5.1 keine
GRUPPEN mehr, obwohl diese weiterhin auf der Kommandozeile angezeigt werden.

Mit einem Klick auf BENUTZER HINZUFÜGEN bekommen Sie einen Dialog, über den
Sie neue Benutzer anlegen können. Im Fenster EINEN BENUTZER HINZUFÜGEN
brauchen Sie nicht alle Felder auszufüllen, die Beschreibung wird gegebenenfalls
automatisch mit »ESXi User« ausgefüllt. Wichtig sind hierbei BENUTZERNAME
(sollten Sie kleinschreiben) und KENNWORT (2*).

Beachten Sie beim Anlegen eines Users die Komplexität des Passworts. Nehmen Sie keine Wörter aus einem Wörterbuch und verwenden Sie Zahlen, Klein- und Großbuchstaben sowie Sonderzeichen (Beispiel: HGt56-vmRT5).

Beim ESXi-Server werden die UIDs wiederverwendet, wenn ein User gelöscht wurde. Achten Sie unbedingt auf die Dateien des gelöschten Users, weil der neue User automatisch Berechtigungen darauf erhalten kann.

Mit einem Klick auf einen Benutzernamen können Sie dessen Einstellungen bearbeiten und löschen. Dazu gehört auch das Setzen eines neuen Passworts.

Bevor Sie einem Benutzer Berechtigungen zuweisen, lesen Sie dazu unbedingt den Abschnitt »Rechtevergabe« ab Seite 60. Die Vererbung der Rechte läuft hier nicht wie z. B. bei Windows! Vergeben Sie Rechte über den vCenter Server, dann beachten Sie die ausführlichen Schilderungen in Kapitel 18.

Rollen

Eine Rolle ist ein vordefiniertes Set von Rechten, die Sie einem Benutzer zuteilen können. Die sechs vorkonfigurierten Standardrollen, die Sie unter SICHERHEIT UND BENUTZER → ROLLEN finden, können nicht geändert werden. Wenn in bestimmten Situationen andere Zugriffsberechtigungen benötigt werden, erstellen Sie eine zusätzliche Rolle und passen sie Ihren Anforderungen an.

Standardrollen auf dem ESXi-Server

Es folgen ein paar kurze Hinweise zu den Rechten, die für die vier Standardrollen vordefiniert sind:

- ADMINISTRATOR: Hiermit werden alle Berechtigungen für alle Objekte auf dem ESXi-Server vergeben. Sie können aber auch administrative Berechtigungen für untergeordnete Objekte, also VMs oder Ressourcenpools, vergeben, die sich nicht auf den ESXi-Host auswirken. Mit diesem Recht können Sie auch selbst Berechtigungen vergeben.

- KEIN ZUGRIFF: Diese Rolle wird verwendet, um die eigentliche Vererbung der Berechtigungen wieder außer Kraft zu setzen. Ein User, dem diese Rolle z. B. für eine VM zugewiesen wird, kann diese nicht sehen oder ändern. Die Registerkarten sind zwar vorhanden und können angeklickt werden, der Inhalt ist aber leer.

- NUR LESEN: User mit diesem Recht können zwar alle Details sehen, aber nichts ändern. Alle Vorgänge über die Schaltflächen oder Kontextmenüs sind sichtbar, aber nicht auswählbar. Auch die VMware Remote Console ist für diesen Benutzer nicht erreichbar.

- KEIN KRYPTOGRAFIE-ADMINISTRATOR: User, denen diese Rolle zugewiesen wurde, haben dieselben Rechte wie ein Administrator, jedoch ohne die Möglichkeit, eine VM zu ver- oder entschlüsseln (nur über den vCenter Server möglich).

Die in der Übersicht angezeigten Einträge ANZEIGEN und ANONYM können keinem User zugewiesen werden, sondern werden für interne Zwecke genutzt.

Nicht alle Möglichkeiten, die man durch Setzen von Häkchen in der Rolle hat, sind auf dem ESXi-Server sinnvoll. Einige Rechte sind nur über den vCenter Server anwendbar. Dazu gehören: ALARM, CRYPTOGRAPHER, DVPORTGROUP, DVSWITCH, DATENCENTER, EAM und weitere.

Wenn Sie eine neue Rolle erstellen, sollten Sie die gesetzten Berechtigungen vor dem Zuweisen an einen Benutzer auf jeden Fall testen. Manchmal übersieht man bei den vielen Kästchen Abhängigkeiten (siehe Abbildung 3-9), die dann die gewünschte Arbeit des Users unmöglich machen. Rollen, die auf einem Host erstellt wurden, können beim vCenter Server nicht genutzt werden.

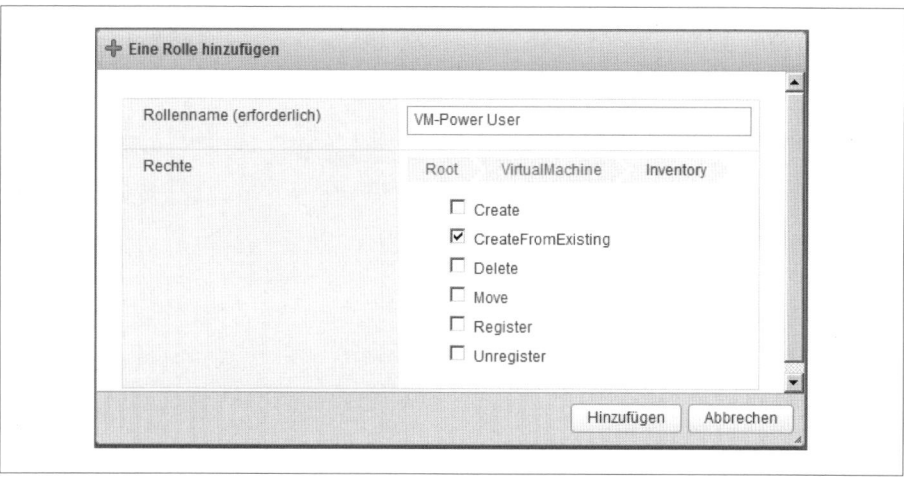

Abbildung 3-9: Definierbare Rechte

Sperrmodus

Für eine erhöhte Sicherheit auf dem Host sorgt der Sperrmodus. Dieser stellt sicher, dass nur noch über den vCenter Server auf den ESXi zugegriffen werden kann. Seit der Version 6.0 kann dieser Modus in zwei unterschiedlichen Stärken ausgewählt werden: normal und streng. Für bestimmte Benutzer können aber Ausnahmen hierfür angegeben werden. Der Zugriff auf die DCUI ist beim strengen Modus nicht möglich, im normalen Modus können Ausnahmen für User eingetragen werden.

Der Sperrmodus kann auf dem Host erst eingeschaltet werden, wenn ein Benutzer als Ausnahme zu der Liste hinzugefügt wurde. Auch der User *root* muss diese Rechte erst manuell bekommen. Über die DCUI lässt sich diese Einstellung nur ändern, wenn der Host zum vCenter Server gehört und dann auch nur der normale Modus.

Überwachen – Leistung

Der ESXi-Host speichert die Leistungsdaten der virtuellen Maschinen und seine eigenen nur für einen Zeitraum von einer Stunde. Erst durch den vCenter Server mit eigener Datenbank stehen dafür größere Zeiträume zur Verfügung. Beachten Sie, dass der Graph nicht automatisch aktualisiert wird, was man aber über den Anmeldenamen (root@esx1) einstellen kann. Hat man keine Aktualisierung gewählt, holt sich der Host nur alle 20 Sekunden neue Informationen und zeigt diese (ggf.) auf der Seite an. Was in dem angezeigten Diagramm dargestellt wird, steht oben links in der Ecke.

Folgende Wertekategorien können Sie sich aussuchen:

- CPU
- Arbeitsspeicher
- Netzwerk
- Festplatte

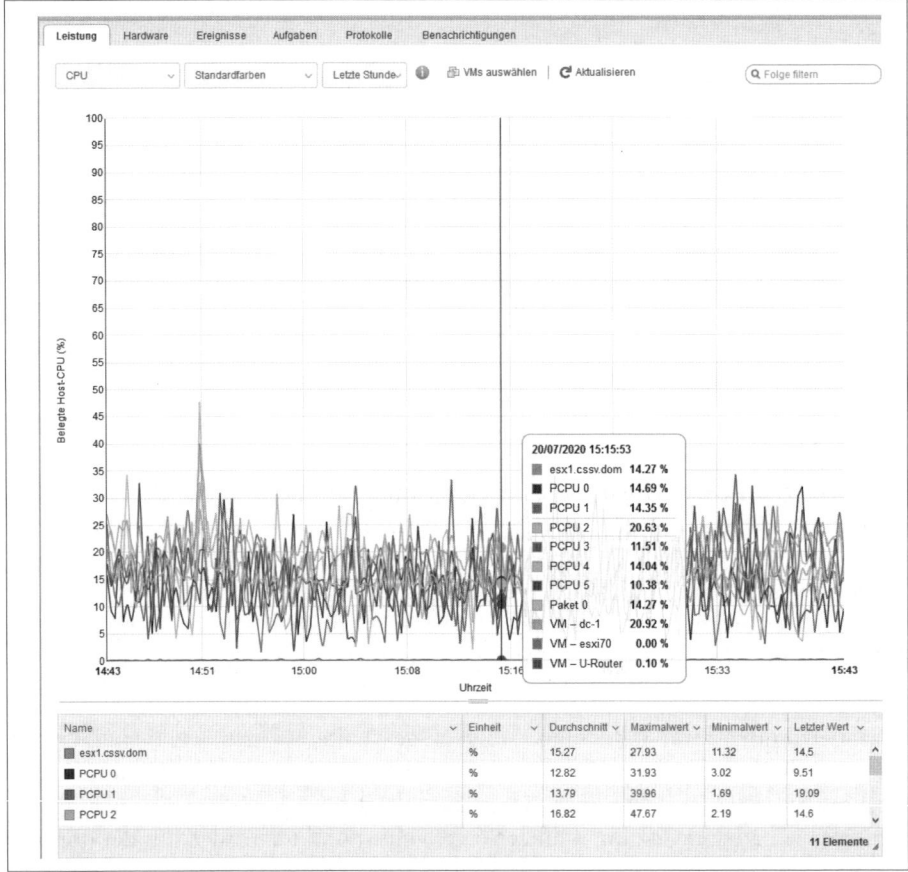

Abbildung 3-10: Ressourcendarstellung für mehrere VMs

Eine ausführlichere Anzeige mit vielen Auswahlkriterien bekommen Sie nur über den vCenter Server. Wenn Sie die Auslastung von bestimmten VMs sehen möchten, so können Sie über die Schaltfläche VMs AUSWÄHLEN die Häkchen vor der jeweiligen VM anklicken – in diesem Fenster ist auch ein Filter vorhanden, sodass z.B. nur eingeschaltete Maschinen angezeigt werden können.

Fahren Sie mit der Maus über die Anzeige, dann bekommen Sie die Prozentzahlen auch für ausgewählte VMs angezeigt (siehe Abbildung 3-10).

Überwachen – Hardware – Systemsensoren

Bei den von VMware zertifizierten Servern erscheinen hier mehr oder weniger viele Angaben zu den Geräten und Treibern. Am einfachsten vergleicht man die Anzeige mit dem Hardwarestatus im BIOS eines Rechners, bei dem man ebenfalls keine Einstellungen vornehmen kann. Üblich sind hier Angaben zu Prozessoren, Arbeitsspeicher, Lüftern, Netzwerkkarten, BIOS und weiteren Geräten, an die Sensoren angeschlossen oder darin integriert sind. Dazu zählen auch diverse Temperaturen und Umdrehungszahlen, die vom ESXi-Server ausgelesen und grafisch dargestellt werden. Die Zuverlässigkeit der Anzeige beruht auf den jeweiligen Sensoren, nicht auf der Abfragesoftware, die das SMASH-Profil (Systems Management Architecture for Server Hardware) dafür nutzt.

Per Link oben rechts in der Ecke sind die AKTUALISIERUNG der Anzeige und das Löschen des Ereignisprotokolls der Sensoren möglich. Wird ein Status ungleich »normal« festgestellt, wird dieses in Gelb oder schlimmer in Rot dargestellt. Die Schwellenwerte für Gelb und Rot lassen sich nicht einstellen. Ist in dieser Liste »? Unbekannt« aufgeführt, kann der Wert nicht ermittelt werden.

Wenn der ESXi-Server Mitglied beim vCenter Server ist, gibt es ein zusätzliches Plug-in vCenter-Hardwarestatus, das dann auch Alarme versenden kann, z.B. per Mail oder SNMP-Trap (dazu in Kapitel 16 mehr).

Überwachen – Hardware – Speicher

Über den SFCBD-Dienst (Small Footprint CIM Broker Daemon) kann der CIM-Agent (Common Information Model) Hardwareinformationen über den Zustand des Hosts auslesen. Bei diesem Punkt versucht der ESXi-Server Informationen über den Zustand des angeschlossenen Speichers zu bekommen. Dafür muss der Dienst allerdings gestartet sein, was man auf der Kommandozeile über den Befehl `esxcli system wbem set --enable true` erreicht.

Überwachen – Ereignisse

Jede Aktion von Benutzern oder vom System, die an einer virtuellen Maschine oder dem ESXi-Host ausgeführt wird, wird mitprotokolliert und beim ESXi-Server an dieser Stelle angegeben. Dazu gehören auch die An- und Abmeldungen von Benutzern. Die Meldungen, die hier erscheinen, sind vordefiniert und werden beim Auslösen hier aufgelistet. Je nach Schweregrad kann der Typ eine Information (ein weißes i im blauen Kreis), eine Warnung (ein Ausrufezeichen im gelben Dreieck) oder eine Fehlermeldung (ein Ausrufezeichen auf roter Raute) sein, was auch mit dem jeweiligen Icon farblich dargestellt wird. Zu jedem Ereignis erscheinen das Datum und die Uhrzeit des Auftretens und im unteren Teil des Abschnitts gegebenenfalls, welche vorherigen Ereignisse zu dieser Meldung geführt haben, und ein Link, um die Online-Knowledge-Base dazu zu durchsuchen.

Wenn Sie sich die Ereignisse für eine VM anschauen wollen, klicken Sie auf die virtuelle Maschine im NAVIGATOR, auf ÜBERWACHEN und anschließend auf deren Registerkarte EREIGNISSE. Auch hier können Sie wieder nach jeder Spalte sortieren. Exportieren können Sie die Ereignisse nicht mehr.

Falls Fehler bei Ihrem Host auftreten, stehen diese natürlich hier in den Ereignissen. Manchmal trifft man allerdings auf wenig aussagekräftige Sätze wie »A general system error occurred«. Häufig sind dann abhängige Ereignisse aufgeführt, die zu dem Fehler geführt haben, oder es werden Variablen oder deren Werte mit angegeben, z. B. »svga.vramSize«. Suchen Sie am besten im Internet über die VMware Community oder über Google nach diesem Eintrag, und Sie werden sicherlich fündig.

Weitaus detailliertere Informationen als in dieser Auflistung bekommen Sie zur virtuellen Maschine in deren Logdateien über die Kommandozeile. Sie können auch über den Datenspeicherbrowser die Datei auf Ihren Rechner herunterladen und dann diese mit z. B. Wordpad öffnen (wegen der anderen Zeilenumbrüche in Linux sollten Sie nicht Notepad verwenden). Hier sehen Sie deutlich mehr Hinweise, die auf den Fehler schließen lassen. Die Informationen zum Host werden in verschiedenen Logdateien auf dem System selbst im Verzeichnis */var/log* abgespeichert. Sehen Sie sich die Dateien *vmkeventd*, *vmkernel*, *vmwarning* und die Datei *hostd.log* z. B. mit dem Programm *less* an, beispielsweise:

```
less /var/log/vmkernel.log
```

Über die übernächste Registerkarte PROTOKOLLE können 15 der erstellten Informationsdateien ebenfalls angezeigt werden (siehe übernächster Abschnitt).

Wenn Ihr ESXi auf einer SD-Karte oder einem USB-Stick installiert wurde, müssen Sie meistens einen neuen Speicherort für die Logdateien auf einem VMFS-Volume angeben. Wie das geht, habe ich oben unter VERWALTEN – SYSTEM – ERWEITERTE EINSTELLUNGEN bereits erwähnt.

Überwachen – Aufgaben

Ähnlich wie bei den Ereignissen werden hier in einer Tabelle die anstehenden oder durchgeführten Aufgaben aufgelistet. Über den vCenter Server können Aufgaben auch zeitlich geplant werden. Die letzten Aufgaben werden auch am unteren Bildschirmrand im Fenster AKTUELLE AUFGABEN gelistet.

Überwachen – Protokolle

Über diese Registerkarte können Sie ein Support-Bundle für den VMware-Support generieren und dieses dann über FTP in einen speziellen Ordner auf deren Webseite hochladen. Wenn Sie den Link SUPPORT-BUNDLE GENERIEREN anklicken, wird ohne weitere Nachfrage das Paket erstellt und es erscheint das in Abbildung Abbildung 3-11 gezeigte Fenster.

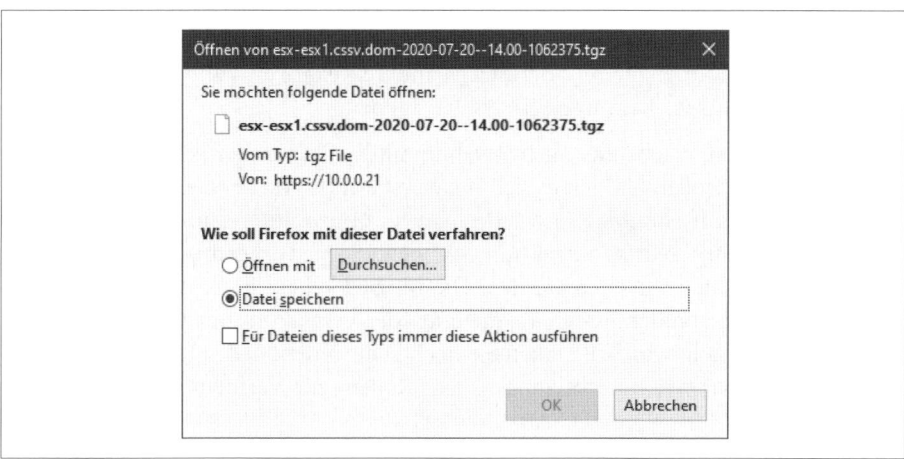

Abbildung 3-11: Paket als Support-Bundle

Dieser Vorgang kann ein wenig Zeit in Anspruch nehmen. Es werden alle untergeordneten Objekte und bei Bedarf auch Leistungsdaten in einem definierbaren Zeitraum erfasst und abgespeichert. In dieser tgz-Datei befinden sich alle Logdateien der registrierten VMs und des Hosts sowie die komplette Konfiguration.

Wenn Sie einen der 15 Einträge in der Liste anklicken, wird im unteren Teil des Fensters das Ende der Datei angezeigt und auch ohne Zutun aktualisiert. Über AKTIONEN ist es ebenfalls möglich, das Support-Paket zu erstellen oder sich die Logdatei in einem zusätzlichen Fenster anzusehen – das wiederum manuell aktualisiert werden muss. Geben Sie im Suchfeld Zeichen ein, so wird hier nicht gefiltert, sondern die Zeichen im angezeigten Text gelb markiert. Sie müssen also mit dem Laufbalken nach oben oder unten scrollen, um die Zeichen zu sehen.

Überwachen – Benachrichtigungen

Auf der letzten Registerkarte werden Benachrichtigungen verschiedenen Schweregrades angezeigt, auch wenn diese in den ERWEITERTEN EINSTELLUNGEN deaktiviert wurden. Klickt man einen der Einträge an, erhält man noch weitere Hinweise, wie »Empfohlene Aktion: Sie sollten die Shell deaktivieren, sofern sie nicht für administrative Zwecke benötigt wird«.

Über die Schaltfläche AKTIONEN können dann auch meist die zugehörigen Dienste beendet werden. Klicken Sie anschließend auf AKTUALISIEREN, damit Sie nur noch die aktuellen Benachrichtigungen angezeigt bekommen (hier funktioniert die automatische Aktualisierung nicht).

Host – Berechtigungen

Über das Kontextmenü auf dem Host oder über die Schaltfläche AKTIONEN bekommen Sie Informationen, wer mit welchen Rechten auf den Host zugreifen darf. Weiterhin können Sie hier Benutzern andere Rechte ein- und austragen sowie Berechtigungen für vorher angelegte User vergeben.

Die Rechte werden, wie bereits oben erwähnt, mit Rollen definiert, die man hier nicht ändern kann. Bei Rollen handelt es sich um eine Gruppe von definierten Berechtigungen, die den Zugriff einzelner Anwender oder Gruppen auf bestimmte Objekte des ESXi-Servers steuern. Nur Benutzer und Gruppen, die Sie vorher angelegt haben, können hier mit Rechten versehen werden. Die Möglichkeiten, ihnen Rechte zu geben, hängen wiederum von den Rollen ab, die unter der Verwaltung vordefiniert sind oder von Ihnen neu erstellt wurden. Haben Sie noch keine individuellen Rollen erstellt, stehen Ihnen hier nur vier Berechtigungsstufen (Rollen) zur Verfügung: KEIN ZUGRIFF, NUR LESEN, KEIN KRYPTOGRAFIE-ADMINISTRATOR und ADMINISTRATOR.

Windows- oder Domänenbenutzern können Sie nur Rechte über den vCenter Server vergeben oder wenn Sie unter KONFIGURATION → AUTHENTIFIZIERUNGSDIENSTE den Host ins AD integriert haben. Lesen Sie mehr darüber in Kapitel 18.

Rechtevergabe

Sie können Berechtigungen für eine einzelne virtuelle Maschine, einen Datenspeicher, das Netzwerk oder für den Host zuweisen. Rechte, die Sie auf Hostebene vergeben, werden üblicherweise nach unten hin vererbt. Das Vererben wird durch Genehmigungsregeln festgelegt und nicht allgemein angewendet. Wenn Sie sich im Fenster BERECHTIGUNGEN VERWALTEN befinden, achten Sie auf die Schaltfläche, wie in Abbildung 3-12 dargestellt, mit der Sie die Vererbung außer Kraft setzen können.

Für ein Unterobjekt definierte Berechtigungen überschreiben immer die von übergeordneten Objekten übernommenen Berechtigungen. Das heißt, wenn ein Benutzer Rechte auf einem übergeordneten Objekt besitzt, z. B. durch eine Gruppenzugehörigkeit auf dem ESXi-Server, und Sie andere Rechte auf einem untergeordneten Objekt setzen, z. B. einer virtuellen Maschine, hat er hier nur die Berechtigungen, die explizit gesetzt wurden – nicht gegebenenfalls höhere durch die Vererbung.

Beachten Sie auch, dass Rechte, die einem User gegeben wurden, höherwertig sind als Gruppenrechte.

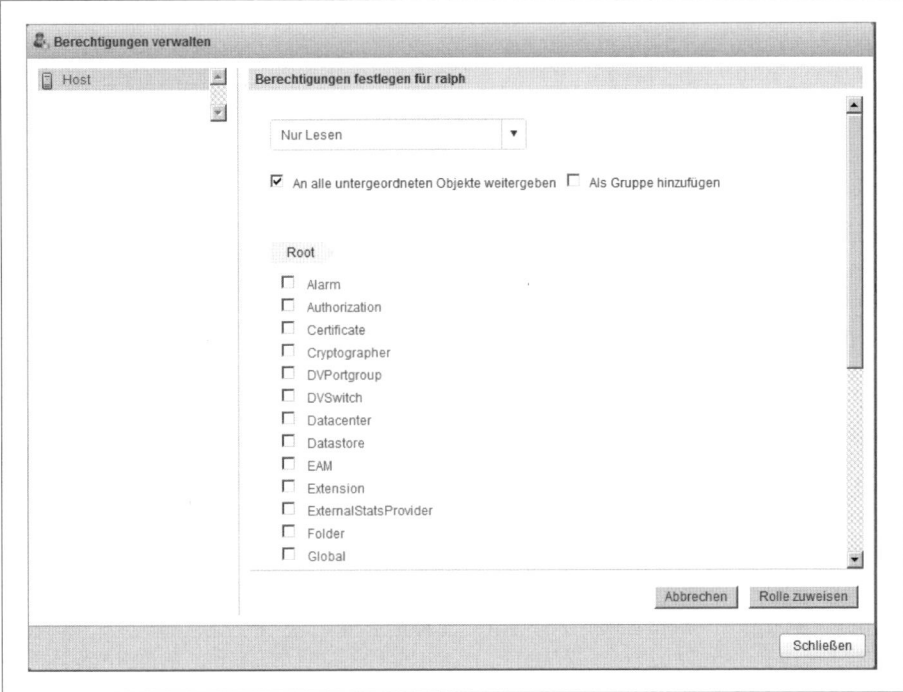

Abbildung 3-12: Vererbbare Rechte

Da die Rechtevererbung hier gänzlich anders ist, als man allgemein erwarten würde, folgen noch ein paar klärende Sätze dazu in Kapitel 18.

Wenn Sie Änderungen bei den Berechtigungen vornehmen, müssen sich die Anwender nicht ab- und wieder anmelden, damit diese wirksam werden. Alle Änderungen werden sofort wirksam.

Das Kontextmenü unter ESXi

Über die acht Einträge des Kontextmenüs oder der AKTIONEN-Schaltfläche kommen Sie zentral zu den wichtigsten Punkten bezogen auf den Host. Einiges davon habe ich bereits beschrieben, deshalb folgen hier nur noch die noch nicht aufgeführten Optionen.

VM erstellen/registrieren

Das Erstellen einer neuen VM werden wir ausführlich in Kapitel 5 besprechen. Über diesen Eintrag hat man aber ebenfalls die Möglichkeit, eine bereits bestehende lokale Maschine im OVF- (*Open Virtualization Format*) oder OVA-Format (*Open Virtual Appliance / Application*) zu importieren. Hierbei handelt es sich meistens um fertige VMs mit installiertem Betriebssystem und teilweise mit Software – sogenannte Appliances. Der Unterschied zwischen OVF und OVA besteht lediglich darin, dass die drei oder vier Dateien beim OVA-Format zu einer gepackten Datei zusammengefasst sind.

Beachten Sie bitte, dass es mit der Übertragung (Upload) von großen Dateien über den Browser erhebliche Probleme geben kann. Versuchen Sie es dann mit einem anderen Browser.

Sie können auch selbst eine fertige Maschine in das OVF-Format konvertieren und irgendwo abspeichern, indem Sie auf Ihre ausgeschaltete VM klicken und über das Kontextmenü EXPORTIEREN auswählen. Vorteilhaft dabei ist, dass diese Vorlage deutlich weniger Platz beansprucht als die Dateien auf dem Host und dass alle Informationen zu dieser VM (»virtuelle Appliance«) mit abgespeichert werden. Haben Sie eine OVF- oder OVA-Vorlage in einer anderen VMware-Software erstellt, müssen Sie den Converter nutzen, um diese bereitzustellen.

VMware hat als vordefinierten vCenter Server auf Basis von Photon Linux ebenfalls eine fertige VM erstellt, allerdings im ISO-Format. Diese wird über einen ähnlichen Weg bereitgestellt. Zu dieser Appliance erhalten Sie noch eine detaillierte Beschreibung in Kapitel 4.

Der dritte Punkt in dem Fenster betrifft die Registrierung einer bereits bestehenden VM, die auf einem Datenträger liegt, auf den der Host Zugriff hat. Statt über dieses Fenster können Sie auch mit dem Datenspeicherbrowser die Konfigurationsdatei (vmx) der VM suchen, auf diese einen Rechtsklick machen und aus dem Kontextmenü VM REGISTRIEREN auswählen. Anschließend wird die VM in der Bestandsliste aufgeführt.

Über die Befehle NEU STARTEN und HERUNTERFAHREN wird der ESXi-Server versuchen, die noch laufenden virtuellen Maschinen ebenfalls herunterzufahren oder – je nachdem, was Sie unter VERWALTEN – SYSTEM – AUTOSTART eingestellt haben – in den Suspend-Modus zu versetzen. Haben Sie zu einer laufenden Maschine nichts eingestellt, wird diese hart beendet. Ist der Server in einem Cluster unter dem vCenter Server, werden die VMs gegebenenfalls trotzdem automatisch auf andere ESXi-Server verschoben. Außerdem erhalten Sie einen Hinweis, wenn er sich nicht im Wartungsmodus befindet. Es könnte ja ein anderer Benutzer angemeldet sein, der gerade eine neue Maschine erstellt oder hochfahren möchte. Wenn Sie auf HERUNTERFAHREN oder NEU STARTEN geklickt haben, fährt der ESXi-Server herunter und startet gegebenenfalls neu.

Für IN DEN WARTUNGSMODUS WECHSELN müssen alle virtuellen Maschinen ausgeschaltet oder im Suspend-Modus (angehalten) sein. Ist der Server in einem Cluster unter dem vCenter Server, werden die VMs gegebenenfalls mittels DRS automatisch auf andere ESXi-Server verschoben (vMotion). Der Wartungsmodus bewirkt auf einem einzelnen ESXi-Server, dass keine VMs mehr hochgefahren oder aus dem Suspend-Modus geholt werden können. Der Wechsel in den Wartungsmodus findet erst statt, wenn alle Maschinen aus sind. Dann kann auch keine Maschine mehr erstellt oder ähnliche Aktionen durchgeführt werden. Das Icon des Hosts wird anschließend mit einem schwarz-gelben Banner angezeigt und der Befehl im Kontextmenü ändert sich zu WARTUNGSMODUS BEENDEN.

Abbildung 3-13: ESXi-Server im Wartungsmodus

Kann der vCenter Server die laufenden VMs nicht verschieben oder der Host diese nicht ausschalten, bricht der ESXi den Vorgang nach einer gewissen Zeit (Timeout) ab.

Die restlichen im Kontextmenü auftauchenden Einträge habe ich bereits weiter oben beschrieben, weil diese Funktionen auch auf den Registerkarten des Hosts auftauchen.

Listen anzeigen

Immer wenn Sie eine Liste angezeigt bekommen, z.B. eine Liste aller virtuellen Maschinen, aller Berechtigungen oder aller Benutzer, können Sie diese über ein Kontextmenü noch sortieren und weitere Spalten hinzufügen. Ein Exportieren dieser Anzeigen auf dem Host ist nicht mehr möglich.

Netzwerk – DNS und Routing

Die Registerkarte TCP/IP-STACKS beherbergt den Standard-TCP/IP-Stack, der DNS- und Routing-Informationen anzeigt (siehe Abbildung 3-14). Dazu zählen Server- und Domänenname, DNS-Server, die an den Server angeschlossen sind, Suchdomänen und Standardgateways. Einen TCP/IP-Stack kann man als vordefiniertes Profil für bestimmte Aufgaben betrachten, dazu erfahren Sie mehr in Kapitel 6.

In diesem Fenster können Sie diese Identifikationselemente angeben und ändern. Wenn Sie den Namen oder die Domäne des ESXi-Servers ändern, müssen Sie den Host nicht neu starten.

 Bitte beachten Sie, dass das Standardgateway auf einen ping antworten muss, wenn Sie ein HA-Cluster aufbauen wollen.

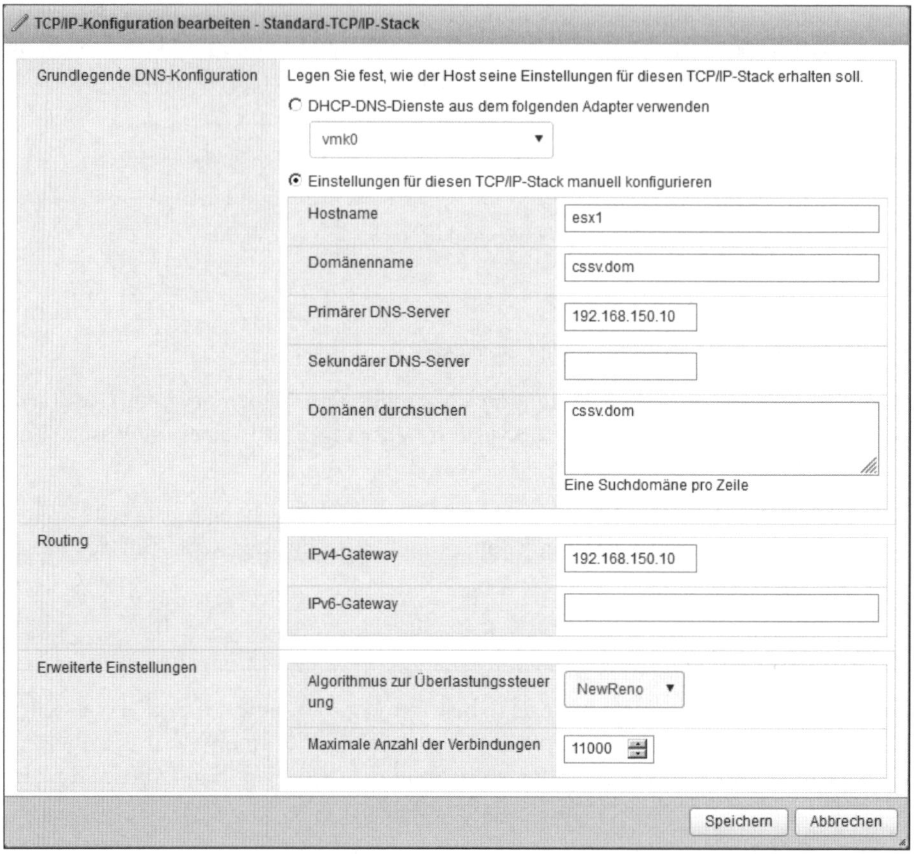

Abbildung 3-14: DNS und Routing

Bei den ERWEITERTEN EINSTELLUNGEN im unteren Teil dieses Fensters kann man einen Algorithmus zur Überlastungssteuerung und die maximale Anzahl der Verbindungen auswählen. Die im Drop-down-Feld enthaltenen Algorithmen New-Reno und Cubic wurden vom IETF als RFC-Papier (Request for Common) veröffentlicht.

Netzwerk – Firewall-Regeln

Dieses Fenster zeigt die Firewall-Informationen für eingehende und ausgehende Verbindungen an. Hier sind nur die notwendigen Funktionen für den Betrieb des ESXi-Servers enthalten. Diese Firewall betrifft nicht die virtuellen Maschinen!

Alles, was Sie in dem Fenster nicht finden, können Sie auch nicht ändern. Üblicherweise werden Ports automatisch geöffnet, wenn ein Agent aktiviert wird, z.B. bei NTP oder Software-iSCSI. Die Firewall lässt übrigens ICMP-Pakete für Ping durch und die Netzwerkkarte antwortet auch.

Über die Eingabeaufforderung können Firewall-Einstellungen in der Datei */etc/ vmware/firewall/service.xml* konfiguriert werden. Dabei können vordefinierte Dienste, wie z.B. *ntpClient*, verändert oder auch beliebige andere definiert werden. Auch die Ports für FTP findet man hier.

Besser ist es jedoch, eine eigene XML-Datei in diesem Verzeichnis zu erzeugen, um so den Überblick über die Veränderungen zu behalten. Erstellen Sie z.B. eine Datei namens *SMB.xml*, um den Zugriff auf Windows-Freigaben zu regeln. Halten Sie sich dabei an das Muster, wie es in der Datei *service.xml* definiert ist. Die Datei muss jeweils mit dem Eintrag <ConfigRoot> anfangen. Dann folgt eine Service-ID, falls Sie mehrere Regeln erstellen wollen, dann der Name der ID (<id>SMB</id>) usw.

Am Ende der Datei muss </ConfigRoot> stehen. Sind Sie mit der Datei fertig, müssen Sie noch die Firewall aktualisieren. Das können Sie auf der Kommandozeile mit folgendem Befehl erreichen:

```
esxcli network firewall refresh
```

Über den Browser-Client sehen Sie die Änderungen erst, nachdem Sie auch hier auf den Link AKTUALISIEREN geklickt haben (siehe Abbildung 3-15).

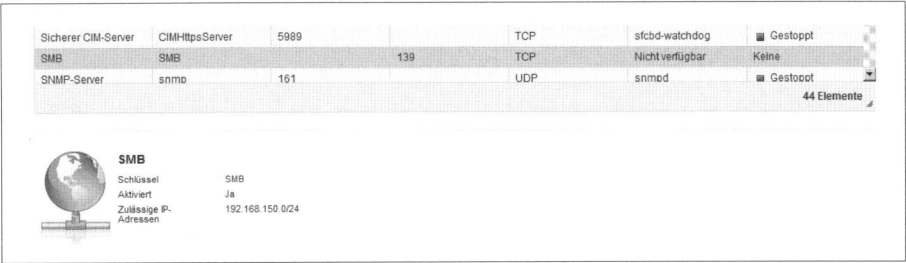

Abbildung 3-15: Ergänzte Firewall-Einträge

Möchten Sie einige Zugriffe nur über bestimmte IP-Adressen oder Subnetze zulassen, können Sie auf der grafischen Oberfläche die jeweilige Bezeichnung auswählen und anschließend den Link EINSTELLUNGEN BEARBEITEN klicken. Standardmäßig sind die Zugriffe aus allen Subnetzen erlaubt. Sind in der Firewall Dienste für den jeweiligen Port zuständig, können Sie in diesem Fenster über das Kontextmenü die Startart einstellen oder auch den Dienst neu starten, über die Schaltfläche AKTIONEN geht das nicht.

VMware Remote Console (VMRC)

Hat man den Fokus auf einer virtuellen Maschine, so kann aus dem Kontextmenü auf dem Eintrag KONSOLE die VMRC als eigenständiges Programm von VMware (nach der Anmeldung) heruntergeladen werden. Sie können aber auch den Link *http://www.vmware.com/go/download-vmrc* auf einem anderen Rechner manuell eingeben oder über den Punkt HILFE – TOOLS UND LINKS dort VMWARE REMOTE

CONSOLE auswählen. Sie werden auf die Webseite von VMware weitergeleitet und können sich dort die Datei »VMware-VMRC-Version-Updatestand« (z.B. VMware-VMRC-12.0.0-17287072) nach der Anmeldung für Windows, Linux oder Mac herunterladen.

Nach der Installation, die gegebenenfalls einen Neustart des Rechners erfordert (und anschließend nochmals gestartet werden muss), kann man dann über das gerade beschriebene Menü VMRC aufrufen oder aber gleich die Standardkonsole über das Drop-down-Feld des Anmeldenamens (root@esxi-Host) – EINSTELLUNGEN – KONSOLE – STANDARDKONSOLE – VMWARE REMOTE CONSOLE ändern. Ab sofort werden die Bildschirminhalte der VMs darüber geöffnet. Was man mit diesem Tool noch alles machen kann, erzähle ich in Kapitel 11 ausführlich.

Warnmeldung über Logdateien

Sollten Sie bei Ihrem neu installierten Host eine Warnmeldung bekommen, dass die Logdateien nicht auf einen persistenten Speicher geschrieben werden können, so müssen Sie den Syslog-Dienst korrekt einstellen oder einen alternativen Pfad auf einem VMFS-Volume mit mindestens 5 GB freiem Platz angeben. Das können Sie mittels Browser auf der Oberfläche des ESXi-Hosts erledigen:

1. Suchen Sie sich zunächst einen Datenspeicher aus der Liste der Datenspeicher heraus. Haben Sie noch keinen VMFS-Datenspeicher erstellt, so müssen Sie dies zuvor machen (siehe Kapitel 7, Storage-Konfiguration). Haben Sie die Installation auf einem USB-Stick oder einer SD-Karte mit mindestens 8 GB vorgenommen, so können die Logdateien zunächst auch hier abgelegt werden, was aber nur kurzfristig empfohlen ist. Klicken Sie jetzt nacheinander auf den Eintrag SPEICHER – DATENSPEICHER – NEUER DATENSPEICHER. Wählen Sie im Assistenten NEUEN VMFS-DATENSPEICHER ERSTELLEN und klicken Sie auf WEITER. Geben Sie einen Namen für das Volume ein (z.B. esx1-datastore1). Übernehmen Sie die Standardeinstellungen, klicken Sie auf WEITER und schließlich auf BEENDEN.

   Gehen Sie auf der linken Seite unter NAVIGATOR auf den Eintrag VERWALTEN, dann auf die Registerkarte SYSTEM und geben Sie im Suchfeld bei ERWEITERTE EINSTELLUNGEN das Wort SYSLOG ein.

2. Klicken Sie auf den Eintrag SYSLOG.GLOBAL.LOGDIR und geben Sie z.B. »[esx1-datastore1] /ESX-LOGs« ein. Der Name des Speichers muss in eckigen Klammern und dahinter das vorher erstellte Unterverzeichnis mit vorangestelltem Schrägstrich eingegeben werden.

3. Klicken Sie anschließend auf die Schaltfläche SPEICHERN.

4. Wählen Sie den nächsten Eintrag in der Liste SYSLOG.GLOBAL.LOGDIRUNIQUE und ändern Sie den Wert auf TRUE. Es wird dann automatisch ein Verzeichnis mit dem Namen des Hosts erstellt und die Dateien werden dort abgelegt.

Sie können natürlich auch ein NAS- oder SAN-Laufwerk dafür angeben. Wenn Sie anschließend nochmals über den Datenspeicherbrowser in das Verzeichnis schauen, so befinden sich dort 67 meist leere Dateien und der gewünschte Unterordner des Hosts. Die Dateien außerhalb des Ordners »esx1.cssv.dom« können Sie getrost löschen, das geht über den Host-Client allerdings nur einzeln.

Konfigurationsentwicklung der Hosts

Ganz interessant ist die Entwicklung des ESX(i)-Hosts von Version 1 bis heute bezüglich der maximalen Ausbaustufe des Servers und der darauf erstellten virtuellen Maschinen, was die Abbildung 3-16 zeigt.

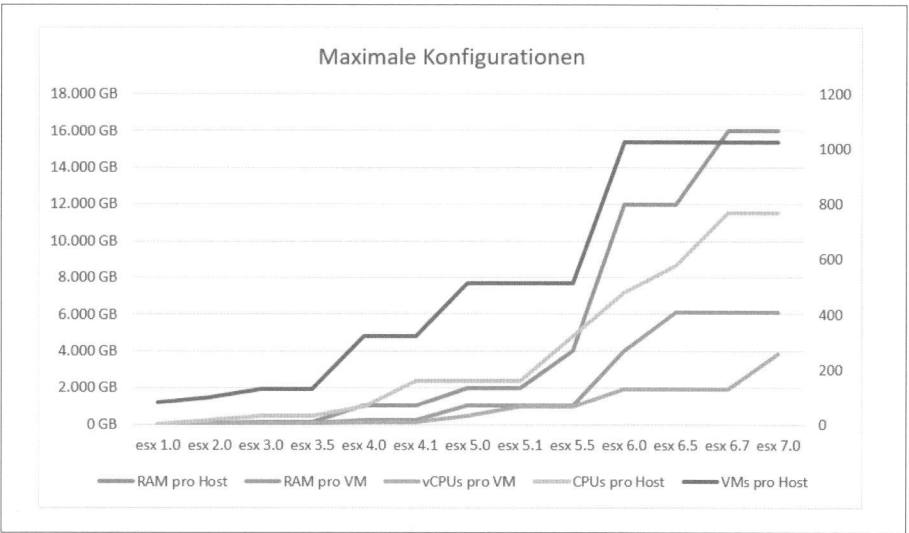

Abbildung 3-16: Maximal mögliche Konfiguration des Hosts und der VM

Nun haben Sie den ersten ESXi-Server aufgesetzt. Dieser bildet die Grundlage für das weitere Vorgehen, also die Installation von VMs, gegebenenfalls das Aufsetzen eines vCenter Servers usw.

In diesem Kapitel haben Sie alles Notwendige über den ESXi-Server erfahren sowie über die Installationsmöglichkeiten, die Aufgaben und Arbeiten des Hypervisors und die Konfiguration des Browser-Clients, den wir für den Zugriff auf den ESXi-Server und später gegebenenfalls für den vCenter Server benötigen, denn auf den vCenter Server kann man nicht mehr über den alten Web Client (mit Flash und Java) zugreifen.

Im nächsten Kapitel wird es spannender, denn da gehe ich sehr detailliert auf die Erstellung unseres vCenter Servers ein und dann folgt unsere erste virtuelle Maschine mit allen Optionen und Fallstricken.

## KAPITEL 4

Der vCenter Server

Wir wollen nun unsere Umgebung mit mehreren ESXi-Servern aufbauen und einen gemeinsamen Speicherplatz einrichten. Unsere virtuellen Maschinen sollen nicht auf den lokalen Platten der Hosts laufen. Was dafür noch fehlt, ist eine zentrale Instanz, die wir dazu nutzen wollen, alle Server und Gäste in einem Fenster zu überblicken, sie von dort aus zu erstellen und zu konfigurieren sowie viele weitere Funktionen einzusetzen. Dafür gibt es, wie bereits in Kapitel 2 beschrieben und schon oft erwähnt, den vCenter Server.

Ein vCenter Server ist ein fertiger 64-Bit-Linux-Server von VMware, der als Appliance auf einem ESXi-Host zur Verfügung gestellt wird. Eine Anwendung für Windows, die anschließend als Dienst im Hintergrund auf einem Server läuft, gibt es nicht mehr. Eine Installation der Appliance auf einer Workstation-Version ist nicht mehr möglich.

Die vorgefertigte vCenter Server Appliance basiert auf Photon Linux, einer Distribution, die VMware selbst erstellt, und ist auf ihre Aufgaben speziell vorbereitet. Haben Sie noch einen alten vCenter Server für Windows, so müssen Sie sich bei der Version 7.0 davon verabschieden. Ein Upgrade auf die neue Version ist meist ohne Probleme möglich. In Kapitel 14 gehe ich darauf ausführlich ein.

Im vCenter Server werden die Hosts über den *vpxuser*-Account angeschlossen, sodass über den Browser die Zugriffe an die ESXi-Hosts durchgereicht werden. Des Weiteren wird eine Datenbank auf diesem Computer zur Verfügung gestellt, damit z. B. die Performance-Daten der Hosts und VMs dort für mehr als eine Stunde abgelegt und abgerufen werden können.

Da der Zugriff des vCenter Servers über den User *vpxuser* und nicht mit dem User *root* durchgeführt wird, dürfen Sie auf keinen Fall das Passwort dieses Benutzers ändern.

Der Benutzer kann wie vorher mit dem Browser (HTML5-Client) arbeiten und verbindet sich jetzt mit dem Management-Server. Nur der grafische Zugriff über einen

Browser auf den vCenter Server ist möglich und der bisherige Web Client mit Flash und Java kann nicht mehr verwendet werden. Selbstverständlich können auch Skripte über PowerCLI und Remote CLI auf den Management-Server zugreifen – dazu mehr in Kapitel 9.

Funktionen des vCenter Servers

Was bietet dieser Server uns alles als zusätzliche Funktionen, die wir beim alleinstehenden ESXi-Server nicht haben? Zunächst gibt die folgende Auflistung eine grobe Übersicht über die Möglichkeiten, die natürlich abhängig von der eingesetzten Lizenz sind:

- *vMotion*: Virtuelle Maschinen im laufenden Betrieb von einem ESXi-Server auf einen anderen verschieben
- *Storage vMotion*: Dateien der virtuellen Maschinen von einem Storage auf einen anderen verschieben, ohne die VM herunterfahren zu müssen
- *Distributed Resource Scheduler (DRS)*: Ein automatisches Load Balancing zwischen den Hosts bezüglich RAM- und CPU-Last
- *High Availability (HA)*: Automatischer Neustart ausgefallener VMs auf den verbliebenen Hosts
- *Fault Tolerance (FT)*: Gespiegelte virtuelle Maschinen als Ausfallsicherheit
- *Hostprofile*: Vergleichen der ESXi-Server in ihrer Konfiguration
- *Data Replication*: Zeitgesteuertes Replizieren ganzer VMs
- *Distributed vSwitches*: ESXi-übergreifende Netzwerk-Switches mit mehr Funktionen als Standard-vSwitches
- *Alarme*: Sendet Informationen auf die Oberfläche, per E-Mail, SNMP oder andere Wege
- *vApp*: Zusammenfassung von VMs zu Gruppen für leichtere Bedienbarkeit
- *Distributed Power Management (DPM)*: Power-Management für ESXi-Hosts zum Stromsparen
- *Geplante Tasks*: Zeitgesteuertes Ausführen von Aktionen
- *Sitzungen*: Überwachen und Beenden von Zugriffen einzelner User
- *Ordner*: Erstellen von Ordnern für das Zusammenfassen oder Gliedern von Objekten
- *Lifecycle Manager*: Automatisches, zeitgesteuertes Aktualisieren der Host- und Gastsysteme
- *Lizenzen*: Vereinfachtes Management aller erworbenen Lizenzen
- *Leistung*: Ressourcendiagramme über Tage, Monate und Jahre
- *Vorlagen*: Erstellen von Templates

- *Klonen*: Duplizieren von VMs
- *Zugriffsrechte*: Rechtevergabe über Windows-(Domänen-)User und -Gruppen
- *vSphere HTML5-Client*: Zugriff mittels eines Browsers
- *vSphere Auto Deploy*: Automatisiertes Bereitstellen von mehreren ESXi-Hosts
- *vSphere virtual SAN (vSAN)*: Gemeinsamer Storage über lokale ESXi-Platten
- ... und noch einiges mehr

Die einzelnen Funktionen werden im Laufe des Buches noch detaillierter besprochen.

Um die oben genannten Funktionen, wie das Verschieben von VMs zur Laufzeit (vMotion), das Load Balancing über die Auslastung von Prozessor und Arbeitsspeicher der Hosts (DRS) oder den automatischen Neustart der VMs beim Ausfall einer Hosthardware (HA), zu erreichen, ist ein gemeinsamer Speicher (NFS-, iSCSI-SAN- oder FC-SAN-Speicher), wie in Abbildung 4-1 gezeigt, notwendig.

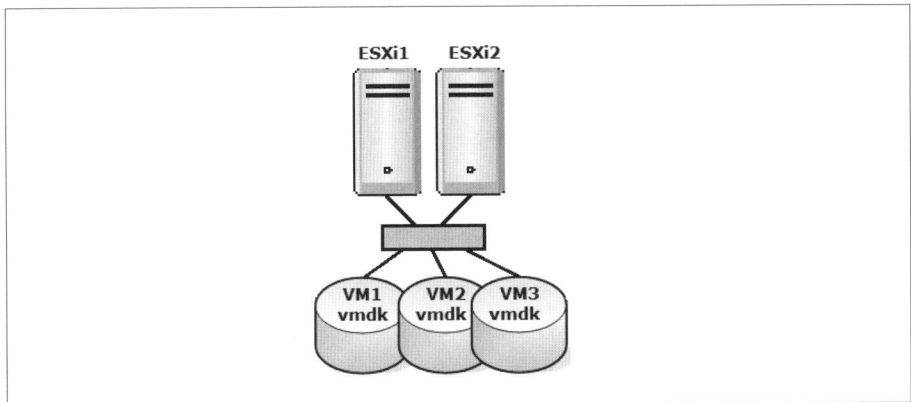

Abbildung 4-1: vSphere-Umgebung mit SAN

Nur wenn auf dem gemeinsamen Speicher alle Dateien der virtuellen Maschine abgelegt und von allen beteiligten ESXi-Servern erreichbar sind, lassen sich diese Funktionen einsetzen.

Die angesprochenen Komponenten werden im weiteren Verlauf noch ausführlich besprochen.

Die schematische Darstellung der Kernkomponenten einer vSphere-7-Umgebung, die Sie in Abbildung 4-2 sehen, stammt aus der deutschen Dokumentation von VMware zu diesem Thema.

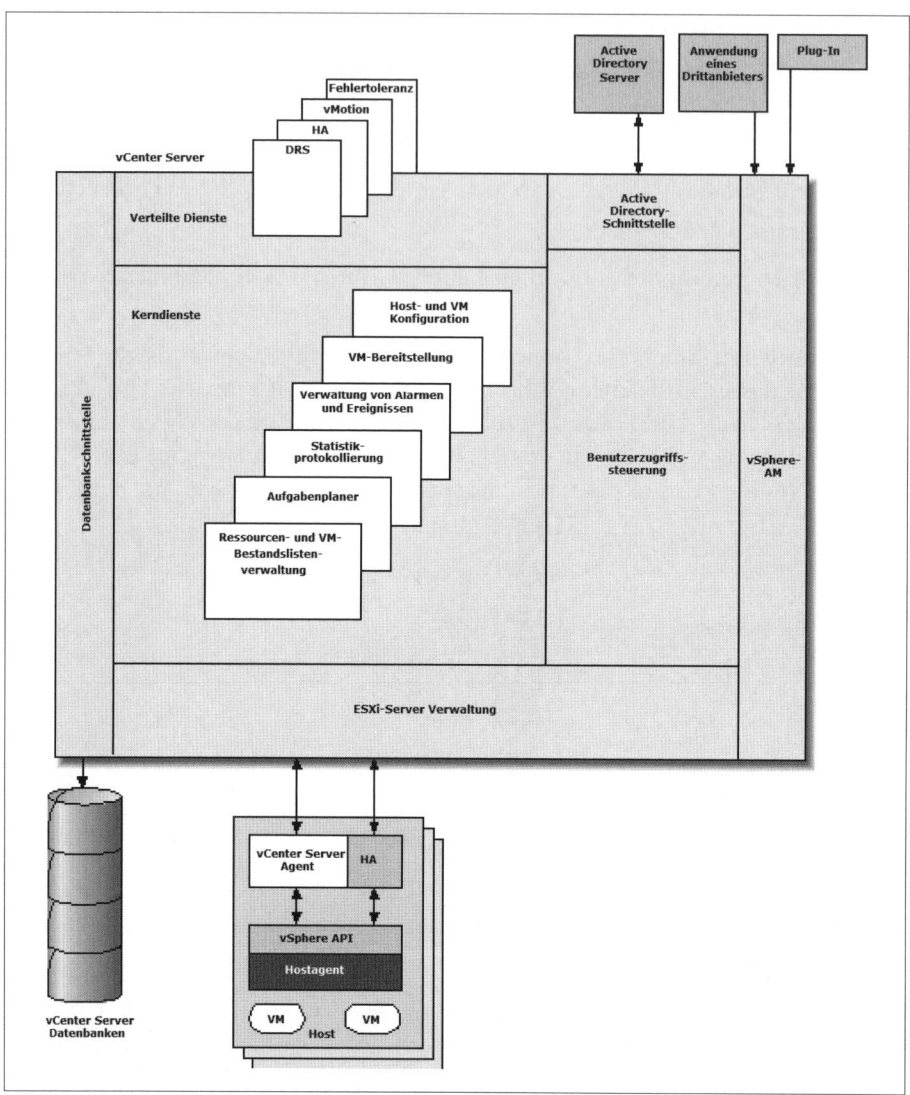

Abbildung 4-2: Komponenten einer vSphere-Umgebung

Maximalwerte für die vSphere-7.0-Umgebung

Einige der maximal möglichen Werte für den ESXi-Host und die virtuelle Maschine habe ich in den jeweiligen Kapiteln schon angesprochen. Die mögliche Ausbaustufe mit dem vCenter Server weist Unterschiede dazu auf, und es werden zusätzliche Komponenten zur Verfügung gestellt. Auf der Internetseite von VMware kann man sich die Webseite zu den Maximalwerten ansehen oder auch als PDF-Datei *vSphere 7.0 Configuration_Maximums.pdf* in Englisch herunterladen. Diese wird immer aktuell gehalten, denn manchmal ändern sich z.B. durch Updates ein paar Details.

Maximalwerte für virtuelle Maschinen

In Tabelle 4-1 ist ein Auszug der maximal möglichen Ressourcen für die virtuellen Maschinen unter vSphere 7.0 aufgelistet und übersetzt, sie stammen aus der oben genannten PDF-Datei. Beachten Sie bitte, dass einige der maximal möglichen Einstellungen nur machbar sind, wenn die höchste Hardwareversion der VM verwendet wird.

Tabelle 4-1: Maximalwerte für VMs

Element	Maximalwert
Rechenressourcen	
Virtuelle CPUs pro virtuelle Maschine (Virtual SMP)	256
Arbeitsspeicher	
RAM pro virtuelle Maschine	6 TByte (6128 GByte)
Größe der Auslagerungsdatei für die virtuelle Maschine	6 TByte (6128 GByte)
Virtuelle Speicheradapter und -geräte	
Virtuelle SCSI-Adapter pro virtuelle Maschine	4
Virtuelle SCSI-Ziele pro virtuellen SCSI-Adapter	15
Virtuelle SCSI-Ziele pro virtuelle Maschine (Paravirtuell)	60 (64)
Festplattengröße	62 TByte
IDE-Controller pro virtuelle Maschine	1 (Primary + Secondary)
IDE-Geräte pro virtuelle Maschine	4
Diskettencontroller pro virtuelle Maschine	1
Diskettenlaufwerke pro virtuelle Maschine	2
Virtuelle SATA-Adapter	4
Virtuelle SATA-Geräte (pro Adapter, max. 4)	30 (CD/DVD-Laufwerk oder Festplatte)
Virtuelle Netzwerkgeräte	
Virtuelle Netzwerkkarten pro virtuelle Maschine	10
Virtuelle Peripherieschnittstellen	
Parallele Schnittstellen pro virtuelle Maschine	3
Serielle Schnittstellen pro virtuelle Maschine	32
USB-Controller pro virtuelle Maschine	1
USB-1.0-, -2.0- oder -3.0-Geräte pro virtuelle Maschine	20
Grafikkarte	
Videoarbeitsspeicher pro virtuelle Maschine	4 GByte
Verschiedenes	
Gleichzeitige Remote-Console-Verbindungen zu einer virtuellen Maschine	40

Maximalwerte für ESXi-Hosts

Die folgenden Tabellen enthalten die Maximalwerte für die Konfiguration von ESXi-Hosts.

Tabelle 4-2: Maximalwerte für den Speicher

Element	Maximalwert
Virtuelle Festplatten	
Virtuelle Festplatten pro Host	2048
iSCSI physisch	
LUNs pro Server	1024
Qlogic 10 GByte iSCSI-HBA-Initiator-Ports pro Server	4
Netzwerkkarten, die dem Software-iSCSI-Stack pro Server zugewiesen oder an den Port gebunden werden können	8
Anzahl aller Pfade auf einem Server	4096
Anzahl der Pfade zu einer LUN (Software-iSCSI und Hardware-iSCSI)	8
Qlogic 10 GByte iSCSI: Ziele pro Adapterport	128
Software-iSCSI-Ziele	256
NAS	
NFS-Mounts pro Host	256
Fibre Channel	
LUNs pro Host	1024
LUN-Größe	64 TByte
LUN-ID	0 bis 16383
Anzahl der Pfade zu einer LUN	32
Anzahl aller Pfade auf einem Server	4096
Anzahl an HBAs beliebigen Typs	8
HBA-Ports	16
Ziele pro HBA	256
FCoE	
Software-FCoE-Adapter	4
VMFS	
Volumes pro Host	1024
Hosts pro Volume	64
Eingeschaltete virtuelle Maschinen pro VMFS-Volume	2048
VMFS5 und 6	
Gleichzeitige vMotion-Vorgänge	128
Volumegröße	64 TByte
Größe der Raw-Gerätezuordnung (virtuelle Kompatibilität)	62 TByte
Größe der Raw-Gerätezuordnung (physische Kompatibilität)	64 TByte
Dateien pro Volume	130690

Tabelle 4-3: Maximalwerte für Rechenressourcen

Element	Maximalwert
Virtuelle CPUs pro Host	4096
Virtuelle Maschinen pro Host	1024
Logische Prozessoren pro Host	768
Virtuelle CPUs pro physischen Kern	32
NUMA-Knoten pro Host	16
Fehlertoleranz Maximalwerte	
Virtuelle Festplatten	16
Virtuelle CPUs pro virtueller Maschine	8
RAM pro FT VM	128 GByte
Virtuelle Maschinen pro Host	4
Virtuelle CPUs pro Host	8

Maximalwerte für das Netzwerk

Die folgenden Grenzwerte stellen erreichbare maximale Grenzwerte für die Netzwerkkonfiguration in Umgebungen dar, in denen keine restriktiveren Grenzwerte gelten (z.B. vCenter Server-Grenzwerte, von Funktionen wie HA oder DRS auferlegte Grenzwerte sowie andere Konfigurationen, die beim Bereitstellen großer Systeme zu berücksichtigende Einschränkungen beinhalten).

Tabelle 4-4: Maximalwerte für das Netzwerk

Element	Maximalwert
Physische Netzwerkkarten	
1 GBit NICs Ethernet-Ports	32
10-GBit-Ethernet-Ports	16
20-GBit-Ethernet-Ports	16
25-GBit-Ethernet-Ports	16
50-GBit-Ethernet-Ports	8
100-GBit-Ethernet-Ports	4
Infiniband-Ports (an VMware Community Support wenden)	nicht bekannt
PCI VMDirectPath-Grenzwerte	
PCI/PCIe VMDirectPath-Geräte pro Host	8
PCI/PCIe VMDirectPath-Geräte pro virtuelle Maschine	4
vSphere Standard und Distributed Switch	
Gesamtzahl der virtuellen Netzwerk-Switch-Ports pro Host (vDS- und VSS-Ports)	4.096
Maximal aktive Ports pro Host (vDS und VSS)	1.016

$\rightarrow$

Tabelle 4-4: Maximalwerte für das Netzwerk (Forts.)

Element	Maximalwert
Virtuelle Netzwerk-Switch-Ports pro Standardswitch	4.088
Portgruppen pro Standardswitch	512
Verteilte virtuelle Netzwerk-Switch-Ports pro vCenter	60.000
Statische Portgruppen pro vCenter	10.000
Flüchtige Portgruppen pro vCenter	1.016
Hosts pro verteilten Switch	1.000
Verteilte Switches pro vCenter	128
Gleichzeitige Vorgänge	
Gleichzeitige vMotion-Vorgänge pro Host (1-GBit/s-Netzwerk)	4
Gleichzeitige vMotion-Vorgänge pro Host (10-GBit/s-Netzwerk)	8

Tabelle 4-5: Maximalwerte für Ressourcenpools und Cluster

Element	Maximalwert
HA- und DRS-Cluster	
Hosts pro HA-Cluster	64
Virtuelle Maschinen pro Cluster	8.000
Virtuelle Maschinen pro Host im Cluster	1.024
Ressourcenpool	
Ressourcenpools pro Cluster	1.600
Ressourcenpools pro Host	1.600
Untergeordnete Elemente pro Ressourcenpool	1.600
Ressourcenpool Strukturtiefe	8^1

Verwendung von Maximalwerten für mehrere Konfigurationsoptionen

Wenn eine der in den obigen Tabellen aufgeführten Konfigurationsoptionen mit dem Maximalwert verwendet wird, sollten ESXi-Host und vCenter Server diese Werte mit der jeweiligen Standardkonfiguration verarbeiten können.

Wenn mehrere Konfigurationsoptionen (z. B. Anzahl an virtuellen Maschinen, Anzahl an LUNs und Anzahl an vDS-Ports) mit dem Maximalwert verwendet werden, kann es passieren, dass der Arbeitsspeicher für einige der auf dem Host ausgeführten Prozesse nicht mehr ausreicht. Dies kann dazu führen, dass der Host die Verbindung zum vCenter Server immer wieder trennt. In diesem Fall müssen Sie den verfügbaren Arbeitsspeicher für diese Hostprozesse erhöhen, sodass der Host

---

1   Vier zusätzliche Ressourcenpools werden von internen Systemkomponenten verwendet.

der geplanten Arbeitslast standhalten kann. Sie müssen die Menge an Arbeitsspeicher in Relation zur Anzahl der mit dem Maximalwert verwendeten Konfigurationsoptionen erhöhen.

Tabelle 4-6: Maximalwerte für vCenter Server

Element	Maximalwert
vCenter Server-Skalierbarkeit	
Hosts pro vCenter Server	2.500
Eingeschaltete virtuelle Maschinen pro vCenter Server	40.000
Registrierte virtuelle Maschinen pro vCenter Server	45.000
Verknüpfte vCenter Server-Systeme	15
Hosts im verknüpften Modus	15.000
Eingeschaltete virtuelle Maschinen im verknüpften Modus	135.000
Registrierte virtuelle Maschinen im verknüpften Modus	150.000
Gleichzeitige vSphere HTML5-Client-Verbindungen	100
Hosts pro Datacenter	500
MAC-Adressen pro vCenter Server	65.536
Benutzeroberfläche	
An den vSphere Client angeschlossene USB-Geräte	20

vCenter Server-Erweiterungen

Die Maximalwerte für die Erweiterungen zum vCenter Server folgen in den Tabellen 4-7 bis 4-10, damit Sie sich vor der Installation der einzelnen Komponenten die notwendigen Informationen hier holen können. Beachten Sie, dass Sie z.B. den Lifecycle Manager (in den Dokumenten von VMware häufig noch Update Manager genannt) nicht mehr installieren müssen. Bei der Photon-Linux-Version ist dieser nach der Bereitstellung bereits dabei und vorkonfiguriert.

Tabelle 4-7: Maximalwerte für vCenter Lifecycle Manager (vLCM)

Element	Maximalwert
vCenter Lifecycle Manager – gleichzeitige Vorgänge	
Prüfungen der VMware Tools pro ESXi-Host	90
Upgrade der VMware Tools pro ESXi-Host	30
Hardwareprüfungen einer virtuellen Maschine pro Host	90
Hardware-Upgrades einer virtuellen Maschine pro Host	30
Prüfungen der VMware Tools pro VUM-Server	90
Upgrades der VMware Tools pro VUM-Server	200
Hardwareprüfungen einer virtuellen Maschine pro VUM-Server	200

$\rightarrow$

Tabelle 4-7: Maximalwerte für vCenter Lifecycle Manager (vLCM) (Forts.)

Element	Maximalwert
Hardware-Upgrades einer virtuellen Maschine pro VUM-Server	200
ESXi-Host-Prüfung pro VUM-Server	280
ESXi-Host-Standardisierung pro VUM-Server	280
ESXi-Host-Upgrade pro VUM-Server	280

Tabelle 4-8: Maximalwerte für vCenter Orchestrator

Element	Maximalwert
Verbundene vCenter Server-Systeme	20
Verbundene ESXi-Instanzen	1.280
Verbundene virtuelle Maschinen	35.000
Gleichzeitig ausgeführte Workflows	300

Tabelle 4-9: Maximalwerte für Speicher-DRS

Element	Maximalwert
Virtuelle Festplatten pro Datenspeicher-Cluster	9.000
Datenspeicher pro Datenspeicher-Cluster	64
Datenspeicher-Cluster pro vCenter	256

Tabelle 4-10: Maximalwerte für Flash-Lese-Cache

Element	Maximalwert
Virtueller Flash-Speicher pro Host	1
Maximaler Cache pro virtuelle Festplatte	400 GByte
Maximaler Cache pro Host	2 TByte
Größe der virtuellen Festplatte	16 TByte
Größe des virtuellen Host-Cache	4 TByte
Flash-Geräte pro virtuelle Flash-Ressource	8

Die technischen Voraussetzungen für einen vCenter Server

VMware gibt in der Dokumentation als minimale Hardwareanforderungen unter anderem zwei CPUs (mit 64 Bit, aber kein Itanium IA64) und 12 GByte Arbeitsspeicher an. Das reicht dann für bis zu 10 Hosts und 100 laufende VMs. Bei kleinen Umgebungen mit z.B. drei ESXi-Servern und bis zu 30 virtuellen Maschinen kommt man aber auch mit weniger Ressourcen aus, also z.B. einem Prozessor und 8 GByte RAM.

Wichtig sind bei der Dimensionierung auch Überlegungen zu den Funktionen, die der vCenter Server unterstützen soll. So sollte der Lifecycle Manager berücksichtigt werden, der Converter/Importer belastet den Rechner, viele gleichzeitige Verbindungen mit dem Browser-Client ebenfalls, und jede weitere Funktion, wie etwa vSphere Webservices, macht dem Server auch zu schaffen. Kalkulieren Sie mit Augenmaß die hardwareseitig richtige Beschaffenheit Ihres Servers.

Beachten Sie auch, dass die Anforderungen für die vCenter Server Appliance andere Werte voraussetzen als früher unter Windows, weil dort meist alle Dienste auf nur einem Rechner laufen. Auf die Details gehe ich weiter unten in diesem Abschnitt ausführlich ein.

Als Netzwerkkarten sollten es GBit-Ethernet-Adapter sein. Wie viele Sie brauchen, hängt auch hier von Ihrer Umgebung ab – z.B. davon, ob Sie getrennte Subnetze verwenden wollen –, sonst reicht meist eine, und Sie sollten eine statische IP-Adresse verwenden. Sie können natürlich auch hier IPv6 einsetzen, eine gemischte IPv4- und IPv6-Umgebung wird seit der Version 6.5 unterstützt.

Stellen Sie sicher, dass zwischen dem vCenter Server und den ESXi-Hosts keine Netzwerkadressübersetzung (*Network Address Translation,* NAT) stattfindet.

Wenn Berechtigungen für Domänenmitglieder gesetzt werden sollen, muss der vCenter Server Mitglied der Domäne sein. Die Verbindung muss dann nach der Installation im SSO (Single Sign-on) hergestellt werden. Wenn Sie Active Directory nutzen wollen, müssen Sie Mitglied der Administratoren oder Domänen-Admins sein.

vCenter Server Appliance

Sie müssen mindestens ein ESXi-Host der Version 6.5 oder einen vCenter Server der Version 6.5 und mindestens 450 GByte auf dem ESXi-Storage (oder SAN) verfügbar haben, um die Appliance implementieren zu können. Bei dieser Größe ist der Platz für den integrierten Lifecycle Manager schon eingerechnet.

Die Bereitstellung des vCenter Servers auf Basis von Photon Linux wird im Anschluss in diesem Kapitel erläutert.

Erforderliche Ports

Der vCenter Server benötigt bestimmte Ports zum Senden und Empfangen von Daten zwischen den verwalteten Hosts und von jedem Browser-Client aus. Die Quell- und Zielhosts müssen Daten untereinander austauschen können, um Migrations- und Bereitstellungsaktivitäten zwischen verwalteten Hosts zu ermöglichen.

Für die Kommunikation aller beteiligten Komponenten verwendet VMware bestimmte Ports im TCP/IP-Protokoll. Die beteiligten Hosts überwachen mithilfe von Agenten und Daemonen (Diensten) einige Ports, die darüber Daten vom vCenter Server empfangen sollen. Falls sich zwischen den Hosts oder zwischen den Hosts und dem vCenter Server eine zusätzliche Firewall befindet, müssen Sie dafür Sorge tragen, dass die in der Tabelle 4-11 aufgelisteten Ports offen sind. Während der Installation des vCenter Servers wird das Installationsprogramm die Ports der Linux-Firewall normalerweise automatisch öffnen.

Die folgende Tabelle 4-11 beinhaltet die für die Installation aller Komponenten (eingebetteter Platform Controller) erforderlichen Netzwerkports, die frei sein müssen:

Tabelle 4-11: Erforderliche Ports zur Kommunikation zwischen vSphere-Komponenten

Port	Beschreibung
22	Systemport für SSHD, nur auf der Appliance und optional
53	Namensauflösung (DNS-Dienst) für beide Varianten erforderlich
80	Port 80 für http-Zugriff
88	Dieses ist der Standardport für Kerberos Version 5, also zur Anmeldung an eine Domäne. Dieser Port kann nicht verändert werden.
389	Sowohl auf der lokalen als auch auf allen Remote-Instanzen von vCenter Server muss dieser Port geöffnet sein. Dies ist die LDAP-Portnummer für die Verzeichnisdienste der vCenter Server-Gruppe. Das vCenter Server-System benötigt auch dann eine Bindung mit Port 389, wenn Sie diese vCenter Server-Instanz nicht mit einer Gruppe im verknüpften Modus verbinden. Wenn auf diesem Port ein anderer Dienst ausgeführt wird, ist es in manchen Fällen empfehlenswert, diesen zu löschen oder einen anderen Port zuzuweisen. Sie können den LDAP-Dienst auf jedem Port zwischen 1025 und 65535 ausführen.
443	Der Standardport für sichere http-Verbindungen (HTTPS), den der vCenter Server für Verbindungen vom HTML5-Client verwendet. Bei der Datenübertragung zwischen SDK-Clients, vCLI oder PowerCLI wird ebenfalls der Port 443 genutzt. Wenn Sie eine andere Portnummer während der Installation eingeben, müssen Sie bei der Anmeldung am vCenter Server-System das Format IP-Adresse:<neuer Port> verwenden.
514	Falls Sie einen Syslog-Server einsetzen, muss dieser Port dafür frei sein.
636	Für den verknüpften Modus von mehreren vCenter Servern wird dieser Port benötigt. Sie können den SSL-Dienst auf keinen anderen Port ändern.
902	Der Standardport, den der vCenter Server zum Senden von Daten an beteiligte Hosts verwendet. Die zum vCenter Server gehörenden ESXi-Server senden außerdem regelmäßig Taktsignale über den UDP-Port 902 an den Management-Server. Dieser Port darf nicht durch Firewalls zwischen dem Server und den Hosts bzw. zwischen den Hosts blockiert werden. Der Port 902 wird auch vom Browser-Client zu den Hosts genutzt, um die Remote-Konsolen von virtuellen Maschinen zu erreichen.
1514	Der TLS-Port für den Syslog-Server muss zusätzlich zum Port 514 erreichbar sein.
2012	RPC des Schnittstellen-Steuerelements für vCenter Single Sign-on (kann nicht geändert werden)
2014	RPC-Port für alle APIs von VMCA (VMware-Zertifizierungsstelle)
2015	DNS-Management für beide Varianten
2020	Verwaltung des Authentifizierungsframeworks
5480	Management Interface der Appliance

→

Tabelle 4-11: Erforderliche Ports zur Kommunikation zwischen vSphere-Komponenten (Forts.)

Port	Beschreibung
6500	ESXi Dump Collector Port
6501	Port für Auto-Deploy-Dienst
6502	Auto Deploy Management Port
7080	(+12721) Interne Secure Token Ports, nur für interne Kommunikation
7081	Interner Web Client des Platform Service Controllers, nur für interne Kommunikation
8200, 8201, 8300, 8301	Interne Ports für das Appliance Management, nicht für Windows, nur für interne Kommunikation
8084, 9084	vSphere Lifecycle Manager SOAP und Web Service Port, darüber bekommen die ESXi-Server Patches und Updates
9087	vSphere Lifecycle Manager Web SSL Port, darüber bekommen die ESXi Server Upgrades
9443	vSphere Web Client HTTPS Port (kann nicht geändert werden)

Bereitstellungstypen

Während der Installation des vorherigen vCenter Servers wurden Sie nach dem geplanten Bereitstellungstyp der Umgebung gefragt. Dabei konnten Sie sich zwischen einer eingebetteten oder zentralen Architektur entscheiden. Bei einer eingebetteten Architektur werden der vCenter Server und die Platform Service Controller (PSC) auf einem einzigen System installiert. Zu den PSC gehören der Dienst Single Sign-on mit einer zusätzlichen Domäne z. B. *vsphere.local*, der Lizenzierungsdienst, VMware Lookup Service und der VMware-Verzeichnisdienst mit dem Management von Zertifikaten. Bei sehr großen Umgebungen konnten die PSC auch unabhängig vom vCenter Server auf verschiedenen Systemen installiert werden, das ist seit der Version 7.0 nicht mehr möglich.

vCenter Single Sign-on ist für die Authentifizierung der Benutzer und Gruppen beim Zugriff auf den vCenter Server zuständig. Nach der Installation hat nur der User *administrator@vsphere.local* vollen Zugriff auf die Umgebung. Sie können sich mit diesem Benutzer anmelden und weitere lokalen oder Domänenbenutzern und Gruppen Rechte vergeben.

Checkliste für die Installation des vCenter Servers

Damit Sie nicht ein neues System für die Installation des vCenter Servers nach seiner Installation aufsetzen müssen, habe ich hier eine Checkliste zusammengestellt, die Sie vorher berücksichtigen sollten:

- Mindesthardwareanforderungen erfüllt
- Mindestsoftwareanforderungen erfüllt

- Name im Betriebssystem schlüssig und max. 15 Zeichen
- Name über DNS vom HTML5-Client und auch von den ESXi-Hosts erreichbar (FQDN)
- Eintrag in DNS (Forward- und Reverse-Lookup-Zone) korrekt
- IP-Adresse statisch zugewiesen (möglichst)
- Installationsuser hat lokale administrative Berechtigungen
- ESXi-Host hat mindestens 450 GB Platz auf dem Storage, mindestens 2 CPUs und 12 GB RAM frei
- ESXi-Host oder vCenter Server haben mindestens die Version 6.5
- Kein NAT (Network Address Translation) zu den ESXi-Servern

Den vCenter Server installieren

Alle Vorteile, die die Virtualisierung mit sich bringt, sind hier für die Appliance ebenfalls vorhanden. Sie können Snapshots der Maschine erstellen, diese mit vMotion verschieben und jeden anderen Vorteil einer VM nutzen. Legen Sie einfach ein Backup des Servers (oder nur die *.vmx-, die *.vmxf- und alle *.vmdk-Dateien) auf einen weiteren Datenträger, z.B. Software-iSCSI. Dann können Sie ihn direkt neu starten und mittels Storage vMotion wieder auf einen schnelleren Datenträger überspielen.

Um einen vCenter Server wiederherzustellen, gibt es viele Möglichkeiten. Die Appliance bringt eine eigene Möglichkeit in ihrem Management-System mit, auf die ich später in diesem Kapitel eingehe.

Die Appliance kann man sich als ISO (VMware-VCSA-all-7.0.0-XXXXX) von der VMware-Webseite herunterladen, lokal mit z.B. dem Programm *7zip* auspacken und über die Kommandozeile oder eine grafische Oberfläche von Windows (nur 32 Bit), Linux und MacOS (jeweils 64 Bit) installieren. Bei neueren Betriebssystemen reicht es, einen Doppelklick auf die ISO zu machen, dann wird diese als virtuelles DVD-Laufwerk eingebunden. Ich bespreche hier die grafische Variante über Windows.

Legen Sie die gebrannte DVD in das Laufwerk oder binden Sie das ISO-Image an die VM, um mit der Installation zu beginnen. In dem Ordner *vcsa-ui-installer* (User Interface) öffnen Sie den Ordner *win32* und starten Sie die *installer.exe*.

Falls das in Abbildung 4-3 gezeigte Fenster nicht durch den Start erscheint, versuchen Sie es über einen anderen Rechner, z.B. einen Server. Dieser braucht lediglich eine Verbindung zu einem Host.

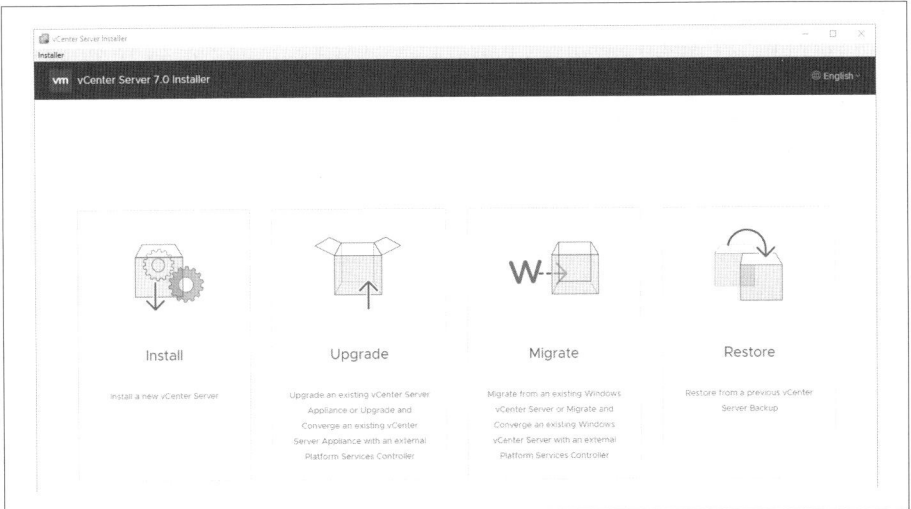

Abbildung 4-3: Startbild zur Installation

Überlegen Sie sich, ob Sie eine Neuinstallation machen möchten. Haben Sie noch keinen oder einen Windows vCenter Server, wird dies von mir empfohlen. Eine Migration von Windows auf Photon Linux ist zwar möglich, aber schlägt doch sehr häufig fehl. Das Upgrade von einer bestehenden auf eine neue Appliance ist meist ohne Probleme machbar. Der Punkt *Restore* ist nur mit einer vorher über die Appliance erfolgte Datensicherung möglich. Die folgenden Seiten sind immer auf Englisch, auch wenn hinterher die Oberfläche in Deutsch angezeigt wird.

1. Klicken Sie auf den Link INSTALL.

2. Nack kurzer Zeit wird der Einführungsbildschirm angezeigt, der darauf hinweist, dass die Bereitstellung in zwei Schritten vollzogen wird. Klicken Sie auf NEXT.

3. Akzeptieren Sie die Lizenzvereinbarung (EULA) und klicken Sie auf NEXT.

4. Im darauffolgenden Fenster können Sie jetzt einen ESXi-Host oder vCenter Server, den Port (üblicherweise HTTPS, also 443), den Usernamen (üblicherweise *root*) und sein Passwort angeben und gegebenenfalls das Zertifikat akzeptieren.

5. Auf der nächsten Seite werden der künftige Name der VCSA in der Bestandsliste und ihr *root*-Passwort benötigt. Das Passwort muss äußerst komplex sein: mindestens ein Groß- und ein Kleinbuchstabe, eine Zahl und ein Sonderzeichen, minimal 8 und maximal 20 Zeichen. Achten Sie beim Sonderzeichen darauf, dass dieses möglichst auf einer US-Tastatur an derselben Stelle wie bei Ihrer Tastatur liegt, z. B.: !, \$, %, &.

6. Wählen Sie im nächsten Fenster anhand der gezeigten Tabelle die benötigte Größe der Appliance. Befindet sich Ihre bestehende Umgebung am Rande einer Auswahlgröße, nehmen Sie besser die nächsthöhere.

7. Jetzt werden alle an dem Host oder über den vCenter Server erreichbaren Laufwerke für die Installation angezeigt. Klicken Sie auf eine Zeile mit genügend Platz, gegebenenfalls noch in das Kästchen bei »Enable Thin Disk Mode« und dann auf Next. (Der Festplattenmodus wird später noch ausführlich erklärt).

8. Im vorletzten Schritt werden Angaben zum Netzwerk und der vollqualifizierte Domänenname des zukünftigen vCenter Servers gebraucht. Achten Sie darauf, dass der FQDN bereits im DNS eingetragen sein muss. Füllen Sie alle Felder aus und klicken Sie auf Next.

 Sollten Sie eine Fehlermeldung erhalten, dass der Name (FQDN) nicht über IPv4 aufgelöst werden kann, stoppen Sie die Installation und beseitigen Sie zuerst diesen Fehler, sonst kann es anschließend zu gravierenden Problemen kommen. Überprüfen Sie z.B. mit *nslookup*, ob der DNS-Server antwortet. Haben Sie keinen DNS in dem Netzwerk, hilft die lokale Hosts-Datei!

9. Auf der Übersichtsseite können Sie nochmals alle Angaben überprüfen und beim Klick auf Finish wird die Appliance ausgerollt. Wenn Sie den Fortschrittsbalken und die Prozentangaben im Auge behalten, wundern Sie sich nicht, dass es bei 80 % (Installing RPM) sehr lange dauert, jetzt werden notwendige Pakete installiert.

Mit dem zweiten Abschnitt (stage 2) können Sie direkt in dem bisherigen Fenster weitermachen (*Continue*) oder sich auf die VCSA mit einem Browser auf den Port 5480 verbinden (z.B. *https://vcsa.cssv.dom:5480*).

Die vier Icons in dem Browserfenster Einrichten, Upgrade, Migrieren und Wiederherstellen werden in der eingestellten Sprache mit erklärendem Text aufgeführt. Wir machen mit der Einrichtung weiter:

1. Nachdem wir auf Einrichten geklickt haben und uns mit dem User *root* und dem komplexen Passwort an der Webseite angemeldet haben, wird nochmals die Seite mit den IP-Einstellungen angezeigt. Weiter unten gibt es die Möglichkeit, die Zeit der Appliance mit dem ESXi-Host zu synchronisieren (OK) und den SSH-Zugriff freizuschalten (nur notwendig bei redundanten vCenter Servern).

2. Jetzt wird die oben angesprochene lokale SSO-Domäne (z.B. *vsphere.local*) erstellt und Sie müssen ein Passwort für deren Administrator eingeben. Sie können jeden beliebigen Domänennamen dafür verwenden, dieser darf aber noch nicht vorkommen (in unserem Beispiel geht cssv.local). Das Passwort muss mindestens acht Zeichen haben und einen Kleinbuchstaben, einen Großbuchstaben, eine Zahl sowie ein Sonderzeichen enthalten. Vermeiden Sie dabei Zeichenfolgen aus einem Wörterbuch und schreiben Sie sich das Passwort auf (Sie können auch das gleiche Passwort wie für den User *root* verwenden). Später können Sie nur über diesen User auf das System zugreifen und gegebenenfalls weitere Benutzer und Gruppen zum Zugriff berechtigen.

3. Im nächsten Fenster können Sie an dem Programm zur Verbesserung der Benutzerfreundlichkeit teilnehmen oder das Häkchen rausnehmen. Beachten Sie bitte den Text in dem Fenster: Einige Funktionen stehen hinterher nicht zur Verfügung, wenn Sie CEIP ablehnen:

- vSphere Health
- vSAN-Online-Integrität
- Update-Planer für vCenter Server
- vSAN-Leistungsanalyse
- Hardwarekompatibilität des Hosts
- vSAN Support Insight

4. Nachdem Sie auf WEITER geklickt haben, werden nochmals alle Details angezeigt und beim Klicken auf FERTIG STELLEN übernommen. Wenn die Installation gestartet wurde, können Sie diese bis zu ihrem Abschluss nicht mehr abbrechen oder beenden.

5. Nach einiger Zeit ist die Installation abgeschlossen und Sie können sich über einen Browser auf die Oberfläche verbinden. Es wird hierfür nur noch der HTML5-Client ohne Java und Flash unterstützt. Falls Sie es über den Web Client z.B. mit *https://vcsa.cssv.dom/vsphere-client* versuchen, so bekommen Sie eine Fehlermeldung.

 Denken Sie daran, den notwendigen Lizenzschlüssel vor Ablauf der 60-Tage-Frist einzugeben. Solange der Testmodus läuft, haben Sie alle Features der Umgebung zur Verfügung – also wie bei Enterprise Plus.

6. Geben Sie die Anmeldeinformationen (z.B. *administrator@vsphere.local*) und das vorher gewählte komplexe Passwort an.

Installierte Komponenten

Während der Installation des vCenter Servers werden noch ein Inventory Service, vSphere Auto Deploy, vSphere ESXi Dump Collector und der vSphere Syslog Collector und einiges andere (Platform Service Controller) installiert. Der Inventory Service wird in sehr großen Umgebungen mit mehreren verknüpften vCenter Servern für das Durchsuchen nach Objekten in der gesamten Umgebung genutzt.

VMware ESXi Dump Collector

Dieses Tool wird gegebenenfalls zum Sammeln von Arbeitsspeicherinformationen auf einem Netzwerklaufwerk bei einem möglichen Absturz benötigt. Hat der ESXi-Server nicht genügend eigenen freien lokalen Speicher zur Verfügung oder wurde ein Auto Deployment genutzt, sollte man den Dump Collector einsetzen. Dieser muss zwar nicht auf dem vCenter Server installiert werden, benötigt aber Zugriff auf ihn über das Netzwerk.

VMware vSphere Auto Deploy

Mit dem vSphere Auto Deploy haben Sie die Möglichkeit, ESXi-Server in Ihrer Netzwerkumgebung zu installieren und anzupassen. Dafür benötigen Sie das Image des ESXi-Servers, das direkt in den Arbeitsspeicher geladen wird. In großen Umgebungen kann diese Anwendung binnen kurzer Zeit etliche neue ESXi-Server bereitstellen.

Während der Installation müssen Sie wiederum eine Portnummer und das Auto Deploy Repository angeben. Dieses muss mindestens 350 MByte freien Platz haben und darf nicht auf einer Netzwerkfreigabe liegen.

VMware vSphere Authentication Proxy

Der Authentication Proxy erlaubt den ESXi-Servern den Beitritt zu einer Active-Directory-Domäne, ohne dass der Host die Anmeldeinformationen des AD kennen muss. Dieses Sicherheitsfeature kann zum Beispiel für Hosts genutzt werden, die über Auto Deploy installiert werden. Damit müssen die Anmeldeinformationen in keinem Installationsskript auftauchen.

Während der Installation wird ein zusätzliches Domänenkonto für den Dienst erstellt. Der Name beginnt mit CAM- und es wird ein 32-stelliges zufälliges Kennwort erzeugt, das nie abläuft. Ändern Sie dieses Kennwort und die Einstellungen nicht manuell.

Nach der Installation

Nach der Installation wird der Standardbrowser automatisch gestartet, wenn Sie auf die Schaltfläche dafür klicken, und die Webseite https://<vCenter Server Name>/?workflow=installer aufgerufen. Hierüber können Sie den HTML5-Client (der jetzt vSphere Client genannt wird) starten. Außerdem haben Sie die Möglichkeit, über je einen Link unter anderem das Dokumentationscenter und Informationen über das Software Development Kit (SDK) zu erreichen. Bei dem letzten Punkt auf der rechten Seite können Sie ein vertrauenswürdiges Zertifikat für die VCSA herunterladen. Weitere Details dazu finden Sie in Kapitel 18.

Nach der Anmeldung als *administrator@vsphere.local* erhalten Sie eine fast leere Seite, da der (lokale) vCenter Server erst noch konfiguriert werden muss und die Hosts eingebunden werden müssen. Die Abmeldung befindet sich übrigens etwas versteckt unter Ihrem Anmeldenamen in der obigen grauen Leiste.

Der vCenter Server ist ein Dienst bzw. Daemon. Bei der Photon Appliance sieht man die laufenden Dienste über die vCenter Server-Verwaltung (auch Appliance Management genannt). Dorthin kommt man auch über das Menü VERWALTUNG – BEREITSTELLUNG – SYSTEMKONFIGURATION – >vCenter Server Name<. Alle Dienste – auch die nicht gestarteten – sehen Sie, nachdem Sie sich dort angemeldet haben. Zu dieser Oberfläche kommen wir später nochmals.

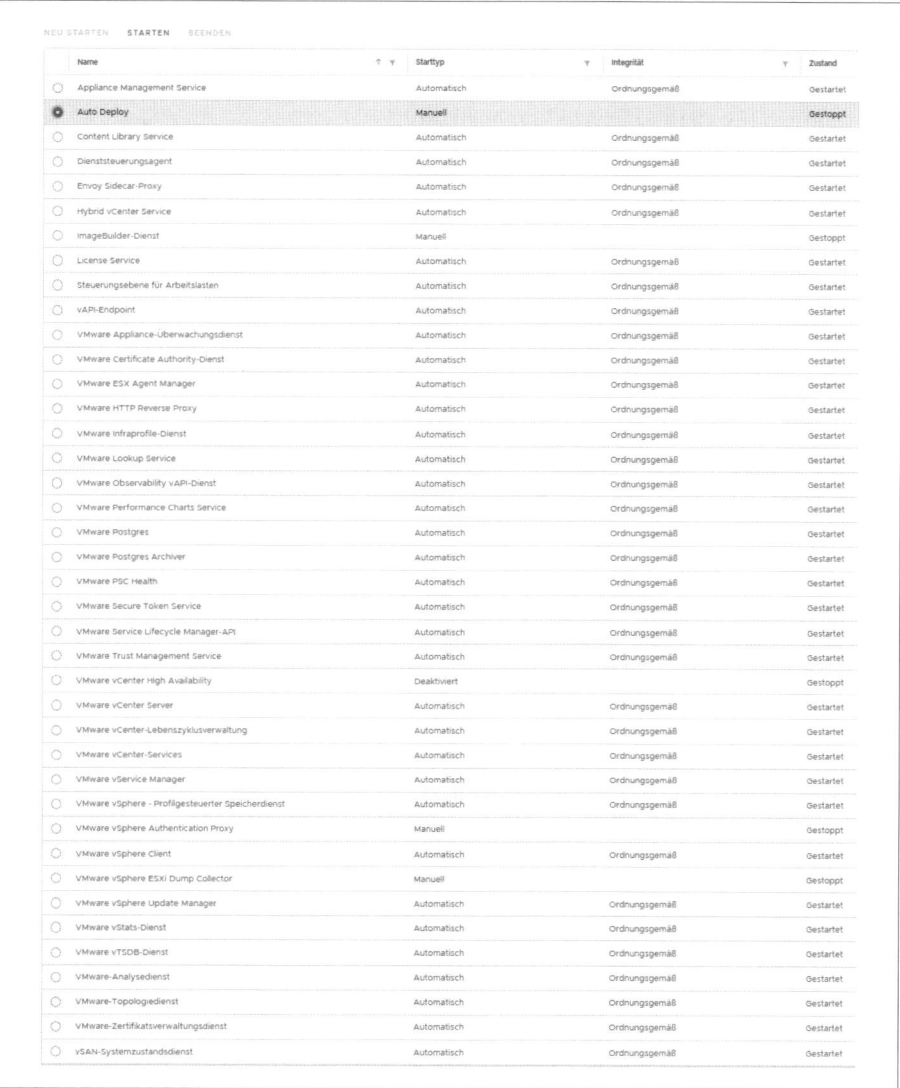

Abbildung 4-4: Liste der Dienste auf dem vCenter Server

Nachfolgend möchte ich nur die wichtigsten Dienste (siehe Abbildung 4-4), die auf dem vCenter Server laufen, erklären:

- *Content Library Service*: Java Service Wrapper. Von diesem Dienst ist der vSphere Profil-Driven Storage Service abhängig. Ermöglicht die gemeinsame Nutzung und Verwaltung von VM-Vorlagen und ISO-Images über vCenter-Instanzen hinweg.
- *VMware vSphere Client*: Web Access auf VMs und Hosts über den vCenter Server
- *VMware vCenter Services*: Zentrale Verwaltung der gesamten Umgebung

- *VMware vSphere Profil-Driven Storage Service*: Dienst, der das VM-Speicherprofil ermöglicht.

- *VMware vCenter Update Manager*: Wird für Updates von VMs und Hosts zusammen mit dem *Lifecycle Manager* benötigt.

- *Appliance Monitoring Service*: Überwacht alle Dienste.

- *VMware http Reverse Proxy*: Leitet HTTP/HTTPS-Anfragen von Clients an einen der internen Dienste weiter.

- *VMware vCenter High Availability*: Dienst für ein HA-Cluster für vCenter Server

- *VMware Postgres*: Datenbank für die Speicherung von Statistiken, Aufgaben, Ereignissen und mehr

- *vSphere ESXi Dump Collector*: Stellt die Konfiguration und die Dateninformation für vSphere ESXi Dump Collector Server bereit.

- *Auto Deploy*: Komponente für das Installieren von ESXi-Hosts über PXE und deren Startkonfiguration

- *VMware vSphere Authentication Proxy*: Dienst für Auto Deploy und den Zutritt der Hosts zur AD-Domäne

Erste Anmeldung am vCenter Server

Da bisher auf dem vCenter Server nur der *administrator@vsphere.local* Berechtigungen besitzt, müssen wir uns zunächst mit diesem Account über den HTML5-Client dort anmelden, um weitere Berechtigungen zu vergeben:

1. Klicken Sie im MENÜ auf der STARTSEITE auf VERWALTUNG und anschließend unter SINGLE SIGN-ON auf KONFIGURATION.

2. Auf der Registerkarte IDENTITÄTSANBIETER klicken Sie zunächst auf den Link ACTIVE DIRECTORY-DOMÄNE und dann auf AD BEITRETEN.

3. Geben Sie die Domäne (z. B.: cssv.dom) an, die Organisationseinheit ist optional. Füllen Sie noch die Felder für BENUTZERNAME (ein Mitglied der Domänen-Admins oder höher) und KENNWORT aus.

4. Beachten Sie den Hinweis im blauen Feld, dass der Knoten (vCenter Server) neu gestartet werden muss, und klicken Sie auf die Schaltfläche BEITRETEN.

5. Nach kurzer Zeit sollte das Fenster geschlossen werden und ein weiterer blauer Balken auf den notwendigen Neustart hinweisen.

6. Klicken Sie nun unter BEREITSTELLUNG auf SYSTEMKONFIGURATION, wählen Sie den Kreis beim vCenter Server aus und starten Sie diesen neu, indem Sie auf den Link KNOTEN NEU STARTEN klicken. Der Neustart dauert ca. 5–10 Minuten.

7. Melden Sie sich erneut am vCenter Server an, gehen Sie wieder zur VERWALTUNG – SINGLE SIGN-ON – KONFIGURATION – IDENTITÄTSQUELLEN und kli-

cken Sie auf den Link HINZUFÜGEN, um Ihre Domäne zu der Liste hinzuzufügen.

8. Der Domänenname sollte automatisch in dem Feld erscheinen. Klicken Sie auf HINZUFÜGEN.

9. Ist Ihre Domäne in der Liste enthalten, so klicken Sie diese an und machen Sie sie zur Standard-Identitätsquelle, indem Sie auf den blauen Link ALS STANDARD FESTLEGEN auswählen. Das hat den Vorteil, dass Sie Ihre Domäne bei der Anmeldung nicht mit angeben müssen.

10. Wählen Sie als Nächstes den Punkt BENUTZER UND GRUPPEN unter SINGLE SIGN-ON. Hier haben Sie die Möglichkeit, Benutzer oder Gruppen aus dem AD zu einer bestehenden Gruppe in *vsphere.local* hinzuzufügen. Dabei hat die Gruppe Administrators die höchsten Berechtigungen, gefolgt von CAAdmins und DCAdmins bis herunter zu ActAsUser. Die Gruppen ExternalPIDUsers (nur vCloud), DCClient (nur Zertifikate), ComponentManager.Administrators (Dienstregistrierung), SystemConfiguration.Administrators (Systemkonfiguration) und LicenseService.Administrators (nur Lizenzierung) sollten für den Benutzerzugriff nicht genutzt werden. Beachten Sie, dass es drei Seiten mit Usern gibt und Sie unten rechts auf die Folgeseiten kommen.

 Empfehlung: Fügen Sie eine vertrauenswürdige Gruppe (z.B. vCenter Admins) oder auch nur einen User aus dem AD zur Gruppe der Adminstrators hinzu und geben Sie Benutzern lieber Rechte auf Objekte in der Hierarchie (siehe Kapitel 18).

Anschließend können Sie mit dem eingetragenen User über den HTML5-Client auf den Server zugreifen, wie in Abbildung 4-5 gezeigt:

Abbildung 4-5: HTML5- bzw. vSphere-Client-Aufruf

In dem Anmeldefenster gibt es im unteren schwarzen Rand noch die Möglichkeit, das erweiterte Authentifizierungs-Plug-in herunterzuladen. Dann können Ihre Daten für die Windows-Sitzungsauthentifizierung verwendet werden.

Sie können hierüber alle ESXi-Server konfigurieren. Natürlich ist es mit dem HTML5-Client auch möglich, einen einzelnen Server aufzurufen und nur diesen zu konfigurieren oder neue virtuelle Maschinen zu erstellen.

Bevor wir jetzt unsere Hosts und gegebenenfalls VMs zum vCenter Server hinzufügen, kümmern wir uns noch schnell um die Verwaltung der Appliance.

VMware Appliance Management

Wie bereits erwähnt, kann man einige Konfigurationen, Überprüfungen, eine Sicherung und Updates für die Appliance über das Management der Photon-Linux-Maschine erreichen. Um die Einstellungen nach dem Import der Maschine zu ändern, können Sie sich über einen Browser mit dem Server auf Port 5480 verbinden, in unserem Beispiel: *https://vcsa.cssv.dom:5480/login*. Melden Sie sich dort mit dem User *root* und dem vorher vergebenen komplexen Passwort an.

Übersicht

Wie der Name schon sagt, bekommt man hier eine Übersicht über den Status des Servers. Oben rechts lässt sich die Sprache umstellen, eine Information über HILFE aufrufen, der Server neu starten, herunterfahren oder ein Support-Paket erstellen.

Überwachen

Leistungsdaten über Prozessor und RAM, Belegung der Festplatten, Statistiken übers Netzwerk und die Speicherauslastung der Datenbank bekommt man hier angezeigt.

Zugriff

Hier sind Zugriffseinstellungen für die SSH-Anmeldung, die DCUI, die Kommandozeile und die Bash-Shell (Linux-artig) sowie deren Zeitlimit einstellbar.

Netzwerk

Die TCP/IP-Einstellungen lassen sich hier konfigurieren und IPv6 nachträglich aktivieren sowie noch nicht vorgenommene Proxy-Daten eingeben.

Firewall

Hier lassen sich Regeln für die Netzwerkschnittstelle einstellen.

Uhrzeit

Die Zeitzone und NTP-Daten lassen sich hier ändern.

Dienste

Eine Auflistung aller Dienste mit deren Zustand und dem Starttyp lässt sich hier konfigurieren und Dienste können manuell neu gestartet werden, aber die Startart kann nicht geändert werden.

Update

Nachdem dieser Punkt angewählt wird, sucht der Server automatisch nach neuen Patches. Tut er das nicht, so kann über die Schaltfläche NACH UPDATES SUCHEN auf einem optischen Datenträger oder auf der Website von VMware gesucht werden. Wurden Neuigkeiten gefunden, so werden diese in einer Liste aufgeführt, wie in Abbildung 4-6 gezeigt.

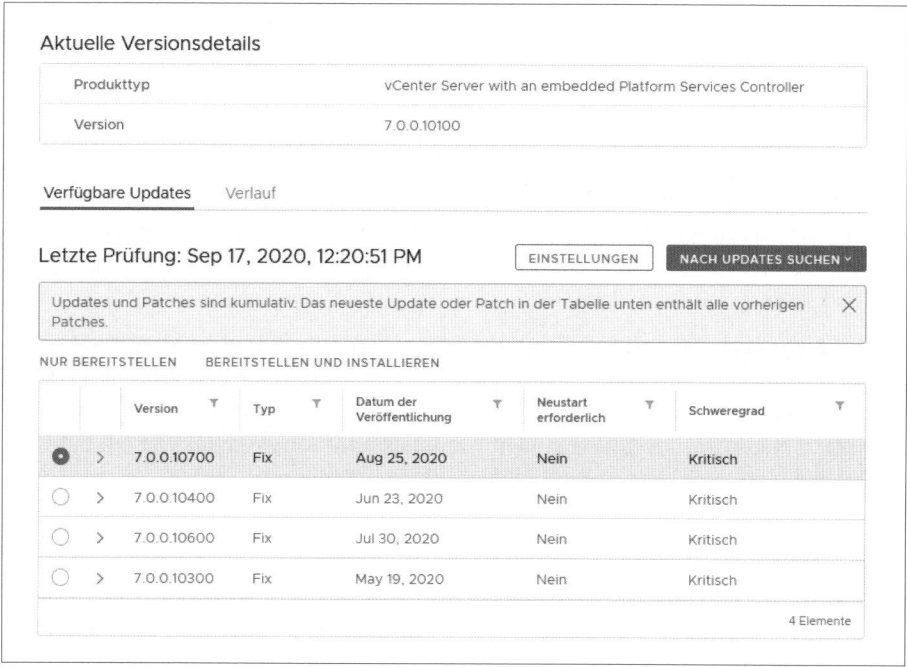

Abbildung 4-6: Updates für den vCenter Server

Wählen Sie das neueste Update aus (dieses beinhaltet alle anderen Updates) und klicken Sie auf den Link BEREITSTELLEN UND INSTALLIEREN. Akzeptieren Sie dann den Lizenzvertrag, überlegen Sie sich, ob Sie an dem Programm zur Verbesserung der Benutzerfreundlichkeit teilnehmen möchten, machen Sie gegebenenfalls vorher eine Datensicherung (blauer Link), setzen Sie dann das Häkchen bei ICH HABE GESICHERT und klicken Sie auf BEENDEN. Der Status des Updates wird dann in einem kleinen Fenster prozentual angezeigt (siehe Abbildung 4-7).

Abbildung 4-7: Installationsfortschritt der Updates für den vCenter Server

Der Vorgang kann einige Zeit in Anspruch nehmen, jedoch meist nicht die Anzahl in Minuten, die angezeigt wird. Wenn das Fenster längere Zeit weiß bleibt, aktualisieren Sie Ihren Browser, um dann die Meldung INSTALLATION ERFOLGREICH sehen zu können.

Sollten Sie jedoch die Fehlermeldung »Überprüfen Sie die URL und versuchen Sie es erneut« bekommen, so müssen Sie sich auf der Konsole des vCenter Servers anmelden, die Datei */etc/applmgmt/appliance/software_update_state.conf* löschen und einen Neustart durchführen. Dann sollte es funktionieren. Das ist ein bekanntes Problem, zu dem VMware noch keine Lösung anbietet.

Verwaltung

Hier lässt sich das *root*-Kennwort ändern (muss nicht komplex sein) und weitere Einstellungen dazu wie die Ablaufzeit, Gültigkeit, E-Mail-Adresse für einen Warnhinweis und das Ablaufdatum. Um einen Hinweis per Mail verschicken zu können, muss die Konfiguration des vCenter Servers bezüglich smtp erfolgt sein – eine Überprüfung findet hier nicht statt. Die Einstellungen befinden sich im HTML5-Client unter VCENTER-BESTANDSLISTEN – NAME DES VCENTER SERVERS – KONFIGURIEREN – ALLGEMEIN und werden weiter unten noch ausführlich besprochen.

Syslog

Die Logdateien der Appliance lassen sich auf bis zu drei Syslog-Server weiterleiten. Dabei können der Empfangsserver, das Protokoll und der dazugehörige Port angegeben werden.

Sicherung

Über diesen Menüpunkt können ein Sicherungsserver sowie ein Zeitplan dafür konfiguriert werden. Die unterstützten Protokolle sind FTP, FTPS, HTTP, HTTPS, NFS, SMB und SFTP. Über den Link KONFIGURIEREN lassen sich alle notwendigen Angaben wie Speicherort, Protokoll, Username, Passwort etc. eingeben. Weiterhin wird die zu erwartende Größe der Daten angezeigt. Ein Beispiel dazu sehen Sie in Abbildung 4-8. Auf dem Zielort werden ein Verzeichnis namens *vCenter*, ein Unterverzeichnis mit dem Namen der Appliance und darin ein Verzeichnis mit der Version und dem Update-Level erstellt. Im letzten Unterverzeichnis befinden sich die gepackten Daten als *.gz und *.tar.gz.

Abbildung 4-8: Integrierte Sicherung des vCenter Servers

vCenter Server-Lizenzen

In der Version 3 (VMware Infrastructure) gab es noch Lizenzdateien und einen Lizenzmanager eines Drittherstellers (LMTools), der damals mit Infrastructure ausgeliefert wurde. Das hat sich seit vSphere 4 geändert: Im vCenter oder auch beim ESXi-Server werden 25 Zeichen umfassende Lizenzschlüssel eingetragen, in denen alle gekauften Funktionen enthalten sind (siehe Abbildung 4-9). Sollten Sie auf eine andere Version aufrüsten, wird der alte Schlüssel durch einen neuen ersetzt. Dies und das Zusammenfassen mehrerer einzelner Schlüssel geschieht gegebenenfalls über das Lizenzportal von VMware.

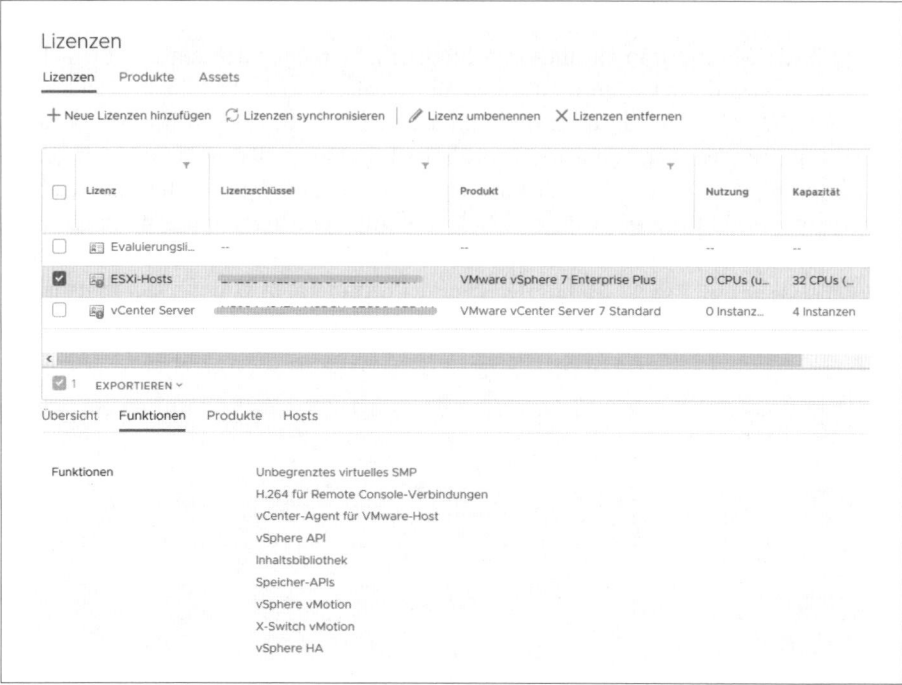

Abbildung 4-9: Lizenzen auf dem vCenter Server

Achten Sie unbedingt vor dem Kauf der Lizenzen auf Ihre Erfordernisse. Es werden sogenannte Bundles oder Kits angeboten, die nicht erweiterbar sind. Diese sind meistens auf sechs CPU-Sockel und maximal drei Hosts beschränkt. Eine Erweiterung dazu gibt es nicht – Sie können aber zu einem nächsthöheren Produkt (gegen Bezahlung) aufstocken. Das lohnt sich jedoch gegenüber einer normal erweiterbaren Struktur meistens finanziell nicht.

Informieren Sie sich vorher über die möglichen Funktionen (die z.B. am Anfang dieses Buches behandelt wurden) und welche Sie davon brauchen. Gehen Sie dabei am besten die einzelnen zu virtualisierenden Rechner anhand von Worst-Case-Szenarien durch. Fragen Sie sich, für welchen Rechner Sie HA, DRS, vMotion, Storage vMotion, Fault Tolerance, verteilte vSwitches und Ähnliches einsetzen würden. Dann erst suchen Sie sich das passende Produkt heraus.

Schauen Sie sich vor dem Kauf neuer Lizenzen Ihre jetzigen an. Wenn Sie einen noch laufenden Supportvertrag haben, können Sie meist kostenlos auf eine neuere Version updaten.

Grundlegendes zur Kapazität von Lizenzschlüsseln

Lizenzschlüssel besitzen eine bestimmte Kapazität. Die Kapazität basiert auf der Anzahl der Prozessorsockel im Host oder der Anzahl der Instanzen des Software-Assets (Softwarekomponente, wie z.B. vCenter Server). Für eine Softwarekomponente, Asset-Instanz genannt, brauchen Sie nur eine Lizenz pro beteiligtem ESXi-Host – unabhängig von seiner CPU-Sockelanzahl.

Für die meisten vSphere-Produkte müssen Sie beim Erwerb der vSphere-Lizenzen die gesamte Anzahl der Prozessoren berücksichtigen, nicht die Anzahl der Hosts, auf denen die Produkte ausgeführt werden. Sie können die Prozessorkapazität einer beliebigen Kombination von Hosts zuweisen. Angenommen, Sie kaufen einen vSphere-Lizenzschlüssel für 12 Prozessoren, dann können Sie ihn einer beliebigen der folgenden Hostkombinationen zuweisen:

- 6 Hosts mit je 2 Prozessoren
- 4 Hosts mit 2 Prozessoren und 1 Host mit 4 Prozessoren
- 2 Hosts mit 4 Prozessoren und 2 Hosts mit 2 Prozessoren
- 1 Host mit 8 Prozessoren und 2 Hosts mit 2 Prozessoren

Beachten Sie dabei Folgendes:

- Prozessoren mit acht oder mehr Kernen, z.B. Intel-Prozessoren, die acht oder mehr unabhängige CPUs auf einem einzigen Chip kombinieren, gelten als ein Prozessor.
- Ein Host mit mehreren Prozessoren kann nicht teilweise lizenziert werden. Beispielsweise benötigt ein Host mit vier CPU-Sockel auch vier Prozessorlizenzen.
- Aus Sicht der ESXi-Lizenz ist eine CPU ein Prozessor, der auf einem Prozessorsockel steckt. Und: Jede Lizenz unterstützt nur noch 32 Kerne pro CPU! Das heißt, ein AMD Epyc 7742 mit 64 Kernen benötigt zwei Lizenzen. Haben Sie eine Zweiprozessormaschine mit je einer 48-Kern-CPU (AMD Epyc 7642) benötigen Sie trotzdem vier Lizenzen, obwohl der Host insgesamt nur 3 Lizenzen benötigen würde.

Die ehemalige Lizenzierungsart mit dem vRAM bei der Version 5.0 hatte damals einiges an Gegenwind für VMware ausgelöst. Dabei wurde je nach Lizenz ein Maximum an vRAM für die VMs begrenzt. Kurz nach dem Sturm der Entrüstung wurde dann ein wenig nachgebessert und die Werte erhöht. Seit der Version 5.1 (und natürlich auch bei 7.0) sieht es so aus, dass eine VM so viel Speicher bekommen kann, wie sie braucht. Es ist kein Maximalwert mehr festgelegt, d.h., es ist unerheblich, wie viel RAM den VMs zugewiesen wird.

Lizenzierung der Betriebssysteme

Die Frage, wie es mit den Lizenzkosten in den virtuellen Maschinen aussieht, kann man sehr leicht beantworten. Betrachten Sie alle Server wie physische Maschinen. Sie benötigen für jede lizenzpflichtige Software innerhalb einer virtuellen Maschine eine Lizenz. Auch jedes Hostsystem benötigt je nach Produkt eine Lizenz.

Reden Sie mit den Herstellern Ihrer Betriebssysteme oder Anwendungen. Die Erfahrung hat gezeigt, dass sich viele auf einen Kompromiss einlassen, also z. B. zehn Server, aber nur sieben Lizenzen. In Deutschland gilt nicht nur das »Buchprinzip« (d. h., dass Sie eine Software oder ein Betriebssystem auf zwei Rechnern installieren können, wenn sichergestellt ist, dass nicht beide gleichzeitig in Betrieb sein können), sondern auch das Prinzip ein Betriebssystem pro Rechner! Beachten Sie diese Regelung auch bei Clonen und Vorlagen (Templates).

Für Windows-Server lohnt sich häufig die Anschaffung einer Datacenter-Lizenz. Dann darf man so viele Server pro Host installieren, wie man möchte. Allerdings ist dieser Lizenztyp auch sehr kostspielig.

Ein weiterer Streitpunkt kann die Lizenzierung bei der Anzahl der Prozessoren sein, da manche Hersteller nicht die Prozessoren innerhalb der virtuellen Maschine lizenzieren wollen, sondern das Hostsystem. Hier hilft ein klärendes Gespräch mit dem jeweiligen Hersteller. Es empfiehlt sich darüber hinaus, mit dem Hersteller hinsichtlich seiner Preisvorstellung zu verhandeln, um so vielleicht die Kosten zu drücken.

Logdateien des vCenter Servers

Bei der Appliance befinden sich die Logdateien zentral im Ordner */var/log/vmware*. Wichtig sind dabei die beiden unterschiedlichen Dateien im Unterverzeichnis */vpxd*. Die *vpxd.log* ist die Hauptlogdatei und beinhaltet unter anderem die Anmeldungen über den HTML5-Client, interne Ereignisse und Aufgaben sowie die Kommunikation zwischen den Hosts und der Appliance.

In folgenden Ordnern finden Sie wichtige Informationen:

- */applmgmt*: Ereignisse von Benutzeranmeldung (VAMI)
- */messages*: Systemereignisse
- */vsphere-ui*: Beinhaltet die Logdateien zum HTML5-Client
- */vpostgres*: Logs zur Datenbank
- */vmware-updatemgr*: Alles zum Update Manager / Lifecycle Manager
- */cm*: Common Information Model, Kommunikation zwischen VCSA und ESXi-Hosts
- */eam*: Hardwarestatus-Informationen zu den ESXi-Hosts
- */vmon*: VMware vAPI Endpoint

Die so gesammelten Einträge in den textbasierten Dateien können über einen Texteditor (WinSCP, less oder vim) angezeigt werden.

Logdateien zur Installation

Die Logdateien zur Bereitstellung des vCenter Servers können im Temp-Verzeichnis des Users gefunden werden, der die Installation durchgeführt hat, also z.B. *C:\ Dokumente und Einstellungen\Ralph\Lokale Einstellungen\Temp* oder *C:\Users\ Goepel\AppData\Local\Temp*.

Hat hingegen der Administrator die Installation durchgeführt, befinden sich die Dateien in *C:\Windows\Temp*, jedoch nur in der englischen Version. Beim deutschen Windows sind auch dann die Logdateien unter dem User-Verzeichnis abgespeichert.

Im Unterverzeichnis *vcsaUiInstaller* befinden sich meist vier Dateien, die mit »network«, »ovftool«, »cloudvm« und »installer« anfangen und dann das Datum sowie eine fortlaufende Nummer aufweisen. Außerhalb des Ordners findet man die Datei *vminst.log*, in der allgemeine Informationen zur Installation enthalten sind.

vCenter Agent Logs

Über die Logdateien nach der Installation des ESXi-Hosts habe ich in Kapitel 3 ja schon einiges gesagt. Zuständig für die Protokollierung ist der Daemon *vmsyslogd*, über den auch der Speicherort, die Größe der Dateien und die Angabe, wie viele aufgehoben werden sollen, eingestellt werden kann. Das können Sie über den Browser-Client direkt auf dem Host unter VERWALTEN → ERWEITERTE EINSTELLUNGEN → SYSLOG oder über den vCenter Server unter KONFIGURIEREN → SYSTEM → ERWEITERTE EINSTELLUNGEN einrichten, wie die Abbildung 4-10 zeigt.

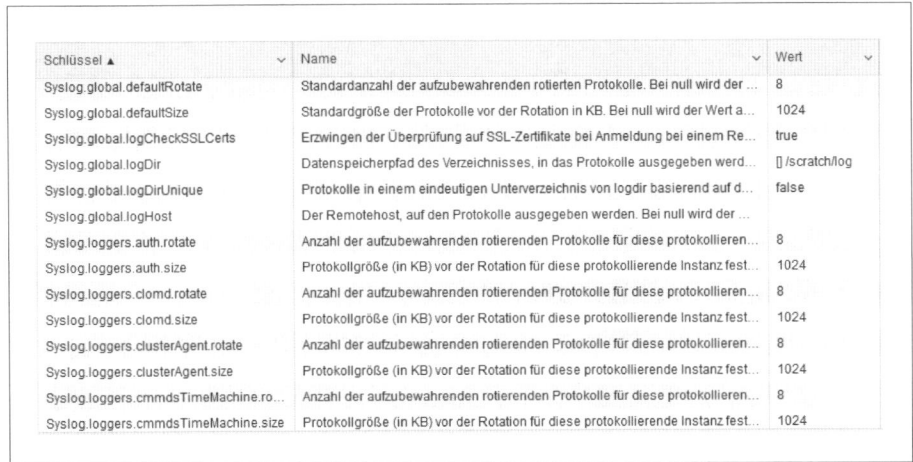

Schlüssel ▲	Name	Wert
Syslog.global.defaultRotate	Standardanzahl der aufzubewahrenden rotierten Protokolle. Bei null wird der ...	8
Syslog.global.defaultSize	Standardgröße der Protokolle vor der Rotation in KB. Bei null wird der Wert a...	1024
Syslog.global.logCheckSSLCerts	Erzwingen der Überprüfung auf SSL-Zertifikate bei Anmeldung bei einem Re...	true
Syslog.global.logDir	Datenspeicherpfad des Verzeichnisses, in das Protokolle ausgegeben werd...	[] /scratch/log
Syslog.global.logDirUnique	Protokolle in einem eindeutigen Unterverzeichnis von logdir basierend auf d...	false
Syslog.global.logHost	Der Remotehost, auf den Protokolle ausgegeben werden. Bei null wird der ...	
Syslog.loggers.auth.rotate	Anzahl der aufzubewahrenden rotierenden Protokolle für diese protokollieren...	8
Syslog.loggers.auth.size	Protokollgröße (in KB) vor der Rotation für diese protokollierende Instanz fest...	1024
Syslog.loggers.clomd.rotate	Anzahl der aufzubewahrenden rotierenden Protokolle für diese protokollieren...	8
Syslog.loggers.clomd.size	Protokollgröße (in KB) vor der Rotation für diese protokollierende Instanz fest...	1024
Syslog.loggers.clusterAgent.rotate	Anzahl der aufzubewahrenden rotierenden Protokolle für diese protokollieren...	8
Syslog.loggers.clusterAgent.size	Protokollgröße (in KB) vor der Rotation für diese protokollierende Instanz fest...	1024
Syslog.loggers.cmmdsTimeMachine.ro...	Anzahl der aufzubewahrenden rotierenden Protokolle für diese protokollieren...	8
Syslog.loggers.cmmdsTimeMachine.size	Protokollgröße (in KB) vor der Rotation für diese protokollierende Instanz fest...	1024

Abbildung 4-10: Erweiterte Einstellungen des ESXi-Hosts

Die Änderungen, die Sie hier vornehmen, landen in der Datei */etc/vmsyslog.conf.d/ vpxa.conf*.

Nachdem der Host zum vCenter Server hinzugefügt wurde, werden zusätzliche Dateien für die Fehlersuche angelegt: Diese finden Sie z. B. unter */scratch/log/* (oder dem von Ihnen geänderten Pfad), wobei das wiederum (meistens) ein Link auf ein VMFS-Volume ist. Die dortigen Logdateien entsprechen dem obigen Beispiel. Die Datei */var/log/vpxa.log*, die auch schon vorher existiert, zeigt als Link immer auf die aktuelle Logdatei im Ordner */scratch/log/*. Die Logdateien heißen auf dem ESXi-Server *vpxa-n.log*, wobei *n* wieder fortlaufende Zahlen sein können.

Des Weiteren existieren auf dem ESXi-Server im gleichen Ordner wie die Datei */etc/vmsyslog.conf.d/vpxa.conf*, in der man die Einstellungen für das Protokollieren vornehmen kann, auch einige weitere *.conf*-Dateien für die Protokollierung, die ähnlich aufgebaut sind.

Eine HTML-basierte Datei (*vpxa.cfg*) finden Sie ebenfalls unter */etc/vmware/vpxa/*, schauen Sie sich den Inhalt an. Dort ist z. B. festgelegt, welche Informationen (Level) abgespeichert werden. Statt des Standardwerts verbose können auch folgende Werte stehen: trivia, info, warning, error oder none.

Der Wert maxFileSize liegt üblicherweise bei 1048576, was einem MByte entspricht, der Wert für maxFileNum liegt normalerweise bei 10. Das muss aber nicht unbedingt in der Datei stehen, da es sich hierbei um Standardwerte handelt.

Beachten Sie auch, dass auf dem vCenter Server Informationen zu Aufgaben und Ereignissen abgespeichert werden, wie in der folgenden Abbildung 4-11 dargestellt:

Abbildung 4-11: Ereignisanzeige auf dem vCenter Server

Anmeldung am vCenter Server

Beim ersten Anmelden am vCenter Server landen Sie auf dem Startbildschirm. Wenn Sie sich das nächste Mal mit ihm verbinden, werden Sie üblicherweise nicht zu dem letzten aktuellen Fenster geleitet, was beim alten vSphere Client noch Standard war.

Haben Sie noch keine Lizenzen eingespielt, so wird im oberen Teil in einem orangen Balken ein Warnhinweis angezeigt. Darin befindet sich ein weißer Link, der zu VERWALTUNG – LIZENZEN verzweigt, wo sich die erworbenen Schlüssel eintragen lassen.

In dem grauen Balken darunter befindet sich ein Aktualisierungssymbol, das leider öfters manuell betätigt werden muss. Die Oberfläche wird nicht automatisch aktualisiert, was im Host-Client einstellbar ist – auf dem vCenter Server nicht. Über den Link rechts neben dem Symbol können Sie Informationen als Text und Videos auf der Webseite von VMware sowie die aktuelle Version des Servers anzeigen lassen.

Der nächste Eintrag zeigt den angemeldeten User an. Klickt man darauf, so öffnet sich ein Pull-down-Menü, mit dem man das Kennwort ändern kann, die Einstellungen zum Zeitformat, der angezeigten Sprache, der Standardkonsole (Web- oder VMRC-Konsole) und ob man VMs bei »Hosts und Cluster« sehen möchte. Weiterhin kann zwischen dem »Nachtmodus« und dem normalen Modus umgeschaltet und die Abmeldung vom Server erreicht werden.

Mit dem VM-Icon ganz links oder über das Drop-down-Menü kommt man zur Startseite und vielen anderen Punkten, die wir noch besprechen werden.

Das VERKNÜPFUNGEN-Fenster unterteilt sich zunächst in die drei Bereiche BESTANDSLISTEN, ÜBERWACHUNG und VERWALTUNG (siehe Abbildung 4-12). Welche Symbole angezeigt werden, hängt von der erworbenen Lizenz und der Installation von möglichen zusätzlichen Komponenten ab. Wenn Sie weitere PLUG-INS hinzufügen, werden auch diese Icons hier angezeigt.

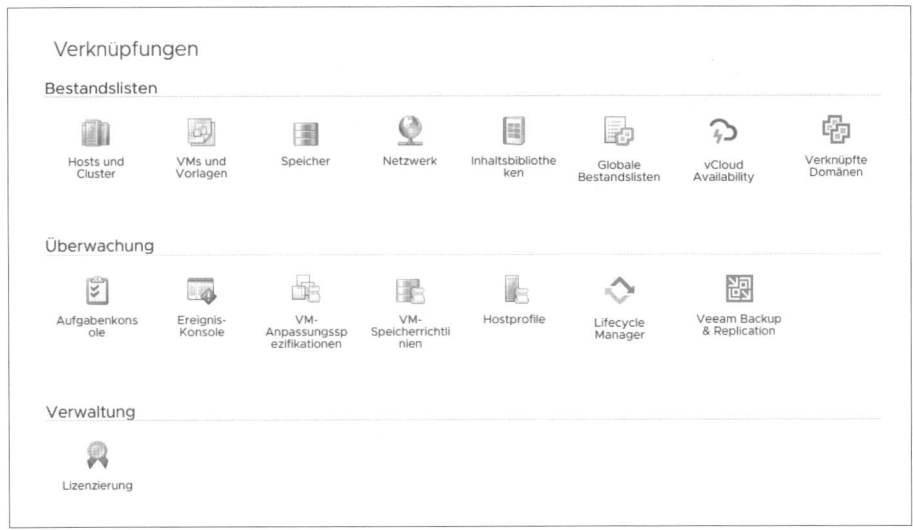

Abbildung 4-12: Verknüpfungen

Hosts hinzufügen

Sobald Sie sich mit dem vCenter Server verbunden haben, besteht der nächste Schritt darin, die ESXi-Server mit ihren virtuellen Maschinen und Storages sowie Netzwerk-Switches in ihn zu integrieren, um von hier aus alle weiteren Einstellungen vornehmen zu können.

Die Voraussetzung dafür, dass die Hosts hinzugefügt werden können, ist allerdings ein Datacenter, eine Art Container für Hosts und VMs. Klicken Sie unter BESTANDSLISTEN auf das Symbol HOSTS UND CLUSTER, dann auf den Namen des vCenter Servers mit der rechten Maustaste und im Kontextmenü auf NEUES DATENCENTER. Vergeben Sie einen aussagekräftigen Namen, z. B. den Namen Ihrer Firma. Hierbei handelt es sich lediglich um einen Container, der Hosts und Cluster aufnehmen kann.

Zum Datacenter können Sie jetzt Ihre ESXi-Server aus dem Kontextmenü oder der Schaltfläche AKTIONEN der Reihe nach hinzufügen. Funktioniert DNS oder wurden die Hosts-Dateien ergänzt, können Sie den Namen des Servers eingeben, wenn nicht, erscheinen hinterher in der Bestandsliste auch nur die IP-Adressen anstelle der Namen. Das lässt sich nachträglich nur ändern, indem der Host entfernt und wieder hinzugefügt wird.

Wenn das Hinzufügen mit dem Namen nicht klappt, beheben Sie zuerst diesen Missstand. Fügen Sie die Hosts möglichst nicht mit der IP-Adresse hinzu, weil Fehler bei der Namensauflösung weitere Komplikationen nach sich ziehen und ein Cluster gar nicht funktionieren wird.

Als Benutzernamen geben Sie hier root ein sowie das Passwort, das Sie bei der Installation für diesen User vergeben haben. Die folgende Sicherheitswarnung bezüglich des Fingerabdrucks (SHA-Footprint, Zertifikat) kann ignoriert werden, also klicken Sie auf WEITER.

In dem dann folgenden Fenster wird eine Kurzbeschreibung des Hosts mit den darauf registrierten virtuellen Maschinen aufgeführt, wie in Abbildung 4-13 beispielhaft gezeigt ist. Klicken Sie auf WEITER.

Jetzt kann – falls notwendig – der Lizenzschlüssel eingegeben oder der vorher eingegebene übernommen werden. Im nächsten Fenster wird nach dem Sperrmodus gefragt: DEAKTIVIERT – keine Sperre, NORMAL – auf den Host kommt man nur über DCUI oder den vCenter Server, STRENG – nur der vCenter Server kann darauf zugreifen. Lassen Sie diesen Modus zunächst deaktiviert und überlegen Sie hinterher, ob Sie zuerst Ausnahmen für den Modus erstellen wollen, bevor Sie ihn aktivieren. Bestätigen Sie den Speicherort, also Ihr Cluster, mit NEXT.

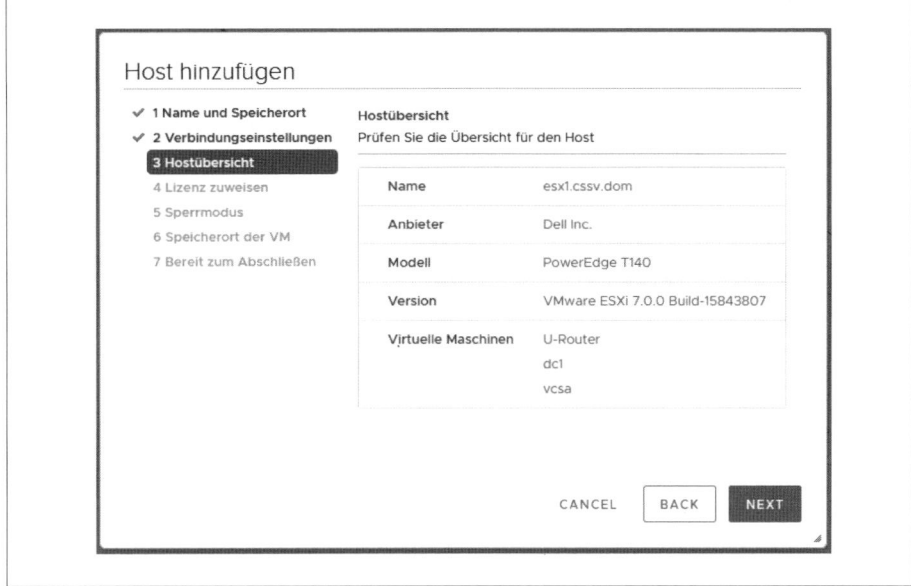

Abbildung 4-13: Hosts hinzufügen

Im Übersichtsfenster klicken Sie auf FINISH. Jetzt können Sie die weiteren Hosts in die neue Umgebung hinzufügen.

 Ein ESXi-Server kann immer nur zu einem vCenter Server, einem Datacenter und einem Cluster gehören. Bei dem Versuch, ihn einem weiteren vCenter Server, Datacenter oder Cluster hinzuzufügen, bekommen Sie eine Warnmeldung, wie Abbildung 4-14 zeigt.

Abbildung 4-14: Das Hinzufügen zu mehreren Containern ist nicht zulässig.

Im Datacenter werden anschließend die Summen für die Hosts, die virtuellen Maschinen und Vorlagen, die verfügbaren Netzwerk-Switches für die VMs und die Anzahl der Storages angezeigt. Auf der Übersichtsseite wird auch die Gesamtkapazität des Datacenters bezüglich der CPU-Leistung, des Arbeitsspeichers und des Festplattenplatzes angegeben. Eine virtuelle Maschine kann aber maximal die Ressourcen erhalten, die ein Host zur Verfügung stellt, da sie ja auch nur auf einem ESXi-Server läuft.

In diesem Kapitel haben Sie den vCenter Server als Appliance zur Verfügung gestellt und seine Management-Seite kennengelernt. Die weitere Konfiguration und wichtige Einstellungen finden Sie in Kapitel 16, alles Wichtige zu einem Cluster steht in Kapitel 10.

Das nächste Kapitel führt Sie durch die Erstellung der VM mit allen wichtigen Details, Optionen und Fallstricken.

## KAPITEL 5

Die virtuelle Maschine

Nachdem ich Ihnen in den bisherigen Kapiteln das notwendige Vorwissen für die Erstellung einer virtuellen Maschine vermittelt habe, kommen wir nun zum eigentlich interessantesten Punkt, nämlich wie man eine VM richtig anlegt. Beim Anlegen der VM wird der Grundstein für die in der Maschine vorhandene Hardware gelegt. Ein nachträglicher Austausch ist immer mit Risiken verbunden – deshalb ist dieses Kapitel so wichtig und umfangreich! Auf den nächsten Seiten werden Sie alles über die Erstellung virtueller Maschinen erfahren.

Was nun noch fehlt, ist die innerhalb der Virtualisierungssoftware – also mit dem HTML5-Client – einzuschlagende Vorgehensweise. Hierfür wird auf der grafischen Oberfläche ein Assistent bereitgestellt, der über verschiedene Wege erreichbar ist.

Woraus besteht nun eine virtuelle Maschine? Welche Dateien bilden dieses Konstrukt auf der VMFS-Partition? Auch diese Fragen suchen nach Antworten, die insbesondere beim Sichern oder Klonen der virtuellen Maschine Gold wert sind, denn es müssen z. B. beim Kopieren oder beim Backup nicht alle Dateien im Verzeichnis der VM mitgenommen werden.

Weiterhin ist nach dem Erstellungsprozess in den seltensten Fällen die virtuelle Maschine schon fertig aufgesetzt. Um ein besseres Handling für Maus- und Tastaturfunktionen zu erreichen und mehr Performance für die VM zu bekommen, müssen noch die VMware Tools oder open-vm-tools mit den Treibern und Agenten installiert werden. Auch dabei können sich Fehler einschleichen, die einem später das Leben schwermachen können. Im Folgenden wird auch dieser wichtige Punkt detailliert beschrieben.

Eine virtuelle Maschine erstellen

Es gibt verschiedene Möglichkeiten, den Erstellungsvorgang für virtuelle Maschinen zu starten. Sie können direkt auf dem alleinstehenden Host über NAVIGATOR auf den Eintrag VIRTUELLE MASCHINEN und anschließend rechts auf VM ERSTELLEN/REGISTRIEREN klicken, über den vCenter Server aus dem Kontextmenü auf einem Host oder über den Link AKTIONEN eine neue virtuelle Maschine erstellen, eine virtuelle Maschine anhand eines Templates bereitstellen, eine Maschine importieren oder konvertieren und eine virtuelle Maschine aus einer vorhandenen virtuellen Maschine klonen. Einiges davon ist nur über den vCenter Server und nicht auf einem dedizierten ESXi-Server möglich.

Je nachdem, für welche Möglichkeit Sie sich entscheiden, variieren die Bildschirmdarstellungen leicht, da sie auf den ausgewählten Prozess genau abgestimmt sind. Alle nicht zutreffenden Optionen für Ihre Auswahl sind auch nicht anwählbar. Zum Beispiel ist KLONEN im Menü deaktiviert, wenn im Inventar keine virtuelle Maschine vorhanden ist oder der Fokus nicht auf einer steht. In allen Fällen ist jedoch die größtmögliche Anzahl von Optionen angegeben, um eine optimale Flexibilität für Ihre Auswahl zu gewährleisten.

ISO-Image einspielen

Da Sie mit Sicherheit mehrere virtuelle Maschinen mit dem gleichen Betriebssystem auf dem ESXi-Server installieren wollen, empfiehlt es sich, eine ISO-Datei von der CD oder DVD zu erstellen oder sie aus dem Internet herunterzuladen und sie auf das VMFS-Volume zu legen. Von dort aus hat jede VM Zugriff auf die Dateien, und die Installation geht dann wesentlich schneller!

1. Da es über den vCenter Server häufig Probleme mit dem Zertifikat des Hosts gibt und die Datei dann nicht übertragen werden kann, melden Sie sich mit dem Host-Client direkt am ESXi-Server an und klicken Sie im NAVIGATOR auf SPEICHER. Suchen Sie sich einen passenden Datenspeicher aus. Ist die ISO-Datei größer als 4 GByte, nutzen Sie hierfür nicht den Internet Explorer, da dieser keine großen Dateien übertragen kann.

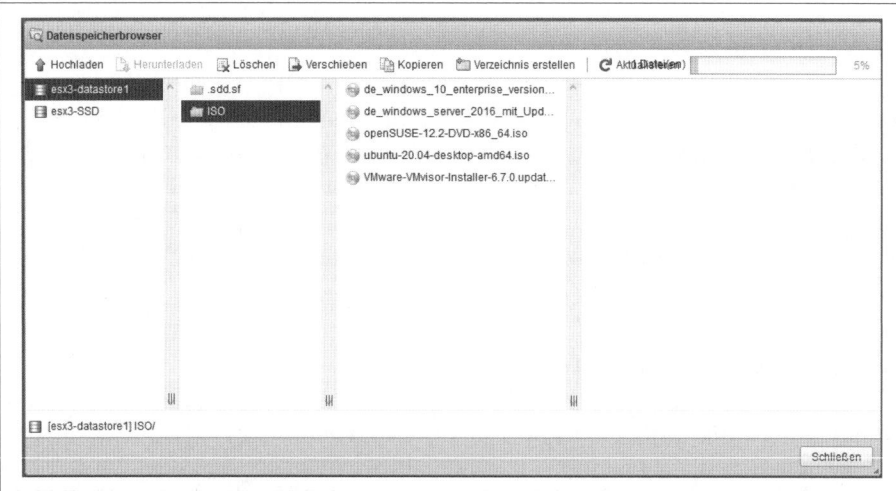

Abbildung 5-1: Dateien hochladen

2. Lassen Sie sich den Inhalt des Datenspeichers anzeigen. Klicken Sie dafür auf die Fläche DATENSPEICHERBROWSER und es öffnet sich ein weiteres Fenster, das in Abbildung 5-1 zu sehen ist.

3. Über das erste Symbol links oben (HOCHLADEN – UPLOAD FILE) können Sie z. B. eine ISO-Datei einspielen.

Es gibt auf dem lokalen Storage des Hosts einen weiteren Ordner namens *vmimages*, in dem die VMware Tools und einige Floppy-Images liegen, der Ordner ist z. B. über *ssh* erreichbar und wird hier nicht angezeigt. Sie sollten Ihre Dateien nicht in diesen Ordner legen, weil er im *root*-Verzeichnis „/" gemountet ist und sonst Speicherplatz von der ESXi-Installation wegnehmen würde.

In einer größeren Umgebung empfiehlt es sich, ein kleines Volume extra nur für die ISO-Dateien anzulegen, damit man jederzeit ein noch verbundenes Image bei den VMs erkennt, das unter anderem ein vMotion verhindern kann.

4. Ist der Upload-Vorgang abgeschlossen, wird die Datei im Datenspeicherbrowser angezeigt. Schließen Sie das Fenster wieder.

Benutzerdefinierte VMs erstellen

Da die Erstellung einer virtuellen Maschine im Assistenten alle möglichen Optionen und die meiste Flexibilität bietet, beschreibe ich in diesem Abschnitt diese Vorgehensweise zur Erstellung einer neuen virtuellen Maschine.

Wenn Sie keine Änderungen an der vorgeschlagenen Hardware machen, werden einige virtuelle Maschinen nicht so konfiguriert, wie es eigentlich sinnvoll wäre. Beispielsweise hätten Sie unter Windows Server 2016 einen E1000e-Adapter als Netzwerkkarte statt des schnelleren VMXNET 3 und nur einen Prozessorkern mit 4 GByte RAM.

Erst wenn Sie auf BEENDEN klicken, wird die Maschine erstellt. Drücken Sie vorher irgendwann auf ABBRECHEN, wird nichts gespeichert.

So erstellen Sie eine neue virtuelle Maschine mit dem Assistenten:

1. Klicken Sie im Client auf einen Host und wählen Sie im Drop-down-Feld NEUE VIRTUELLE MASCHINE.

   Der Assistent zur Erstellung einer neuen virtuellen Maschine wird angezeigt.

2. Wählen Sie die Schaltfläche NEXT.

3. Geben Sie einen aussagekräftigen Namen für Ihre virtuelle Maschine ein und klicken Sie auf NEXT.

Der Name der virtuellen Maschine, den Sie im Feld NAME eingeben, wird anschließend im Inventar des Clients angezeigt. Er wird auch als Name der Dateien der virtuellen Maschine und ihres Verzeichnisses verwendet. Es ist also keine gute Idee, einen Namen wie NEUE VIRTUELLE MASCHINE zu nehmen. Der Name kann bis zu 80 Zeichen lang sein und alphanumerische Zeichen sowie Unterstrich- (_) und Bindestrichzeichen (-) enthalten. Dieser Name muss im gesamten Datacenter und innerhalb des Ordners auf dem Datenträger eindeutig sein (Groß- und Kleinschreibung werden dabei nicht berücksichtigt). Er hat nichts mit dem Namen innerhalb des zu installierenden Betriebssystems zu tun, sollte aber der Übersicht zuliebe dementsprechend gewählt werden.

4. Wählen Sie gegebenenfalls einen Host aus und im nächsten Fenster den gewünschten Datenspeicher, in dem Sie die Dateien der virtuellen Maschine speichern möchten, und klicken Sie auf NEXT.

   Wählen Sie einen Datenspeicher aus, der für die virtuelle Maschine und alle zugehörigen Dateien groß genug ist. Für ESXi-Server wird der Datenspeicher auf diesem Server konfiguriert, einschließlich VMFS-, NAS- und iSCSI-Volumes.

5. Wählen Sie gegebenenfalls die Version der Maschine aus, um eine Kompatibilität zu einer älteren Version zu bekommen. Voreingestellt ist die Version 17, die auch neuere Hardware und einige andere zusätzliche Features über den HTML5-Client zur Verfügung stellt. Die Auswahl ist abhängig von den Versionen der ESX(i)-Server im Cluster.

 Wenn Sie die Hardwareversion der VM später ändern möchten oder wenn Sie eine ältere VM importiert haben, müssen Sie die VM ausschalten und unter AKTION bei der VM den Eintrag UPGRADE DER VM-KOMPATIBILITÄT anklicken. Vergessen Sie nicht, die aktuelle Version der VMware Tools möglichst vor dem Ausschalten zu installieren. Von einer neuen Version auf eine ältere zurückzugehen, ist über den Client nicht möglich – wohl aber über die Kommandozeile (siehe Kapitel 19).

6. Wählen Sie unter FAMILIE DES GASTBETRIEBSSYSTEMS die Betriebssystemfamilie (WINDOWS, LINUX oder ANDERE, siehe Abbildung 5-2) aus und dann im nächsten Pull-down-Menü die zu installierende Version. Von der hier getroffenen Auswahl sind einige weitere Optionen und später die Installation der VMware Tools abhängig. So werden z.B. für bestimmte Betriebssysteme unterschiedliche Netzwerkkarten angeboten, es wird mehr oder weniger Arbeitsspeicher empfohlen, verschiedenartige SCSI-Controller werden vorgeschlagen usw. Haben Sie Windows Sever 2016 (oder höher) ausgewählt, so werden unten mit einem Klick auf das Kästchen bei AUF WINDOWS-VIRTUALISIERUNG BASIERTE SICHERHEIT AKTIVIEREN anschließend zusätzliche Sicherheitsmöglichkeiten angeboten.

Unter der Option ANDERE finden Sie z.B. Apple Mac OS X, FreeBSD, IBM OS/2, Novell NetWare, Solaris, UNIX, ESXi und andere. Ist Ihr favorisiertes Betriebssystem nicht dabei, nehmen Sie eines, was dem am nächsten kommt.

Vom Assistenten wird das Gastbetriebssystem später nicht installiert, dafür sind Sie selbst verantwortlich. Der Assistent zur Erstellung einer neuen virtuellen Maschine wählt anhand dieser Informationen die richtigen Standardwerte aus, z.B. den benötigten Festplattenspeicher, die unterstützten Netzwerkkarten, SCSI-Controller usw. (Verlassen Sie sich aber nicht unbedingt darauf, denn der empfohlene Arbeitsspeicher und die Anzahl der vCPUs berücksichtigen nicht eventuelle Aufgaben oder zu installierende Programme.)

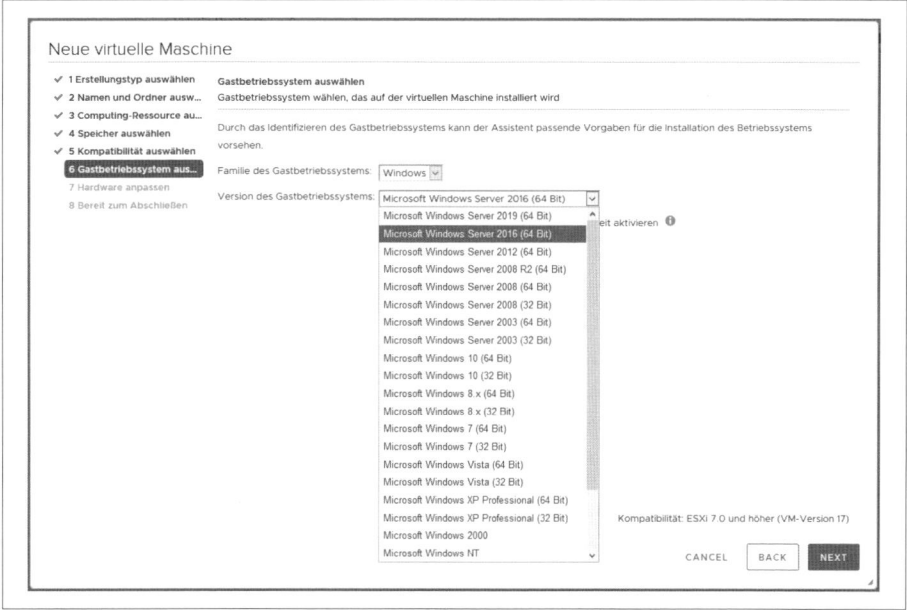

Abbildung 5-2: Gastbetriebssystem auswählen

7. Klicken Sie auf NEXT.

8. Wählen Sie im nächsten Fenster die Anzahl der virtuellen CPUs aus, öffnen Sie den Eintrag durch Klicken auf das kleine Dreieck, stellen Sie die CPU-Sockel und die Kerne pro Sockel für Ihre Maschine ein.

 Die Anzahl der virtuellen CPUs kann nicht geändert werden, wenn der Server nur einen einzelnen Prozessor besitzt oder das Gastbetriebssystem SMP nicht unterstützt (z.B. NetWare und Windows NT 4.0). Sie können der VM nicht mehr Kerne geben, wie Ihr Host insgesamt hat. Die obige und untere Anzeige wird gegebenenfalls auf den maximal möglichen Wert zurückgesetzt.

Wenn Sie später eine Anwendung innerhalb der VM installieren, die mehrere Prozessoren unterstützt, wählen Sie bei diesem Schritt besser mehrere CPUs. Braucht Ihre Software nur einen Prozessor, nehmen Sie hier auch nur einen. Möchten Sie eine Vorlage (Template) generieren, wählen Sie besser zwei Prozessoren. Hinterher ist es einfacher, auf einen, vier oder gar 128 Prozessoren umzustellen!

9. Konfigurieren Sie die Speichergröße der virtuellen Maschine, indem Sie die Anzahl der MByte oder GByte auswählen.

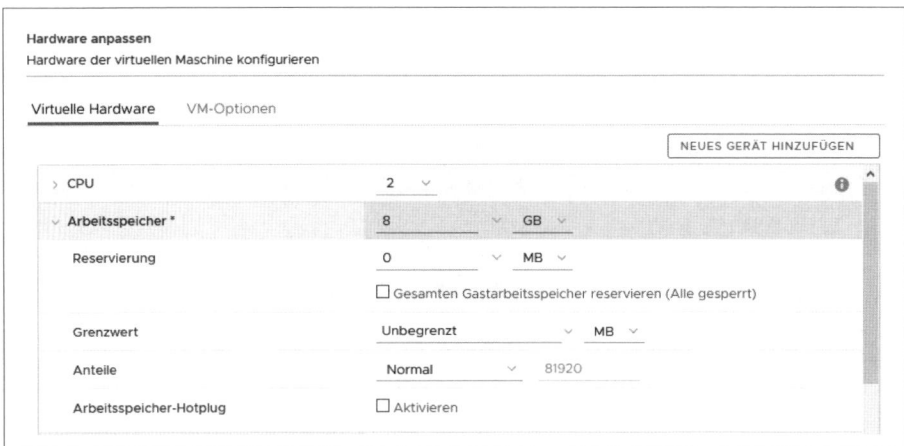

Abbildung 5-3: Arbeitsspeicherempfehlung für die VM

Die voreingestellten Mindestwerte hängen vom Gastbetriebssystem ab und orientieren sich an den Empfehlungen des Herstellers. Unabhängig davon beträgt die minimale Speichergröße 4 MByte, wenn die VM ein gewöhnliches BIOS hat, bei (U)EFI ist der Mindestwert 96 MByte. Die Einstellung wird anhand des ausgewählten Betriebssystems automatisch vorgenommen, ist aber teilweise – abhängig vom gewählten OS – unter den Optionen der VM nachträglich änderbar. Der Höchstwert hängt vom Server ab, liegt jedoch bei ESXi-Server 7 bei 5,98 TByte. Haben Sie die Version 10 der VM gewählt, können Sie maximal 1.011 GByte, bei der Version 7 maximal 255 GByte vergeben.

Die Speichergröße muss ein Vielfaches von 4 MByte sein. Es ist auch möglich, die Werte in MByte anzugeben. Die Beschränkung bezüglich des maximalen ESXi-Server-Speicherausbaus wurde auf 16 TByte angehoben. Abbildung 5-3 zeigt beispielhaft die Voreinstellungen für Windows Server 2016.

Haben Sie einen zu hohen Wert eingegeben, wird dies im gelben Balken am oberen Rand angezeigt. Korrigieren Sie Ihren Wert, verschwindet die Meldung nicht automatisch. Achten Sie bei Microsoft-Betriebssystemen bis einschließlich Server 2016 möglichst auf die Zweierpotenzen.

10. Wählen Sie die Netzwerke bzw. Portgruppen der VMs (Portgruppen sind Unterteilungen der Switches, zu ihnen kommen wir später in Kapitel 6 ausführlich) auf den virtuellen Switches aus, mit denen Sie eine Verbindung herstellen möchten, sowie die entsprechenden Optionen, wie die Anzahl der NICs (*Network Interface Cards*) für Verbindungen und die Namen der Netzwerke. Legen Sie fest, ob die Verbindung beim Einschalten hergestellt werden soll.

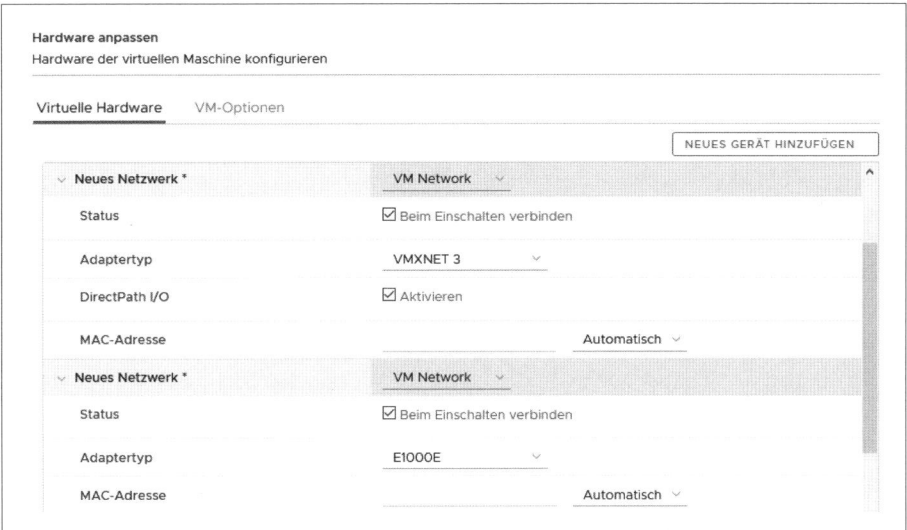

Abbildung 5-4: Auswahl der Netzwerkkarten

 Die Auswahl der Adaptertypen hängt vom ausgewählten Betriebssystem ab (siehe Abbildung 5-4). Verwenden Sie möglichst nicht mehr den Adapter *Flexibel*, weil seine Performance im Netzwerk mit GBit-Ethernet sehr schlecht ist. Dieses ist ein Fast-Ethernet-Adapter, der also maximal 100 Mbit überträgt (siehe auch Tabelle 5-3 »Unterstützte virtuelle Netzwerkkarten« auf Seite 142).

Wie in Abbildung 5-5 gezeigt, werden im Pull-down-Menü über DURCHSUCHEN die Portgruppen aufgelistet, die für die Verwendung durch die virtuelle Maschine auf dem Server konfiguriert sind. Wenn für die virtuellen Maschinen keine Portgruppen konfiguriert sind, wird ein Dialogfeld mit einem Warnhinweis angezeigt, und Sie können keine virtuellen Netzwerkkarten konfigurieren. Die Portgruppe *VM Network* wird bei der Installation des ESXi-Servers üblicherweise automatisch angelegt.

Die Menge an Netzwerkkarten, die Sie hier auswählen können, ist auf maximal zehn begrenzt. Je nach ausgewähltem Betriebssystem können Sie nach der Erstellung der VM noch weitere Karten hinzufügen, jedoch insgesamt maximal zehn.

Adaptertypen

Der *IDE-Adapter* ist immer *ATAPI* und wird immer für optische Laufwerke wie CD oder DVD genutzt. Der Standard-E/A-Adaptertyp Ihres Gastbetriebssystems ist bereits ausgewählt.

Ältere Gastbetriebssysteme verwenden standardmäßig den BusLogic- oder IDE-Adapter.

Der LSI Logic-Adapter verfügt über eine verbesserte Leistung, funktioniert besser mit SCSI-Geräten, die keine Festplatten sind, und ist als Treiber z.B. in Windows Server 2003 enthalten. Die Auswahl des SCSI-Controllers hat keinen Einfluss darauf, ob Sie als virtuelle Festplatte eine IDE- oder eine SCSI-Festplatte verwenden. Beim SCSI-Adapter können Sie zwischen BusLogic Parallel, LSI Logic Parallel, LSI Logic-SAS und VMware Paravirtual wählen. Die SAS-Option (Serial Attached SCSI) ist für virtuelle Maschinen ab der Hardwareversion 7 verfügbar.

Wenn Sie eine virtuelle Maschine mit LSI Logic erstellen und eine zusätzliche virtuelle Festplatte hinzufügen, die BusLogic-Adapter verwendet, wird die virtuelle Maschine von der zusätzlichen Festplatte, also dem BusLogic-Gerät, gebootet.

Sie können den Treiber auch von der LSI Logic-Website herunterladen.

Paravirtuelle SCSI-Adapter (PVSCSI-Adapter) sind Hochleistungsspeicheradapter, die einen höheren Durchsatz und eine geringere CPU-Auslastung liefern können. PVSCSI-Adapter sind am besten für Umgebungen (besonders SAN-Umgebungen) geeignet, die E/A-intensive Anwendungen ausführen. PVSCSI-Adapter sollten bei Windows nicht als startfähige Festplatte verwendet werden, da es hinterher zu Problemen kommen kann. Die auswählbaren Linux-Betriebssysteme bringen diesen Treiber bereits mit.

Als Voraussetzung für die Nutzung unter Windows empfehle ich eine vorhandene virtuelle Maschine, auf der ein Gastbetriebssystem und die VMware Tools mit PVSCSI-Treibern installiert sind. Die virtuelle Maschine sollte mit einem primären SCSI-Adapter konfiguriert werden, um eine Festplatte zu unterstützen, auf der das Betriebssystem installiert ist, und kann dann für alle weiteren Platten einen oder mehrere paravirtuelle Adapter nutzen.

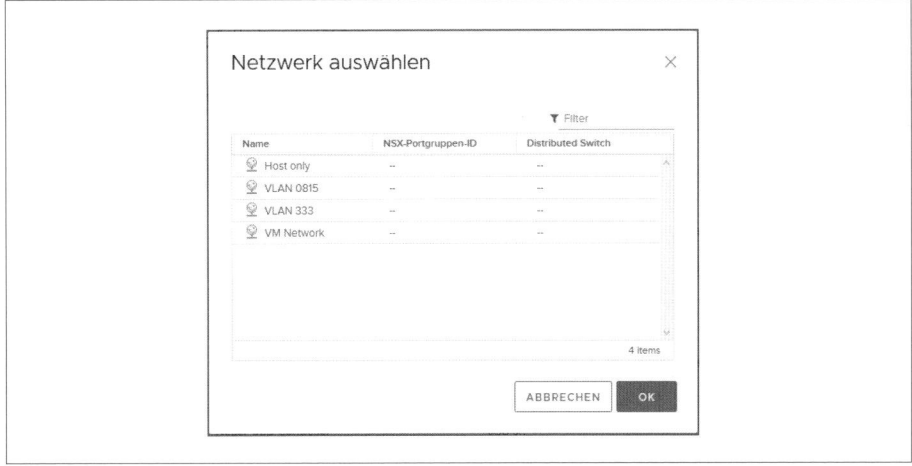

Abbildung 5-5: Auswahl der VM-Portgruppen

11. Wählen Sie den SCSI-Adaptertyp aus, den Sie mit der virtuellen Maschine verwenden möchten. Beachten Sie die Hinweise in dem zusätzlichen Kasten »Adaptertypen«.

12. Wählen Sie den Typ der Festplatte aus.

    Sie können Daten zu virtuellen Maschinen auf einer neuen virtuellen Festplatte, einer vorhandenen virtuellen Festplatte oder einer zugeordneten SAN-LUN (*Storage Area Network Logical Unit Number*) speichern.

    Eine virtuelle Festplatte besteht aus einer oder mehreren Dateien im Dateisystem, die dem Gastbetriebssystem als einzelne Festplatte angezeigt werden (siehe Abbildung 5-6). Diese Festplatten können je nach Lizenz zwischen den einzelnen ESXi-Servern über einen vCenter Server mittels Storage vMotion verschoben werden.

Abbildung 5-6: Auswahlmöglichkeiten bei virtuellen Festplatten

Durch Zuordnung einer SAN-LUN (neue Rohfestplatte) erhält die virtuelle Maschine direkten Zugriff auf dieses SAN, wodurch Sie vorhandene SAN-Befehle für die Speicherverwaltung der Festplatte verwenden können – das nennt sich *Raw Device Mapping* (RDM).

13. Wenn Sie eine neue virtuelle Festplatte erstellen möchten, müssen Sie ihre Größe festlegen, einen Speicherort für die Platte auswählen und die Art der Bereitstellung.

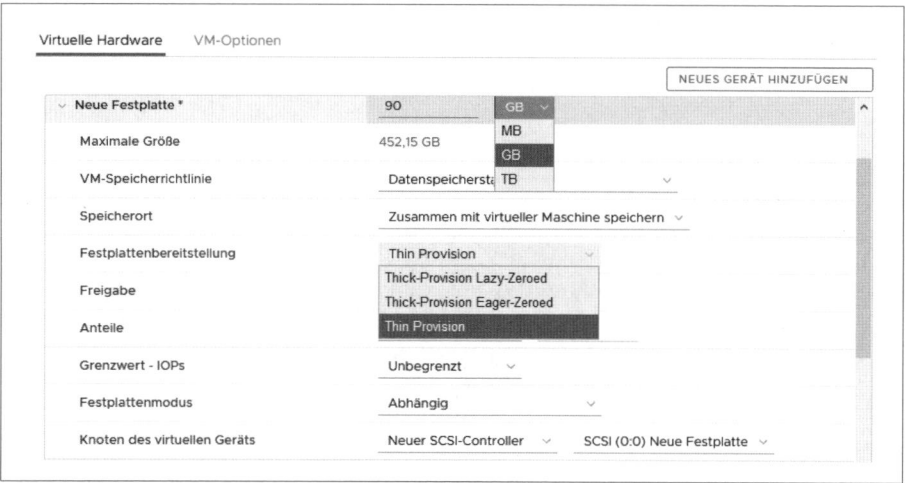

Abbildung 5-7: Typ und Größe der Festplatte festlegen

Wie Sie in Abbildung 5-7 sehen, können Sie die Festplattengröße in MByte, GByte oder TByte angeben. Die Standardeinstellung wird je nach gewähltem Betriebssystem angezeigt. Der verfügbare Speicherplatz auf dem ausgewählten VMFS-Volume wird aufgelistet, wenn Sie manuell einen Datenspeicher auswählen. Sie können Festplatten von 1 MByte bis 62 TByte (63.488 GByte) konfigurieren, wobei Sie auch Werte für MByte oder GByte in ganzen Zahlen oder auch mit Komma angeben können. Die virtuelle Festplatte sollte für das Gastbetriebssystem und die gesamte zu installierende Software groß genug sein. Berücksichtigen Sie auch das zukünftige Wachstum des Datenvolumens.

Ein Partitionieren innerhalb des Betriebssystems ist natürlich möglich, aber ich empfehle Ihnen, für weitere Laufwerke lieber zusätzliche virtuelle Festplatten zu verwenden, weil Sie damit viel flexibler sind. Nachträglich lässt sich das übrigens teilweise über den VMware Converter erledigen. Sie können später über den Dialog EIGENSCHAFTEN DER VIRTUELLEN MASCHINE zusätzliche virtuelle Festplatten hinzufügen.

Das für Ihre Bedürfnisse am besten geeignete Festplattenformat können Sie dem Kasten »Festplattenformate« entnehmen (siehe Abbildung 5-7).

Festplattenformate

»Thin Provision«

Dieses Format können Sie verwenden, um Speicherplatz zu sparen. Hierbei wird nur so viel Platz bereitgestellt, wie das Gastbetriebssystem tatsächlich braucht. Der Umfang kann aber trotzdem natürlich nicht größer sein als das Volume.

Das Format »Thin Provision« können Sie für die Festplatte der VM nicht benutzen, wenn Sie Clusterlösungen einrichten wollen. Auch die Fehlertoleranz (*Fault Tolerance*) wird dann nur über den Web Client unterstützt. Die Festplatte kann später auf ihre maximale Kapazität anwachsen und den gesamten für sie bereitgestellten Speicherplatz in Anspruch nehmen. Außerdem können Sie die Festplatte manuell in das Thick-Format konvertieren. Beachten Sie auch, dass die Performance beim Wachsen der Festplattendatei leiden kann.

»Thick-Provision Lazy-Zeroed«

Dies ist das Standardformat für virtuelle Festplatten. Die Festplatte in diesem Format belegt von Anfang an den gesamten Speicherplatz. Es wird kein Auffüllen der Blöcke mit Nullen durchgeführt. Eine Umwandlung vom Thick- in das Thin-Format gibt es nur beim Storage vMotion oder über die Kommandozeile.

»Thick-Provision Eager-Zeroed«

Dieses Festplattenformat sollten Sie auswählen, wenn diese virtuelle Maschine später im Modus Fault Tolerance (FT, gespiegelte VMs) laufen soll. Beim Auswählen von FT kann das aber auch nachträglich erledigt werden. Darauf gehe ich in Kapitel 10 noch detailliert ein. Bei diesem Modus wird die gesamte Festplatte mit Nullen gefüllt bzw. überschrieben. Dieser Vorgang dauert deutlich länger als die beiden anderen Möglichkeiten.

Sie können eine virtuelle Festplatte in demselben Speicherort wie die virtuelle Maschine verwenden oder einen anderen Storage wählen. Über DURCHSUCHEN können Sie ein anderes Volume auswählen.

14. Wählen Sie einen virtuellen SCSI-Anschluss für das Laufwerk. Üblicherweise ist das SCSI (0:0), was bedeutet, dass die Platte an den ersten SCSI-Adapter und mit der ID 0 angeschlossen wird. Lassen Sie den Modus der Festplatte zunächst unberücksichtigt – dazu kommen wir später im Abschnitt »Festplattengröße und -modus«. Wählen Sie aus Performance-Gründen möglichst nicht IDE.

15. Es werden eine Zusammenfassung der ausgewählten Hardwarekomponenten und das zu installierende Betriebssystem angezeigt. Überprüfen Sie Ihre Angaben, gehen Sie gegebenenfalls zurück, um etwas zu ändern, und klicken Sie anschließend auf BEENDEN.

Jetzt haben wir die Erstellung der ersten virtuellen Maschine abgeschlossen. In Abbildung 5-8 sehen Sie ein Beispiel für die Übersicht der gewählten Einstellungen. Bevor Sie die neue virtuelle Maschine verwenden können, müssen Sie die virtuelle Festplatte partitionieren, formatieren und ein Gastbetriebssystem sowie die VMware Tools installieren. Die Partitionierungs- und Formatierungsschritte wird das Installationsprogramm des Betriebssystems normalerweise selbst durchführen.

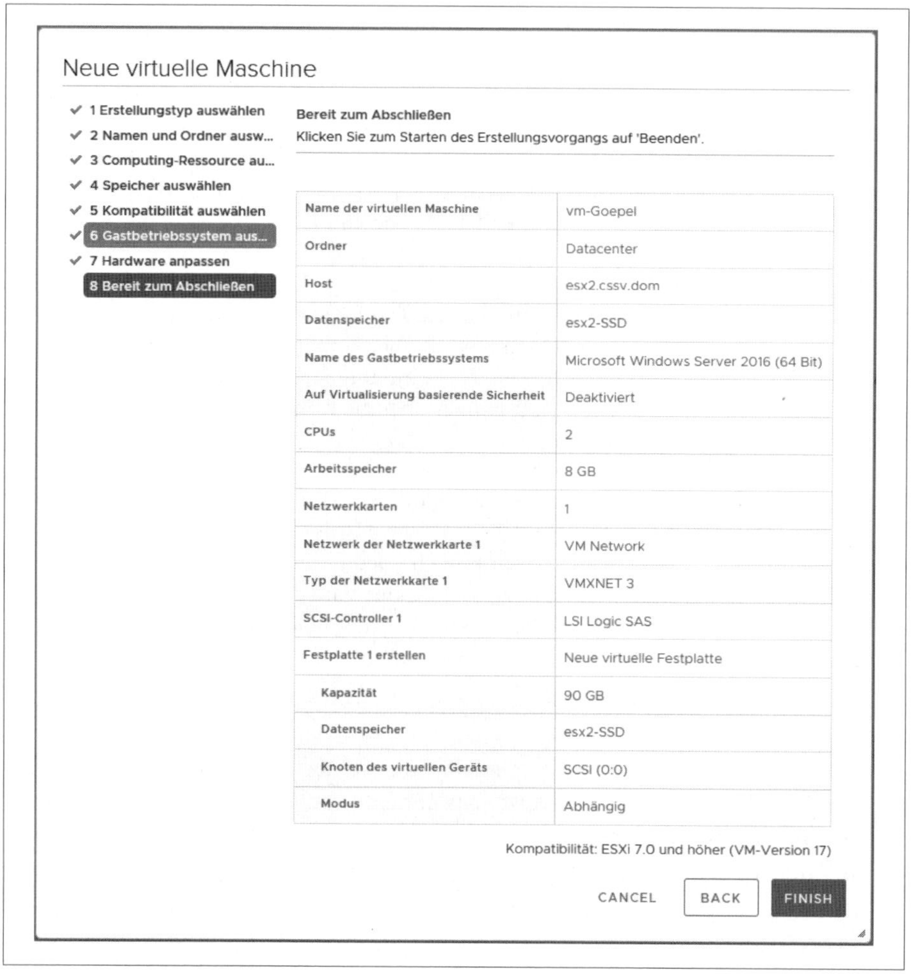

Neue virtuelle Maschine

✔ 1 Erstellungstyp auswählen
✔ 2 Namen und Ordner ausw...
✔ 3 Computing-Ressource au...
✔ 4 Speicher auswählen
✔ 5 Kompatibilität auswählen
✔ 6 Gastbetriebssystem aus...
✔ 7 Hardware anpassen
   8 Bereit zum Abschließen

Bereit zum Abschließen

Klicken Sie zum Starten des Erstellungsvorgangs auf 'Beenden'.

Name der virtuellen Maschine	vm-Goepel
Ordner	Datacenter
Host	esx2.cssv.dom
Datenspeicher	esx2-SSD
Name des Gastbetriebssystems	Microsoft Windows Server 2016 (64 Bit)
Auf Virtualisierung basierende Sicherheit	Deaktiviert
CPUs	2
Arbeitsspeicher	8 GB
Netzwerkkarten	1
Netzwerk der Netzwerkkarte 1	VM Network
Typ der Netzwerkkarte 1	VMXNET 3
SCSI-Controller 1	LSI Logic SAS
Festplatte 1 erstellen	Neue virtuelle Festplatte
Kapazität	90 GB
Datenspeicher	esx2-SSD
Knoten des virtuellen Geräts	SCSI (0:0)
Modus	Abhängig

Kompatibilität: ESXi 7.0 und höher (VM-Version 17)

CANCEL   BACK   FINISH

Abbildung 5-8: Übersicht der gewählten Einstellungen

In der Statuszeile am unteren Rand sehen Sie den Prozess der Erstellung der Maschine (Abbildung 5-9). Wenn dieser Prozess abgeschlossen ist, steht in der Spalte STATUS das Resultat.

Abbildung 5-9: Status der Erstellung einer VM

Betriebssystem installieren

Ihre erste virtuelle Maschine unter dem ESXi-Server ist in der Standardkonfiguration nun angelegt. Ob diese allerdings schon Ihren Anforderungen entspricht, sei mal dahingestellt. Auf jeden Fall muss noch ein Datenträger, meist CD oder DVD, mit dem Installationsprogramm angeschlossen werden. Sie können natürlich auch die Installation über die Netzwerkkarte mittels PXE (Preboot Execution Environment) vornehmen.

1. Dazu klicken Sie am besten mit der rechten Maustaste in der BESTANDSLISTE auf den Namen der VM und wählen aus dem Kontextmenü EINSTELLUNGEN BEARBEITEN (EDIT SETTINGS) aus. In dem nun offenen Fenster sehen Sie die Hardware der Maschine, wie Sie sie angelegt haben.

2. Wählen Sie den Eintrag CD-/DVD-LAUFWERK 1 aus und klappen Sie die Details auf.

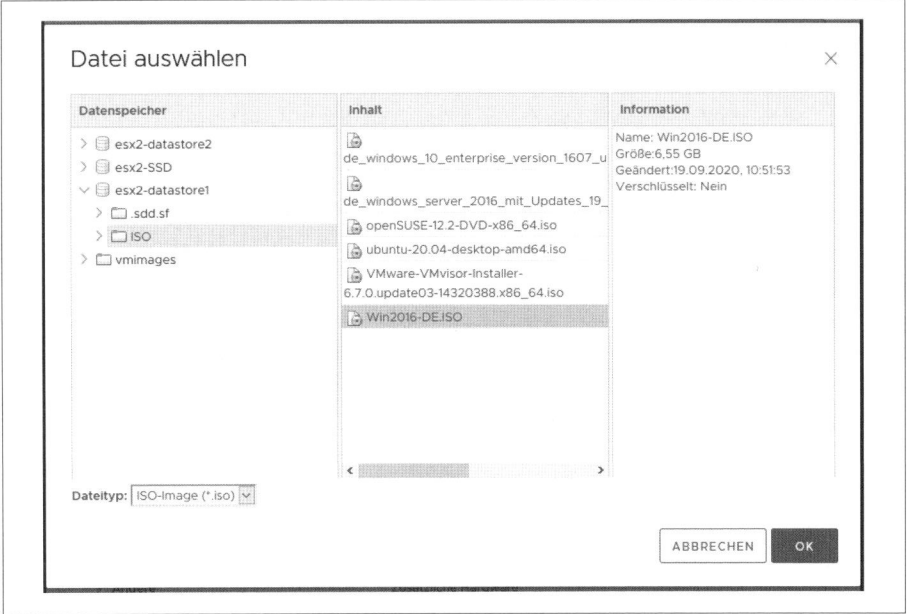

Abbildung 5-10: Installationsmedium zuweisen

3. Klicken Sie im Drop-down-Menü auf DATENSPEICHER-ISO-DATEI und dann auf DURCHSUCHEN, um die vorher kopierte Datei auszuwählen. In diesem Fenster sehen Sie die angelegte VMFS-Partition (DATASTORE1) und den oben erwähnten Ordner *vmimages*, in dem sich u.a. die VMware Tools befinden.

4. Klicken Sie auf DATASTORE1, dann auf die ISO-Datei, wie in Abbildung 5-10 zu sehen ist, und dann auf OK.

5. Unter STATUS müssen Sie gegebenenfalls noch das Häkchen bei BEIM EIN-SCHALTEN VERBINDEN setzen, damit das Image für die virtuelle Maschine bereitgestellt wird.

6. Falls Sie das USB-Gerät, die seriellen und parallelen Schnittstellen nicht benö-tigen, entfernen Sie das USB-Gerät hier und klicken Sie auf die Registerkarte VM-OPTIONEN. Wählen Sie hier STARTOPTIONEN aus und setzen Sie das Häk-chen bei BIOS-SETUP ERZWINGEN.

7. Klicken Sie anschließend auf SPEICHERN.

Jetzt können Sie Ihre VM einschalten und z.B. über das Icon KONSOLE den Instal-lationsvorgang in einem neuen Browserfenster mitverfolgen. Ich bevorzuge es, das von VMware bereitgestellte Programm VMware-vmrc zu installieren, damit ich ein neues Fenster für meine Maschine bekomme und deutlich mehr Möglichkeiten habe. Das Programm können Sie über das Kontextmenü auf dem Icon oder direkt auf der VMware-Seite herunterladen.

Bevor Sie jetzt weitermachen, beachten Sie bitte die folgenden wichtigen Hinweise:

- Unter Umständen müssen Sie die Bootreihenfolge im BIOS oder EFI der virtu-ellen Maschine ändern, damit die virtuelle Maschine zunächst versucht, vom CD-/DVD-Gerät zu booten, bevor sie damit beginnt, über andere Startgeräte zu booten. Drücken Sie dazu die Taste F2, wenn Sie beim Hochfahren der vir-tuellen Maschine das BIOS oder EFI sehen. Falls Sie das nicht schaffen, setzen Sie das Häkchen unter EIGENSCHAFTEN DER VM → Registerkarte OPTIONEN → STARTOPTIONEN zum automatischen Aufruf des BIOS- oder EFI-Setups.

- Haben Sie das BIOS aufgerufen, so deaktivieren Sie das Diskettenlaufwerk (falls vorhanden) und wechseln Sie zu der Registerkarte ADVANCED. Unter I/O DEVICE CONFIGURATION können Sie dies ebenfalls für die Schnittstellen und den FLOPPY DISK CONTROLLER durchführen. Drücken Sie anschließend die Funktionstaste F10 und bestätigen Sie mit ENTER. Bei EFI haben Sie keine der Einstellungen.

- Sind Eingaben innerhalb des Fensters notwendig, z.B. der Lizenzschlüssel, Name der Firma o.Ä., müssen Sie mit der Maus in das Fenster klicken, damit es den Fokus bekommt. Aus der virtuellen Maschine kommen Sie wieder he-raus, indem Sie die Tastenkombination Strg+Alt kurz drücken.

- Falls Sie Windows installieren und zur Anmeldung die Aufforderung DRÜ-CKEN SIE STRG+ALT+ENTF sehen, sollten Sie stattdessen unter VMRC das Icon mit den drei Tasten oder beim Browserfenster über die Schaltfläche AKTI-

ONEN den Eintrag GASTBETRIEBSSYSTEM – SCHLÜSSEL SENDEN – STRG+ALT+
ENTF nehmen. Die Tastenkombination STRG+ALT+EINFG funktioniert nur in
der VMRC-Konsole, im Browserfenster leider nicht. Achten Sie bei der Eingabe eines Passwortes in der Browserkonsole auf das Tastaturlayout: Üblicherweise ist dieses immer auf Englisch-US eingestellt, was man oben rechts
an der Flagge erkennt.

- Sollte eine Meldung erscheinen, die Sie darüber informiert, dass die MKS
  (Mouse, Keyboard, Screen) nicht verbunden werden können, stimmt etwas
  nicht mit der Namensauflösung von Host oder vCenter Server. Konfigurieren
  Sie DNS korrekt oder bearbeiten Sie die Hosts-Datei auf Ihrem Rechner, damit
  die Namensauflösung funktioniert.

- Vergessen Sie nicht, nach der Installation das optische Laufwerk wieder zu
  trennen.

VMware Tools installieren

Die VMware Tools bestehen aus einer Reihe von Dienstprogrammen, Agenten und
Treibern, die die Performance des Gastbetriebssystems und die Verwaltung der
virtuellen Maschine verbessern. Die Installation von VMware Tools im Gastbetriebssystem ist unerlässlich. Zwar kann das Gastbetriebssystem ohne VMware
Tools ausgeführt werden, doch müssen Sie dann auf wichtige Funktionen und eine
gewisse Bequemlichkeit verzichten.

Bei der Installation der VMware Tools installieren Sie gleichzeitig Folgendes:

- Den *VMware Tools-Dienst* (oder *vmware-guestd* bei Wahl von Linux als Gastbetriebssystem)

- Eine Reihe von *VMware-Gerätetreibern*, einschließlich eines SVGA-Bild-
  schirmtreibers, des Netzwerktreibers, z.B. *vmxnet3*, für einige Gastbetriebssysteme, des BusLogic- oder LSI Logic-SCSI-Treibers für einige Gastbetriebssysteme, des Speichersteuerungstreibers (*vmmemctl.exe*) zur effizienten Spei-
  cherzuweisung zwischen virtuellen Maschinen, des Synchronisierungstreibers
  zur Stilllegung von I/O für Backups oder Snapshots und des VMware-Maus-
  treibers.

- Die *VMware Tools Befehlszeilenprogramme*, über die Sie Einstellungen ändern
  sowie zugewiesene virtuelle Geräte anschließen und abtrennen können.

- Eine Reihe von Skripten, die Sie beim Automatisieren von Vorgängen im Gastbetriebssystem unterstützen. Die Skripte werden bei Betriebszustandswech-
  seln der virtuellen Maschine ausgeführt.

- Eine Komponente, die das Kopieren und Einfügen von Text zwischen dem
  Gast und dem Betriebssystem auf einem verwalteten Server in Microsoft
  Windows-Gastbetriebssystemen unterstützt. Die Option zum Kopieren und
  Einfügen wird in Linux-Gastbetriebssystemen nicht unterstützt.

Konfigurieren Sie das Gastbetriebssystem, bevor Sie die VMware Tools installieren oder neu installieren. Auf diese Weise können die Tools und Treiber die korrekte Maus- und andere Hardwarekonfigurationen erkennen und berücksichtigen.

 Beachten Sie bei Linux-Betriebssystemen die Empfehlung, hier die open-vm-tools statt der VMware Tools zu installieren.

Einschränkungen

Für VMware Tools unter ESXi gelten folgende Einschränkungen:

- Das Verkleinern von schnell bereitgestellten Festplatten (*Shrinking*) wird auch durch das Tool VMwareToolboxCmd.exe nicht auf ESXi-Server unterstützt, das nach der Installation der VMware Tools in deren Ordner (*C:\Programme\ VMware\VMware Tools*) liegt. Das ist lediglich möglich, wenn Sie aus Ihrer VM eine OVF-Vorlage (*Open Virtualization Format*, offenes Virtualisierungs-format) machen wollen, damit der Export nicht zu groß wird. Bei Linux heißt der Befehl vmware-toolbox-cmd und befindet sich unter */usr/sbin*.

- Unter Windows NT und früheren Versionen (ME, 98 und 95) funktionieren die Standardskripte für *Suspend* (Anhalten), *Resume* (Wiederaufnehmen), *Poweroff* (Herunterfahren) und *Poweron* (Starten) nicht. Um andere als die vorgegebenen Skripte zu verwenden, müssen Sie diese mit dem Befehl VM-wareToolboxCmd.exe script <Scriptname> erst aktivieren.

- Die Installation des Maustreibers schlägt in früheren Linux-Versionen als 4.2.0 für die grafische Oberfläche (X) fehl.

 Erst wenn Sie die Tools installiert haben, können Sie die Schaltflä-chen für das Herunterfahren und Neustarten nutzen, denn dieses wird über Agenten im virtuellen Betriebssystem ausgelöst. Der Suspend-Modus funktioniert auch vorher. Wenn Sie das Gastbe-triebssystem also ohne Tools herunterfahren möchten, müssen Sie das innerhalb des Fensters im Gast-OS manuell vornehmen oder über das Menü.

- Die Tools von VMware lassen sich in einem laufenden Gastsystem über den Menüpunkt AKTIONEN → GASTBETRIEBSSYSTEM → VMWARE TOOLS INSTAL-LIEREN oder auch über das Kontextmenü der VM installieren. Ob die Tools schon in dem Betriebssystem installiert sind, wird jeweils in der ÜBERSICHT (siehe Abbildung 5-11) angezeigt sowie im Programme-Menü des Windows-Gastsystems.

Gastbetriebssystem:	Microsoft Windows Server 2016 (64-bit)
Kompatibilität:	ESXi 7.0 und höher (VM-Version 17)
VMware Tools:	Wird ausgeführt, Version: 11269 (Aktuell)
	Weitere Informationen
DNS-Name:	vm-Goepel.cssv.dom
IP-Adressen:	10.0.0.49
Host:	esx2.cssv.dom

Abbildung 5-11: VMware Tools sind installiert.

 Ich empfehle dringend die Installation der Tools, weil sie die Handhabung von Maus und Tastatur wesentlich vereinfachen (die sogenannte Grab-Funktion) und ein paar weitere Features mitbringen, die nachfolgend beschrieben werden.

1. Klicken Sie in der Menüzeile des Remote-Console-Fensters auf VMRC → VERWALTEN → VMWARE TOOLS INSTALLIEREN. Gegebenenfalls müssen Sie Strg+Alt drücken, um mit der Maus aus dem Fenster herauszukommen und das Menü zu erreichen.

   Beachten Sie, dass die Tools nur im laufenden Gastbetriebssystem installiert werden können.

2. Klicken Sie im Fenster des Assistenten auf die Schaltfläche WEITER.

3. Je nachdem, ob diese VM auch unter anderen VMware-Produkten wie z.B. der Workstation oder dem VMware Player laufen soll, wählen Sie STANDARD oder BENUTZERDEFINIERT aus. Unter BENUTZERDEFINIERT können bestimmte Einstellungen geändert werden, z.B. der Speicherort innerhalb der VM, siehe Abbildung 5-12. Auch können Sie sich die einzelnen Komponenten ansehen und die jeweilige Funktionsbeschreibung anzeigen lassen (siehe Tabelle 5-1).

Abbildung 5-12: Benutzerdefinierte Installation der Tools

4. Je nach installiertem Betriebssystem muss noch der Microsoft-Hinweis für nicht zertifizierte Treiber bestätigt werden.

5. Klicken Sie anschließend auf BEENDEN und starten Sie die virtuelle Maschine (gegebenenfalls) neu.

Die in Tabelle 5-1 aufgelisteten Funktionen stehen nicht bei jedem Betriebssystem vollständig zur Auswahl. Die Auflistung ist aber insgesamt vollständig.

Tabelle 5-1: Funktionsbeschreibung der VMware Tools

Funktion	Beschreibung	Bemerkung
Toolbox	Dienstprogramme zur Erweiterung des Funktionsumfangs dieser virtuellen Maschine	Die Toolbox enthält den Dienst VMware Tools Service, der u. a. einen Heartbeat an den Host sendet und Kommandozeilen-Tools.
Protokollierung der WMI-Leistung	Leistungsüberwachung zwischen der Gast-SDK-API und der WMI-Umgebung aktivieren	Erstellt unter Start → Programme → VMware → einen Eintrag für die Statistikprotokollierung als Systemmonito.r
VMware-Gerätetreiber	Treiber zur Verbesserung der Leistung der virtuellen Maschine	Enthält Treiber für spezielle Hardware, die über den ESXi-Server zur Verfügung gestellt werden.
Paravirtuelles SCSI	Treiber zur Verbesserung der Leistung Ihrer paravirtuellen SCSI-Geräte	Paravirtuelle Adapter sollten nicht als Bootfestplatte verwendet werden, obwohl VMware in dem Ordner VMImages dort Floppy-Images für Windows-Betriebssysteme bereithält. Nutzen Sie Festplatten an so einem Adapter z. B. für ein SAN als zweite oder weitere Festplatte.
EFI-Firmware-Aktualisierung	EFI-Firmware-Aktualisierung	Installation von aktualisierten Treibern für den BIOS-Nachfolger
Treiber für Speichersteuerung	Treiber zur erweiterten Speicherverwaltung für diese virtuelle Maschine	Der Hintergrundprozess vmmemctl.exe wird über die erweiterten Einstellungen des ESXi-Hosts gesteuert. Mit ihm kann der Speicherbedarf in der VM besser kontrolliert werden und in Grenzsituationen mehr RAM für andere VMs bereitgestellt werden. Bei Web- und Terminalservern sollten Sie diesen Treiber deaktivieren, weil diese sehr plötzlich sehr viel Speicher haben wollen.
Maustreiber	Treiber zur Verbesserung der Leistung der virtuellen Maus	Die Tastenkombination Strg+Alt ist nach der Installation nicht mehr notwendig und die Performance der Maus erheblich verbessert. Wird auch für Microsoft-Terminalserver benötigt.
SVGA-Treiber	Treiber zur Verbesserung der Leistung der virtuellen Grafikkarte	Ab Windows 7 / 2008 gibt es bessere Treiber (WDDM), die leider nicht immer installiert werden. Schauen Sie nach dem Neustart im Gerätemanager nach und installieren Sie diese nachträglich. Die Treiber finden Sie unter C:\Programme\Common Files\ VMware\Drivers
VMXNET3-Netzwerkkartentreiber	Treiber zur Verbesserung der Leistung der virtuellen Netzwerkkarte (ndis5/6)	Treiber für VMXNet3. Siehe Tabelle 5-3 und VMware Knowledge Base Artikel KB 1001805.

→

Tabelle 5-1: Funktionsbeschreibung der VMware Tools (Forts.)

Funktion	Beschreibung	Bemerkung
VSS-Unterstützung	VSS-Unterstützung für Windows-Gastbetriebssysteme	VSS steht für Volume Shadow Copy Service. Ebenfalls für Backups und Snapshots. Damit gibt es allerdings manchmal Probleme, beispielsweise dass keine Snapshots erstellt oder übernommen werden können. Bei Problemen sollten Sie diesen Treiber deinstallieren (erst ab Vista).
AppDefense	Sicherheitsüberwachung von Anwendungen	Dies ist ein Endpunkt-Sicherheitsprodukt für Rechenzentren, das Anwendungen schützt, die in virtualisierten Umgebungen ausgeführt werden.
Treiber für Aufnahme / Wiedergabe	Treiber zur Aktivierung von Aufnahme und Wiedergabe virtueller Maschinen	Treiber für Backups und Snapshots
Virtuelles Drucken	Ermöglicht das automatische Drucken auf den Druckern des Hostcomputers	Bei der typischen Installation der Tools ist dieser Treiber nicht ausgewählt. Es bringt aber auch nicht allzu viel, da meistens Netzwerkdrucker für die VMs genutzt werden.
Treiber für Dateisystemsynchronisierung	Treiber für die Synchronisation des Dateisystems zur Vorbereitung auf Sicherungen	Auch dieser Treiber wird bei Backups, Suspend und Snapshots gebraucht. Damit sind kurzfristig keine E/A-Vorgänge möglich (nur bis Windows 2003).
SCSI-Treiber	Treiber zur Verbesserung der Leistung virtueller SCSI-Geräte	Notwendige angepasste Treiber für SCSI-Geräte. Installieren Sie möglichst keine anderen SCSI-Treiber des Herstellers, z. B. LSI Logic.
Audiotreiber	Treiber zur Bereitstellung von Ton für virtuelle Soundkarten	Soundkarten werden unter ESXi nicht unterstützt. Über RDP kann man dieses aber nutzen (siehe VMware Knowledge Base Artikel KB1004839). Nur für 64-Bit-OS und Windows ab Vista.
VMXNet-Netzwerkkartentreiber	Treiber zur Verbesserung der Leistung der virtuellen Netzwerkkarte	Treiber für VMXNet2 (Erweitert). Siehe Tabelle 5-3
VMCI-Treiber	Treiber, über den virtuelle Maschinen mit Anwendungen auf dem Host und mithilfe von Datagrammen und gemeinsam genutztem Speicher mit anderen virtuellen Maschinen kommunizieren können	Das VMware Communication Interface kann in den Einstellungen zur VM nicht mehr aktiviert werden. Einige Anwendungen unter Windows erlauben die schnelle Kommunikation über den RAM des ESXi-Hosts mit bis zu 9 GBit/s.
Guest (NSX) Introspection Treiber	Wählen Sie diese Option, um Guest Introspection Thin Agent auf der virtuellen Maschine zu installieren, die von Guest Introspection geschützt werden soll.	Diese Treiber werden für Antivirensoftware (Appliances) und Firewalls (vShield) gebraucht, die eine AV-Software und Firewall in der VM obsolet machen. Auch beim Einsatz von der Netzwerkvirtualisierung NSX notwendig.

$\rightarrow$

Tabelle 5-1: Funktionsbeschreibung der VMware Tools (Forts.)

Funktion	Beschreibung	Bemerkung
Ordnerfreigaben	Ermöglicht die gemeinsame Nutzung von Dateien auf dieser virtuellen Maschine und dem Hostcomputer	Die Ordnerfreigaben funktionieren nur unter der Workstation- und Player-Version von VMware! Bei Terminalservern und Domänencontrollern sollten diese nicht ausgewählt werden! Wenn Sie einen Terminalserver als virtuelle Maschine einrichten wollen, sollten Sie bei den VMware Tools die benutzerdefinierte Einstellung wählen und den Treiber für die Speichersteuerung sowie die Ordnerfreigaben deaktivieren, sonst kann es zu Problemen damit kommen.
Wyse Multimedia-Unterstützung	Treiber zur Verbesserung der Multimedialeistung auf dem Remote-Desktop	Dient nur bei Wyse-Stationen zur besseren Videoleistung und nur bei XP und 2003.
LSI	LSI PCI Fusion-MPT Miniport Driver	Treiber für LSI Logic SCSI-Adapter bei Windows XP
BootCamp	Treiber für Mac BootCamp	Nur bei MacIntosh-Rechnern verfügbar.

VMware-Treiber unter Linux

Das Treiberpaket der VMware Tools unter Linux wird üblicherweise nicht installiert, weil die meisten unterstützten Distributionen bereits Treiber für die Geräte im Betriebssystem enthalten. Es wird nicht empfohlen, die vom OS mitgelieferten Treiber zu deinstallieren oder zu überschreiben, sehr wohl empfehle ich aber die Installation der open-vm-tools.

Je nach Distribution ist die Vorgehensweise anders: So wird bei CentOS und Red Hat der folgende Befehl genutzt: yum install open-vm-tools, bei Ubuntu geht dieses über sudo apt-get install open-vm-tools-desktop oder sudo apt-get install open-vm-tools-lts-trusty und bei Debian nur mit sudo apt-get install open-vm-tools.

Grafikbeschleunigung bei Microsoft-Servern

Bei Microsofts Serverbetriebssystemen bis 2003 ist die Hardwarebeschleunigung der Grafikkarte auf das Minimum eingestellt. Das sollten Sie wie folgt ändern:

Klicken Sie mit der rechten Maustaste auf den Desktop und wählen Sie EIGEN-SCHAFTEN.

Navigieren Sie zur letzten Registerkarte EINSTELLUNGEN und klicken Sie auf die Schaltfläche ERWEITERT.

Wählen Sie die Registerkarte PROBLEMBEHANDLUNG und schieben Sie den Regler bei HARDWAREBESCHLEUNIGUNG ganz nach rechts.

Schließen Sie die Fenster.

Treiberproblem bei Windows 7 und Server 2008

Ab Windows Vista, also auch bei Windows 7, 2008 und neuer, gibt es eine neue Grafikkarte mit Aero-Unterstützung (VMware SVGA 3D). Leider werden die Treiber nicht immer ordnungsgemäß installiert. Schauen Sie nach dem Neustart in den Gerätemanager und aktualisieren Sie gegebenenfalls den Treiber. Die notwendigen Dateien finden Sie unter *C:\Programme\Common Files\VMware\Drivers*. Bevorzugen Sie möglichst die WDDM-Treiber oder lassen Sie Windows selbst in den Unterverzeichnissen suchen. Befinden sich die Dateien nicht in diesem Ordner, so schauen Sie mal auf dem vCenter Server (2008 R2) im gleichen Pfad nach. Kopieren Sie die Verzeichnisse von hier oder einer anderen VM und versuchen Sie die Installation erneut.

Achten Sie darauf, dass Sie für die VM die Hardwareversion 7 oder höher nutzen.

 Die VMware Tools werden als CD-Image mitgeliefert und befinden sich im Verzeichnis */vmimages/tools* auf dem ESXi-Server. Bei der Installation der Tools und Treiber wird das ISO-Image in der VM gemountet, und unter Microsoft-Betriebssystemen wird ein Autostart ausgeführt. Bei anderen OS, wie Linux, findet kein Autostart statt. Dort liegen die Tools als *tar.gz*-Datei vor und die Installation muss manuell durchgeführt werden. Beachten Sie unter Linux die Hinweise zum automatischen Starten der Tools nach dem Neustart der Maschine! VMware und auch ich empfehlen, die open-vm-tools zu nehmen, wenn irgendwie möglich.

Sollten Sie feststellen, dass Maus und Tastatur in den virtuellen Maschinen für einige Sekunden nicht reagieren, wenn eine CD gewechselt wird, liegt das nicht an Ihnen, sondern an der Virtualisierungssoftware.

Nach dem Neustart der VM können Sie die Auflösung des Desktops anpassen, denn jetzt wird die Grafikkarte erst komplett unterstützt. Auch die Tastenkombination Strg+Alt für den Fokus (also z.B. für den Mauszeiger) brauchen Sie jetzt nicht mehr zu drücken – dieses geschieht nun automatisch, wenn Sie das Fenster verlassen bzw. wieder in das Fenster zurückkehren.

Wollen Sie eine VM von VMware Server oder Workstation bzw. einer älteren Version von VMware ESX übernehmen, sollten Sie die VMware Tools in der aktuellen Version, sprich des aktuellen Systems, installieren. Es ist übrigens kein Problem, wenn Ihre VMware ESX-Farm aus Servern verschiedener Versionen besteht. Installieren Sie einfach die VMware Tools der aktuellsten Version in den entsprechenden VMs, denn sie sind abwärtskompatibel.

VMware Tools anpassen

Wie bereits oben erwähnt, werden die Tools auf dem Gastbetriebssystem in der Ordnerstruktur installiert und beim Systemstart als Dienst bzw. Daemon mitgeladen. Unter Windows befinden sich insgesamt bis zu vier neue Dienste mit dem Starttyp AUTOMATISCH in der Auflistung. Das Icon der VMware Tools wird standardmäßig ausgeblendet. Wenn Sie das Icon einblenden wollen, können Sie es über folgenden Pfad in der Registry erreichen: [HKEY_CURRENT_USER\SOFT-WARE\VMWARE, Inc.\VMware Tools]. Erstellen Sie den DWord-Eintrag »ShowTray« und setzen Sie den Wert auf »1«, starten Sie die VM gegebenenfalls neu. Einstellungsmöglichkeiten haben Sie dazu leider nicht mehr, es wird lediglich die Version angezeigt.

Tool VMwareToolboxCmd.exe

In dem Verzeichnis, in dem die VMware Tools installiert wurden, gibt es ein interessantes Programm namens *VMwareToolboxCmd.exe*. Hiermit lassen sich allerhand nützliche Sachen einstellen, wie z.B. das Entfernen von Laufwerken, Informationen zu einigen wichtigen Details oder das Nutzen eigener Skripte für das Herunterfahren, Hochfahren, für den Suspend-Modus und das Fortführen.

Die bei diesem Programm verfügbaren Befehle lauten config, device, disk, info, help, logging, script, stat, timesync und upgrade. Für die meisten Parameter gibt es wiederum Unterbefehle, die man sich mit help <Befehl> anzeigen lassen kann.

Über die VMware Tools können Sie bei Änderungen des Betriebsstatus der virtuellen Maschine (d.h. beim Einschalten, Ausschalten, Anhalten oder Fortsetzen der virtuellen Maschine) Skripte ausführen lassen. Es ist jeweils ein Standardskript für jede Betriebsstatusänderung vorgesehen. Diese Skripte befinden sich beim Windows-Gastbetriebssystem unter *C:\Programme\VMware\VMware Tools* und sind in Tabelle 5-2 aufgeführt.

Tabelle 5-2: Skripte für die VMware Tools

Aufgabe	Standardskript
Anhalten des Gastbetriebssystems	suspend-vm-default.bat
Wiederaufnehmen des Gastbetriebssystems	resume-vm-default.bat
Herunterfahren des Gastbetriebssystems	poweroff-vm-default.bat
Einschalten des Gastbetriebssystems	poweron-vm-default.bat

Wenn Sie ein anderes Skript als Standardskript verwenden möchten, öffnen Sie eine DOS-Box als Administrator und wählen Sie Ihr eigenes, z.B. für das Herunterfahren, mit folgendem Befehl aus:

```
VMwareToolboxcmd.exe script shutdown enable
VMwareToolboxcmd.exe script shutdown set C:\Test\Test.bat
```

Anschließend können Sie mit folgendem Befehl überprüfen, ob Ihr Skript für den gewünschten Zweck eingetragen ist:

```
VMwareToolboxcmd.exe script shutdown current
```

Die Standardskripte werden beim Update der Tools überschrieben. Sie sollten sich also besser Ihre eigenen Batchdateien anlegen.

Die Standardskripte für Suspend und Resume beinhalten jeweils einen Befehl für die Netzwerkkonfiguration. Beim Suspend werden die vom DHCP-Server erhaltenen Adressinformationen zurückgegeben, und beim Resume wird eine neue Adresse angefordert. Meistens ist das in einer produktiven Umgebung nicht gewollt.

Die Skripte für Suspend und Resume können Sie ebenfalls über die Kommandozeile deaktivieren:

```
VMwareToolboxcmd.exe script suspend disable
VMwareToolboxcmd.exe script resume disable
```

Im ausgeschalteten Zustand der VM können diese auch über die Einstellungen der VM, Registerkarte VM-OPTIONEN unter VMWARE TOOLS deaktiviert werden, indem Sie dort die Häkchen herausnehmen.

Um Informationen über einige Einstellungen zu der VM und deren Laufzeitumgebung zu bekommen, können Sie den Parameter stat nutzen. Dazu gehören die Uhrzeit des Hosts, seine CPU-Frequenz und einiges zum RAM und zur vCPU des Gastes. Der Aufruf erfolgt wie vorher mit z. B.:

```
VMwareToolboxcmd.exe stat hosttime
```

Als Parameter hinter stat sind folgende Befehle möglich:

- hosttime: Ausgabe der Hostuhrzeit
- speed: Ausgabe der CPU-Geschwindigkeit in MHz
- sessionid: Ausgabe der aktuellen Sitzungs-ID
- balloon: Ausgabe von Informationen zum Arbeitsspeicher-Ballooning
- swap: Ausgabe von Informationen zur Arbeitsspeicherauslagerung
- memlimit: Ausgabe von Informationen zu Arbeitsspeicherlimitierungen
- memres: Ausgabe von Informationen zur Arbeitsspeicherreservierung
- cpures: Ausgabe von Informationen zur CPU-Reservierung
- cpulimit: Ausgabe von Informationen zu CPU-Limitierungen
- raw: Ausgabe von statistischen Rohdaten in verschiedenen Formaten

Dazu zwei Beispiele mit der jeweiligen Ausgabe:

```
C:\>"c:\Programme\vmware\VMware Tools\VMwareToolboxCmd.exe" stat hosttime
    21 Sep 2020 14:29:19
C:\>"c:\Programme\vmware\VMware Tools\VMwareToolboxCmd.exe" stat speed
    3408 MHz
```

Um das Entfernen von Laufwerken in dem Gast zu aktivieren, muss zunächst im ausgeschalteten Zustand die Konfigurationsdatei (*.vmx*) durch die beiden folgenden Einträge ergänzt werden:

```
isolation.device.connectable.disable = "FALSE"
isolation.device.edit.disable = "FALSE"
```

Kontextmenü »Info«

Über das Kontextmenü, das Sie über die rechte Maustaste auf dem Icon der VMware Tools erreichen, zeigt INFO u. a. Informationen über die VMware Tools, z.B. die Version und die Build-Nummer. Diese sollte mit der angezeigten Nummer des ESXi-Servers in etwa übereinstimmen.

Übrigens: Eine neue Funktion befindet sich in der VM unter START → PROGRAMME → VMWARE: Dort können Sie sich die Statistikprotokollierung der virtuellen Maschine ansehen. Die Darstellung erinnert stark an das Performance-Tool von Microsoft.

Automatische Upgrades für VMware Tools

Ab dem ESX-Server 3.0.1 können VMware Tools und virtuelle Hardware gleichzeitig für mehrere virtuelle Maschinen aufgerüstet werden, ohne von der Konsole für die virtuelle Maschine aus mit dieser kommunizieren zu müssen. Diese Funktion ermöglicht Upgrades von früheren Releases von VMware Tools und virtueller Hardware für eine oder mehrere virtuelle Maschinen. Der Anwender, der das Upgrade ausführt, muss über die entsprechende Berechtigung verfügen.

Für Massen-Upgrades von VMware Tools gelten folgende Einschränkungen:

- Es können nur virtuelle Maschinen aufgerüstet werden, die vom vCenter Server 2.0.1 oder höher verwaltet werden.
- Massen-Upgrades sind nur für Linux und Microsoft Windows 2000 und höher verfügbar.
- FreeBSD, Netware und Windows NT werden nicht unterstützt.
- Bei der virtuellen Festplatte muss es sich um eine Datei auf einem VMFS-3-, -5- oder -6-Volume handeln.
- Virtuelle Maschinen müssen ausgeschaltet sein.

Vorgehensweise:

- Öffnen Sie das EIGENSCHAFTEN-Dialogfeld für die zu aktualisierende virtuelle Maschine.
- Wählen Sie OPTIONEN → VMWARE TOOLS.
- Wählen Sie unter ERWEITERT die Option TOOLS VOR JEDEM EINSCHALTVORGANG PRÜFEN UND AKTUALISIEREN.
- Klicken Sie auf OK.

Beim nächsten Einschalten der virtuellen Maschine wird eine Überprüfung auf eine neuere Version der VMware Tools durchgeführt. Wenn eine neuere Version auf dem ESXi-Server vorhanden ist, wird diese installiert und das Gastbetriebssystem bei Bedarf neu gestartet. Überlegen Sie sich bitte vor der Änderung, wie sinnvoll diese Vorgehensweise für produktive Systeme ist.

 Ab der Version 9217 der VMware Tools brauchten Windows-Maschinen beim Upgrade keinen Neustart mehr. Lediglich bei der ersten Aktualisierung der Tools war das erforderlich. Mittlerweile wird häufig wieder ein Neustart verursacht. Die Versionsnummer wird über den HTML5-Client oder das Tool RVTools angezeigt.

Unbeaufsichtigte Installation der Tools

Wie ich oben in Tabelle 5-1 detailliert beschrieben habe, gibt es bei der einen oder anderen virtuellen Maschine Komponenten in den VMware Tools, die zu Problemen führen können. Auch wenn Sie für eine Menge von VMs während deren Benutzung ein Upgrade planen, soll der PC vielleicht nicht sofort neu gestartet werden oder der User soll von einer im Hintergrund ablaufenden Installation erst gar nichts mitbekommen. Für diese Zwecke können Sie die in der ISO-Datei vorhandene Datei *setup.exe* (32 oder 64 Bit) verwenden und eine administrative Installation der Tools erwirken. Damit bekommen Sie ein MSI-Paket, das über den Windows Installer genutzt werden kann.

Die jeweiligen Komponenten, die als Parameter ausgeschlossen werden sollen, finden Sie z.B. bei einer Testmaschine mit bereits installierten Tools durch folgenden Befehl:

```
D:\Setup.exe /s /v"/qn /l*v ""C:\vmtools.log"""
```

Dabei passiert Folgendes:

- D:\ wird als CD/DVD-Laufwerk angenommen.
- /s blendet den Initialisierungsdialog aus.
- /v bietet zusätzliche Parameter für *setup.exe*.
- /qn bedeutet keine Meldungen oder Fenster auf der Oberfläche.
- /l* gibt den Pfad und die Datei für das Loggen an.
- /v ist der ausführliche Log-Modus.

In der dann erstellten Logdatei suchen Sie nach SetNO_UNINSTALL_ und finden dann unter anderem folgende Werte:

AUDIO, AUDIO2008, BUSLOGIC, HGFS, MEMCTL, MOUSE usw.

Die meisten Einträge sind dabei selbsterklärend. Bei HGFS handelt es sich um die Ordnerfreigaben, BUSLOGIC ist für den SCSI-Treiber und MEMCTL für den Speichertreiber.

Um eine Anpassung für die Installation nutzen zu können, empfiehlt sich eine Freigabe auf einem Rechner, auf den die VMs zugreifen können. Darin können Sie eine administrative Installation erwirken und bekommen somit die MSI-Datei. Geben Sie z.B. folgenden Befehl bei Ihrer Testmaschine ein:

```
D:\Setup.exe /a "C:\Freigabe"
```

Um *Setup64.exe* aufrufen zu können, brauchen Sie ein 64-Bit-Windows. In der Freigabe bereits vorhandene Dateien bleiben dabei erhalten. Nun können Sie mit der Installation verschiedene Werte übergeben. Wollen Sie z.B. alle Komponenten installieren und nur die Ordnerfreigaben (unter vSphere nicht empfohlen) und den BusLogic-Treiber (nicht empfohlen, wenn LSI genutzt wird) herausnehmen, sähe der Aufruf so aus:

```
msiexec /i ""\\Server\Freigabe\VMware Tools.msi" ADDLOCAL=ALL REMOVE=Hgfs,Buslogic
/qn /l* "C:\vmtools.log" /norestart"
```

Dabei steht alles in einer Zeile, die Sie auch als BAT- oder CMD-Datei ausführen können. Groß- und Kleinschreibung muss beachtet werden.

Noch einfacher geht es über die Liste der virtuellen Maschinen, wenn Sie bereits einen vCenter Server einsetzen. Klicken Sie die erste VM in der Liste an, halten Sie die Strg-Taste gedrückt und wählen Sie dann alle VMs aus, die Sie aktualisieren wollen. Klicken Sie dann mit der rechten Maustaste auf Ihre Auswahl und wählen Sie aus dem Kontextmenü GASTBETRIEBSSYSTEM → VMWARE TOOLS INSTALLIEREN/AKTUALISIEREN aus. In dem dann folgenden Fenster (siehe Abbildung 5-13) können Sie für das Setupprogramm die Startparameter unter ERWEITERTE OPTIONEN mit angeben.

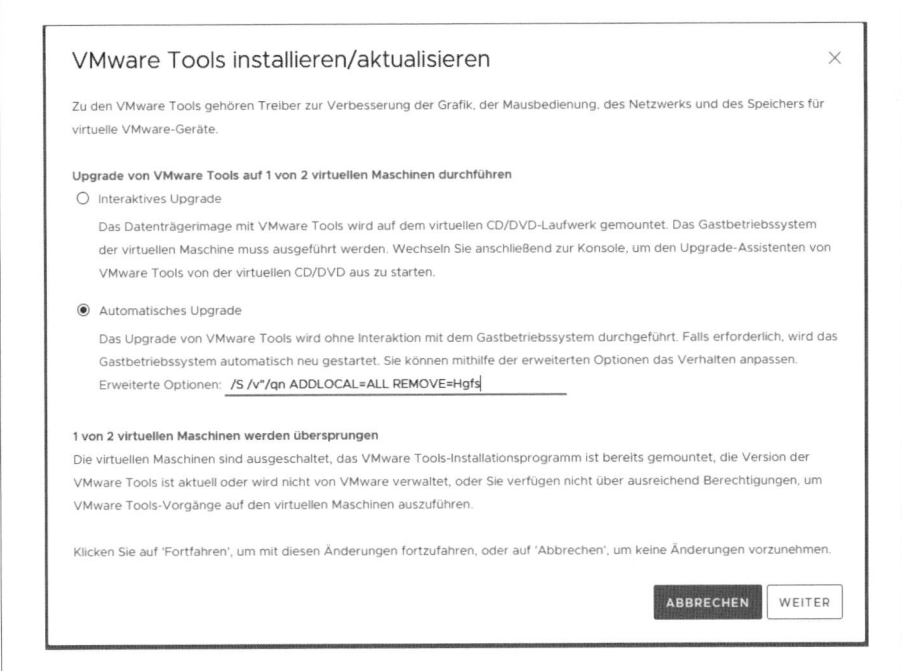

Abbildung 5-13: VMware Tools aktualisieren

Manuelle Änderung der VMware Tools

Änderungen bei den VMware Tools unter Windows können problemlos über die grafische Oberfläche erledigt werden – bei Linux geht das nur über die Kommandozeile. Möchten Sie beispielsweise die Ordnerfreigaben unter Linux deinstallieren, so gehen Sie auf der Kommandozeile zu dem Ordner, in dem Sie die *tar.gz*-Datei entpackt haben. Rufen Sie das Pearl-Skript mit folgenden Parametern auf:

```
vmware-install.pl --clobber-kernel-modules=vmhgfs
```

Möchten Sie die Treiber für den vmxnet3-Adapter de- und dann neu installieren, funktioniert das mit folgendem Aufruf:

```
vmware-install.pl --clobber-kernel-modules=vmxnet3
```

Dem Skript können auch mehrere Parameter mit Komma getrennt übergeben werden:

```
vmware-install.pl --clobber-kernel-modules=pvscsi,vmblock,vmci,
vmhgfs,vsock,vmxnet,vmxnet3
```

Um alle Pfadangaben automatisch zu bestätigen, kann »-d« mit angegeben werden.

VMware hat noch andere Methoden parat, um die Installation für Linux-Betriebssysteme einfacher zu machen. Auf deren Webseite findet sich eine Beschreibung für die Installation von »Operating System Specific Packages« unter folgender URL: *https://www.vmware.com/support/packages.html*. Die Pakete kann man sich dort auch gleich herunterladen.

Virtuelle Maschinen optimieren

Über die Methoden und Faktoren, die die virtuelle Infrastruktur zur Verbesserung der Performance zur Verfügung stellt, erfahren Sie mehr in den Kapiteln 10 und 19. Innerhalb der virtuellen Maschine kann aber ebenfalls einiges erreicht werden, um die Ressourcen besser verteilen zu können.

Optimierung über den Client

Ob man mit dem Host-Client nun auf den ESXi-Host zugreift oder mit dem HTML5-Client auf den vCenter Server, ist bei den folgenden Optimierungen egal. Beachten Sie zunächst folgende Faktoren:

- Sorgen Sie bei der Erstellung virtueller Maschinen dafür, ihre Größe – genau wie bei physischen Maschinen – dem tatsächlichen Bedarf anzupassen. Überkonfigurierte virtuelle Maschinen verschwenden gemeinsam nutzbare Ressourcen.

- Deaktivieren Sie zugunsten der besseren Performance sämtliche nicht verwendeten Geräte, wie z.B. COM-Ports, LPT-Ports, Diskettenlaufwerke, CD-ROMs, USB-Adapter usw. Diese Geräte werden nämlich auch dann regelmäßig vom Windows-Gastbetriebssystem abgefragt, wenn sie nicht verwendet werden. Durch dieses unproduktive Abfragen werden gemeinsam nutzbare CPU- und RAM-Ressourcen verschwendet. Entfernen Sie die nicht benötigten Geräte auch im BIOS der VM.

- Installieren Sie die VMware Tools. Sie unterstützen Sie beim Erreichen einer besseren Performance, können zu einer effizienteren CPU- und RAM-Nutzung führen und enthalten Treiber zum Abrufen von Festplatten-, Netzwerk- und Speicherressourcen.

Optimierung innerhalb der VM

Optimieren Sie – genau wie beim physikalischen System – das Betriebssystem der virtuellen Maschine durch Register, Swap-Bereiche usw. und passen Sie die Größe an. Deaktivieren Sie unnötige Programme und Dienste wie z.B. Bildschirmschoner und optischen Schnickschnack. Unnötige Programme und Dienste verschwenden gemeinsam nutzbare Ressourcen. Aktualisieren Sie das Gastbetriebssystem stets durch aktuelle Patches und Servicepacks. Falls Sie als Gastbetriebssystem Microsoft Windows verwenden, überprüfen Sie, ob es in der Knowledge Base von Micro-soft Artikel über bekannte Probleme mit dem Betriebssystem gibt.

Beobachten Sie den Graphen für den Host, den Ressourcenpool oder das Cluster, wie in Abbildung 5-14 beispielhaft gezeigt ist. Stellen Sie diesen gegebenenfalls auf eine andere Ansicht um oder exportieren Sie die Daten nach Excel, um eine Lang-zeitübersicht zu bekommen. Der Host speichert die Daten nur für einen Tag, wäh-rend der vCenter Server dafür eine Datenbank verwendet, in der die Daten für Mo-nate und Jahre erhalten bleiben können.

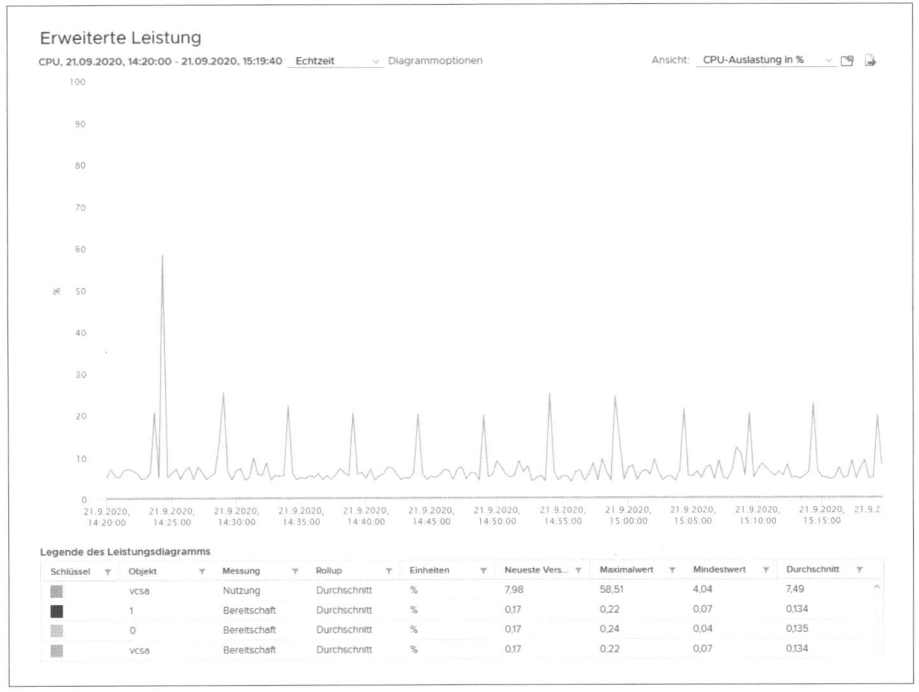

Abbildung 5-14: Leistungsdiagramm der VM

 Beachten Sie auch, dass sich bei der VM auf der linken Seite die Prozentzahlen auf den Graphen beziehen und nicht auf die Ge-samtkapazität! Beim Host ist dies genau andersherum. Bewegen Sie den Mauspfeil über die dargestellten Linien, um die tatsächliche Last zu sehen (siehe Abbildung 5-15), oder klicken Sie im unteren Teil des Fensters auf »Prozent«, um die gewünschte Linie hervorzu-heben.

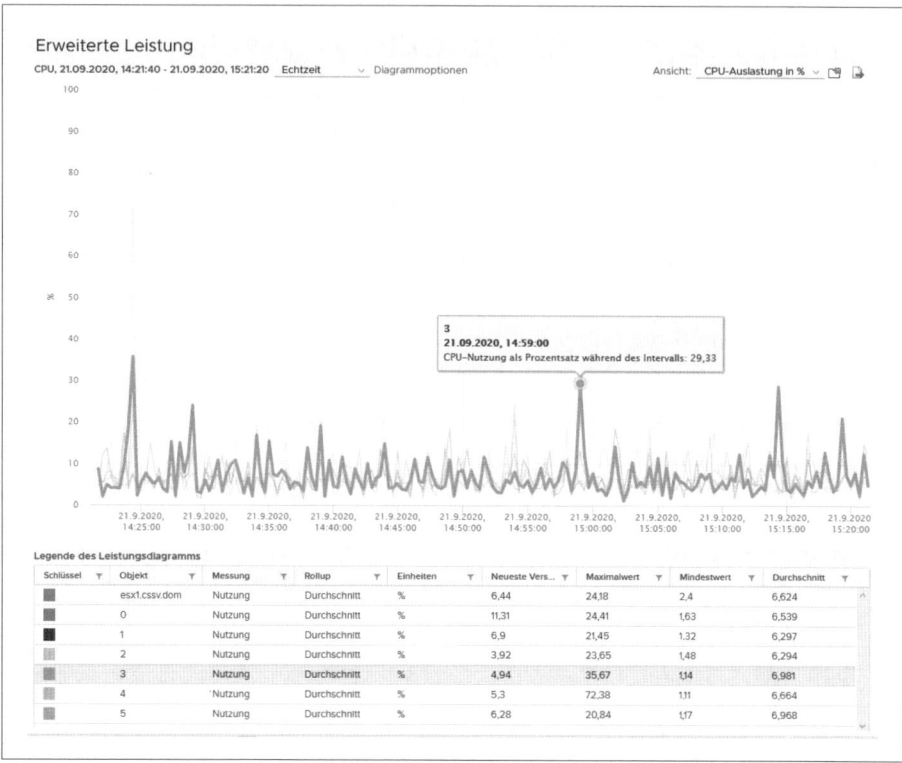

Abbildung 5-15: Diagrammskalen interpretieren

Empfehlung für VM-Optimierung

Hier sind noch einmal gebündelt die wichtigsten Optimierungsmöglichkeiten für die virtuelle Maschine zusammengestellt:

- VM-Hardwareeinstellungen
    - Diskettenlaufwerk in den Einstellungen sowie im BIOS der VM das Laufwerk und den Floppy Disk Controller entfernen
    - CD/DVD nicht verbunden, noch besser: Clientgerät
    - Grafikkarte der VM auf »Einstellungen automatisch erkennen« setzen
- VM-Ressourcen
    - CPU-Reservierungen vermeiden
    - CPU-Grenzwerte nur bei DOS oder NetWare einschalten
    - RAM-Reservierungen vermeiden
    - RAM-Grenzwerte nicht einstellen, das Häkchen bei »Unbegrenzt« muss gesetzt bleiben
    - Festplattengrenzwert: Bei IOPs nur im Notfall etwas eintragen

- VM-BIOS
  - Legacy-Diskette A/B: disabled
  - Floppy Disk Controller: disabled
  - LPT und COM: disabled
  - Local Bus IDE Adapter: nur Primary oder Secondary, je nach Anschluss des CD/DVD-Laufwerks, bei SATA: IDE komplett deaktivieren
  - Boot von HD
- VM-Betriebssystem (Beispiel Windows)
  - Anzeigeauflösung nur 16-Bit-Farben

Vermeiden Sie aus Performance-Gründen wenn möglich Thin Provision bei Festplatten und lassen Sie Snapshots nur so lange wie eben nötig anwachsen.

Dies sind allgemein gefasste Empfehlungen. Wenn Sie in der VM beispielsweise ein Diskettenlaufwerk oder einen LPT-/COM-Anschluss benötigen, schalten Sie diesen folglich nicht ab.

 Nach der Konvertierung einer physikalischen zu einer virtuellen Maschine sollten Sie die nicht mehr vorhandene Hardware nach der Installation der VMware Tools deinstallieren. Geben Sie in einer DOS-Box unter Windows als Administrator Folgendes ein:

```
set devmgr_show_nonpresent_devices=1
devmgmt.msc
```

Schalten Sie anschließend unter ANSICHT die ausgeblendeten Geräte ein und deinstallieren Sie die nicht mehr vorhandenen (grau dargestellten) – mit Ausnahme des RAS-Adapters und des gesamten Zweigs NICHT-PNP-GERÄTE.

 Mit dem kostenlosen Tool *bginfo* von Bryce Cogswell (ehemals Sysinternals, jetzt Microsoft) können Sie auf einem Windows-Betriebssystem Einstellungen wie den Namen der Maschine, den angemeldeten Benutzer, die IP-Adresse usw. auf dem Desktop anzeigen lassen, wie in Abbildung 5-16 gezeigt ist. Sie finden dieses nützliche Tool im Web.

User Name:	Administrator
Host Name:	VM-DC01
IP Address:	192.168.150.10
Subnet Mask:	255.255.255.0
Default Gateway:	192.168.150.50
DNS Server:	127.0.0.1
Free Space:	C:\ 19,11 GB NTFS

Abbildung 5-16: Anzeige über bginfo

Gasthardware ändern

Auch wenn eine virtuelle Maschine über längere Zeit problemlos läuft, kann es vorkommen, dass nach der Installation einer neuen Anwendung zu wenig Hauptspeicher vorhanden ist. Oder die Festplatte wurde bei der Erstellung zu klein gewählt, es muss ein anderes DVD-Laufwerk verbunden werden usw.

Über den Host-Client können Sie das auf einem einzelnen ESXi-Server oder auf dem vCenter Server mittels HTML5-Client erledigen. Klicken Sie mit der rechten Maustaste auf die virtuelle Maschine und wählen Sie aus dem Kontextmenü EIN-STELLUNGEN BEARBEITEN aus. Dieses ist nur eine Möglichkeit, um zu dem in Abbildung 5-17 gezeigten Fenster zu kommen.

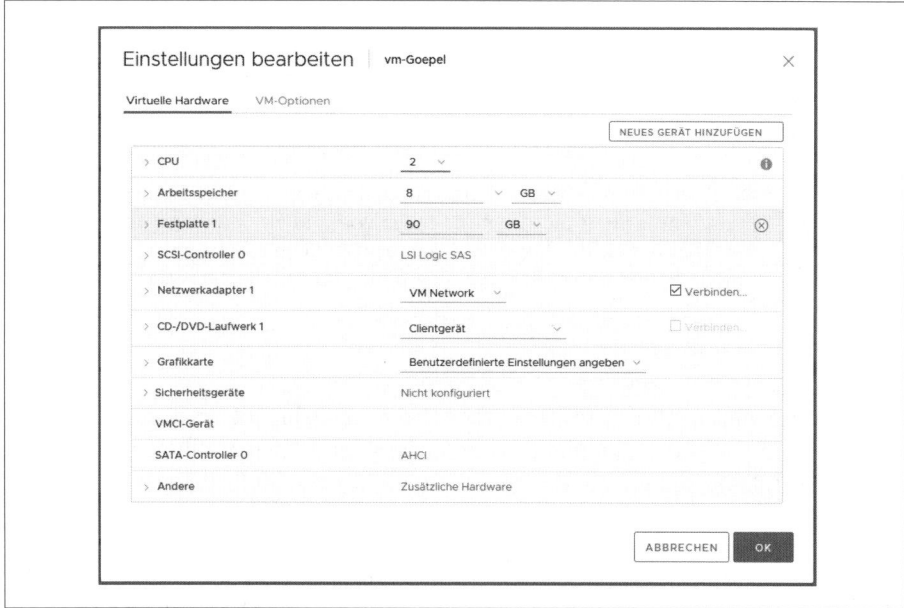

Abbildung 5-17: Gasthardware ändern

Innerhalb dieser Ansicht können Sie dann über NEUES GERÄT HINZUFÜGEN neue Hardware bereitstellen, über den runden Button mit dem X neben einem Eintrag auch etwas löschen oder die Konfiguration der einzelnen Geräte nach dem Aufklappen über das »>«-Zeichen ändern.

 Die virtuelle Maschine muss für die meisten Hardwareänderungen ausgeschaltet sein, nur Änderungen wie der Inhalt der CD-/DVD-ROM- und Diskettenlaufwerke, Größe einer Festplatte, aber auch der aktive Netzwerkanschluss können während der Laufzeit angepasst werden.

 VMware unterstützt das Hinzufügen von RAM und das Ändern der CPU-Anzahl im Betrieb (CPU- UND ARBEITSSPEICHER-HOTPLUG), jedoch nicht alle Gastbetriebssysteme! Gegebenenfalls steht diese Möglichkeit nur zur Verfügung, wenn Sie bei der ausgeschalteten VM diese Option extra eingestellt haben. Beachten Sie aber, dass die Performance der Windows-VM darunter leidet.

Alle Änderungen, die hier vorgenommen werden können, spreche ich hier nochmals an. Dabei erwähne ich auch Optionen, die nicht bei jeder VM auftauchen. Je nach gewähltem Betriebssystem werden bestimmte Geräte nicht oder andere Auswahlmöglichkeiten angezeigt. Die jeweiligen Ressourceneinstellungen werden im Anschluss in diesem Kapitel zentral durchgesprochen.

Anzahl der Prozessoren

Über den Sinn und Unsinn von Mehrprozessormaschinen habe ich schon bei der Erstellung der ersten Maschine ein paar Worte geschrieben. Beachten Sie bitte, dass bei der Änderung dieses Punkts eine VM gegebenenfalls nicht mehr startet.

Wenn Sie einer VM bei der Erstellung z.B. vier CPUs zuweisen, werden entgegen der Empfehlung von VMware der VM vier Sockel mit je einem Kern zugeteilt (siehe Abbildung 5-18). Ändern Sie das möglichst ab: 1 CPU-Sockel mit vier Kernen (siehe dazu auch Kapitel 19).

Abbildung 5-18: Auswahl der Prozessoranzahl

Das Feld wird nicht angezeigt, wenn der Server nur einen einzelnen Prozessor besitzt oder das Gastbetriebssystem SMP (*Symmetrisches Multiprocessing*) nicht unterstützt (z.B. NetWare und Windows NT 4.0).

Falls Sie sich hier nicht entscheiden können, bedenken Sie Folgendes: Bei den meisten Betriebssystemen ist es einfacher, nachträglich Prozessoren wegzunehmen, als von einem auf mehrere CPUs zu erhöhen. Gerade bei Windows ist diese Vorgehensweise ratsam, weil es besser mit mehreren CPUs auf einer installierten Mehrprozessor-HAL (*Hardware Abstraction Layer*) zurechtkommt. Soll die VM umgekehrt hinterher nur eine CPU bekommen und Sie haben nur eine Vorlage mit Multiprozessor-HAL, installieren Sie lieber neu mit nur einer CPU.

Wenn Sie später eine Anwendung innerhalb der VM installieren, die mehrere Prozessoren unterstützt, wählen Sie bei diesem Schritt besser mehrere CPUs. Braucht Ihre Software nur einen Prozessor, nehmen Sie hier nur einen. Möchten Sie eine Vorlage (Template) generieren, nehmen Sie besser zwei Prozessoren. Wie bereits oben erwähnt, ist es hinterher einfacher, auf vier oder gar 128 Prozessoren umzustellen!

Da viele Anwendungen und teilweise auch Betriebssysteme nach den Prozessoren lizenziert werden, haben Sie hier sehr schön die Möglichkeit, nur einen Prozessorsockel zu nutzen, der aber 16 oder mehr Kerne hat. Von der Geschwindigkeit her werden Sie den Unterschied nicht merken.

Die maximale Menge an CPUs für die virtuelle Maschine hängt nicht nur vom Host ab. VMware reduziert die Möglichkeit der CPU-Anzahl auch je nach ausgewähltem Betriebssystem, und Microsoft je nach Lizenz (Standard oder Enterprise bzw. Datacenter).

Speicher und CPU-Hotplug

Die VMware Tools müssen installiert sein, damit die Hotplug-Funktionen ordnungsgemäß funktionieren. Weiterhin muss das Gastbetriebssystem diese ebenfalls unterstützen, sonst sind die Felder ausgegraut.

Wenn Sie als Betriebssystem z. B. SUSE 11 64-BIT oder WINDOWS SERVER 2008R2 oder höher ausgewählt haben, steht Ihnen die Möglichkeit offen, weitere CPUs und Arbeitsspeicher im laufenden Betrieb hinzuzufügen.

Beachten Sie dabei aber, dass gerade Windows-Maschinen damit anders auf die CPUs zugreifen, was sich negativ auf die Ausführungsgeschwindigkeit auswirkt. Weiterhin können im laufenden Betrieb nur Sockel, nicht einzelne Kerne hinzugefügt werden, was meist zu Problemen bei den NUMA-Knoten[1] (Non-Uniform Memory Architecture) führt. Beim RAM verhält es sich ähnlich, dieser wird als Speichergerät hinterher im Gerätemanager dargestellt.

Die Ressourcen wie Reservierungen, Grenzwerte und Anteile bespreche ich unten detailliert.

Hardwarevirtualisierung und virtualisierte MMU

Neuere Prozessoren (ab der Nehalem-Generation) unterstützen die Virtualisierungsfunktionen und diese können an die Gäste durchgereicht werden. Möchten Sie einen Hyper-V-Server oder ESXi-Host als VM betreiben, müssen Sie diese Funktion vor der Installation einschalten.

---

1 Der Zugriff der CPU auf den eigenen RAM wird auch als „Non-Uniform Memory Access" (NUMA) bezeichnet.

Bei der MMU handelt es sich allgemein um die Memory Management Unit, die als Funktion im Prozessor enthalten ist und virtuelle Speicheradressen in physikalische überträgt. Wenn ein Prozess Arbeitsspeicher anfordert, ist die MMU für die Umsetzung auf die tatsächliche Adresse verantwortlich. Da eine logische Adresse nicht unbedingt immer einer physischen Adresse zugeordnet werden muss, kann das Betriebssystem auch anderen Speicher ansprechen, z.B. eine Auslagerungsdatei. Das nennt sich dann Speichervirtualisierung, was beim ESXi-Server der VMM (*Virtual Machine Monitor*) in Zusammenarbeit mit dem Kernel regelt (siehe Abbildung 5-19).

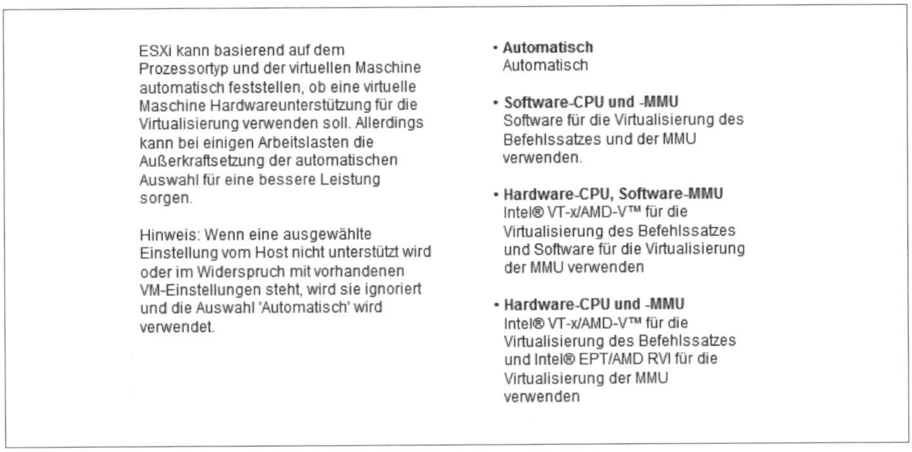

ESXi kann basierend auf dem Prozessortyp und der virtuellen Maschine automatisch feststellen, ob eine virtuelle Maschine Hardwareunterstützung für die Virtualisierung verwenden soll. Allerdings kann bei einigen Arbeitslasten die Außerkraftsetzung der automatischen Auswahl für eine bessere Leistung sorgen.

Hinweis: Wenn eine ausgewählte Einstellung vom Host nicht unterstützt wird oder im Widerspruch mit vorhandenen VM-Einstellungen steht, wird sie ignoriert und die Auswahl 'Automatisch' wird verwendet.

- **Automatisch**
  Automatisch

- **Software-CPU und -MMU**
  Software für die Virtualisierung des Befehlssatzes und der MMU verwenden.

- **Hardware-CPU, Software-MMU**
  Intel® VT-x/AMD-V™ für die Virtualisierung des Befehlssatzes und Software für die Virtualisierung der MMU verwenden

- **Hardware-CPU und -MMU**
  Intel® VT-x/AMD-V™ für die Virtualisierung des Befehlssatzes und Intel® EPT/AMD RVI für die Virtualisierung der MMU verwenden

Abbildung 5-19: VMM und MMU durchreichen

Die aktuellen Prozessoren von Intel und AMD unterstützen mittels Befehlssatzerweiterungen die Virtualisierung des Prozessors durch die Technologie Intel VT-x (ehemals Vanderpool Technology, jetzt Virtualization Technology) bzw. AMD-V (ehemals Pacifica, manchmal auch SVM, Secure Virtual Machine). Seit Kurzem wird auch die Virtualisierung des Speichers von der CPU unterstützt (Intel EPT, Extended Page Tables, und AMD RVI, Rapid Virtualization Indexing, oder Nested Page Tables, NPT). Beides muss durch das BIOS oder UEFI (Unified Extensible Firmware Interface) freigeschaltet werden.

Bei der Einstellung AUTOMATISCH sucht sich der VMM des Hosts die Einstellungen selbstständig heraus, die von der Host-CPU und dem Gastbetriebssystem unterstützt werden, was für die meisten Systeme sehr gut funktioniert. Nur in ganz seltenen Fällen kann eine manuell gewählte Einstellung für eine heterogene produktive Umgebung eine geringe Verbesserung der Leistung bringen – hier braucht also üblicherweise nichts verändert zu werden.

Weitere Informationen finden Sie in dem englischsprachigen White Paper von VMware *perf-vsphere-monitor_modes.pdf* auf deren Website.

Leistungsindikatoren

Seit der Version 5.1 mit der Hardwareversion 9 werden diese Funktionen für die Identifizierung von Leistungsproblemen bei der CPU angeboten. Dabei werden die Leistungsindikatoren der physischen CPU des Hosts an die VM durchgereicht und können dort mit spezieller Software ausgelesen werden (siehe auch VMware KB 2030221).

Arbeitsspeicher

Die am häufigsten vorkommende Konfigurationsänderung innerhalb Ihrer virtuellen Maschinen wird wohl den Arbeitsspeicher betreffen.

Die virtuelle Maschine muss dafür meistens heruntergefahren sein, um diese Änderung durchführen zu können. Danach klicken Sie auf EINSTELLUNGEN BEARBEITEN und dann auf ARBEITSSPEICHER (siehe Abbildung 5-20) und können dort einfach die Menge des zugewiesenen Hauptspeichers anpassen.

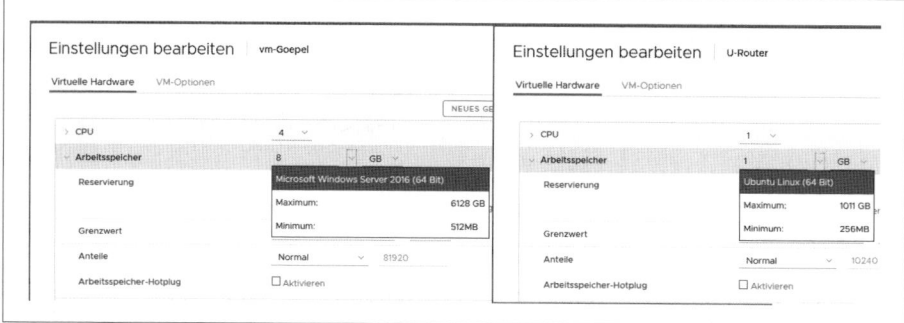

Abbildung 5-20: Vergleich des RAMs verschiedener Betriebssysteme und VM-Versionen

Je nach ausgewähltem Betriebssystem werden die Werte in den Fenstern angepasst, links Einstellungen zu Windows 2016 Enterprise Edition und rechts zu Ubuntu 64 Bit.

Die maximale Menge an Arbeitsspeicher für die virtuellen Maschinen hängt nicht vom tatsächlichen physischen RAM des Hosts ab. Was dieser nicht zur Verfügung stellen kann, wird als Auslagerungsdatei im Verzeichnis der virtuellen Maschine genutzt. Die Erfahrungen aus der Praxis haben gezeigt, dass eine VM deutlich langsamer wird, wenn RAM ausgelagert werden muss.

Beim Einschalten der VM wird immer eine Auslagerungsdatei in der Größe des zugewiesenen RAMs angelegt (*vswp*-Datei), es sei denn, dieser wird komplett reserviert. Berücksichtigen Sie das auch bei der Größe des zur Verfügung stehenden Volumes.

Wenn Sie eine VM noch in der Hardwareversion 4 oder 7 haben, können Sie dieser maximal 255 GByte RAM geben. Erst ab der Version 8 sind 1.011 GByte RAM, ab Version 11 4.080 GByte und ab Version 14 bis zu 6.128 GByte auswählbar.

Festplattengröße und -modus

Bei Festplatten kann nicht nur die Größe nachträglich geändert werden, es können auch drei verschiedene Modi gesetzt werden, die für manche Situationen interessante Möglichkeiten bieten.

Festplattengröße

Sie können die Größe der Festplatte nach oben hin verändern. Dadurch wird aber nur die Platte der VM vergrößert. Die VM sieht dann eine größere Festplatte, die vorher erstellte Partition hat aber immer noch die gleiche Größe. Haben Sie also eine virtuelle Festplatte mit 40 GByte erstellt, das Betriebssystem installiert und anschließend die Größe auf 60 GByte geändert, sieht die VM (ggf. erst nach der Aktualisierung) eine 60-GByte-Platte mit einer 40 GByte großen primären Partition und 20 GByte ungenutztem Speicher dahinter.

Ich empfehle Ihnen, der VM lieber eine neue Festplatte zu geben, anstatt die erste zu partitionieren, oder innerhalb der VM ein Partitionierungs-Tool einzusetzen, um den Platz nutzen zu können. Achten Sie auf die Besonderheiten bei NTFS bezüglich der MFT (*Master File Table*). Auch der VMware Converter kann beim Import die Festplattengröße korrekt anpassen. Sie können auch eine bereits installierte ESXi-VM auf einen anderen Host importieren und zu kleine Platten vergrößern und verkleinern sowie Partitionen in Laufwerke umändern. Ab Windows Vista, also auch bei Windows 7 und Server 2008 und neuer, können Sie die Partitionen im Festplattenmanager selbst vergrößern. Das sollten Sie einem Drittanbieter-Tool auf jeden Fall vorziehen.

Modus »Abhängig«

Die virtuelle Festplatte wird in diesem Fall wie eine normale Festplatte behandelt und alle Änderungen werden sofort auf der Festplatte weggeschrieben, auch bei Snapshots (ggf. dann nicht anwählbar!).

Über die Kommandozeile kann die Festplatte im laufenden Betrieb in einen anderen Modus geschaltet werden, um beispielsweise Backups zu machen. Bei Neuanlage einer Festplatte befindet sich diese standardmäßig im abhängigen Modus. Auf die Leistungsfähigkeit dieser Zugriffsart sollte man nicht verzichten und nur bei Bedarf und kurzzeitig auf andere Zugriffsarten umschalten.

Modus »Unabhängig – Dauerhaft«

Den Modus UNABHÄNGIG – DAUERHAFT können Sie auch bei Backups nutzen, wenn Sie diese Platten nicht sichern wollen. Gute Backup-Programme wie Veeam Backup & Replication benötigen solche Einstellungen aber nicht. Hier wird ebenfalls ganz normal auf die Platte geschrieben – vergleichbar mit einer physischen.

Modus »Unabhängig – Nicht dauerhaft«

Die virtuelle Festplatte (und nur diese – nicht ggf. weitere der Maschine) befindet sich bei ihrer Auswahl, wie in Abbildung 5-21 dargestellt, im schreibgeschützten Modus, und alle Änderungen werden ohne Rückfrage beim Herunterfahren und Ausschalten verworfen. Dieses Verwerfen der Änderung geschieht nur beim Ausschalten der virtuellen Maschine, nicht bei einem Neustart. Dieser Festplattenmodus ist besonders in Schulungsräumen oder Testumgebungen interessant, wenn man nicht will, dass Änderungen bestehen bleiben. Gerade im Falle einer Schulung könnten Sie die virtuellen Maschinen komplett installieren und dann den Festplattenmodus auf *nicht dauerhaft* bzw. *non-persistent* umschalten. Die Teilnehmer können anschließend machen, was sie wollen, denn nach dem Abschalten der virtuellen Maschinen ist alles wieder im Ursprungszustand.

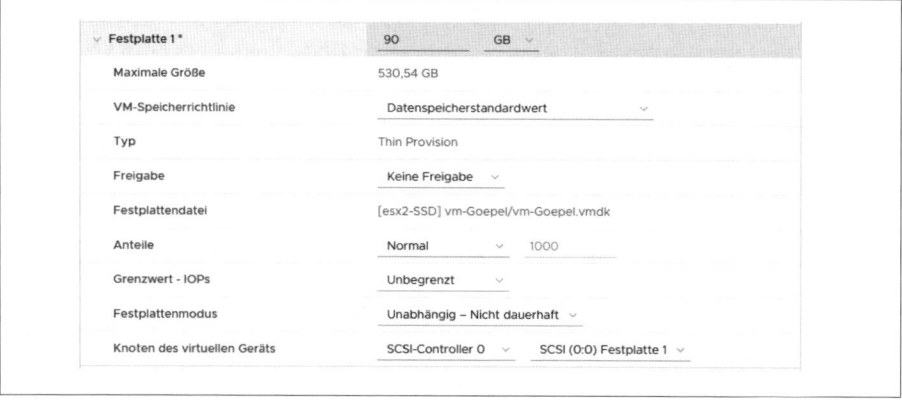

Abbildung 5-21: Festplatteneinstellungen

 Es ist auch eine gute Idee, die Festplatte einer fertigen Maschine in den nicht dauerhaften Modus umzuschalten, eine zweite Maschine zu erstellen und diese auf die Festplatte der ersten ebenfalls im nicht nicht dauerhaften Modus zugreifen zu lassen. Das funktioniert auch mit mehreren Maschinen, z. B. zum Testen verschiedener Konfigurationen.

 Wenn Sie eine dynamisch wachsende Festplatte in eine Platte fester Größe ändern wollen, können Sie das über das Menü im Datenspeicherbrowser erledigen (siehe Abbildung 5-22). Diesen Vorgang können Sie anschließend nicht mehr abbrechen.

Name	Größe	Geändert	Typ
vm-Goepel-3400594d.hlog	0,23 KB	21.09.2020, 13:34:41	Datei
vm-Goepel.nvram	264,49 KB	21.09.2020, 15:36:03	Nicht flüchtige Arbeitsspeicher...
vm-Goepel.vmdk	12.178.432 KB	21.09.2020, 13:55:49	Virtuelle Festplatte
vm-Goepel.vmsd	0 KB	21.09.2020, 13:34:41	Datei
vm-Goepel.vmx	3,35 KB	22.09.2020, 11:01:56	Virtuelle Maschine
vm-Goepel.vmxf	3,55 KB	21.09.2020, 15:36:00	Datei
vmware.log	314,05 KB	21.09.2020, 15:36:03	VM-Protokolldatei

(Menüleiste: Neuer Ordner · Dateien hochladen · Ordner hochladen · VM registrieren... · Herunterladen · Kopieren nach · Ver... · Löschen · Vergrößern)

Abbildung 5-22: Festplatte vergrößern

SCSI-Controller

Wenn Sie ein Sharing einer SCSI-Platte benötigen, um z. B. eine *Quorumfestplatte* für ein MS-Cluster anzuhängen, können Sie hier die gemeinsame Verwendung des SCSI-Busses erwirken. Sie müssen den beteiligten VMs einen neuen SCSI-Adapter hinzufügen, den Adapter der Bootplatte können Sie dafür nicht verwenden. Beachten Sie dabei, dass je nach Auswahl alle beteiligten Maschinen auf dem gleichen Host laufen müssen. Möchten Sie aber ein Cluster aus virtuellen und physikalischen Maschinen erstellen, müssen Sie das RDM (*Raw Device Mapping*) verwenden. Bei Quorumfestplatten wählen Sie bitte unbedingt *Eager Zeroed* und stellen Sie die Festplatte bei Freigabe auf *Multiwriter*. Beachten Sie die Hinweise in dem zusätzlichen Kasten »Adaptertypen« weiter oben.

Ethernet-Adapter

Wenn Sie einer virtuellen Maschine einen Netzwerkadapter hinzufügen, wählen Sie den Adaptertyp und die Netzwerkbezeichnung (den virtuellen Switch bzw. die Portgruppe) aus und geben an, ob das Gerät beim Einschalten der virtuellen Maschine verbunden werden soll.

1. Gehen Sie in die Einstellungen der VM.
2. Wählen Sie bei NEUES GERÄT HINZUFÜGEN die Option NETZWERK aus und klicken Sie auf HINZUFÜGEN.
3. Wählen Sie im Abschnitt NEUES NETZWERK eine bereits vorhandene Portgruppe mit einer angegebenen Bezeichnung oder DURCHSUCHEN aus.

4. Wenn die virtuelle Netzwerkkarte (*Network Interface Card*, NIC) beim Einschalten der virtuellen Maschine verbunden werden soll, wählen Sie BEIM EINSCHALTEN VERBINDEN.

5. Wählen Sie im Feld ADAPTERTYP einen aus der Liste aus. Beachten Sie dazu die unten stehende Tabelle zu Adaptertypen.

6. Überprüfen Sie Ihre Auswahl und klicken Sie auf OK.

Wenn Sie einen DISTRIBUTED VIRTUAL SWITCH haben, können Sie zwischen der Standard- und der erweiterten Ansicht umschalten und einen bestimmten Port für die NIC festlegen.

Des Weiteren können Sie der VM eine beliebige MAC-Adresse zuweisen oder eine automatisch generierte verwenden.

Typen von Netzwerkadaptern

Wenn Sie eine virtuelle Maschine konfigurieren, können Sie Netzwerkadapter hinzufügen und den Adaptertyp festlegen, eine nachträgliche Änderung des Typs – wie beim SCSI-Controller – ist nicht möglich. Welche Typen von Netzwerkadaptern verfügbar sind, ist von den folgenden Faktoren abhängig:

• Der Version der virtuellen Maschine, die vom Host abhängig ist, auf dem sie erstellt oder zuletzt aktualisiert wurde.

• Ob die virtuelle Maschine vom aktuellen Host auf die neueste Version aktualisiert wurde.

• Dem Gastbetriebssystem

Tabelle 5-3 zeigt die unterstützten Netzwerkadaptertypen.

Tabelle 5-3: Unterstützte virtuelle Netzwerkkarten

Adaptertyp	Bemerkung
Vlance	Eine emulierte Version des AMD PCnet-Adapters, eine ältere 10-MBit/s-NIC, die von den meisten 32-Bit-Betriebssystemen außer Windows Vista und neuer unterstützt wird. Es brauchen keine VMware Tools installiert zu werden.
vmxnet	Hierfür gibt es keine physische Entsprechung einer NIC. Die Tools müssen installiert werden, damit der Adapter funktioniert.
flexibel	Wird auf virtuellen Maschinen unterstützt, die unter ESXi-Server 3.0 oder höher erstellt wurden und ein 32-Bit-Gastbetriebssystem ausführen. Der flexible Adapter fungiert als Vlance-Adapter, wenn die VMware Tools nicht auf der virtuellen Maschine installiert wurden. Sind die VMware Tools installiert, arbeitet der Adapter als vmxnet-Treiber mit 100 MBit/s.
E1000	Emuliert die Funktionsweise einer Intel-LAN-Pro-GBit-Netzwerkkarte. Hierbei handelt es sich um den standardmäßigen Adaptertyp für virtuelle Maschinen, die ein 64-Bit-Gastbetriebssystem ausführen, sowie für Linux ab Kernel 2.4.19 und Windows 2003 (32 Bit).
E1000e	Emuliert die Funktionsweise einer neueren Intel-LAN-Pro-GBit-Netzwerkkarte (PCIe). Hierbei handelt es sich um den standardmäßigen Adaptertyp für virtuelle Maschinen ab Windows 8 / 2012. Für Linux und VMs mit Hardwareversion 7 oder niedriger ist der Adapter nicht verfügbar.

→

Tabelle 5-3: Unterstützte virtuelle Netzwerkkarten (Forts.)

Adaptertyp	Bemerkung
vmxnet 2 (Erweitert)	Eine aktualisierte Version des vmxnet-Geräts mit verbesserter Leistung wie z. B. Jumbo-Frames. Für diesen Adaptertyp ist die Installation der VMware Tools auf der virtuellen Maschine erforderlich. Der Adapter wird erst bei neueren Windows- und Linux-Betriebssystemen unterstützt, gilt aber jetzt als veraltet.
vmxnet 3	vmxnet-Gerät der nächsten Generation mit verbesserter Leistung und erweiterten Netzwerkfunktionen. VMware Tools müssen dafür auf der virtuellen Maschine installiert sein, und die virtuelle Maschine muss die Hardwareversion 7 oder höher verwenden. Der Adapter wird erst bei neueren Betriebssystemen unterstützt.
SR-IOV-Passthrough	Hierfür muss zunächst eine physische Netzwerkkarte des Hosts für Passthrough konfiguriert und der Host neu gestartet worden sein, dann kann die VM diesen Adapter statt eines virtuellen benutzen (einstellbar nur über den vCenter Server).
PVRDMA	Eine paravirtualisierte NIC, die nur bei Linux-VMs mit Kernel 4.6 oder höher ausgewählt werden kann. Diese unterstützt den direkten Remote-Speicherzugriff und sollte nur bei Distributed Switches eingesetzt werden.

 Beachten Sie bitte, dass es bei HP Brocade Switches manchmal zu Problemen mit E1000- und manchmal auch mit VMXNET 3-Adaptern kommen kann. Notieren Sie sich dann die IP- und MAC-Adresse der Karte, entfernen Sie diese und geben Sie der VM einen anderen Typ mit denselben Einstellungen.

Netzwerkkarte der VM: Directpath-IO

Optimierter Interrupt-Zustellungspfad für VM-DirectPath-I/O- und SR-IOV-Passthrough-Geräte, entstanden unter Verwendung von Heuristiken zur Ableitung von Hinweisen aus dem Gastbetriebssystem über die optimale Platzierung von physischen Interrupt-Vektoren auf physischen CPUs.

Netzwerkadapter auf Legacy-VMs

Wenn Ihre virtuelle Maschine auf ESX-Server 3.0 oder einer höheren Version erstellt wurde und ein 32-Bit-Gastbetriebssystem ausführt, ist der standardmäßige Adaptertyp *flexibel*. Der flexible Adapter fungiert als *Vlance*-Adapter, wenn der Adaptertreiber der Standardtreiber des Gastbetriebssystems ist, und als *vmxnet*-Adapter, wenn der *vmxnet*-Treiber als Bestandteil der VMware Tools-Installation auf der virtuellen Maschine installiert wurde.

Führt Ihre virtuelle Maschine ein 64-Bit-Gastbetriebssystem aus, lautet der standardmäßige Adaptertyp *E1000*. Wenn Sie eine virtuelle Maschine von einem 32-Bit- auf ein 64-Bit-Gastbetriebssystem umstellen (oder umgekehrt), müssen Sie den vorhandenen Netzwerkadapter entfernen und durch einen neuen ersetzen, ansonsten wird die virtuelle Maschine eventuell nicht gestartet.

Bei einem Hardware-Upgrade auf einer virtuellen Legacy-Maschine gilt für diese Maschine nach erfolgtem Upgrade folgender Adaptertyp:

- War der Adaptertyp zuvor *Vlance*, ist der Adaptertyp der virtuellen Maschine nach dem Upgrade *flexibel*. Dieser Adapter funktioniert genau wie ein *Vlance*-Adapter. Möchten Sie eine deutlich bessere Leistung erzielen, müssen Sie lediglich die VMware Tools auf der virtuellen Maschine installieren, wie es im vorangegangenen Schritt beschrieben wurde.

- Falls der Adaptertyp zuvor *vmxnet* war, ist der Adaptertyp der virtuellen Maschine nach dem Upgrade weiterhin *vmxnet*. Sie können diesen Adaptertyp jedoch nicht, wie im Falle einer virtuellen Legacy-Maschine, in *Vlance* ändern.

 Wenn Sie eine physische Maschine importieren oder eine VM hardwaremäßig hochstufen, sollten Sie einen höheren Netzwerkadapter benutzen, um die Leistung zu verbessern.

TSO und LRO bei vSphere

Sowohl bei virtuellen Maschinen als auch bei dem Hypervisor kann man TSO (Transmission (TCP) Segmentation Offload) und LRO (Large Receive Offload) aktivieren. TSO wird häufig auch LSO (Large Segmentation Offload) genannt.

TSO ermöglicht einem TCP/IP-Stapel das Senden sehr großer Datenblöcke (bis zu 64 KByte), obgleich die maximale Übertragungseinheit (Maximum Transmission Unit, MTU) der Schnittstelle kleiner ist. Der Netzwerkadapter trennt anschließend den großen Datenblock in Datenblöcke mit MTU-Größe und stellt eine angepasste Kopie der einleitenden TCP/IP-Header voran. Bei der Übertragung von vielen Datenpaketen muss man die Framesize (Paketgröße) beachten, die von allen beteiligten Komponenten wie Netzwerkkarten, Switches oder Router unterstützt wird. Große Daten werden also in kleinere Pakete (1448 Byte Daten + Header) aufgeteilt, um übers Netzwerk übertragen werden zu können. Das nennt man Segmentierung und belastet eine CPU recht stark. Wird das Aufteilen beim Senden aber von einer Netzwerkkarte übernommen, so nennt man es TSO, beim Empfangen LRO.

Ein VMkernel-Port nutzt standardmäßig TSO und eine MTU von 1.500. Wenn Sie einen VMkernel-Port erstellen, wird für diesen automatisch TSO eingerichtet. Auf der Kommandozeile können Sie das mit dem Befehl esxcfg-vmknic -l überprüfen. In der Spalte TSO steht dann ein Wert von 64 KByte, also 65.535 Byte.

Sowohl die MTU als auch TSO einer oder mehrerer Netzwerkkarten an einem v-Switch können auch über die grafische Oberfläche mit dem vSphere Client eingerichtet werden. Dabei muss man den physischen Adaptertyp beachten, da nicht alle vom ESXi-Server unterstützten Adapter das können.

Laut VMware muss ein virtueller Switch für TSO mit folgenden Adapter(n) bestückt sein:

- Intel PRO/1000 with a MAC type of 82544 or greater
- Broadcom BCM5700 series card, chip type 5702 or greater (except 5705_A0)

Achten Sie darauf, dass Sie am vSwitch keine Karten betreiben, die TSO nicht unterstützen, weil sonst TSO für den gesamten vSwitch abgeschaltet wird.

Um TSO nutzen zu können, muss es am Host, der VM und im Betriebssystem der VM aktiv sein.

TSO und LRO beim ESXi

Standardmäßig ist TSO beim ESXi-Host aktiviert (siehe Abbildung 5-23). Über den Reiter KONFIGURIEREN → ERWEITERTE EINSTELLUNGEN kann TSO ebenfalls aktiviert (1) oder deaktiviert (0) werden.

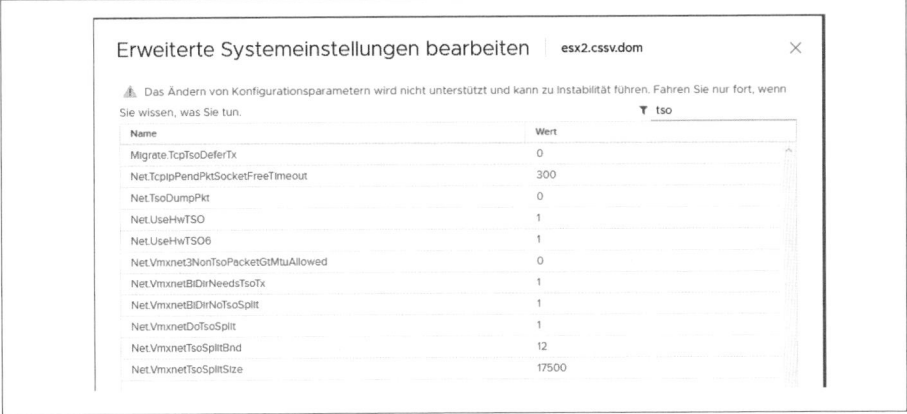

Abbildung 5-23: TSO-Optionen des Hosts konfigurieren

Die Einstellungen zu LRO findet man ebenfalls in dem Fenster (alphabetisch sortiert). Beachten Sie dabei, dass der Wert für Net.UseHwTSO und Net.UseHwTSO6 auf »1« gesetzt werden muss, damit LRO aktiv ist. Erst nach einem Neustart des Hosts werden die eingetragenen Änderungen wirksam.

TSO für VMs aktivieren

Auch von einigen Betriebssystemen wird die TSO-Technik unterstützt. Microsoft rät bei Windows 2000 und XP allerdings davon ab. Als virtuelle Maschine muss das unterstützte Betriebssystem eine VMXNET2 (ERWEITERT)- oder VMXNET3-Karte haben. Beachten Sie, dass der veraltete VMXNET2 (ERWEITERT)-Adapter ab der Version 6 von vSphere nicht mehr verwendet werden soll. VMware gibt in seinen Unterlagen nur vier Betriebssysteme an, bei denen TSO dann automatisch aktiviert ist:

- Microsoft Windows 2003 Enterprise Edition SP2 (32 und 64 Bit) und höher
- Red Hat Enterprise Linux 4 (64 Bit)
- Red Hat Enterprise Linux 5 (32 und 64 Bit) und höher
- SUSE Linux Enterprise Server 10 (32 und 64 Bit) und höher

Überprüfen können Sie das im Betriebssystem der VM (siehe Abbildung 5-24) bei den Netzwerkkarteneinstellungen für IPv4 und IPv6:

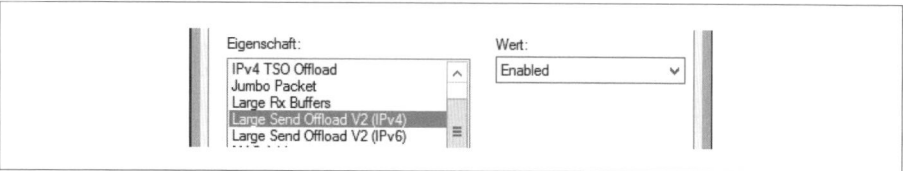

Abbildung 5-24: TSO-Optionen der NIC des Gastes

LRO für VMs aktivieren

Auch bei den VM-Betriebssystemen ist LRO normalerweise nicht aktiviert. Um das nachzuholen, damit die VM eingehende Pakete zu größeren Puffern zusammenfasst, gehen Sie wie folgt vor:

* Öffnen Sie im Gastbetriebssystem eine Eingabeaufforderung und geben Sie folgenden Befehl ein: netsh int tcp show global

In der Ausgabe (hier 2012 Server) kann man den Status der globalen TCP-Parameter sehen. Der Eintrag »Zustand der Empfangssegmentzusammenfügung: enabled« deutet auf ein aktiviertes LRO hin.

```
C:\Users\Administrator>netsh int tcp show global
Der aktive Status wird abgefragt...

Globale TCP-Parameter
----------------------------------------------------------
Zustand der empfangsseitigen Skalierung   : enabled
Chimney-Abladezustand                     : disabled
NetDMA-Zustand                            : disabled
Direkter Cachezugriff (DCA)               : disabled
Autom. Abstimmungsgrad Empfangsfenster    : normal
Add-On "Überlastungssteuerungsanbieter"   : none
ECN-Funktion                              : enabled
RFC 1323-Zeitstempel                      : disabled
RTO (anfänglich)                          : 3000
Zustand der Empfangssegmentzusammenfügung : enabled
Nicht-SACK-RTT-Widerstandsfähigkeit          : disabled
Maximale SYN-Neuübertragungen             : 2
```

Sollte hier »disabled« stehen, so kann LRO mit folgendem Befehl aktiviert werden:

```
netsh int tcp set global rsc=enabled
```

Auch beim Netzwerkadapter können die Einstellungen zu LRO bearbeitet werden: Unter Windows wird die LRO-Technologie auch als »Empfangsseitige Zusammenfügung (Receive Side Coalescing, RSC)« oder auch als »Receive Segment Coalescing« bezeichnet. Falls Probleme bei einer VM diesbezüglich auftauchen, überprüfen Sie Folgendes:

- Gastbetriebssystem ist Windows Server 2012 oder höher?
- VM ist kompatibel mit ESXi 6.0 oder höher?
- Treiber des VMXNET 3-Adapters ist 1.6.6.0 oder höher?
- LRO ist global im Gastbetriebssystem aktiviert?

Sollte alles nichts helfen, versuchen Sie die folgende Zeile in die Konfigurationsdatei der ausgeschalteten VM hinzuzufügen:

```
ethernetx.features="0x2"
```

wobei die Zählung »x« bei 0 beginnt. Für den ersten Adapter wäre der Eintrag also ethernet0.features="0x2".

Besonderheiten bei Server 2008

TSO und LRO können unter Windows Server 2008 auch zu niedrigeren Netzwerkleistungen führen. Hier kann es helfen, TSO zu deaktivieren. Gehen Sie dazu wie folgt vor:

- Öffnen Sie als Administrator einen Command-Prompt.
- Geben Sie folgenden Befehl ein:
  ```
  netsh int tcp set global chimney=disabled
  ```
- Starten Sie das Betriebssystem der VM neu.

Überprüfen Sie den TSO-Eintrag in der Registry: Starten Sie als Administrator regedit.exe, navigieren Sie zum Schlüssel HKLM\SYSTEM\CurrentControlSet\Services\Tcpip\Parameters\ und überprüfen Sie den Eintrag »DisableTaskOffload«. Sollte dieser nicht existieren, legen Sie ihn als DWord (32-Bit) an. Übergeben Sie als Wert »1«, um TSO zu deaktivieren.

CD/DVD-Laufwerk

Wenn möglich sollte man hier ein SATA-Laufwerk bevorzugen, was jedoch bei älteren Gastbetriebssystemen nicht möglich ist. SATA ist gegenüber PATA (IDE, EIDE) deutlich schneller, sodass eine Installation darüber schneller geht und auch Zugriffe von mehreren Anwendern auf so ein Laufwerk beschleunigt.

Wenn Sie ein neues Medium einlegen, egal ob ein physisches oder eine ISO-Datei, müssen Sie auf den Haken bei VERBINDEN achten.

Sowohl DVD-/CD-ROM- als auch Diskettenlaufwerke unterstützen die physischen Laufwerke des Hosts, aber auch Imagedateien (ISO/FLP), mit denen Sie besser arbeiten sollten. Diese Imagedateien sollten aber lokal auf dem ESXi-Server (VMFS-Dateisystem) oder im SAN / NAS liegen. Alle virtuellen Maschinen teilen sich die Geräte, und alle können z.B. eine eingelegte CD-ROM sehen und darauf zugreifen. Der Geschwindigkeitsvorteil von Imagedateien ist enorm, da sie auf der physischen Festplatte des Wirtsystems oder im SAN / NAS liegen und damit eine deutlich bessere Zugriffszeit haben als ein physisches CD-ROM- oder Disket-tenlaufwerk. Weiterhin ist die Handhabung deutlich komfortabler, da Sie die Imagedatei einfach während des Betriebs der virtuellen Maschine austauschen können. Die DVD-/CD-ROM-Images sind immer im ISO-Format anzulegen, die Diskettenlaufwerke arbeiten mit dem FLP-Format.

Auch das optische Laufwerk der Station (Clientgerät), über die man sich angemel-det hat, kann für den Datenaustausch verwendet werden. In der Abbildung 5-25 ist die Konfiguration über VMRC zu sehen, die stark an VMware Workstation er-innert.

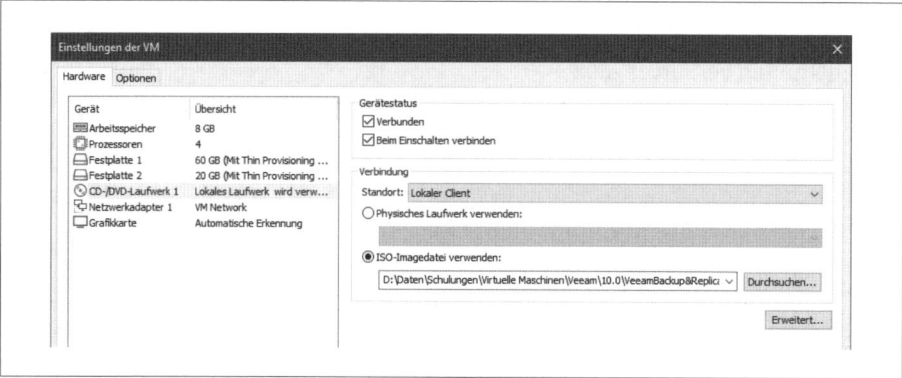

Abbildung 5-25: Auswahl des optischen Laufwerks

Sie sollten Autorun unter Microsoft Windows-Gastsystemen deak-tivieren und das optische und Diskettenlaufwerk nur dann mit der virtuellen Maschine verbinden, wenn es wirklich notwendig ist. Wird bei aktiviertem Autorun eine Scheibe ins Laufwerk gelegt, läuft sie im schlimmsten Fall bei allen virtuellen Maschinen gleich-zeitig an. Wie bereits oben unter »Performance« erwähnt, sollte man die verbundenen Laufwerke innerhalb der virtuellen Maschine trennen, da bei einem Neustart die Maschine unter Umständen ste-hen bleibt und auf dem Medium nach dem Bootsektor sucht.

Beim Diskettenlaufwerk haben Sie ebenfalls die Möglichkeit, eine neue Floppy-Datei im Storage des Hosts zu erstellen und z.B. Treiber darauf zu platzieren, um diese dann später einer anderen Maschine zur Verfügung zu stellen.

Grafikkarteneinstellungen

Seit Version 4.0 des ESXi-Servers ist es (theoretisch) möglich, für die virtuelle Ma-schine mehrere Monitore (bis zu zehn bei 4.0, keine bei 4.1, maximal vier bei 5.0 und 6.0, ab 6.7 bis zu zehn) der virtuellen Maschine zu übergeben. Der notwen-dige Arbeitsspeicher ist dabei aber nicht zwingend vier- oder zehnmal größer als für eine Anzeige. Sie können hierfür maximal 256 MByte Video- und bis 4.096

MByte 3D-Arbeitsspeicher zur Verfügung stellen und über den HTML5-Client zehn Anzeigen auswählen. Die physikalische Grafikkarte des Hosts spielt dabei keine Rolle. Bei manchen Betriebssystemen ist das Kästchen für die 3D-Unterstützung anwählbar, z.B. bei Windows 7, 8 und 10 (32 und 64 Bit), nicht bei Servern.

 Die physische Grafikkarte des ESXi-Hosts kann seit der Version 6.0 auch für Karten im Gastbetriebssystem genutzt werden.

Das Problem von den Vorgängerversionen schien zunächst gelöst zu sein: Nach dem Start der VM konnten Sie in den Eigenschaften der Anzeige tatsächlich einen bis drei weitere(n) Monitor(e) sehen. Leider ließen sie sich nicht aktivieren oder über den vSphere Client anzeigen! Auch bei der aktuellen Version erkennt das Gastbetriebssystem nicht immer mehr als einen Monitor.

Möchten Sie trotzdem mehrere Monitore in der VM haben, können Sie das Problem mit der Remote-Desktop-Verbindung (*mstsc*) umgehen – vorausgesetzt, Sie haben zwei oder mehr Monitore mit der gleichen Auflösung:

1. Überprüfen Sie die Version Ihres RDC (*Remote Desktop Client*), indem Sie START → AUSFÜHREN → MSTSC wählen und in der oberen linken Ecke mit der Maus auf den kleinen Monitor klicken.

2. Wählen Sie INFO aus. Sie benötigen die Version 6.0 oder höher.

3. Gehen Sie erneut auf START → AUSFÜHREN und geben Sie `mstsc /span` ein.

4. Geben Sie den Namen Ihrer VM ein und melden Sie sich an.

Die maximale Auflösung beträgt dabei 4.096 x 2.048 Punkte, es geht nur horizontal, und der Desktop der VM überlagert dann beide physischen Monitore. Das bedeutet, dass auf dem linken Monitor der Start-Button ist und auf dem rechten die Uhr.

Eine weitere Möglichkeit besteht darin, über VMware Horizon (View) mehrere Monitore anzusprechen. Hierbei handelt es sich um eine Virtual-Desktop-Infrastructure-(VDI-)Lösung, die extra erworben werden kann.

 Nur wenn der Video-RAM auf AUTOMATISCH eingestellt ist, können Sie die Gastauflösung an die Fenstergröße angleichen. Die automatische Größenanpassung des Fensters funktioniert leider in vielen Fällen sonst nicht.

USB-Controller

Bis zu zwei USB-Controller mit jeweils vier logischen Ports können Sie einer VM geben. Weitere Einstellungen oder Konfigurationen sind hier nicht möglich. Zur Auswahl stehen nur USB 2.0 sowie 3.1 und Sie können jeweils nur einen dieser Controller hinzufügen. Beide lassen sich auch im laufenden Betrieb hinzufügen, und die Geräte sollten automatisch verbunden werden. Damit können dann USB-Geräte auf dem ESXi-Host und vom lokalen Client (nur über die VMRC) in das Gastbetriebssystem der VM durchgereicht werden. Wie Sie in Abbildung 5-26 sehen können, ist es auch möglich, eine Kamera, ein Bluetooth-Gerät und Ähnliches in die VM zu bringen.

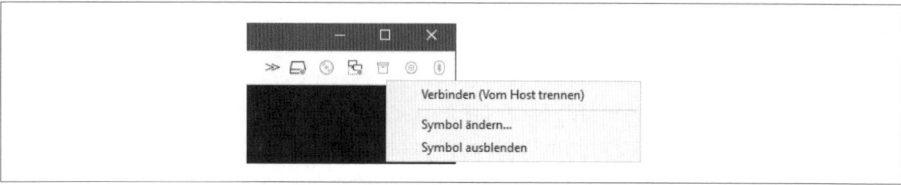

Abbildung 5-26: USB-Geräte verbinden

Dafür wird am lokalen PC ein VMware USB-Dienst (VMware USB Arbitration Service, VMUSBArbService) installiert und angesteckte Geräte kann man über ein zusätzliches Icon-Menü der VMRC mit der VM verbinden. Das funktioniert auch mit den meisten Dongles, Websticks, USB-Festplatten etc. Wenn Sie anschließend die Eigenschaften der VM aufrufen, steht das verbundene USB-Gerät mit in der Liste.

Eine interessante neue Möglichkeit ist es, eine VM per vMotion auf einen anderen Host zu verschieben, wobei das Host-USB-Gerät nicht getrennt wird. Über TCP/IP wird die Verbindung zum Gerät auf dem entfernten Host aufrechterhalten. Wird allerdings die VM angehalten oder heruntergefahren, kann das Gerät nicht wieder vom entfernten Host neu verbunden werden.

 Ein USB-CD-/DVD-Laufwerk auf dem Host kann der VM nur als SCSI-Gerät hinzugefügt werden.

 Gespiegelte VMs (Fault Tolerance) können nicht mit USB-Geräten des Clients versorgt werden.

Über eine Remote-Desktop-Verbindung können Sie lokale Ressourcen, also z.B. auch einen USB-Stick, der virtuellen Maschine zur Verfügung stellen. USB-Dongles, Scanner, Drucker und andere Geräte können auch über einen USB-Device-Server angebunden werden. Da wäre z.B. der Digitus DN-13009, ein 4-Port-USB-Hub mit 100-MBit-Ethernet-Anbindung oder der »myUTN-50« von SEH mit zwei Ports. Die Firma SILEX bietet sogar GBit-Verbindungen für USB im LAN an, und AnywhereUSB hält ebenfalls eine Netzwerklösung für USB bereit.

VMCI-Gerät

Einige Betriebssysteme unterstützen das *VMware-Kommunikations-Interface* (VMCI). Darüber können sich die konfigurierten Maschinen mit dem Hypervisor oder darauf installierten Anwendungen direkt unterhalten, z. B. um Daten auszutauschen. Eine Kommunikation zwischen VMs ist ab der Version 6.0 nicht mehr möglich.

Diese Softwareschnittstelle wird für verschiedenste Anwendungen genutzt, dazu gehören Antiviren- und Firewall-Software sowie die Netzwerkvirtualisierung VMware NSX.

Der Eintrag VMCI-Gerät wird nur über den vCenter Server angezeigt und kann nicht mehr konfiguriert werden.

Gasthardware hinzufügen

Nun wollen wir erst einmal ein zusätzliches Gerät anschließen. Im Dialog können Sie sich nach einem Klick auf NEUES GERÄT HINZUFÜGEN (siehe Abbildung 5-27) zwischen verschiedenen Geräten entscheiden. Zur Wahl stehen die bisher behandelten Geräte wie Festplatten oder Netzwerkkarten, aber auch mehr oder weniger exotische Geräte wie SCSI-Scanner oder -Streamer.

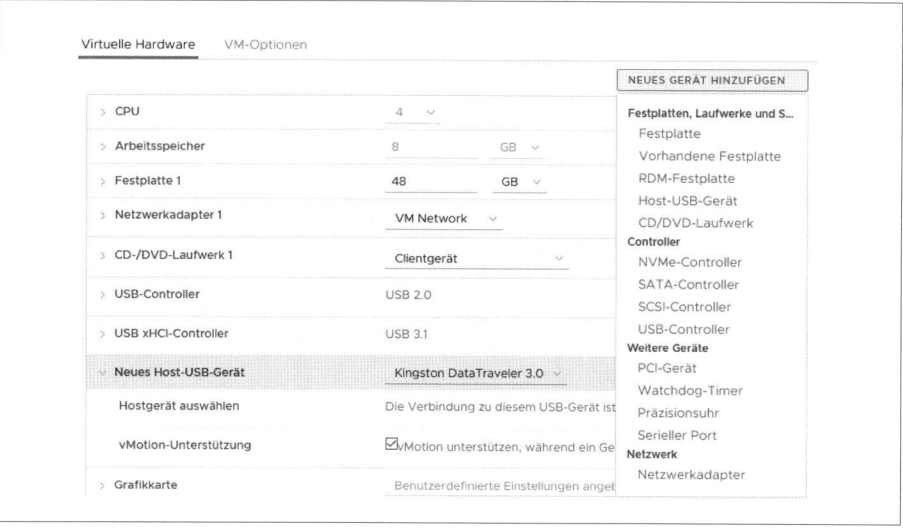

Abbildung 5-27: Hardwareauswahl bei der VM

Serielle Schnittstelle

Eher selten wird man bei VMs diese Hardware hinzufügen wollen. Nur bei manchen Linux-Systemen und unter Windows NT können hier interessante Konstellationen genutzt werden.

Besonderheiten beim seriellen Port

Es gibt insgesamt fünf Einstellungsmöglichkeiten beim seriellen Port:

- Wenn Sie die Option AUSGABEDATEI VERWENDEN aktiviert haben, müssen Sie anschließend einen Namen für die Datei auf dem Speicherort angeben.

- Wenn Sie die Option PHYSISCHEN SERIELLEN PORT VERWENDEN möchten, wählen Sie im anschließenden Pull-down-Menü die Schnittstelle auf dem ESXi-Server aus, die für diesen seriellen Anschluss verwendet werden soll.

- Mit der Option NAMED PIPE VERWENDEN erstellen Sie einen Kommunikationskanal, der von mehreren VMs genutzt werden kann. Geben Sie im Feld PIPE-NAME einen beliebigen Namen ein.

- ÜBER NETZWERK VERBINDEN bietet die Möglichkeit, auch weit entfernte Geräte über einen seriellen Port anzuschließen. Dafür benötigen Sie gegebenenfalls einen sogenannten Konzentrator.

- THINPRINT lässt sich nur über den HTML5-Client auf dem Host, generell jedoch nicht über den vCenter Server auswählen. Wählt man es auf dem Host aus, bekommt man eine Fehlermeldung.

Für einen Linux-Rechner geben Sie beim Namen /tmp/<socket> oder einen anderen UNIX-Socket-Namen Ihrer Wahl ein. Entscheiden Sie sich dann, ob Sie zwei virtuelle Maschinen miteinander oder eine virtuelle Maschine mit einer Anwendung auf dem Server verbinden wollen.

Wenn Sie zwei virtuelle Maschinen miteinander verbinden, müssen Sie den gleichen Kommunikationskanal auf der zweiten virtuellen Maschine einrichten: Einer ist dann die LOKALE STELLE, der andere die GEGENSTELLE. Stellen Sie dann noch SERVER und EINE VIRTUELLE MASCHINE auf dem einen und CLIENT und EINE VIRTUELLE MASCHINE auf dem anderen ein.

Falls Sie sich mit einem Prozess verbinden lassen wollen, stellen Sie bei LOKALE STELLE die Option SERVER oder CLIENT ein und bei GEGENSTELLE dann EIN PROZESS.

Standardmäßig ist die serielle Schnittstelle verbunden, sobald Sie die virtuelle Maschine einschalten. Sie können das Kontrollkästchen BEIM EINSCHALTEN VERBINDEN deaktivieren. Bis zu 32 serielle Schnittstellen werden bei VMs unterstützt und können auch nachträglich geändert werden.

Beachten Sie auch noch die Optionen bezüglich des E/A-Modus. Möchten Sie diese serielle Schnittstelle im Interrupt- oder im Poll-Modus betreiben? Der Poll-

Modus ist vor allem für Entwickler vorgesehen, die Debugging-Werkzeuge über einen seriellen Anschluss verwenden. Im Poll-Modus wird der Prozessor des ESXi-Servers unverhältnismäßig stark beansprucht. Dadurch verlangsamen sich der Host und auch die anderen virtuellen Maschinen auf ihm.

Das Hinzufügen eines Parallelports ist nur über den Host direkt möglich, nicht über den vCenter Server und es wird nur noch die Ausgabe in eine Datei unterstützt. Sichtbar ist der Parallelport auch nur über den Host.

SCSI-Gerät hinzufügen

Sie können an ESXi-Server angeschlossene SCSI-Hardware – jedoch keine Festplatten – über den Assistenten der virtuellen Maschine hinzufügen:

1. Wählen Sie Ihre VM aus und klicken Sie auf EINSTELLUNGEN BEARBEITEN.
2. Klicken Sie auf die Schaltfläche NEUES GERÄT: AUSWÄHLEN und wählen Sie SCSI-GERÄT unter GERÄTETYP aus. Klicken Sie auf HINZUFÜGEN.
3. Wählen Sie unter VERBINDUNG im Drop-down-Menü das physische Gerät aus, das Sie verwenden möchten.
4. Wählen Sie unter KNOTEN DES VIRTUELLEN GERÄTS den Adapter und die SCSI-ID für virtuelle Geräte aus (z. B. SCSI (0:1)).
5. Überprüfen Sie die Information auf der Seite BEREIT ZUM ABSCHLIESSEN und klicken Sie auf OK.

Befindet sich am Host kein SCSI-Gerät, so ist diese Auswahl auch nicht vorhanden.

Watchdog-Timer hinzufügen

Sie können einen Watchdog-Timer für Ihre VM mit der Hardwareversion 17 oder höher hinzufügen, um sicherzustellen, dass das System neu gestartet wird, falls es nicht mehr reagiert. Wählen Sie »Mit BIOS-/EFI-Start starten« aus, so wird der virtuelle Watchdog-Timer vor dem Start des Gastbetriebssystems gestartet. Dauert der Start des Betriebssystems zu lange oder das Betriebssystem unterstützt den Watchdog nicht, kann es vorkommen, dass die VM ständig neu gestartet wird.

Präzisionsuhr hinzufügen

Hierbei handelt es sich um eine virtuelle Uhr für die VM mit der Hardwareversion 17 oder höher, mit der sie die Zeit vom Host bekommt. Der Host sollte vorher mit NTP (Network Time Protocol) oder PTP (Precision Time Protocol) eingerichtet worden sein. Anschließend können Sie für die VM aus drei Möglichkeiten wählen: Systemzeit des Hosts (beliebig), (NTP) oder (PTP). Wählen Sie das Falsche aus, so lässt sich die VM nicht einschalten.

Festplattenanschlusstyp ändern

Möchten Sie nach der Installation des Betriebssystems einen anderen Festplatten-Controller verwenden, bekommen Sie üblicherweise Probleme, wenn darauf das Betriebssystem installiert ist. Um dennoch z.B. aus Performance-Gründen (siehe Kasten »Adaptertypen« auf Seite 110) so einen Adapter austauschen zu können, gehen Sie wie folgt vor:

1. Wählen Sie Ihre ausgeschaltete VM aus und klicken Sie auf EINSTELLUNGEN BEARBEITEN.

2. Klicken Sie unter der Registerkarte VIRTUELLE HARDWARE auf den Button NEUES GERÄT HINZUFÜGEN und wählen Sie SCSI-CONTROLLER.

3. Klicken Sie auf den neuen Adapter und ändern Sie den Typ nach Ihren Vorstellungen, nehmen Sie als Bootfestplatte aber nicht PARAVIRTUELL.

4. Wählen Sie als Nächstes FESTPLATTE HINZUFÜGEN und wählen Sie NEUE STANDARDFESTPLATTE aus.

5. Legen Sie die Größe fest (1 MByte reicht) und wählen Sie im nächsten Pulldown-Menü z.B. SCSI-CONTROLLER 1 aus. Falls Sie schon einen SCSI-Adapter haben, dürfen Sie die neue Platte nicht an denselben Adapter hängen.

6. Klicken Sie auf SPEICHERN, um das Fenster zu schließen. Wieder zurück bei der Hardwarekonfiguration der virtuellen Maschine sehen Sie die neue Festplatte mit der ID (1:0).

7. Starten Sie die VM und installieren Sie die notwendigen Treiber für den neuen Controller, falls das Betriebssystem diesen nicht automatisch erkennt. Fahren Sie den Rechner anschließend wieder herunter.

8. Gehen Sie wieder in die Einstellungen der VM und entfernen Sie die neue Festplatte (Dateien aus dem Datenspeicher löschen), die alte Festplatte entfernen Sie ebenfalls, aber dieses Mal nicht von Festplatte löschen. Klicken Sie auf OK.

9. Verbinden Sie sich mit der Konsole des ESXi-Servers, z.B. mit *putty* oder *WinSCP*, und navigieren Sie zu dem Verzeichnis der VM (z.B. */vmfs/volumes/datastore1/vm-DC-1*).

10. Öffnen Sie die Beschreibungsdatei zur Bootfestplatte und tragen Sie an der Stelle mit dem alten Adaptertyp (*ddb.adaptertype* = *"xxx"*) den neuen Typ ein. Dieser kann *ide*, *buslogic* oder *lsilogic* sein.

11. Gehen Sie wieder in die Einstellungen der VM und fügen Sie dieser eine vorhandene Festplatte hinzu. Wählen Sie aus dem Verzeichnis der VM die *vmdk*-Datei und bestätigen Sie die Eingabe.

12. Überprüfen Sie den hinzugefügten SCSI-Controller und ändern Sie diesen gegebenenfalls in den vorher installierten ab.

Aus Performance-Gründen empfehle ich zumindest eine IDE-Festplatte in einen LSI Logic-Datenträger zu überführen. Für Datenpartitionen, die auf einem SAN liegen, sollten Sie den paravirtuellen Adapter von VMware wählen – nicht jedoch als Bootfestplatte.

Hinzufügen eines PCI-Geräts

Die *VMDirectPath-E/A* ermöglicht dem Gastbetriebssystem einer virtuellen Maschine den direkten Zugriff auf physische PCI- und PCIe-Geräte, die mit einem Host verbunden sind. Jede virtuelle Maschine kann mit bis zu sechs PCI-Geräten verbunden werden.

Mit einem Host verbundene PCI-Geräte können über VERWALTEN auf der Registerkarte HARDWARE und dann PCI-GERÄT für den Host als »für Passthrough verfügbar« gekennzeichnet werden. Über den vCenter Server erreichen Sie die Seite über KONFIGURIEREN und dann PCI-GERÄTE.

Folgende Voraussetzungen sind dabei gegeben:

Für die Verwendung von VMDirectPath muss die *Virtualization Technology for Directed I/O* (VT-d) von Intel oder die *I/O Virtualization Technology* (IOMMU) von AMD im BIOS des Hosts aktiviert sein. PCI-Geräte müssen mit dem Host verbunden und als »für Passthrough verfügbar« gekennzeichnet sein, damit Sie die Geräte einer virtuellen Maschine hinzufügen können. Außerdem können PCI-Geräte nur zu virtuellen Maschinen mit Hardwareversion 7 oder höher hinzugefügt werden.

Wenn Sie physische Geräte einer virtuellen Maschine zuordnen wollen, müssen Sie folgendermaßen vorgehen:

1. Wählen Sie die virtuelle Maschine im Bestandslistenfenster aus und klicken Sie auf EINSTELLUNGEN BEARBEITEN.
2. Klicken Sie auf der Registerkarte VIRTUELLE HARDWARE auf NEUES GERÄT HINZUFÜGEN.
3. Wählen Sie im Assistenten zum Hinzufügen von Hardware die Option PCI-GERÄT aus.
4. Das Passthrough-Gerät, mit dem Sie die virtuelle Maschine verbinden möchten, können Sie aus der Drop-down-Liste auswählen. Für manche Adapter müssen Sie den festgelegten RAM reservieren – klicken Sie also gegebenenfalls auf den grauen Button.
5. Klicken Sie auf SPEICHERN.

Sollten Sie keinen Eintrag für das Hinzufügen bei der virtuellen Maschine finden, schauen Sie bei der Konfiguration des ESXi-Servers unter VERWALTEN – HARDWARE – PCI-GERÄTE nach. Gegebenenfalls steht dort, dass der Host Passthrough gar nicht unterstützt.

Hinzufügen eines NVMe-Controllers

Sollte Ihr Host mit einem oder mehreren NVMe-Controllern bestückt sein, so können Sie einer VM ab Hardwareversion 14 bis zu vier dieser Adapter zuteilen. Diese Adapter bieten »nichtflüchtigen Speicher« (SSD, Flash oder ähnlich) mit sehr hoher Geschwindigkeit, die über eine PCIe-Schnittstelle (PCI Express Bus) angeschlossen sind. Die Anschlüsse werden ähnlich wie bei SCSI gezählt: 0 – 3 sind die Adapter und 0 – 14 die ID der Platte.

Beispiel: Die dritte NVMe-Platte am ersten Adapter hat die ID (0:2).

Optionen der virtuellen Maschine

Auf der Registerkarte VM-OPTIONEN können Sie die Einstellungen zu ALLGEMEI-NES, VMWARE TOOLS, ENERGIEVERWALTUNG sowie ERWEITERTE EINSTELLUNGEN festlegen (siehe Abbildung 5-28). Die Einstellungen der virtuellen Maschine ermöglichen die Definition von Aktionen, die in verschiedenen Zuständen der virtuellen Maschine auftreten.

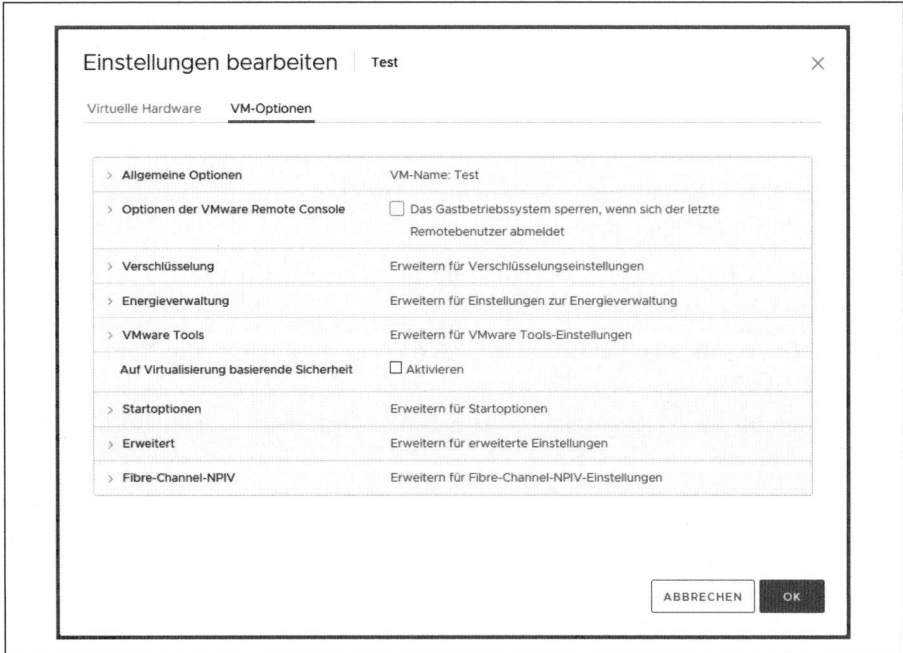

Abbildung 5-28: Optionen der VM konfigurieren

Allgemeine Optionen

Hierbei handelt es sich um Einstellungsmöglichkeiten zum Namen und dem ausgewählten Betriebssystem der VM. Des Weiteren wird der Speicherort der VM angezeigt.

1. Gehen Sie in die Eigenschaften der virtuellen Maschine.

2. Klicken Sie auf die Registerkarte VM-OPTIONEN.

3. Unter ALLGEMEINE OPTIONEN kann der Name der virtuellen Maschine geändert werden (das geht auch in der Bestandsliste über das Kontextmenü). Wenn Sie den Namen ändern, werden die Namen von Dateien auf der virtuellen Maschine oder des zugeordneten Verzeichnisses nicht geändert, solange Sie diese nicht auf einen anderen Storage schieben!

4. Das Arbeitsverzeichnis der virtuellen Maschine und ihre Konfigurationsdatei können nicht geändert werden.

5. In der Liste GASTBETRIEBSSYSTEM können Sie das Betriebssystem ändern, indem Sie über das Pull-down-Menü die neue Version auswählen.

Klicken Sie auf SPEICHERN, um Ihre Änderungen zu speichern. Das Dialogfeld EINSTELLUNGEN BEARBEITEN – VM-OPTIONEN wird geschlossen.

Optionen der VMware Remote Console

Über die Remote Console (VMRC und HTML5-Konsole) können bis zu 40 gleichzeitige Verbindungen aufgebaut werden (früher maximal 10). Wenn keine aktive Konsolenverbindung mehr zu der VM besteht, kann durch Setzen eines Häkchens die Oberfläche des Gastbetriebssystems gesperrt werden, wofür die VMware Tools installiert sein müssen. Das einfache Schließen des Fensters über das X oben rechts funktioniert hier nicht, Sie müssen über das Menü VMRC auf BEENDEN klicken.

Weiterhin hat man hier die Möglichkeit, die Anzahl der gleichzeitigen Verbindungen auf bis zu null zu reduzieren. Sind bereits die maximalen gleichzeitigen Verbindungen erreicht, bekommt man eine Fehlermeldung (MKS: Mouse, Keyboard, Screen), dass der Verbindungsgrenzwert erreicht wurde.

Mit dem Wert null kann keine Remote-Verbindung aufgebaut werden. Diese beiden Optionen kann man nur bei der ausgeschalteten Maschine ändern. Wenn Sie sich per RDP auf die VM verbinden, werden Sie bei der Remote-Konsole abgemeldet.

Verschlüsselung

Die Verschlüsselung einer VM auf einem Host wird ausführlich in Kapitel 18 beschrieben, deshalb gehe ich hier nicht weiter auf diesen Punkt ein.

VBS

Mit diesem Eintrag ist nicht ein Visual Basic Script gemeint, sondern auf Virtualisierung basierende Sicherheit (Virtualization-Based Security), die für neuere Windows-Betriebssysteme (10 und 2016) auf einem ESXi-Host seit der Version 6.7 eingeschaltet werden kann. Auf diese Sicherheitsfunktion und deren Voraussetzungen gehe ich in Kapitel 18 näher ein.

Energieverwaltung

Klicken Sie auf die Registerkarte VM-OPTIONEN und sehen Sie sich die Energieoptionen an. Die beiden Schaltflächen sollten selbsterklärend sein, wobei ein Server üblicherweise nicht in den Standby-Modus geht.

Wenn Sie sich dafür entschieden haben, die virtuelle Maschine eingeschaltet zu lassen, wählen Sie im Netzwerk der virtuellen Maschine WAKE-ON-LAN FÜR DATENVERKEHR DER VIRTUELLEN MASCHINE aus, indem Sie das Kontrollkästchen aktivieren.

Betriebszustandsoptionen

Unter dem Menüpunkt VMWARE TOOLS können die Schaltflächen zum Betriebszustand der VM und die dazugehörigen Skripte sowie die Uhrzeitsynchronisation geändert werden.

1. Wie in Abbildung 5-29 gezeigt, haben Sie auf der Registerkarte VM-OPTIONEN unter VMWARE TOOLS die Möglichkeit, das Laufzeitverhalten der VM etwas zu ändern. Die STOPP-Schaltfläche auf der Symbolleiste kann zum Ausschalten der virtuellen Maschine oder Herunterfahren des Gastbetriebssystems konfiguriert werden. Das kann sinnvoll sein, wenn man ein OS hat, das nicht heruntergefahren werden kann (z.B. DOS, NT, NetWare).

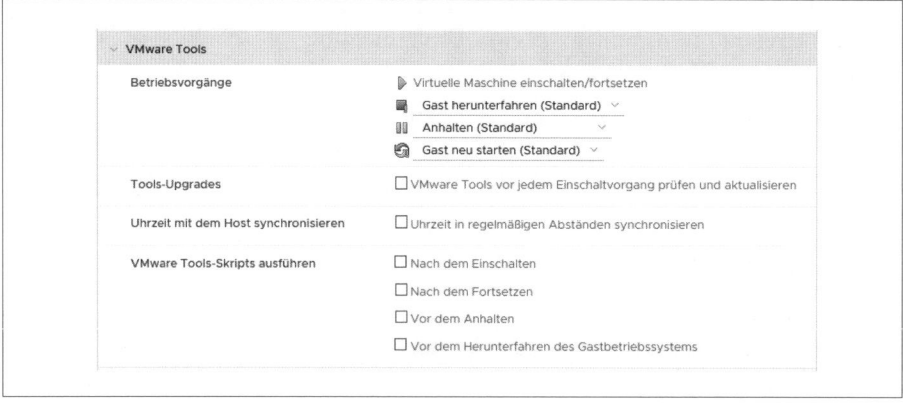

Abbildung 5-29: Betriebszustandsoptionen der VM

Die Schaltfläche zum ZURÜCKSETZEN auf der Symbolleiste kann zum Zurücksetzen (Reset) der virtuellen Maschine oder zum Neustarten des Gastbetriebssystems konfiguriert werden.

2. Wählen Sie die gewünschten Aktionen in den Listen unter BETRIEBSVORGÄNGE aus.

3. Optional: Konfigurieren Sie die VMware Tools-Skripte so, dass sie nicht automatisch ausgeführt werden, wenn Sie den Betriebsstatus der virtuellen Maschine ändern, indem Sie die entsprechenden Optionen deaktivieren. Wenn Sie die VMware Tools installiert haben, können Sie die Skripte im laufenden Betrieb im OS abschalten. Auf dieser Registerkarte geht es nur, wenn die VM aus ist.

4. Unter TOOLS-UPGRADES können Sie die Version der VMware Tools beim Starten überprüfen lassen und bei UHRZEIT die Uhrzeit des Gasts mit dem Host synchronisieren.

Startoptionen

Die Start-Firmware des Rechners, also BIOS oder EFI, sollten Sie nach der Installation des Betriebssystems nicht mehr ändern. Bei Mac OS X kann BIOS nicht ausgewählt werden und bei Windows XP nicht EFI. VMware lässt eine Änderung dieser Option nur zu, wenn das ausgewählte Betriebssystem das auch unterstützt.

Die STARTVERZÖGERUNG beim Einschalten bleibt hingegen dauerhaft erhalten. Hier können Sie die Dauer in Millisekunden angeben, für die der Beginn der Startsequenz verzögert werden soll, wenn die virtuelle Maschine eingeschaltet oder neu gestartet wird, also beispielsweise 10.000, um die BIOS-/EFI-Meldung 10 Sekunden lang anzeigen zu lassen. Im unteren rechten Bild der Anzeige sehen Sie dann einen Zähler, der bei null die VM startet. Mehr als ca. 25 Tage, also 2.147.483.647 Millisekunden (Hexadezimal 7F.FFF.FFF), können hier nicht eingestellt werden.

Die Einstellungen beim Starten der VM braucht man schon häufiger: Meist ist es nicht möglich, beim Starten der virtuellen Maschine ins BIOS bzw. EFI zu gelangen. Sie müssten dazu die VM starten, dann mit der Maus den Fokus ins Fenster legen und die Taste F2 drücken.

Wählen Sie einfach das Kästchen unter BIOS-SETUP ERZWINGEN / EFI-SETUP ERZWINGEN aus, um beim nächsten Start der virtuellen Maschine das BIOS-Setup aufzurufen. Das Häkchen ist nach dem Starten der VM wieder weg.

Unter STARTWIEDERHERSTELLUNG FEHLGESCHLAGEN verbirgt sich eine Einstellung, die beim Booten übers Netzwerk sinnvoll sein kann, wenn dieses kurzfristig überlastet ist. Ist die Last gesunken, könnte der nächste Bootvorgang erfolgreich sein. Leider lässt sich hier keine Grenze festlegen, sodass die VM eventuell bis zum nächsten Tag oder länger versucht, alle 10 Sekunden zu starten. Der maximale Wert entspricht auch hier fast 25 Tage. Übrigens kann diese Einstellung nicht bei einem EFI-Boot funktionieren, weil hier beim erfolglosen Start über die festgelegten Medien eine Shell gestartet wird und der ESXi-Server meint, alles wäre OK.

Erweiterte Einstellungen

Die erweiterten Einstellungen sind laut VMware nur in bestimmten Situationen nützlich und sollten in der Regel nicht geändert werden. Ich gehe trotzdem auf sie ein, weil ich in der Praxis schon häufig Berührung mit ihnen hatte – und die folgenden Einstellungen auch brauchte:

Einstellungen

- Um die Beschleunigung zu deaktivieren, aktivieren Sie das zuständige Kontrollkästchen. Sie können die Beschleunigung aktivieren und deaktivieren, während die virtuelle Maschine aktiv ist. Manche alten Applikationen haben ein Problem mit einem zu schnellen Prozessor – in so einem Fall könnte man ausprobieren, ob diese Funktion den gewünschten Effekt bringt (z. B. bei Foxpro-Datenbanken).

 Es kommt schon mal vor, dass Sie meinen, die virtuelle Maschine sei blockiert, wenn in ihr Software installiert oder ausgeführt wird. Meist tritt dieses Problem zu Beginn einer Programmausführung auf. Manchmal kann man diesen Zustand kurzfristig umgehen, indem man die Beschleunigung in der virtuellen Maschine deaktiviert. Das bremst die virtuelle Maschine merklich. Verwenden Sie diese Option deshalb nur, um die obige Situation zu umgehen. Wenn dann keine Probleme mehr auftreten, nehmen Sie das Häkchen bei BESCHLEUNIGUNG DEAKTIVIEREN wieder raus.

- Mit dem Häkchen bei PROTOKOLLIERUNG AKTIVIEREN wird die eigentliche Datenerfassung ausgelöst. Damit werden üblicherweise sieben Logdateien im Verzeichnis der VM angelegt. Die Datei mit dem Namen *vmware.log* ist dabei die neueste, die älteren werden jeweils durchnummeriert. Die mit der höchsten Nummer ist die zweitjüngste Logdatei.

Der Ausschnitt DEBUGGEN UND STATISTIKEN wird mit den folgenden Optionen angezeigt:

- Normal ausführen.
- Um in den Fehlersuchmodus zu wechseln, aktivieren Sie das Kontrollkästchen INFORMATIONEN ZUM DEBUGGEN ERFASSEN. Für eine virtuelle Maschine werden dann zusätzliche Informationen zur Fehlersuche zusammengestellt, die dem technischen Support von VMware bei der Behebung von Problemen von Nutzen sein können.
- Der Eintrag STATISTIKEN ERFASSEN war schon in älteren Versionen vorhanden, aber nicht auswählbar. Jetzt können hier zusätzliche Informationen über die

VM aufgezeichnet werden. Beim Starten der VM werden der Unterordner *stats* angelegt und dort die Dateien abgelegt. In der enthaltenen Logdatei können Sie viele Parameter wie die ID der VM, den Zugriff auf den Prozessor und die MMU (Memory Management Unit) nachlesen.

Auf der Schaltfläche KONFIGURATIONSPARAMETER sehen Sie einige der Einstellungen zur virtuellen Maschine. Das ist ein Teil von dem, was in der Konfigurationsdatei der VM in ihrem Ordner steht. Über die Kommandozeile erhält man deutlich mehr Optionen – dazu folgen am Ende des Kapitels noch weitere Hinweise.

Speicherort der Auslagerungsdatei

Wie bereits oben erwähnt, wird beim Einschalten der VM der Arbeitsspeicher in gleicher Größe als Swap-Datei im Ordner der virtuellen Maschine abgelegt. In der Konfiguration des ESXi-Servers kann ein anderer Speicherort für die Auslagerungsdatei eingerichtet und dieser der VM zugeteilt werden. vMotion wird dann aber gegebenenfalls nicht mehr unterstützt oder dadurch langsamer.

Wählen Sie eine der folgenden Optionen aus:

- STANDARD – Speichern Sie die Auslagerungsdatei der virtuellen Maschine im Standardspeicherort, der über die Auslagerungsdateieinstellungen für den Host oder das Cluster definiert wird.

- VERZEICHNIS DER VIRTUELLEN MASCHINE – Speichern Sie die Auslagerungsdatei der virtuellen Maschine im selben Ordner wie die Konfigurationsdatei der virtuellen Maschine.

- VOM HOST FESTGELEGTER DATENSPEICHER – Speichern Sie die Auslagerungsdatei der virtuellen Maschine in dem Datenspeicher, der über die Auslagerungsdateieinstellungen für den Host oder das Cluster definiert wird.

Latenzempfindlichkeit

Bei VMs, die empfindlich auf Verzögerungen reagieren, kann die Latenzempfindlichkeit zwischen NIEDRIG und HOCH in vier Stufen eingestellt werden. Eine NVMe- oder SSD-Festplatte weist z.B. eine deutlich niedrigere Latenz auf als eine SATA- oder SCSI-Platte. Auch die virtuelle Netzwerkkarte kann gegen eine SR-IOV-NIC getauscht werden, um Netzwerklatenzen zu verringern. Wenn Sie diesen Wert auf HOCH einstellen, muss die maximale CPU-Frequenz für diese VM reserviert werden, sonst wird die VM nicht gestartet.

Fibre-Channel-NPIV-Einstellungen

Wenn Sie ein Fibre-Channel-SAN haben, können Sie ein Volume einer virtuellen Maschine direkt zuordnen. Die Einstellungen dazu können Sie hier eingeben. Standardmäßig ist NPIV (N-Port-ID-Virtualisierung) deaktiviert (siehe Abbildung 5-30).

Mithilfe der NPIV können Sie einen einzelnen physischen Port auf Ihrem Fibre-Channel-Host-Bus-Adapter (HBA) für mehrere virtuelle Ports mit jeweils eindeutigen Kennungen gemeinsam verwenden. Dadurch können Sie den Zugriff für jede virtuelle Maschine auf LUNs steuern.

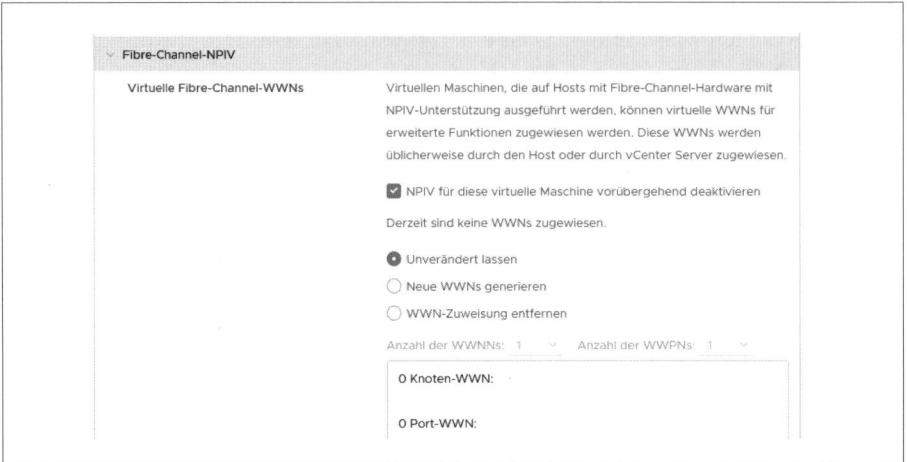

Abbildung 5-30: Fibre-Channel-LUN-Zuordnung

Jeder virtuelle Port muss durch zwei WWNs (*World Wide Names*) gekennzeichnet werden: einen *World Wide Port Name* (WWPN) und einen *World Wide Node Name* (WWNN).

Für die NPIV-Unterstützung gelten laut VMware die folgenden Einschränkungen:

- NPIV muss auf dem SAN-Switch aktiviert sein. Wenn Sie Informationen zum Aktivieren von NPIV auf den Geräten benötigen, setzen Sie sich mit dem Switch-Hersteller in Verbindung.

- NPIV wird nur für virtuelle Maschinen mit RDM-Festplatten (*Raw Device Mapping*) unterstützt. Virtuelle Maschinen mit herkömmlichen virtuellen Festplatten verwenden weiterhin die WWNs der physischen HBAs des Hosts.

- Die physischen HBAs auf dem ESXi-Host müssen mithilfe seiner WWNs auf eine LUN zugreifen können, sodass alle virtuellen Maschinen auf diesem Host über ihre NPIV-WWNs Zugriff auf diese LUN haben. Stellen Sie sicher, dass sowohl auf den Host als auch auf die virtuellen Maschinen zugegriffen werden kann.

 Wenn Sie mehrere virtuelle Maschinen haben, die aus Versehen die gleichen WWNs verwenden, kann es passieren, dass Sie diese nicht mehr ausschalten können. Löschen Sie die WWNs oder vergeben Sie neue für eine der VMs.

Ressourcenkontrolle der VM

Die Ressourcenkontrolle einer virtuellen Maschine unter ESXi ist eine der Funktionen, die einen VMware ESXi-Server von anderen Virtualisierungslösungen klar unterscheidet, weil Sie nur hier eine derartige Vielzahl von Einstellungsmöglichkeiten haben. Mithilfe der Ressourcenkontrolle ist es Ihnen möglich, die vier Kernkomponenten (*Four Core*) des VMkernels, also Prozessor, Hauptspeicher, Storage und Netzwerk des Hosts, detailliert pro virtuelle Maschine einzustellen (nur über den vCenter Server). Der ESXi-Server bekommt ebenfalls Ressourcen zugeteilt, die in seiner Konfiguration angesehen, aber nicht mehr geändert werden können. Der Host hat standardmäßig den höchsten Anteil (Priorität) an Arbeitsspeicher, der viel höher ist als der der virtuellen Maschinen. Auch bei der CPU sind die Anteile sehr hoch gesteckt, und eine Reservierung über die gesamte Kapazität ist eingetragen. Da Sie über den Host alle Arbeiten verrichten und dieser immer funktionieren muss, können Sie diese Einstellungen nicht ändern.

Begriffserklärung

Bei den VM-Ressourcenzuteilungen für CPU und RAM, siehe Abbildung 5-31, finden Sie die Begriffe ANTEILE (SHARES), RESERVIERUNG (RESERVATION) und GRENZWERT (LIMIT). Fangen wir mit dem einfachsten Begriff an:

RESERVIERUNG: Sobald die virtuelle Maschine eingeschaltet wird, bekommt sie den MHz-Wert oder die Arbeitsspeichermenge zugeteilt, der bzw. die hier eingetragen ist, unabhängig von ihren tatsächlich benötigten Ressourcen. Schlimmstenfalls nimmt sie anderen Maschinen CPU-Zeit und RAM weg, obwohl sie es gar nicht benötigt. Sind nicht mehr genug Ressourcen auf dem Host verfügbar, wird sie nicht eingeschaltet, und eine Fehlermeldung erscheint.

GRENZWERT: Hier wird die Obergrenze für die Maschine eingestellt, also wird sie in ihrer Laufzeitumgebung eingeschränkt, auch wenn vielleicht noch einiges an Arbeitsspeicher oder CPU-Zeit zur Verfügung stünde. Das angezeigte maximale Limit ist die Höchstgrenze, die auf dem ESXi-Server zur Verfügung steht. In einem Cluster wirkt sich das auf die Gesamtmenge der Clusterressourcen aus.

ANTEILE: Hiermit wird der Anteil der Gesamtkapazitäten, die zur Verfügung stehen, prozentual zwischen den VMs aufgeteilt. Das heißt, dass jede Maschine z.B. die gesamte CPU-Zeit bekommen kann. Erst wenn diese auf dem Host komplett aufgebraucht ist, wird nach den jeweiligen Anteilen geschaut. Der Maschine mit weniger Anteilen wird etwas weggenommen und der mit höheren Anteilen etwas hinzugegeben. Aus diesem Grund sage ich dazu lieber *Prioritäten*.

Bei der virtuellen Maschine sieht das ganz anders aus, denn hier sollte man unter bestimmten Voraussetzungen Änderungen eintragen, wie Sie in Abbildung 5-31 (gekürzt) sehen können. So nimmt sich ein DOS-Betriebssystem üblicherweise immer die ganze CPU, auch wenn auf der Oberfläche nur der Prompt steht. Hier ist es sinnvoll, eine Einschränkung bezüglich der MHz-Zahl einzugeben. Auch sollten Sie bei virtuellen Novell Netware-Maschinen immer ein Auge auf den Verbrauch richten.

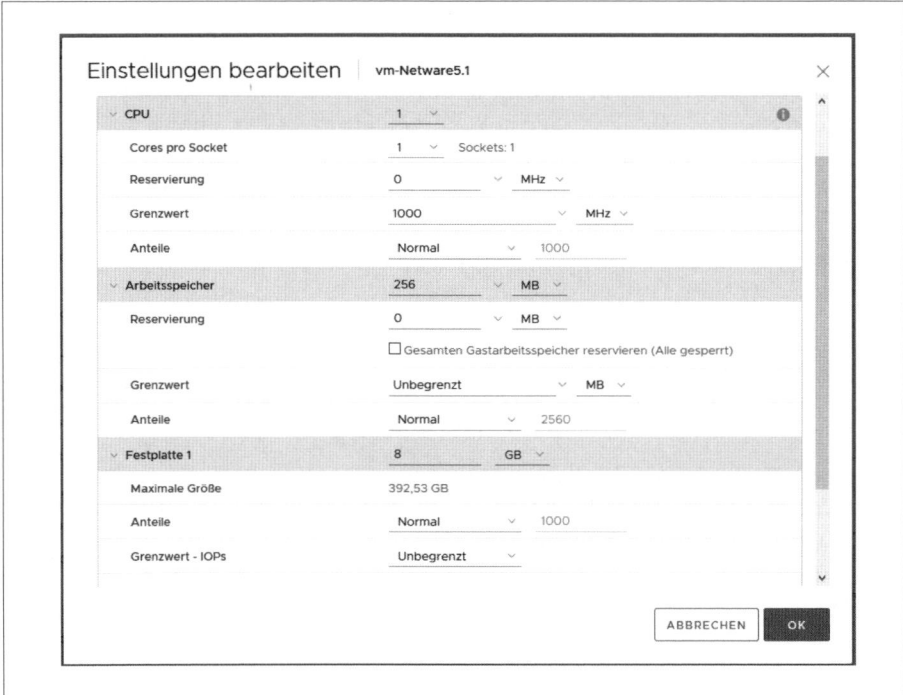

Abbildung 5-31: CPU- und Arbeitsspeicherressourcen

Die vier Kerneinträge erreichen Sie nicht alle über die Einstellung der virtuellen Maschine. Detailliert kann man hier lediglich Prozessor und Arbeitsspeicher einstellen und über den vCenter Server für die Zugriffe auf den Storage nur die AN-TEILE und einen GRENZWERT für IOPs. Netzwerkeinschränkungen sind nur über die Netzwerk-Switches möglich.

CPU-Ressourcen

Bei den CPU-Einstellungen können Sie Prozessorressourcen für eine virtuelle Maschine zuweisen und dabei Reservierungen, Grenzen und Anteile angeben. Die Informationen zu CPU, Arbeitsspeicher und Datenträger können auch beim Ressourcenpool eingestellt werden. Das ist sinnvoll, wenn Sie die Kapazitäten für mehrere virtuelle Maschinen einschränken möchten. Eine Gesamtübersicht gibt es leider nicht mehr auf der Oberfläche, nur noch über Tools von Drittherstellern.

Einstellungsmöglichkeiten

Im Kasten »Begriffserklärung« wurden die drei Einstellungsmöglichkeiten ANTEILE, RESERVIERUNG und GRENZWERT detailliert erklärt. Hier nun die speziellen Optionen zur CPU:

- ANTEILE stellt eine relative Metrik für die Zuweisung der CPU-Kapazität dar. Sie können die Werte NIEDRIG (LOW), NORMAL, HOCH (HIGH) und BENUTZERDEFINIERT (CUSTOM) einstellen. Bei NIEDRIG, NORMAL und HOCH wird die Anzahl der Prozessoren mit dem Wert 500, 1.000 bzw. 2.000 multipliziert. Unter BENUTZERDEFINIERT können Sie Werte zwischen 1 und 1.000.000 eingeben.
- RESERVIERUNG – Garantierte CPU-Zuweisung für diese virtuelle Maschine in MHz oder GHz.
- GRENZWERT – Höchstgrenze für die CPU-Zuweisung dieser virtuellen Maschine.

Wählen Sie UNBEGRENZT (UNLIMITED), um keine Höchstgrenze festzulegen. Das scheint nicht das Gleiche zu sein, wie den höchstmöglichen Wert zu nehmen und das Häkchen aus dem Kästchen zu entfernen. In der Praxis habe ich des Öfteren schon eine Stagnierung der Leistung bei VMs feststellen müssen. Zudem wird der Wert fest in die Konfigurationsdatei eingetragen, und wenn die Maschine in einen anderen Ressourcenpool kommt, ist es gegebenenfalls nicht mehr der Höchstwert.

Arbeitsspeicherressourcen

Im Fenster ARBEITSSPEICHER können Sie die RAM-Ressourcen für eine virtuelle Maschine angeben. Die Informationen zu CPU, Arbeitsspeicher und Datenträger können auch beim Ressourcenpool eingestellt werden. Das ist sinnvoll, wenn Sie die Kapazitäten für mehrere virtuelle Maschinen einschränken möchten. Eine Gesamtübersicht gibt es leider nicht mehr auf der Oberfläche, nur noch über Tools von Drittherstellern.

Einstellungsmöglichkeiten

Im Kasten »Begriffserklärung« wurden die drei Einstellungsmöglichkeiten ANTEILE, RESERVIERUNG und GRENZWERT detailliert erklärt. Hier nun die speziellen Optionen zum Arbeitsspeicher:

- ANTEILE stellt eine relative Metrik für die Zuweisung der RAM-Kapazität dar. Sie können die Werte NIEDRIG (LOW), NORMAL, HOCH (HIGH) und BENUTZERDEFINIERT (CUSTOM) einstellen. Bei NIEDRIG, NORMAL und HOCH wird die Menge des Arbeitsspeichers in MByte mit 5, 10 bzw. 20 multipliziert. Unter BENUTZERDEFINIERT können Sie Werte zwischen 1 und 1.000.000 eingeben.
- RESERVIERUNG – Garantierte RAM-Zuweisung für diese virtuelle Maschine.
- GRENZWERT – Höchstgrenze für die RAM-Zuweisung dieser virtuellen Maschine.

Wenn Sie bei einer VM das Häkchen bei »Gesamten Arbeitsspeicher reservieren (alle gesperrt)« setzen, wird der RAM plus Overhead reserviert und keine Auslagerungsdatei mehr erstellt.

Festplattenressourcen

Im Bedienfeld FESTPLATTEN-RESSOURCEN kann keine Reservierung, aber ein Grenzwert für E/A-Vorgänge eingetragen werden (siehe Abbildung 5-31). Über die Anteile (Prioritäten) können Sie den virtuellen Festplatten I/O-Bandbreite genehmigen, da dies eine serverabhängige Ressource ist und nicht clusterübergreifend abgerufen werden kann. In der Praxis hat sich herausgestellt, dass die virtuellen Maschinen jedoch viel wahrscheinlicher durch die obigen beiden Einstellungen zu RAM und CPU eingeschränkt werden als durch Festplattenressourcen.

Einstellungsmöglichkeiten

- ANTEILE stellt eine relative Metrik für die Zuweisung der Festplattenübertragungskapazität dar. Sie können die Werte NIEDRIG (LOW), NORMAL, HOCH (HIGH) und BENUTZERDEFINIERT (CUSTOM) einstellen. Bei NIEDRIG, NORMAL und HOCH werden die Werte 500, 1.000 bzw. 2.000 genommen. Unter BENUTZERDEFINIERT können Sie Werte zwischen 200 und 4.000 eingeben.

- GRENZWERT - IOPs bestimmt die Höchstgrenze für die E/A-Übertragungen pro Sekunde dieser virtuellen Maschine. Unter BENUTZERDEFINIERT können Sie Werte zwischen 16 und 2.147.483.647 (Hexadezimal 7F.FFF.FFF) eingeben.

Hat Ihre VM mehrere Festplatten, können Sie zu jeder einzelnen die Werte hier festlegen.

CPU-Einstellungen

Im Fenster VIRTUELLE HARDWARE – CPU (siehe Abbildung 5-32) können Sie Optionen für physische Prozessorkerne und CPU/MMU-Virtualisierung festlegen. Diese Anzeige bekommen Sie nicht, wenn Ihr Host nur einen Prozessor und kein Hyperthreading hat oder sich in einem DRS-Cluster (*Distributed Resource Scheduling*), also Load Balancing, befindet.

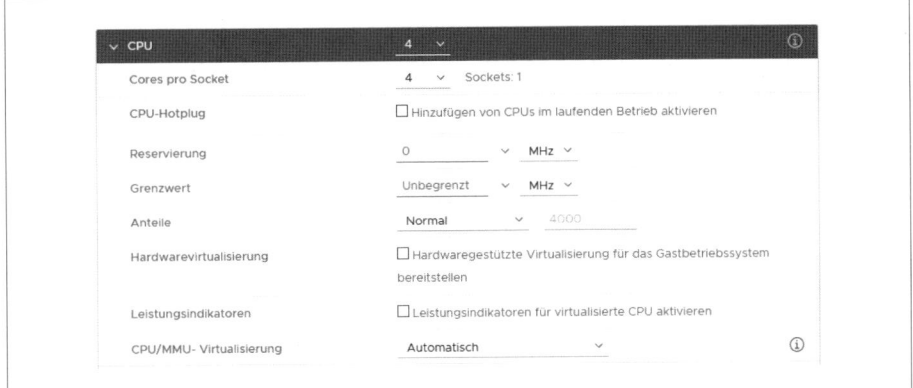

Abbildung 5-32: Erweiterte CPU-Einstellungen

 Die Hyperthreading-Technologie ermöglicht es einem einzelnen physischen Prozessorkern, sich wie zwei logische Prozessoren zu verhalten und damit zwei unabhängige Anwendungen gleichzeitig auszuführen. Die Leistung eines Systems wird durch das Hyperthreading zwar nicht verdoppelt, aber es wirkt sich positiv aus, indem Leerlaufressourcen besser ausgenutzt werden können.

Die Einstellungsmöglichkeiten zu Hyperthreading wurden aus der aktuellen Version herausgenommen. Lediglich die Affinitätsplanung kann noch Probleme im Gastbetriebssystem verhindern.

Die Option AFFINITÄT WIRD GEPLANT (nur direkt über den Host zu erreichen) ermöglicht eine genaue Kontrolle darüber, wie die Verteilung der virtuellen CPUs auf die physischen Kerne des Servers abläuft.

In dem Feld können Sie folgende Einstellungen vornehmen:

- LEER (Standard) – Die virtuellen CPUs dieser virtuellen Maschine können sich die Kerne mit anderen virtuellen CPUs dieser oder anderer virtueller Maschinen frei teilen.

- ZAHL – ZAHL – Die virtuellen CPUs dieser virtuellen Maschine verwenden mehrere Prozessorkerne inklusive Hyperthreading.

- ZAHL, ZAHL, ... – Der Host weist der virtuellen Maschine genau diese Prozessorkerne zu, unabhängig davon, ob es sich um einen »echten« Kern oder nur seinen Hyperthreading-Anteil handelt.

In einem DRS-Cluster ist die Option AFFINITÄT nicht zulässig, und ihre Einstellungen werden gegebenenfalls gelöscht, wenn die VM auf einen anderen Server migriert wird. Falls die VM nicht verschoben werden kann, müssen Sie sich direkt am ESXi-Server anmelden und die Affinität löschen. Der Sinn dieser Option liegt allein in der Optimierung der Performance einer bestimmten Gruppe von virtuellen Maschinen auf demselben Server.

Erweiterter Arbeitsspeicher

Auf mancher physischer Hardware gibt es zusätzlich zur Affinität der Prozessoren auch noch die Affinität von Arbeitsspeicher. Der Fachbegriff dafür ist *NUMA-Arbeitsspeicheraffinität*. Einstellungsmöglichkeiten gibt es dazu aber nicht mehr, der ESXi-Server kalkuliert dieses automatisch. Die Abkürzung NUMA steht für *Non-Uniform Memory Architecture*[1] und wird bei Mehrprozessorcomputern eingesetzt, die einen speziellen Speicher-Controller dafür besitzen. Dabei hat jede CPU einen eigenen Arbeitsspeicher mit einem bestimmten Adressbereich, über den andere CPUs ebenfalls auf die Daten im RAM zugreifen können (*Distributed Shared Memory*).

Konfigurieren Sie Ihre VM so, dass Sie in einen NUMA-Knoten passt, so haben Sie die optimale Performance. Ansonsten müssten die beteiligten CPUs häufig auf den Arbeitsspeicher der anderen CPU warten.

BIOS-Einstellungen der virtuellen Maschine

Um die BIOS-Einstellungen der virtuellen Maschine zu sehen oder zu verändern, muss man relativ schnell mit Maus und Tastatur sein. Die Anzeige des POST (*Power On Self Test*) ist recht kurz und geht meist ohne Details vor sich (siehe Abbildung 5-33).

Mit der Taste F2 kommt man zu den Einstellungen – allerdings liegt der Fokus von Tastatur und Maus noch beim Hostsystem. Deshalb muss man zunächst mit der Maus in das Fenster der gerade startenden Maschine klicken und anschließend die F2-Taste drücken – das gelingt nicht immer beim ersten Mal. Sie können aber auch in den Einstellungen der VM unter OPTIONEN – STARTOPTIONEN das Häkchen bei BIOS-SETUP ERZWINGEN setzen.

Abbildung 5-33: BIOS-Meldung beim Start der VM

---

1   Der Zugriff der CPU auf den eigenen RAM wird auch als „Non-Uniform Memory Access" (NUMA) bezeichnet.

Will man z. B. für die Installation nur die Bootreihenfolge auf das optische Laufwerk umstellen, kann man nach dem Fokuswechsel mit der Maus die Esc-Taste drücken, um ein Bootmenü zu erhalten. Hier hat man dann die folgende Auswahl:

- REMOVEABLE DEVICES: üblicherweise Floppy, ZIP, LS120
- HARD DRIVE: angeschlossene Festplatten (können auch mehrere sein)
- CD-ROM DRIVE: CD- oder DVD-Laufwerke, also optische Geräte
- NETWORK BOOT: Anzeige der Netzwerkkarte (*Managed Boot Agent*, MBA)

Außerdem hat man die Möglichkeit, von hier aus in die BIOS-Einstellungen zu gelangen.

Mithilfe der Taste F12 bekommen Sie die Möglichkeit, aus dem Netzwerk zu starten. Die Funktionalität ist die gleiche wie bei einer PXE-kompatiblen Netzwerkkarte (*Preboot Execution Environment*), wie Abbildung 5-34 zeigt. Es wird also nach Dateien im Netzwerk mit der eingestellten MAC-Adresse gesucht – meistens zunächst ein DHCP-Server (*Dynamic Host Configuration Protocol*).

```
Network boot from Intel E1000e
Copyright (C) 2003-2018  VMware, Inc.
Copyright (C) 1997-2000  Intel Corporation

CLIENT MAC ADDR: 00 50 56 9F 4B 64  GUID: 421F36D4-
DHCP._
```

Abbildung 5-34: Starten über das Netzwerk mit PXE

Die vorgegebenen Grundeinstellungen für die VM bezüglich des BIOS brauchen normalerweise nicht verändert zu werden. Nur in Ausnahmesituationen ist das angebracht. Das Phoenix-BIOS sieht zunächst nicht anders aus als das einer echten physischen Maschine.

Tastaturbelegung und -handhabung

Mit den Pfeiltasten Pfeil hoch und Pfeil runter neben dem Nummernblock kommen Sie zu den jeweiligen Features. Die Pfeiltasten Pfeil links und Pfeil rechts führen zum nächsten Menü bzw. zum vorherigen. Änderungen können über die Tasten + und – auf dem Nummernblock erfolgen. Meist haben Sie auch die Möglichkeit, die Enter-Taste zu drücken und in einem kleinen Fenster wiederum mit den Pfeiltasten die Einstellungen vorzunehmen. Anschließend bestätigen Sie sie erneut mit Enter (siehe Abbildung 5-35).

Abbildung 5-35: Funktionstasten im BIOS

Bei den Zeilen, an denen ein Dreieck angezeigt wird, gelangt man mit Enter in ein Untermenü. Häufig wird hier dann in der rechten Hälfte des Fensters eine spezielle Hilfe angezeigt (*Item Specific Help*). Mit der Esc-Taste verlässt man das Untermenü wieder.

Einstellungen

Unter dem Menüpunkt MAIN findet man – wie üblich – die Einstellungen zu Datum und Uhrzeit, die angeschlossenen IDE-Platten (SCSI-Platten werden hier üblicherweise nicht angezeigt!), Einstellungen zur Tastatur (Verzögerung und Wiederholrate) und eine Auflistung des Arbeitsspeichers nach alter DOS-Konvention.

Weiterhin hat man die Möglichkeit, statt des Bildes *vmware* mit Laufbalken den DIAGNOSTIC SCREEN zu wählen, um mehr Informationen zum POST zu bekommen.

Bei ADVANCED findet man nur wenige Einstellungen, und diese sind für die emulierte Hardware meist uninteressant. Einzig die MULTIPROCESSOR SPECIFICATION sollte man bei alten Betriebssystemen (nur wenn es damit Probleme gibt und auch nur wenn man ein MPS hat) vom voreingestellten Wert 1.4 auf 1.1 herabsetzen. Das brauchen Sie z.B. bei Windows NT. Bei aktuellen Windows-Maschinen kann die nicht benötigte Hardware hier entfernt werden. Dazu zählen die IDE-Adapter und unter »I/O Device Configuration« die seriellen Ports, der parallele Port sowie der Floppy Disk Controller. Meist nutzen neuere Betriebssysteme eher EFI.

Wie bei einem normalen BIOS können Einstellungen unter SECURITY vorgenommen werden. Über das Benutzerpasswort kann die Maschine gestartet werden, das Supervisor-Passwort ist für den Start der VM und die BIOS-Einstellungen notwendig. Nach der Eingabe eines Passworts kann dann festgelegt werden, ob beim Booten immer ein Passwort abgefragt wird oder nur beim Aufruf des BIOS.

Die Power-Management-Einstellungen unter POWER sind sehr dürftig. Da neuere Betriebssysteme das Energiemanagement aber meistens selbst übernehmen, ist das hier nicht weiter schlimm.

Im Menüpunkt BOOT (siehe Abbildung 5-36) können Sie die Bootreihenfolge dauerhaft einstellen, anderenfalls hat man, wie schon erwähnt, auch die Möglichkeit, während des Bootens die Esc-Taste zu drücken.

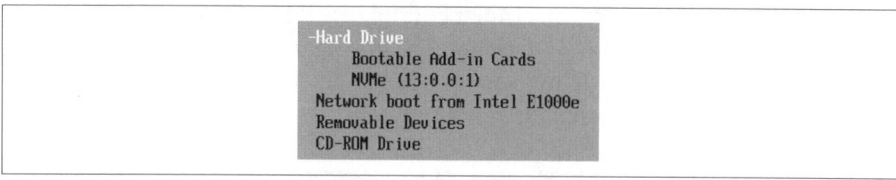

Abbildung 5-36: Boot-Menü

Um die Geräte unter den Menüpunkten sehen zu können, braucht man dort nur die Enter-Taste zu drücken. Alle der virtuellen Maschine zur Verfügung stehenden bootfähigen Geräte werden dann angezeigt (auch SCSI-Festplatten). Mit den Tasten + und – kann man die Geräte und die oberen Menüpunkte nach oben bzw. nach unten verschieben, um die Bootreihenfolge einzustellen.

Über den Menüpunkt EXIT kann man das BIOS mit oder ohne Speichern verlassen. Außerdem hat man hier die Möglichkeit, die Änderungen zu verwerfen, zu speichern oder die Standardeinstellungen von VMware zu laden, wie Abbildung 5-37 zeigt.

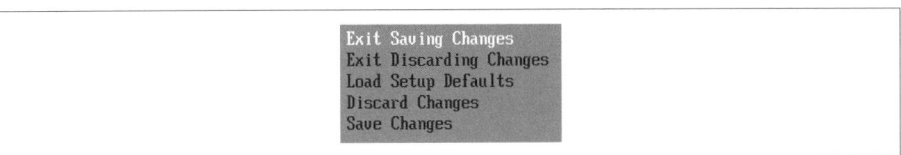

Abbildung 5-37: BIOS verlassen

Tabelle 5-4: Optionen des Menüpunkts Exit im BIOS

Englisch	Deutsch
Exit Saving Changes	Änderungen speichern und BIOS verlassen
Exit Discarding Changes	Änderungen nicht speichern und BIOS verlassen
Load Setup Defaults	Standardeinstellungen von VMware laden
Discard Changes	Änderungen verwerfen ? BIOS nicht beenden
Save Changes	Änderungen speichern – BIOS nicht beenden

 Denken Sie bitte daran, dass für die Tastatur noch kein Treiber geladen wurde und daher die Y-Taste noch mit Z belegt ist.

 Beachten Sie auch, dass die BIOS-Einstellungen immer im gleichen Schema vorliegen – unabhängig vom ausgewählten Betriebssystem!

EFI-Einstellungen der virtuellen Maschine

Um die EFI-Einstellungen der virtuellen Maschine anzuschauen oder zu verändern, muss man relativ schnell mit Maus und Tastatur sein. Die Anzeige des POST (*Power On Self Test*) ist recht kurz und geht meist ohne Details vor sich.

Mit der Taste F2 kommt man zu den Einstellungen – nur der Fokus von Tastatur und Maus liegt noch bei dem Hostsystem. Deshalb muss man zunächst mit der Maus in das Fenster der gerade startenden Maschine klicken und anschließend die F2-Taste drücken – das gelingt nicht immer beim ersten Mal.

Besser ist es, man geht in die Einstellungen der VM auf die Registerkarte VM-Optionen, dann auf die Einstellung Startoptionen und setzt dort das Häkchen für
Setup erzwingen.

Startet man anschließend die VM, gelangt man in ein Menü mit acht Auswahlmöglichkeiten:

1. Boot normally, also normal starten, heißt, dass die VM ohne Änderungen
   gestartet wird.

2. (Windows) Boot Manager startet die VM über den rechts angezeigten Pfad.

3. EFI Virtual disk (0.0) startet die VM über das rechts angezeigte Laufwerk.

4. EFI VMware Virtual CDROM (0.0) startet die VM über das rechts angezeigte Laufwerk.

5. EFI Network startet die VM über die rechts angezeigte Netzwerkkarte.

6. Enter setup verzweigt in den Boot Maintenance Manager mit folgenden
   Unterpunkten:

   • Configure boot options – eine Bootoption als EFI-Anwendung oder
     Wechselmedium festlegen

   • Configure driver options – einen EFI-Treiber für den Start hinzufü-
     gen, löschen oder ändern

   • Boot from a file – eine Datei oder ein Gerät als Bootoption festlegen

   • Configure screen size – Auflösung des Bildschirms ändern

7. Reset the system – ein Reset für das System durchführen

8. Shut down the system – das System ausschalten

Bei den Einstellungen der VM, die über EFI statt BIOS gestartet werden soll, haben
Sie unter VM-Optionen noch den Eintrag Sicheren Start über UEFI aktivieren. Über dieses Sicherheitsfeature finden Sie weitere Informationen in Kapitel 18.

Dateien der virtuellen Maschine

Auf dem VMFS-Volume des ESXi-Servers befindet sich nun unsere Maschine üblicherweise in einem eigenen Verzeichnis. Unabhängig davon, ob dieses ein lokaler,
ein SAN- oder NAS-Storage ist, wird das Volume in das Dateisystem des ESXi-
Hosts eingebunden und ist von dort aus auf der Kommandozeile erreichbar. Auch
über den Datenspeicherbrowser direkt über den Host (siehe Abbildung 5-38) oder
über das Icon Speicher, Registerkarte Dateien des vCenter Servers lassen sich die
Dateien anzeigen. Klicken Sie dazu auf den Datenspeicher Ihrer virtuellen Maschine und wählen Sie dann im rechten Fenster den dort angezeigten Datenspeicherbrowser.

Im Datenspeicherbrowser klicken Sie im Fenster auf das Verzeichnis Ihrer VM, sodass Sie in der rechten Hälfte die Dateien sehen. Wenn Sie eine der Dateien ankli-

cken, werden in der nächsten Spalte zusätzliche Informationen angezeigt wie Name, Größe und Datum der letzten Änderung.

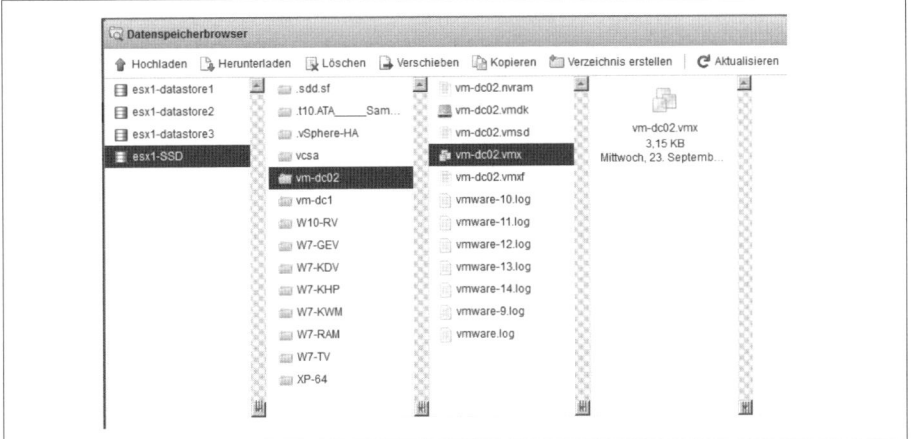

Abbildung 5-38: Fenster des Datenspeicherbrowsers

 Die tatsächliche Festplattendatei wird hier zusammen mit ihrer Konfigurationsdatei als eine einzige Datei angezeigt. Auf der Kommandozeile oder mit einem ssh-Tool (wie putty, WinCMD, Veeam-Programme o.Ä.) sehen Sie dort aber beide Dateien.

Die Dateien im Verzeichnis der VM lassen sich grob in drei Bereiche aufteilen:

- Konfigurationsdateien der virtuellen Maschine
- Zugewiesene Festplatten
- Logdateien

In Tabelle 5-5 sehen Sie die möglichen Dateiendungen mit ihrer Bedeutung als Beispiel für die virtuelle Maschine mit Namen VM1:

Tabelle 5-5: Dateiendungen bei der VM

Datei	Bedeutung
VM1.vmx	Dieses ist die eigentliche Konfigurationsdatei, in der u.a. der Anzeigename, die gewählte Hardware und der Speicherort der virtuellen Maschine vermerkt sind.
VM1.vmxf	Die erweiterte Konfigurationsdatei zur *.vmx*-Datei. Einzige Datei im XML-Format (ist bei neuen VMs nicht unbedingt vorhanden).
VM1.nvram	Die BIOS- oder EFI-Einstellungen der virtuellen Maschine
vmware.log	Die Protokolldateien der VM, in der Sie Statusmeldungen, Konfiguration der VM und Weiteres finden (max. Anzahl: 7).
VM1-nnn.hlog	Eine Protokolldatei, die während vMotion Fehler aufzeichnet. Startet die VM nach vMotion, kann die Datei gelöscht werden.

→

Tabelle 5-5: Dateiendungen bei der VM (Forts.)

Datei	Bedeutung
VM1-flat.vmdk	Die eigentliche Festplatte der VM. Darin liegen die Daten des Gastbetriebssystems.
VM1.vmdk	Diese Datei enthält die geometrischen Daten zur Festplatte (Köpfe, Zylinder, Sektoren), den Erstellungstyp und den Namen der Festplattendatei.
VM1-nnn.vmdk	Virtuelle Festplatte, die Änderungen z.B. beim Snapshot festhält.
VM1.dsk	Altes, monolithisches Festplattensystem des alten ESXi-Servers
VM1.vmdk.redo	Änderungen an der Festplatte werden hier aufgezeichnet. Liegt immer dort, wo auch die Festplatte der VM liegt, außer bei RDM.
VM1-Snapshot1.vmsn	Hauptspeicherinhalt der VM zum Zeitpunkt des Snapshots. Zu jedem Snapshot gibt es eine eigene Datei.
VM1.vmsd	Informationen zu Snapshots. Ohne Snapshot Größe 0.
VM1-nnn.vmss	Virtual Machine Suspend State. Diese Datei enthält den Hauptspeicherinhalt der VM zum Zeitpunkt des Auslösens des Snapshots.
VM1.vmdk.lck	Schreibschutzanzeige zur virtuellen Festplatte
VM1-nnn.vswp	RAM-Auslagerungsdatei der VM. Frühere ESXi-Versionen hatten eine zentrale Swap-Datei, jetzt besitzt jede VM eine eigene.
VM1.vmdk-delta.redo_nnn	Hierbei handelt es sich um eine Differenzdatei (auch REDO-Log genannt). Dabei ist zu beachten, dass Änderungen nach einem erfolgten Snapshot in die Deltadatei(en) geschrieben werden.
VM1.vmtx	Virtual-Machine-Template-Datei, statt Konfigurationsdatei
Serial.out	Datei, in der Daten über virtuellen seriellen Port gespeichert werden.
nnn	Bezeichner, bestehend aus Buchstaben und/oder Zahlen.

 Es müssen bei Ihren virtuellen Maschinen nicht alle Dateien vorhanden sein. Die vswp-Datei existiert z.B. nur, wenn die Maschine eingeschaltet ist und der RAM nicht vollständig reserviert wurde. Die vmsn- und vmss-Dateien sind nur vorhanden, wenn die Maschine »suspended« ist. REDO-Dateien sind nur vorhanden, wenn nicht in die Festplattendatei geschrieben wird, usw.

Die wichtigsten Dateien der virtuellen Maschine sind also folgende:

1. *.vmdk* und *-flat.vmdk* (Festplatte und Konfigurationsdatei zur Festplatte)
2. *.vmx* und gegebenenfalls *.vmxf* als eigentliche Konfigurationsdateien

Die Dateien *.nvram* und *.vmsd* werden beim Starten der Maschine neu erstellt, falls sie nicht vorhanden sind. Bei jedem Start der VM oder wenn die Datei die maximale Größe erreicht hat, wird eine neue Logdatei geschrieben, wobei die Datei *vmware.log* immer die aktuelle ist. Die anderen Logdateien werden fortlaufend nummeriert und bei Erreichen der siebten wird jeweils die älteste gelöscht.

Inhalt der .vmx-Datei

Wirft man einen Blick in die Konfigurationsdatei der virtuellen Maschine, wird man einiges von dem wiederfinden, was man bei der Erstellung angegeben hat. Da es sich hier um eine Textdatei handelt, kann sie mit einem Editor, der die Linux-konformen Zeilenwechsel richtig interpretiert, geändert werden. Im Folgenden gehe ich auf einige wichtige Parameter ein.

In der .vmx-Datei Ihrer Maschine müssen nicht alle Einstellungen vorhanden sein, und es können auch andere Einträge in dieser Datei stehen. Die Reihenfolge der Einträge habe ich zum Teil geändert. VMware fügt neue Einträge meistens am Ende der Datei ein und belässt von ihr geänderte Einträge an ihrer ursprünglichen Stelle.

Tabelle 5-6: Inhalt der .vmx-Datei

Eintrag in der Datei	Bemerkung
#!/usr/bin/vmware	Hiermit wird das Programm angegeben, mit dem diese Datei assoziiert ist. In neuen Versionen nicht mehr benutzt.
.encoding = "UTF-8"	Format der *.vmx*-Datei
config.version = "8"	Version der Konfigurationsdatei
virtualHW.version = "17"	Angabe, welche virtuelle Hardwareversion in der virtuellen Maschine vorhanden ist.
bios.bootDelay = "10000"	Verzögerung der BIOS-/EFI-Meldung
bios.forceSetupOnce = "FALSE"	Beim nächsten Starten ins BIOS-/EFI-Setup gehen
bios.bootRetry.enabled = "TRUE"	Wenn Startgerät nicht gefunden wurde, nach 10 Sekunden erneut versuchen.
checkpoint.vmState = ""	Beim Suspend-Modus steht hier der Name der *.vmss*-Datei.
checkpoint.vmState.readOnly = "FALSE"	Nur-lesen-Modus für die Suspend-Datei
cleanShutdown = "FALSE"	Flag, ob die VM sauber heruntergefahren oder in den Schlafmodus versetzt wurde (TRUE). Beim Einschalten wird der Wert wieder auf FALSE gesetzt.
config.readOnly = "FALSE"	Konfigurationsdatei im Nur-lesen-Modus
cpuid.coresPerSocket = "4"	Anzahl der Kerne pro CPU-Sockel
deploymentPlatform = "windows"	Zugrunde liegende Hardwareplattform
disk.EnableUUID = "TRUE"	Wird für Snapshots zum Sichern benötigt. Dazu gehört die scsi0.sasWWID.
disable_acceleration = "TRUE"	Hardwarebeschleunigung ausschalten
displayName = "VM1"	Der Anzeigename der virtuellen Maschine
ehci.pciSlotNumber = "-1"	Steckplatz des USB-Geräts
ethernet0.addressType = "generated" | "vpx"	MAC-Adresstyp der ersten NIC

$\rightarrow$

Tabelle 5-6: Inhalt der .vmx-Datei (Forts.)

Eintrag in der Datei	Bemerkung
ethernet0.generatedAddress = "00:0c:29:91:a1:5a"	Die MAC-Adresse des ersten Netzwerkadapters. Die ID wird bei mehreren Adaptern hochgezählt.
ethernet0.generatedAddressOffset = "0"	Offset zur generierten MAC-Adresse. Meistens erst bei der zweiten NIC gesetzt.
ethernet0.networkName = "VM Network"	Name der zugewiesenen Portgruppe auf dem Switch der VM
ethernet0.pciSlotNumber = "32"	Steckplatz der Netzwerkkarte
ethernet0.present = "TRUE"	Angabe, ob ein Netzwerkadapter vorhanden ist. Bei mehreren Adaptern wird die ID hochgezählt.
ethernet0.uptCompatibility = "TRUE"	Kompatibilität der Netzwerkkarte
ethernet0.virtualDev = "vmxnet3"	Art der Netzwerkkarte
evcCompatibilityMode = "FALSE"	Kompatibilitätsmodus für vMotion
extendedConfigFile = "VM1.vmxf"	Name der erweiterten Konfigurationsdatei
firmware = "efi"	Typ des Startgeräts (BIOS oder EFI)
floppy0.clientDevice = "TRUE"	Ist Floppy an dem vSphere Client-PC angeschlossen?
floppy0.fileName = "/dev/fd0"	Name des Disketten-Images oder des physischen Pfads zum Laufwerk
floppy0.present = "TRUE"	Angabe, ob ein Diskettenlaufwerk vorhanden ist. Bei mehreren Laufwerken wird die ID hochgezählt.
floppy0.startConnected = "FALSE"	Angabe, ob das Diskettenlaufwerk beim Starten angeschlossen sein soll.
guestCPUID.0 = "0000000a756e65476c65746e49656e69"	CPU-ID-Maske der VM
guestCPUID.1 = "000006fb00010800800022010febbbff"	
guestCPUID.80000001 = "00000000000000000000000120100800"	
guestinfo.vmtools.buildNumber = "7253323"	Version (Build) der VMware Tools
guestinfo.vmtools.description = "VMware Tools 10.2.0 build 7253323"	Version (Beschreibung) der VMware Tools
guestinfo.vmtools.versionNumber = "10304"	Versionsnummer der VMware Tools
guestinfo.vmtools.versionString = "10.2.0"	Versionszeichenkette der VMware Tools
guestOS = " windows9srv-64"	Betriebssystem innerhalb der virtuellen Maschine
guestOSAltName = "Microsoft Windows Server 2003, Enterprise Edition (32-Bit)"	Langer Name des gewählten Betriebssystems der VM (veraltet)
hostCPUID.0 = "0000000a756e65476c65746e49656e69"	CPU-ID-Maske des Hosts
hostCPUID.1 = "000006fb000408000000e3bdbfebfbff"	
hostCPUID.80000001 = "00000000000000000000000120100800"	

$\rightarrow$

Tabelle 5-6: Inhalt der .vmx-Datei (Forts.)

Eintrag in der Datei	Bemerkung
hpet0.present = "TRUE"	High Precision Event Timer der Intel CPU
ide1:0.allowGuestConnectionControl = "TRUE"	Zugriff auf das optische Laufwerk erlauben
ide1:0.clientDevice = "TRUE"	IDE Secondary Master am Client
ide1:0.deviceType = "atapi-cdrom"	Art des IDE-Geräts
ide1:0.fileName = " emptyBackingString "	Name der CD-ROM-Imagedatei oder des physischen Pfads zum Laufwerk (hier leer)
ide1:0.present = "TRUE"	Angabe, ob ein IDE-Controller vorhanden ist.
ide1:0.startConnected = "FALSE"	Angabe, ob das optische Laufwerk beim Einschalten verbunden ist.
mem.hotadd = "TRUE"	Hinzufügen von RAM zur Laufzeit
memSize = "2048"	Zugewiesener Hauptspeicher in MByte
mks.enable3d = "TRUE"	3D für Mouse, Keyboard, Screen
monitor.phys_bits_used = "43"	Auflösung des Monitors
monitor.virtual_exec = "hardware"	Einträge zur CPU-/MMU-Virtualisierung
monitor.virtual_mmu = "hardware"	
numa.autosize.vcpu.maxPerVirtualNode = "4"	Maximale Anzahl Kerne pro NUMA-Knoten
numvcpus = "4"	Anzahl der insgesamt zugewiesenen vCPUs
nvram = "VM1.nvram"	BIOS- oder EFI-Datei der VM
parallel0.fileName = "<Pfad/Name>"	Einstellungen zum Parallelport
parallel0.fileType = "file"	
parallel0.present = "TRUE"	
pciBridge0.pciSlotNumber = "17"	Virtualisierte Steckplätze der vorhandenen PCI-Geräte
pciBridge0.present = "TRUE"	
pciBridge4.functions = "8"	
pciBridge4.pciSlotNumber = "21"	
pciBridge4.present = "TRUE"	
pciBridge4.virtualDev = "pcieRootPort"	
pciBridge5.functions = "8"	
pciBridge5.pciSlotNumber = "22"	
pciBridge5.present = "TRUE"	
pciBridge5.virtualDev = "pcieRootPort"	
pciBridge6.functions = "8"	
pciBridge6.pciSlotNumber = "23"	

$\rightarrow$

Tabelle 5-6: Inhalt der .vmx-Datei (Forts.)

Eintrag in der Datei	Bemerkung
pciBridge6.present = "TRUE"	
pciBridge6.virtualDev = "pcieRootPort"	
pciBridge7.functions = "8"	
pciBridge7.pciSlotNumber = "24"	
pciBridge7.present = "TRUE"	
pciBridge7.virtualDev = "pcieRootPort"	
powerType.powerOff = "soft"	Einstellungen bei den VMware Tools zu den Schaltflächen der virtuellen Maschine
powerType.powerOn = "default"	
powerType.reset = "soft"	
powerType.suspend = "hard"	
RemoteDisplay.maxConnections = "2"	Maximale gleichzeitige Verbindungen über VMRC oder Webkonsole
replay.supported = "TRUE"	Funktion wird nur unter VMware Workstation unterstützt.
replay.filename = ""	
sata0.present = "TRUE"	SATA-Schnittstelle ist vorhanden.
sata0:0.allowGuestConnectionControl = "FALSE"	Einstellungen zur SATA-Schnittstelle wie Gerätetyp, Anschluss, beim Starten verbunden etc.
sata0:0.autodetect = "TRUE"	
sata0:0.clientDevice = "TRUE"	
sata0:0.deviceType = "cdrom-raw"	
sata0:0.fileName = "emptyBackingString"	
sata0:0.present = "TRUE"	
sata0:0.startConnected = "FALSE"	
sched.cpu.affinity = "all"	Affinität bei vCPUs zu echten Kernen des Hosts
sched.cpu.latencySensitivity = "normal"	CPU-Latenzempfindlichkeit
sched.mem.shares	Zugeteilte Shares für den Arbeitsspeicher
sched.cpu.shares	Zugeteilte Shares für den Prozessor
sched.swap.derivedName = "/vmfs/volumes/4b417378-f7511562-e413-001517bf29f8/VM1/ VM1-33817e33.vswp"	Name und Ort der RAM-Auslagerungsdatei der VM
scsi0.pciSlotNumber = "16"	Steckplatz des SCSI-Controllers
scsi0.present = "TRUE"	Angabe, ob ein SCSI-Controller in der virtuelle Maschine steckt. Bei mehreren Controllern wird die SCSI-ID hochgezählt.
scsi0.sasWWID = "50 05 05 69 7e 80 d8 10"	ID des Laufwerks, wird für Snapshots genutzt.
scsi0.sharedBus = "none"	Angabe, ob der SCSI-Adapter für die gemeinsame Verwendung eingestellt wurde.

$\rightarrow$

Tabelle 5-6: Inhalt der .vmx-Datei (Forts.)

Eintrag in der Datei	Bemerkung
scsi0.virtualDev = " lsisas1068"	Art des SCSI-Bus-Adapters
scsi0:0.deviceType = "scsi-hardDisk"	Typ des ersten Geräts am SCSI-Adapter
scsi0:0.fileName = "VM1.vmdk"	Name des ersten Geräts am SCSI-Adapter
scsi0:0.present = "TRUE"	Angabe, ob erstes Gerät vorhanden ist.
scsi0:0.redo = ""	Angabe, ob unabhängiger Modus eingeschaltet ist.
softPowerOff = "FALSE"	VM kann bei »FALSE« nicht über die VMware Tools heruntergefahren werden.
svga.autodetect = "TRUE"	Automatisch die Einstellungen der VGA-Karte erkennen
svga.graphicsMemoryKB = "2097152"	Arbeitsspeicher der Grafikkarte
svga.guestBackedPrimaryAware = "TRUE"	Schalter zum Sparen vom RAM für die Grafikkarte
svga.numDisplays = "4"	Anzahl der ausgewählten Monitore
svga.vramSize = "6291456"	Arbeitsspeicher der VGA-Karte, hier 6 MByte
tools.guest.desktop.autolock = "TRUE"	OS sperren, wenn letzter Benutzer sich abmeldet
tools.remindInstall = "FALSE"	Tools-Version beim Einschalten überprüfen
toolScripts.afterPowerOn = "TRUE"	Einstellungen für die vier Skripte bei Status-änderungen des Gastbetriebssystems
toolScripts.afterResume = "TRUE"	
toolScripts.beforePowerOff = "TRUE"	
toolScripts.beforeSuspend = "TRUE"	
tools.syncTime = "FALSE"	Angabe, ob die VMware Tools die Zeit mit dem Wirt abgleichen.
tools.upgrade.policy = "useGlobal"	Individuelle oder allgemeine Einstellung zum Upgrade der Tools
toolsInstallManager.lastInstallError = "0"	Installation der VMware Tools = kein Fehler
toolsInstallManager.updateCounter = "2"	Tools wurden einmal installiert und einmal upgedatet.
uefi.secureBoot.enabled = "TRUE"	»Secure Boot«-Funktion von EFI
usb.pciSlotNumber = "34"	Steckplatz des USB-Hostadapters
usb.present = "TRUE"	Angabe, ob USB vorhanden
usb:0.deviceType = "hub"	Typ des ersten USB-Geräts
usb:0.present = "TRUE"	Erstes USB-Gerät vorhanden
usb:1.deviceType = "hub"	Typ des zweiten USB-Geräts
usb:1.present = "TRUE"	Zweites USB-Gerät vorhanden
usb_xhci:7.speed = "4"	Geschwindigkeit, hier USB 3.0
uuid.bios = "56 4d c4 29 f2 b4 42 33-f7 cc b0 bb 57 91 a1 5a"	Eindeutige ID der VM

$\rightarrow$

Tabelle 5-6: Inhalt der .vmx-Datei (Forts.)

Eintrag in der Datei	Bemerkung
uuid.location = "56 4d c4 29 f2 b4 42 33-f7 cc b0 bb 57 91 a1 5a"	Erstellungsort der VM. Die letzten sechs Zeichen sind meist identisch mit der MAC-Adresse.
vc.uuid = "52 0f 00 b1 36 2f c0 d7-d4 5c 18 8d 74 fc 16 da"	Eindeutige ID der VM im vCenter Server
vcpu.hotadd = "TRUE"	Hinzufügen von CPUs im laufenden Betrieb
virtualHW.productCompatibility = "hosted"	Kompatibilität der virtuellen Hardware stimmt mit dem Host überein.
vm.createDate = "1600859547337651"	Datum der Erstellung der VM
vmci0.present = "FALSE"	VMI-Paravirtualisierung aktiviert
vmotion.checkpointFBSize = "6291456"	Eintrag für vMotion bezüglich des RAMs der Grafikkarte
vmx.buildType = "stats"	Statistiken protokollieren
wwn.node = "21de000c2900019b"	Einträge für Fibre-Channel-NPIV
wwn.port = "21de000c2900029b"	
wwn.type = "host"	

Inhalt der .vmdk-Datei

Wirft man einen Blick in die Konfigurationsdatei der Festplatte der virtuellen Maschine, wird man einiges wiederfinden, was man eventuell noch von alten BIOS-Einträgen für IDE-Festplatten kennt. Da es sich hier um eine Textdatei handelt, kann sie mit einem Editor, der die Linux-konformen Zeilenwechsel richtig interpretiert, geändert werden. Im Folgenden gehe ich auf einige wichtige Parameter ein.

In der .vmdk-Datei Ihrer Maschine müssen nicht alle Einstellungen vorhanden sein, und es können auch andere Einträge in dieser Datei stehen. Die Reihenfolge der Einträge darf auf keinen Fall geändert werden.

Tabelle 5-7: Inhalt der .vmdk-Datei

Eintrag in der Datei	Bemerkung
# Disk DescriptorFile	Festplatten-Beschreibungsdatei
version=1	Version 1
encoding="UTF-8"	Zeichensatz UTF-8
CID=2e62cf7a	Client-ID
parentCID=ffffffff	Übergeordnete ID (immer FFF..)
isNativeSnapshot="no"	Kein Snapshot, Originaldatei
createType="vmfs"	Auf VMFS-Dateisystem erstellt
# Extent description	Erweiterte Beschreibung

$\rightarrow$

Tabelle 5-7: Inhalt der .vmdk-Datei (Forts.)

Eintrag in der Datei	Bemerkung
RW 67108864 VMFS "VM1-flat.vmdk"	Read-Write, Größe in Blöcke, Name der VM-Festplatte
# The Disk Data Base	Festplatten-Datenbank
#DDB	Abkürzung für Disk Data Base
ddb.adapterType = "lsilogic"	Adaptertyp (ide, buslogic, lsilogic oder pvscsi)
ddb.geometry.cylinders = "4177"	Geometrie mit Zylinder
ddb.geometry.heads = "255"	Köpfe und
ddb.geometry.sectors = "63"	Sektoren
ddb.longContentID = "bb914b4215a361930f9a3d232e62cf7a"	Lange Inhalts-ID
ddb.thinProvisioned = "1"	Thin-Provisioning-Platte
ddb.toolsVersion = "9443"	Version der VMware Tools
ddb.uuid = "60 00 C2 9c ce 10 48 54-56 e2 bc a7 94 7b 9f 31"	Eindeutige ID der Festplatte
ddb.virtualHWVersion = "14"	Hardwareversion der VM

Hat man bei der VM unter VM-OPTIONEN das Häkchen bei STATISTIKEN ERFASSEN angeklickt, gibt es im Verzeichnis der Maschine noch ein Unterverzeichnis namens stats, in dem sich die zugehörigen Dateien befinden.

Zur neuen Ansicht wechseln

Auf der Registerkarte ÜBERSICHT bei der VM gibt es seit der Version 7.0 die Möglichkeit, die Ansicht umzuschalten. Anschließend kann man die zehn Abschnitte nach eigenen Wünschen sortieren bzw. anordnen oder über ANSICHT ANPASSEN auch bis zu sieben Abschnitte ausblenden. Über den Anmeldenamen im oberen Balken des Fensters kann auch der »Dark Mode« über DESIGN WECHSELN eingestellt werden.

VMs umbenennen

Hat man sich bei der Bereitstellung der VM beim Namen vertan, so kann man diese in der Bestandsliste des ESXi-Hosts oder beim vCenter Server über das Kontextmenü umbenennen. Dadurch werden aber nicht der Name des Verzeichnisses oder die darin enthaltenen Dateien der VM geändert. Bei einem anschließenden Storage vMotion wird das Verzeichnis der VM wie der Name in der Bestandsliste lauten und die Dateien in dem Verzeichnis werden ebenfalls umbenannt. Da Storage vMotion aber nur bei der teuersten Lizenz enthalten ist, folgt hier eine Schritt-für-Schritt-Anleitung.

Um auch die Dateinamen wieder »sauber« zu bekommen, ist einiger Aufwand nötig:

1. Fahren Sie die Maschine, die Sie umbenennen wollen, herunter. Für die folgenden Änderungen muss sie ausgeschaltet sein. Stellen Sie sicher, dass die VM keinen Snapshot hat.

2. Öffnen Sie den Datenspeicherbrowser, auf dem sich die VM befindet, und klicken Sie in der rechten Hälfte des Fensters auf den Ordner der VM mit der rechten Maustaste. Über das Kontextmenü können Sie den Ordnernamen anpassen.

3. Öffnen Sie den Ordner und sortieren Sie die Liste nach dem Namen. Jetzt können Sie alle Dateien der VM mit Ausnahme der Festplattendateien hierüber ändern. Schließen Sie danach den Datenspeicherbrowser aber noch nicht.

4. Klicken Sie im NAVIGATOR unter dem ESXi-Server, auf dem sich die VM befindet, auf VERWALTEN und navigieren Sie auf der Registerkarte DIENSTE zu dem Punkt TSM-SSH.

5. Klicken Sie oben links auf die Schaltfläche STARTEN, danach sollte in der Spalte STATUS WIRD AUSGEFÜHRT stehen.

   Wenn Sie mit einer Linux-Kommandozeile und der Bearbeitung von Dateien mit vi(m) vertraut sind, können Sie sich jetzt über putty mit dem Host verbinden. Für Windows-Benutzer empfehle ich den Einsatz des kostenlosen Tools WinSCP.

6. Melden Sie sich über SSH an dem vorbereiteten Host an und gehen Sie zu dem Volume, auf dem sich die Dateien der VM in dem umbenannten Ordner befinden (Beispiel: *cd /vmfs/volumes/datastore1/VM1/*).

7. Hier sehen Sie für jede Festplatte eine Beschreibungsdatei (z.B. *VM1.vmdk*) und die zugehörige Festplatte (z.B. *VM1-flat.vmdk*). Ändern Sie hier die Namen wie gewünscht (Beispiel: *mv VM1.vmdk vm-vcs.vmdk* und *mv VM1-flat.vmdk vm-vcs-flat.vmdk*).

8. Jetzt müssen in den folgenden Dateien nur noch die Namensbezüge angepasst werden:

   - *.vmxf
     In der »erweiterten« Konfigurationsdatei im XML-Format muss lediglich der Name der *.vmx-Datei angepasst werden (falls der Eintrag noch vorhanden ist).

   - *.vmdk
     In den Beschreibungsdateien zur Festplatte im TXT-Format brauchen Sie ebenfalls nur eine Zeile zu bearbeiten.

   - *.vmx
     Hier ändern Sie folgende Zeilen: *extendedConfigFile*, *scsi0:0.filename*, *displayName* und gegebenenfalls weitere Festplatten wie *scsi1:0.filename* und *nvram*. Die Zeile, die mit *sched.swap.derivedName* anfängt, können Sie löschen, ebenfalls – falls vorhanden – die Zeile *migrate.hostlog*.

9. Klicken Sie in der Bestandsliste nun mit der rechten Maustaste auf den Namen Ihrer VM und wählen Sie aus dem Kontextmenü *Aus Bestandsliste entfernen*.

10. Gehen Sie jetzt wieder im Fenster des Datenspeicherbrowsers in das Verzeichnis der VM und wählen Sie über das Kontextmenü auf der *.vmx*-Datei den Eintrag *Zur Bestandsliste hinzufügen*.

Beim nächsten Einschalten werden Sie gefragt, ob Sie die VM kopiert oder verschoben haben. Wählen Sie dann *verschoben*, damit keine neue MAC-Adresse generiert wird. Vergessen Sie nicht, den SSH-Dienst wieder zu beenden.

Die MAC-Adresse der VM

Die Hardwareadresse der virtuellen Maschine wird beim ersten Starten automatisch generiert und in die *.vmx*-Datei eingetragen. Üblicherweise ermittelt der Host aus dem »echten« Namen des Storage, des Ordners der VM und deren Namen eine hexadezimale Adresse und trägt diesen in die *.vmx*-Datei als uuid.location ein. Die letzten sechs Stellen dieser ID werden dann die letzten sechs Stellen der MAC-Adresse. Über die grafische Oberfläche können Sie diese einsehen und mittlerweile auch beliebig verändern:

1. Klicken Sie dazu auf die ausgeschaltete virtuelle Maschine und wählen Sie EIN-STELLUNGEN BEARBEITEN aus.

2. Klicken Sie dann auf NETZWERKADAPTER 1 oder einen beliebigen anderen. Im rechten Teil des Fensters sehen Sie dann die automatisch zugewiesene Adresse, meist im Bereich von 00:0c:29:xx:yy:zz.

3. Ist die Maschine ausgeschaltet, können Sie hier eine manuelle Adresse eintragen. Der Anfangsbereich liegt bei 00:50:56:00:00:00, also den ebenfalls von VMware erworbenen sechs Stellen.

4. Bei Bedarf können Sie aber eine beliebige 12-stellige MAC-Adresse nach dem obigen Muster (mit Doppelpunkten) eintragen.

Gerade wenn man eine physische Maschine in eine virtuelle konvertiert und die bisherige MAC-Adresse beibehalten muss, kann man hier endlich ohne Probleme die vorige Einstellung eintragen.

Davon unabhängig können Sie natürlich auch diese Einstellungen beim Treiber zur Netzwerkkarte im gestarteten Betriebssystem einstellen (siehe Abbildung 5-39).

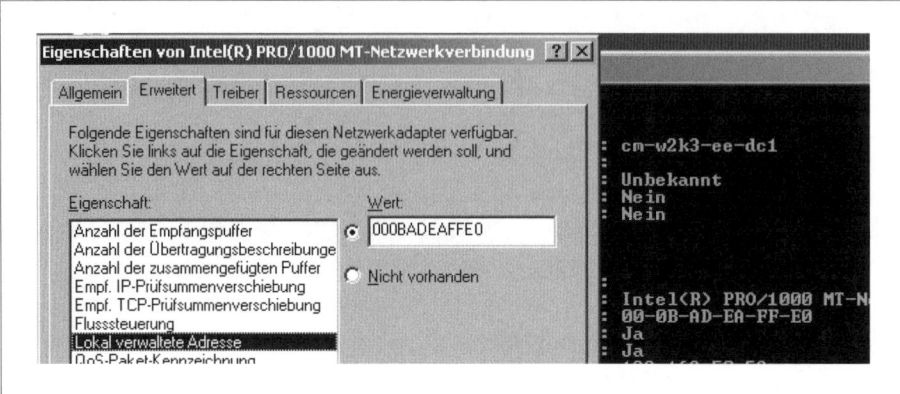

Abbildung 5-39: MAC-Adresse im Betriebssystem ändern

Bedenken Sie bei dieser Änderung, dass manche Software die Hardwareadresse der Netzwerkkarte aus deren Konfigurationsport direkt abfragt und sich durch diese Einstellung nicht überlisten lässt. Über den zuerst genannten Weg sollte es aber funktionieren.

Denken Sie außerdem daran, dass doppelt vergebene MAC-Adressen in einem Netzwerk zu erheblichen Problemen führen können und es sehr schwer ist, diesen Fehler zu identifizieren. Ein doppelter Name oder eine bereits vorhandene IP-Adresse wird üblicherweise vom Betriebssystem der Maschine gemeldet – eine doppelte Hardwareadresse leider nicht.

In diesem Kapitel habe ich beschrieben, wie eine virtuelle Maschine richtig erstellt wird, welche Einstellungs- und Wahlmöglichkeiten man dabei hat, worauf es bei den VMware Tools ankommt und wie man nachträglich Änderungen durchführt.

In den nächsten beiden Kapiteln werden wir uns detailliert um das Netzwerk und die externe Datenspeicheranbindung kümmern.

## KAPITEL 6

Netzwerkkonfiguration

Bevor Sie weitere virtuelle Maschinen auf den ESXi-Servern erstellen, sollten Sie die Netzwerke und Storage-Zugriffe der Hosts konfigurieren. In diesem Kapitel gehe ich detailliert auf die Netzwerkkonfiguration ein und das Kapitel 7 befasst sich dann mit den Möglichkeiten, gemeinsame Storages einzurichten. Die Installation und Konfiguration der verteilten vSwitches über den vCenter Server erfolgt später in Kapitel 12.

Zur Basiskonfiguration des ESXi-Servers gehören z. B.:

- die Erstellung virtueller Switches und Ports,
- die Einrichtung des Netzwerks für virtuelle Maschinen,
- die Konfiguration des Netzwerks für vMotion, ein zweiter Management-Port für den Verwaltungsdatenverkehr und gegebenenfalls Zugriff auf iSCSI- oder NFS-Speicher,
- das Konfigurieren des Dateisystems und verschiedener Speichertypen, wie zum Beispiel iSCSI, Fibre Channel und NFS, sowie
- die zum Schutz Ihrer VMs enthaltenen Sicherheitsfunktionen bezüglich Netzwerk und Speicher.

Netzwerkkonzepte

Die meisten von Ihnen kennen einen *physischen Switch*. Er wird eingesetzt, um PCs miteinander zu verbinden, damit diese Daten austauschen können. Jeder Switch hat mehrere Anschlüsse (Ports genannt), die mit einem Kabel versehen zu einem anderen Switch führen oder an einen Rechner, der am Netzwerkverkehr teilnehmen soll.

Ein Switch merkt sich für jeden Port die MAC-Adresse des angeschlossenen Geräts und leitet Datenpakete nur an diesen weiter (Ausnahme: Broadcasts, also Meldungen an alle).

Switches bilden den Kern eines physischen Netzwerks. Es können mehrere Switches zusammengeschlossen werden, um größere Netzwerke zu bilden (Kaskadierung z.B. über einen Uplink-Port).

Virtuelle und physische Switches

Ein *virtueller Switch*, ein sogenannter *vSwitch* auf dem ESXi-Server (siehe Abbildung 6-1), funktioniert ähnlich wie ein physischer Ethernet-Switch (Level-2-Hub). Er weiß, welche virtuellen Maschinen logisch an welche virtuellen Ports angeschlossen sind, und leitet die Daten nur an die entsprechende virtuelle Maschine direkt über den vSwitch oder die angeschlossenen physischen Adapter weiter.

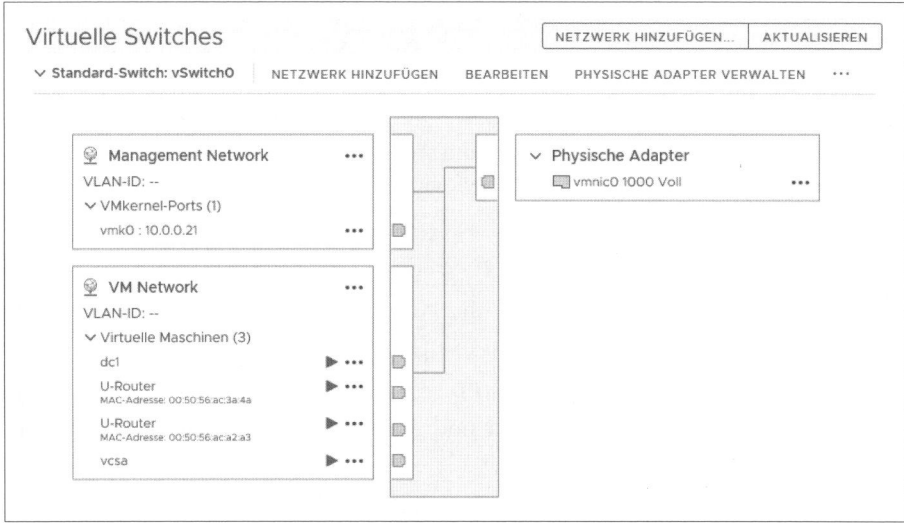

Abbildung 6-1: Virtueller Netzwerk-Switch

Ein vSwitch kann über physische Ethernet-Adapter (auch Uplink- oder Outbound-Adapter genannt) an physische Switches angeschlossen werden, um virtuelle und physische Netzwerke zu verbinden. Diese Verbindung ähnelt der Vernetzung physischer Switches zur Bildung größerer Netzwerke. Ein vSwitch funktioniert also ähnlich wie ein physischer Switch, verfügt aber nicht über alle erweiterten Funktionsmerkmale eines managebaren physischen Switch.

Ein *virtuelles Netzwerk* unterscheidet sich von einem physischen dadurch, dass die Daten, die von einer virtuellen Maschine zu einer anderen gesendet werden, nicht die Netzwerkkarte erreichen, sondern über den Hypervisor ausgetauscht werden (Abbildung 6-2). Erst wenn die Ziel-VM auf einem anderen Host liegt oder ein physischer Rechner das Ziel ist, werden die Daten über die Netzwerkkarte des Hosts an einen physischen Switch weitergeleitet (siehe Abbildung 6-3). Dann wird aber nicht mehr von einem virtuellen Netzwerk gesprochen.

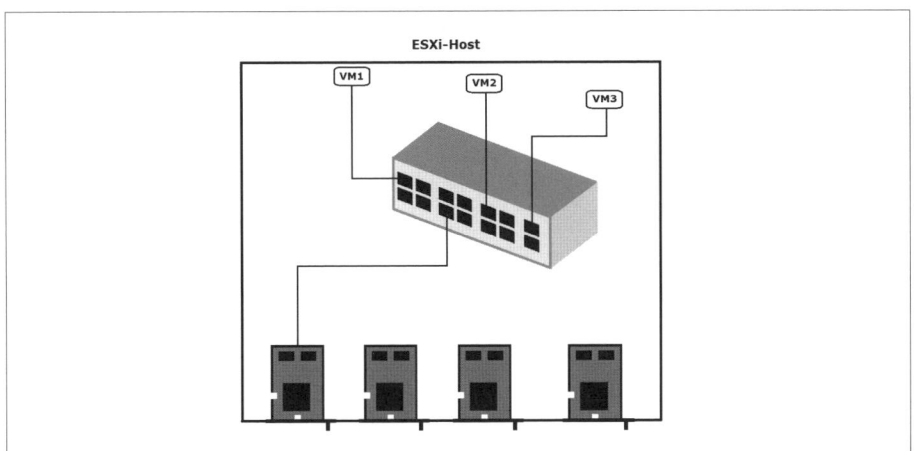

Abbildung 6-2: Kommunikation über Hypervisor

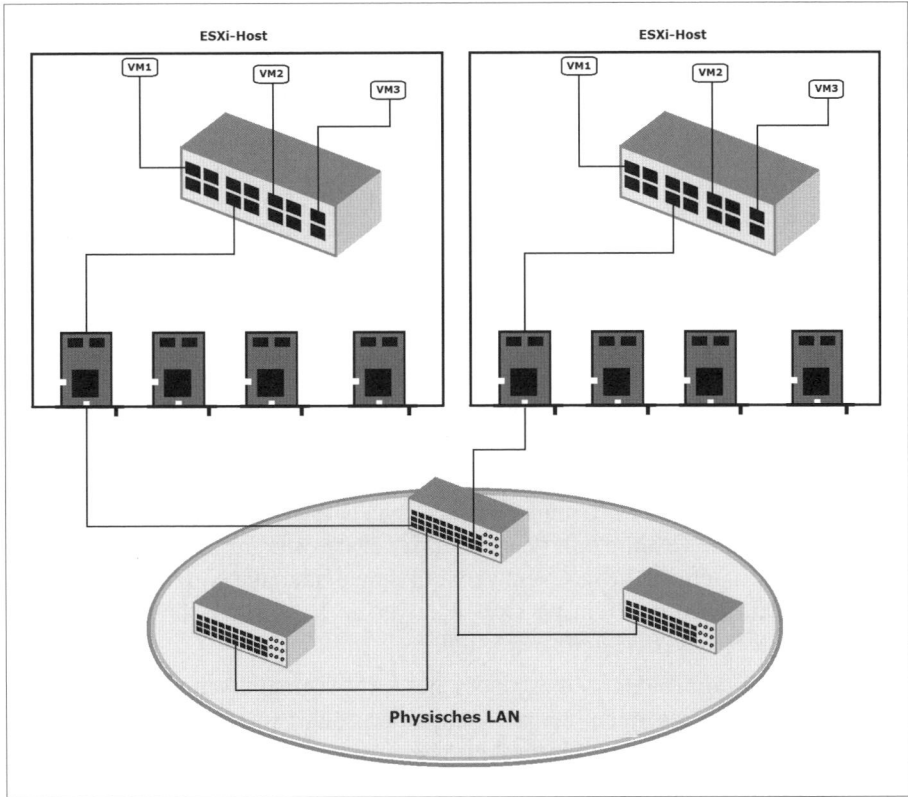

Abbildung 6-3: Kommunikation über das LAN

Die Netzwerkkonzepte von VMware

VMware hat ab vSphere 4 ein neues Netzwerkkonzept eingebunden, das aber nur in Zusammenhang mit dem vCenter Server möglich ist. Dabei handelt es sich um sogenannte *verteilte Netzwerk-Switches*. Auf diese »Distributed Switches« gehe ich erst in Kapitel 12 ein. Es folgt eine Beschreibung des Netzwerkkonzepts für einen einzelnen ESXi-Host:

- Ein virtueller Switch kann in Gruppen mit bestimmten Ports aufgeteilt werden, wie in Abbildung 6-4 gezeigt. Für jede Portgruppe können dann unterschiedliche Einstellungen festgelegt werden, z.B. Bandbreitenbeschränkungen, Sicherheitseinstellungen oder VLAN-Tagging-Richtlinien.

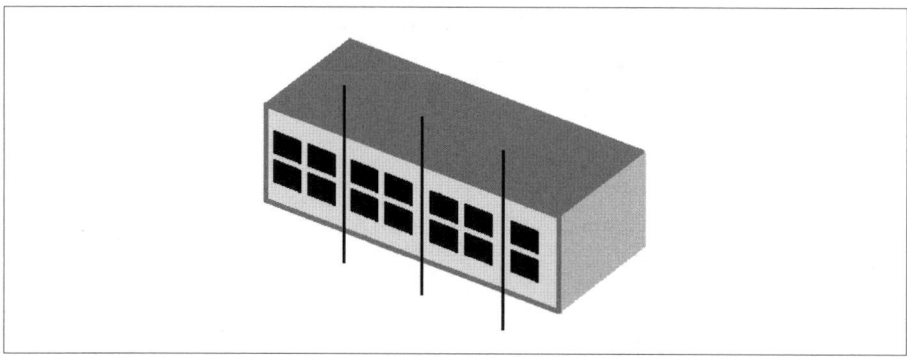

Abbildung 6-4: In Gruppen aufgeteilter Switch

- Die Netzwerkdienste werden über diese Gruppen an vSwitches angeschlossen. Portgruppen definieren, wie eine Verbindung über den vSwitch an das physische Netzwerk erfolgt. Standardmäßig wird einem einzelnen vSwitch mindestens eine Portgruppe zugeordnet. Es ist auch möglich, einen vSwitch ohne Portgruppe zu erstellen.

- NIC-Gruppierung (NIC-Teaming) tritt auf, wenn einem vSwitch mehrere physische Netzwerkkarten (Uplink-Adapter) zugewiesen werden, um eine Gruppe zu bilden. Eine Gruppe kann entweder den Datenverkehr zwischen dem physischen und dem virtuellen Netzwerk auf einige oder alle Netzwerkkarten der Gruppe aufteilen oder ein passives Failover im Falle einer Hardwarestörung oder eines Netzwerkausfalls bereitstellen.

- Mit VLANs kann ein einzelnes physisches LAN-Segment weiter aufgeteilt werden, sodass Portgruppen derart voneinander isoliert werden, als befänden sie sich in unterschiedlichen physischen Segmenten. Der Standard ist 802.1q.

- Der VMkernel-TCP/IP-Netzwerkstapel unterstützt iSCSI, NFS, vMotion, Fault Tolerance, Replizierung und das Management Network für den Verwaltungsdatenverkehr. Virtuelle Maschinen führen TCP/IP-Stapel ihrer eigenen Systeme aus und verbinden sich auf Ethernet-Ebene über virtuelle Switches mit dem Netz.

- IP-Speicher bezeichnet jede Art von Storage, der auf TCP/IP-Netzwerkkommunikation beruht. iSCSI und NFS können als Datenspeicher für virtuelle Maschinen oder für die direkte Einbindung von ISO-Dateien, die dann von der virtuellen Maschine als CD-/DVD-ROMs erkannt werden, verwendet werden.

- TCP Segmentation Offload (TSO) ermöglicht einem TCP/IP-Stapel das Senden sehr großer Datenblöcke (bis zu 64 KByte), obgleich die maximale Übertragungseinheit (*Maximum Transmission Unit*, MTU) der Schnittstelle kleiner ist. Der Netzwerkadapter trennt anschließend den großen Datenblock in Datenblöcke mit MTU-Größe und stellt eine angepasste Kopie der einleitenden TCP/IP-Header voran. Ein VMkernel-Port ist damit standardmäßig angelegt.

- Über die Migration mit vMotion kann eine laufende virtuelle Maschine von einem Host auf einen anderen übertragen werden, ohne dass die virtuelle Maschine heruntergefahren werden muss. Für die optionale vMotion-Funktion ist ein eigener Lizenzschlüssel und ein vCenter Server notwendig.

MTU und TSO einer oder mehrerer Netzwerkkarten an einem vSwitch können auch über die grafische Oberfläche mit dem vSphere Client eingerichtet werden. Das erfolgt also nicht mehr nur über die Kommandozeile (siehe weiter unten im Abschnitt »vSwitches optimieren« auf Seite 212).

Internet Protocol Version 6

vSphere unterstützt sowohl Internetprotokollversion 4 (IPv4) als auch Internetprotokollversion 6 (IPv6). Nach der Installation ist sowohl IPv4 als auch IPv6 auf dem ersten vSwitch eingerichtet. Zu einer IPv6-spezifischen Konfiguration in vSphere gehört das Angeben von IPv6-Adressen für alle relevanten vSphere-Netzwerkschnittstellen – entweder durch die Eingabe von statischen Adressen oder durch Verwendung von DHCP (Stateful Address Autoconfiguration). Die IPv6-Adressen kann sich der Host auch über die sogenannte Stateless Address Autoconfiguration über spezielle Routermeldungen holen. Dabei hat der Router ein Präfix, aus dem sich angeschlossene Geräte ihre eigenen Informationen bilden können.

Konfigurieren von IPv6

Die Unterstützung von IPv6 können Sie auf dem Host über den Host-Client, über die direkte Konsole (DCUI) oder über den HTML5-Client auf dem vCenter Server konfigurieren und deaktivieren.

Vorgehensweise über den vCenter Server:

1. Klicken Sie auf den Host in der Bestandsliste und anschließend auf die Registerkarte KONFIGURIEREN.

2. Wählen Sie unter NETZWERK den Punkt TCP/IP-KONFIGURATION.

3. Klicken Sie oben rechts auf den Link IPV6 CONFIGURATION, dann öffnet sich das Fenster aus Abbildung 6-5.

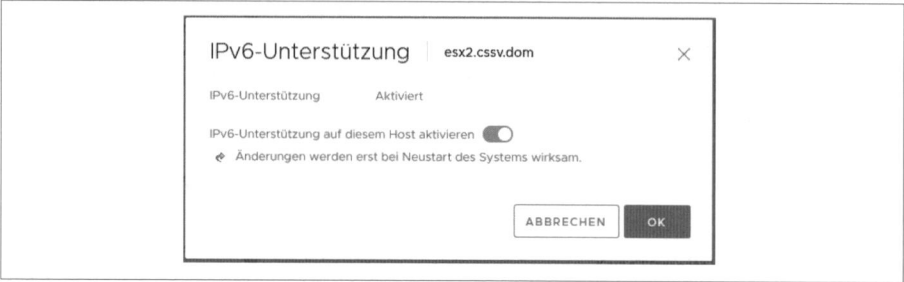

Abbildung 6-5: IPv6 konfigurieren

4. Wählen Sie die gewünschte Option aus und klicken Sie auf OK.

Möchten Sie statische IPv6-Informationen eingeben, so geht dieses über den Eintrag VMKERNEL-ADAPTER. Klicken Sie in der dann rechts angezeigten Liste auf das MANAGEMENT NETWORK und anschließend auf BEARBEITEN. In dem folgenden Fenster können Sie die Eingaben unter IPV6-EINSTELLUNGEN erledigen.

Deaktivieren von IPv6 über DCUI:

1. Begeben Sie sich an den Server, drücken Sie F2 und melden Sie sich an.
2. Navigieren Sie zu Configure Management Network, drücken Sie Enter.
3. Wählen Sie IPv6 Configuration und drücken Sie erneut Enter.
4. Setzen Sie den Fokus auf Disable IPv6 (restart required) und drücken Sie die Leertaste.
5. Bestätigen Sie mit Enter und gehen Sie aus dem Menü mit der Esc-Taste raus, dann wird der Host neu gestartet.

IPv6

Eine IP-Adresse ergibt sich aus einem Adressraum von 32 Bit, was somit zu 232 verschiedenen Adressen führt. Dies sind ca. 4,3 Milliarden Adressen, was auf den ersten Blick doch eine ganz beachtliche Anzahl zu sein scheint.

Gleichwohl ging man eine Weile recht verschwenderisch mit den Adressen um, und wenn man daran denkt, dass alle möglichen Geräte (ja, auch der heimische Kühlschrank) weltweit per Internet erreichbar sein sollen, wird klar, dass die verfügbaren Adressen doch langsam zur Neige gehen.

Die zurzeit gängige IP-Version wird als IPv4 bezeichnet. Der seit 1994 in Arbeit befindliche Nachfolger IPv6 verwendet dagegen einen Adressraum von 128 Bit, was somit zu einer geradezu unvorstellbaren Anzahl von möglichen IP-Adressen führt. IPv6 oder früher IPnG (IP *next Generation*), wie dieser Standard früher auch bezeichnet wurde, muss natürlich zu IPv4 kompatibel sein, was dadurch erreicht wird, dass die bisherigen IPv4-Adressen in den unteren Bereich von IPv6 aufgenommen werden.

$\rightarrow$

Neben den 128-Bit-Adressen bietet IPv6 zusätzliche Sicherheitsfunktionen (Authentification & Privacy), neue Routing-Mechanismen, eine flexiblere Klasseneinlung und einen *Quality of Service*. Vom QoS, den man sich vereinfacht als eine garantierte Bandbreitenzuteilung für eine Übertragung vorstellen kann, sollen insbesondere Real-Time-Applikationen (Echtzeitanwendungen) wie Ton und Video profitieren.

IPv4-Adressen werden dezimal in vier, IPv6 hexadezimal in acht Blöcken dargestellt. Neu ist die Abgrenzung durch Doppelpunkte (ähnlich wie bei der MAC-Adresse, *Media Access Control*), also z.B. 20F8:08DC:853A:083B:1121:B1C2:3007:1144.

IPv6-Adressen sind aus zwei logischen Teilen zusammengesetzt: einem 64 Bit langen Netzwerkpräfix und einer 64 Bit langen Hostadresse, die entweder aus der Hardwareadresse der Netzwerkkarte (MAC-Adresse) erstellt oder einfach sequenziell zugewiesen werden kann.

Ein Subnetz wird dann z.B. mit 20F8:08DC:853A:083B::/64 bezeichnet. Hat ein Netzwerkgerät die IPv6-Adresse 20F8:08DC:853A:083B:1121:B1C2:3007:1144, stammt es aus diesem Subnetz. Daraus folgt, dass dieses Subnetz auch zum übergeordneten Subnetz mit dem kürzeren Präfix 20F8:08DC:853A::/48 gehört.

Adressen aus diesem Subnetz fangen also bei

- 20F8:08DC:853A:0000:0000:0000:0001 an und hören bei
- 20F8:08DC:853A:FFFF:FFFF:FFFF:FFFE auf. Daher ist ein Subnetz mit nur einem PC als /128 gekennzeichnet.
- Eine Localhost-Adresse ist also mit ::0001/128 gekennzeichnet.
- FC00::/7 sind lokale Adressen, die von einem Internetrouter nicht weitergeleitet werden, wohl aber von LAN-Routern.
- FEC0::/10, also von FEC0 bis FEFF, sind für Multicast vorgesehen, ebenso wie der Adressbereich aus FF00::/8.

Erst seit Windows Vista wird IPv6 bei Microsoft-Betriebssystemen automatisch mitinstalliert und ist uneingeschränkt nutzbar. Bei Linux gilt die Unterstützung seit Kernel-Version 2.6, bei Solaris ab Version 8, bei AIX mit Version 4.3, bei MAC OS X seit Version 10.2.

Netzwerkdienste

Ein virtueller Switch stellt für den Host und die virtuellen Maschinen mehrere verschiedene Dienste zur Verfügung, die auf Portgruppenebene konfiguriert werden können (siehe Abbildung 6-6). Eine Portgruppe (Verbindungstyp) kann nur auf einem *bestehenden* Switch erstellt werden, ein neuer Switch auch ohne Portgruppe, was allerdings keinen Sinn macht.

Abbildung 6-6: ESXi-Netzwerkdienste

Man unterscheidet hier drei verschiedene Verbindungstypen:

- Die Verbindung von virtuellen Maschinen zum physischen Netzwerk sowie die Verbindung untereinander.

- Das Verbinden von VMkernel-Diensten (zum Beispiel NFS, iSCSI, vMotion oder FT) mit dem physischen Netzwerk.

- Ausführen von Management-Diensten für ESXi über die Hostverwaltung. Ein Management-Network-Port, der standardmäßig während der Installation festgelegt wird, ist für ESXi erforderlich, damit eine Verbindung mit Netzwerk- oder Remote-Diensten, einschließlich vSphere Client, eingerichtet werden kann.

 Bei ESXi-Hosts, wie in Abbildung 6-3 dargestellt, stehen nur zwei Verbindungstypen zur Verfügung, es gibt also keine Trennung zwischen VMkernel-Port und Remote-Zugriff. Beides wird hier über einen Management-Port abgewickelt. Da dieses beim ESXi nicht getrennt werden kann und keine unterschiedlichen Gateways dafür eingetragen werden können, hat man hier wenig Flexibilität bezüglich unterschiedlicher Subnetze.

Die Konfiguration des Netzwerks kann über den Host-Client teilweise, über den vCenter Server mit dem HTML5-Client vollständig erfolgen. Klicken Sie dazu auf einem ESXi-Server unter dem NAVIGATOR auf den Punkt NETZWERK oder über den vCenter Server auf einen Host, dann auf die Registerkarte KONFIGURIEREN und unter NETZWERK auf VIRTUELLE SWITCHES.

VLAN

Unter VLANs (*Virtual Local Area Networks*) versteht man virtuell voneinander getrennte Netzwerke auf einem Switch oder über mehrere physische Switches verteilt. Man benötigt also nicht zwingend zwei Switches, um zwei getrennte Netzwerke aufzubauen. Die Zugehörigkeit eines Rechners zu einem VLAN wird über eine VLAN-ID geregelt.

Um von einem VLAN in das andere zu gelangen, ist man auf einen Router oder einen Layer-3-Switch angewiesen (die Routing-Funktionalität ist in den Switch integriert). Um einem Rechner alle VLANs zugänglich zu machen, muss man einen sogenannten »Trunkport« konfigurieren, der allerdings auch von der Netzwerkkarte des Systems unterstützt werden muss (802.1q-Unterstützung).

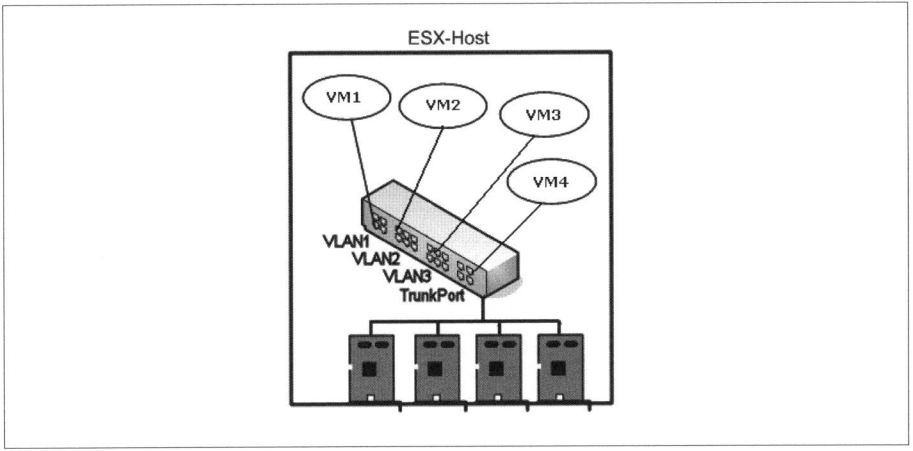

Abbildung 6-7: Host mit vier VMs und drei VLANs

In Abbildung 6-7 ist ein Hostsystem mit vier physischen Netzwerkkarten und vier laufenden virtuellen Maschinen zu sehen. Es sind hier vier virtuelle Netzwerke mit jeweils einer physischen Netzwerkkarte eingerichtet. Der Switch ist mit drei VLANs und einem Trunkport konfiguriert.

Es entsteht somit folgende Konstellation:

- VM1 ist im VLAN1 angesiedelt und sieht damit alle Systeme in VLAN1.
- VM2 ist im VLAN2 angesiedelt und sieht damit alle Systeme in VLAN2.
- VM3 ist im VLAN3 angesiedelt und sieht damit alle Systeme in VLAN3.
- VM4 ist auf einem Trunkport konfiguriert und sieht somit alle Systeme in VLAN1, VLAN2 und VLAN3.

Wie Sie sehen, können diese VLANs bei der Einrichtung der virtuellen Maschinen von Vorteil sein, weil man verschiedene virtuelle Netzwerke einrichten kann, die wiederum in verschiedenen VLANs liegen. Damit sind sehr sichere Netzwerke innerhalb der virtuellen Maschinen zu realisieren. Bei vielen meiner Kunden werden VLANs anstelle von Subnetzen eingesetzt. Sie können dieses Prinzip auch für getrennte Netze, z.B. für die Buchhaltung und die Finanzabteilung, nutzen.

VMware ESXi unterstützt über die realen VLANs hinaus auch »virtuelle VLANs«, die eine Trennung der VLANs durch virtuelle Switches erlauben. Dadurch ergeben sich sehr flexible Möglichkeiten bezüglich der virtuellen Netzwerkstruktur, die von VMware Workstation und Microsoft Virtual Server nicht geboten werden.

Virtual Switch Tagging

Hier wird die Zuordnung der VLANs vom VMkernel übernommen und auf die virtuellen Switches übertragen (siehe Abbildung 6-8). Dazu müssen Sie den physischen Adapter des Hostsystems mit einem Trunkport auf dem physischen Switch verbinden, damit alle Pakete und damit auch alle VLAN-IDs diesen Port passieren. Dieser Trunkport muss vom Switch her so konfiguriert werden, dass keine VLAN-IDs entfernt werden.

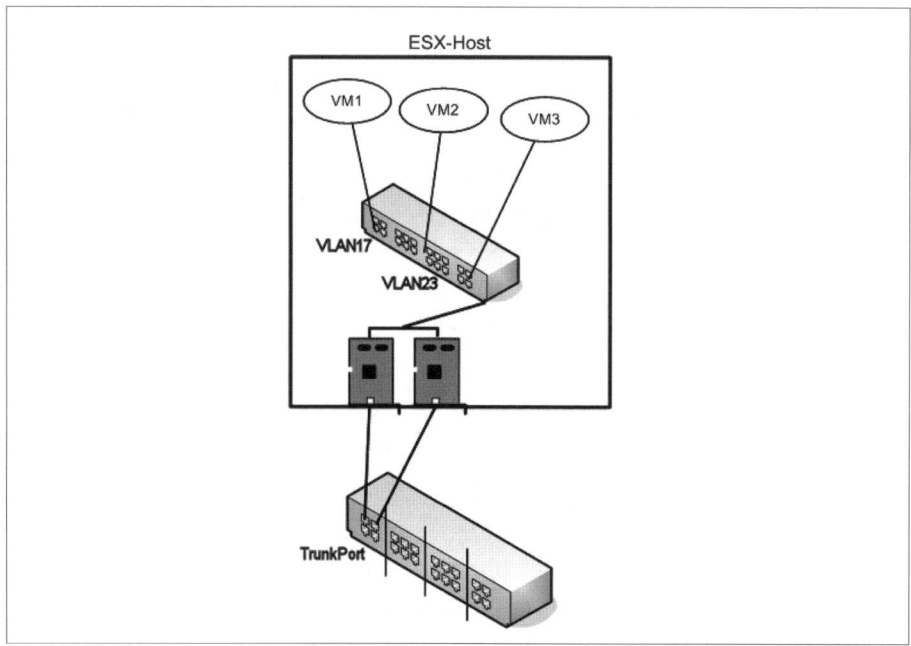

Abbildung 6-8: VLANs werden nur über den VMkernel realisiert.

Der VMkernel, in Form des virtuellen Switch, passt die getaggten Pakete dann so an, dass die virtuellen Maschinen nur die für sie bestimmten Pakete erhalten. Da die emulierten Netzwerkkarten kein VLAN-Tagging unterstützen, werden durch den VMkernel alle VLAN-relevanten Daten entfernt oder hinzugefügt, je nachdem, ob das Paket zur virtuellen Maschine unterwegs ist oder von ihr kommt.

Anhand des Beispiels in Abbildung 6-8 können Sie diese Konstellation genau nachvollziehen. Die beiden physischen Netzwerkadapter des Hostsystems sind auf einen Trunkport am physischen Switch gesteckt. Sobald nun Pakete mit der VLAN-ID 17 ankommen, wird das VLAN-Tagging durch den virtuellen Switch vom VMkernel entfernt und an die VM1-Netzwerkkarte weitergeleitet. Diese bekommt keine Informationen über die VLAN-Zugehörigkeit mehr mitgeteilt. Da die virtuellen Netzwerkkarten generell kein VLAN-Tagging verstehen, ist das auch die einzig sinnvolle Möglichkeit.

Wenn nun Pakete von der virtuellen Maschine VM1 verschickt werden, erweitert der virtuelle Switch das Paket automatisch um die VLAN-Tagging-Informationen. Genau so passiert das auch bei VM2, außer dass hier nur Pakete für VLAN-ID 23 vorbeigeschleust werden. Laut VMware wird die Netzwerkleistung dadurch nur minimal beeinträchtigt.

Um das Virtual Switch Tagging einzurichten, müssen Sie unter VMware ESXi mit sogenannten Portgruppen (*Port Groups*) arbeiten. In diesem Fall müssten Sie zwei Portgruppen einrichten: eine für VLAN-ID17 und eine für VLAN-ID 23. Dazu müssen Sie in VCSA (vCenter Server Appliance) beim Erstellen der Portgruppe eine VLAN-ID (siehe Abbildung 6-9) angeben.

Abbildung 6-9: Einrichten eines VLAN für die VMs

Hier sollten Sie nun einen sprechenden Namen wählen, um später die Portgruppe direkt mit der VLAN-ID in Verbindung bringen zu können. Als VLAN-ID können Sie entweder eine zugeordnete VLAN-ID, 0 für kein VLAN oder 4095 für alle VLAN-IDs angeben, falls Pakete mit unterschiedlichen IDs in der Portgruppe ankommen sollen.

Nachdem Sie die Portgruppen angelegt haben, finden Sie sie unterhalb des entsprechenden virtuellen Netzwerks und können sie dort bearbeiten.

Sobald die Portgruppen eingerichtet sind, stehen Ihnen diese für die Konfiguration Ihrer virtuellen Maschinen zur Verfügung. Pakete und Broadcasts aus anderen Netzwerken werden in diese Portgruppe nicht weitergeleitet.

Da die Netzwerknamen zum Funktionieren von vMotion immer gleich sein müssen, sollten Sie diese Portgruppen – wenn Sie vMotion verwenden – bei allen beteiligten VMware ESXi-Servern identisch benennen.

VLAN-Einsatz

Durch die Verwendung von VLANs, also virtuellen LAN-Umgebungen, kann man allein mit Switches Netzwerke logisch voneinander trennen und auf Router verzichten (siehe vorhergehenden Abschnitt).

Diese VLANs können entweder auf einem einzelnen speziellen Switch konfiguriert oder über mehrere verteilt werden. Dadurch können innerhalb einer durch Switches verbundenen Netzwerkinfrastruktur mehrere virtuelle Netzwerkumgebungen erstellt werden, um beispielsweise Abteilungen sicher voneinander zu trennen.

Um von einem VLAN ins andere zu gelangen, ist zwingend ein Router oder ein Layer-3-Switch erforderlich, der dann das Routing übernehmen kann. Außerdem gibt es die Trunkports, die VLAN-übergreifend alle Netzwerkpakete erhalten.

Nun stehen Ihnen mehrere Wege offen, um die VLAN-Technologie in die virtuelle Umgebung zu bringen. VLANs werden anhand von VLAN-IDs voneinander unterschieden, die im Netzwerkpaket vermerkt sind. Dieses sogenannte VLAN-Tagging, das jedes Ethernet-Paket um vier Byte erweitert, in denen die VLAN-ID hinterlegt ist, wird im Netzwerkstandard IEEE 802.1q definiert.

Physikalisch am Switchport

Eine Möglichkeit besteht darin, schon im Netzwerk-Switch nur bestimmte VLANs für den Port anzugeben, auf dem auch die physische Netzwerkkarte des Hostsystems eingesteckt ist. Die Netzwerkkarten des Hostsystems müssen den 802.1q-Standard unterstützen, damit die VLAN-Funktionalität gegeben ist.

vNetwork-Standardswitch

Sie können abstrakte Netzwerkgeräte erstellen, die als vNetwork-Standardswitches (vSwitches) bezeichnet werden. Wie bereits eingangs beschrieben, kann ein vSwitch Datenverkehr intern zwischen verschiedenen virtuellen Maschinen sowie zwischen virtuellen Maschinen und externen Netzwerken steuern.

Ein vSwitch arbeitet wie ein physischer Ethernet-Switch. Die Standardanzahl an logischen Ports für einen vSwitch, der mittels des HTML5-Clients erstellt wird, ist 3.456. In ESXi kann ein vSwitch jedoch deutlich mehr Ports haben. Der vSwitch, der während der Installation automatisch erstellt wird, hat beim ESXi-Server ebenfalls 3.456 Ports. Diese Anzahl kann nicht manuell verändert werden, weil seit der Version 5.5 diese dynamisch aus Performance-Gründen erweitert oder verringert wird.

An jeden Port können Sie den Netzwerkadapter einer virtuellen Maschine anschließen. Jeder Uplink-Adapter, der mit einem vSwitch verknüpft wurde, verwendet keinen sichtbaren Port, d.h., dass bei einem vSwitch die für physische Adapter reservierten bereits abgezogen sind. Jeder logische Port auf dem vSwitch gehört zu einer Portgruppe. Jedem vSwitch kann darüber hinaus mindestens eine Portgruppe zugewiesen werden. Sie können auf einem einzelnen Host maximal 4.096 vSwitch-Ports auf mehreren vSwitches einrichten und diese mit maximal 32 physischen Netzwerkkarten (je nach Typ) verbinden.

Portgruppen

Die Ports auf dem vSwitch werden in Portgruppen zusammengefasst und können unabhängig voneinander konfiguriert werden. Jede Portgruppe hat einen eindeutigen Bezeichner (Namen), der bei allen ESXi-Servern identisch sein sollte und nicht doppelt vorhanden sein darf. Dabei ist auch die Groß- und Kleinschreibung zu beachten, weil sonst eine VM z.B. nicht per vMotion verschoben werden kann.

Ein Host kann bis zu 4.096 Ports auf Portgruppen verwalten, davon dürfen aber nur 1.016 aktiv sein. Die Beschränkung der Portgruppen beim vCenter Server liegt bei 10.000 (beim Distributed vSwitch bei 60.000) insgesamt.

Eine logische Unterteilung des Datenverkehrs eines Ethernet-Segments durch VLAN kann einer Portgruppe bei Bedarf zugewiesen werden. Damit die Portgruppen, die sich auf anderen VLANs befinden, für eine Portgruppe sichtbar sind, muss die VLAN-ID bei dieser auf 4095 gesetzt sein.

Beachten Sie, dass die VLAN-IDs und die Bezeichnungen der Portgruppen bei allen beteiligten Hosts gleich sein müssen, um die Konnektivität ordnungsgemäß widerzuspiegeln.

Portgruppen für virtuelle Maschinen

Sie können einer virtuellen Maschine über den HTML5-Client eine Portgruppe zuweisen, indem Sie in die Einstellungen der VM gehen und dort bei der Netzwerkkarte im Drop-down-Menü eine andere Portgruppe auswählen. Es ist ebenfalls möglich, VMs weitere Netzwerkkarten hinzuzufügen, wobei für jede NIC ein anderer Anschluss gewählt werden kann.

> Überlegen Sie beim Einrichten von Portgruppen für virtuelle Maschinen, ob Sie diese VMs zwischen Hosts migrieren möchten. Falls ja, stellen Sie sicher, dass sich beide Hosts in derselben Broadcast-Domäne befinden, also im selben Schicht-2-Subnetz.

ESXi unterstützt nicht die Migration virtueller Maschinen zwischen Hosts unterschiedlicher Broadcast-Domänen, weil die migrierte virtuelle Maschine möglicherweise dann auf dem neuen Netzwerk keinen Zugriff mehr hätte. Seit der Version 6.0 gibt es aber die Möglichkeit, beim vMotion der VM dieser eine andere Portgruppe zuzuteilen.

Einen neuen vSwitch erstellen

Es ist zwar möglich, einen leeren virtuellen Switch ohne Portgruppen zu erstellen, aber nicht sinnvoll. VM-Portgruppen stellen das Netzwerk für virtuelle Maschinen bereit.

1. Klicken Sie in der Bestandsliste auf einen Host, dann auf die Registerkarte KONFIGURIEREN und unter NETZWERK auf den Eintrag VIRTUELLE SWITCHES.

2. Oben rechts im Fenster befindet sich der Link zu NETZWERK HINZUFÜGEN, der ein neues Fenster öffnet.

3. Wählen Sie aus den drei Möglichkeiten PHYSISCHER NETZWERKADAPTER aus und klicken Sie auf NEXT. Klicken Sie auf NEUER STANDARD-SWITCH, wählen Sie die MTU (Maximum Transmission Unit = Paketgröße) und klicken Sie anschließend auf NEXT.

4. Über das grüne Pluszeichen können Sie zu dem neuen Switch physische Netzwerkadapter anbinden. Es ist auch möglich, über die Shift-Taste den ersten und letzten Eintrag oder über die Strg-Taste individuelle Karten gleichzeitig auszuwählen. Klicken Sie auf OK.

5. Zurück im vorigen Fenster überprüfen Sie, ob die NICs auch korrekt verbunden sind, wie in Abbildung 6-10 gezeigt, und klicken Sie auf NEXT und anschließend auf FINISH.

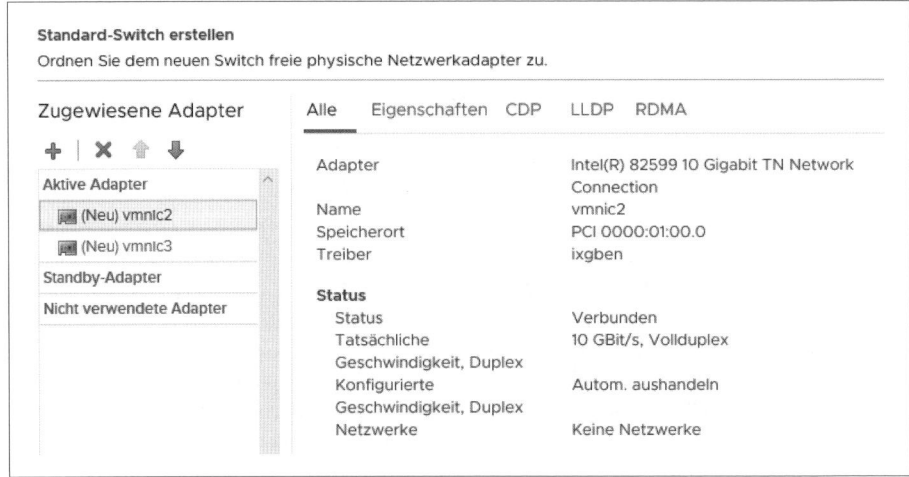

Abbildung 6-10: Auswahl der NICs (Network Interface Cards)

Der Name des Switch erscheint in der Liste und kann über das »>«-Zeichen aufgeklappt werden. Wir haben nun einen leeren Switch ohne Portgruppe.

6. Klicken Sie nun auf der Ebene des vSwitch1 auf den Link NETZWERK HINZU-FÜGEN.

7. Wählen Sie den zweiten Eintrag VM-PORTGRUPPE FÜR EINEN STANDARD-SWITCH, klicken Sie im nächsten Fenster auf VORHANDENEN STANDARD-SWITCH AUSWÄHLEN und geben Sie dann einen eindeutigen Namen für die zu erstellende Portgruppe ein oder übernehmen Sie den Vorschlag.

 Vergeben Sie beim Einrichten von Portgruppen sprechende Namen. Der Name VMkernel sagt z.B. nicht aus, welchem Zweck dieser dient. Wählen Sie stattdessen lieber »VMkernel iSCSI«, »VMkernel vMotion« oder etwas Entsprechendes.

8. Optional können Sie in das Feld VLAN-ID eine Zahl zwischen 1 und 4.094 eingeben, wenn Sie ein VLAN verwenden. Wenn Sie 0 auswählen oder diese Option leer lassen, kann die Portgruppe nur normalen, also Nicht-VLAN-Datenverkehr sehen. Geben Sie 4.095 ein, kann die Portgruppe den gesamten Datenverkehr in einem VLAN sehen. Schauen Sie sich zuletzt die aufgelisteten Einstellungen zum vSwitch an und Klicken Sie auf FINISH.

Kurze Zeit später erscheint die Portgruppe links am neuen vSwitch und wird grafisch auf der Oberfläche dargestellt.

Es gibt auch einen kürzeren Weg zu diesem Ziel, wenn Sie im Schritt 3 einen der ersten beiden Punkte auswählen.

Netzwerkkonfiguration des VMkernels

Wie bereits oben erwähnt, wird eine Portgruppe des VMkernels für einige TCP/IP-Dienste benötigt. Dazu gehören:

- der Hostverwaltungsdatenverkehr, über den der Netzwerkzugriff auf den Host funktioniert (Management Network),
- das Verschieben von VMs zwischen Hosts (vMotion),
- das Verschieben von Dateien von VMs auf andere Storages (Storage vMotion),
- das Synchronisieren von gespiegelten VMs (Fault Tolerance) sowie
- der Zugriff auf externen (IP-)Speicher wie iSCSI oder NFS usw.

Das Verschieben einer virtuellen Maschine per vMotion von einem Host auf einen anderen wird bei VMware übrigens »Migration« genannt. Mit vMotion können Sie laufende virtuelle Maschinen, ohne sie herunterfahren zu müssen, verschieben. Damit das vMotion funktioniert, müssen die Einstellungen der Portgruppe des VMkernels auf jedem Host korrekt eingerichtet sein.

IP-Speicher, wie iSCSI oder NFS, können dieselbe VMkernel-Schnittstelle und Portgruppe verwenden. Aus Performance-Gründen rate ich aber in produktiven Umgebungen davon ab. Verwenden Sie dafür – wenn möglich – lieber eine oder mehrere zusätzliche Netzwerkadapter an einem zusätzlichen vSwitch.

Der Netzwerkverkehr des VMkernels ist vollständig vom TCP/IP-Stapel der Host-verwaltung getrennt, auch wenn beide über den gleichen Outbound-Adapter (Uplink) angeschlossen sein sollten.

TCP/IP-Stapel auf VMkernel-Ebene

Die VMkernel-TCP/IP-Netzwerkstapel (TCP/IP-Stacks) verarbeiten iSCSI (SCSI-Protokoll über IP), NFS und vMotion folgendermaßen:

- iSCSI wird als Datenspeicher für die Dateien von virtuellen Maschinen genutzt.
- iSCSI-Speicher ermöglicht die direkte Einbindung von ISO- und FLP-Dateien, die von virtuellen Maschinen als CD-/DVD-ROMs bzw. Floppys genutzt werden.
- NFS taugt ebenfalls als Datenspeicher für die Dateien von virtuellen Maschinen.
- NFS kann zum Anschluss von ISO- und FLP-Dateien verwendet werden, die für virtuelle Maschinen als CD-ROMs bzw. Floppys zur Verfügung stehen.
- Die Migration mit vMotion und Storage vMotion läuft ebenfalls direkt über den VMkernel, wobei Storage vMotion keine vMotion-aktivierte Portgruppe benötigt, sondern über das Verwaltungsdaten-Netzwerk gesteuert wird.
- Die Synchronisation von VMs im gespiegelten Modus, also Fault Tolerance, wird hierüber abgewickelt.

 Wenn Ihr Host mehrere physische Netzwerkkarten hat, sollten Sie mehrere Pfade für das Software-iSCSI auf dem vSwitch konfigurieren (Multipathing) und möglichst Jumbo-Frames einsetzen.

 ESXi ab der Version 6.0 unterstützt über TCP/IP auch die NFS-Version 4.1.

 10-GBit-Ethernet wird ebenfalls für iSCSI und NFS unterstützt. Sie können aber auch auf einem dvSwitch (Distributed vSwitch) bis zu acht 1-GBit-NICs zu einem Team zusammenschalten und auf iSCSI- oder NAS-Storages zugreifen. Beachten Sie dabei die Grenzen der physischen Switches (meist nur vier Ports für das Bonding).

Einrichten von VMkernel-Netzwerken

Die Einrichtung eines Ports für den VMkernel läuft fast genauso ab, wie oben für die VMs beschrieben. Sie können einen neuen vSwitch erstellen oder auch einen vorhandenen auswählen und über den Link NETZWERK HINZUFÜGEN einen neuen Port anlegen.

- Geben Sie im Feld NETZWERKBEZEICHNUNG einen sprechenden Namen für die Aufgabe an, geben Sie gegebenenfalls eine VLAN-ID ein und wählen Sie IPv4, IPv6 oder IPv4 und IPv6.

- Lassen Sie die Paketgröße (MTU) auf dem Standard oder geben Sie einen benutzerdefinierten Wert (maximal 9.000) ein.

- Im Drop-down-Feld TCP/IP-STACK sind drei vordefinierte Netzwerkeinstellungen für Standard, Bereitstellung und vMotion aufgelistet. Dieses sind Konfigurationen für die Überlastungssteuerung, die maximale Anzahl der Verbindungen sowie Routing- und DNS-Einstellungen für spezielle Dienste.

- Wenn Sie das Häkchen bei AKTIVIERTE DIENSTE – vMOTION setzen, meldet der Host diesen Port als Broadcast den anderen Hosts im Cluster, sodass er als Netzwerkverbindung dienen kann, über die der Netzwerkverkehr für vMotion läuft.

 Auf jedem Host kann die Eigenschaft für einen vMotion- und IP-Speicher-Port auch mehrfach aktiviert werden. Damit haben Sie die Möglichkeit, auch unterschiedliche Subnetze nutzen zu können. Wenn diese Eigenschaft für keine der Ports aktiviert wurde, ist eine vMotion-Migration auf diesen Host und von ihm weg nicht möglich.

 Da bei der Einrichtung von vMotion ein Broadcast an die anderen Hosts gesendet wird, muss dieser Port im selben Subnetz wie das Management Network sein. Sie können auch ein zweites Management Network in einem beliebigen Subnetz erstellen und anschließend vMotion in diesem Netz konfigurieren. Das dann falsche Standardgateway spielt dabei keine Rolle.

- Wenn Sie den TCP/IP-Stack für vMOTION auswählen, werden die anderen Dienste abgeblendet und können nicht mehr ausgewählt werden (siehe Abbildung 6-11). Das sollte dem Häkchen bei vMotion wegen der Überlastungssteuerung vorgezogen werden und der VMkernel-Port für vMotion sollte sowieso dediziert angelegt werden.

- Wenn Sie das Häkchen bei FAULT TOLERANCE-PROTOKOLLIERUNG setzen, wird der Synchronisierungsdatenverkehr für den Arbeitsspeicher, CPU und Cache zwischen gespiegelten virtuellen Maschinen hierüber laufen (siehe Abbildung 6-11).

- Wenn Sie das Häkchen bei DIESE PORTGRUPPE FÜR VERWALTUNGSDATENVERKEHR VERWENDEN setzen, haben Sie eine redundante Zugriffsmöglichkeit über eine Remote-Verbindung auf den Host. Diese Vorgehensweise empfehle ich für die Ausfallsicherheit, sie ist bei einem HA-Cluster Bedingung.

- Lassen Sie einen VMkernel-Port möglichst nicht auf DHCP stehen, sondern konfigurieren Sie eine statische IP.

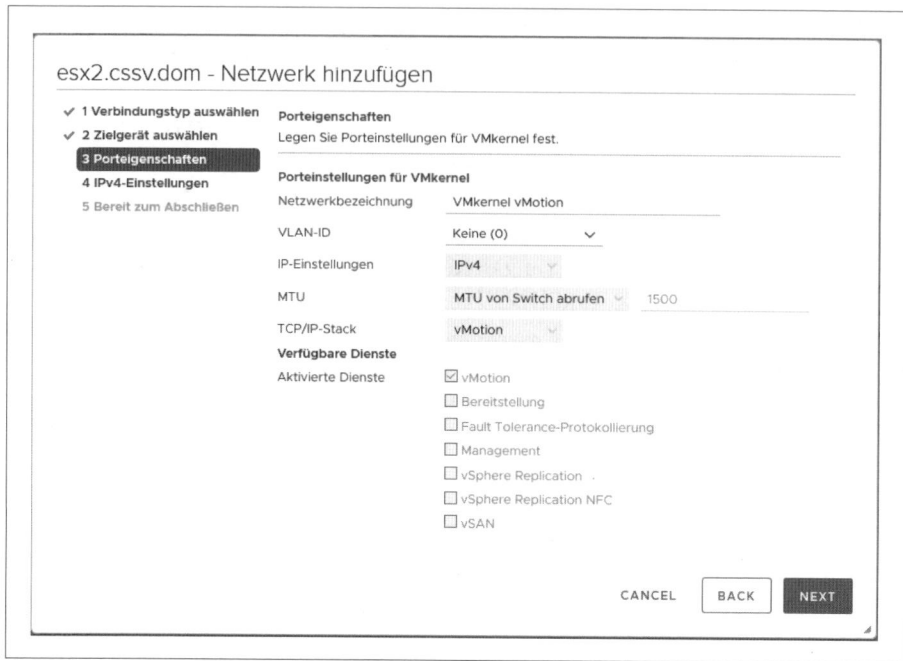

Abbildung 6-11: Portgruppe für den VMkernel auf dem ESXi-Server

Die benötigten Angaben für die IP-Adressinformationen können Sie im nächsten Fenster unter IPv4-Einstellungen eingeben. Die IP-Adresse muss eine andere sein als für den Remote-Zugriff, Sie können aber dasselbe Gateway benutzen. Sie haben die Möglichkeit, ein anderes Gateway für jeden VMkernel zu wählen, können aber auch ohne diesen Eintrag IP-Adressen aus anderen Subnetzen verwenden.

Haben Sie auf dem Host IPv6 aktiviert und ihn gegebenenfalls neu gestartet, bekommen Sie eine weitere optionale Auswahlmöglichkeit, um den Datenverkehr nur über IPv4 (IP-Standardwert), nur über IPv6 oder über IPv6 und IPv4 laufen zu lassen.

Konfiguration von Management Network

Auch das Management Network – also z. B. der Remote-Zugriff auf den ESXi-Server über den Host-Client oder den vCenter Server – ist ein VMkernel-Port und verwendet virtuelle Ethernet-Adapter zur Anbindung an einen vSwitch, um darüber Zugriff auf Netzwerke zu bekommen.

Wenn Sie nur einen Management-Network-Port angelegt haben, können Sie dessen Netzwerkeinstellungen zwar über die grafische Oberfläche ändern – sind Sie aber aktuell darüber mit dem Client verbunden, bekommen Sie eine Fehlermeldung und verlieren den Zugriff. Schließen Sie dann das Fenster und melden Sie sich erneut mit der geänderten IP-Adresse an. Auf der Kommandozeile ist diese

Änderung ebenfalls möglich. Wollen Sie die Änderungen grafisch durchführen, ohne die Verbindung unterwegs zu verlieren, erstellen Sie eine zweite Management-Portgruppe, verbinden sich mit dieser und stellen Sie die erste Verbindung neu ein oder löschen Sie diese.

Einrichten des Management Network

Während des Installationsvorgangs des ESXi-Hosts wird bereits ein vSwitch mit Management Network und einem Netzwerk für die virtuellen Maschinen erstellt. Nachdem Sie sich mit dem ESXi-Server verbunden haben, können Sie auch zusätzliche Portgruppen hinzufügen, ändern oder löschen.

Die Vorgehensweise ist ähnlich wie bei einem VMkernel-Port mit anderen Aufgaben, daher wird sie hier nicht nochmals beschrieben.

Es ist immer eine gute Idee, sich einen zweiten Management-Port einzurichten. Sollte mal eine NIC ausfallen, mit der Sie sich sonst verbunden haben, bleibt Ihnen nur noch der Weg in den Serverraum und das manuelle Erstellen einer neuen Verbindung auf der Kommandozeile oder über die direkte Konsole.

Wenn Sie Ihren ESXi-Server über den vCenter Server in ein HA-Cluster aufnehmen wollen, ist ein zweiter Management-Port oder zwei NICs an dem ersten Port Pflicht.

Festlegen des Standardgateways

Für alle VMkernel-Portgruppen zusammen können Sie ein Standardgateway nutzen oder über den HTML5-Client auch unterschiedliche Gateways konfigurieren. Über den Host-Client direkt auf dem ESXi-Server geht das nicht.

Beachten Sie dabei die folgenden wichtigen Punkte:

1. Stellen Sie sicher, dass Ihre Netzwerkeinstellungen richtig sind, bevor Sie Änderungen speichern. Wenn Sie Netzwerkeinstellungen falsch konfigurieren, kann die Konnektivität zwischen Benutzeroberfläche und Host verloren gehen. In diesem Fall muss der Host über die Kommandozeile (direkte Konsole/ESXi-Shell) oder mit dem DCUI-Menü erneut konfiguriert werden.

2. Beim Management Network ist ein Gateway nur notwendig, wenn mindestens zwei Netzwerkadapter dasselbe Subnetz verwenden oder Sie HA einsetzen wollen. Das Gateway-Gerät bestimmt, welcher Netzwerkadapter für die Standardroute verwendet wird.

3. Da Management Network und VMkernel für andere Aufgaben beim ESXi-Server häufig nicht an dasselbe Netzwerk angeschlossen sind, müssen Sie die Gateway-Informationen für das Management Network belassen und das Gateway muss für HA (High Availability) auf einen ping-Befehl antworten (echo request und reply).

4. Wenn das zweite Management Network im selben Subnetz ist, verwendet dieses den vSwitch des ersten Management Network. Das heißt, sollte die erste Netzwerkkarte ausfallen, kommen Sie auch nicht mehr über die zweite dran, auch wenn das Bild auf der grafischen Oberfläche etwas anderes suggeriert! Das lässt sich nur auf der Kommandozeile beheben, indem Sie die Route manuell ändern.

So schaffen Sie Abhilfe:

1. Lassen Sie sich die Informationen zu den Portgruppen des VMkernels mit dem Befehl esxcfg-vswitch -l anzeigen.

2. Geben Sie in der Kommandozeile esxcfg-route -l ein, um sich die Routeninformationen anzeigen zu lassen.

3. Löschen Sie die falsch gesetzte Route mit z. B.:
   esxcfg-route -d 192.168.50.0/24 192.168.50.10 (Kurzform) oder
   esxcfg-route -d 192.168.50.0 255.255.255.0 192.168.50.10 (Langform).

Routing-Informationen von VMkernel-Ports anzeigen lassen

TCP/IP-Stack: Standard					
DNS Routing	IPv4-Routing-Tabelle	IPv6-Routing-Tabelle	Erweitert		
Netzwerkadresse	Subnetzmaske		Gateway		Gerät
10.0.0.0	255.255.255.0		Lokales Subnetz		vmk0
Standard	0.0.0.0		10.0.0.50		vmk0

Abbildung 6-12: Routing-Tabelle auf dem ESXi-Server

Nach der Erstellung eines VMkernel-Ports können Sie sich über die Eigenschaften der TCP/IP-Konfiguration die Routing-Tabelle anzeigen lassen (siehe Abbildung 6-12). Klicken Sie dazu in der oberen Liste auf den Stack, dann sehen Sie im unteren Fenster die Einstellungen dazu.

Übersicht über die Portgruppen

Die zwei möglichen Portgruppen auf einem vSwitch beim ESXi-Host haben unterschiedliche Aufgaben zu bewältigen. Nicht immer ist es auf den ersten Blick eindeutig klar, welche Aktivität in einem Cluster über welche Portgruppe abgewickelt wird. In Tabelle 6-1 habe ich die wichtigsten Aufgaben der Portgruppen aufgelistet:

Tabelle 6-1: Aufgaben der Portgruppen

Portgruppe	Aufgabe
Virtuelle Maschinen	Anschluss der VMs an einen virtuellen Switch
	ggf. mit »Outbound-Adapter« an das physische LAN angebunden
VMkernel-Port: Management Network	Zugriff über den vSphere Client an den ESXi-Server
	Zugriff des vCenter Servers zum ESXi-Server
	Heartbeat des ESXi HA Masters zum vCenter Server
	High-Availability-Kommunikation (Heartbeat) der ESXi-Server untereinander
	Storage vMotion auf andere Datenträger
Andere VMkernel-Ports	vMotion (Migration) zwischen den ESXi-Servern
	Zugriff auf IP-Storages wie NFS und iSCSI
	Fault-Tolerance-Synchronisierung
	Bereitstellung (z. B. zum Klonen einer VM)
	Replizierung (zum Replizieren einer VM)
	vSAN: gemeinsamer Speicherzugriff auf lokale Platten

Storage vMotion benötigt übrigens keinen aktivierten VMkernel-Port für vMotion, sondern läuft über das Management Network.

Eigenschaften der Standardswitches

Die Standardeinstellungen eines vSwitch steuern alle Einstellungen für die Portgruppen. Durch die individuellen Portgruppeneinstellungen können Sie diese aber wieder außer Kraft setzen.

1. Klicken Sie auf den Link BEARBEITEN an dem Switch, den Sie konfigurieren wollen.

2. In dem nun folgenden Fenster (siehe Abbildung 6-13) können Sie in vier Abschnitten Einstellungen vornehmen.

3. Die Größe der MTU dürfen Sie auf dem vSwitch, der das Management Network beheimatet, nicht ändern, der Wert muss genau 1.500 betragen. Bei einem vSwitch für iSCSI oder NFS kann das Vergrößern der Maximum Transmission Unit allerdings etwas bringen.

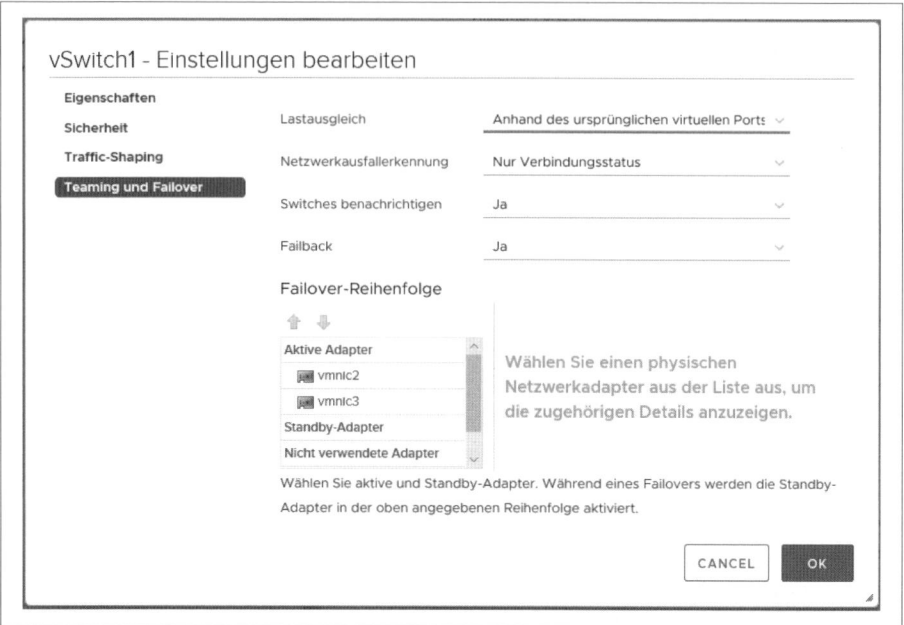

Abbildung 6-13: Eigenschaften des vSwitch

4. Unter SICHERHEIT können Sie drei sicherheitsrelevante Einstellungen vornehmen:

- PROMISCUOUS-MODUS – Der Promiscuous-Modus deaktiviert jegliche Empfangsfilterung, die der virtuelle Netzwerkadapter normalerweise ausführen würde, sodass das Gastbetriebssystem den gesamten Datenverkehr aus dem Netzwerk empfängt. Zwar kann der Promiscuous-Modus für die Beobachtung der Netzwerkaktivitäten nützlich sein, aber er ist ein unsicherer Betriebsmodus, da jeder Adapter im Promiscuous-Modus Zugriff auf alle Pakete hat, auch wenn manche Pakete nur für einen spezifischen Netzwerkadapter bestimmt sind. Das bedeutet, dass ein Administrator oder *root*-Anwender in einer virtuellen Maschine rein theoretisch den Datenverkehr, der für andere Gast- oder Hostbetriebssysteme bestimmt ist, einsehen kann.

 Unter bestimmten Umständen ist es notwendig, einen virtuellen Switch in den Promiscuous-Modus zu setzen – zum Beispiel wenn Sie eine Software zur Netzwerkeinbruchserkennung oder einen Paketmitschneider (Network-Sniffer, beispielsweise WireShark) verwenden wollen.

- MAC-ADRESSÄNDERUNGEN (*MAC Address Changes*) – In der Standardeinstellung ist diese Option auf AKZEPTIEREN (ACCEPT) gesetzt, d. h., dass der ESXi-Server Anfragen, die geltende MAC-Adresse in eine andere als die ursprünglich zugewiesene Adresse zu ändern, akzeptiert. Die Einstellungen der Option MAC-ADRESSÄNDERUNG beeinflusst den Datenverkehr, den eine virtuelle Maschine empfängt. Zum Schutz gegen MAC-Imitation können Sie diese Option auf (REJECT) ABLEHNEN setzen. In diesem Fall lehnt der ESXi-Host alle Anfragen, die geltende MAC-Adresse in eine andere als die ursprünglich zugewiesene Adresse zu ändern, ab. Stattdessen wird der Port, der von dem virtuellen Adapter zum Senden der Anfrage verwendet wird, deaktiviert. Als Folge erhält der virtuelle Adapter keine weiteren Datenpakete mehr, bis er die geltende MAC-Adresse ändert, sodass sie mit der ursprünglichen MAC-Adresse übereinstimmt. Das Gastbetriebssystem erkennt nicht, dass die Änderung der MAC-Adresse nicht angenommen wurde.

- GEFÄLSCHTE ÜBERTRAGUNGEN (FORGED TRANSMITS) – In der Standardeinstellung ist diese Option auf AKZEPTIEREN (ACCEPT) gesetzt, d.h., der ESXi-Server vergleicht die Quelladresse und die geltende MAC-Adresse nicht. Die Einstellungen der Option GEFÄLSCHTE ÜBERTRAGUNGEN ändert den Datenverkehr, der von einer virtuellen Maschine versandt wird. Zum Schutz gegen MAC-Imitation können Sie diese Option auf (REJECT) ABLEHNEN setzen. In diesem Fall vergleicht der ESXi-Server die Quell-MAC-Adresse, die vom Betriebssystem übertragen wird, mit der geltenden MAC-Adresse des Adapters, um festzustellen, ob beide übereinstimmen. Wenn die Adressen nicht passen, verwirft der ESXi-Server das Paket. Das Gastbetriebssystem erkennt nicht, dass der virtuelle Netzwerkadapter die Pakete mit der imitierten MAC-Adresse nicht senden kann. Der ESXi-Host fängt alle Pakete mit imitierten Adressen vor der Auslieferung ab. Das Gastbetriebssystem geht gegebenenfalls davon aus, dass die Pakete verworfen wurden.

 In bestimmten Situationen ist es tatsächlich notwendig, dass mehrere Adapter in einem Netzwerk dieselbe MAC-Adresse haben – zum Beispiel wenn Sie Netzwerklastausgleich (Network Load Balancing, NLB) von Microsoft im Unicast-Modus verwenden. Bei der Verwendung von Microsoft NLB im Standard-Multicast-Modus haben die Adapter nicht dieselbe MAC-Adresse.

5. TRAFFIC-SHAPING: Über die Einstellungen DURCHSCHNITTLICHE BANDBREITE, SPITZENBANDBREITE und BURSTGRÖSSE (höchstmögliche Datenübertragung) können Sie den ausgehenden Datenverkehr beschränken, wenn Sie den STATUS auf AKTIVIERT gesetzt haben. Den eingehenden Datenverkehr können Sie nur über den neuen verteilten vSwitch vornehmen. Beachten Sie dabei, dass sich der begrenzende Datenverkehr auf alle angeschlossenen physischen NICs bezieht.

6. Bei TEAMING UND FAILOVER sind fünf wichtige Konfigurationsmöglichkeiten aufgeführt:

a)LASTAUSGLEICH: Sie können an einen vSwitch mehrere Netzwerkkarten hängen und diese als Team Daten übertragen lassen. Die Einstellungsmöglichkeiten sind dabei nicht ganz trivial und hängen natürlich auch von dem physischen Switch ab, der die Leitungen von diesem Team entgegennimmt. Beim Lastenausgleich sind vier Einstellungsmöglichkeiten gegeben:

aa)ANHAND DES URSPRÜNGLICHEN VIRTUELLEN PORTS ROUTEN (*Route based on the originating virtual port ID*): Hierbei werden die virtuellen Maschinen einfach auf die Netzwerkkarten aufgeteilt: VM1→NIC1, VM2→NIC2, VM3→NIC3, VM4→NIC1, VM5→NIC2 usw.

ab)ANHAND DES IP-HASHS ROUTEN (*Route based on ip hash*): Hierfür muss der physische Switch gesondert mit dem »EtherChannel«-Modus konfiguriert werden. Die Pakete werden anhand der IP-Adresse über die NICs verteilt. Diese Einstellung sollten Sie nicht bei einer Portgruppe, sondern immer nur über den gesamten Switch vornehmen.

ac)ANHAND DES QUELL-MAC-HASHS ROUTEN (*Route based on source MAC hash*): Hier wird ähnlich wie oben gearbeitet, jedoch auf Basis der MAC-Adresse. Das hat aber einen Nachteil: Wenn z.B. viele Clients über einen Router angeschlossen sind – die ja alle die gleiche MAC-Adresse haben –, werden sie hiermit schlechter verteilt.

ad)AUSDRÜCKLICHE FAILOVER-REIHENFOLGE VERWENDEN (*Use explicit failover order*): Hier ist eine NIC aktiv, die anderen sind passiv.

 Das Teaming auf dem Standardswitch unterstützt kein echtes 802.3ad. Die Pakete werden also nicht über mehrere NICs im Team gesendet. Nur über den Distributed Switch kann hier das Erwartete erreicht werden.

1. Die NETZWERKAUSFALLERKENNUNG lässt zwei Einstellungen zu. Bei NUR VERBINDUNGSSTATUS reicht der vom Netzwerkadapter angegebene Verbindungsstatus (LED an). Bei der Signalprüfung muss der Rückweg des gesendeten Paketes über mindestens zwei weitere Netzwerkkarten sichergestellt sein. Diese Pakete werden einmal pro Sekunde geschickt.

2. Die Failover-Reihenfolge legt die aktiven, Standby- und nicht verwendeten Adapter fest. Es kann hier kein zusätzlicher Adapter angeschlossen, sondern nur die bereits hinzugefügten in der Reihenfolge eingestellt werden.

Die Einstellungen auf der Registerkarte TEAMING UND FAILOVER sind für Netzwerker (und nur die sollten hier etwas einstellen) gedacht. Bei dem Punkt SWITCHES BENACHRICHTIGEN sollte man im Zusammenhang mit einem Cisco-Switch vorsichtig mit den Einstellungen sein: Stellen Sie hier nur JA ein, wenn kein produktives LAN an diesem Switch angeschlossen ist, um es zu testen. In der Praxis habe ich diesbezüglich erhebliche Probleme beobachtet.

Das Zusammenfassen von Netzwerkkarten zu einem Team, um die Geschwindigkeit zu erhöhen, also z.B. statt drei Mal 1 GBit/s dann 3GBit/s zu bekommen, ist beim Standardswitch nicht möglich. Bei der Einstellung ANHAND DES IP-HASHS ROUTEN/MAC-HASHS ROUTEN errechnet der Host bei jeder Übertragung zu einer IP-/MAC-Adresse den jeweiligen physischen Adapter im Team. Da hier aus Sicht des physischen Switch eine IP- oder eine MAC-Adresse plötzlich auf einem anderen Port ankommt, ist es wichtig, die Etherchannel-Konfiguration vorher auf diesem zu erledigen.

Die Signalprüfung bei NETZWERKAUSFALLERKENNUNG kann übrigens auch für eine Fehlererkennung im LAN verwendet werden, wenn an dem vSwitch mindestens drei aktive physische Adapter hängen. Über spezielle Pakete kann so ein Verbindungsfehler vom ESXi erkannt werden.

Die Geschwindigkeit eines Uplink-Adapters ändern

Die Verbindungsgeschwindigkeit und die Duplexeinstellung (Vollduplex = Senden und Empfangen gleichzeitig, Halbduplex = nacheinander) eines physischen Netzwerkadapters lassen sich nur über den Eintrag PHYSISCHE NETZWERKADAPTER oder auf der Kommandozeile ändern.

Zum Ändern über den Host-Client gehen Sie folgendermaßen vor:

1. Klicken Sie im Navigator auf NETZWERK und dann auf die Registerkarte PHYSISCHE NETZWERKADAPTER.

2. Klicken Sie auf den gewünschten Netzwerkadapter und dann auf den Link EINSTELLUNGEN BEARBEITEN.

3. In dem neuen Fenster verwenden Sie das Drop-down-Feld GESCHWINDIGKEIT und suchen Sie den passenden Duplexwert und die Verbindungsgeschwindigkeit aus. Die Verbindungsgeschwindigkeit muss manuell eingestellt werden, wenn die Netzwerkkarte oder ein physischer Switch die tatsächliche Verbindungsgeschwindigkeit nicht erkennt.

   Anzeichen für falsche Geschwindigkeit und Duplex sind niedrige Bandbreite und fehlende Konnektivität. Der Adapter und der physische Switch, an den der Adapter angeschlossen ist, müssen auf den gleichen Wert gesetzt werden, entweder AUTOM. AUSHANDELN oder einen vorgegebenen Wert.

4. Klicken Sie auf SPEICHERN.

Zum Ändern über den HTML5-Client gehen Sie folgendermaßen vor:

1. Klicken Sie auf den Host und dann auf die Registerkarte Konfigurieren. Unter NETZWERK wählen Sie dann PHYSISCHE ADAPTER aus.

2. In der Liste auf der rechten Seite klicken Sie auf den gewünschten Netzwerkadapter und dann auf den Link BEARBEITEN.

3. Gehen Sie wie im Punkt 3 oben beschrieben weiter vor.

Sie können eine Netzwerkkarte, die an keinem vSwitch angeschlossen ist, ebenfalls ändern. Falls in Ihrem Netz Probleme mit falsch eingestellten physischen NICs bekannt sind, konfigurieren Sie alle Karten im Voraus. Machen Sie das bei jedem vorhandenen ESXi-Server oder nutzen Sie die Hostprofilfunktion, die ich in Kapitel 13 beschreibe.

Hinzufügen von Uplink-Adaptern

Im selben Fenster wie oben können Sie einem einzelnen vSwitch weitere Adapter (Uplinks) zuweisen, um eine NIC-Gruppierung zu bewirken. Die Gruppe kann den Datenverkehr gemeinsam verarbeiten und Ausfallsicherheit gewährleisten.

Klicken Sie auf den Link PHYSISCHE ADAPTER VERWALTEN, um ein Fenster zum Hinzufügen eines Adapters aufzurufen. Wählen Sie einen an das LAN angeschlossenen Adapter aus, indem Sie auf das grüne Plus klicken, und klicken Sie auf OK oder erneut auf das Plus. Optional können Sie die Netzwerkkarten einer anderen Kategorie zuordnen (STANDBY- oder NICHT VERWENDETE ADAPTER). Wenn Sie auf der Registerkarte VIRTUELLE SWITCHES den geänderten Switch anklicken, werden die Netzwerkadapter in der von Ihnen festgelegten Reihenfolge und den gewählten Kategorien angezeigt.

Das Entfernen eines Uplink-Adapters ist ebenso vorgesehen. Sie öffnen das Fenster wie vorher, wählen den zu entfernenden Adapter und klicken auf das rote X, um diesen zu entfernen.

Beachten Sie auch die Hinweise am Ende des Kapitels zur bestmöglichen Wahl der virtuellen Switches bei zwei, drei und mehr physischen Netzwerkkarten.

Cisco Discovery Protocol

Mit dem Cisco Discovery Protocol (CDP) können Sie den Cisco-Switchport bestimmen, mit dem ein bestimmter vSwitch verbunden ist. Wenn CDP für einen bestimmten vSwitch aktiviert ist, können Sie im vSphere Client die Eigenschaften des Cisco-Switch anzeigen (z. B. Geräte-ID, Softwareversion und Zeitlimit).

CDP auf einem ESXi-Host aktivieren

vSwitches werden als Standard so eingestellt, dass sie Cisco-Portinformationen erkennen. Sie können auf den Eigenschaften eines vSwitch auch den CDP-Modus so einstellen, dass ein vSwitch dem Cisco-Switch-Administrator Informationen bereitstellt. Das geht allerdings nur auf dem Host direkt, nicht über die VCSA. Gehen Sie dafür folgendermaßen vor:

1. Klicken Sie auf die Registerkarte VIRTUELLE SWITCHES und anschließend in die Zeile des gewünschten Switch.

2. Wählen Sie den Link EINSTELLUNGEN BEARBEITEN und klappen Sie den Eintrag VERBINDUNGSERKENNUNG auf.

3. Sie können den CDP-Modus im Drop-down-Feld ändern.

In Tabelle 6-2 werden die vier verschiedenen Modi aufgelistet und erklärt.

Tabelle 6-2: Modi des Cisco Discovery Protocol (CDP)

Modus	Beschreibung
Keine (down)	CDP ist deaktiviert.
Überwachen (listen)	ESXi erkennt und zeigt dem Administrator des Cisco-Switch Informationen zum verknüpften Cisco-Switchport an, jedoch stehen keine Informationen über den vSwitch zur Verfügung.
Werben (advertise)	ESXi stellt dem Cisco-Switch-Administrator Informationen zum vSwitch zur Verfügung, ohne jedoch Informationen zum Cisco-Switch zu erkennen bzw. anzuzeigen.
Beide (both)	ESXi erkennt und zeigt dem Administrator des Cisco-Switch Informationen zum verknüpften Cisco-Switchport an und gibt Informationen über den vSwitch an den Cisco-Port weiter.

Cisco-Switch-Informationen anzeigen

Wenn CDP auf *Überwachen* oder *Beide* festgelegt ist, können Sie Cisco-Switch-Informationen über die grafische Oberfläche mittels des HTML5-Clients auf dem vCenter Server anzeigen lassen, das Ändern geht hier nicht.

1. Melden Sie sich am vSphere Client an und klicken Sie im Bestandslistenfenster auf den Host.

2. Klicken Sie auf die Registerkarte KONFIGURATION und anschließend auf NETZWERK.

3. Klicken Sie auf das Infosymbol (blaue Sprechblase) rechts neben dem vSwitch, und Sie bekommen eine Anzeige, wie sie in Abbildung 6-14 dargestellt ist.

 Da die CDP-Hinweise zu Cisco-Geräten in der Regel einmal pro Minute generiert werden, kann es zwischen der Aktivierung von CDP für ESXi und der Verfügbarkeit von CDP-Daten auf dem vSphere Client zu einer spürbaren Verzögerung kommen. Auch mit der Taste F5 (aktualisieren) bekommen Sie die Anzeige nicht eher.

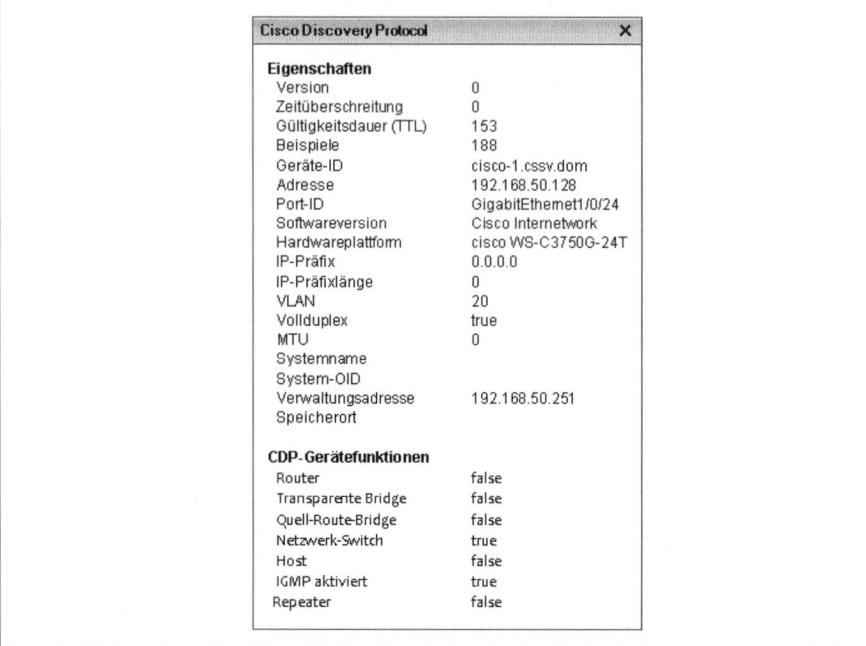

Abbildung 6-14: Cisco Discovery Protocol

Sollte das bei Ihnen angezeigte Fenster auf der rechten Seite keine Einträge zeigen, ist an dem vSwitch entweder kein Cisco-Gerät angeschlossen oder der Protokollmodus ist auf down (deaktiviert) gesetzt.

vSwitches optimieren

Es gibt im Wesentlichen zwei Möglichkeiten, vSwitches noch leistungsfähiger zu machen:

- Wie bei einer normalen GBit-Netzwerkkarte können Sie auch für einen vSwitch sogenannte Jumbo-Frames mit einer MTU-Größe (*Maximum Transmission Unit*) von bis zu 9.000 Byte erstellen. Standardmäßig sind alle Netzwerkkomponenten bei vSphere 7 auf die Standard-Ethernet-Größe von 1.500 Byte gesetzt. Jumbo-Frames beschleunigen nicht nur den Datentransfer, sondern entlasten auch die CPU.
- Weiterhin besteht die Möglichkeit, das sogenannte *TCP Segmentation Offload* (TSO) einzusetzen, das die CPU ebenfalls stark entlastet.

TCP Segmentation Offload aktivieren

Bei der Standard-Ethernet-Größe von 1.500 Byte müssen größere Pakete vor dem Versenden von der CPU in kleinere Stücke aufgeteilt und zur Netzwerkkarte geschickt werden. Beim TCP Segmentation Offload kann eine moderne NIC diese Arbeit selbst übernehmen. Wenn Sie einen VMkernel-Port erstellen, wird für diesen automatisch TSO eingerichtet. Auf der Kommandozeile können Sie das mit dem Befehl esxcfg-vmknic -l überprüfen. In der Spalte TSO steht dann ein Wert von 64 KByte also 65.535 Byte.

Auch von einigen anderen Betriebssystemen wird die TSO-Technik unterstützt. Microsoft rät bei Windows 2000 und XP allerdings davon ab. Als virtuelle Maschine muss das unterstützte Betriebssystem eine VMXNET 2 (ERWEITERT)- oder VMXNET 3-Karte haben. VMware gibt in seinen Unterlagen nur vier Betriebssysteme an, bei denen TSO dann automatisch aktiviert ist:

- Microsoft Windows 2003 Enterprise Edition SP2 (32 und 64 Bit) und höher
- Red Hat Enterprise Linux 4 (64 Bit)
- Red Hat Enterprise Linux 5 (32 und 64 Bit) und höher
- SUSE Linux Enterprise Server 10 (32 und 64 Bit) und höher

Überprüfen können Sie das im Betriebssystem der VM bei den Netzwerkkarteneinstellungen.

Jumbo-Frames aktivieren

Voraussetzung für Jumbo-Frames ist, dass *alle* beteiligten Komponenten (vom Sender bis zum Empfänger und zurück) die Rahmengröße (*Framesize*) unterstützen. Um diese bei einem vSwitch einzustellen, gehen Sie auf seine Eigenschaften und klicken Sie auf den Link BEARBEITEN. In dem nun folgenden Fenster können Sie die MTU auf z.B. 9000 setzen, indem Sie den Wert dort eingeben. Damit ändern Sie die MTU für alle angeschlossenen Outbound-Adapter.

Das Gleiche geht auch über die Kommandozeile: Dafür erstellen Sie einen neuen vSwitch mit Portgruppe z.B. über die grafische Oberfläche, und anschließend setzen Sie die MTU mit dem Befehl esxcfg-vswitch.

Beispiel:

```
esxcfg-vswitch -l                    # zeigt die Switches an
esxcfg-vswitch -m 9000 vSwitch2      # MTU auf 9000 setzen
```

Die meisten esxcfg-Befehle können Sie mit einem kleinen l (list) aufrufen.

Übrigens: Auf den ESXi können Sie auch mit der Remote CLI (*Command Line Interface*) oder PowerCLI zugreifen. Dort lauten die Befehle allerdings meist ein wenig anders. Ein Beispiel: Der Befehl esxcfg-vswitch heißt über Remote CLI vicfg-vswitch, die Parameter sind aber die gleichen.

 Die MTU für das Management Network und die VMs sollten Sie nicht unter 1.500 setzen, sonst kann die Konnektivität verloren gehen.

 Bei VMware ist der Maximalwert für die MTU 9000 Byte (9 KB).

Bei einer virtuellen Maschine können Sie natürlich auch Jumbo-Frames einsetzen: Die virtuelle Maschine muss dafür eine VMXNET 2 (ERWEITERT)- oder VMXNET 3-Karte haben und an einen dafür konfigurierten vSwitch angeschlossen sein. Im Betriebssystem selbst können Sie dann die MTU auf z.B. 9.000 setzen.

Sollte der zugewiesene Adapter nicht VMXNET 2 (ERWEITERT) oder VMXNET 3 sein, so können Sie die Netzwerkkarte bei den Eigenschaften der VM löschen und ihm eine neue Karte hinzufügen. Achten Sie gegebenenfalls vor dem Löschen auf die MAC-Adresse. Kopieren Sie sich diese vorher und verwenden Sie die Zwischenablage, um der neuen Karte diese wieder zuzuweisen.

Jumbo-Frames für VMkernel

Selbstverständlich kann auch die VMkernel-Schnittstelle mit Jumbo-Frames arbeiten. Gerade wenn Sie auf NFS- oder iSCSI-Storages zugreifen wollen oder die Schnittstelle für vMotion nutzen möchten, macht das an der Performance einiges aus. Der vSwitch, an den der VMkernel angeschlossen ist, muss ebenfalls für Jumbo-Frames eingerichtet sein und natürlich auch alle physischen Switches und gegebenenfalls Router sowie die Schnittstelle des Storage bzw. der Gegenseite.

Die Einrichtung erfolgt entweder über die Kommandozeile auf dem ESXi-Server, das Remote CLI oder PowerCLI für den ESXi oder über die grafische Oberfläche. Über den Befehl `esxcfg-vmknic -l` (kleines l für *list*) können Sie sich die Liste der VMkernel-Netzwerkkarten mit deren Konfigurationen anzeigen lassen. Um nun die Jumbo-Frames auf der gewünschten Schnittstelle zu aktivieren, müssen Sie die Portgruppe mit dem VMkernel löschen und neu anlegen. Geben Sie folgenden Befehl ein:

```
esxcfg-vmknic –d <Portgruppenname>
esxcfg-vmknic –a –i <IP-Adresse> -n <Subnetzmaske> -m <MTU-Wert> <Portgruppenname>
```

Mit dem Befehl `esxcfg-vmknic –l` können Sie überprüfen, ob alles richtig eingegeben wurde.

Um die Einstellungen über den HTML5-Client vorzunehmen, gehen Sie wie oben bereits beschrieben vor.

NetQueue auf ESXi aktivieren

Durch die Unterstützung von NetQueue durch die Netzwerkadapter können eingehende Datenpakete aus dem Netzwerk von mehreren CPUs gleichzeitig abgearbeitet werden. Das erhöht die Performance aber nur bei eingehenden Paketen und entlastet einen einzelnen Prozessor. Diese Einstellung ist auf dem ESXi normalerweise automatisch aktiviert. Um das zu überprüfen, müssen Sie auf dem ESXi-Server ERWEITERTE SYSTEMEINSTELLUNGEN aufrufen:

1. Klicken Sie auf Ihren Host und dann auf die Registerkarte KONFIGURIEREN. Unter SYSTEM finden Sie den Eintrag ERWEITERTE SYSTEMEINSTELLUNGEN.

2. Geben Sie im Suchfeld (über Bearbeiten) oder Filter (über den Trichter) die Zeichenkette VMKERNEL ein.

3. Scrollen Sie auf der rechten Seite nach unten, bis Sie den Eintrag VMkernel.Boot.netNetqueueEnabled sehen (siehe Abbildung 6-15). Der Wert muss auf true gesetzt sein.

Die Einträge sind alphabetisch sortiert.

Abbildung 6-15: Erweiterte Einstellungen zum Netzwerk

Wenn Sie bei den erweiterten Einstellungen Änderungen vorgenommen haben, muss der Host meist für die Übernahme neu gestartet werden.

Empfehlungen zu Netzwerkoptimierungen

VMware empfiehlt in seinen Publikationen einige Vorgehensweisen zum Optimieren der Netzwerkleistung. In der Praxis hat sich das meiste davon als überaus sinnvoll erwiesen. Auch im Internet finden sich nach langem Suchen einige Seiten, die durchaus gute Empfehlungen hierfür bereithalten. Beachten Sie auch, dass einige Storage-Lösungen, wie iSCSI und NFS, ihre Daten über die Netzwerkkarten senden.

 Wer sich nicht scheut, englische Dokumentationen zu lesen, dem empfehle ich zu diesem Thema die Seite *http://blog.scottlowe.org*. Unter ARCHIVES → NETWORKING oder auch STORAGE finden Sie einige Beispiele und Hinweise für die optimierte Konfiguration. Scott Lowe hat sich mit den Erklärungen sehr viel Mühe gegeben und dringt sehr tief in diese Materie ein.

Für kleinere bis mittlere Umgebungen sollten aber die Schilderungen zur Optimierung des Netzwerks bezüglich Performance und Sicherheit, die VMware in seiner deutschsprachigen Dokumentation *vsphere-esxi-vcenter-server-70-networking-guide.pdf* ab Seite 285 auflistet, genügen. Hier ein Ausschnitt aus der Datei:

Ziehen Sie folgende optimale Vorgehensweisen für die Konfiguration Ihres Netzwerks in Betracht.

- Um eine stabile Verbindung zwischen vCenter Server, ESXi und anderen Produkten und Diensten zu gewährleisten, legen Sie keine Verbindungsgrenzwerte und Zeitüberschreitungen zwischen den Produkten fest. Grenzwerte und Zeitüberschreitungen können sich auf den Paketfluss auswirken und zu Dienstunterbrechungen führen.

- Zur höheren Sicherheit und besseren Leistung isolieren Sie die Netzwerke für Hostverwaltung, vSphere vMotion, vSphere FT usw. voneinander.

- Reservieren Sie eine getrennte physische Netzwerkkarte für eine Gruppe virtueller Maschinen oder verwenden Sie Network I/O Control und Traffic-Shaping, um Bandbreite für die virtuellen Maschinen zu garantieren. Durch diese Trennung kann auch ein Teil der gesamten Netzwerk-Arbeitslast über mehrere CPUs verteilt werden. Die isolierten virtuellen Maschinen können den Anwendungsdatenverkehr von einem vSphere Client dann besser verarbeiten.

- Um Netzwerkdienste physisch zu trennen und eine bestimmte Gruppe von Netzwerkkarten einem bestimmten Netzwerkdienst zuzuweisen, erstellen Sie einen vSphere Standard-Switch oder vSphere Distributed Switch für jeden Dienst. Wenn das nicht möglich ist, können Netzwerkdienste auf einem einzelnen Switch voneinander getrennt werden, indem sie Portgruppen mit unterschiedlichen VLAN-IDs zugeordnet werden. In jedem Fall sollte der Netzwerkadministrator bestätigen, dass die gewählten Netzwerke oder VLANs vom Rest der Umgebung isoliert sind, d.h., dass keine Router daran angeschlossen sind.

- Richten Sie die vSphere vMotion-Verbindung auf einem separaten Netzwerk ein. Bei der Migration mit vMotion wird der Inhalt des Arbeitsspeichers des Gastbetriebssystems über das Netzwerk übertragen. Diese Empfehlungen können entweder durch die Verwendung von VLANs zur Aufteilung eines physischen Netzwerks in Segmente oder durch die Verwendung getrennter physischer Netzwerke umgesetzt werden (die zweite Variante ist dabei zu bevorzugen). Für die Migration über IP-Subnetze hinweg und zur Verwendung von getrennten Puffer- und Socket-Pools platzieren Sie Datenverkehr für vMotion in den vMotion TCP/IP-Stack und Datenverkehr für die Migration ausgeschalteter virtueller Maschinen und Klone auf den Bereitstellungs-TIPC/IP-Stack.

- Sie können Netzwerkkarten zu einem Standard-Switch oder Distributed Switch hinzufügen oder davon entfernen, ohne dass die virtuellen Maschinen oder die Netzwerkdienste hinter diesem Switch beeinflusst werden. Wenn Sie die gesamte ausgeführte Hardware entfernen, können die virtuellen Maschinen weiter untereinander kommunizieren. Wenn Sie eine Netzwerkkarte intakt lassen, können alle virtuelle Maschinen weiterhin auf das physische Netzwerk zugreifen.

- Um die empfindlichsten virtuellen Maschinen zu schützen, installieren Sie Firewalls auf virtuellen Maschinen, die den Datenverkehr zwischen virtuellen Netzwerken mit Uplinks zu physischen Netzwerken und reinen virtuellen Netzwerken ohne Uplinks weiterleiten.

- Verwenden Sie virtuelle VMXNET 3-Netzwerkkarten, um eine bestmögliche Leistung zu erzielen.

- Jede mit demselben vSphere Standard-Switch oder vSphere Distributed Switch verbundene physische Netzwerkkarte sollte ebenfalls mit demselben physischen Netzwerk verbunden sein.

- Konfigurieren Sie dieselbe MTU für alle VMkernel-Netzwerkadapter in einem vSphere Distributed Switch. Wenn mehrere VMkernel-Netzwerkadapter mit vSphere Distributed Switches verbunden sind, aber unterschiedliche MTUs konfiguriert wurden, treten möglicherweise Netzwerkverbindungsprobleme auf.

Fehlerbehebung auf der Konsole

Wenn bestimmte Teile der Netzwerkkonfiguration falsch eingestellt wurden oder ein Adapter ausgefallen ist, können Sie über den Host-Client nicht mehr auf den ESXi-Server zugreifen. In diesem Fall können Sie versuchen, die Netzwerkeinstellungen im DCUI-Menü direkt am Server neu zu konfigurieren, oder Sie gehen auf die erste Konsole mit der Tastenkombination Alt+F1 und verwenden die VMware-Befehle. Funktioniert der Zugriff über SSH, z.B. putty, gibt es die gleichen Befehle wie direkt an der Konsole:

```
esxcfg-vswitch -l
```

Gibt eine Liste der bestehenden Konfigurationen für die virtuellen Switches aus. Prüfen Sie, ob der Uplink-Adapter, der für das Management Network konfiguriert wurde, mit dem geeigneten physischen Netzwerk verbunden ist.

```
esxcfg-nics -l
```

Gibt eine Liste der aktuellen Netzwerkadapter aus. Prüfen Sie, ob der Uplink-Adapter, der für das Management Network konfiguriert wurde, läuft und ob Geschwindigkeit und Duplex stimmen.

```
esxcfg-nics -s <speed> <nic>
```

Ändert die Geschwindigkeit eines Netzwerkadapters.

```
esxcfg-nics -d <Duplex> <NIC>
```

Ändert den Duplex eines Netzwerkadapters.

```
esxcfg-vmknic -i <neue IP-Adresse> -n <Subnetzmaske> <Portgruppenname>
```

Ändert die IP-Adresse und die Subnetzmaske des Management Network.

```
esxcfg-vmknic -a -i <neue IP-Adresse> -n <Subnetzmaske> <Portgruppenname>
```

Fügt einen Adapter mit IP-Adresse und Subnetzmaske dem Management Network hinzu.

```
esxcfg-vmknic -n <neue Subnetzmaske> <Portgruppenname>
```

Ändert die Subnetzmaske des Management Network.

```
esxcfg-vswitch -U <alte vmnic> <vSwitch>
```

Entfernt den Uplink für das Management Network.

```
esxcfg-vswitch -L <neue vmnic> <vSwitch>
```

Ändert den Uplink für das Management Network.

Wenn Sie bei esxcfg-*-Befehlen lange warten müssen, kann dies an einer falschen DNS-Einstellung liegen. Die esxcfg-*-Befehle setzen voraus, dass DNS so konfiguriert ist, dass die Namensauflösung des lokalen Servers ordnungsgemäß funktioniert. Dazu ist wiederum erforderlich, dass die */etc/hosts*-Datei einen Eintrag für die konfigurierte IP-Adresse und die Adresse 127.0.0.1 des lokalen Servers enthält.

Problemlösungen bei Netzwerkadaptern

Das Hinzufügen eines neuen Netzwerkadapters kann in bestimmten Fällen zum Verlust des Management Network und der Verwaltungs- und Wartungsfreundlichkeit mit dem Client führen, was daran liegt, dass die Netzwerkadapter neu benannt werden. Wenn das der Fall ist, müssen Sie die betroffenen Netzwerkadapter, die das Management Network nutzen, umbenennen.

Gehen Sie zum Umbenennen der Netzwerkadapter, die das Management Network verwenden, folgendermaßen vor:

1. Melden Sie sich direkt an Ihrer ESXi-Server-Konsole an.

2. Verwenden Sie den Befehl esxcfg-nics -l, um sich anzeigen zu lassen, welche Namen Ihren Netzwerkadaptern zugewiesen wurden.

3. Verwenden Sie den Befehl esxcfg-vswitch -l, um sich anzeigen zu lassen, welche vSwitches, sofern überhaupt, jetzt den Gerätenamen zugewiesen sind, die nicht mehr durch esxcfg-nics angezeigt werden.

4. Verwenden Sie den Befehl `esxcfg-vswitch -U <old vmnic name> <vswitch>`, um Netzwerkadapter zu entfernen, die umbenannt worden sind.

5. Verwenden Sie den Befehl `esxcfg-vswitch -L <new vmnic name> <vswitch>`, um die Netzwerkadapter wieder hinzuzufügen, und geben Sie ihnen dabei die richtigen Namen.

In Kapitel 9 gehe ich unter anderem auf die Erstellung und Änderung von vSwitches über Remote CLI und PowerCLI ein.

Problemlösungen bei Portgruppen

Das Umbenennen einer Portgruppe bei bereits mit dieser Portgruppe verbundenen virtuellen Maschinen kann dazu führen, dass die Netzwerkkonfiguration der virtuellen Maschinen, die so konfiguriert sind, dass sie sich mit dieser Portgruppe verbinden, nicht mehr stimmt.

Die Verbindung von virtuellen Netzwerkadaptern mit den Portgruppen erfolgt über den Namen, und der Name wird in der Konfiguration der virtuellen Maschinen gespeichert. Das Ändern des Namens einer Portgruppe führt nicht zu einer automatischen Massen-Neukonfiguration aller virtuellen Maschinen, die mit dieser Portgruppe verbunden sind.

Virtuelle Maschinen, die bereits eingeschaltet sind, werden weiterhin funktionieren, bis sie ausgeschaltet werden, da ihre Verbindungen zum Netzwerk bereits hergestellt sind. Schalten Sie eine Maschine ein, die noch die veralteten Informationen hat, bekommen Sie keine Fehlermeldung über den HTML5- oder Host-Client.

Der optimale Ansatz besteht darin, ein Umbenennen der Netzwerke nach deren Verwendung zu vermeiden. Nach dem Umbenennen einer Portgruppe müssen Sie jede zugeordnete virtuelle Maschine, die die Portgruppe verwendet, neu konfigurieren, um den neuen Portgruppennamen entsprechend zu berücksichtigen.

Haben Sie einen vCenter Server, können Sie die beteiligten VMs in der Übersicht des Netzwerks sehen und anschließend konfigurieren. Arbeiten Sie direkt auf einem ESXi-Server ohne den vCenter Server, so müssen Sie jede virtuelle Maschine einzeln anklicken und sehen dann auf der rechten Seite bei HARDWAREKONFIGURATION neben NETZWERKADAPTER den Namen der jeweils zugewiesenen Portgruppe.

Probleme bei der Namensauflösung

Auf der Registerkarte TCP/IP-STACKS des ESXi-Hosts (oder TCP/IP-Konfiguration über die VCSA) können Sie die DNS-Konfiguration über den Browser-Client ändern. Klicken Sie dazu in die Zeile des Standard-TCP/IP-Stacks und dann auf EINSTELLUNGEN BEARBEITEN. Im Namensfeld ist standardmäßig der Hostname eingetragen. Auch die DNS-Serveradressen und die Domäne, die während der Installation angegeben wurden, werden automatisch eingetragen. Überprüfen Sie, ob es sich um einen korrekten Eintrag handelt, der auch ein DNS-Suffix benötigt. Der ESXi-Server braucht einen FQDN für die korrekte Namensauflösung und für HA. Notfalls editieren Sie die Datei */etc/hosts* über die Kommandozeile des ESXi-Servers und geben dort die beteiligten anderen Server inklusive des vCenter Servers ein.

Netzwerkpakete tracen über vSwitch

Sowohl das Management Network als auch die anderen Funktionen des VMkernels verwenden virtuelle Ethernet-Adapter zur Anbindung an einen vSwitch und zum Zugriff auf Netzwerke über diesen vSwitch.

Es gibt zwei häufig auftretende notwendige Konfigurationsänderungen für das Management Network: die Änderung von Netzwerkkarten (NICs) und die Änderung von Einstellungen für eine bestehende, sich in Verwendung befindliche Netzwerkkarte.

Eine Änderung der Management-Network-Konfiguration ist nicht ratsam, wenn nur ein Management-Network-Anschluss vorhanden ist. Möchten Sie eine neue Verbindung herstellen, sollten Sie die Netzwerkeinstellungen so ändern, dass eine weitere Netzwerkkarte verwendet wird. Nach der Überprüfung der Funktionsfähigkeit des neuen Anschlusses kann der alte Anschluss entfernt werden. Im Prinzip wird also der VMkernel-Port gewechselt.

Wollen Sie beispielsweise die IP-Einstellungen des einzigen Management-Network-Ports über den vSphere oder Host-Client ändern, bekommen Sie keine Warnmeldung. Unter KÜRZLICH BEARBEITETE AUFGABEN sehen Sie, dass die Änderung noch in Arbeit ist. Kurze Zeit später verlieren Sie den Kontakt über den Client. Sie können sich dann aber erneut mit den neuen IP-Informationen anmelden.

 Es besteht das Risiko der Fehlkonfiguration, wodurch die Anwenderschnittstelle die Anbindung an den Host verlieren kann. In diesem Fall muss der Host über die Befehlszeileneingabe der Kommandozeile neu konfiguriert werden (wie auf Seite 180 beschrieben).

Wollen Sie die IP-Pakete über diese Schnittstelle mitprotokollieren, müssen Sie den PROMISCUOUS-MODUS auf AKZEPTIEREN einstellen, weil sich der Switch sonst wie ein Switch und nicht wie ein Hub verhält.

Das Ganze könnte dann zum Beispiel so aussehen:

```
esxcfg-vswitch -l              # zum Anzeigen der Portgruppen
esxcfg-vswif --add --ip 192.168.50.12 -n 255.255.255.0 -p "VM Network" vswif1
                               # zum Hinzufügen
tcpdump -i vswif1              # zum Überprüfen
```

Abbildung 6-16 veranschaulicht diese Einstellungen:

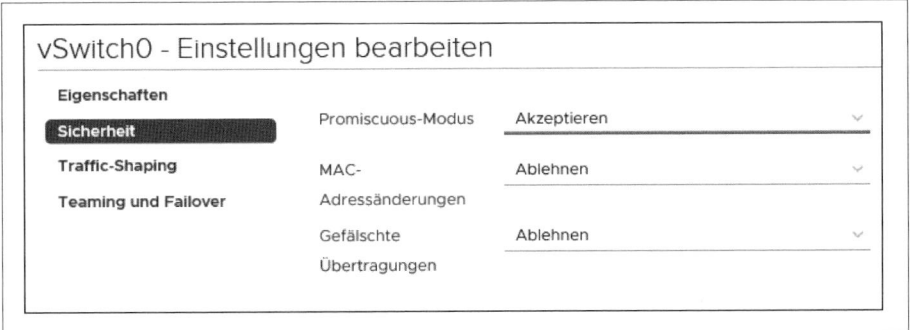

Abbildung 6-16: Die Portgruppe in den Hub-Modus setzen

Für das Mitprotokollieren eignet sich z. B. das Programm *WireShark*, ehemals *ethereal*.

Netzwerkkarten bestmöglich zuweisen

Als Mindestvoraussetzung für einen ESXi-Host sehe ich unter anderem zwei Netzwerkadapter. Damit steht man dann vor dem Problem, wie die beiden Netzwerkkarten am besten auf die virtuellen Switches bzw. die notwendigen Portgruppen aufgeteilt werden können. Die Dokumentation von VMware lässt sich darüber leider nicht aus – es wird nur empfohlen, für verschiedene Aufgaben wie vMotion, Fault Tolerance, iSCSI- und NFS-Anschlüsse jeweils einen eigenen Adapter zu verwenden. Bei nur zwei oder drei Karten ist das nicht möglich. Was macht man also, um bestmögliche Sicherheit, Performance und Redundanz zu bekommen? Und wie sieht es bei mehr Netzwerkkarten aus? Soll man diese zu einem Team zusammenschalten oder doch lieber einzeln lassen? Dieser Abschnitt beschäftigt sich mit der Konfiguration von 1-GBit/s-Adaptern direkt auf dem Host. Wie man bei 10-GBit/s-Adaptern oder höher vorgeht, beschreibe ich anschließend über die VCSA.

Nehmen wir an, dass Sie insgesamt vier Portgruppen brauchen: Management Network, vMotion, iSCSI- oder NFS-Speicher und natürlich eine für die virtuellen Maschinen. Haben Sie Ihre ESXi-Server in einem HA-Cluster, brauchen Sie noch eine Redundanz für das Management Network.

Zwei physische NICs

Bei der empfohlenen Mindestanzahl an Netzwerkkarten konfigurieren Sie einen einzigen virtuellen Switch mit allen notwendigen Portgruppen und fügen Sie diesem beide Adapter hinzu. Achten Sie darauf, dass beide Adapter beim vSwitch als aktiv gekennzeichnet sind, keiner nur als Standby.

Jetzt konfigurieren Sie die einzelnen Portgruppen und teilen die physischen Adapter folgendermaßen auf:

- *vmnic0* als aktiver Adapter und *vmnic1* als Standby-Adapter für vMotion
- Der Storage-Zugriff für iSCSI darf keine Standby-Adapter haben. Konfigurieren Sie diese Portgruppe nur mit einer aktiven NIC.
- *vmnic1* als aktiver Adapter und *vmnic0* als Standby-Adapter für VM Network (Portgruppe der VMs)
- *vmnic1* und *vmnic0* als aktiver Adapter für das Management Network

Dabei löschen Sie nicht den jeweils zweiten Adapter, sondern setzen nur die Failover-Reihenfolge des vSwitch außer Kraft. Damit ist *vmnic2* der Standby-Adapter von *vmnic0* und umgekehrt. Abbildung 6-17 veranschaulicht das nochmals für die Portgruppe der virtuellen Maschinen.

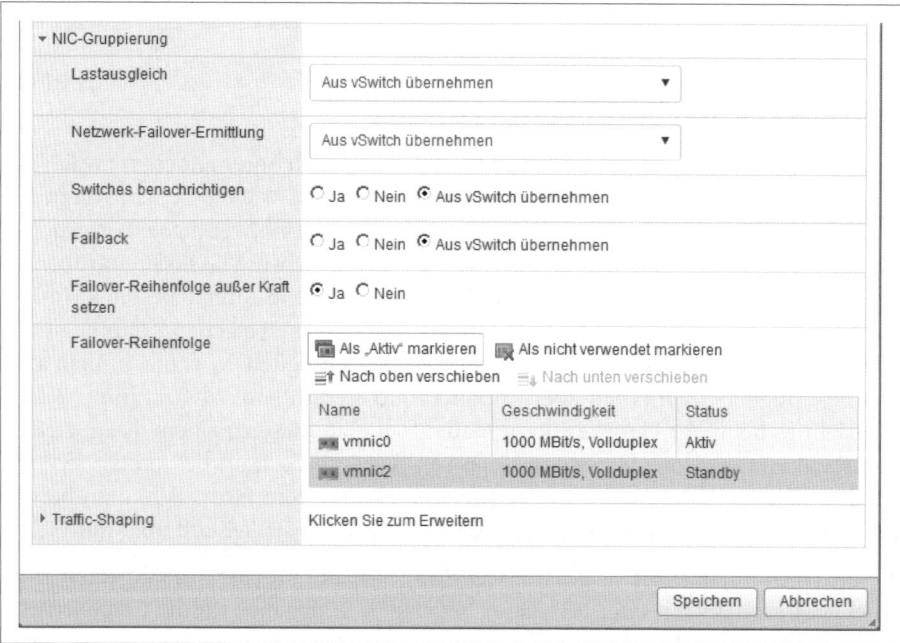

Abbildung 6-17: Die Failover-Reihenfolge außer Kraft setzen

Gerade wenn Sie VLANs nutzen wollen, empfehle ich genau diese Konstellation. Achten Sie bei einem möglichen Ausfall aber darauf, dass die noch arbeitende Karte auch auf die notwendigen VLANs Zugriff hat, z. B. über einen Trunkport.

Drei physische NICs

Wir gehen hier von den gleichen Voraussetzungen wie bei zwei Adaptern aus. Es werden also insgesamt vier Portgruppen gebraucht und es muss gegebenenfalls eine Redundanz für High Availability eingerichtet werden. Das geht entweder mit zwei Netzwerkkarten an einem vSwitch mit dem Management Network oder zwei Portgruppen auf zwei vSwitches verteilt.

Für dieses Szenario gibt es zwei Ansätze: Zum einen kann man drei vSwitches konfigurieren, zum anderen geht auch nur einer mit drei Adaptern.

Die Entscheidung zwischen einem oder drei Switches kann ich Ihnen nicht abnehmen. Das beruht auf dem jeweiligen Datendurchsatz, den die einzelnen Portgruppen benötigen, und dem gewünschten Maß an Ausfallsicherheit.

Drei vSwitches

Möchte man lieber drei Netzwerk-Switches einrichten oder muss man verschiedene getrennte Subnetze verwenden, ohne VLANs einsetzen zu wollen, geht man wie folgt vor:

- *vmnic0* wird an vSwitch0 gehängt und dort werden als Portgruppe ein Management Network und ein VM Network eingerichtet.
- *vmnic1* kommt an den zweiten vSwitch, dort richtet man den Zugriff auf den Storage ein.
- *vmnic2* schließt man an den dritten vSwitch an und richtet dort die Portgruppe für vMotion und eine für die zweite Management-Portgruppe als HA-Failover ein.

Wenn eine der Netzwerkkarten ausfällt, sieht es allerdings schlecht aus, weil keine Backup-Adapter mehr an dem jeweiligen vSwitch vorhanden sind. Die Gefahr, dass eine der NICs ausfällt, ist aber sehr gering.

Ein vSwitch

Bei diesem Vorgehen schließen wir alle drei Outbound-Adapter als aktive Adapter an einen vSwitch und konfigurieren alle vier Portgruppen nacheinander. Dann heben wir für die einzelnen Portgruppen wieder die Failover-Reihenfolge des Switch auf und teilen diese wie folgt neu zu:

- *vmnic0* wird als aktiver Adapter an die Portgruppe des VM Network angeschlossen, die anderen beiden Adapter kommen als Failover zu dieser Portgruppe hinzu.
- *vmnic1* ist der aktive Adapter für den Storage-Zugriff und *vmnic0* und *vmnic2* sind nicht als Ausfallsicherheit gedacht. Der Storage-Zugriff für iSCSI darf keine Standby-Adapter haben. Konfigurieren Sie diese Portgruppe nur mit einer aktiven NIC.
- *vmnic2* wird als aktive NIC an die Portgruppe für vMotion angeschlossen, *vmnic0* und *vmnic1* sind hierfür als Failover gedacht. Das zeigt Abbildung 6-18.
- *vmnic0* und *vmnic2* sind als aktive Adapter für das Management Network gedacht.

Falls Sie hier keine Netzwerkkarte für iSCSI oder NFS benötigen, weil Sie z.B. ein Fibre-Channel-SAN haben, teilen Sie die Portgruppen für vMotion und Management Network dementsprechend auf.

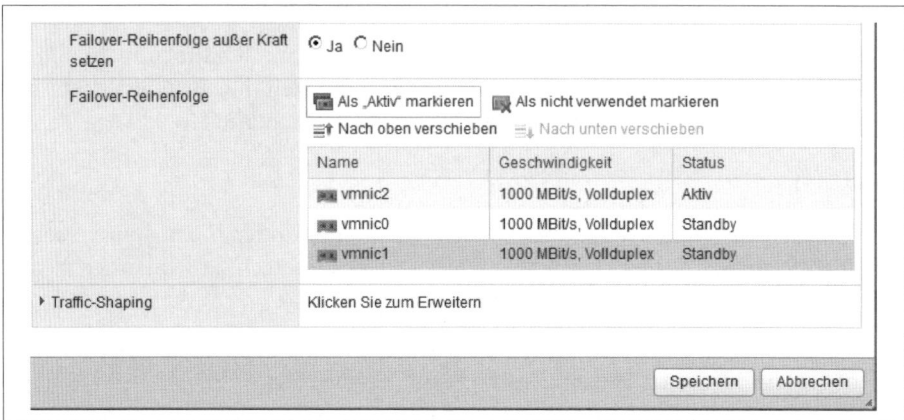

Abbildung 6-18: Die Failover-Reihenfolge außer Kraft setzen bei drei NICs

Sie haben außerdem die Möglichkeit, eine weitere Portgruppe für den Storage-Zugriff zu konfigurieren und diesen den Adapter der vMotion-Portgruppe zuzuweisen.

Vier physische NICs

Wir gehen hier von den gleichen Voraussetzungen wie bei zwei und drei Adaptern aus. Es werden also wieder vier Portgruppen gebraucht und es muss gegebenenfalls eine Management-Network-Redundanz für HA berücksichtigt werden.

Auch hier gibt es mehrere Möglichkeiten, eine Aufteilung zu machen. So kann man je eine Netzwerkkarte an einen vSwitch mit je einer Portgruppe hängen. Damit wäre aber keine Ausfallsicherheit gewährleistet und die Möglichkeiten des einen oder anderen Adapters nicht ausgeschöpft. Die dabei noch zu berücksichtigende HA-Redundanz könnte man erreichen, indem man einen zweiten Management-Network-Port auf demselben vSwitch erstellt, wo der vMotion-Port liegt. Die Datenübertragungsrate für den Heartbeat liegt bei nur wenigen Bits und vMotion wird ja eher selten gebraucht. Beim Zugriff auf einen Storage kommen hingegen ständig Datenpakete an und werden verschickt. Die Netzwerkkonnektivität der virtuellen Maschinen darf man natürlich auch nicht außer Acht lassen.

Unter dieser Betrachtungsweise und wenn man zusätzliche Ausfallsicherheit haben möchte, gibt es eigentlich nur einen relevanten Ansatz: zwei vSwitches mit jeweils zwei Netzwerkkarten.

Dabei verwenden wir den ersten vSwitch für die Portgruppe der virtuellen Maschinen und für das Management Network. Dann sind beide Adapter aktiv und wir lassen es bei den Einstellungen unter NIC-Gruppierung: ANHAND DER URSPRÜNGLICHEN ID DES VIRTUELLEN PORTS ROUTEN.

Beim zweiten vSwitch konfigurieren wir die Portgruppen für Storage-Zugriff und vMotion dann wie folgt:

- *vmnic2* ist aktiver Adapter für den Storage und *vmnic3* ist nicht sein Failover-Partner. Der Storage-Zugriff für iSCSI darf keine Standby-Adapter haben. Konfigurieren Sie diese Portgruppe nur mit einer aktiven NIC.
- *vmnic3* ist der aktive Adapter für vMotion und das Management Network 2 und *vmnic2* ist sein Backup.

Überlegen Sie sich, ob Sie bei dieser Konstellation unterschiedliche Subnetze für vMotion und Management Network oder lieber VLANs einsetzen möchten.

Fünf physische NICs

In diesem Beispiel empfehle ich – wie bei vier Karten – zwei vSwitches zu erstellen. Der erste vSwitch wird mit zwei Adaptern und einer Portgruppe für die virtuellen Maschinen sowie einer weiteren Portgruppe fürs Management Network verwendet. Die Einstellungen übernehmen wir von oben, wie bei vier Karten beschrieben.

Der zweite vSwitch bekommt drei Netzwerkkarten und wird über die Portgruppen wie folgt aufgeteilt:

- *vmnic2* ist aktiver Adapter für das Management Network und vMotion.
- *vmnic3* ist aktiver Adapter fürs Storage.
- *vmnic4* ist ebenfalls aktiver Adapter fürs Storage.

Die jeweils anderen Outbound-Adapter nehmen wir für das Failover. Das heißt, dass wir *vmnic3* und *vmnic4* als Backup für das Management Network und vMotion verwenden und so weiter. Der Storage-Zugriff für iSCSI darf keine Standby-Adapter haben, deshalb konfigurieren Sie diese Portgruppen jeweils nur mit einer aktiven NIC.

Auch hier sollten Sie unterschiedliche Subnetze oder VLANs einsetzen, um den Datenverkehr aufzuteilen, wie in Abbildung 6-19 zu sehen ist.

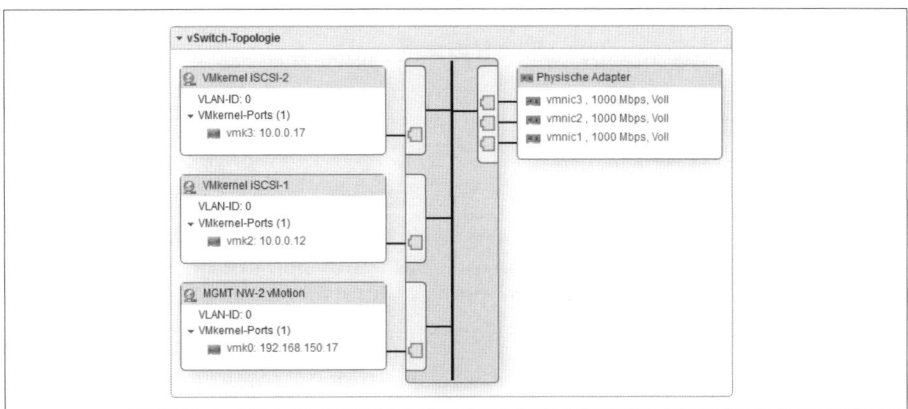

Abbildung 6-19: Der zweite vSwitch bei fünf NICs

Sechs physische NICs

In diesem Beispiel empfehle ich, drei vSwitches zu erstellen. Wir verwenden jeweils zwei physische Karten pro vSwitch und teilen die Portgruppen ähnlich wie bei fünf NICs auf:

Der erste vSwitch wird mit zwei Adaptern und einer Portgruppe für die virtuellen Maschinen und das Management Network verwendet. Dabei belassen wir beide NICs auf aktiv und nehmen wie oben die Einstellungen zum NIC-Teaming.

Das Gleiche machen wir mit dem zweiten vSwitch und erstellen dort je einen VM-kernel-Port für den Storage-Zugriff.

Bei beiden vSwitches ist das Failover durch die zweite Karte gegeben und die Last wird hier schön aufgeteilt.

Anders sieht es beim dritten vSwitch aus. Hier verwenden wir ebenfalls zwei Karten, haben aber zwei Portgruppen zu bedienen. Deshalb setzen wir die *vmnic4* als aktive Karte an die Portgruppe für vMotion und *vmnic5* als Standby. Umgekehrt gehen wir beim Management Network 2 vor: Hier ist *vmnic5* die aktive und *vmnic4* die Ausfallsicherheit.

Auch wenn hier viele physische Adapter auf die Portgruppen aufgeteilt werden können, empfehle ich, unterschiedliche Subnetze oder VLANs einzusetzen.

Hat man mehr als sechs Netzwerkkarten zur Verfügung, geht man wie in den obigen Beispielen vor. Überlegen Sie sich, welche Netzwerkdatenübertragungen zu erwarten sind, und teilen Sie die Karten dementsprechend logisch auf.

Beachten Sie dabei, dass das Management Network für High Availability zwar redundant vorhanden sein muss, dass aber hier nur sehr geringer Datenverkehr herrscht. vMotion wird in produktiven Umgebungen nicht sehr häufig vorkommen, sollte aber ebenfalls eine Redundanz haben. Am wichtigsten bleiben aber die Netzwerkverbindungen zu den virtuellen Maschinen. Fallen diese aus, können die User nicht mehr auf ihre Server zugreifen. Dasselbe gilt natürlich für den Zugriff der VMs auf ihre Festplatten. Ist diese Verbindung unterbrochen, hängen sich die meisten Betriebssysteme auf und lassen sich nur über einen harten Reset wieder reaktivieren.

Physische NICs mit 10 GBit/s

Wichtig ist hier, dass eine Dualport-Netzwerkkarte anders anzusehen ist als zwei Uniport-Karten. Über die MAC-Adresse der Karten lässt sich das leicht herausfinden: Sind die MAC-Adressen fortlaufend, handelt es sich um eine Karte mit zwei Anschlüssen, Beispiel: 68:05:ca:05:6f:48 und 68:05:ca:05:6f:49. Eine Dualport-Netzwerkkarte kann eher ausfallen als zwei unabhängige.

Weiterhin wird der Host bei 10-GBit/s-Adaptern bei vMotion maximal 40% der möglichen Leistung nehmen, eine Trennung wie bei 1 GBit/s ist hier also nicht nötig.

Haben Sie sowohl 1- als auch 10-GE-Karten, so können Sie diese entweder auf mehrere Switches aufteilen oder Sie erstellen einen vSwitch mit allen Karten und setzen die 10-GE-Karten als aktiv und die 1-GE-Karten als Standby, um hier wenigstens eine Ausfallsicherheit zu bekommen. Möglich wären auch zwei Switches mit je einer aktiven 10-GE- und einer Standby-1-GE-Karte.

Sind nach der notwendigen Vergabe der Karten noch welche unbenutzt, so schauen Sie auf dem Host während der produktiven Zeit die Auslastung der Karten an und entscheiden dann, an welchen vSwitch bzw. für welche Aufgabe noch ein Adapter hinzugenommen werden sollte.

Beispielaufteilung:

Nehmen wir an, dass Sie insgesamt acht Portgruppen brauchen: Management Network (1 und 2), vMotion, iSCSI (1 und 2) und NFS3- und NFS4-Speicher und natürlich eine für die virtuellen Maschinen.

Gehen wir davon aus, dass vier 1-GE- (vmnic0, 1, 4 und 5) und zwei 10-GE-Adapter (vmnic2 und 3) und die notwendigen Ports auf den physischen Switches zur Verfügung stehen. Wir nutzen den bei der Installation des Hosts angelegten vSwitch0 und hängen dort die 1-GE-Karten an. Dort werden auch gegebenenfalls zusätzliche Portgruppen für die VMs erstellt. Am vSwitch1 hängen wir die beiden 10-GE-Karten an und konfigurieren dort den Zugriff auf die Storages, das zweite Verwaltungsnetzwerk sowie vMotion.

An den Switches sind alle Netzwerkkarten aktiv und bei den Portgruppen bzw. VMkernel-Ports machen wir nur bei den iSCSI-Zugriffen eine Ausnahme: Dort ist jeweils eine Karte aktiv und die andere nicht benutzt. Warum das so eingestellt werden muss, erfahren Sie im folgenden Kapitel.

Sehr wichtig ist natürlich auch der Heartbeat der ESXi-Server bei HA im Cluster untereinander und die richtige Einstellung dazu. Darüber erfahren Sie mehr in Kapitel 10.

## KAPITEL 7

Storage-Konfiguration

Bevor Sie weitere virtuelle Maschinen auf den ESXi-Servern erstellen, sollten Sie die Storage-Zugriffe der Hosts konfigurieren. In diesem Kapitel gehe ich detailliert auf dieses wichtige Thema ein.

Insgesamt kann der ESXi-Server auf fünf verschiedene Storage-Lösungen für ein VMFS-Volume zugreifen:

- Lokal angeschlossene SCSI-, SAS-, SSD- und SATA-Laufwerke
- iSCSI-SAN über Netzwerkkarten oder HBAs
- NFS-Version 3 und 4.1 ebenfalls über Netzwerkkarten
- Fibre-Channel-SAN über spezielle Adapter oder FCoE (FC over Ethernet)
- vSAN, lokaler Speicher von drei bis 64 ESXi-Servern

Auf alle fünf Möglichkeiten gehe ich hier mehr oder weniger detailliert ein und erkläre auch noch, wie man sich einen günstigen Storage anlegt und worauf man dabei besonders achten sollte. Die letzten vier Typen in der obigen Aufzählung sind Speichermöglichkeiten, auf die alle beteiligten Hosts zugreifen können. Über den vCenter Server hat man dann erst die Möglichkeiten, Technologien wie vMotion, High Availability, DRS (Load Balancing) und Fault Tolerance zu nutzen.

Auch das Thema Storage Alignment darf natürlich nicht zu kurz kommen. Ohne eine Anpassung der Cluster auf einem Volume kann die Übertragungsgeschwindigkeit erheblich leiden.

Allgemeine Richtlinien

Bevor Sie eine weitere Festplatte lokal an den ESXi-Server anschließen oder die Verbindung zu einem externen Storage aufbauen, sollten Sie einige Überlegungen zu dem neuen Speicher anstellen. Im folgenden Absatz möchte ich Ihnen dabei helfen, die richtigen Entscheidungen bei Ihrer Wahl zu treffen.

Lokale Datenträger

Eine SATA- oder SCSI-Festplatte, Fibre-Channel-LUN oder RAID-LUN mit nicht partitioniertem, mindestens 32 GByte großem Bereich gelten als Mindestvoraussetzung für die Installation des ESXi-Servers.

 Natürlich können Sie die Installation auch auf einem mindestens 8 GByte großen USB-Stick oder einer SD-Karte durchführen. Einige Serverhersteller liefern vorkonfigurierte Hosts mit gespiegelten SD-Karten aus.

In diesem Laufwerk oder RAID-Verbund werden die Dateien für den Hypervisor und gegebenenfalls später die Dateien der virtuellen Maschinen abgelegt. Da Sie für die Installation nur eine kleine Platte brauchen, sollten Sie während der Installation auch nur diese benutzen. Nach der Installationsroutine hinzugefügte Laufwerke können sie über den Client konfigurieren – und dabei findet das Disk-Alignment an der 64-K-Grenze für das VMFS-Dateisystem automatisch statt.

Ein einziges Volume hätte den Nachteil, dass das ESXi-System gleichzeitig mit den virtuellen Maschinen denselben Plattenplatz nutzt und sich damit die Übertragungsleistung mit diesen teilt. Dieses zu trennen ist also sinnvoll. Leider verkaufen namhafte Serverhersteller ihre Geräte z.B. mit sechs 300-GB-Platten an einem RAID-Controller angeschlossen und konfigurieren damit ein RAID 6. Dabei geht nicht nur Performance verloren, sondern auch sehr viel Plattenplatz. Betrachtet man dagegen die Möglichkeiten, die man seit der Version vSphere 5 mit vSAN (siehe unten) hat, ergibt so eine Konfiguration gar keinen Sinn.

Beachten Sie auch die Namensgebung des lokalen Storage: Standardmäßig heißt er nach der Installation *datastore1*. Daran ist so lange nichts auszusetzen, wie der ESXi-Server nicht zu einem Cluster gehört. Der erste ins Cluster aufgenommene Host behält den Namen des Speichers, beim zweiten wird dieser zu *datastore1(1)*, beim dritten zu *datastore1(2)* usw. Hinterher ist es dann schwierig, den lokalen Speicherplatz einem ESXi-Server zuzuordnen. Benennen Sie ihn deshalb gleich in *esx1-datastore1* um.

Externe Platten

Ähnliche Überlegungen zur Namensgebung wie bei den lokalen Platten gelten natürlich auch hier. Gerade wenn Sie mehrere unterschiedliche externe Systeme haben, ist es meist schwer zu sagen, ob es sich bei dem Volume nun um das Fibre-Channel- oder iSCSI-SAN handelt. Man sollte natürlich auch nicht übertreiben und sein Volume beispielsweise »NFS-Server-2008-R2-Storage-2-TB-Volume-001« nennen. Haben Sie davon z.B. drei Stück, können Sie in keiner Tabelle mehr das 001, 002 oder 003 erkennen, ohne mit dem Laufbalken zu scrollen.

Gedanken sollte man sich auch über die anzulegende Größe machen. Die Grenze von 2 TByte pro Volume ist seit der Version 5.0 nicht mehr relevant. Die neue Obergrenze liegt jetzt bei 64 TByte. Wählen Sie das geeignete Maß für Ihre Anwendungen. Beachten Sie gegebenenfalls die Möglichkeit, in den externen Systemen mehrere unterschiedliche RAID-Levels für die Volumes zu nutzen und diese an Ihre VMs sinnvoll zu verteilen.

Viele kleine LUNs schränken Sie bei der eventuell notwendigen Vergrößerung einer Datenfestplatte unnötig ein. Auch für Snapshots – zum Beispiel bei der Datensicherung – muss noch genügend Platz vorhanden sein. Weiterhin haben Sie dann eine sehr lange Liste mit Datenspeichernamen. Im Gegensatz dazu bieten kleinere Volumes den Vorteil, dass verschiedene RAID-Level für die Speicherplätze genutzt werden können und die Leistung höher ist als bei großen, gemeinsam von VMs genutzten Volumes.

 Beachten Sie beim Zugriff auf Volumes per SCSI-Protokoll, also bei Fibre Channel, iSCSI und lokalen SCSI-Platten, dass dort maximal 16 VMs darauf liegen sollten, weil sonst die Latenzzeiten durch SCSI-Reservations extrem in die Höhe gehen können. Hohe Latenzzeiten machen sich negativ im Laufzeitverhalten der VMs bemerkbar.

Auf jeden Fall müssen Sie die LUNs (Nummern) im Auge behalten. Vergeben Sie für jede LUN pro Storage-Hardware eine eigene Nummer, am besten von 0 ansteigend, und beachten Sie die maximale Anzahl von 1.024 LUNs.

Bei wichtigen virtuellen Maschinen können Sie eine Spiegelung einrichten. Diese muss nicht vom Hersteller des externen Speichers unterstützt werden. Einem Windows-Server können Sie beispielsweise zwei Festplatten auf unterschiedlichen Volumes zuweisen, diese im Betriebssystem auf »dynamischer Datenträger« setzen und eine Spiegelung (RAID-Level 1) dafür einrichten.

iSCSI-Speicher anschließen

Speicher, der über das Netzwerk mit dem SCSI-Protokoll angeschlossen wird, hat in der jüngeren Vergangenheit immer mehr Einsatz in kleinen und mittleren Umgebungen gefunden. Das liegt nicht nur am deutlich günstigeren Preis gegenüber einem Fibre-Channel-SAN, sondern auch an der mittlerweile recht hohen Performance. Bei einigen Linux-Distributionen gehört die Möglichkeit, einen vorhandenen Festplattenplatz als iSCSI-Target zur Verfügung zu stellen, schon seit dem Kernel 2.6.38 zur Grundausstattung. Nicht immer wird diese Möglichkeit bei einer Standardinstallation schon zum Umfang gehören, aber sie lässt sich ohne große Probleme nachrüsten.

Wer sich mit Linux auskennt, kann hier ein Dateisystem wie ZFS oder XFS nutzen, das in Zusammenhang mit iSCSI enorme Leistungswerte erzielt.

Es werden aber auch von einigen namhaften Herstellern günstige komplette Storage-Lösungen auf Basis von SCSI over IP angeboten. Meistens bekommt man für 2.000 bis 3.000 Euro schon eine stabile Plattform im 19-Zoll-Rahmen mit einigen TByte Speicherplatz und 4-GBit-Anbindung. Damit wäre eine Datenübertragung von bis zu 320 GB pro Sekunde möglich, was für ca. 10 – 15 VMs reichen kann.

Unter Windows gibt es bei den neueren Versionen lediglich eine Zugriffsmöglichkeit auf iSCSI-Speicher von Microsoft (iSCSI-Initiator), aber nicht das Bereitstellen von Platz über die Netzwerkkarte. Dafür bieten aber diverse andere Softwarehersteller einen solchen Zugriff für Windows-Betriebssysteme an.

Seit Server 2008 gibt es allerdings den sogenannten Storage-Server. Dieser kann iSCSI-Targets auch für die ESXi-Server zur Verfügung stellen – doch möchte man das wirklich? Um damit einen einigermaßen reibungslosen Zugriff zu bekommen, muss man den *User Name Mapping Service* von Microsoft installieren, damit wie in Abbildung 7-1 keine Fehlermeldungen die Logs vollschreiben.

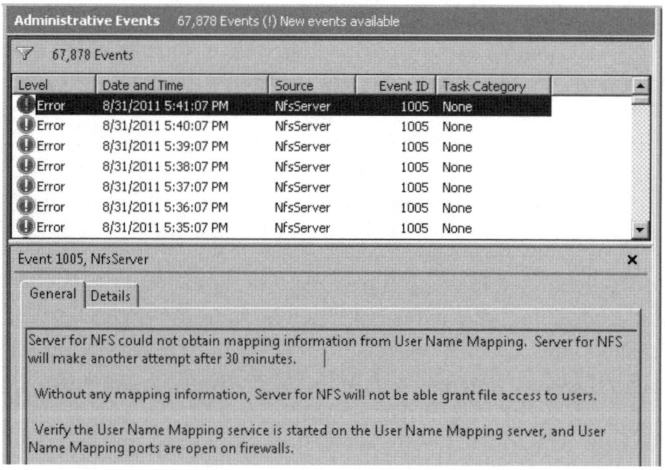

Abbildung 7-1: Fehlermeldungen in Logdateien unter Server 2008

Des Weiteren möchte ein Windows-Server ständig aktualisiert werden und Patches sowie Updates bekommen. Dafür muss man den Server neu starten, was bedeutet, dass alle darauf liegenden VMs und alle ESXi-Server heruntergefahren sein müssen – wollen Sie das? Das Schlimme ist, dass einige Speicherhersteller so eine Konfiguration anbieten, ohne darauf hinzuweisen, dass es sich dabei um ein Microsoft-Betriebssystem handelt.

Auf Linux basierender Storage braucht keine Aktivierung, keine Updates oder Servicepacks und auch weder eine Firewall noch Antivirensoftware. Ein Beispiel für die Einrichtung eines solchen Systems ist am Ende dieses Kapitels eingefügt.

Bei iSCSI werden also SCSI-Datenpakete in einen Ethernet-Frame gepackt und an den Empfänger geleitet. Vom Empfänger werden die Netzwerkinformationen entfernt und die eigentlichen Datenpakete an den Storage geliefert. Auf dem ESXi-Server erledigt das eine VMkernel-Schnittstelle in Zusammenarbeit mit einem iSCSI-Softwareadapter oder auch ein iSCSI-Hardwareadapter.

In ESXi steht softwareinitiiertes iSCSI auch über 10-GBit-Ethernet-Adapter zur Verfügung.

Beide SAN-Möglichkeiten, also Fibre Channel und iSCSI, haben gegenüber dem Network Attached Storage den Nachteil, dass bei der gleichzeitigen Nutzung vieler virtueller Maschinen auf einem Datenspeicher durch das LUN-Locking Skalierbarkeitsprobleme auftreten können. Dies ist ein Punkt, der bei virtuellen Desktop-Umgebungen beachtet werden sollte, da hier eine hohe Anzahl von virtuellen Maschinen eingesetzt wird. Wichtig ist daher, dass nicht zu viele Maschinen auf der gleichen LUN platziert werden.

iSCSI-Konfiguration unter Windows

Trotz der oben aufgeführten Bedenken kann ein iSCSI-Speicher unter Windows für kleine Umgebungen oder Tests recht einfach und kostengünstig eingerichtet werden. Wenn Sie Ihren Storage in einem Subnetz platzieren, das sonst nicht genutzt wird oder keine Verbindung ins Internet hat, entfallen auch die meisten der oben genannten Bedenken.

Gerade Benutzer von Windows haben oft erhebliche Berührungsängste mit Linux. Deshalb kommt nun zunächst ein Beispiel mit iSCSI-Targets unter Windows und später folgt dann eines für Linux.

Als beispielhafte Konfiguration für einen iSCSI-Speicher für mehrere ESXi-Server schildere ich den genauen Ablauf unter Windows (64 Bit empfohlen) mit der kostenlosen Software *StarWind* von Rocket Division. Auf der Internetseite *http://www.starwindsoftware.com* können Sie sich nach einer kurzen Registrierung das Programm herunterladen und bekommen einen Lizenzschlüssel für einen Host sowie eine ausführbare Datei zum Download. Diese kostenlose Version hat keine Beschränkung bezüglich der Größe oder Anzahl der Volumes und die maximale Anzahl gleichzeitiger Verbindungen und Netzwerkkarten ist ebenfalls unbeschränkt. Zu Testzwecken können Sie sogar einen deduplizierten Speicher oder auch ein vSAN erstellen. Auf der Website des Herstellers finden Sie aktuelle Beschreibungen der Software zur Einrichtung als PDF-Datei.

Voraussetzungen

Was brauchen wir nun als Mindestvoraussetzung für den Storage? Da wäre zunächst ein Windows-Rechner mit freiem Plattenplatz zu nennen. Als Betriebssystem sollten Sie ein aktuelles Windows mit 64 Bit einsetzen, ist aber nicht zwingend notwendig. Vista brauchte allein schon zu viel Ressourcen und lässt sich nicht so gut konfigurieren. Bei XP und Server 2003 müssten Sie noch den iSCSI-Initiator von Microsoft installieren. Den bekommen Sie unter *http://www.microsoft.com/download/en/details.aspx?id=18986* (Dateigröße 2,3 MByte). Bei der freien Variante können Sie keine ganze Festplatte zur Verfügung stellen, sondern nur eine Imagedatei auf einem bereits formatierten Datenträger. Möchten Sie mehr Durchsatz erreichen, ist es hilfreich, die 64-Bit-Version des Betriebssystems mit viel RAM und mehrere 1-GBit- oder 10-GBit-Netzwerkadapter zu nutzen. Weiterhin kann ein RAID nicht schaden, um größere Datenmengen zu liefern.

 Um die Konfiguration und den Anschluss der ESXi-Server zu testen, können Sie auch eine virtuelle Maschine dafür verwenden.

Auf der ESXi-Seite brauchen wir mindestens eine Netzwerkkarte für den VMkernel und müssen den Software-iSCSI-Adapter konfigurieren. Beachten Sie bei diesem Beispiel auch die Erläuterungen für die Einrichtung von Jumbo-Frames und Teaming in Kapitel 6.

 Sie können natürlich auch mehrere VMkernel-Portgruppen auf unterschiedlichen vSwitches erstellen, müssen dann aber auch unterschiedliche Subnetze verwenden – sonst kann es zu bösen Überraschungen kommen. Wenn Sie mehrere Portgruppen für iSCSI auf einem vSwitch konfigurieren, müssen Sie die Adapter-Teaming-Einstellungen auf Portebene wie oben unter Netzwerk beschrieben in aktive und passive *vmnics* aufteilen und sich innerhalb eines Subnetzes bewegen.

Installation auf der Windows-Seite

Starten Sie die Software, die Sie sich von der Internetseite heruntergeladen haben, und akzeptieren Sie die Lizenzvereinbarung. Suchen Sie sich den Installationspfad aus und wählen Sie anschließend FULL INSTALLATION. Lassen Sie sich bei Bedarf eine Verknüpfung im Startmenü und auf dem Desktop erstellen und klicken Sie auf NEXT. Nach kurzer Zeit ist die Installation erledigt, und Sie können die Software gleich vom Assistenten starten lassen: LAUNCH STARWIND. Klicken Sie auf FINISH. Neben der Uhr befindet sich jetzt ein neues Icon, das anzeigt, dass die StarWind-Software als Dienst läuft.

Konfiguration auf der Windows-Seite

Über das Icon im Tray oder auf dem Desktop können Sie die Management-Konsole starten und die Konfiguration beginnen.

Im Menü klicken Sie auf OPTIONS → LANGUAGE und stellen Deutsch als Sprache ein.

1. Als Erstes müssen Sie den lokalen Rechner zum Management hinzufügen. Das können Sie über den Link auf dieser Seite oder über das Menü HOST erledigen.

2. Im folgenden Fenster wird der lokale Host über die IP-Adresse 127.0.0.1 angezeigt (siehe Abbildung 7-2). Das bedeutet, dass alle vorhandenen Netzwerkadapter für iSCSI eingerichtet werden. Über ERWEITERT → AUTHENTIFIZIERUNG können Sie auch CHAP für die sichere Kommunikation benutzen. Ich empfehle aber, dieses erst nach erfolgreicher Einrichtung abzuändern, damit man eventuell auftauchende Fehler schneller eingrenzen kann.

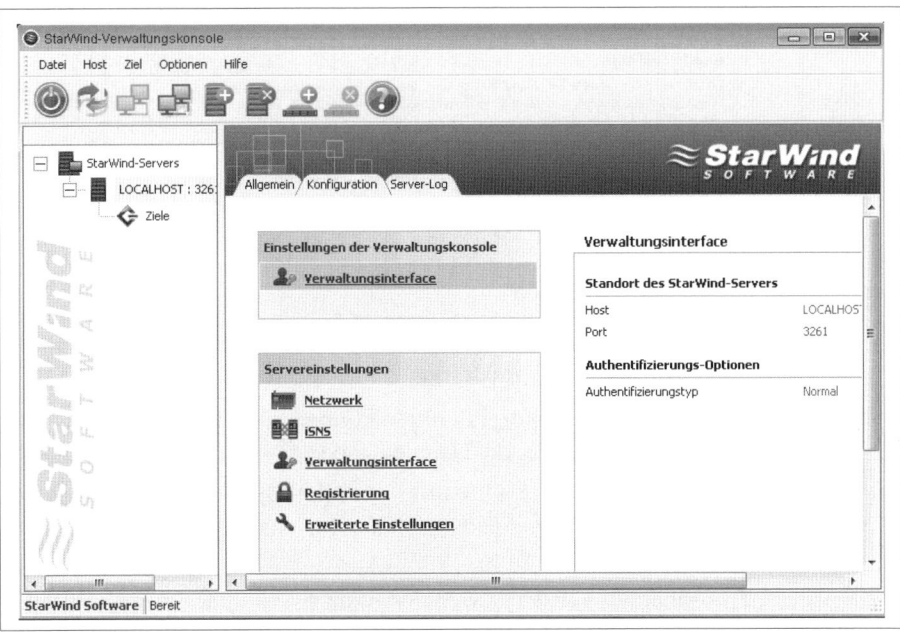

Abbildung 7-2: StarWind-Verwaltungskonsole

3. Als Nächstes müssen Sie sich mit dem eingerichteten Server LOCALHOST verbinden. Für die Standardanmeldedaten verwenden Sie als Username *root* und als Passwort *starwind*.

4. Klicken Sie anschließend auf der linken Seite des Fensters auf Ihren Server und in der rechten Hälfte auf KONFIGURATION, um die Registrierung mit der Lizenzdatei durchzuführen, die Sie per Mail bekommen haben.

5. Jetzt können Sie eine neue Imagedatei erstellen, die den ESXi-Servern dann über den Port 3260 (Standard-iSCSI-Port) auf allen lokalen Netzwerkkarten

zur Verfügung stehen wird. Klicken Sie dazu mit der rechten Maustaste auf ZIELE und wählen Sie ZIEL HINZUFÜGEN aus.

6. Geben Sie eine Zeichenkette als ALIAS für das Image an und wählen Sie im nächsten Fenster FESTPLATTE aus. In der freien Version ist es nicht möglich, eine ganze Festplatte zur Verfügung zu stellen, sondern nur eine Datei auf einem formatierten Datenträger. Auch die Optionen OPTISCHES LAUFWERK und BANDLAUFWERK erlauben nur virtuelle Geräte.

7. Wählen Sie im nächsten Fenster IMAGE-LAUFWERK aus (siehe Abbildung 7-3) und klicken Sie auf WEITER.

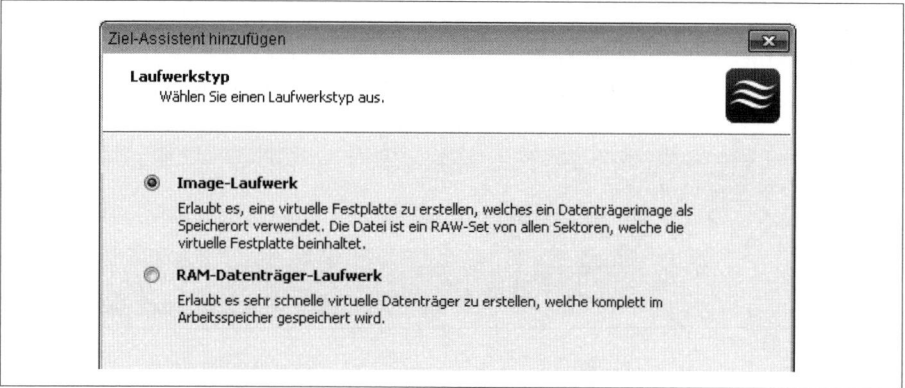

Abbildung 7-3: Image-Laufwerk erstellen

8. Im folgenden Fenster wählen Sie die mittlere Option NEUES VIRTUELLES LAUF-WERK ANLEGEN und klicken auf WEITER.

9. Über die Schaltfläche mit den drei Punkten können Sie nun auf Ihren Rechner browsen und einen Namen für die Datei eingeben.

10. Als Nächstes müssen Sie die OPTIONEN DES IMAGE-LAUFWERKS einstellen (siehe Abbildung 7-4). Achten Sie darauf, dass Sie das Häkchen bei MEHRERE GLEICHZEITIGE ISCSI-VERBINDUNGEN ZULASSEN (CLUSTERBILDUNG) setzen, sonst kann immer nur ein beteiligter ESXi-Server auf das Image zugreifen, ansonsten sind es vier bei dieser Version.

11. In den beiden nächsten Fenstern brauchen Sie nichts einzustellen, können aber gegebenenfalls das *write-through caching* ausprobieren – auf manchen Rechnern bringt es noch ein bisschen mehr Durchsatz. Nachträglich lässt sich dieser Punkt nur ändern, indem man das Image entfernt und neu hinzufügt. Die Daten bleiben dabei erhalten.

Auf der Windows-Seite sind wir damit so weit fertig. Lediglich die Einstellungen zu Ihrer Firewall sollten Sie überprüfen und gegebenenfalls die installierte Software zu den Ausnahmen hinzufügen bzw. den Port 3260 freigeben.

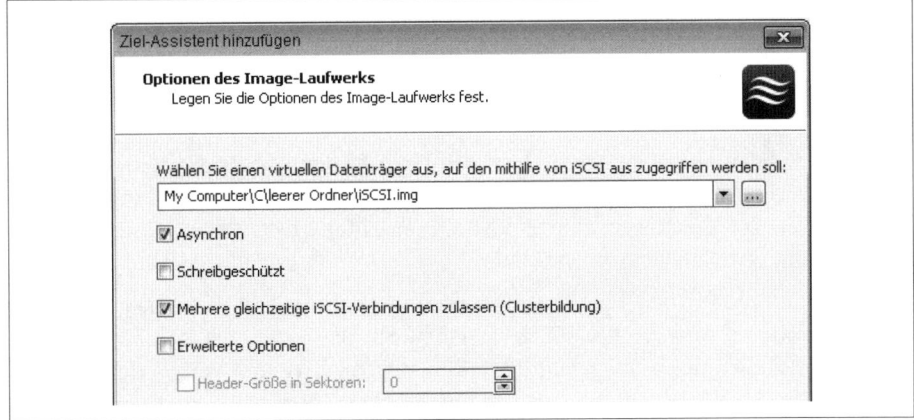

Abbildung 7-4: Optionen des Laufwerks

Konfiguration auf der ESXi-Seite

Überprüfen Sie zunächst, ob Ihr ESXi-Server bereits einen Software-iSCSI-Adapter hat:

1. Melden Sie sich mit Ihrem Browser am vCenter Server an, klicken Sie auf einen Host, anschließend auf die Registerkarte KONFIGURIEREN und dann unter SPEICHER auf SPEICHERADAPTER.

2. Schauen Sie in der Liste der SPEICHERADAPTER, ob ein Hardware- oder Software-iSCSI-Adapter dort enthalten ist.

3. Ist keiner der beiden Möglichkeiten aufgelistet, klicken Sie auf den Link SOFTWAREADAPTER HINZUFÜGEN.

4. Wählen Sie im neuen Fenster das Optionsfeld SOFTWARE-iSCSI-ADAPTER HINZUFÜGEN aus und klicken Sie auf OK. Nach kurzer Zeit erscheint der Adapter mit allgemeinen Voreinstellungen (siehe Abbildung 7-5).

Abbildung 7-5: Software-iSCSI-Adapter hinzufügen

Wie schon erwähnt, brauchen Sie einen VMkernel-Port für die Datenübertragung, den Sie wie folgt einrichten:

1. Klicken Sie auf der Registerkarte KONFIGURIEREN unter NETZWERK auf VIRTU-ELLE SWITCHES.

2. Suchen Sie sich einen vSwitch aus oder erstellen Sie gegebenenfalls einen neuen für den Storage-Zugriff, wie in Kapitel 6 ausführlich beschrieben. Klicken Sie auf die Registerkarte VMKERNEL-NETZWERKKARTEN und anschließend auf NETZWERK HINZUFÜGEN.

3. Vergeben Sie für den Port eine passende Bezeichnung (z.B. VMkernel iSCSI) und optional eine VLAN-ID bzw. geben Sie diese ein. Bei den verfügbaren Diensten darf nichts ausgewählt werden. iSCSI verwendet keinen der Dienste, die im unteren Teil aufgelistet sind, eine Bindung des VMkernel-Ports an den Adapter wird später durchgeführt.

4. Das Feld TCP/IP-STACK lassen Sie auf Standard, da hier keine Änderungen angebracht sind.

5. Klappen Sie die IP-EINSTELLUNGEN auf, geben Sie eine noch nicht vergebene IP-Adresse und eine Subnetzmaske ein (empfohlen) oder lassen Sie sie automatisch vom DHCP-Server abrufen.

6. Auf der letzten Seite des Assistenten überprüfen Sie Ihre Einstellungen (siehe Abbildung 7-6) und klicken Sie auf FINISH.

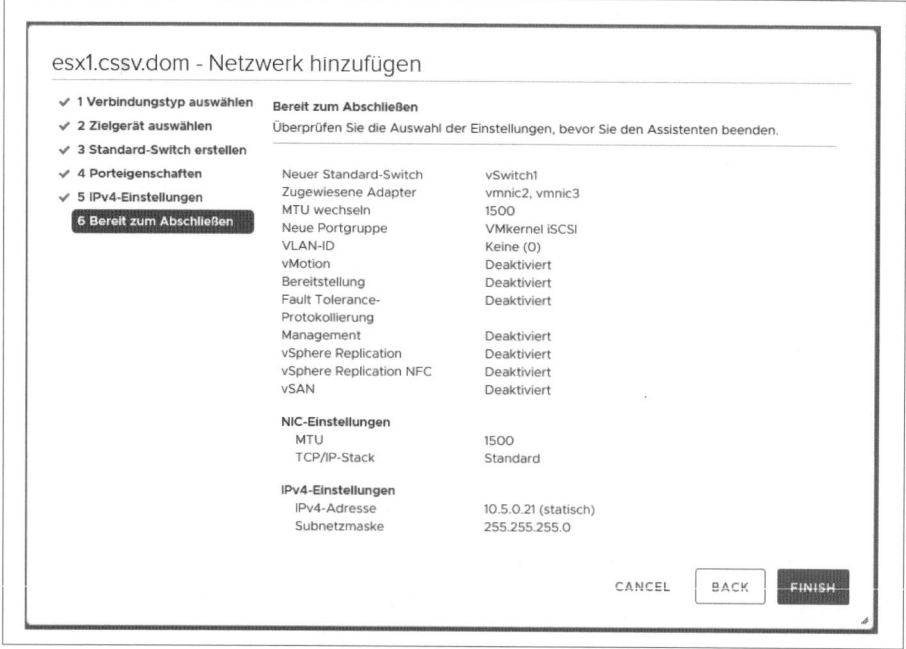

Abbildung 7-6: Netzwerkkonfiguration für iSCSI

Verwenden Sie iSCSI aus Gründen der Performance nicht bei Netzwerkadaptern mit 100 MBit/s oder weniger. Adapter mit 10 GBit/s werden mittlerweile gut unterstützt. Pro iSCSI-Portgruppe darf jeweils nur ein aktiver Adapter und kein Standby-Adapter verwendet werden. Sie können aber mehrere VMkernel-Ports für iSCSI konfigurieren (siehe Kapitel 6).

Nun geht es an die Software-iSCSI-Schnittstelle.

1. Klicken Sie auf der Registerkarte KONFIGURIEREN unter SPEICHER auf SPEICHER-ADAPTER.

2. Wählen Sie in der Liste den ISCSI-SOFTWAREADAPTER (vmhba64) aus und klicken Sie im unteren Teil des Fensters auf DYNAMISCHE ERKENNUNG.

3. Setzen Sie bei ISCSI AKTIVIERT das Häkchen bei AKTIVIERT (falls noch nicht geschehen).

iSCSI-Namen und -Alias brauchen Sie nicht einzugeben, da das automatisch geschieht, nachdem Sie auf AKTIVIERT geklickt haben. Wenn Sie aber bereits feste Namen bei Ihrem Storage eingetragen haben, können Sie hier anschließend einen Alias manuell eintragen. Üblicherweise fängt der Name, den sich der ESXi-Server gibt, mit *iqn.1998-01.com.vmware:* an. Dann folgen der Kurzname des Rechners und anschließend eine ID – komplett also z. B. *iqn.1998-01.com.vmware:esx1-0cb64f32.*

iSCSI-Namen fangen entweder mit *iqn* oder *eui* an. *iqn* steht dabei für iSCSI Qualified Name. Anschließend folgt das Jahr und der Monat, an dem die Registrierung des Domänennamens stattfand, bei VMware also Januar 1998, und die registrierte Domäne ist *vmware.com*. Die Teile werden jeweils in umgekehrter Reihenfolge angegeben. *eui* ist die andere Möglichkeit und steht für Extended Unique Identifier. Diese wird von der IEEE vergeben und sieht z. B. so aus: *eui.0102ba03ce04cdef*. Dabei wird der Registrierungsname – ähnlich wie bei einer MAC-Adresse – verschlüsselt hinterlegt.

4. Im Abschnitt DYNAMISCHE ERKENNUNG tragen Sie nun alle statischen IP-Adressen des konfigurierten iSCSI-Targets ein. Klicken Sie auf das Plus bei HINZUFÜGEN. Haben Sie mehrere Netzwerkkarten bzw. IP-Adressen des Storage dafür vorgesehen, können Sie diese z. B. unter den ESXi-Servern aufteilen oder besser noch: alle Hosts redundant auf alle IP-Adressen des Storage zugreifen lassen. Nach kurzer Zeit sollte der Eintrag in dem Fenster sichtbar werden. Über die eingetragene(n) IP-Adresse(n) fragt der Host den Storage ab und erkennt üblicherweise alle anderen IP-Adressen dynamisch.

5. Im Abschnitt STATISCHE ERKENNUNG sollten die Volumes bereits angezeigt werden.

6. Eventuell müssen Sie im Abschnitt NETZWERK-PORT-BINDUNGEN noch die gerade erstellte iSCSI-Portgruppe(n) auswählen. Klicken Sie dazu auf HINZU-FÜGEN, wählen Sie die Portgruppe(n) aus und klicken Sie anschließend auf OK.

 Das Hinzufügen der Adapter bzw. Portgruppen darf nur bei gleichem Subnetz erfolgen (siehe weiter unten Abschnitt »iSCSI-Portbindung«).

7. Gegebenenfalls werden Sie aufgefordert, den iSCSI-Host-Bus-Adapter erneut prüfen zu lassen, falls nicht, führen Sie es trotzdem durch, indem Sie auf den Link ADAPTER ERNEUT PRÜFEN klicken.

8. Auf der Registerkarte DATENSPEICHER müssen Sie gegebenenfalls den Link zum Aktualisieren anklicken, damit Sie im unteren Teil die oder den eingerichteten Netzwerkspeicher sehen können (siehe Abbildung 7-7).

Name ↑		Status		Typ		Kapazität		Frei
esx1-datastore1		✓ Nor...		VMFS 6		924 GB		905,23 GB
esx1-datastore2		✓ Nor...		VMFS 5		465,5 GB		957 MB
esx1-daten		✓ Nor...		VMFS 5		2,73 TB		261,21 GB
esx1-SSD		✓ Nor...		VMFS 5		465,5 GB		364,47 GB
iSCSI-1		✓ Nor...		VMFS 5		463,75 GB		439,41 GB
iSCSI-2		✓ Nor...		VMFS 5		462,75 GB		455,74 GB

Abbildung 7-7: iSCSI-Ziele werden angezeigt.

9. Sollten sich auf dem Storage noch keine VMFS-Volumes befinden, so legen Sie diese mit dem Assistenten an, indem Sie auf AKTIONEN – SPEICHER – NEUER DATENSPEICHER klicken. Nehmen Sie in dem Fenster den ersten Eintrag (VMFS) und klicken Sie auf NEXT. Geben Sie eine Bezeichnung für den Speicher ein (diese lässt sich hinterher problemlos ändern) und klicken Sie im unteren Teil das gewünschte Volume an und dann auf WEITER.

 Bei dem zweiten und allen weiteren ESXi-Servern sollten Sie beim Hinzufügen der Festplatte nicht dazu aufgefordert werden, einen Aliasnamen einzugeben oder das Volume zu formatieren. Wenn das dennoch geschieht, brechen Sie den Vorgang ab, warten einen Moment, bis der erste ESXi-Server mit dem Formatieren fertig ist, und wiederholen den Vorgang.

10. Überlegen Sie sich, ob Sie die MTU bei dieser Portgruppe auf 9.000 setzen wollen und können. Bedenken Sie, dass alle beteiligten Geräte zwischen Sender und Empfänger diese Jumbo-Frames unterstützen müssen. Das Datenpaket bei normalen Frames ist 1.500 Byte groß und sein Header fasst 76 Byte.

Bei Jumbo-Frames sind es ebenfalls 76 Byte für die Informationen, aber der Rest sind reine Daten.

11. Wiederholen Sie die Schritte bei jedem Host, damit alle auf die gemeinsamen Volumes zugreifen können.

Probleme bei Software-iSCSI

ESX-Server 3.x und neuer unterstützen die iSCSI-Technologie, die es dem Hostsystem ermöglicht, beim Zugriff auf entfernten Speicher ein IP-Netzwerk zu verwenden. Bei iSCSI werden die SCSI-Speicherbefehle, die die virtuelle Maschine an ihre virtuelle Festplatte ausgibt, in TCP/IP-Protokollpakete umgewandelt und an ein entferntes Gerät – das Ziel (iSCSI-Target) – übertragen, auf dem die virtuelle Festplatte gespeichert ist. Aus Sicht der virtuellen Maschine erscheint das Gerät als lokal angeschlossenes SCSI-Laufwerk.

Das Management Network und der VMkernel sind oft nicht an dasselbe Subnetz angeschlossen. Für iSCSI braucht der VMkernel-Port kein Gateway. Ein Gateway ist zur Anbindung an Computer notwendig, die sich nicht im selben IP-Subnetz wie das Management Network befinden. Speicherzugriffe sollten nicht geroutet werden.

Alle NAS- und iSCSI-Server sollten deshalb über dasselbe Übertragungsgebiet (Subnetz) wie die zugeordneten VMkernel-Ports zu erreichen sein.

Zum Zugriff auf entfernte Ziele verwendet der ESXi-Server iSCSI-Initiatoren. Die Initiatoren transportieren hardwarebasierte und softwarebasierte SCSI-Anfragen und -Antworten zwischen dem ESXi-Server-System und dem Zielspeichergerät über das IP-Netzwerk, deshalb müssen diese Einstellungen korrekt vorgenommen werden. Auch der vCenter Server muss über den oder die ESXi-Server auf das Target zugreifen können, aber nicht unbedingt direkt im selben Subnetz sein!

Im ersten Beispiel der iSCSI-Speicherkonfiguration in Abbildung 7-8, links, verwendet das ESXi-Server-System einen Hardware-iSCSI-Adapter. Dieser spezielle Adapter sendet iSCSI-Pakete über ein LAN an eine Festplatte.

Im zweiten Beispiel, rechts, verfügt der ESXi-Server über einen iSCSI-Software-Adapter. Unter Verwendung des Softwareinitiators stellt der ESXi-Server die Verbindung zu einem LAN über eine vorhandene Netzwerkkarte her.

Steht eine neue LUN über einen Adapter zur Verfügung, registriert der ESXi-Host dieses neue virtuelle Gerät zur Verwendung durch die virtuellen Maschinen.

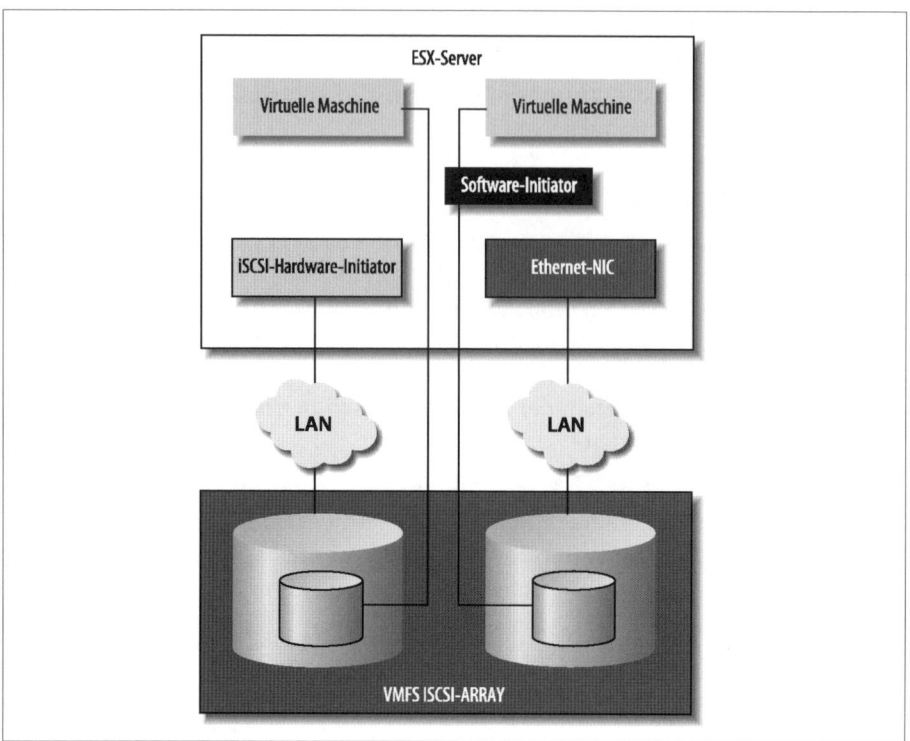

Abbildung 7-8: Varianten des iSCSI-Zugriffs

 Achten Sie bei der Zuweisung der Datenspeicher auf die fortlau-
fende Nummerierung der LUNs (Logical Unit Numbers). Der
ESXi-Server sollte keine LUN-Nummer pro Gerät doppelt sehen.
Bestenfalls sollten sie fortlaufend sein.

Wenn eine bestehende LUN nicht länger verwendet wird und nicht mehr vorhanden zu sein scheint, wird sie von der Liste der für die virtuellen Maschinen zur Verfügung stehenden Geräte entfernt.

Ein erneuter Scan wird in folgenden Fällen empfohlen:

- Wenn Änderungen an den Speicherfestplatten oder LUNs vorgenommen wur-
den, die dem ESXi-Server zur Verfügung stehen.
- Wenn Änderungen an den Speicheradaptern vorgenommen wurden.
- Wenn neue Datenspeicher erstellt wurden.
- Wenn bestehende Datenspeicher bearbeitet oder entfernt wurden.

Überprüfen Sie auf der Kommandozeile des ESXi-Servers mit dem Befehl vmkping,
ob sich der VMkernel-TCP/IP-Stack meldet. Er wird genauso wie der normale
ping-Befehl benutzt. Antwortet dieser, aber nicht das Management Network, kann

ein Hardware-Netzwerk-Problem bestehen. Versuchen Sie es auch mit einem ping-Befehl auf den iSCSI-Anschluss und untersuchen Sie gegebenenfalls die Firewall-Einstellungen des Targets.

iSCSI-Portbindung

VMware hat eine Richtlinie für die Portbindung von iSCSI-Adaptern eingeführt: Ein VMkernel-Port für iSCSI darf nur einen aktiven Uplink und keine Standby-Uplinks haben. Wollen Sie also über zwei Netzwerkkarten redundant auf ein iSCSI-Storage zugreifen, müssen Sie die VMkernel-Ports dementsprechend einstellen (siehe Abbildung 7-9).

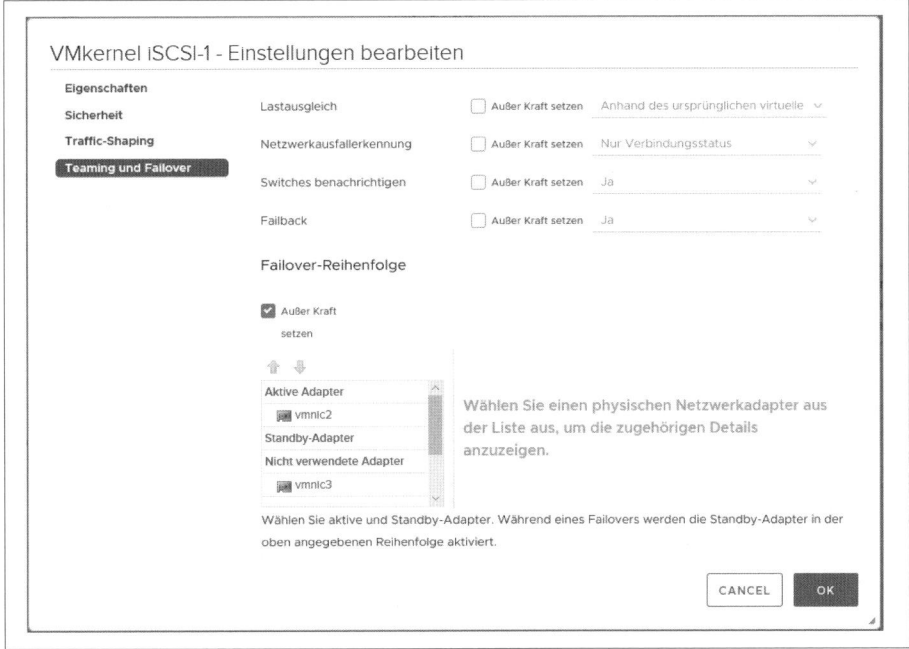

Abbildung 7-9: iSCSI-VMkernel-Port

Die oben beschriebene Portbindung für iSCSI ist in den meisten Fällen so einzurichten, es gibt jedoch Ausnahmen: Wenn der Storage mehrere Subnetze abdeckt und nur eine virtuelle IP-Adresse als Ansprungpunkt hat, sollte keine Portbindung eingetragen werden. Sie tragen dann beim iSCSI-Softwareadapter auch nur diese eine IP ein. Eine Portbindung wird auch dann nicht eingesetzt, wenn das iSCSI-Ziel über einen Router erreicht wird oder sich die VMkernel-Adapter auf verschiedenen virtuellen Switches befinden.

Beispiel 1:

Alle ESXi-Hosts haben je drei VMkernel-Adapter an jeweils einem virtuellen Switch mit den IP-Adressen 192.168.100.11 bis 192.168.100.23 und der Subnetzmaske 255.255.255.0, d.h., alle IPs befinden sich in einem Subnetz. Der Storage hat vier Anschlüsse, denen die IP-Adressen 192.168.100.1 bis 192.168.100.4 und die Subnetzmaske 255.255.255.0 zugewiesen sind, also alle im selben Subnetz. In diesem Fall richten Sie je eine Portbindung beim iSCSI-Adapter ein, wählen jeweils alle drei VMkernel-Ports für die Bindung und tragen bei jedem Host auch die vier IP-Adressen des Storage unter DYNAMISCHE ERKENNUNG ein. Beachten Sie hier bitte: Wenn alle iSCSI-Adapter in einem Subnetz sind, darf nur ein vSwitch verwendet werden.

Beispiel 2:

Alle ESXi-Hosts haben je drei VMkernel-Adapter an verschiedenen oder gleichen virtuellen Switches mit den IP-Adressen 192.168.100.11 bis 192.168.100.23 und der Subnetzmaske 255.255.255.0, d.h., alle IPs befinden sich in einem Subnetz. Der Storage hat vier Anschlüsse, denen die IP-Adressen 192.168.101.1 bis 192.168.104.1 und die Subnetzmaske 255.255.255.0 zugewiesen sind, also vier unterschiedliche Subnetze. In diesem Fall legen Sie keine Portbindung fest und tragen bei jedem Host nur die eine (virtuelle) IP-Adresse 192.168.100.1 des Storage unter DYNAMISCHE ERKENNUNG ein.

Beachten Sie bitte vor der Einrichtung eines iSCSI-Storage Folgendes: Wenn sich die IP-Adressen des Storage in einem Subnetz (Broadcast-Domäne) mit anderen VMkernel-Adaptern (z.B. für vMotion, Management Network oder FT) befinden, haben Sie nur durch die Portbindung Einfluss darauf, welche Netzwerkkarte der Host nutzt. Bei einer Portbindung kann der Host nur die gebundene Karte für den Datentransfer nutzen, ansonsten jede in dem jeweiligen Subnetz.

iSCSI-Pfade überprüfen

Ich rate Ihnen dringend dazu, sich die Pfade zu den Volumes nochmals genauer anzusehen, wenn der iSCSI-Storage fertig eingerichtet und in der Liste der Datenspeicher aller ESXi-Server aufgelistet ist. In der Praxis hat sich herausgestellt, dass die eingetragenen IP-Adressen, die beim Host angegeben werden, von VMware teilweise ignoriert werden.

Dazu ein Beispiel:

In einer Umgebung für zwei ESXi-Server, die später auf vier Hosts ausgebaut werden sollte, wurde ein Storage mit vier 1-GBit-Ethernet-Anschlüssen angeschafft. Der VMkernel-iSCSI-Port wurde auf den ESXi-Servern mit den IP-Adressen 192.168.50.15 und 16 eingerichtet. Der Storage bekam die Adressen 192.168.50.201 bis 204, es wurden aber nur die Karten mit der 201 und der 202 mit dem Netzwerk verbunden.

Nach der Konfiguration des iSCSI-Adapters auf den Hosts schien alles in Ordnung – nur die Performance war nicht wie erwartet. Das Dilemma wurde deutlich, wenn man mit einem Rechtsklick auf das erste Volume klickte, dann EIGENSCHAFTEN auswählte und anschließend den Button PFADE VERWALTEN drückte: Beide Hosts benutzten für beide Volumes als bevorzugten Pfad die nicht angeschlossene IP-Adresse 10.5.0.1, wie in Abbildung 7-10 zu sehen ist.

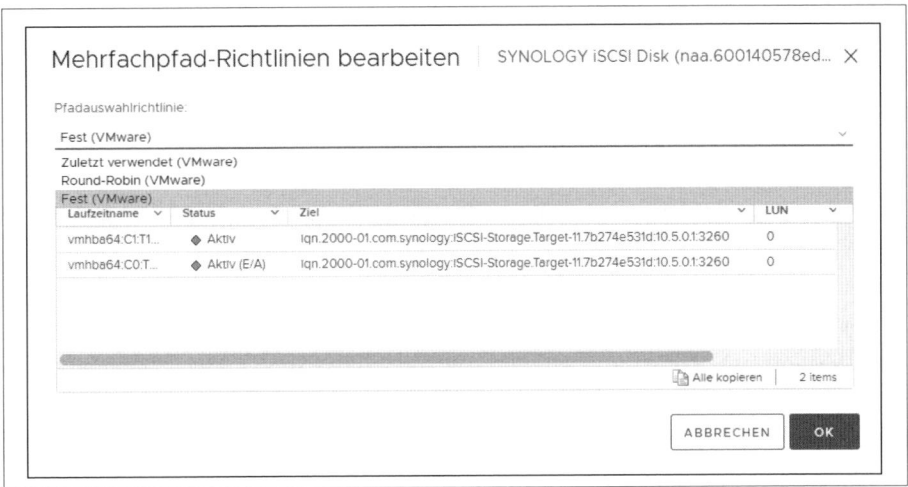

Abbildung 7-10: iSCSI-Pfade verwalten

Über die VCSA bekommen Sie die Einstellungen über das Datenspeichersymbol, dann das Volume aussuchen, auf Registerkarte KONFIGURIEREN klicken und dann auf KONNEKTIVITÄT UND MEHRFACHPFAD. Klicken Sie anschließend einen Host aus der Liste an, dann sehen Sie das Gewünschte im unteren Teil des Fensters.

Um ein derartiges Problem zu beheben, klicken Sie mit der rechten Maustaste auf den Eintrag mit der richtigen IP und wählen Sie aus dem Kontextmenü BEVOR-ZUGT aus. Wiederholen Sie das für jedes Volume und jeden ESXi-Server, der auf einen iSCSI-Storage zugreift.

In Abbildung 7-10 sehen Sie außerdem, dass der Speicher-Array-Typ auf drei verschiedene Arten eingestellt werden kann. In der Praxis hat sich gezeigt, dass bei Fibre-Channel-Zugriffen der Eintrag ROUND-ROBIN meistens die beste Wahl ist. Bei iSCSI können Sie diese Einstellung ebenfalls ausprobieren – jedoch reagiert der eine Storage danach deutlich langsamer, während der andere (ggf. vom anderen Hersteller) eine deutliche Beschleunigung erfährt.

NFS v3-Speicher anschließen

In mittelständischen und größeren Unternehmen findet man immer häufiger zusätzlich zu Fibre-Channel- oder iSCSI-Speicher NFS, denn es gibt einige recht interessante Möglichkeiten bei NFS-Zugriffen (*Network File System*), die ich hier nicht unerwähnt lassen möchte – zumal der Zugriff aufseiten des ESXi-Servers noch einfacher geht, als ich es bei iSCSI geschildert habe.

Grundsätzlich kann jeder ESXi-Server über das NFS-Protokoll der Version 3 oder 4.1 auf im Netzwerk verfügbaren Speicher zugreifen. Dafür benötigen wir wie bei Software-iSCSI für jeden beteiligten ESXi-Host eine VMkernel-Portgruppe. Ob Sie diese auf einem schon bestehenden Switch oder einem neuen anlegen, spielt nur für die zu erwartende Übertragungsgeschwindigkeit eine Rolle. Da ich die Vorgehensweise zum Erstellen einer VMkernel-Portgruppe oben schon ausgiebig beschrieben habe, gehe ich hier nur auf die Besonderheiten ein:

- Achten Sie beim Erstellen der VMkernel-Portgruppe auf den Namen. Dieser sollte bei allen beteiligten ESXi-Servern gleich sein.
- vMotion und NFS-Datenverkehr sollten bei 1-GBit/s-Karten nicht über dieselbe Portgruppe bzw. denselben Adapter gehen.
- Testen Sie die Übertragungsraten, wenn möglich, mit und ohne Jumbo-Frames.

 Wenn Sie auf NFS-Storage zugreifen wollen, macht eine MTU von 9.000 einiges an Performance aus. Der vSwitch, an den der VMkernel angeschlossen ist, muss ebenfalls für Jumbo-Frames eingerichtet sein und natürlich auch alle physischen Switches und gegebenenfalls Router sowie die Schnittstelle des Storage bzw. der Gegenseite.

Haben Sie so weit alles erledigt, geht es an das Hinzufügen des im Netzwerk zur Verfügung stehenden Speicherplatzes. Dafür gehen Sie bei einem ESXi-Server auf die Registerkarte SPEICHER und wählen unter Aktionen SPEICHER – NEUER DATENSPEICHER. Auf die Frage »Welcher Typ Speicher darf's denn sein?« wählen Sie nun den zweiten Punkt NFS aus.

Im nächsten Fenster NFS-VERSION AUSWÄHLEN nehmen wir die Version 3 des Protokolls und klicken auf NEXT. Geben Sie im nächsten Fenster, dargestellt in Abbildung 7-11, die relevanten Daten ein. Achten Sie bitte darauf, dass der Datenspeichername (maximal 42 Zeichen) eindeutig ist und auch bei den anderen ESXi-Servern exakt so eingetragen wird, sonst gibt es später gegebenenfalls Fehler bei vMotion und Storage vMotion. Die Funktion der gespiegelten virtuellen Maschinen (FT = Fault Tolerance) wird bei NFS-Storage nicht unterstützt, wenn die Protokollversion 4.1 verwendet wird.

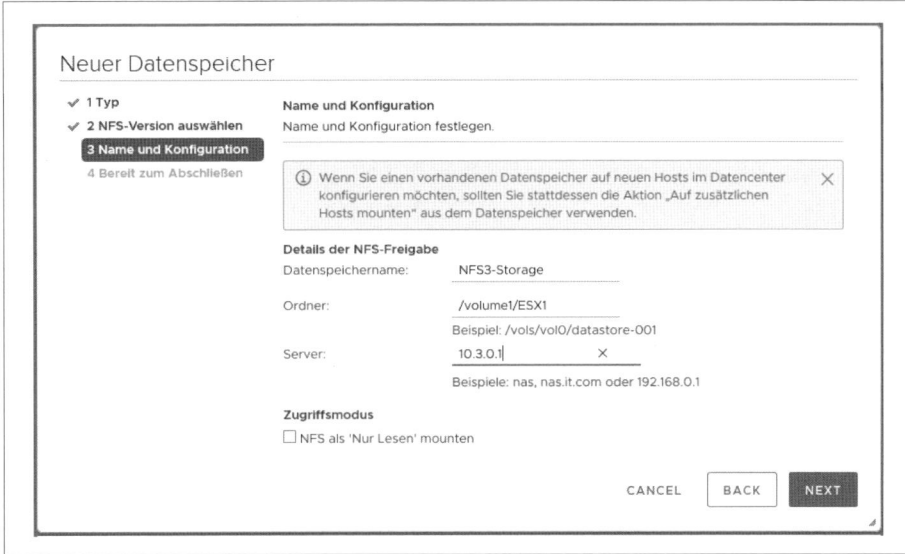

Abbildung 7-11: NFS-Speicher hinzufügen

Wie Sie im blauen Balken in der Abbildung 7-11 lesen können, sollte das Volume bei den weiteren Hosts nicht über diesen Weg hinzugefügt werden. Klicken Sie stattdessen mit der rechten Maustaste auf das Volume und wählen Sie DATENSPEI-CHER AUF ZUSÄTZLICHEN HOSTS MOUNTEN aus. Setzen Sie die Häkchen bei den gewünschten ESXi-Servern und klicken Sie auf OK.

NFS v4.1-Speicher anschließen

Der ESXi-Server unterstützt auch das NFS-Protokoll 4.1, mit dem eine bessere Authentifizierung (auch Kerberos) und mehrere Pfade möglich sind.

Überprüfen Sie zunächst, ob Sie einen passenden VMkernel-Port (oder mehrere) für den Zugriff auf das Storage haben oder einen weiteren anlegen müssen.

Klicken Sie dann wieder auf einen Host mit der rechten Maustaste und wählen Sie aus dem Kontextmenü SPEICHER – NEUER DATENSPEICHER aus. Aktivieren Sie das Optionsfeld bei NFS und im nächsten Fenster NFS 4.1. Geben Sie einen eindeutigen Namen für das Volume ein, den freigegebenen Ordner und die IP-Adresse. Hat Ihr Storage mehrere IP-Adressen, so klicken Sie auf das grüne Plus und geben diese ebenfalls hier an.

Auf der nächsten Seite kann die Kerberos-Authentifizierung konfiguriert werden. Ich bevorzuge es, die Datenspeicher in einem vollständig abgetrennten Bereich zu betreiben, in dem eine Authentifizierung mit Kerberos dann nicht möglich ist.

Vergessen Sie zum Abschluss nicht, das Volume auf den anderen Hosts ebenfalls zu mounten, wie oben bei der Version 3 beschrieben.

NFS-Speicher auf der Kommandozeile anlegen

Auf der Kommandozeile des ESXi-Servers gibt es den VMware-Befehl esxcfg-nas, um einen NFS-Speicher anzuschließen. Über den Parameter --h bekommen Sie die Syntax und die möglichen Optionen für diesen Befehl angezeigt:

```
esxcfg-nas <options> [<label>]
```

-a|--add
: Ein neues NFS-Dateisystem zum Mountpoint */vmfs/volumes hinzufügen*. Die Parameter --host und --share müssen mit angegeben werden. Zusätzlich können Sie die Option --readonly für den Nur-lesen-Modus angeben.

-o|--host <host>
: Angabe des Servernamens oder dessen IP-Adresse, auf dem der NFS-Speicher liegt

-s|--share <share>
: Name der Freigabe auf dem entfernten Server

-y|--readonly
: Den Speicher im Nur-lesen-Modus anfügen (dann kann man keine VMs darauf legen)

-d|--delete
: Abhängen und Löschen des angehängten Dateisystems

-l|--list
: Auflisten der gerade angeschlossenen NFS-Dateisysteme

-r|--restore
: Alle in der Konfigurationsdatei aufgeführten NAS/NFS-Dateisysteme erneut anschließen

-h|--help
: Diese Hilfe anzeigen

Die Ausgabe des Befehls esxcfg-nas -l (kleines L) zeigt beispielsweise den folgenden Eintrag:

```
Storage1 is /nfs/Storage1 from 192.168.50.201 mounted
```

Um einen neuen Speicher in das System über die Kommandozeile einzubinden, können Sie entsprechend folgenden Befehl angeben:

```
esxcfg-nas -a -o 192.168.50.202 -s /nfs/Storage2 Storage2
```

Vorteile des NFS-Speichers

Sie können NFS-Speicher nicht mit dem VMFS-Dateisystem formatieren. Der ESXi-Server greift also auf das vorhandene Dateisystem zu, das ext3, ext4, ntfs, zfs, btrfs oder irgendetwas anderes sein kann. Aus Sicht des ESXi-Servers erscheint dieses wie ein lokaler Speicher, der bereits formatiert ist (und das ist er ja auch). Dieser Umstand macht auch den Vorteil dieses Speichers aus:

- Sie können mit Ihrem Hostsystem, auf dem sich die Freigabe befindet, auf die Dateien direkt zugreifen.
- Auch für eine Datensicherung ergeben sich damit ganz neue Aspekte.
- Virtuelle Maschinen können so aufgesetzt werden, dass sie auf dem ESXi-Server virtuell laufen oder vom selben NFS-Speicher als physische Maschine booten.
- Das Vergrößern und Verkleinern der Netzwerkfreigabe ist deutlich einfacher als bei anderen Verfahren. Beim ESXi-Server müssen Sie lediglich die Ansicht aktualisieren.
- Es gibt keine Einschränkungen bezüglich der Anzahl der darauf laufenden VMs, bei FC und iSCSI sollten es maximal 16 sein.
- In manchen Bereitstellungen ist der Zugriff auf NFS schneller als über das SCSI-Protokoll.

Einschränkungen der neuen Protokollversion 4.1

Beim Speicher, der über NFS zur Verfügung gestellt werden soll, achten Sie bitte darauf, dass nicht beide Protokollversionen aktiv sind. Für die ESXi-Server darf nur entweder Version 3 oder Version 4.1 sichtbar sein. Außerdem bietet die neue Version keine Unterstützung für die Hardwarebeschleunigung, damit sind auch keine »Thick«-Festplatten mehr möglich und VMs mit Fault Tolerance werden nicht unterstützt. Storage DRS, Storage I/O Control, Site Recovery und virtuelle Volumes sind mit der 4er-Version ebenfalls nicht möglich.

Vorteile der neuen Protokollversion 4.1

Endlich werden beim Zugriff auf ein NAS mehrere Pfade mit mehreren IP-Adressen – ähnlich wie bei iSCSI –unterstützt. Auch eine Authentifizierung mittels Kerberos-Protokoll ist jetzt möglich, jedoch nur über IPv4, nicht mit IPv6. Eine verschlüsselte Datenübertragung ist ebenfalls möglich, NFS 3 überträgt Daten unverschlüsselt, es sollte dann ein VLAN oder ein physisch getrenntes Netz verwendet werden.

Upgrade auf die neuen Protokollversion 4.1

Ein Upgrade auf die neue Protokollversion wird seitens des ESXi-Hosts nicht unterstützt. Gehen Sie also wie folgt vor:

- Verschieben Sie alle auf dem NAS liegenden VMs und Daten auf andere Volumes.
- Klicken Sie mit der rechten Maustaste auf jedem beteiligten Host auf den zu konvertierenden, leeren Storage und wählen Sie aus dem Kontextmenü den Befehl Unmounten.
- Konvertieren Sie den freigegebenen Datenträger nach den Vorgaben des Storage-Herstellers.

- Fügen Sie die Freigabe wie oben beschrieben den Hosts wieder hinzu und legen Sie Ihre VMs darauf.
- Bei Problemen suchen Sie zuerst bei der Firewall (Sicherheitsprofil) nach dem nfs41Client-Eintrag mit dem Port 2049 und setzen Sie dort das Häkchen und grenzen Sie gegebenenfalls das jeweilige Subnetz über die Schaltfläche Firewall ein.

Fibre-Channel-Storage

Bei mittleren bis großen Unternehmen findet man vor allem diese Lösung eines gemeinsamen Storage für die ESXi-Hosts. Für die Realisierung eines solchen gemeinsamen Plattenplatzes bedarf es spezieller Fibre-Channel-Adapter (Host-Bus-Adapter, HBA) für die Hosts, entsprechender Anschlüsse am Storage und spezieller Kabel – meist aus Glasfaser. Um das Ganze redundant, also ausfallsicher, zu realisieren, sollte man besser zwei Adapter pro Host verwenden und diese an zwei unabhängige Fibre-Channel-Hubs oder -Switches anschließen, die wiederum über mindestens zwei Leitungen mit einem ausfallsicheren SAN-Speicher verbunden sind. Dabei spricht man dann von einer »Fibre-Channel-Fabric mit Multipathing«, also mehreren Pfaden zu den einzelnen Volumes oder LUNs. Pro Pfad wird eine serielle Datenübertragungsrate mit SCSI-Kommandos von bis zu 400 MByte/s erreicht. Neuere Technologien mit 16 und 32 GBit/s schaffen im Vollduplex-Modus 1,6 und 3,2 GByte/s. Die Glasfaserstränge können auch für eine Spiegelung von Daten über eine Entfernung von bis zu 10 km genutzt werden und mit speziellen Kabeln können sogar Distanzen von bis zu 120 km erreicht werden.

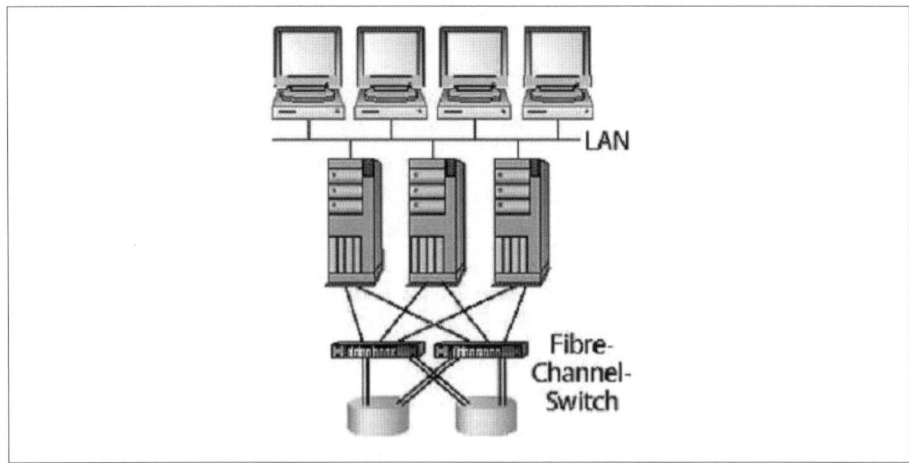

Abbildung 7-12: Redundanter SAN-Speicher

Die Hersteller dieser Speichersysteme stellen mittlerweile nicht mehr nur Plattenplatz zur Verfügung, sondern bieten zusätzlich Redundanzen, Spiegelungen, Snapshots, Backups, deduplizierten Speicher und mehr an (siehe Abbildung 7-12).

Bei der Einrichtung auf der SAN-Seite müssen meist Berechtigungen (Zoning oder LUN-Maskierung) für einzelne Hosts oder einer Gruppe davon angelegt werden. Wählen Sie auch den richtigen Speichertyp für Ihr System aus:

- *Aktiv-Aktiv* bedeutet, dass alle Pfade gleichzeitig genutzt werden.
- *Aktiv-Passiv* bedeutet, dass hier nur eine Verbindung genutzt wird, alle anderen stehen nur bei einem Ausfall zur Verfügung.
- *Asymmetrisch* (ALUA = Asymmetric Logical Unit Access) bedeutet, dass der Host die Pfade automatisch wählt. Davon können einige aktiv und andere passiv sein.

Ein Disk-Subsystem fasst seine physischen Festplatten mittels RAID zu virtuellen Festplatten zusammen und bietet so den gleichen Schutz vor Plattenfehlern wie ein im Server eingebauter RAID-Controller. In modernen Disk-Subsystemen sind darüber hinaus alle weiteren Komponenten redundant ausgelegt.

Bleibt das Speichernetz selbst als »single point of failure«, kann man eine sogenannte *Dual Fabric* einsetzen: Der Server wird über zwei getrennte I/O-Pfade mit dem Speicher verbunden. Bei einer *Dual Fabric* sind Fibre-Channel-Adapter, Switches und Kabel redundant ausgelegt, sodass der Datenzugriff auch bei Ausfall einer Komponente im I/O-Pfad gewährleistet ist. Durch die Redundanz der Festplattensysteme und die Redundanz des I/O-Pfads zu den Volumes sind die Daten und der Zugriff vom Host auf die Daten gut geschützt. Ist für eine Anwendung hohe Verfügbarkeit unverzichtbar, kommt man um den Einsatz einer *Dual Fabric* kaum herum.

Meistens bekommen Sie heutzutage ausführliche Handbücher der jeweiligen Systeme auf Papier oder einem optischen Datenträger mitgeliefert. Halten Sie sich möglichst an die dortigen Empfehlungen der Hersteller. Die Beschreibung in diesem Kapitel kann nur allgemein gehalten werden, weil sie sonst den Umfang des Buches sprengen würde.

Storage Alignment

Eines der wichtigsten Themen im Zusammenhang mit der korrekten Konfiguration des Speichers ist das Alignment. In Kapitel 3 habe ich es schon kurz angesprochen und am Anfang dieses Kapitels ebenfalls. Die zu erwartende Performance hängt unweigerlich mit der richtigen Angleichung der Abschnitte auf den zur Verfügung gestellten Speichern ab.

Worum geht es hier? Lassen Sie mich mit einem Beispiel aus der Praxis anfangen: Eine physische Festplatte ist in logische Blöcke aufgeteilt. Diese Blöcke haben bei

Laufwerken unter 2 TByte eine Größe von 512 Byte und reihen sich nacheinander bis zum Ende der Festplatte so fort. Ab 2 TByte ist die Blockgröße 4 KByte. Windows XP legte seine Partition ab dem Sektor 126 mit 4096 Bytes (4 KByte) an. Damit das Betriebssystem einen Block lesen kann, muss die Festplatte bei dieser Überschneidung aber 2 Blöcke durchsuchen anstatt nur einen.

In einer virtuellen Umgebung kann es zu noch größeren Performance-Einbußen kommen, weil hier zunächst der Storage, darin das VMFS-Volume und darin wiederum die virtuelle Maschine mit z.B. dem NTFS-Dateisystem liegt. In der Abbildung 7-13 sehen Sie eine schematische Darstellung dafür.

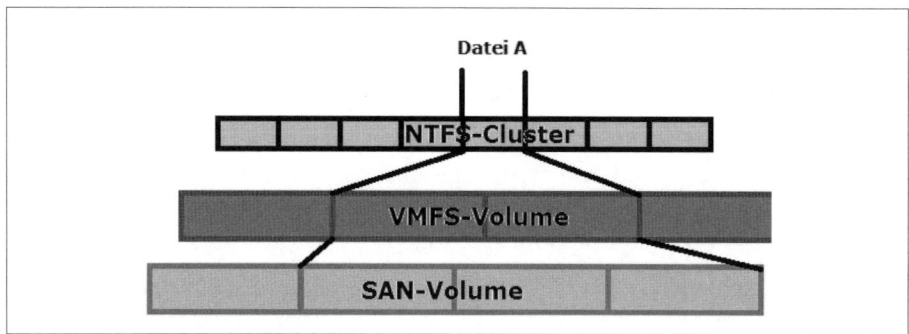

Abbildung 7-13: Storage Alignment

Die Clustergrößen vom SAN- und VMFS-Volume sind hier zwar gleich groß – ab vSphere 5 immer 1 Mbyte –, aber die Anfänge der Blöcke stimmen nicht überein. Bei NTFS handelt es sich meist um 4-KByte-Blöcke. Um in diesem Beispiel die Datei A zu lesen, werden zwei Blöcke → 1 MByte beim VMFS-Volume benötigt und sogar drei Blöcke auf dem Storage. Das SAN muss also dreimal mehr lesen als notwendig. Wären alle Systeme an einer Blockgrenze ausgerichtet, bräuchte der Storage nur 1 MByte zu lesen und zu liefern. Da aber meist mehrere Blöcke hintereinander gelesen werden müssen, liegt die Performance-Einbuße insgesamt hier bei ca. 10 – 15%.

Wie bereits oben erwähnt, werden VMFS-Volumes am besten über den HTML5- oder Web Client angelegt. Dieser fängt den ersten Block bei 64 KByte an und macht die Blöcke genau 1 MByte groß. Sie sollten in der Dokumentation des Herstellers Ihres Speichers nachschlagen, wie dort die Blöcke angelegt und wie sie verschoben werden können. Meistens fangen diese ebenfalls an der 64-KByte-Marke an.

Bei den virtuellen Maschinen müssen Sie sich ab Windows Vista, also auch bei Windows 7 und neuer oder 2008 und neuer, keine Gedanken mehr darüber machen. Diese Betriebssysteme fangen bei 1.024 KByte an, also an der gleichen Grenze wie das VMFS-Volume – nur später. Bei älteren Betriebssystemen von Microsoft sieht es aber leider anders aus, wie bereits oben geschildert. Haben Sie eine physische Maschine über den VMware Converter importiert, so brauchen Sie sich hier ebenfalls keine Gedanken zu machen, denn dieser erledigt das Alignment automatisch.

Bei allen anderen Systemen können Sie diverse Tools von Microsoft (DiskPart, wmci) oder Vizioncore/Quest Software (vOptimizer WasteFinder) einsetzen, um das Alignment zu untersuchen. Legen Sie eine neue VM z.B. unter Windows-Server 2003 an, können Sie ebenfalls DiskPart verwenden, um die Partitionsgrenze auf 64 KByte festzulegen. Bei bereits existierenden Maschinen können Sie den VM-ware Converter verwenden, der sogar in der Lage ist, zu kleine Partitionen zu vergrößern oder zu große zu verkleinern. Eine andere Möglichkeit bietet ebenfalls Quest Software mit der nicht freien Variante vOptimizer Pro.

Wenn Sie einen älteren Server auf 2008 updaten, sollten Sie darauf achten, dass das Alignment dann ebenfalls notwendig ist. Bei Linux-Distributionen brauchen Sie sich nur um das SAN-Storage und das VMFS-Volume zu kümmern. Innerhalb des Betriebssystems ist bereits alles OK.

Unterschiede der VMFS-Versionen

Die alte Version 3 des VMFS-Dateisystems wird zwar noch offiziell unterstützt, sollte aber in fast allen Betrieben durch die Version 5 abgelöst worden sein, zumal sie maximal 2 TB große Festplatten für die VMs unterstützt. Die 3er-Version kann ohne Probleme auf die 5er-Version hochgestuft werden, auch im laufenden Betrieb mit einigen Maschinen auf dem Volume. Auf die neue Version 6 kann nicht upgedatet werden. Wollen Sie diese einsetzen, ist das nur über das Formatieren des jeweiligen Laufwerks möglich. Bei einer Neueinrichtung eines Volumes haben Sie die Wahl zwischen der 5er- und 6er-Version. Für die Zukunft betrachtet, sollte hier möglichst das aktuelle Dateisystem gewählt werden, das ab dem ESXi 6.5 unterstützt wird. Vorgängerversionen können nicht darauf zugreifen.

Die zurzeit maximale Größe eines Volumes beträgt bei VMFS3 50 TB, bei den Versionen 5 und 6 64 TB. Bei der neuen Version ist das Handling der VM-Festplatten über 2 TB und Snapshots besser. Des Weiteren kann der nicht mehr belegte Speicher besser zurückgewonnen werden.

Gegenüberstellung: NFS, iSCSI und Fibre Channel

Die Unterschiede zwischen den drei Möglichkeiten, einen externen Storage anzuschließen, möchte ich hier kurz erläutern, um Ihnen die Entscheidung für eines der drei Verfahren zu erleichtern. Rein vom Preis her gesehen sind wohl NFS und iSCSI die günstigeren Verfahren, weil die Preise für Fibre Channel noch sehr hoch sind. Die Leistungsfähigkeit bezüglich der Datenübertragungsgeschwindigkeit ist durch 10-GBit/s-Netzwerkkarten bei NFS und iSCSI mittlerweile schon sehr hoch, bei Fibre Channel aber doch noch besser. Fibre Channel und iSCSI übertragen die Daten blockweise, bei NFS wird je eine Datei übertragen. NFS ist am einfachsten einzurichten, gefolgt von iSCSI und schließlich Fibre Channel mit seinen komplexen Konfigurationsmöglichkeiten. Einen ausfallsicheren Plattenplatz für den gemeinsamen Zugriff zur Verfügung zu stellen ist bei Fibre Channel durch redundante Switches und RAIDs eigentlich schon von Grund auf gegeben. Bei iSCSI und NFS v4.1 kann man das ebenfalls erreichen, wenn man manuell die entsprechende Einrichtung diesbezüglich vornimmt. Wie oben bereits erwähnt, kann hier sogar eine Spiegelung mit dem kostenlosen Tool DRBD (Distributed Replicated Block Device) unter Linux erreicht werden. NFS v3 kann nicht so einfach redundant ausgelegt werden, aber man kann zwei Storages zur Verfügung stellen und der jeweiligen VM eine zweite Platte auf dem anderen Volume zuweisen. Innerhalb des Betriebssystems kann man diese Platten dann spiegeln – und erreicht damit fast das Gleiche. Manche Storage-Hersteller bieten mittlerweile eine Spiegelung teilweise kostenlos an, bei dem die Wahl des Protokolls keine Rolle spielt.

Fälschlicherweise werden NAS und SAN immer wieder als sich widersprechende Konzepte dargestellt. Tatsächlich handelt es sich jedoch um zwei Techniken, die für unterschiedliche Anforderungen gedacht sind und sich hervorragend miteinander kombinieren lassen. Speichernetze verbinden Server und Speichergeräte auf Blockebene, der Datenaustausch erfolgt über das SCSI-Protokoll. NAS-Server dagegen arbeiten auf Dateiebene: Sie stellen ihren Nutzern die Daten mit Protokollen wie NFS, SMB (ehemals CIFS) und HTTP bereit.

Vergleich von SAN und NAS

SAN und NAS unterscheiden sich bei einigen Details. Die Unterschiede sind in der unten stehenden Tabelle 7-1 aufgeführt.

Tabelle 7-1: Gegenüberstellung SAN und NAS

	SAN		NAS
	Fibre Channel	iSCSI	
verbindet	Server und Speichergerät	Server und Speichergerät	Client oder Anwendungsserver und NAS-Server
über	eigenes Speichernetz	eigenes Speichernetz	LAN (v4.1 auch eigenes Speichernetz)
überträgt	Datenblöcke	Datenblöcke	Dateien
Netz	Fibre Channel / SCSI	TCP/IP / SCSI	TCP/IP
Protokoll	FCP	iSCSI	NFS, SMB, HTTP
integriertes Dateisystem	nein	nein	ja
Eignung für Datenbanken	ja	ja	bedingt ja
Max. VMs pro Volume	16	16	keine Begrenzung

Performance-Vergleich

Im Internet stoße ich immer wieder auf Webseiten, die behaupten, dass NFS deutlich langsamer ist als iSCSI, der Meinung bin ich nicht. Ich habe zwei identische Storages von Synology mit den gleichen Festplatten ausgestattet und habe einen

---

für iSCSI und den anderen für NFS eingerichtet. Eine fertige VM bekam eine Festplatte auf dem iSCSI-Volume und eine weitere auf NFS. Ein anschließend durchgeführter Benchmark der beiden Platten zeigte in manchen Tests geringfügige Geschwindigkeitseinbußen bei NFS, aber bei anderen Zugriffen eine enorme Leistungssteigerung gegenüber iSCSI.

Je nachdem, für welchen Einsatz Sie einen Datenspeicher benötigen, sollten Sie auch einen NFS-Storage in Ihre Überlegungen mit einbeziehen.

Gespiegeltes NFS auf Ubuntu-Basis

Im Folgenden möchte ich eine stichpunktartige Anleitung für einen gemeinsamen Storage auf Basis von Ubuntu 14.04 LTS (64 Bit) mit DRBD und Heartbeat beschreiben. Sie können hierfür natürlich auch eine neuere Version, z.B. 20.04 LTS, einsetzen, aber die Minimalkonfiguration und Einfachheit von 14.04 hat mich begeistert. Die beiden VMs können den lokalen Speicher zweier Hosts über NFS als gemeinsamen Datenspeicher zur Verfügung stellen und eine Ausfallsicherheit über die DRBD-Spiegelung sicherstellen.

Drei Subnetze werden für die Storage-Server benötigt:

- eth0: 192.168.50.0/24 — Management-Netzwerk
- eth1: 192.168.150.0/24 — Storage- bzw. Daten-Transfer-Netzwerk
- eth2: 192.168.101.0/24 — Synchronisations-Netzwerk für die Storage-Server und für die DRBD-Dienste

Erste VM: UN-1

Hardware: (Ubuntu 14.04 LTS, 64 Bit)

- 4 GB RAM, 1 Sockel / 2 Kerne, 16 GB + 3*182 GB Festplatten am Paravirtual Adapter
- LAN (eth0) 192.168.50.35, (vmxnet3)
- Data (eth1) 192.168.150.35, (vmxnet3)
- DRBD-Sync (eth2) 192.168.101.5, (vmxnet3)

Festplatten-Layout:

/dev/sda1	/boot	ext3	298M
/dev/sda2		swap	4095M
/dev/sda3	/	ext3	4095M
/dev/sda4	/meta	ext3	494M
/dev/sdb1	VolGroup00	LVM PV	182G
/dev/sdc1	VolGroup00	LVM PV	182G
/dev/sdd1	VolGroup00	LVM PV	182G

User: goepel, PW: ganzgeheim

Das Festplatten-Layout wird in der Abbildung 7-14 nochmals dargestellt.

```
SCSI3 (0,0,0) (sda) - 17.2 GB VMware Virtual disk
     Nr. 1  primär    12.9 GB    f  ext4    /
     Nr. 5  logisch    4.3 GB    f  Swap    Swap
SCSI4 (0,0,0) (sdb) - 195.4 GB VMware Virtual disk
     Nr. 1  primär   195.4 GB    K  lvm
SCSI5 (0,0,0) (sdc) - 195.4 GB VMware Virtual disk
     Nr. 1  primär   195.4 GB    K  lvm
SCSI6 (0,0,0) (sdd) - 195.4 GB VMware Virtual disk
     Nr. 1  primär   195.4 GB    K  lvm

Änderungen an den Partitionen rückgängig machen
Partitionierung beenden und Änderungen übernehmen
```

Abbildung 7-14: Beispiel einer Partitionierung

Die zweite VM (UN-2) wird genauso wie die erste erstellt.

UN-1-IP-Adressen: 192.168.50.35, 192.168.150.35 und 192.168.101.5.

UN-2-IP-Adressen: 192.168.50.36, 192.168.150.36 und 192.168.101.6.

VMware-Hosts-IP-Adressen: 192.168.150.11 und 192.168.150.12

Die virtuelle IP-Adresse für den NFS-Storage ist: 192.168.150.20.

Nur OpenSSH wird auf beiden VMs installiert.

root aktivieren für ssh:

```
sudo su
sudo passwd root
nano /etc/ssh/sshd_config
PermitRootLogin yes
reboot
```

Nach dem Neustart, der nur wenige Sekunden dauert, als *root* anmelden und die open-vm-tools in beiden VMs installieren:

```
apt-get install open-vm-tools-lts-trusty
```

Statische IP-Adressen auf beiden Servern in der Datei *interfaces* setzen:

Auf UN-1:

```
nano /etc/network/interfaces
# Das primäre Netzwerk-Interface
auto eth0
iface eth0 inet static
address 192.168.50.35
netmask 255.255.255.0
network 192.168.50.0
broadcast 192.168.50.255
gateway 192.168.50.10
dns-nameservers 192.168.50.10
# eth1
auto eth1
iface eth1 inet static
address 192.168.150.35
```

```
netmask 255.255.255.0
network 192.168.150.0
broadcast 192.168.150.255
mtu 9000
# eth2
auto eth2
iface eth2 inet static
address 192.168.101.5
netmask 255.255.255.0
network 192.168.101.0
broadcast 192.168.101.255
mtu 9000
```

Auf UN-2:

```
#   nano /etc/network/interfaces
# Das primäre Netzwerk-Interface
auto eth0
iface eth0 inet static
address 192.168.50.36
netmask 255.255.255.0
network 192.168.50.0
broadcast 192.168.50.255
gateway 192.168.50.1
# dns-* options are implemented by the resolvconf package, if installed
dns-nameservers 192.168.50.41
dns-search ce-tel.net
auto eth1
iface eth1 inet static
address 192.168.150.36
netmask 255.255.255.0
network 192.168.150.0
broadcast 192.168.150.255
auto eth2
iface eth2 inet static
address 192.168.101.6
netmask 255.255.255.0
network 192.168.101.0
broadcast 192.168.101.255
```

Auf beiden UN-VMs die folgenden Modifikationen in der /etc/hosts durchführen:

```
nano /etc/hosts
192.168.50.35      UN-1
192.168.50.36      UN-2
192.168.150.35     UN-1
192.168.150.36     UN-2
192.168.101.5      UN-1 #-sync
192.168.101.6      UN-2 #-sync
```

Jetzt erst einmal bei beiden VMs einen Snapshot erstellen, bevor es weitergeht:

```
# ein Volume aus drei Platten erstellen (Volumegroup Name=vg1)
# Logicalvolume Name=lv1
apt-get install lvm2
sudo pvcreate /dev/sdb1
sudo pvcreate /dev/sdc1
sudo pvcreate /dev/sdd1
vgcreate vg1 /dev/sdb1 /dev/sdc1 /dev/sdd1
lvcreate -l 100%FREE -n lv1 vg1
mkfs.ext4 /dev/vg1/lv1
mkdir /store
mount /dev/vg1/lv1 /store
```

```
nano /etc/fstab # folgende Zeile am Ende hinzufügen:
/dev/vg1/lv1 /store ext4 defaults,errors=remount-ro,noatime,nobootwait 0 0
reboot
```

Nach dem Neustart Folgendes an der Kommandozeile eingeben:

```
mkdir -p /store/img /store/mnt
dd if=/dev/zero of=/store/img/meta.img bs=1024 count=250000
dd if=/dev/zero of=/store/img/data.img bs=1 seek=546G count=0
### seek=182G, 364G, 546G, 728G oder bei Bedarf größere Volumes angeben
### dd if=/dev/zero of=/store/img/data2.img bs=1 seek=182G count=0
### cat data.img data2.img > data.img
```

Das Skript *drbdloopbacks* gegebenenfalls von einer Webseite herunterladen und nach */etc/init.d/* kopieren:

```
#!/bin/bash
#Startup script to create LOFSs for drbd on ubuntu / vps.net
#Author: Sid Sidberry <greg@halfgray.com> http://himynameissid.com
#Description: This script attaches files from the file system to loopback
#        devices for use as drbd partitions.
#        Two files are required, 1 for drbd meta-data and 1 for drbd data
#your partion files
DRBD_METADATA_SRC="/store/img/meta.img"
DRBD_FILEDATA_SRC="/store/img/data.img"
#loopback devices
DRBD_METADATA_DEVICE="/dev/loop6"
DRBD_FILEDATA_DEVICE="/dev/loop7"
#losetup
LOSETUP_CMD=/sbin/losetup
#make sure the src files exist
[ -x $LOSETUP_CMD ] || exit 0
[ -e "$DRBD_METADATA_SRC" ] || exit 0;
[ -e "$DRBD_FILEDATA_SRC" ] || exit 0;
#includes lsb functions
. /lib/lsb/init-functions
function connect_lofs
{
log_daemon_msg "Connecting loop devices $DRBD_METADATA_DEVICE, $DRBD_FILEDATA_
DEVICE"
$LOSETUP_CMD $DRBD_METADATA_DEVICE $DRBD_METADATA_SRC
$LOSETUP_CMD $DRBD_FILEDATA_DEVICE $DRBD_FILEDATA_SRC
}
function release_lofs
{
log_daemon_msg "Releasing loop devices $DRBD_METADATA_DEVICE, $DRBD_FILEDATA_DEVICE"
$LOSETUP_CMD -d $DRBD_METADATA_DEVICE
$LOSETUP_CMD -d $DRBD_FILEDATA_DEVICE
}
case "$1" in
start)
connect_lofs
;;
release)
release_lofs
;;
stop)
release_lofs
;;
*)
echo "Usage: /etc/init.d/drbdloopbacks {start|release}"
```

```
exit 1
;;
esac
exit 0
```

Das Skript ausführbar machen und beim Starten automatisch ausführen lassen:

```
chmod +x /etc/init.d/drbdloopbacks
update-rc.d drbdloopbacks defaults 15 15
```

DRBD installieren:

```
apt-get install drbd8-utils
```

DRBD-Modul beim Starten laden:

```
echo 'drbd' >> /etc/modules
```

Modul jetzt laden:

```
modprobe drbd
```

Die Datei *drbd.conf* (ggf. aus dem Web) in das Unterverzeichnis */etc* kopieren:

```
global {
usage-count no;
}
common {
protocol C;
syncer {
rate 100M;
}
        startup {
                wfc-timeout  10;
                degr-wfc-timeout 8;
                outdated-wfc-timeout 5;
        }
}
resource mystorageres {
device   /dev/drbd0;
disk     /dev/loop7;
meta-disk /dev/loop6[0];
on UN-1 {
address  192.168.101.5:7786;
}
on UN-2 {
address  192.168.101.6:7786;
}
net {
after-sb-0pri   discard-younger-primary;
after-sb-1pri   consensus;
after-sb-2pri   disconnect;
}
}
```

Metadaten erstellen und starten:

```
reboot # ggf. etwas warten und nächsten Befehl nochmals eingeben, bis success
drbdadm create-md mystorageres
drbdadm up all
```

Folgenden Befehl nur auf UN-1 ausführen. Damit wird UN-1 der primäre Knoten und überschreibt Daten auf der UN-2:

```
drbdadm -- --overwrite-data-of-peer primary mystorageres
```

Das Synchronisieren überprüfen mit:

```
cat /proc/drbd
```

Das dauert recht lange und sieht ungefähr so aus:

```
root@UN-1:~# cat /proc/drbd
version: 8.4.5 (api:1/proto:86-101)
srcversion: D496E56BBEBA8B1339BB34A
 0: cs:SyncTarget ro:Secondary/Primary ds:Inconsistent/UpToDate C r-----
    ns:0 nr:42226960 dw:42226960 dr:0 al:0 bm:0 lo:0 pe:0 ua:0 ap:0 ep:1
    wo:f oos:530295536
            [>...................] sync'ed:  7.4% (517864/559104)M
            finish: 3:52:19 speed: 38,024 (34,216) want: 38,080 K/sec
```

Während die Synchronisation läuft, wird das Gerät drbd0 erstellt und gemountet:

```
mkfs.ext4 /dev/drbd0
mount /dev/drbd0 /store/mnt
```

Beide VMs herunterfahren, von UN-1 alle Festplatten aus dem vg1 löschen und von der UN-2 ins Verzeichnis der UN-1 kopieren, dann anbinden und beide starten.

Jetzt muss NFS auf beiden Knoten installiert und konfiguriert werden:

```
apt-get install nfs-kernel-server
```

Für den Heartbeat von NFS müssen noch die Skripte konfiguriert werden:

```
update-rc.d -f nfs-kernel-server remove
update-rc.d nfs-kernel-server stop 20 0 1 2 3 4 5 6 .
```

Die NFS-Konfigurationsinformationen werden auf das redundante DRBD-Gerät verschoben. Das erfolgt nur bei UN-1:

```
mount /dev/drbd0 /store/mnt
mv /var/lib/nfs/ /store/mnt
ln -s /store/mnt/nfs/ /var/lib/nfs
mv /etc/exports /store/mnt
ln -s /store/mnt/exports /etc/exports
mkdir /store/mnt/export
nano /etc/exports
 /store/mnt/export 192.168.150.0/24(rw,async,no_root_squash,no_subtree_check,fsid=1)
```

Auf UN-2 brauchen wir nur folgende Befehle:

```
rm -rf /var/lib/nfs
ln -s /store/mnt/nfs/ /var/lib/nfs
rm /etc/exports
ln -s /store/mnt/exports /etc/exports
```

Jetzt wird der Heartbeat auf beiden Servern installiert und konfiguriert:

```
apt-get install heartbeat
```

Der Heartbeat benötigt drei Konfigurationsdateien. Einfach auf beiden Servern in das Verzeichnis *etc/ha.d/ha.cf* Folgendes kopieren:

Wir beginnen mit *ha.cf*:

```
use_logd yes
autojoin none
bcast eth1
warntime 5
deadtime 10
initdead 30
keepalive 2
logfacility local0
node UN-1
node UN-2
auto_failback on
```

Die Datei *authkeys* einfach auf beiden Servern in das Verzeichnis *etc/ha.d/* kopieren:

```
nano /etc/ha.d/authkeys
auth 1
1 sha1 undbtbrthisisourlittlesecret
```

Wichtig: *authkeys* benötigt spezielle Berechtigungen:

```
chmod 600 /etc/ha.d/authkeys
```

Wir konfigurieren die Heartbeat-Ressourcen in der Datei *haresources*:

```
nano /etc/ha.d/haresources
UN-1 IPaddr::192.168.150.20/24 drbddisk::mystorageres
Filesystem::/dev/drbd0::/store/mnt::ext4 nfs-kernel-server
```

Folgenden Befehl für NFS noch mal eingeben:

```
update-rc.d drbdloopbacks defaults
```

Jetzt wird der Heartbeat gestartet:

```
/etc/init.d/heartbeat start
```

Und zu guter Letzt noch ein Reboot beider Maschinen:

```
reboot
```

Wenn alles so weit funktioniert, können die Snapshots gelöscht werden.

Auf den VMware ESXi-Hosts wird jetzt der NFS-Ordner *store/mnt/export* gemountet: Server 192.168.150.20

Falls anschließend Änderungen notwendig sind:

Umbenennen der Hosts:

```
nano /etc/hosts
 127.0.0.1 localhost
 127.0.1.1 AndererName
nano /etc/hostname
 AndererName
hostname -F /etc/hostname
```

Dateien austauschen:

- /etc/network/interfaces
- /etc/drbd.conf ### mit eindeutiger, einmaliger Portnummer und IP pro Paar
- /etc/ha.d/ha.cf
- /etc/ha.d/authkeys ### mit eindeutigem, einmaligem Passwort pro Paar
- /etc/ha.d/haresources

```
reboot
```

Gegebenenfalls noch mal:

```
drbdadm -- --overwrite-data-of-peer primary mystorageres
```

Volume erweitern:

Festplatte an VM anhängen und eine Partition erstellen:

```
cfdisk /dev/sdd
```

Ein Volume erstellen:

```
pvcreate /dev/sdd1
```

An das bestehende Volume anhängen:

```
vgextend vg1 /dev/sdd1
```

Das Volume erweitern:

```
lvresize --resizefs --size +181GB /dev/vg1/lv1
### resize2fs /dev/mapper/vg1-lv1
```

Fertig

Konfiguration anzeigen lassen:

```
pvdisplay / lvdisplay und cat /proc/partitions
```

Diese kurze Anleitung sollte für Linux-Begeisterte keine Probleme darstellen. Falls Sie sich als Windows-Anwender so etwas nicht zutrauen, schauen Sie sich doch mal bei der Website *www.starwind.com* die oft kostenlosen Lösungen an.

Nun können Sie – wie bereits oben ausführlich beschrieben – die Konfiguration des oder der ESXi-Hosts vorbereiten und auf das neue NFS-Ziel zugreifen. Sollten Sie später Änderungen z.B. an dem Netzwerk des Storage durchführen wollen, so können Sie sich über die Kommandozeile, *putty* oder *WinSCP* die Datei */etc/network/interfaces* vornehmen und dort Änderungen eintragen wie im folgenden Beispiel eines Rechners mit vier Netzwerkkarten:

```
# This file describes the network interfaces available on your system
# and how to activate them. For more information, see interfaces(5).

# The loopback network interface
auto lo eth0 eth1 eth2 eth3
iface lo inet loopback

# The primary network interface
allow-hotplug eth0
iface eth0 inet static
```

```
        address 192.168.150.1
        netmask 255.255.255.0
        network 192.168.150.0
        broadcast 192.168.150.255
        gateway 192.168.150.10
        # dns-* options are implemented by the resolvconf package, if installed
        dns-nameservers 192.168.150.10
        dns-search gfu.dom
        mtu 9000

iface eth1 inet static
        address 192.168.150.2
        netmask 255.255.255.0
        network 192.168.150.0
        mtu 9000

iface eth2 inet static
        address 192.168.150.3
        netmask 255.255.255.0
        network 192.168.150.0
        mtu 9000

iface eth3 inet static
        address 192.168.150.4
        netmask 255.255.255.0
        network 192.168.150.0
        mtu 9000
```

Wer sich mit Solaris auskennt, kann hier zusätzlich das Dateisystem ZFS nutzen, das in Zusammenhang mit iSCSI enorme Leistungswerte erzielt. Auch die Erstellung eines RAID über eine Zeile in der Eingabeaufforderung ist möglich, wie in Abbildung 7-15 gezeigt wird.

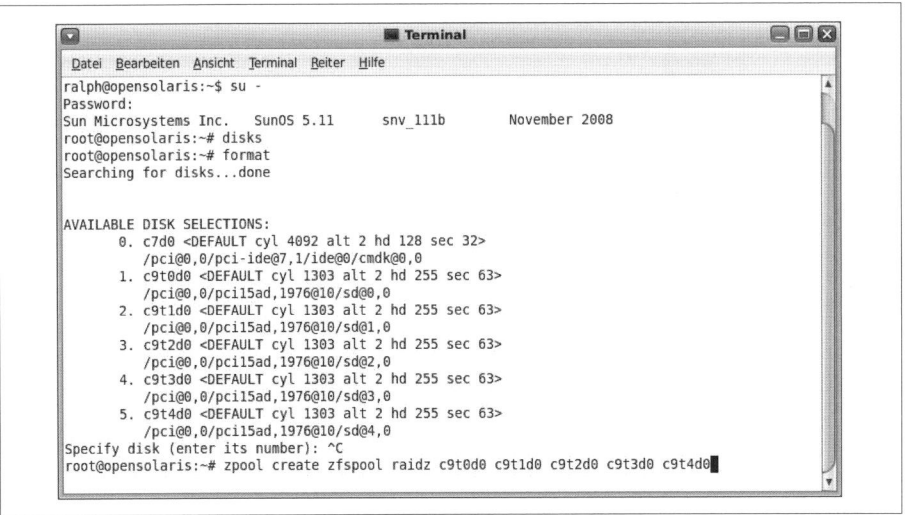

Abbildung 7-15: NFS- oder iSCSI-Storage unter Opensolaris mit ZFS

Bestehende Volumes vergrößern

Wenn Sie auf Ihrem Storage weitere LUNs erstellen, können Sie diese natürlich als neues Volume Ihrer bestehenden Umgebung über einen ESXi-Server hinzufügen. Eine weitere Möglichkeit ist, den freien Platz einem bereits bestehenden Volume hinzuzufügen und dieses damit zu vergrößern. Dieses wird häufig nötig, wenn das Volume zu wenig Platz bietet, um z.B. Snapshots einer VM zu erstellen.

Suchen Sie sich hierfür einen beliebigen ESXi-Server aus, der ein zu kleines Volume anzeigt. Klicken Sie auf SPEICHER und dann auf die Registerkarte ADAPTER. Suchen Sie sich den zuständigen Host-Bus-Adapter (z.B. vmhba64 für iSCSI) aus und wählen Sie den Link ERNEUT PRÜFEN. Auf der Registerkarte GERÄTE sollte das neue Volume erscheinen. Gehen Sie nun auf die Registerkarte DATENSPEICHER und markieren Sie die Zeile mit dem Volume, das Sie vergrößern wollen. Oben links ist die Schaltfläche KAPAZITÄT ERHÖHEN, über die sich ein weiteres Fenster öffnen lässt. Folgen Sie dem Assistenten, wie bereits oben in diesem Kapitel ausführlich beschrieben. Wenn Sie damit fertig sind, sollte der bereits vorhandene Speicher um das neue Volume vergrößert sein, wie dies beispielhaft in Abbildung 7-16 dargestellt ist.

Hier wurden zu einem bestehenden Speicher von 1 TByte eine weitere LUN mit insgesamt 850 GByte hinzugefügt. Auch das Umbenennen des Volumes im laufenden Betrieb ist kein Problem, da es sich hierbei nur um einen Aliasnamen handelt. Der tatsächliche Name besteht aus einer Reihe von hexadezimalen Zeichen mit vier Blöcken (8-8-4-12) und einem Minuszeichen als Trenner der Blöcke – ähnlich wie bei einem Key fürs Betriebssystem. Die Daten auf dem »alten« Volume, das Sie so vergrößern, bleiben übrigens erhalten, und auch um die laufenden VMs auf diesem Storage brauchen Sie keine Angst zu haben.

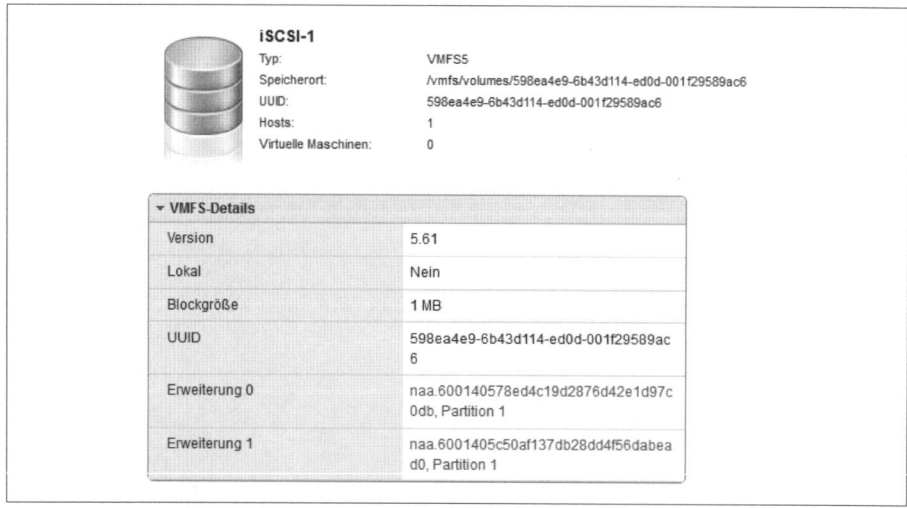

Abbildung 7-16: Volume mit zwei Erweiterungen

Virtuelle Maschinen verschieben

Wenn Sie Ihren neuen Storage eingerichtet haben, auf den nun mehrere ESXi-Server zugreifen können, und noch keinen vCenter Server einsetzen, können Sie Ihre VMs über den Datenspeicherbrowser kopieren oder verschieben. Ich empfehle Ihnen, zunächst die Maschine zu kopieren, auszutesten und anschließend die lokal abgespeicherte zu löschen oder als Sicherungskopie zu behalten.

Gehen Sie zum Verschieben von VMs auf einen anderen Datenspeicher folgendermaßen vor:

1. Klicken Sie auf Ihre zu verschiebende, ausgeschaltete virtuelle Maschine. Der Datenträger wird in der rechten Hälfte des Fensters bei der Festplatte angezeigt.

2. Navigieren Sie zu dem angezeigten Storage und klicken Sie auf den Link DATENSPEICHERBROWSER.

3. Wählen Sie in der zweiten Spalte des Fensters das Verzeichnis der gewünschten VM aus und klicken Sie auf den Link KOPIEREN und anschließend im vorigen Fenster auf SCHLIEẞEN.

4. Unter aktuelle Aufgaben sehen Sie den Kopiervorgang (siehe Abbildung 7-17).

Abbildung 7-17: Die Datei wird kopiert.

5. Wenn der Kopiervorgang abgeschlossen ist, klicken Sie auf die Original-VM in der Bestandsliste und wählen aus dem Kontextmenü REGISTRIERUNG AUF-HEBEN aus. Damit wird diese Maschine nicht gelöscht, sondern nur nicht mehr als registrierte VM aufgelistet.

6. Im Datenspeicherbrowser des externen Speichers gehen Sie in das Verzeichnis der VM, klicken mit der rechten Maustaste die *.vmx*-Datei an und wählen VM REGISTRIEREN.

7. Übernehmen Sie die Voreinstellungen und klicken Sie auf SCHLIEẞEN.

Nun können Sie Ihre kopierte virtuelle Maschine einschalten und testen. Wenn alles okay ist, löschen Sie das Ausgangsverzeichnis von der lokalen Platte.

Beim Einschalten bekommen Sie eine Meldung, dass die VM kopiert oder verschoben wurde und dass gegebenenfalls Probleme im Netzwerk und beim Management auftreten können. Wenn Sie die Originalmaschine nicht gleichzeitig starten oder sogar löschen wollen, wählen Sie hier ICH HABE SIE VERSCHOBEN. Damit behält sie ihre ID und auch ihre MAC-Adresse. Wollen Sie beide Maschinen behalten und aus der kopierten eine neue VM machen, wählen Sie ICH HABE SIE KOPIERT (siehe Abbildung 7-18). Damit müssen Sie im Betriebssystem nur noch den Namen und gegebenenfalls die IP-Adresse anpassen.

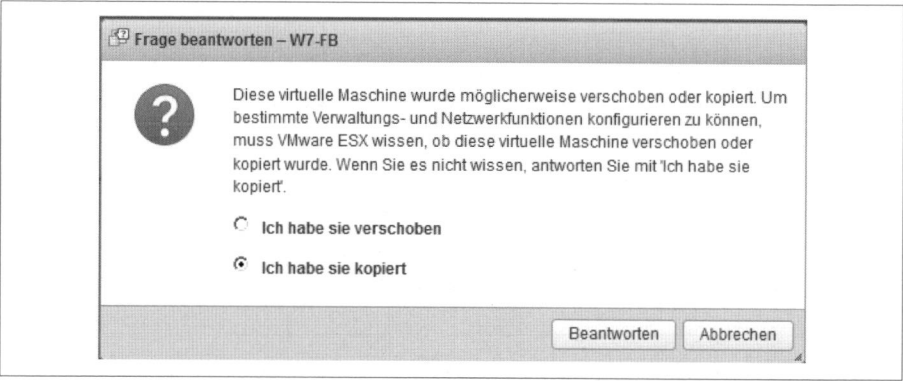

Abbildung 7-18: Meldung zur virtuellen Maschine

Vorsicht bei Microsoft-Betriebssystemen: Gegebenenfalls müssen Sie noch eine neue SID (*Security Identifier*) generieren – obwohl der Programmierer von NewSID, Mark Russinovich, am 03.11.2009 in seinem Blog geschrieben hat, dieses sei in den meisten Fällen gar nicht notwendig! (Siehe auch *http://blogs.technet.com/markrussinovich/archive/2009/11/03/3291024.aspx.*)

SSD-Cache einsetzen

Seit der vSphere-Version 5.1 kann man SSD-Datenträger als Host-Cache verwenden, der Einsatz von vFRC (vFlash Read Cache) ist erst mit der Version 5.5 auf den Markt gekommen. Empfehlungen für oder gegen den Einsatz dieser beiden Methoden sind sehr zwiespältig. Bestenfalls ist ein Performance-Gewinn von 14% für einige VMs zu erreichen. Der Host-Cache bringt nach meinen Erfahrungen eher wenig: Hier wird der SSD-Speicher für die *.vswp*-Datei der VM genutzt, wenn der Host nicht mehr genügend physischen RAM für die VMs hat – also hoffentlich nie.

Bei vFRC kann über den vSphere Client auf dem vCenter Server der Cache direkt einer VM zugewiesen werden. Die VMs, die es dann betrifft, müssen die Hardwareversion 10 oder höher haben. Das Ganze wird aber nur mit der Enterprise-Plus-Lizenz zur Verfügung gestellt.

Ob sich die Ausgabe für eine höhere Lizenz lohnt oder ob man gegebenenfalls weitere SSD-Festplatten dazukauft, um die VMs direkt darauf laufen zu lassen, ist ein Rechenbeispiel.

Setzt man allerdings VMware Horizon View ein, so kann man vorhandene SSD-Laufwerke sehr sinnvoll z. B. für Linked Clones nutzen.

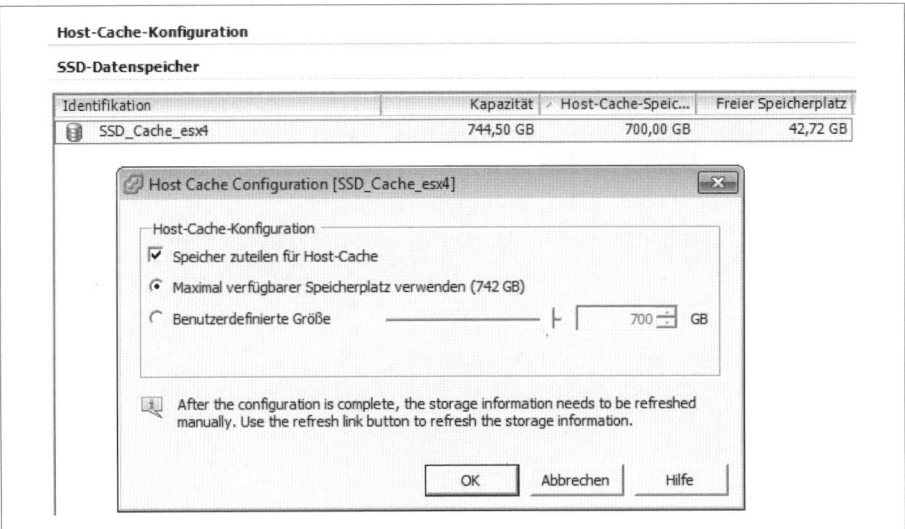

Abbildung 7-19: Host-Cache-Konfiguration

Sonstiges

Bevor Sie sich einen teuren, ausfallsicheren Storage zulegen, bedenken Sie, dass die meisten Betriebssysteme es auch ermöglichen, intern zwei Festplatten – oder mehr – zu spiegeln. So gibt es die Möglichkeit, zwei günstige Storages anzuschaffen, eine VM wie üblich zu erstellen und ihr anschließend eine oder mehrere zusätzliche Festplatten auf dem anderen Storage zuzuordnen und diese im Betriebssystem zu spiegeln. Fällt ein Storage aus, so läuft die VM auf dem anderen weiter.

Ebenfalls ist es möglich, eine kleine Anzahl ESXi-Hosts direkt an einen iSCSI-Speicher anzuschließen, also ohne zusätzlichen Switch, oder auch einen gemeinsam genutzten SAS-Speicher mit den Hosts zu verbinden.

Bis hierhin haben Sie jetzt eine komplette Umgebung mit virtuellen Maschinen und ESXi-Servern aufgebaut. Was man noch so alles machen kann, folgt in den nächsten Kapiteln. Dazu gehört natürlich die Funktion der Snapshots, die im nächsten Kapitel besprochen wird.

## KAPITEL 8

Snapshots

Mithilfe von *VMware Snapshots* können Sie den Status einer virtuellen Maschine »einfrieren« und diesen anschließend bei Bedarf wiederherstellen. Das geht auch mehrfach und verschachtelt – und auch ohne den vCenter Server.

Was ist ein Snapshot?

Ein Snapshot erfasst den gesamten Status einer virtuellen Maschine zum Zeitpunkt der Erstellung dieses Snapshots. Dies beinhaltet

- den Arbeitsspeicherinhalt der virtuellen Maschine,
- die Einstellungen der virtuellen Maschine sowie
- den Status aller virtuellen Festplatten der virtuellen Maschine.

 Snapshots von Raw-Festplatten (RDM, *Raw Device Mapping*) mit physischen Modi oder unabhängigen (dauerhaften und nicht dauerhaften) Festplatten werden nicht unterstützt.

Snapshots werden immer für eine einzelne virtuelle Maschine erstellt. In einer Gruppe von virtuellen Maschinen wird durch das Aufzeichnen eines Snapshots lediglich der Status der aktiven virtuellen Maschine festgehalten. Wenn Sie einen Snapshot wiederherstellen, versetzen Sie alle diese Objekte in den Zustand, in dem sie zum Zeitpunkt der Erstellung des Snapshots vorlagen. Wenn die virtuelle Maschine zum Zeitpunkt der Wiederherstellung angehalten, eingeschaltet oder ausgeschaltet sein soll, stellen Sie sicher, dass sich die VM beim Erstellen des Snapshots im gewünschten Zustand befindet.

Snapshots können Sie für viele Einsatzmöglichkeiten verwenden, z. B. wenn Sie ein Programm unter verschiedenen Bedingungen testen wollen und dafür nicht immer eine neue VM erstellen möchten oder wenn bei einer produktiven Maschine ein Update anliegt und Sie sich nicht sicher sind, ob jede Software anschließend noch läuft. Machen Sie einen Snapshot, installieren Sie das Update und testen Sie Ihr System. Läuft alles, können Sie den Snapshot löschen – funktioniert das System anschließend aber nicht wie gewünscht, machen Sie einen Revert, und Ihre VM läuft wieder wie vor dem Update. Das ist vergleichbar mit den Wiederherstellungspunkten unter Windows, aber zuverlässiger, weil die Ausgangssituation komplett unangetastet bleibt.

Auch für Programmierer, die viele verschiedene Voraussetzungen testen wollen, lohnt es sich, einen oder mehrere Snapshots zu erstellen, z.B. mit verschiedenen Browsern, Softwareständen oder Servicepacks fürs Betriebssystem.

Wie funktioniert jetzt ein Snapshot?

Die Festplatte der virtuellen Maschine wird nur noch gewissermaßen lesend geöffnet. Alle Änderungen am Datenbestand und der Konfiguration der VM werden in einer neuen *.vmdk*-Datei (Deltadatei) abgespeichert. Wenn gewünscht, wird auch der Inhalt des Arbeitsspeichers mitgesichert. Bei einem weiteren Snapshot wird die alte und neue Festplattendatei schreibgeschützt, und weitere Änderungen laufen in eine neue Deltadatei usw. Sie können zu jedem Zeitpunkt zu jedem Zustand wechseln und dann auch einen neuen Snapshot machen – also geschachtelte Snapshots erstellen.

Die erste Snapshot-Deltafestplatte heißt z.B. *vm1-000001.vmdk*, die zweite dementsprechend *vm1-000002.vmdk* usw. Hat Ihre VM eine zweite Festplatte, so gibt es zusätzliche eine Festplatte namens *vm1_1.vmdk*, die als Snapshot dementsprechend *vm1_1-000001.vmdk* heißt.

Wenn Sie einen Snapshot löschen, werden die Inhalte aller aktiv beteiligten Deltadateien auf die Festplattendatei übernommen.

Beachten Sie, dass bei Snapshots auch die Konfigurationsdatei der VM mitgesichert wird. Haben Sie also einen Snapshot und ändern z.B. an der Hardware der VM etwas, ist dies nach einem Revert ebenfalls rückgängig gemacht. Nicht so jedoch bei Festplatten. Diese müssen Sie gegebenenfalls separat löschen, denn sie liegen noch auf dem Storage im Verzeichnis der VM.

Die Ausgangsfestplatte der VM, die gewissermaßen schreibgeschützt geöffnet ist, können Sie nicht mit z.B. scp kopieren, dafür müssen Sie die VM anhalten oder herunterfahren.

Empfehlungen zu Snapshots

Grundsätzlich ist es das Beste, Snapshots dann zu erstellen, wenn gerade kein Datenaustausch zwischen einer Anwendung in der virtuellen Maschine und anderen Computern stattfindet. Vor allem wenn in Produktionsumgebungen Datenaustausch erfolgt – z.B. während eines Updates –, ist die Wahrscheinlichkeit hoch, dass Probleme auftreten können.

Behalten Sie Snapshots nur so lange wie unbedingt nötig (außer in Testumgebungen) und dokumentieren Sie, was Sie getan haben – und am besten noch, warum Sie es getan haben. Sie kennen sicherlich den Fall, dass Sie etwas in einer Plastikbox einfrieren und nach zwei Wochen nicht mehr wissen, was drin ist!

Wenn Sie den Arbeitsspeicher der VM nicht mit abspeichern und WIEDERHERSTELLEN wählen, ist die VM in einem Zustand, als hätten Sie sie hart abgeschaltet, ohne herunterzufahren.

Einige Datensicherungsprogramme und auch der Update Manager von VMware nutzen Snapshots, weil die Festplattendatei nur im Lesemodus geöffnet ist und somit kopiert oder gesichert werden kann. Snapshots sollten aber nicht zur Sicherung virtueller Maschinen eingesetzt werden, sondern nur die Ausgangsdatei. Den Snapshot von VM1 können Sie nicht bei VM2 einspielen.

Beachten Sie bitte, dass Sie bei Snapshots dynamisch wachsende Dateien haben, die nicht so performant sind wie Dateien mit fester Größe, und dass der ESXi-Server dadurch mehr belastet wird.

Bei Domänencontrollern von Microsoft ist besondere Vorsicht geboten: Wenn Sie einen Revert machen, befindet sich die VM in dem Zustand zum Zeitpunkt der Erstellung. Liegt der Zeitraum zu weit in der Vergangenheit, kann das Probleme mit der Active-Directory-Datenbank geben. Abhilfe schafft Folgendes: Isolieren Sie die VM auf einem ESXi, indem Sie alle anderen VMs verschieben. Nehmen Sie der Netzwerkportgruppe der VM auf dem ESXi alle aktiven Adapter weg und machen Sie einen Revert des Snapshots. Fahren Sie die Maschine anschließend herunter und schalten Sie sie aus. Bitte keinen Neustart machen, weil sich der Rechner das merkt! Ist die Maschine wieder gestartet, verbinden Sie die Netzwerkkarten wieder mit der Portgruppe.

Einen Snapshot erstellen

Snapshots können im eingeschalteten, ausgeschalteten oder angehaltenen Zustand der virtuellen Maschine erstellt werden. Wenn Sie eine virtuelle Maschine gerade anhalten, dann sollten Sie warten, bis dieser Vorgang abgeschlossen ist, bevor Sie einen Snapshot erstellen.

Wenn eine virtuelle Maschine über mehrere Festplatten in unterschiedlichen Festplattenmodi verfügt, müssen Sie die virtuelle Maschine vor dem Erstellen eines Snapshots ausschalten oder den Arbeitsspeicher vom Snapshot ausnehmen. Ist beispielsweise eine Konfiguration für einen bestimmten Zweck vorhanden, die die Verwendung einer unabhängigen Festplatte erforderlich macht, müssen Sie die virtuelle Maschine vor dem Erstellen eines Snapshots ausschalten oder das Häkchen bei SNAPSHOT DES AR-

BEITSSPEICHERS DER VIRTUELLEN MASCHINE ERSTELLEN wegklicken, ansonsten bekommen Sie eine Fehlermeldung und es wird kein Snapshot erstellt.

Vorgehensweise

1. Klicken Sie mit der rechten Maustaste auf die gewünschte VM und wählen Sie anschließend aus dem Kontextmenü SNAPSHOTS und dann SNAPSHOT ERSTELLEN, wie in Abbildung 8-1 dargestellt. Sie können auch über den Link AKTIONEN die Funktion auswählen. Das Fenster SNAPSHOT FÜR VM1 ERSTELLEN wird angezeigt.

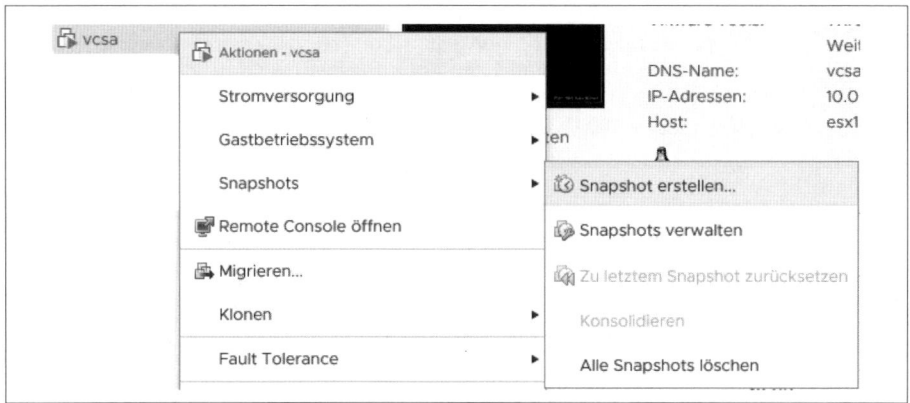

Abbildung 8-1: Snapshot-Menü

2. Geben Sie einen Namen für den Snapshot ein oder übernehmen Sie den angezeigten.

3. Wichtig: Geben Sie eine gute Beschreibung Ihres Snapshots, Ihren Namen und gegebenenfalls das aktuelle Datum sowie die Uhrzeit ein.

4. Überlegen Sie, ob Sie das Kontrollkästchen SNAPSHOT DES ARBEITSSPEICHERS DER VIRTUELLEN MASCHINE ERSTELLEN ausgewählt lassen wollen. Dann wird der Arbeitsspeicher der virtuellen Maschine zusätzlich mit abgespeichert.

5. (Optional:) Aktivieren Sie das Kontrollkästchen GAST-DATEISYSTEM STILLLEGEN (VMWARE TOOLS MÜSSEN INSTALLIERT SEIN), um laufende Prozesse auf dem Gastbetriebssystem anzuhalten, sodass Dateisysteminhalte einen bekannten, konsistenten Status besitzen, wenn der Snapshot erstellt wird. Dies gilt nur für eingeschaltete virtuelle Maschinen und sollte nicht für Windows-Betriebssysteme eingesetzt werden.

6. Klicken Sie im Fenster auf OK. Wenn der Snapshot erfolgreich erstellt wurde, wird er im Feld KÜRZLICH BEARBEITETE AUFGABEN im unteren Bereich des vSphere Client-Fensters aufgeführt.

7. Klicken Sie auf die virtuelle Zielmaschine und dann auf die Registerkarte ÜBERWACHEN, um Aufgaben und Ereignisse für die betreffende Maschine anzeigen zu lassen.

Virtuelle Festplatten von Snapshots ausschließen

Festplatten der VM, die sich im unabhängigen Modus befinden, werden von Snapshots nicht berücksichtigt. Es gibt dabei drei Zustände, die in Tabelle 8-1 beschrieben werden.

Tabelle 8-1: Optionen von Festplatten

Option	Beschreibung
Abhängig	Festplatten im abhängigen Modus verhalten sich wie konventionelle Festplatten auf einem physischen Computer. Sämtliche Daten, die im dauerhaften Modus auf eine Festplatte geschrieben werden, werden permanent auf die Festplatte geschrieben.
Unabhängig - Dauerhaft	Festplatten im dauerhaften Modus verhalten sich wie konventionelle Festplatten auf einem physischen Computer. Sämtliche Daten, die im dauerhaften Modus auf eine Festplatte geschrieben werden, werden permanent auf die Festplatte geschrieben, aber nicht bei Snapshots mit einbezogen.
Unabhängig - Nicht dauerhaft	Änderungen, die im nicht dauerhaften Modus an Festplatten vorgenommen werden, werden beim Ausschalten oder Zurücksetzen der virtuellen Maschine verworfen. Der nicht dauerhafte Modus ermöglicht Ihnen, die virtuelle Maschine mit einer virtuellen Festplatte neu zu starten, die sich jedes Mal im selben Zustand befindet. Änderungen an der Festplatte werden dabei in eine Redo-Protokolldatei geschrieben und daraus gelesen, die beim Ausschalten oder Zurücksetzen gelöscht wird.

Sie können den Modus nur bei ausgeschalteten VMs ändern und müssen alle vorhandenen Snapshots vorher gelöscht haben.

1. Wählen Sie aus der Liste Ihre virtuelle Maschine UND DANN BEARBEITEN oder über das Kontextmenü auf der VM EINSTELLUNGEN BEARBEITEN.

2. Klicken Sie auf das »>«-Zeichen neben FESTPLATTE und erweitern Sie die Optionen.

3. Wählen Sie unter FESTPLATTENMODUS die Option UNABHÄNGIG aus. Unabhängige Festplatten werden nicht in Snapshots einbezogen. Bei unabhängigen Festplatten stehen Ihnen die beiden oben beschriebenen Optionen zur Verfügung.

4. Klicken Sie auf OK.

Beachten Sie, dass unabhängige Festplatten im *nicht dauerhaften Modus* zur Laufzeit der VM nicht geändert werden. Alle Änderungen werden in einer Deltadatei festgehalten, die dynamisch wächst. Dynamisch wachsende Festplatten sind erstens langsamer, zweitens belasten sie das System mehr und drittens sind alle Änderungen weg, wenn Sie die Maschine herunterfahren und ausschalten. Der Arbeitsspeicher von laufenden VMs kann dann nicht mehr in den Snapshot einbezogen werden (siehe oben).

 Solange eine VM einen Snapshot hat, sollten Sie keine Defragmentierung im Betriebssystem der VM veranlassen, weil das die Deltadatei unnötig aufbläht.

Den Snapshot-Manager verwenden

Über den Snapshot-Manager (Snapshots verwalten) können Sie alle Snapshots für die virtuellen Maschinen ansehen und behalten damit die Übersicht.

Im Fenster SNAPSHOTS VERWALTEN sehen Sie die Hierarchie und unten die Befehls-schaltflächen. In der Hierarchie erkennen Sie anhand des Eintrags SIE BEFINDEN SICH HIER, in welchem aktuellen Betriebszustand sich die VM gerade befindet. Das Feld auf der rechten Seite zeigt Informationen zu dem ausgewählten Punkt an.

Das Symbol SIE BEFINDEN SICH HIER zeigt immer den aktuell zutreffenden Snapshot und den Status der VM an. Der Status SIE BEFINDEN SICH HIER kann angesteuert werden und zeigt dann Informationen über die Größe des Snapshots, also der Deltada-tei, und gegebenenfalls des zusätzlich abgespeicherten Arbeitsspeichers an.

In Abbildung 8-2 sehen Sie das Fenster SNAPSHOTS VERWALTEN.

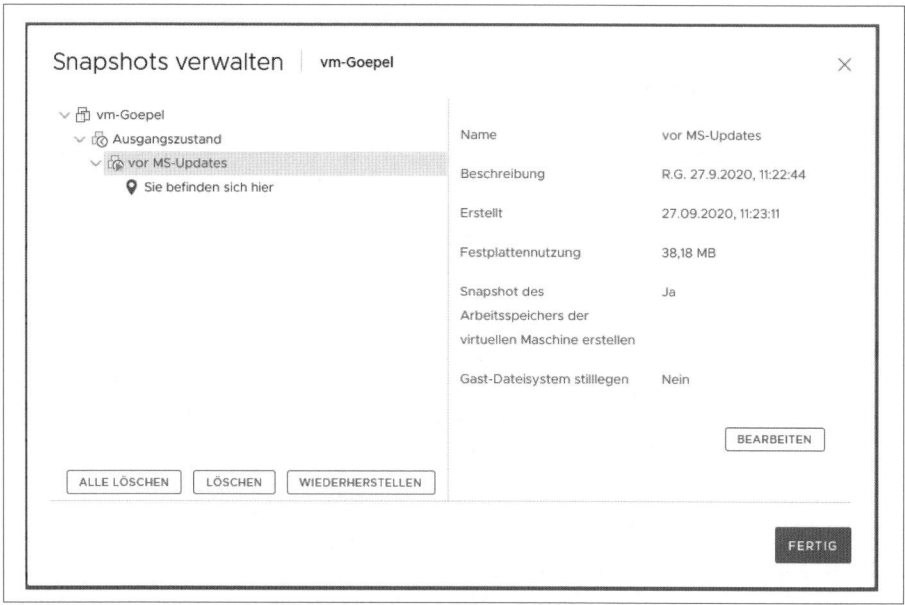

Abbildung 8-2: Snapshot-Manager

Der Snapshot-Manager verfügt über vier Befehle: Snapshot wiederherstellen, Snapshot löschen, Alle löschen und Snapshot bearbeiten. Diese Funktionen wer-den in den folgenden Abschnitten erläutert.

Einen Snapshot wiederherstellen

Sie können einen (nicht gelöschten) Snapshot wiederherstellen, um eine virtuelle Maschine in ihren ursprünglichen Zustand zu versetzen, d.h. in genau den Zustand, als der Snapshot erstellt wurde.

Einen Snapshot löschen

Sie können einen beliebigen Snapshot vollständig entfernen:

1. Navigieren Sie im Snapshot-Manager auf den gewünschten Snapshot, um ihn auszuwählen.
2. Klicken Sie auf SNAPSHOT LÖSCHEN, um einen Snapshot permanent zu löschen. Wenn Sie auf ALLE LÖSCHEN klicken, werden alle Snapshots dauerhaft von der virtuellen Maschine entfernt.

 Wenn Sie auf LÖSCHEN klicken, werden die Snapshot-Daten im übergeordneten Element festgeschrieben, und der ausgewählte Snapshot wird entfernt. Durch Auswahl von ALLE LÖSCHEN werden alle unmittelbar vor dem aktuellen Status SIE BEFINDEN SICH HIER liegenden Snapshots auf die Basisfestplatte übernommen, und alle vorhandenen Snapshots für die betreffende virtuelle Maschine werden entfernt.

3. Klicken Sie im Bestätigungsdialogfeld auf OK.

Zu einem Snapshot wechseln

Mithilfe der Schaltfläche WIEDERHERSTELLEN können Sie zu jedem Status eines beliebigen Snapshots springen und dort weiterarbeiten.

1. Klicken Sie im Snapshot-Manager auf einen Snapshot, um ihn auszuwählen.
2. Klicken Sie auf die Schaltfläche SNAPSHOT WIEDERHERSTELLEN, um den Status der virtuellen Maschine wiederherzustellen, der einem beliebigen Snapshot entspricht.

 Virtuelle Maschinen, die stark ausgelastet sind, benötigen unter Umständen mehrere Minuten, bevor sie wieder antworten, nachdem ein Snapshot wiederhergestellt wurde. Diese Verzögerung kann durch Vergrößern des Gastarbeitsspeichers reduziert werden.

3. Klicken Sie im Bestätigungsdialogfeld auf WIEDERHERSTELLEN.

Einen Snapshot bearbeiten

Mithilfe der Schaltfläche BEARBEITEN können Sie die vorher eingegebenen Informationen zum Snapshots ändern. Das umfasst sowohl den Namen als auch die Beschreibung, das Datum wird nicht manuell geändert.

Übergeordneter Snapshot

Der übergeordnete Snapshot ist die zuletzt gespeicherte Version des aktuellen Status der virtuellen Maschine. Der letzte Snapshot entspricht dem gespeicherten Status des übergeordneten Snapshots (SIE BEFINDEN SICH HIER). Wenn Sie einen Snapshot wiederherstellen oder zu ihm wechseln, wird er zum übergeordneten Element des aktuellen Status und wird mit SIE BEFINDEN SICH HIER angezeigt.

Der übergeordnete Snapshot ist immer der Snapshot, der im Snapshot-Manager direkt über dem SIE BEFINDEN SICH HIER-Symbol angezeigt wird.

Der übergeordnete Snapshot ist nicht immer der Snapshot, den Sie zuletzt erstellt haben, je nachdem, zu welchem Sie gewechselt sind.

Snapshot verwalten

WIEDERHERSTELLEN ist eine Verknüpfung zum übergeordneten Snapshot von SIE BEFINDEN SICH HIER. Dieser Befehl aktiviert sofort den übergeordneten Snapshot der virtuellen Maschine. Der aktuelle Festplatten- und gegebenenfalls der Arbeitsspeicherstatus werden aufgehoben, und der Zustand, in dem sich die Elemente zum Zeitpunkt der Aufnahme des Snapshots befanden, wird wiederhergestellt. Wenn der übergeordnete Snapshot erstellt wurde, während die virtuelle Maschine ausgeschaltet war, wird die eingeschaltete virtuelle Maschine durch Wählen der Option SNAPSHOT → SNAPSHOT WIEDERHERSTELLEN in diesen übergeordneten Status zurückversetzt, d.h. in den ausgeschalteten Zustand. War sie eingeschaltet und haben Sie den RAM mitgesichert, läuft sie wieder ab diesem Zeitpunkt weiter.

In Tabelle 8-2 sehen Sie Erstellung verschachtelter Snapshots einer Maschine. Sie können zu jedem Zeitpunkt zu jedem Zustand springen.

Tabelle 8-2: Snapshot-Manager mit verschachtelten Snapshots

∨ 🗂 vm-Goepel 📍 Sie befinden sich hier	Virtuelle Maschine ohne Snapshot

∨ 🗂 vm-Goepel
  ∨ 🕐 Ausgangszustand
    📍 Sie befinden sich hier
	Der neue Snapshot *Ausgangszustand* ist jetzt der übergeordnete Snapshot des Status *Sie befinden sich hier*. Der übergeordnete Snapshot des *Sie befinden sich hier*-Status ist der übergeordnete Snapshot der VM.

Tabelle 8-2: Snapshot-Manager mit verschachtelten Snapshots (Forts.)

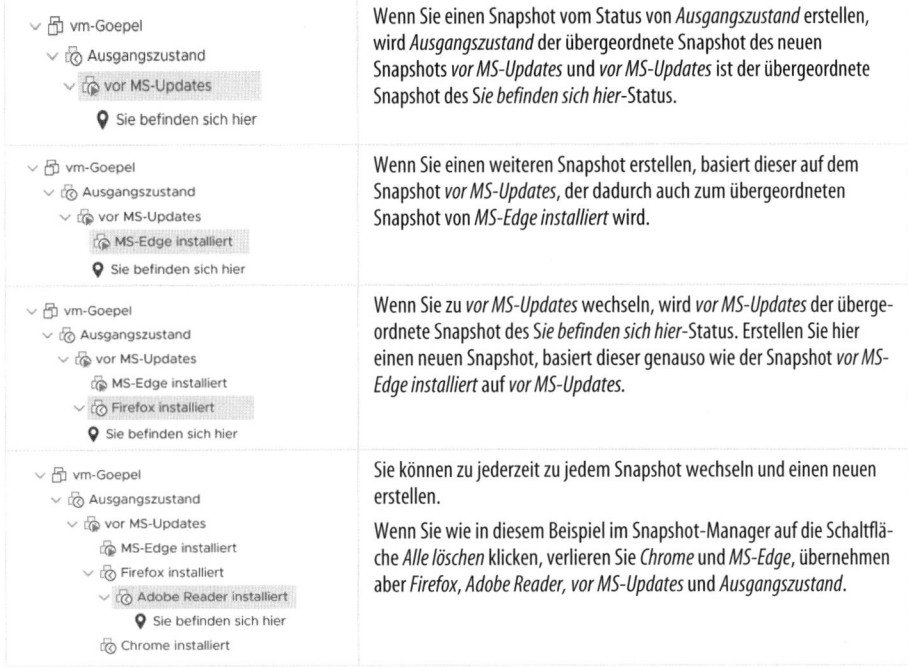

∨ 🗗 vm-Goepel
  ∨ 🕥 Ausgangszustand
    ∨ 🕥 vor MS-Updates
      📍 Sie befinden sich hier
	Wenn Sie einen Snapshot vom Status von *Ausgangszustand* erstellen, wird *Ausgangszustand* der übergeordnete Snapshot des neuen Snapshots *vor MS-Updates* und *vor MS-Updates* ist der übergeordnete Snapshot des *Sie befinden sich hier*-Status.

∨ 🗗 vm-Goepel
  ∨ 🕥 Ausgangszustand
    ∨ 🕥 vor MS-Updates
      🕥 MS-Edge installiert
      📍 Sie befinden sich hier
	Wenn Sie einen weiteren Snapshot erstellen, basiert dieser auf dem Snapshot *vor MS-Updates*, der dadurch auch zum übergeordneten Snapshot von *MS-Edge installiert* wird.

∨ 🗗 vm-Goepel
  ∨ 🕥 Ausgangszustand
    ∨ 🕥 vor MS-Updates
      🕥 MS-Edge installiert
      ∨ 🕥 Firefox installiert
        📍 Sie befinden sich hier
	Wenn Sie zu *vor MS-Updates* wechseln, wird *vor MS-Updates* der übergeordnete Snapshot des *Sie befinden sich hier*-Status. Erstellen Sie hier einen neuen Snapshot, basiert dieser genauso wie der Snapshot *vor MS-Edge installiert* auf *vor MS-Updates*.

∨ 🗗 vm-Goepel
  ∨ 🕥 Ausgangszustand
    ∨ 🕥 vor MS-Updates
      🕥 MS-Edge installiert
      ∨ 🕥 Firefox installiert
        ∨ 🕥 Adobe Reader installiert
          📍 Sie befinden sich hier
      🕥 Chrome installiert
	Sie können zu jederzeit zu jedem Snapshot wechseln und einen neuen erstellen.
	
	Wenn Sie wie in diesem Beispiel im Snapshot-Manager auf die Schaltfläche *Alle löschen* klicken, verlieren Sie *Chrome* und *MS-Edge*, übernehmen aber *Firefox, Adobe Reader, vor MS-Updates* und *Ausgangszustand*.

Beachten Sie die Meldungen des Snapshot-Managers, bevor Sie eine Entscheidung treffen. Es gibt hier keinen Rückgängig-Befehl (siehe Abbildung 8-3).

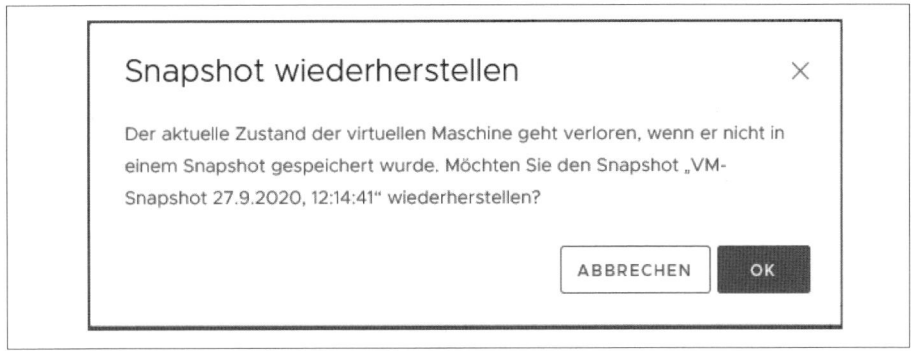

Abbildung 8-3: Meldung des Snapshot-Managers

Sie können insgesamt bis zu 32 Snapshots pro virtuelle Maschine erstellen. Denken Sie dabei aber bitte an den enormen Speicherbedarf, der zusätzlich zu der gewählten Festplattengröße immer weiter anwächst.

Sollte durch einen Umstand (z. B. Datensicherung) mehr als 32 Snapshots bei einer VM anliegen, so können Sie den Snapshot-Manager nicht mehr für das Löschen der Snapshots verwenden. Im Internet kursieren Gerüchte über Kommandozeilen-

Tools, mit denen man dieses angeblich bewerkstelligen kann. Sehen Sie dazu in Kapitel 9 nach. Will man den aktuellen Zustand jedoch behalten, so klonen Sie die VM einfach, weil der Klon selbst keinen Snapshot hat. Sollte das nicht mehr gehen, verwenden Sie den VMware Converter dafür (siehe Kapitel 14) oder Veeam Backup & Replication.

Fehlerbehebung bei Snapshots

Überprüfen Sie in regelmäßigen Abständen, ob Ihre Umgebung noch ungewollte Snapshots einzelner VMs enthält. Wie bereits oben erwähnt, muss ein Snapshot nicht manuell von einem Benutzer erstellt worden sein – auch Datensicherungsprogramme nutzen diese Möglichkeit, um die virtuelle Festplatte kopieren zu können. Leider hat die Praxis gezeigt, dass das Entfernen der Snapshots nicht immer bei jeder Software zuverlässig funktioniert.

Sollte es einer Datensicherungssoftware nicht möglich sein, einen Snapshot zu kreieren oder ihn zu übernehmen, liegt dies eventuell an den VMware Tools in Verbindung mit betriebssystemeigenen Diensten. Unter Windows-Betriebssystemen ab Vista erhalten Sie bei den VMware Tools zusätzlich einen Treiber für die VSS-Unterstützung. Dieser verursacht manchmal Probleme. Deinstallieren Sie ihn aber nur bei Maschinen, bei denen Sie auf Probleme stoßen. Gehen Sie dazu wie folgt vor:

1. Wählen Sie bei der eingeschalteten virtuellen Maschine aus dem Menü VMWARE TOOLS INSTALLIEREN / AKTUALISIEREN.
2. Nehmen Sie dafür das interaktive Update und klicken Sie auf OK.
3. Bestätigen Sie, dass Sie etwas ändern wollen, und nehmen Sie im nächsten Fenster das Häkchen bei VSS-UNTERSTÜTZUNG heraus.
4. Starten Sie nach Abschluss der Änderungen den Rechner neu.

Eine weitere mögliche Fehlerquelle ist ein Eintrag in der Konfigurationsdatei der VM. Gerade bei Windows Server 2008 (R2), 2012 (R2) und 2016 mit LSIlogic SAS Controller wird der Eintrag disk.EnableUUID = "TRUE" sowie ein Eintrag wie scsi0.sasWWID = "50 05 05 6f ad f3 3d 90" in die Datei geschrieben, der dazu führen kann, dass zwar das Datensicherungsprogramm einen Snapshot erstellen und die VM sichern kann, anschließend aber nicht in der Lage ist, den Snapshot zu löschen. Eigentlich sind die beiden Einträge dafür gedacht, dass innerhalb der VM ein konsistenter Snapshot für Applikationen (application quiesced snapshot) gemacht werden kann (siehe dazu auch den Artikel bei VMware KB 2035736 (*http://kb.vmware.com/ kb/2035736*) für Windows und KB 2079220 (*http://kb.vmware.com/kb/2079220*) für Linux). Den Wert können Sie wie folgt ändern:

1. Wählen Sie bei der ausgeschalteten virtuellen Maschine aus dem Kontextmenü EINSTELLUNGEN BEARBEITEN.
2. Navigieren Sie zu der Registerkarte OPTIONEN und wählen Sie in dem Fenster den Punkt ERWEITERT.

3. Über die Schaltfläche KONFIGURATION BEARBEITEN ... sehen Sie einen Teil der *.vmx*-Datei. Suchen Sie nach dem Eintrag disk.EnableUUID und setzen Sie den Wert auf "FALSE".

4. Starten Sie nach Abschluss der Änderungen den Rechner neu.

Snapshot-Dateien

Wie bereits erwähnt, werden im Verzeichnis der virtuellen Maschine Dateien für die Snapshots angelegt. Auch wenn für Ihre VM noch nie ein Snapshot erstellt wurde, existiert bereits eine Datei mit der Endung *.vmsd,* und zwar mit der Größe 0. Wurden schon einmal Snapshots erstellt und gegebenenfalls wieder gelöscht, so ist die Datei größer als 0. Wenn Sie diese Datei löschen und Ihre VM anschließend hochfahren, so wird diese mit der Größe 0 neu angelegt.

Solange Sie aber Snapshots der Maschine haben, sollten Sie diese Datei auf keinen Fall löschen, sonst können Sie die gemachten Snapshots nicht mehr löschen oder übernehmen. Haben Sie aus Versehen diese Datei gelöscht oder ist sie defekt, können Sie im Snapshot-Manager nur noch WECHSELN ZU anklicken – dann sind aber die Snapshot-Dateien immer noch aktiv und es wird nicht in die eigentliche Festplatte geschrieben.

Um diesen Missstand zu beheben, fahren Sie die VM herunter und schalten Sie sie aus. Gehen Sie anschließend in die Eigenschaften der virtuellen Maschine und wählen dort die Festplatte aus. Im rechten Teil des Fensters sehen Sie die Festplattendatei mit der Bezeichnung *00001.vmdk* (oder so ähnlich) am Ende. Löschen Sie diese Datei, aber nicht von der Festplatte, sondern trennen Sie sie nur von der VM, sonst wird auch die tatsächliche Festplatte gelöscht. Als Nächstes fügen Sie der VM eine vorhandene Festplatte hinzu. Navigieren Sie zu dem Verzeichnis der VM und wählen Sie die Datei ohne Endung *00001.vmdk* (oder so ähnlich).

Anschließend können Sie über den Datenspeicherbrowser alle Dateien mit den Endungen

- `00001.vmdk` oder so ähnlich,
- `SnapshotX.vmsn` (X ist der x-te Snapshot) und
- `.vmsd`

löschen.

Möchten Sie aber den aktuellen Zustand der VM behalten und wollen die Snapshot-Dateien loswerden, so brauchen Sie die VM nur zu klonen. Das geht über den vCenter Server, wie in Kapitel 15 beschrieben, und ohne den vCenter Server mit dem kostenlosen VMware Converter, wie in Kapitel 14 ausgeführt.

Tabelle 8-3 enthält eine Auflistung aller zu einem Snapshot gehörenden Dateien mit einer kurzen Erklärung dazu.

Tabelle 8-3: Zu einem Snapshot gehörende Dateien

Datei	Bedeutung
VM1-Snapshot1.vmem	Hauptspeicherinhalt der VM zum Zeitpunkt des ersten Snapshots. Zu jedem Snapshot gibt es eine eigene Datei.
VM1-Snapshot1.vmsn	Nähere Informationen zu dem ersten Snapshot mit Hardwareeinstellungen
VM1.vmsd	Allgemeine Informationen zu Snapshots. Ohne Snapshot: Größe 0.
VM1-00001-delta.vmdk *	Neue Festplatte des ersten Snapshots. Hierin werden die Änderungen zur tatsächlichen .vmdk-Datei aufgezeichnet. Zu jedem Snapshot gibt es eine eigene Datei.
VM1-00001.vmdk *	Festplattenbeschreibungsdatei zur ersten Snapshot-Festplatte (delta.vmdk). Zu jedem Snapshot gibt es eine eigene Datei.

 Im Datenspeicherbrowser werden die Festplattendateien als eine Einheit angezeigt, sodass Sie die Datei *VM1-00001-delta.vmdk* nicht sehen können – das geht nur über die Kommandozeile.

Konsolidieren

Ab und zu kommt es vor, dass man eine Warnmeldung bei einer VM bekommt, die besagt, dass die Festplatten konsolidiert werden müssen. Über das Kontext-menü auf der VM wählen Sie dann den Eintrag SNAPSHOTS und im Untermenü KONSOLIDIEREN aus. Dann wird eine »Aufräumaktion« gestartet, die nicht mehr benötigte Informationen und Dateien löscht. Dieser Vorgang kann zwar einige Zeit in Anspruch nehmen, hat aber keinerlei Auswirkungen auf die Performance der VM.

Snapshots auf vVols

Sollten Sie virtuelle Volumes (vVols) über einen vCenter Server einsetzen, so än-dert sich die oben angesprochene Technologie der Snapshots ins Gegenteil: Alle Änderungen an dem Zustand der VM werden direkt in die dafür normalerweise vorgesehenen Dateien geschrieben und die vorherige Konfiguration und z.B. ge-löschte oder geänderte Daten im Betriebssystem landen in der Deltadatei. Damit entfällt die zum Teil sehr lange Zeit, um den Snapshot zu übernehmen, es werden nur die Deltadateien gelöscht. Sollten Sie trotzdem einmal zu dem Ausgangszu-stand zurückkehren wollen, dauert das Konsolidieren aber hierbei umso länger. Da man aber meistens den aktuellen Zustand übernimmt, hat man mit Snapshots auf vVols einen deutlichen Geschwindigkeitsvorteil. Wann diese Vorgehensweise auch auf anderen Datenträgern zum Einsatz kommt, ist noch nicht bekannt.

Zusammenfassung

Abschließend betrachtet ist ein Snapshot schon eine tolle Sache. Er lässt einen ohne großartige Umwege mal eben den gesamten Status einer VM einfrieren und man kann ohne Schweißperlen auf der Stirn Updates und Servicepacks einspielen und ausprobieren.

Beachten Sie aber unbedingt die oben erwähnten Vorsichtsmaßnahmen, damit Sie nicht das ein oder andere Problem bekommen.

Hier nochmals in Stichpunkten, was Sie bei Snapshots beachten sollten:

- Ein Snapshot ist keine Datensicherung.
- Ein Snapshot beinhaltet immer auch die Konfiguration der VM.
- Alle Änderungen landen in der Deltadatei, ähnlich wie bei einem Makro.
- Jeder zusätzliche Snapshot verlangsamt die Ausführung der VM.
- Datum und Uhrzeit werden beim Zurückspielen wieder alt sein, gegebenenfalls verlieren Domänenmitglieder dadurch die Zugriffsberechtigung zur Domäne.
- Eine Defragmentierung einer Festplatte mit Snapshots sollte nicht gemacht werden.
- Es sollten möglichst keine Transaktionen beim Erstellen eines Snapshots anliegen.
- Es sind maximal 32 Snapshots über die grafische Oberfläche möglich, durch Skripte kann es noch mehr geben, was erhebliche Probleme mit sich bringt.
- Behalten Sie Snapshots nur so lange wie unbedingt nötig.
- Den Snapshot von VM1 können Sie nicht bei VM2 einspielen.
- Bei Domänencontrollern von Microsoft ist besondere Vorsicht geboten.
- Jeder Snapshot kann so groß werden wie die Ausgangsfestplatte(n).
- Jeder Snapshot belastet den Host und verbraucht Speicherplatz.

## KAPITEL 9

Arbeiten auf der Kommandozeile

Egal ob man sich direkt an den Server setzt und dort Alt+F1 drückt, um auf der Kommandozeile zu arbeiten, oder ob man sich mittels Remotes-Software wie putty verbindet, einiges lässt sich nur hier erledigen. Gerade wenn Probleme mit dem Zugriff auf den ESXi-Server bestehen, muss man häufig den einen oder anderen Befehl dort ausführen.

Die Möglichkeiten, die man dabei auf der direkten Konsole hat, sind sehr eingeschränkt, da sich kein Betriebssystem unter der Virtualisierungsschicht befindet. Über die BusyBox können allerdings einige Befehle eingegeben werden, die manchmal die letzte Möglichkeit bieten, den Host wieder zum Laufen zu bringen, eine andere Konfiguration zu erzwingen, einen Port in der Firewall frei zu bekommen oder auch eine hängende VM abzuschießen.

Für viele Arbeiten in den Konfigurationsdateien des Hosts braucht man einen Editor. Beim ESXi gibt es dafür über die direkte Konsole nur den *vi* (bzw. *vim*). Alternativ kann man aber auch per Remote-Software über die grafische Oberfläche des Betriebssystems mit integrierten Editoren arbeiten, wie z.B. unter Windows mit WinSCP oder skriptgesteuert mit vCLI (vSphere Command-Line Interface) und PowerCLI (Erweiterung für die Windows PowerShell).

Möchten Sie beim ESXi direkt auf der Kommandozeile arbeiten, müssen Sie diese Funktion meist erst freischalten:

1. Drücken Sie am Host die Funktionstaste F2 (Customize System) und melden Sie sich als *root* dort an.

2. Gehen Sie mit den Pfeiltasten zu dem Text Troubleshooting Options und drücken Sie Enter.

3. Wenn der erste Eintrag DISABLE ESXi SHELL heißt, können Sie sich bereits auf der Kommandozeile anmelden. Heißt der erste Eintrag aber ENABLE ESXi SHELL, dann wählen Sie ihn aus und drücken auf Enter, um umzuschalten.

4. Drücken Sie zweimal die Esc-Taste, um zum Ausgangsbildschirm zurückzugelangen.

Jetzt können Sie sich per Remote mit einem Tool oder über die Tastenfunktion Alt+F1 mit der Shell (Kommandozeileninterpreter) verbinden. Über den Host-Client können Sie diese Funktion ebenfalls einschalten:

1. Klicken Sie auf den Host und anschließend auf VERWALTEN.

2. Wählen Sie die Registerkarte DIENSTE, scrollen Sie nach unten, bis Sie den Eintrag TSM-SSH sehen, und klicken Sie darauf.

3. Klicken Sie anschließend auf die Schaltfläche STARTEN, um den Dienst (Daemon) zu starten. Darüber wird der Port 22 in der Firewall automatisch geöffnet.

Über den vCenter Server erreichen Sie dasselbe, indem Sie auf den gewünschten Host klicken, dann auf die Registerkarte KONFIGURIEREN und unter DIENSTE auf SSH.

Für alle Linux-Fans: Eine echte Shell gibt es hier nicht! Die eingetragene Shell */bin/ sh* ist in Wirklichkeit die BusyBox (*/bin/busybox*).

Der Standardeditor vi

Der Editor *vi* ist klein und sehr schwer zu bedienen; dennoch erfreut er sich großer Popularität, da er auf nahezu jedem Unix- und Linux-System zu finden ist und in jedem Terminal läuft (ähnlich wie damals EDLIN von DOS). Meist ist der *vi* über die Umgebungsvariable $EDITOR als Default-Editor eingetragen. Daher begegnet man ihm immer wieder, zumal es im Allgemeinen heißt: »Wenn nichts mehr geht – vi geht immer.« Der *vi* wird von Linux-Distributionen aus lizenzrechtlichen Gründen nicht sehr häufig verwendet, stattdessen nutzt man *vim (Vi IMproved)*, der alle Eigenschaften des *vi* besitzt und ihn unter anderem durch wertvolle Verbesserungen wie Tabbing erweitert.

vi ist ein Texteditor, der unter anderem folgende Optionen bietet: mehrfaches Rückgängigmachen von Eingaben, mehrere Fenster und Buffer, automatische Vervollständigung von Dateinamen, Onlinehilfen, visuelle Hervorhebung von markierten Texten, Speicherung und Abruf von eingegebenen Befehlen und Kommandos, Editieren von binären Dateien usw. Für weitere Informationen empfehle ich Ihnen das Buch von Arnold Robbins: »vi-Editor – kurz & gut«, ISBN 978-3-89721-213-8, ebenfalls erschienen im O'Reilly Verlag.

Der bei unserem System eingesetzte Editor ist allerdings nicht der echte *vi*, sondern auch nur wieder ein Verweis auf */bin/busybox*. Deshalb funktioniert hier auch nicht alles so, wie man es eventuell gewohnt ist. Ich bleibe der Einfachheit halber trotzdem bei der Bezeichnung *vi*.

Befehle von vi

Dieser Editor lässt sich nicht intuitiv bedienen, ohne Kenntnis der Tastenkürzel ist man hoffnungslos verloren. Zunächst muss man wissen, dass der normale *vi* drei verschiedene Modi kennt:

1. Im Befehlsmodus (*command mode*) wird jede Eingabe als Befehl bzw. Kommando interpretiert. Dieses ist der Standardmodus beim Starten. Durch den Befehl c (command) gelangt man in diesen Befehlsmodus.

2. Der Einfügemodus (*insert mode*) lässt Texteingaben zu.

3. Der Komplexbefehlsmodus (*last line mode*) stellt den Befehlsmodus zur Verfügung, damit in der letzten Zeile die Befehle editiert werden können.

Die wichtigsten Tastenkürzel sind in Tabelle 9-1 dargestellt:

Tabelle 9-1: Nützliche Kurzbefehle des vi-Editors

Taste	Funktion
i, Einfg	wechselt in den Einfügemodus (insert)
Esc	beendet den Einfügemodus
h	Cursorbewegung links
l (L)	Cursorbewegung rechts
j	Cursorbewegung nach unten
k	Cursorbewegung nach oben
x	löscht ein Zeichen
dd	löscht die aktuelle Zeile
p	gelöschte Zeile an der Cursorposition einfügen (paste)
u	rückgängig machen (undo)
:	wechselt in den Komplexbefehlsmodus

Im Komplexbefehlsmodus hat man wiederum u. a. die in Tabelle 9-2 zusammengefassten Tasten zur Auswahl:

Tabelle 9-2: Wichtige Befehle, um zum Beispiel den vi wieder zu verlassen

:w Name	speichert die Datei unter dem Namen *Name*
:wq	speichert die Änderungen und beendet den vi
:q!	beendet den vi, ohne zu speichern
:help	startet eine Onlinehilfe

Im Texteditor *vi* kann man auch die normalen Cursortasten sowie Pos1, Ende und Tab benutzen. Mit der Einfg-Taste kann man – wie bei DOS-Editoren auch – zwischen dem Einfüge- und dem Überschreibmodus wechseln. Der aktuelle Modus wird dabei in der letzten Zeile vor dem Dateinamen angezeigt: I = Einfügemodus, R = Überschreibmodus.

Aus der Hilfestellung und dem Editor kommt man übrigens mit folgender Tastenkombination wieder heraus: Esc, :, q, !, Enter.

Dienste und Konfigurationsdateien

Auf der Kommandozeile des Hosts kann man Einfluss auf einige Dienste nehmen, die üblicherweise durch Konfigurationsdateien festgelegt sind. Dazu gehören:

1. Namensauflösung
2. Login-Konfigurationen
3. VMkernel-Konfigurationen
4. Logfile-Einstellungen
5. Zeiteinstellungen z.B. für NTP

Da die Konfigurationen der Dienste jeweils aus Dateien nur beim Start des Diensts abgerufen werden, muss der jeweilige Daemon hinterher neu gestartet werden, um die Änderungen zu übernehmen und in der grafischen Oberfläche angezeigt zu bekommen. Auch das lässt sich einfach auf der Kommandozeile mit dem Befehl <Dienst> restart bewerkstelligen. Manchmal ist dafür die gesamte Pfadangabe zum Dienst notwendig.

Namensauflösung

Viele Einstellungen im vCenter Server (VCS) funktionieren nur, wenn sich die ESXi-Server untereinander finden und der VCS ebenfalls darauf Zugriff hat. Eines der wichtigsten Dinge für DRS, HA und vMotion ist die Namensauflösung, die nur bei korrekt eingestelltem DNS oder konfigurierter Hosts-Datei funktioniert. Auf DNS kann man sich hier leider nicht immer verlassen, da es sich bei den Hosts ja nicht um Windows-Maschinen handelt, die Mitglied einer AD-Domäne sind!

Die Datei */etc/nsswitch.conf* ist unter anderem für die IP- und Namensauflösung verantwortlich. Dort finden Sie als Standardeintrag die Zeile hosts: files dns.

Das bedeutet, dass zunächst in einer lokalen Datei namens */etc/hosts* nach Einträgen gesucht werden soll. Wird dort nichts gefunden, versucht der ESXi-Server als Nächstes, in DNS eine Auflösung vorzunehmen. Die Konfigurationsdatei für DNS wiederum ist */etc/resolv.conf*, die bei der Installation nach Ihren Angaben erstellt wird. Darin steht z.B. die Arbeitsgruppe oder Domäne als Suchsuffix und die Information darüber, welcher DNS-Server für diesen Bereich zuständig ist:

```
[root@esx1]# less /etc/resolv.conf
nameserver 10.0.0.10
search cssv.dom
```

Die Datei */etc/hosts* sollte Namen und IP-Adressen der beteiligten ESXi-Server und des vCenter Servers enthalten, um sicherzugehen, dass DNS-Probleme nicht zu einer Fehlermeldung oder zum Abbruch von DRS, HA und vMotion führen:

```
[root@esx1]# less /etc/hosts
127.0.0.1       localhost.localdomain localhost
::1             localhost.localdomain localhost
```

```
10.0.0.15    vcs.cssv.dom    vcs
10.0.0.21    esx1.cssv.dom   esx1
10.0.0.22    esx2.cssv.dom   esx2
10.0.0.23    esx3.cssv.dom   esx3
10.0.0.24    esx4.cssv.dom   esx4
```

Gegebenenfalls kann über VMware HA noch ein Eintrag hinzugefügt werden, falls die bestehenden Einträge nicht ausreichen.

Per Konvention sollten die Namen kleingeschrieben werden. Beachten Sie, dass unter Unix und Linux zwischen Klein- und Großschreibung unterschieden wird! Allerdings ist es in der *hosts*-Datei tatsächlich egal.

User-Login

Es gibt viele Möglichkeiten, sich auf einem ESXi-Server anzumelden: über den vSphere Client, über die direkte Konsole und über einen SSH-Client wie putty oder WinSCP.

Der direkte Zugriff über den vSphere Client wird über einen *TCP Wrapper* zur Verfügung gestellt, SSH benutzt den sshd-Daemon, der wiederum über die Datei */etc/ssh/sshd_config* konfiguriert ist. Dort sind allerdings einige Zeilen auskommentiert. Das ist ein Hinweis darauf, dass die Standardeinstellungen verwendet werden. Beispielsweise ist der Port, über den auf ssh gelauscht wird, üblicherweise Port 22. In der Datei ist die Zeile aber nicht aktiv: # Port 2200. Nur wenn man sich über einen anderen Port verbinden möchte, muss man hier die Einstellung z. B. auf Port 23 ändern und den sshd-Dienst neu starten.

```
[root@esx1]# /etc/init.d/SSH restart
SSH login disabled
SSH login enabled
```

Die User-Accounts findet man in der Datei */etc/passwd*, deren Passwörter verschlüsselt in */etc/shadow* abgelegt sind. Die Einstellungen für das notwendige Passwort befinden sich in der Datei *passwd* im Verzeichnis */etc/pam.d*. In der dritten Zeile steht am Ende u. a. der Eintrag min=disabled,disabled,disabled,7,7. Dabei bedeutet der erste Eintrag die Minimallänge des Passworts, wenn nur eine Zeichenart verwendet wird. Die zweite Zahl ist die minimale Länge bei Verwendung von zwei der Möglichkeiten, wobei der erste Großbuchstabe nicht zählt (Passwort weist also nur eine Zeichenart auf, PassWort zwei). Der dritte Wert gibt die Minimallänge einer Passphrase aus mindestens drei Wörtern an; der vierte und der fünfte Eintrag beschreiben die Mindestlänge bei drei bzw. vier verwendeten Zeichencodes. Die angegebenen fünf Werte müssen absteigend oder gleich sein.

Um die Passwortlänge zu reduzieren, kann man also z. B. den Eintrag auf min=6,6,6,6,6 ändern. Zum Ausschalten der Komplexität können Sie zusätzlich noch den folgenden Eintrag anhängen: min=6,6,6,6,6 enforce=none. Die Änderungen können auch hier mit dem Editor *vi* vorgenommen werden. Ein anderer Editor wird hier nicht angeboten.

1. Die Werte können auch über den Host-Client geändert werden. Klicken Sie auf HOST – VERWALTEN – SYSTEM – ERWEITERTE EINSTELLUNGEN und geben Sie im Suchfeld »secure« ein. Über VCSA erreichen Sie das über HOST – KONFIGURIEREN – ERWEITERTE SYSTEMEINSTELLUNGEN.

Vorgehensweise:

1. Um sich auf der Konsole anmelden zu können, müssen Sie zunächst bei der Konfiguration die »Troubleshooting Mode Options« ändern. Wollen Sie sich direkt an dem ESXi-Server anmelden, wählen Sie mit den Pfeiltasten den Eintrag ENABLE ESXI SHELL aus und drücken Sie die Enter-Taste.

2. Drücken Sie die Tastenkombination Alt+F1, um auf die erste Konsole zu kommen.

3. Geben Sie das Passwort des Users *root* ein und drücken Sie erneut die Enter-Taste.

4. Da es hier nur den Editor *vi* gibt, geben Sie an der Position, an der Sie sich befinden, vi /etc/pam.d/passwd ein und drücken Sie die Enter-Taste.

5. Gehen Sie mit den Pfeiltasten in die dritte Zeile und dann nach rechts, bis Sie den Eintrag … retry=3 min= … sehen. Drücken Sie die Einfg-Taste und ergänzen Sie den Eintrag wie oben beschrieben oder ändern ihn entsprechend ab.

6. Drücken Sie die Esc-Taste und anschließend :wq zum Speichern und Verlassen des Editors.

7. Sie brauchen weiter nichts zu veranlassen, denn diese Änderung wirkt bei der nächsten Anmeldung auf der Konsole sofort.

Die Kernel-Konfigurationsdatei

Die hauptsächliche Konfiguration für den VMware Kernel findet man in der Datei */etc/vmware/esx.conf*. Mit einem normalen Texteditor können Sie sich diese Datei ansehen und bearbeiten. Auch die Geräte, auf die der Kernel zugreift, sind dort aufgelistet. Sie beinhaltet also Einstellungen für die Hardware, die zu ladenden Module (ähnlich wie die DLLs für Windows) sowie die Boot-, Laufwerk- und Netzwerkkonfiguration. In Version 2.x gab es dazu noch mehrere einzelne Dateien, die ab Version 3 hier zusammengefasst wurden. Über den vSphere Client können ebenfalls Einstellungen zu dieser Datei indirekt verändert werden.

Da hier das Herzstück des ESXi-Kernels liegt, ist es sicher eine gute Idee, diese Datei vor Änderungen woanders abzuspeichern.

Für Änderungen über die Kommandozeile empfiehlt sich das Tool *esxcfg-advcfg*. Die wichtigsten Schalter dieser Anwendung sind -g für »get« und -s für »set«.

```
[root@esx5]# esxcfg-advcfg  -g  Wert
Beispiel: esxcfg-advcfg  -g  /Misc/HostName
Ausgabe: Value of HostName is esx5.cssv.de
[root@esx5]# esxcfg-advcfg  -s  Wert
```

Änderungen, die Sie über den vSphere Client in den erweiterten Einstellungen des Hosts machen, werden typischerweise am Anfang dieser Datei unter aufgelistet. Sie brauchen diese Zeilen nur komplett zu löschen und den Host neu zu starten, dann haben Sie wieder die Standardeinstellungen geladen.

Logdatei-Protokollierung

Zuständig für die Protokollierung ist der Daemon *vmsyslogd*, über den auch der Speicherort, die Größe der Dateien und die Ausgabe, wie viele aufgehoben werden sollen, eingestellt werden kann. Das können Sie über den vSphere Client unter KONFIGURATION → ERWEITERTE EINSTELLUNGEN → SYSLOG einrichten. Die Änderungen, die Sie hier vornehmen, landen in der Datei */etc/vmsyslog.conf.d/vpxa.conf*.

Nachdem der Host zum vCenter Server hinzugefügt wurde, werden zusätzliche Dateien für die Fehlersuche angelegt: Diese finden Sie z.B. unter */scratch/log/*, wobei das wiederum (meistens) ein Link auf ein VMFS-Volume ist. Die dortigen Logdateien entsprechen dem obigen Beispiel. Die Datei */var/log/vpxa.log*, die auch schon vorher existiert, zeigt als Link immer auf die aktuelle Logdatei im Ordner */scratch/log/*, diese entspricht auf der vCenter Server-Seite ungefähr der Datei *vpxindex*. Die Logdateien heißen auf dem ESXi-Server *vpxa-n.log*, wobei *n* wieder fortlaufende Zahlen sein können.

Des Weiteren existieren auf dem ESXi-Server im selben Ordner wie die Datei */etc/vmsyslog.conf.d/vpxa.conf*, in der man die Einstellungen für das Protokollieren vornehmen kann, auch einige weitere *.conf*-Dateien für die Protokollierung, die ähnlich aufgebaut sind wie z.B. die des VMkernels.

Eine HTML-basierte Datei finden Sie ebenfalls unter */etc/vmware/vpxa/*, schauen Sie sich den Inhalt von *vpxa.cfg* an. Dort ist z.B. festgelegt, welche Informationen (Level) abgespeichert werden. Statt des Standardwertes verbose können auch folgende Werte stehen: trivia, info, warning, error oder none.

Der Wert maxFileSize liegt üblicherweise bei 1048576, was einem MByte entspricht, der Wert für maxFileNum liegt normalerweise bei 10. Das muss aber nicht unbedingt in der Datei stehen, da es sich hierbei um Standardwerte handelt.

Die Informationen zum Host werden in verschiedenen Logdateien auf dem System selbst im Verzeichnis */var/log* abgespeichert. Sehen Sie sich die Dateien *vmkeventd*, *vmkernel*, *vmkwarning* und die Datei *hostd.log* z.B. mit dem Programm *less* an:

```
less /var/log/vmkernel
```

Der NTP-Client

Wie bereits in Kapitel 3 ausführlich beschrieben, empfehle ich, die Zeit und das Datum auf den ESXi-Servern aktuell zu halten. Ansonsten haben die VMs beim Starten eine falsche Zeit oder ein falsches Datum, und die Informationen in den

Logdateien lassen sich nur schwer einordnen. Eine gute Möglichkeit zur korrekten Einstellung der Zeit ist die Konfiguration des Network Time Protocol (NTP), die über den vSphere Client (siehe Abbildung 9-1) oder die Kommandozeile erfolgen kann.

Abbildung 9-1: NTP-Zeiteinstellungen

Den aktuellen Status sehen Sie über den Host-Client ebenfalls auf der VERWALTEN-Registerkarte SYSTEM.

Beachten Sie dabei, dass die Firewall den UDP-Port 123 geöffnet haben muss, was normalerweise automatisch abläuft. Falls nicht, öffnen Sie den UDP-Port 123, und üblicherweise wird der NTP-Client automatisch gestartet (ab Version 3.5).

Über die Eingabeaufforderung können Firewall-Einstellungen in der Datei */etc/vmware/firewall/service.xml* konfiguriert werden. Dabei können vordefinierte Dienste, wie z.B. ntpClient, verändert oder auch beliebige andere definiert werden. Die Einstellungen zu diesem Dienst finden Sie bei der ID 0007. Folgende Zeilen sind dort standardmäßig enthalten:

```
<service id='0007'>
    <id>ntpClient</id>
    <rule>
      <direction>outbound</direction>
      <protocol>udp</protocol>
      <porttype>dst</porttype>
      <port>123</port>
    </rule>
    <enabled>false</enabled>
    <required>false</required>
</service>
```

Sind Sie mit den Änderungen fertig, müssen Sie noch die Firewall aktualisieren. Das können Sie auf der Kommandozeile mit folgendem Befehl erreichen:

```
esxcli network firewall refresh
```

Über den vSphere Client sehen Sie die Änderungen anschließend erst, nachdem Sie auch hier auf den Link AKTUALISIEREN geklickt haben.

Sollte der NTP-Dienst nicht automatisch starten, erreichen Sie das über folgende Eingabe:

```
/etc/init.d/ntpd start
```

Die eigentliche Konfiguration des NTP-Clients befindet sich in der Datei */etc/ntp.conf*. Diese können Sie mit dem *vi* ganz normal editieren und den Dienst anschließend neu starten über

```
/etc/init.d/ntpd restart
```

Die Änderungen sehen Sie hinterher auch über den vSphere Client.

Ansichten der GUI aktualisieren

Bei Änderungen auf der Kommandozeile eines ESXi-Hosts spiegelt sich die Aktualisierung im vCenter Server nicht (bzw. nicht immer sofort) wider. Man kann in der grafischen Oberfläche den REFRESH-Button anklicken oder sich neu mit dem Client anmelden. Helfen beide Vorgehensweisen nicht, muss man den Servicedienst neu starten:

```
[root@esx1]# /etc/init.d/vpxa restart
watchdog-vpxa: Terminating watchdog process with PID 3041
vpxa stopped.
vpxa is running
```

und

```
[root@esx1]# /etc/init.d/hostd restart
watchdog-vpxa: Terminating watchdog process with PID 2848
hostd stopped.
hostd started.
```

Der erste Befehl startet den vCenter Server-Agenten, der zweite den VMware-Daemon *hostd* neu. Anschließend werden die jeweiligen aktuellen Daten angezeigt. Dabei ist es normal, dass der vSphere Client kurzfristig den Server verliert.

Updates und Patches manuell einspielen

VMware stellt auf seiner Internetseite in unregelmäßigen Abständen Patches und Updates für die Aktualisierung ihrer Produkte bereit. Die Vorgehensweisen zum Einspielen dieser beiden Aktualisierungen sind jedoch unterschiedlich.

Sie können sich von VMware über die Internetseite auch per Mail benachrichtigen lassen, wenn neue Patches und Updates zur Verfügung stehen:

http://support.vmware.com/selfsupport/subscription/

Patches

Die zum Download angebotenen Patches vom selben Datum werden nach ihrer Art und Verwendung nochmals unterschieden in Patches für den ESXi-Server (*Critical*, *Security* und *General*) sowie für den vCenter Server.

Über die Internetseite *http://www.vmware.com/patchmgr/download.portal/* können Sie die Dateien für Ihr System heraussuchen, herunterladen und anschließend einspielen.

Für das vCenter werden nach dem Anklicken des blauen Links weitere Informationen (auf Englisch) angezeigt. Dabei ist zu beachten, dass gegebenenfalls vor der Installierung noch einige vorbereitende Schritte nötig sein können, z.B. für den Anschluss an eine Datenbank.

Für den ESXi-Server werden Patches als *.zip*-Dateien angeboten. Nach dem Herunterladen von einem Windows-PC aus müssen diese zunächst ausgepackt und dem ESXi-Server zur Verfügung gestellt werden. Das kann man z.B. mit dem Datenspeicherbrowser oder WinSCP machen. Es wird empfohlen, die Patches und Updates zentral in einem Unterverzeichnis *updates* in dem Verzeichnis */var* abzulegen, mit `md5sum` zu überprüfen und diese von dort aus auszupacken und zu installieren.

Im folgenden Beispiel verwende ich ein neues Verzeichnis auf dem VMFS-Datastore und portiere die Dateien dort hin. Ich wähle extra diesen Weg, weil auf dem Volume meist mehr Platz ist als im Verzeichnis */var* und weil dieses einfacher von einem anderen Rechner aus zu steuern ist. Anschließend muss auf der Kommandozeile folgender Befehl ausgeführt werden:

```
esxcli software vib update -d <Pfad zur index.xml-Datei>
```

Also zum Beispiel:

```
esxcli software vib update -d /vmfs/volumes/esx5-datastore1/Updates/
```

Danach sollten Sie diese Meldung bekommen:

```
Message: The update completed successfully, but the system needs to be rebooted
for the changes to be effective.
```

Starten Sie den Host neu, indem Sie auf der Kommandozeile reboot eingeben.

Anschließend werden noch einige Linux- und VMware-Befehle einschließlich Handhabung und Beispielen aufgeführt.

 Seien Sie auf der Kommandozeile mit den *root*-Rechten besonders vorsichtig. Teilweise wird ohne Warnung der (vielleicht falsch) eingegebene Befehl ausgeführt!

Die Kommandozeile, wichtige Dateien und Befehle

Da der ESXi-Server auf der sogenannten BusyBox aufbaut, sind hier einige wenige Linux-Kommandos möglich. Die für die Arbeit wichtigen habe ich im Folgenden zusammengestellt.

Kommandozeilenbefehle der ESX-Shell

Die folgenden Befehle sind direkt auf der Kommandozeile ausführbar. Ihr Ergebnis spiegelt nur die Standardbefehle wider. Im nächsten Abschnitt finden Sie die Befehle für den VMkernel, den eigentlichen Kern von VMware ESXi.

Beachten Sie bitte, dass viele Befehle nur vom *root*-Benutzer ausgeführt werden können und dass bei Linux-Systemen zwischen Klein- und Großbuchstaben unterschieden wird. Die Liste habe ich alphabetisch sortiert.

alias
: Zeigt alle Aliase an. Beispielsweise kann cls in clear umgewandelt werden: alias cls=clear. Anschließend können Sie die kürzere Schreibweise cls verwenden. Ein anderes Beispiel wäre cdd="cd /vmfs/volumes/esx5-datastore1". Damit brauchen Sie nur noch cdd einzugeben und landen anschließend im VMFS-Volume des Rechners.

cat *Datei*
: Zeigt den Inhalt einer Datei an, ähnlich wie type in der DOS-Welt.

cd *Verzeichnis*
: Wechselt zum Verzeichnis. cd / wechselt zum root-Mountpoint, cd .. wechselt in das nächsthöhere Verzeichnis (achten Sie auf das Leerzeichen).

chgrp *Gruppe Datei*
: Ändert die Eigentümergruppe der Datei. Verzeichnisse werden wie bei chown abgeändert.

chmod Benutzer +-Berechtigung Datei
: Ändert die Berechtigung an einer Datei oder einem Verzeichnis. Mit chmod -R kann man wiederum ein Verzeichnis mit allen Unterverzeichnissen und Dateien ändern. Die Berechtigung wird entweder oktal (1 = ausführen, 2 = schreiben, 4 = lesen) oder als Buchstabe (r = lesen, w = schreiben, x = ausführen) angegeben. Diese Berechtigung ist dreigeteilt in Eigner, Eignergruppe und andere. chmod +rwxrxx Datei bedeutet beispielsweise Folgendes: Eigner darf alles, Eignergruppe darf lesen und ausführen, und andere dürfen nur ausführen. Oktal lautete der Befehl chmod 751 Datei.

chown Benutzer : Gruppe Datei
: Ändert den Eigentümer der Datei. chown -r root /root/vmware ändert alle Dateien im Verzeichnis auf den Eigner root.

clear
: Dieser Befehl löscht den gerade sichtbaren Bildschirminhalt.

---

cp *Quelle Ziel*

   Kopiert eine oder mehrere Dateien. Dieser Befehl kann nicht zum Kopieren auf oder von einer VMFS-Partition genutzt werden. Dafür ist vmkfstools zuständig (siehe unten).

date -u MMDDhhmmYY

   Datum des Rechners einstellen. -u bedeutet UTC (koordinierte Weltzeit), MM Monat, DD Tag, hh Stunde, mm Minute, YY Jahr. Denken Sie daran, alle Zeitangaben zweistellig anzugeben, also für Januar 01.

dd if=/dev/cdrom of=/Verzeichnis/Datei *.iso* bs=32k

   Dieser Befehl erstellt ein ISO-CD-Image aus der eingelegten CD und speichert es im angegebenen Verzeichnis unter dem angegebenen Dateinamen. Dies ist besonders nützlich, da Sie mit ISO-Images besser arbeiten können als mit physischen CDs. Allerdings sollten Sie dabei beachten, dass keine Überprüfung des Images auf Richtigkeit stattfindet.

df

   Zeigt die Speicherbelegung der Partitionen an. Mit df -h werden MByte und GByte statt Byte angezeigt, um die Lesbarkeit zu verbessern.

du Verzeichnis

   Zeigt die Plattenbelegung des aktuellen Verzeichnisses an.

find Pfadname Dateiname

   Sucht im Pfad nach Dateien mit dem angegebenen Dateinamen. -size als Parameter sucht nach Dateien mit bestimmter Größe, -mtime nach Dateien mit einem bestimmten Erstellungsdatum.

grep String

   Durchsucht einen Text nach einem Muster (String). Beispielsweise zeigt der Befehl cat /etc/vmware/pcitable | grep Dell die unterstützten PCI-Geräte von Dell an. Im Beispiel wird der Inhalt der Datei *pcitable* an grep weitergegeben, grep durchsucht diesen Inhalt nach Dell und gibt die gefundenen Zeilen aus.

groupadd Gruppe

   Legt eine neue Gruppe an. Dieser Befehl ist veraltet, es sollte lieber vim-cmd dafür genutzt werden. Ab Version 5.1 wird dieser Befehl nicht mehr unterstützt.

gunzip Datei

   Entpackt die angegebene Datei.

gzip Datei -best

   Packt eine Datei mit dem *gzip*-Verfahren. Nach dem Packen wird die Endung .*gz* an den Dateinamen angehängt.

halt

   Dieser Befehl fährt das System herunter.

head Datei

   Zeigt Ihnen die ersten zehn Zeilen einer Datei an. Mit head -20 Datei werden die ersten 20 Zeilen angezeigt.

hostname
> Zeigt den Rechnernamen an. `hostname neuer Rechnername` ändert den Rechnernamen des Systems, allerdings nur zur Laufzeit. Nach einem Reboot ist der alte Name wieder eingetragen.

kill `Prozess-ID`
> Beendet einen Prozess. `kill -9` beendet auch hartnäckigste Prozesse.

less `Datei`
> Zeigt den Inhalt einer Datei an und verbleibt an deren Ende. Man kann mit der Bild-hoch- und Bild-runter-Taste die Seiten wechseln.

ls -la `Pfad`
> Dieser Befehl listet alle Dateien im Pfad auf. Falls keine Pfadangabe gemacht wird, gilt das aktuelle Verzeichnis. Der Parameter l zeigt die Dateien mit Details an, a zeigt auch die versteckten Dateien an. `ls -la | more` oder `ls -la | less` führt dazu, dass die Dateien seitenweise angezeigt werden. `ls -ltr` zeigt Dateien und Verzeichnisse nach Datum und Uhrzeit sortiert an.

lsof
> Listet alle durch Prozesse geöffneten Dateien auf. `lsof -i` listet nur alle aktiven IP-Prozesse auf. Mit `lsof -i | grep vm1.vmx` bekommt man die Prozess-ID der VM vm1 heraus. Mittels `kill <ID>` kann man die VM hart abschalten, wenn dies über die grafische Oberfläche mit dem vSphere Client nicht mehr möglich ist.

lspci
> Zeigt die PCI-Geräte des Hosts an.

md5sum
> Erstellt einen Hashwert mithilfe des md5-Algorithmus. Dieser Wert ist einmalig für eine Datei, d.h., jede Veränderung der Datei selbst hat eine Änderung des Hashwerts zur Folge. Bei jedem Download und beim Kopieren von sensiblen Dateien von oder zu einem Rechner sollten Sie die Hashwerte beider Dateien überprüfen, um sich vor Veränderungen zu schützen. Veränderungen können entweder durch einen fehlerhaften Kopierprozess entstehen, oder die Datei wurde absichtlich manipuliert.

mkdir `Verzeichnis`
> Erstellt ein Verzeichnis.

mv `Quelle Ziel`
> Verschiebt eine Datei oder ein Verzeichnis bzw. benennt sie bzw. es um.

passwd `Benutzer`
> Ändert das Passwort des angegebenen Benutzers. Wird kein Benutzer angegeben, wird das Passwort des aktuellen Benutzers geändert.

ps
> Dieser Befehl zeigt die Prozesse eines Systems mit ihrem Aufruf und der Prozess-ID an. `ps -t` listet alle Prozesse mit zugehörigem Typ auf. `ps -c` zeigt alle Prozesse detailliert an.

pwd

Dieser Befehl zeigt das aktuelle Verzeichnis an. Mit export `PS1='[\u@\h \w]\$ '` bekommt man auch den ganzen Pfad angezeigt. Diese Einstellung gilt nur für die aktuelle Sitzung. Möchten Sie den Pfad immer haben, muss er in die »Konfigurationsanmeldedatei« *profile* im Verzeichnis */etc/* eingetragen werden (achten Sie auf die Kleinschreibung des Buchstabens »w«). Hier können Sie auch Aliase eintragen, die dann beim nächsten Anmelden wieder gültig sind.

reboot

Neustart des Systems. Unter VMware ESX 2.5 werden standardmäßig alle laufenden virtuellen Maschinen automatisch durch die VMware Tools heruntergefahren, ab Version 3 geschieht das nur, wenn Sie es explizit eingestellt haben.

rm `Datei`

Löscht eine Datei. `rm -r Verzeichnis` löscht ein Verzeichnis mit allen darin enthaltenen Dateien. Da bei VMware ESX `rm` ein Alias auf `rm -i` ist, wird bei jeder Datei nachgefragt, ob Sie diese wirklich löschen wollen. Bei Verzeichnissen mit vielen Dateien oder Unterverzeichnissen kann das lästig sein. In diesem Fall können Sie einfach `/bin/rm -r Verzeichnis` eingeben, und Sie werden nicht mehr gefragt. Verwenden Sie diesen Befehl bitte nur, wenn Sie sich über Ihr Tun im Klaren sind, da man gelöschte Dateien nicht mehr so ohne Weiteres wieder herbeizaubern kann.

rmdir `Verzeichnis`

Löscht ein leeres Verzeichnis.

scp `Quelle Benutzer@Host:Pfad`

Kopiert eine oder mehrere Dateien auf einen anderen Server über ssh. Dies wird benötigt, wenn die ESXi-Server auf höchste Sicherheit eingestellt sind. Hier ein Beispiel: scp */etc/inittab* root@esxserver.testnetz.local:/root/ kopiert die Datei */etc/inittab* auf den ESX-Server esxserver.testnetz.local ins Verzeichnis */root* unter Verwendung des *root*-Benutzers zum Verbindungsaufbau über das Netzwerk.

set

Zeigt alle Systemvariablen an.

su

Umschalten zum *root*-Benutzer. Es ist gängige Praxis, sich als normaler Benutzer ohne besondere Rechte anzumelden und mit su in die Root-Shell zu wechseln. Diese Shell wird mit exit verlassen. Mit su `-c Befehl` kann ein beliebiger Befehl mit Root-Rechten ausgeführt werden. Um als *root*-Benutzer zu einer Shell mit normalen Benutzerrechten zu gelangen, muss einfach su `Benutzername` eingegeben werden. Möchte man sich z.B. über ssh (putty) direkt anmelden, ohne den Umweg über einen anderen User zu gehen, muss man die Datei */etc/ssh/sshd_config* editieren, indem man in der Zeile mit `PermitRootLogin yes` einträgt und abspeichert. Das ist allerdings ein Sicherheitsrisiko! Um die Änderungen wirksam zu machen, muss der ssh-Dienst neu gestartet werden: `service sshd restart`.

tail Datei

> Zeigt Ihnen die letzten zehn Zeilen einer Datei an. Mit `tail -20 Datei` werden die letzten 20 Zeilen angezeigt.

tar -czvf Zieldatei Quelle

> Fasst die Quelldatei oder das Quellverzeichnis zu einer *.tar*-Datei zusammen und packt sie anschließend mit `gzip` c = create (erstellen), z = mit gzip packen, v = verbose (detaillierte Ausgabe), f = file.

tar -xzvf Quelldatei

> Entpackt die Datei in das aktuelle Verzeichnis, x = extract (entpacken).

touch Datei

> Verändert das Zugriffsdatum einer Datei, ohne den Inhalt zu verändern. Falls die Datei nicht existiert, wird sie neu erstellt.

useradd Benutzer (*-g* Gruppe *-d* Heimatverzeichnis)

> Legt einen neuen Benutzer an. Wenn keine Gruppe und kein Heimatverzeichnis angegeben werden, wird eine neue Gruppe mit dem Benutzernamen erstellt, in der er Mitglied wird, und ein Heimatverzeichnis mit dem Benutzernamen unter */home*. Dieser Befehl ist veraltet, es sollte lieber `vim-cmd` dafür genutzt werden.

userdel Benutzer

> Löscht den Benutzer vom System. Das Heimatverzeichnis wird allerdings nur gelöscht, wenn der Parameter `-r` mitgegeben wird. Dieser Befehl ist veraltet, es sollte lieber `vim-cmd` dafür genutzt werden.

usermod Optionen Benutzer

> Ändert das Benutzerkonto. `-l` sperrt den Benutzer, `-g` ändert die primäre Gruppenzugehörigkeit und `-d` das Heimatverzeichnis. Dieser Befehl ist veraltet, es sollte lieber `vim-cmd` dafür genutzt werden.

which Befehl

> Zeigt den Speicherort des angegebenen Befehls an.

who

> Zeigt alle aktuell angemeldeten Benutzer des Systems an.

whoami

> Zeigt den angemeldeten Benutzer an.

Kommandozeilenbefehle des VMkernels

Diese Befehle werden auf der direkten Konsole ausgeführt, betreffen aber nur den VMware Kernel. Auch hier folgen die Befehle in alphabetischer Reihenfolge:

esxtop

> Wie `top`, allerdings mit allen Informationen zum VMkernel.

vdf

Wie df, zeigt allerdings auch die VMFS-Partitionen an. vdf -h macht das Ganze übersichtlicher. Sie sehen allerdings die wirklichen physischen Pfade zu den SCSI- oder Fibre-Channel-Platten und nicht den Friendly Name.

vmkload_mod

Verwaltet die geladenen Module des VMkernels. vmkload_mod -l zeigt die geladenen Kernel-Module an. vmkload_mod -u Modulname entlädt das Modul. vmkload_mod Modulpfad /Modulname.o lädt das entsprechende Kernel-Modul.

vm-support

Bei Problemen mit dem VMware ESXi-Server kann man mit diesem Befehl die Datei *esx-<Datum>.id.tgz* erstellen, um sie anschließend dem VMware-Support zur Verfügung zu stellen. In dieser Datei stehen alle wichtigen Informationen des VMware ESXi-Servers. Unter Umständen ist es empfehlenswert, diesen Befehl monatlich auszuführen und die ausgegebene Datei zu sichern.

vmware-cmd

Mit dem folgenden Programm können Sie nur über die vCLI arbeiten. Dieser Befehl ist auf der direkten Konsole nicht vorhanden. Ein Ersatz, der hier verfügbar ist, ist das Tool esxcli, auf das ich weiter unten eingehe.

Mit vmware-cmd können Sie über die vCLI sämtliche virtuellen Maschinen steuern! Ich gehe hier auf alle wichtigen Parameter ein. Einer der Parameter ist fast immer die Konfigurationsdatei, also die VMware-*.vmx*-Datei, z.B. */vmfs/volumes/storage1/Server1/server1.vmx*.

vmware-cmd -l

Gibt eine Liste aller registrierten virtuellen Maschinen aus.

vmware-cmd -s register Konfig-Pfad/.vmx Datei

Registriert eine virtuelle Maschine.

vmware-cmd -s unregister Konfig-Pfad/.vmx Datei

Löscht die Registrierung der virtuellen Maschine.

vmware-cmd Konfig-Pfad/.vmx Datei *getstate*

Zeigt den Status der virtuellen Maschine an.

vmware-cmd Konfig-Pfad/.vmx Datei *getpid*

Zeigt die Prozess-ID der virtuellen Maschine an.

vmware-cmd Konfig-Pfad/.vmx Datei *getid*

Zeigt die World-ID der virtuellen Maschine an.

vmware-cmd Konfig-Pfad/.vmx Datei *getuptime*

Zeigt die Laufzeit der virtuellen Maschine an. In diesem Zeitraum wurde diese virtuelle Maschine nicht abgeschaltet.

vmware-cmd Konfig-Pfad/.vmx Datei *getheartbeat*

Wenn Sie diesen Befehl zweimal hintereinander ausführen und das Ergebnis gleich ist, können Sie davon ausgehen, dass die virtuelle Maschine nicht mehr läuft.

vmware-cmd `Konfig-Pfad/.vmx` Datei *getremoteconnections*
Zeigt die Anzahl aller derzeitigen Remote-Console-Verbindungen an.

vmware-cmd `Konfig-Pfad/.vmx` Datei *answer*
Falls unbeantwortete Fragen anstehen, können sie mit diesem Befehl beantwortet werden. Beispiel: Sie haben eine virtuelle Maschine mit einer Festplatte im nicht dauerhaften Modus und beim Abschalten dieser VM werden Sie (wie immer) gefragt, ob alle Änderungen zurückgeschrieben werden sollen. Diese Frage könnten Sie dann mit dem Befehl beantworten.

vmware-cmd `Konfig-Pfad/.vmx` *Datei [start | stop | reset | suspend] {soft | trysoft | hard]*
Damit wird die virtuelle Maschine gestartet, beendet, neu gestartet oder vorübergehend stillgelegt. Der zweite Parameter gibt an, dass zunächst versucht wird, die Maschine über die VMware Tools normal herunterzufahren. Wenn das nicht möglich ist, wird sie hart abgeschaltet. Der Mittelweg ist `trysoft`, d.h., es wird erst versucht, die Maschine normal herunterzufahren. Sollte dies innerhalb einer gewissen Zeit nicht funktionieren, wird einfach ausgeschaltet.

vmware-cmd `Konfig-Pfad/.vmx` Datei *addredo* Festplatte
Schaltet die Festplatte in den nicht dauerhaften Modus, d.h., alle Änderungen werden nicht direkt auf die Festplatte, sondern in eine andere Datei namens Redo-Log geschrieben. Diese Festplatte muss mit ihrem physischen Namen und nicht mit dem Dateinamen der Festplattendatei angegeben werden. Dieser Name steht in der Konfigurationsdatei bzw. kann über die MUI ausgelesen werden.

Beispiel: `vmware-cmd /home/vmware/Server1/server1.vmx addredo scsi0:0`.

vmware-cmd `Konfig-Pfad/.vmx` Datei *commit* Festplatte
Schreibt alle Änderungen aus dem Redo-Log auf die Festplatte zurück und schaltet die Festplatte wieder in den ursprünglichen Modus. Darüber hinaus werden diese Änderungen beim Ausschalten der virtuellen Maschine zurückgeschrieben.

vmkfstools

Dieser Befehl dient der Verwaltung der Festplattendateien virtueller Maschinen.

vmkfstools `-c #[gGmMkK]` Festplattendatei
Es wird eine neue Festplattendatei angelegt, die Sie in einer virtuellen Maschine nutzen können. `vmkfstools -c 10G /vmfs/local/server1.vmdk` legt eine Festplatte mit einer Größe von 10 GByte an. Denken Sie daran, dass diese Datei nur vom *root*-Benutzer eingerichtet werden kann. Soll der Zugriff auf diese Festplattendatei für andere freigegeben werden, müssen Sie später die Berechtigung mit `chown` abändern.

vmkfstools -C [vmfs5|vmfs6|vfat] -n ## vmhbaC:T:L:P
> Formatiert eine Partition mit dem angegebenen Dateisystem (mit VMFS kann auch noch das alte Dateisystemformat genutzt werden). vmhba steht für den SCSI-/Fibre-Channel-Adapter des VMkernels, C = Controller, T = SCSI-Target, L = LUN-Number, P = Partition.
>
> Beispiel: `vmkfstools -C vmfs6 vmhba0:0:0:1`. Der letzte Wert ist vor allem in Verbindung mit der Template-Ablage des vCenter Servers sinnvoll. Auch kann die Größe der Blöcke mit –b angegeben werden: `vmkfstools -C vmfs6 –b 1m vmhba1:3:0:1`.

vmkfstools -e Ziel Quelle
> Exportiert eine VMware ESX-Festplattendatei in ein für VMware Server und VMware Workstation lesbares Format. Die Quelldatei muss auch im VMFS-Dateisystem liegen. Zudem wird die Quelldatei wieder in kleinere Dateien aufgesplittet.

vmkfstools –E oldName newName
> Eine Virtual Disk wird mit diesem Befehl umbenannt.

vmkfstools -g Festplattendatei
> Zeigt die Festplattengeometrie an, die unter Umständen für den Export wichtig sein kann.

vmkfstools -i Quelle Ziel
> Importiert eine Festplattendatei von VMware Server oder VMware Workstation in eine VMware ESX-Festplattendatei. Ziel ist eine VMFS-Partition: *vmkfstools -i /vmimages/serverl.vmdk /vmfs/local/serverl.dsk*. Da die Quellfestplattendateien meist aus mehreren GByte großen Dateien bestehen, müssen Sie daran denken, nur die erste *.vmdk*-Datei anzugeben. Der Importvorgang fasst alle Dateien zu einer *.dsk*-Datei zusammen. Dieser Befehl kann auch zum Vervielfältigen von Festplattendateien (jeweils auf VMFS) verwendet werden. Beachten Sie, dass heute standardmäßig die *.vmdk*-Datei und nicht die *.dsk*-Datei genutzt wird.

vmkfstools -K | --punchzero Festplattendatei
> Um eine »Thick-Provision Eager-Zeroed«- in eine »Thin Provision«-Festplatte zu verwandeln, werden hier alle Nullen auf der Platte gelöscht. Die vom Betriebssystem beschriebenen Daten gehen dabei nicht verloren.

vmkfstools -L reserve | release | targetreset | lunreset | busreset
vmhbaC:T:L:P
> Dieser Befehl gilt hauptsächlich für Clusterszenarien. Angenommen, einer der Clustermitglieder stürzt ab und sperrt die LUN, dann können Sie mit `vmkfstools -L release vmhba0:0:0:1` die Sperre wieder aufheben.

vmkfstools -P vmhbaC:T:L:P
> Zeigt detaillierte Informationen über die angegebene Partition an.

vmkfstools -B Festplattendatei
> Sollte eine virtuelle Maschine abstürzen, kann es passieren, dass die Festplattendatei gesperrt ist. Mit diesem Befehl können Sie die Sperre aufheben.

vmkfstools -S Label vmhbaC:T:L:P

Um nicht immer mit den physischen Namen der Festplatten arbeiten zu müssen, können Sie mit diesem Befehl einen sogenannten »Friendly Name« vergeben. Beispiel: `vmkfstools -S VMFS-1 vmhba0:0:0:1`.

vmkfstools -U /vmfs/local/serverl.dsk

Löscht die Dateien mit dem Namen der virtuellen Festplatte.

vmkfstools -X #[bBsSkKmMgGtT] Festplattendatei

Vergrößert eine Festplattendatei auf die angegebene (nicht zusätzliche) Größe. Danach wäre Ihre Festplattendatei mit hoher Wahrscheinlichkeit unbrauchbar. `vmkfstools -X 20G /vmfs/local/serverl.vmdk` würde die Festplatte von Server1 auf 20 GByte vergrößern. Diese Vergrößerung hilft allerdings dem Betriebssystem erst einmal überhaupt nicht. Sie müssen trotzdem mit einem Partitionstool an die Festplatte herangehen, um dieses Mehr an Speicherplatz nutzen zu können. Wird eine geringere Größe angegeben als die wirkliche Festplattengröße, kann sie durch die Angabe des Parameters -force auch verkleinert werden. Denken Sie daran, dass Sie Snapshots der VM hinterher nicht mehr nutzen können! Eine bessere Möglichkeit zum Vergrößern und Verkleinern der Platten bietet der VMware Converter (siehe Kapitel 14).

vmkfstools –Z Erweiterungsgerät existierendes_VMFS-Volume

Hiermit kann man ein Volume vergrößern. Die Daten auf dem hinzuzufügenden Volume werden dabei gelöscht, das bereits bestehende bleibt erhalten. Beispiel: `vmkfstools –Z /vmfs/devices/disks/vmhba0:1:2:1 /vmfs/devices/disk /vmhba1:3:0:1`.

Diese Auflistung beinhaltet nur die wichtigsten Optionen des Befehls vmkfstools. Weitere mögliche Parameter können Sie ab Seite 289 der deutschen PDF-Datei (*vsphere-esxi-vcenter-server-60-storage-guide.pdf*) von VMware entnehmen.

esxcfg-tools

Über die Eingabe von `esxcfg-` und dem anschließenden zweimaligen Drücken der Tab-Taste können noch weitere Konfigurationstools angezeigt werden. Diese können meist mit dem Parameter –h oder --help aufgerufen werden.

 Wenn die esxcfg-*-Befehle verwendet werden, sollten anschließend die Befehle /etc/init.d/vpxa restart und /etc/init.d/hostd restart ausgeführt werden, um den vmware-hostd-Prozess neu zu starten und Management-Tools wie dem vSphere Client mitzuteilen, dass sich die Konfiguration geändert hat.

esxcfg-advcfg

Konfiguriert erweiterte Optionen für ESXi-Server.

Um die erweiterten Optionen im vSphere Client zu konfigurieren, klicken Sie auf ERWEITERTE EINSTELLUNGEN. Wenn das Dialogfeld ERWEITERTE EINSTELLUNGEN geöffnet wird, verwenden Sie die Liste auf der linken Seite, um den

Gerätetyp oder die Aktivität auszuwählen, mit dem/der Sie arbeiten möchten, und nehmen die entsprechenden Einstellungen vor.

Beispiel: Um einen Neustart nach dem »Purple Screen« binnen 2 Minuten zu veranlassen: `esxcfg-advcfg –s 120 /Misc/BlueScreenTimeout`

esxcfg-dumppart

Konfiguriert eine Diagnosepartition oder sucht nach bestehenden Diagnosepartitionen.

Bei der Installation von ESXi-Server wird eine Diagnosepartition zur Speicherung von Informationen zur Fehlersuche erstellt, für den Fall, dass ein Systemfehler auftritt. Sie müssen diese Partition nicht manuell anlegen, es sei denn, Sie stellen fest, dass es keine Diagnosepartition für den Host gibt. Für Diagnosepartitionen stehen im vSphere Client folgende Verwaltungsvorgänge zur Verfügung:

- *Vorhandensein einer Diagnosepartition* – Klicken Sie auf STORAGE (SPEICHER) → HINZUFÜGEN und überprüfen Sie auf der ersten Seite des Assistenten zum Hinzufügen von Speicher, ob dort die Option DIAGNOSE aufgeführt wird. Wenn DIAGNOSE nicht zu den Optionen zählt, verfügt ESXi-Server bereits über eine Diagnosepartition.

- *Konfiguration einer Diagnosepartition* – Klicken Sie auf SPEICHER → HINZUFÜGEN → DIAGNOSE und folgen Sie den Anweisungen des Assistenten.

esxcfg-info

Druckt Informationen zum Status der Servicekonsole, des VMkernels, verschiedener Untersysteme im virtuellen Netzwerk und zur Speicherressourcenhardware aus.

Mit dem vSphere Client können diese Informationen nicht ausgedruckt werden, die meisten davon können jedoch über verschiedene Registerkarten und Funktionen in der Benutzeroberfläche eingesehen werden. So können Sie zum Beispiel den Status der virtuellen Maschinen auf der Registerkarte VIRTUELLE MASCHINEN überprüfen.

esxcfg-init

Führt interne Initialisierungsroutinen aus.

Dieser Befehl wird für den Bootstrap-Prozess verwendet, und Sie sollten ihn unter keinen Umständen ausführen. Dieser Befehl kann zu Problemen mit dem ESXi-Server-Host führen. Es gibt keine vSphere Client-Entsprechung für diesen Befehl.

esxcfg-module

Legt die Treiberparameter fest und ändert die Einstellung, welche Treiber während des Hochfahrens geladen werden.

Dieser Befehl wird für den Bootstrap-Prozess verwendet und ist nur für die technische Unterstützung von VMware vorgesehen. Geben Sie diesen Befehl nur auf ausdrückliche Anweisung eines Vertreters des technischen Supports von VMware ein. Es gibt keine vSphere Client-Entsprechung für diesen Befehl.

esxcfg-mpath

Konfiguriert die Multipath-Einstellungen für Fibre-Channel- oder iSCSI-Festplatten.

Klicken Sie zur Konfiguration der Multipath-Einstellungen für den Speicher im vSphere Client auf SPEICHER. Wählen Sie einen Datastore oder eine zugeordnete LUN aus und klicken Sie auf EIGENSCHAFTEN. Wählen Sie gegebenenfalls im Dialogfeld EIGENSCHAFTEN die gewünschte Erweiterung aus. Klicken Sie dann auf BEREICHSGERÄT → PFADE VERWALTEN und konfigurieren Sie die Pfade über das Dialogfeld PFAD VERWALTEN.

esxcfg-nas

Verwaltet die NAS-Einbindung.

Mit diesem Befehl können Sie NAS-Geräte hinzufügen, löschen, auflisten oder auch ihre Attribute ändern. Klicken Sie zur Anzeige der NAS-Geräte im vSphere Client auf SPEICHER und blättern Sie durch das Speicherverzeichnis. In der SPEICHER-Ansicht können Sie außerdem folgende Vorgänge ausführen:

- *Attribute eines NAS-Geräts anzeigen* – Markieren Sie das Gerät. Sie erhalten die Daten unter DETAILS.
- *Hinzufügen eines NAS-Geräts* – Klicken Sie auf SPEICHER HINZUFÜGEN.
- *Löschen eines NAS-Geräts* – Klicken Sie auf ENTFERNEN.
- *Änderung der Attribute eines NAS-Geräts* – Klicken Sie auf das Gerät und dann auf DETAILS → EIGENSCHAFTEN.

esxcfg-nics

Druckt ein Verzeichnis der physischen Netzwerkadapter sowie Informationen zum Treiber, dem PCI-Gerät und dem Verbindungsstatus jeder NIC.

Sie können diesen Befehl auch verwenden, um die Geschwindigkeit und den Duplexmodus eines physischen Netzwerkadapters zu steuern. Die Informationen zu den physischen Netzwerkadaptern des Hosts können Sie im vSphere Client anzeigen, indem Sie auf NETWORK ADAPTERS (NETZWERKADAPTER) klicken. Klicken Sie zur Änderung der Geschwindigkeit und des Duplexmodus für einen physischen Netzwerkadapter im vSphere Client bei einem virtuellen Switch, der dem physischen Netzwerkadapter zugeordnet wurde, auf NETZWERK → EIGENSCHAFTEN. Klicken Sie dann im Dialogfeld EIGENSCHAFTEN auf NETWORK ADAPTERS (NETZWERKADAPTER) → BEARBEITEN und wählen Sie GESCHWINDIGKEIT/DUPLEX aus.

esxcfg-resgrp

Stellt die Ressourcengruppeneinstellungen wieder her und ermöglicht die Ausführung grundlegender Verwaltungsaufgaben für Ressourcengruppen.

Wählen Sie einen Ressourcenpool aus dem Inventarfenster aus und klicken Sie auf EINSTELLUNGEN BEARBEITEN in der ÜBERSICHT-Registerkarte, um die Einstellungen der Ressourcengruppe zu ändern.

esxcfg-route

Legt die Standardgateway-Route des VMkernels fest oder ändert sie.

Um die Standardgateway-Route des VMkernels im vSphere Client festzulegen, klicken Sie auf DNS UND ROUTING. Wenn Sie die Standardroute ändern möchten, klicken Sie auf EIGENSCHAFTEN und aktualisieren die Daten auf beiden Registerkarten im Dialogfeld DNS- UND ROUTING-KONFIGURATION.

esxcfg-swiscsi

Konfiguriert den iSCSI-Softwareadapter.

Klicken Sie zur Konfiguration des Software-iSCSI-Systems im vSphere Client auf SPEICHERADAPTER, markieren Sie den iSCSI-Adapter, den Sie konfigurieren möchten, und klicken Sie auf EIGENSCHAFTEN. Konfigurieren Sie den Adapter über das Dialogfeld EIGENSCHAFTEN DES ISCSI-INITIATORS.

esxcfg-vmknic

Erstellt und aktualisiert VMkernel-TCP/IP-Einstellungen für vMotion, NAS und iSCSI.

Klicken Sie zur Einrichtung von Netzwerkverbindungen von vMotion, NFS oder iSCSI im vSphere Client auf NETZWERK → VERWALTEN. Wählen Sie VMKERNEL aus und folgen Sie den Anweisungen des Assistenten zum Hinzufügen von Netzwerken. Definieren Sie IP-Adresse, Subnetzmaske und das VMkernel-Standardgateway im Schritt VERBINDUNGSEINSTELLUNGEN.

Wenn Sie die Einstellungen überprüfen möchten, klicken Sie auf das blaue Symbol links neben dem vMotion-, iSCSI- oder NFS-Port. Möchten Sie eine der Einstellungen bearbeiten, klicken Sie für den entsprechenden Switch auf EIGENSCHAFTEN. Wählen Sie den Port aus dem Verzeichnis im Dialogfeld EIGENSCHAFTEN aus und klicken Sie auf EIGENSCHAFTEN, um das EIGENSCHAFTEN-Dialogfeld zum Port zu öffnen und die Einstellungen für den Port zu ändern.

esxcfg-vswitch

Erstellt und aktualisiert die Netzwerkeinstellungen für virtuelle Maschinen.

Klicken Sie zur Einrichtung von Netzwerkverbindungen für eine virtuelle Maschine im vSphere Client auf NETZWERK → VERWALTEN. Wählen Sie VIRTUELLE MASCHINE aus und folgen Sie den Anweisungen des Assistenten zum Hinzufügen von Netzwerken. Wenn Sie die Einstellungen überprüfen möchten, klicken Sie auf das Sprechblasensymbol links von der gewünschten Portgruppe der virtuellen Maschine. Möchten Sie eine der Einstellungen bearbeiten, klicken Sie für den entsprechenden Switch auf EIGENSCHAFTEN. Wählen Sie den Port der virtuellen Maschine aus dem Verzeichnis im Dialogfeld EIGENSCHAFTEN aus und klicken Sie auf BEARBEITEN, um das Dialogfeld PORT EIGENSCHAFTEN zu öffnen und dessen Einstellungen zu ändern.

Folgende weitere *esxcfg-* Befehle gibt es auf der Kommandozeile:

esxcfg-fcoe
> Mit diesem Befehl kann Fibre Channel over Ethernet konfiguriert werden.

esxcfg-hwiscsi
> Mit diesem Befehl können Hardware-iSCSI-Karten konfiguriert werden.

esxcfg-ipsec
> Hiermit wird IPSec inklusive eventueller Zertifikate eingerichtet.

esxcfg-rescan
> Um Host-Bus-Adapter nach neuen Storages zu überprüfen, kann dieser Befehl genutzt werden.

esxcfg-scsidevs
> Dieser Befehl kann für Listen der Beziehungen zwischen HBAs und Storages benutzt werden.

esxcfg-volume
> Hiermit kann eine VMFS3- in eine VMFS5-Partition aktualisiert sowie Snapshots und Replicas bearbeitet werden.

Skripte

Die folgenden Skripte liegen alle im Verzeichnis */etc/init.d*. Die meisten davon kennen als Parameter start, stop, restart, status und reload. Die ersten vier Parameter bedürfen keiner Erklärung, reload bewirkt, dass der Prozess die Konfigurationsdateien neu einliest und mit den geänderten Parametern weiterläuft. Sie werden diese Skripte sehr selten benötigen, aber falls Sie mal versehentlich einen Prozess beenden oder einer der Prozesse abstürzt, können Sie an dieser Stelle nachsehen, wie das Skript heißt, das Sie dann mit dem Parameter start einfach neu aufrufen müssen.

Ich habe hier nicht alle vorhandenen Skripte aufgeführt, weil einige bereits hier im Buch besprochen wurden oder noch werden oder weil diese nicht so wichtig sind.

ESXShell
> Dieses Skript steuert die Anzeige des Login-Screens.

cdp
> Dieses Skript aktiviert/deaktiviert das Cisco Discovery-Protokoll.

dcbd
> Gehört ebenfalls zum Cisco Discovery-Protokoll.

lbtd
> Startet/stoppt ein netzwerkbasiertes Debugging-Tool (Load-Based Teaming Feature).

/sbin/services.sh
> Ein Skript, das alle Dienste des ESXi-Servers neu startet (Ausnahme: Firewall wird nur aktualisiert).

Wichtige Dateien und Verzeichnisse

Für den direkten Eingriff in das Verhalten des ESXi-Servers gibt es einige wichtige Dateien in unterschiedlichen Ordnern. Hier werden nur die wichtigsten behandelt.

/etc/inittab

Diese Datei kann zum Ausführen von Programmen beim Systemstart benutzt werden (z. B. von Backup-Clients).

/var/log/

Hier werden standardmäßig alle Protokolldateien abgelegt. VMware-Protokolldateien starten mit der Zeichenfolge *vm*. Die Hauptprotokolldatei liegt ebenfalls in diesem Verzeichnis und heißt *vmkernel.log*. Beachten Sie auch die Hinweise in diesem Kapitel unter Logdateien.

/etc/ntp.conf

Diese Datei dient der Konfiguration des NTP-Daemons, d.h., man könnte manuell Zeitserver zur Zeitsynchronisation angeben.

VMware ESXi-Konfiguration

Fast die gesamte Konfiguration des ESXi-Hosts befindet sich in der Datei *esx.conf* im Verzeichnis */etc/vmware*. Diese Datei wurde im Laufe des Buches schon häufiger angesprochen, deshalb erwähne ich sie hier nur der Vollständigkeit halber.

Konfigurationsdatei der virtuellen Maschinen

Wie Sie sicher noch wissen, finden Sie diese Konfigurationsdatei namens *Servername.vmx* im Heimatverzeichnis der virtuellen Maschine. Ich gehe im Folgenden alphabetisch auf die wichtigsten Parameter innerhalb dieser Datei ein.

checkpoint.cptconfigname

Name der Suspend-Datei, falls die virtuelle Maschine vorübergehend angehalten wird.

displayName

Es erscheint der Anzeigename der virtuellen Maschine.

ethernet0.generatedaddress

Die MAC-Adresse des ersten Netzwerkadapters. Die ID wird bei mehreren Adaptern hochgezählt. Es kann durchaus nützlich sein, sich diese Adresse zu notieren, falls man bei Neuanlage der virtuellen Maschine dieselbe MAC-Adresse wiederverwenden will.

ethernet0.networkname

Name des virtuellen Switch, mit dem der entsprechende virtuelle Netzwerkadapter verbunden ist.

ethernet0.present = "TRUE"

Angabe, ob ein Netzwerkadapter vorhanden ist. Bei mehreren Adaptern wird die ID hochgezählt.

ethernet0.virtualDev
Art der Netzwerkkarte: E1000, vmxnet oder andere

floppy0.filename
Name des Disketten-Images oder des physischen Pfads zum Laufwerk

floppy0.present
Angabe, ob ein Diskettenlaufwerk vorhanden ist. Bei mehreren Laufwerken wird die ID hochgezählt.

floppy0.startconnected
Angabe, ob das Diskettenlaufwerk beim Starten angeschlossen sein soll.

guestOS
Betriebssystem innerhalb der virtuellen Maschine

ide0:0.deviceType
Art des IDE-Geräts. Da von VMware ESX ab Version 4 nicht nur die CD-ROM-Laufwerke unterstützt werden, können die Werte sich auf CD-ROM-Image, physisches CD-Laufwerk oder Festplatten beziehen.

ide0:0.fileName
Name der CD-ROM-Imagedatei oder des physischen Pfads zum Laufwerk

ide0:0.present
Angabe, ob ein IDE-Controller vorhanden ist.

ide0:0.startConnected
Angabe, ob das CD-Laufwerk beim Starten »angeschlossen« sein soll.

memSize
Zugewiesener Hauptspeicher in MByte

sched.cpu.shares
Zugeteilte Shares (Anteile) für den Prozessor

sched.mem.shares
Zugeteilte Shares (Anteile) für den Arbeitsspeicher

scsi0.present
Angabe, ob ein SCSI-Controller in der virtuellen Maschine steckt. Bei mehreren Controllern wird die SCSI-ID hochgezählt.

scsi0.virtualDev
Art des SCSI-Bus-Adapters. Werte sind BusLogic, LSI Logic, Paravirtuell oder SAS.

tools.syncTime
Angabe, ob die VMware Tools die Zeit mit dem Host abgleichen.

usb.present
Angabe, ob USB-Anschlüsse innerhalb der virtuellen Maschine vorhanden sind.

virtualhw.version
Angabe, welche virtuelle Hardwareversion in der virtuellen Maschine vorhanden ist.

Weitere Tools

Zusätzlich zu den bisher vorgestellten Kommandozeilenbefehlen gibt es noch weitere, wobei ich hier nur die wichtigsten detaillierter beschreibe. Dazu gehören *localcli*, *esxcli*, *vmkvsitools* und *vim-cmd*, wobei *localcli* und *esxcli* fast identisch sind. Die weiteren vorhandenen Befehle und Kommandos – auch die, die bisher nicht in diesem Kapitel aufgeführt wurden – will ich hier zusammenfassend auflisten.

Folgende alphabetisch geordnete Befehle sind auf das Kommando */bin/busybox* (BusyBox) umgeleitet, haben aber fast immer die gleiche Bedeutung, wie unter einem normalen Linux:

ash	fgrep	nslookup	test
awk	find	od	time
basename	getty	poweroff	timeout
bunzip2	grep	printf	touch
bzip2	gunzip	readlink	true
cat	gzip	reboot	uname
chgrp	halt	reset	uniq
chmod	head	resize	unlzop
chown	hexdump	rm	unzip
chvt	hostname	rmdir	usleep
cksum	inetd	sed	vi
clear	init	seq	watch
cp	kill	setsid	wc
crond	ln	sh	wget
cut	logger	sha1sum	which
date	login	sha256sum	who
dd	ls	sha512sum	xargs
diff	lzop	sleep	zcat
dirname	lzopcat	sort	
dnsdomainname	md5sum	stat	
du	mkdir	stty	
echo	mkfifo	sum	
egrep	mknod	sync	
eject	mktemp	tail	
env	more	tar	
expr	mv	taskset	
false	nohup	tee	

Folgende Befehle sind auf das Kommando */sbin/vmkvsitools* umgeleitet:

amldump	lsof	pkill	vdu
bootOption	lspci	ps	vmware
hwclock	pgrep	uptime	
irqinfo	pidof	vdf	

Folgende Befehle für Benutzer und Gruppen sind »deprecated« (also veraltet), funktionieren aber noch:

adduser	groups	userdel
deluser	useradd	usermod

Folgende Befehle gibt es tatsächlich – also ohne Umleitungen – im Verzeichnis */bin*:

apiForwarder	esxcfg-advcfg	gdbserver	logchannellogger
applyHostProfile	esxcfg-dumppart	generate-certi-ficates	lsud
apply-host-pro-files	esxcfg-fcoe	gpuvm	lsusb
applyHostProfileWrapper	esxcfg-hwiscsi	grabCIMData	memstats
auditLogReader	esxcfg-info	hbrfilterctl	mmarize-dvfilter
authd	esxcfg-init	hostd	mtools
chardevlogger	esxcfg-ipsec	hostdCgiServer	nc
check_serial	esxcfg-module	hostd-probe	net-cdp
chkconfig	esxcfg-mpath	indcfg	netdbg.py
cim_host_power-ops	esxcfg-nas	init-launcher	net-dvs
cmmds-tool	esxcfg-nics	initSystemSto-rage	net-lacp
crx-cli	esxcfg-rescan	initVmtoolsRepo	net-lbt
crypto-util	esxcfg-resgrp	install	net-stats
dcbd	esxcfg-route	ioinsight	nfcd
dcui	esxcfg-scsidevs	io-stats	nicmgmtd
dcuiweasel	esxcfg-swiscsi	jumpstart	nologin
df	esxcfg-vmknic	kdestroy	ntpd
dhclient-uw	esxcfg-volume	kinit	ntp-keygen
dmesg	esxcfg-vswitch	klist	ntpq
doat	esxgdpd	less	openssl
dosfsck	esxhpcli	lldpnetmap	openwsmand
enum_instances	esxhpedit	loadESXEnable	pam_tally2
esxapiadapter	esxtokend	localcli	partedUtil
	esxtop	lockfile	pcpu-exec-stats
	esxupdate		pcscd

pktcap-uw	smbiosDump	vmkdevmgr	vmware-usbarbitrator
powerOffVms	snmpd	vmkdump_extract	vmware-vimdump
prop_of_instances	sntp	vmkerrcode	vmx
ptpd	storageRM	vmkfstools	vmx-buildtype
pwqcheck	strace	vmkipcrm	vmx-debug
python3.5	tcpdump-uw	vmkipcs	vmx-stats
python3.5m	tpm2emu	vmkiscsid	voma
randomSeed	tracenet	vmkiscsi-tool	vprobe
remoteDevice-Connect	traceroute	vmkload_mod	vsantop
rhttpproxy	udpTraceLogger	vmkmkdev	vscsiStats
schedsnapshot	updateProduct-LockerPolicy	vmkperf	vsi_traverse
sched-stats	uwstats	vmkping	vsish
sdrsInjector	vdq	vmkramdisk	vvold
secpolicytools	vmdumper	vmkvsitools	xkbcomp
sensord	vmfsfilelockinfo	vm-support	Xorg
sfcbd	vmfs-support	vmtar	xz
slpd	vmkbacktrace	vmtoolsd	
smartd	vmkchdev	vmware-toolbox-cmd	

Die Verzeichnisse */usr/bin* und */usr/sbin* verzweigen auf */bin*.

Die Befehle *ping* und *ping6* sind auf */sbin/vmkping* umgeleitet.

Der Befehl *vim-cmd* löst den Befehl */sbin/hostd* aus.

Die Befehle *scp* und *ssh* verweisen auf die gleichnamigen Programme unter */usr/lib/vmware/openssh/bin/*.

Eine Umleitung auf */sbin/vmkvsitools* existiert für folgende Kommandos:

amldump, bootOption, hwclock, irqinfo, lsof, lspci, pgrep, pidof, pkill, ps, uptime, vdf, vdu und *vmware*

Das Tool `localcli`

Das Kommando *localcli* ist wie das Tool *esxcli* neu ab der Version 5 von VMware vSphere. Diese beiden Utilities sind, wie oben schon erwähnt, fast identisch, mit der Ausnahme, dass *localcli* die Befehle an den lokalen *hostd*-Prozess weiterleitet. Damit kann man es noch benutzen, wenn der *hostd*-Daemon nicht mehr reagiert. Dieses Tool greift also ziemlich tief in das Geschehen ein und sollte nur in Notfällen oder wenn der VMware-Support Sie dazu auffordert, verwendet werden.

Das Tool `esxcli`

Das Werkzeug *esxcli* kann für sehr verschiedene Einsatzzwecke verwendet werden: Fibre Channel over Ethernet, Hardware, iSCSI, Netzwerk, Software, Storage, System und Prozesse von virtuellen Maschinen. Eine ausführliche Übersicht über alle Möglichkeiten erhalten Sie, indem Sie an der Eingabeaufforderung folgenden Befehl eingeben (zweimal hintereinander »esxcli« ist richtig!):

```
esxcli esxcli command list
```

In der Spalte Command sehen Sie die Möglichkeiten, die Sie mit diesem Befehl haben. Das beinhaltet das Hinzufügen (*add*), das Auslesen und Setzen (*get/set*), das Deaktivieren/Aktivieren (*disable, enable*), das Auflisten (*list*), das Entfernen (*remove*) und weitere Möglichkeiten.

Einiges, was in den Vorgängerversionen noch über *esxcfg*-Befehle erreicht werden konnte, wird nunmehr mit diesem Tool erledigt. So können Sie zwar weiterhin z. B. *esxcfg-vswitch* benutzen, erreichen aber mit *esxcli* das Gleiche. Um z. B. einem vSwitch eine Portgruppe hinzuzufügen, können Sie den Befehl

```
esxcfg-vswitch –A <Portgruppenname> <vSwitchname>
```

angeben. Bei *esxcli* würden Sie das Gleiche mit folgendem Befehl erreichen.

```
esxcli network vswitch standard portgroup add --portgroup-name="Goepel"
--vswitch-name="vSwitch0"
```

Um eine VM hart abzuschalten, wenn diese über den vSphere Client nicht abgeschaltet werden kann, können Sie folgenden Befehl nutzen, um die »World ID« herauszufinden:

```
esxcli vm process list
```

und dann mit

```
esxcli vm process kill --type force --world-id 77301
```

oder kurz

```
esxcli vm process kill -t force -w 77301
```

die VM abschalten.

Es ist bei VMware angedacht, die noch vorhandenen *esxcfg*-Befehle (siehe oben) in Zukunft gänzlich durch *esxcli* zu ersetzen. Weiter oben habe ich schon ein Beispiel des Befehls für das manuelle Updaten eines Hosts angegeben.

Das Tool `vmkvsitools`

Auch bei diesem Tool sollten Sie vorsichtig sein – benutzen Sie es nur in Zusammenarbeit mit dem VMware-Support. Wie bereits oben erwähnt, sind einige der »normalen« Befehle auf dieses Tool umgeleitet.

Das Tool `vim-cmd`

Über dieses Werkzeug können einige Befehle für die virtuellen Maschinen eingegeben werden. Dabei ist die Syntax etwas gewöhnungsbedürftig, da die Hilfestellung auf der Kommandozeile etwas anders aussieht, als die tatsächliche Syntax ist. Möchten Sie sich z. B. alle auf dem Host registrierten VMs in Listenform ansehen, nehmen Sie folgenden Befehl:

```
vim-cmd vmsvc/getallvms
```

Möchten Sie wissen, ob eine VM einen Snapshot hat, geben Sie Folgendes ein:

```
vim-cmd vmsvc/get.snapshotinfo <vmid>
```

oder

```
vim-cmd vmsvc/snapshot.get <vmid>
```

Die *vmid* können Sie aus dem obigen Befehl (*getallvms*) auslesen. Der erste Befehl ist ausführlicher, die zweite Ausgabe lässt sich leichter lesen. Geben Sie eine falsche ID an, so ist die Ausgabe nur »Get Snapshot:«. Dieser Befehl lässt sich also auch in einer Schleife gut nutzen.

Auch Befehle für den ESXi-Host können hiermit angegeben werden. Dazu gehören z. B. das Aktivieren des Wartungsmodus mit

```
vim-cmd hostsvc/maintenance_mode_enter
```

und sein Verlassen mit

```
vim-cmd hostsvc/maintenance_mode_exit
```

Weitere Möglichkeiten des Befehls bekommen Sie angezeigt, indem Sie nur seinen Namen auf der Shell angeben. Hilfe zu einem Untermenü erhalten Sie über die Angabe des Befehls, des gewünschten Untermenüs und der Angabe von *help*:

```
vim-cmd vmsvc help
```

Nach den obigen Beispielen können Sie sich dann das Gewünschte heraussuchen.

Eigene Skripte schreiben

In diesem Abschnitt soll nicht versucht werden, Ihnen die Skriptsprache von Linux beizubringen. Es sollen Ihnen lediglich ein paar Beispiele aufgezeigt werden, wie man die eine oder andere Aufgabe skriptgesteuert erledigen kann. Mehr Informationen über das Erstellen von Shell-Skripte finden Sie unter *http://tldp.org/guides.html*.

Wenn Sie das *Remote Command Line Interface* (RCLI) für den ESXi einsetzen, sind die Befehle ein wenig anders. VMware hat darüber eine sehr ausführliche Dokumentation herausgebracht, die Sie sich auch von deren Website herunterladen können. Beachten Sie aber, dass seit der Version 3.5 U3 die kostenlose i-Version nur einen schreibgeschützten Zugriff gestattet.

Ein einfaches Beispiel:

Erstellen Sie eine Textdatei mit dem Namen *Test* mittels vi:

```
#!/bin/sh                    # über die sh-Shell ausführen
# Das ist ein Testskript     # nur eine Bemerkung
cd /vmfs/volumes             # gehe zum Verzeichnis
ls -al                       # listet den Inhalt auf
```

Speichern Sie die Datei unter dem Namen *Test* und führen Sie den Befehl

```
chmod +x Test
```

aus, um die Textdatei in ein ausführbares Skript zu ändern. Anschließend können Sie das Skript ausprobieren, indem Sie es wie folgt aufrufen:

```
./Test
```

Es sollte Ihnen jetzt den Inhalt des Verzeichnisses */vmfs/volumes* anzeigen, also üblicherweise die Verzeichnisse der virtuellen Maschinen.

Variablen in Skripten benutzen

Variablen, die in Skripten verwendet werden, nennt man lokale Variablen, weil sie und ihr Inhalt nach der Ausführung verloren gehen. Variablen können in Groß- und Kleinbuchstaben angegeben und mit dem Befehl echo ausgegeben werden, also z.B.:

```
echo $VARIABLE
echo $variable
```

Das Setzen eines Werts einer Variablen kann auf zwei Wegen erfolgen:

```
set VARIABLE=wert
VARIABLE=wert
export VARIABLE
```

Eine Variable zu exportieren, heißt in diesem Zusammenhang, dass sie nach der Beendigung des Skripts weiterhin als Umgebungsvariable deklariert ist.

Nützliche Skriptbefehle

Die folgende Liste ist nicht ausführlich, sondern soll Ihnen lediglich eine Anregung für Ihre Skripte geben, die Sie auf dem ESXi-Server benutzen können. Beachten Sie auch den Anfang dieses Kapitels, der sehr viele mögliche Befehle für die Kommandozeile und somit auch für Ihre Skripte enthält.

esxcfg-vswitch	Hinzufügen, entfernen und modifizieren von virtuellen Switches und Einstellungen
esxcfg-nics	Informationen über physische Netzwerkkarten
esxcfg-info	Informationen über das System
esxcli software vib list	Alle VIB-Pakete auf dem Server anzeigen
vmware -v	ESX-Server-Versionshinweise anzeigen
who	Anzeige, wer angemeldet ist
date	Datum und die Uhrzeit anzeigen

Beispiel:

```
#!/bin/sh
# Dieses Skript zeigt einige Beispiele und Informationen auf
PATH=/bin:/usr/bin:/usr/sbin
LOGFILE=/tmp/esx-report.txt
date > $LOGFILE
echo "ESXi-Server Version: " >> $LOGFILE
    vmware -v >> $LOGFILE
echo "Virtual Switch-Konfiguration: " >> $LOGFILE
    esxcfg-vswitch -l >> $LOGFILE
echo "Verfuegbare Pakete: ">> $LOGFILE
    esxcli software vib list >> $LOGFILE
    who >> $LOGFILE
EOF
```

In diesem Skript wurden zwei Variablen definiert: eine namens PATH, die dem Skript anzeigt, wo es welche Befehle findet, und die Variable LOGFILE. Dieses Skript wird also eine kleine Datei erstellen, die Folgendes beinhaltet:

- Datum und Uhrzeit der Ausführung dieses Skripts,
- die Version des ESXi-Servers, auf dem es ausgeführt wird,
- eine Liste der virtuellen Switches,
- eine Liste der verfügbaren ESXi-Pakete und
- welche User gerade angemeldet sind.

Umgang mit Leerzeichen im Pfad

Werden Leerzeichen im Verzeichnis- oder Dateinamen verwendet, kommt es bei der Ausführung von Linux-Befehlen und -Skripten oft zu Problemen, da nach dem Leerzeichen abgebrochen wird.

Will man eine virtuelle Maschine mit Leerzeichen im Namen einschalten, muss man entweder den Pfad mit Hochkommata versehen oder vor dem Leerzeichen einen Backslash (\) platzieren, um die Leerzeichen nutzen zu können, also:

```
vim-cmd vmsvc/power.on /vmfs/volumes/datastore/VM\ Name/VM\ Name.vmx
```

oder

```
vim-cmd vmsvc/power.on "/vmfs/volumes/datastore/VM Name/VM Name.vmx"
```

Nun haben Sie das Handwerkszeug parat, um weitere eigene Skripte zu erstellen.

Beachten Sie aber dabei, dass Dateien auf dem ESXi-Server in fast allen Verzeichnissen beim Neustart gelöscht werden – mit Ausnahme der Dateien auf dem VMFS-Volume.

Ich möchte abschließend nochmals betonen, was ich schon am Anfang geschrieben habe: Für fast alles, was Sie am ESXi-Server machen müssen, gibt es die Möglichkeit, es über den vSphere Client über die grafische Oberfläche auszuführen. In Verbindung mit dem vCenter Server können Sie noch mehr erledigen und vieles sogar über die geplanten Tasks.

PowerCLI

Bei PowerCLI handelt es sich um eine Sammlung von mehreren Hundert Commandlets (Cmdlets) für PowerShell, mit denen sich ESXi-Hosts, vCenter Server oder aber auch vCloud-APIs und der Site Recovery Manager ansprechen lassen. Dieser Werkzeugkasten zur Automatisierung von Aufgaben umfasst zudem zahlreiche Beispielskripte und Bibliotheken mit vordefinierten Funktionen.

Eine wichtige Neuerung besteht darin, dass Administratoren per PowerShell die Regeln für vSphere Standard Switch und Port Groups auslesen und bei Bedarf verändern können.

PowerCLI kann kostenlos von der Website des Herstellers VMware heruntergeladen werden. Dieser bietet zusätzlich ein Benutzerhandbuch und eine Kommandoreferenz an.

Voraussetzungen

Für das VMware vSphere PowerCLI (Command-Line Interface) wird die Microsoft PowerShell und Microsoft .NET vorausgesetzt und genutzt. Mit PowerCLI kann man über sogenannte Cmdlets sowohl Objekte und Komponenten der vSphere-Umgebung als auch vCloud Director managen und automatisieren. Des Weiteren kann man über die PowerShell Skripte und .NET-Anwendungen erstellen, die auch in andere Applikationen integriert werden können. Dabei werden die Standardsyntax und Konzepte der PowerShell genutzt.

PowerShell-Syntax

Die Syntax auf der Kommandozeile ist recht einfach: Es wird immer erst der Befehl und dann das gewünschte Objekt angegeben. Alle Befehle können mit Parametern und Argumenten ergänzt werden, wobei jedem Parameter ein Minuszeichen »-« vorangestellt wird, einem Argument aber nicht.

Beispiel:

```
befehl –parameter1 argument1
```

Pipelines

Einige aufeinanderfolgende Befehle können mit Pipelines »|« in einer Zeile geschrieben werden. Dabei bekommt der nachfolgende Befehl ein Objekt des vorhergehenden Befehls übergeben, bearbeitet es und übergibt es an den nächsten Befehl in der Schlange. Diese Objekte sind Ausgaben der Pipeline, sobald sie zur Verfügung stehen.

Wildcards

Für gleiche Operatoren können sogenannte Wildcards, ähnlich wie auf der DOS-Kommandozeile, verwendet werden. So kann z.B. das Sternchen »*« eingesetzt werden, um alle *.vbs*-Dateien zu suchen: *.vbs*.

Auch eine einschränkende Benutzung ist mit eckigen Klammern »[]« möglich: *[ab]*.vbs* listet alle *.vbs*-Dateien auf, die mit *a* oder *b* anfangen.

Auch das Fragezeichen »?« kann verwendet werden, um einzelne unbekannte Buchstaben zu kennzeichnen: *.xl?* listet alle Dateien mit der Endung *.xla* bis *.xlz* auf.

Allgemeine Parameter

Die Windows PowerShell kennt einige allgemeine Parameter wie *Verbose, Debug, ErrorAction, ErrorVariable, OutVariable* und *OutBuffer*.

Um alle Möglichkeiten angezeigt zu bekommen, kann man den Befehl *Get-Help about_CommonParameters* eingeben.

Zwei »entschärfende« Parameter machen einem die Arbeit leichter:

- *WhatIf* – Zeigt das Ergebnis eines Kommandos an, ohne es auszuführen.
- *Confirm* – Wartet auf eine Bestätigung, bevor der Befehl ausgeführt wird.

PowerCLI-Konzepte

Die Cmdlets von vSphere PowerCLI wurden erstellt, um VMware-Umgebungen zu automatisieren und einige spezielle Features in die Microsoft PowerShell zu integrieren.

Je nach der Umgebung und den Wünschen kann man zwei verschiedene Power-CLI-Komponenten installieren: vSphere- und vCloud Director-Umgebungen.

Uns interessieren nur die PowerCLI für eine vSphere-Umgebung mit und ohne vCenter Server und die dazugehörigen fünf Snap-ins:

- *VMware.VimAutomation.Core*Cmdlets für automatisierte Administration der vSphere-Umgebung
- *VMware.VimAutomation.VDS*Cmdlets zum Managen von vSphere Distributed Switches und Distributed Port Groups
- *VMware.VimAutomation.License*Bietet das GetLicenseDataManagerCmdlet für das Management der Lizenzkomponenten
- *VMware.ImageBuilder*Bietet Cmdlets für das Management von Depots, Imageprofilen und VIBs
- *VMware.DeployAutomation*Interface Cmdlets für das Auto Deploy und die Anpassung von physischen Hosts mit ESXi-Software

Wie bereits oben erwähnt können Text und Wildcards als Parameter übergeben werden. Das gilt für Bestandslistenobjekte, Storages, spezielle Betriebssystemeigenschaften (OSCustomizationSpec objects) und physische Server (VIServer objects). Dieser PowerCLI-Ansatz wird »*Object-by-Name* (OBN)« genannt.

Anstelle eines Objektnamens als Parameter kann man eine Pipeline oder eine Variable nutzen. Beispiel: Die folgenden drei Kommandos sind austauschbar:

- `Remove-VM -VM "Win7-Test"`
- `Get-VM -Name "Win7-Test" | Remove-VM`
- `Remove-VM -VM (Get-VM -Name "Win7-Test")`

 Hinweis: Ein Text wird nicht als Eingabe in einer Pipeline unterstützt, nur als Ausgabe.

Wenn Sie ein nicht vorhandenes Objekt angeben, gibt es einen OBN-Fehler, der allerdings nicht zum Abbruch der Anweisung führt, sondern ignoriert wird. Dazu ein Beispiel:

```
Set-VM -VM "VM1", "VM2", "VM3" -Server $server1, $server2 -MemoryGB 4
```

Falls die zweite Maschine (VM2) auf keinem der angegebenen Server existiert oder nicht gefunden werden kann, wird die Anweisung trotzdem mit VM1 und VM3 ausgeführt.

Mit dem Befehl `help about_OBN` bekommt man auf der Kommandozeile weitere Informationen angezeigt.

Spezielle Login-Angaben

Wenn man in einem Skript oder auf der Kommandozeile Login-Angaben mit Sonderzeichen eingeben möchte, so muss man diese in einfache Hochkommata setzen.

Beispiel: Anmeldung an dem vCenter Server *vm-vcs.cssv.dom* als User Adm!n mit dem Passwort Pa$$wor!

```
Connect-VIServer -Server vm-vcs.cssv.dom -Protocol https -Username 'Adm!n'
-Password 'Pa$$wor!'
```

Standard-Server-Verbindung

Gibt man keine Verbindungsserver als Parameter an, wird vom lokalen Rechner ausgegangen. Starten Sie also Skripte auf dem vCenter Server, so müssen Sie diese Angaben auch nicht machen.

Hat man einmal den Befehl `Connect-VIServer -Server` angegeben, so wird dieser Wert in der Array-Variablen `$DefaultVIServers` gespeichert. Ändert man diese

Angabe hinterher innerhalb einer Session, so wird der neue Wert ebenfalls gespeichert. Möchte man alle Verbindungen aus der Variablen löschen, so führt der Befehl `Disconnect-VIServer` zum Erfolg. Man kann die Array-Variable `$DefaultVIServers` aber auch manuell anpassen.

esxcli und PowerCLI

Der Kommandozeilenbefehl `esxcli` wird auch in der vCLI und der PowerCLI unterstützt. Dabei gibt es zwei Möglichkeiten:

1. Man benutzt das Cmdlet `Get-ESXCLI`, das direkten Zugriff zu den Anwendungen, Kommandos und Namensgebung des Befehls bietet.
2. Man verwendet .NET-Methoden, um Objekte für spezielle ESXCLI-Anwendungen zu nutzen.

Um eine Methode für ein ESXCLI-Objekt zu nutzen, muss man alle Parameter angeben. Will man einen überspringen, so darf man diesen nicht weglassen, sondern muss den Parameter `$null` als Argument mitgeben.

PowerCLI Inventory Provider

Der sogenannte Inventory Provider gibt den ungefilterten Inhalt eines ausgewählten Servers zurück. Er ermöglicht eine Navigation und einen dateibasierten Überblick über das vSphere-Inventar. Wenn man ein PowerShell-Laufwerk z.B. über ein Datacenter erstellt, bekommt man eine Auflistung aller Inhalte und Beziehungen zwischen ihnen. Außerdem können Sie den Inhalt nutzen, um Objekte zu verschieben, umzubenennen oder zu löschen, indem Sie die Konsole verwenden.

Wenn Sie sich über den Befehl `Connect-VIServer` verbinden, werden zwei Standardlaufwerke erstellt: `vi` und `vis`. `vi` zeigt den Inhalt des letzten verbundenen Servers an, `vis` alle bisher in dieser Session genutzten Serververbindungen.

Es können eigene Inhaltslaufwerke oder die Standards verwendet werden.

PowerCLI Datastore Provider

Der Datastore Provider bietet Zugriff auf den Inhalt eines oder mehrerer Datenspeicher. Das beinhaltet Konfigurationsdateien, virtuelle Festplatten und andere zu einer VM gehörenden Dateien.

Verbinden Sie sich über den Befehl `Connect-VIServer`, werden wieder zwei Standardlaufwerke erstellt: `vmstore` und `vmstores`. Ähnlich wie beim Inventory Provider liefert `vmstore` Inhalte des letzten verbundenen Servers und `vmstores` Inhalte aller bisher in dieser Session genutzten Serververbindungen.

Es können auch hier eigene Inhaltslaufwerke oder die oben genannten Standardlaufwerke genutzt werden.

Installation der PowerCLI

Zur Installation der Anwendung wird einfach eine PowerShell-Umgebung gestartet und folgender Befehl eingegeben: `Install-Module VMware.PowerCLI -Scope CurrentUser`. Dies lädt alle erforderlichen Module aus dem Internet herunter, installiert diese und integriert sie in der PowerShell-Umgebung.

Nach der Installation muss man gegebenenfalls noch die Verarbeitung von Skripten zulassen (rote Meldung):

mehr Infos mit:	`Get-Help about_signing`
Einstellung überprüfen:	`Get-ExecutionPolicy`

Einstellung ändern:

32- und 64-Bit-Session jeweils als Administrator öffnen und folgenden Befehl eingeben:

```
Set-ExecutionPolicy –ExecutionPolicy RemoteSigned
```

Im Fenster wird der »Quick Edit-Modus« mit einem Haken versehen und auf der Registerkarte »Layout« die Breite der Fensterpuffergröße auf 120 (oder mehr) erhöht.

Am ESX-Server anmelden:

```
Connect-VIServer [-server 192.168.150.11]
```

Es wird ein Anmeldefenster angezeigt, in dem man Benutzername und Passwort eingeben kann.

Am ESX-Server wiederholt anmelden:

```
Connect-VIServer -Menu
```

Es wird nach dem Server (Auswahl) gefragt und anschließend ein Anmeldefenster angezeigt, in dem man Benutzername und Passwort eingeben kann.

Zertifikatswarnung unterdrücken:

```
Set-PowerCLIConfiguration -InvalidCertificateAction Ignore
```

Warnmeldung »Veraltet« unterdrücken:

```
Set-PowerCLIConfiguration –DisplayDeprecationWarnings $false –Scope User
```

Beispielbefehle für virtuelle Maschinen

Liste aller VMs holen:

```
Get-VM
```

VM1 einschalten:

```
Get-VM VM1 | Start-VM
```

VM1 herunterfahren:

```
Shutdown-VMGuest VM1
```

VM1 ausschalten:

```
Stop-VM VM1
```

VM1 von esx1 auf esx2 verschieben (migrieren):

```
Get-VM -Name VM1 -Location esx1 | Move-VM -Destination esx2
```

Anderes Beispiel für das Verschieben:

```
Get-VM VM1 | Move-VM -Destination (Get-VMHost esx2)
```

Eine VM auf einen anderen Storage verschieben:

```
Get-VM VM1 | Move-VM -Datastore iSCSI2
```

Details einer VM bekommen:

```
Get-VM –Name vm-dc1 | Format-List -Property *
```

Details des Betriebssystems der VM anzeigen:

```
Get-VMGuest VM | fc
```

Details aller VMs holen:

```
Get-VM | Format-List -Property *
```

Liste aller VMs in ein Array speichern:

```
$Reihe = Get-VM
```

Erstes Element aus der Reihe holen:

```
$Reihe[0]
```

Letztes Element aus der Reihe holen:

```
$Reihe[-1]
```

Anzahl der Elemente anzeigen:

```
$Reihe.length
```

Zugriff auf Teilelement aus der Reihe:

```
$Reihe[2].PowerState
```

FOR-Schleife für die Anzeige aller Details aller VMs:

siehe .\VM-Details.ps1
siehe .\VM-Details-An.ps1 Anzeige nur eingeschalteter VMs

Grafisches Anzeigen der Informationen (GridView):

```
Get-VM | Out-GridView
```

Zählen aller VMs in einem Cluster mit Namenssuche:

```
get-cluster "Cluster" | get-vm | where {$_.name -match "Win7"} | measure-object
```

Alle VMs mit alter Hardwareversion anzeigen:

```
Get-Cluster "Cluster" | Get-VM | Get-View | Where {$_.Config.Version -ne "vmx-09"}
| Select Name | Sort Name
```

Allgemeine Beispielbefehle

Tabelle der Abkürzungen (Aliase) anzeigen lassen:

```
Get-Alias
```

Dieser Befehl sollte aus Gründen der Lesbarkeit nicht in Skripten verwendet werden.

Eigenen Alias anlegen:

```
New-Alias –Name Kind -Value Get-ChildItem
```

Liste der Kommandos anzeigen lassen:

```
Get-Command  oder  Get-VICommand
```

Informationen zu Kommandos anzeigen lassen:

```
Get-Command –Name Get-VM  oder  Get-VICommand –Name Get-VM
```

Details zu Kommandos anzeigen lassen:

```
Get-Command –Name Get-VM | Format-List *
```

Liste der Kommandos für »Host« anzeigen lassen:

```
Get-Command –Name *VMHost*
```

Liste der Kommandos fürs »Netzwerk« anzeigen lassen:

```
Get-Command –Name *Network*
```

Hilfe zu Kommandos anzeigen lassen:

```
Get-Help Get-VM
```

Weitere mögliche Parameter sind –examples, -detailed und -full

Details und Hilfe zu Kommandos grafisch anzeigen lassen:

```
Get-PowerCLIHelp
```

Hilfe zu Kommandos in der VMTN-Community über Browser anzeigen lassen:

```
Get-PowerCLICommunity
```

Beispielbefehle für ESX-Hosts

Liste aller Hosts holen:

```
Get-VMHost
```

Details eines Hosts bekommen:

```
Get-VMHost | Format-List -Property *
```

Grafisches Anzeigen der Informationen (GridView):

```
Get-VMHost | Out-GridView
```

Beispiel: Alle Netzwerkadapter des Hosts anzeigen lassen:

```
Get-VMHostNetworkAdapter
Get-VMHostNetworkAdapter | Out-GridView
```

Alle Hosts mit spezieller Version auflisten:

```
get-vmhost | where-object { $_.version -eq "4.1.0" } | select name,version
```

Alle Volumes für alle Hosts im Cluster:

```
ForEach ($esxhost in (Get-Cluster "Cluster" | Get-VMHost)) {Get-VmHostStorage
$esxhost -RescanAllHba}
```

MPIO-Einstellungen für alle Hosts im Cluster:

```
ForEach ($esxhost in (Get-Cluster "Cluster" | Get-VMHost)) {D:\tools\plink -ssh
$esxhost -l root -pw <fillinpw> /opt/ontap/santools/config_mpath --primary
--loadbalance --policy fixed}
```

Einen Host neu starten:

```
$vmhostView = Get-VMHost -Name esx4 | Get-View
$vmhostView.RebootHost()
```

Beispielbefehle für Storages

Alle Datenspeicher auflisten:

```
Get-Datastore
```

Alle VMs auf einem bestimmten Datenspeicher auflisten:

```
Get-VM –Datastore esx5-datastore1
```

Alle Volumes und belegter Platz für VMs innerhalb eines Clusters:

```
Get-Cluster "Cluster" | Get-VM | Select Name, @{N="Datastore";
E={Get-Datastore -vm $_}}, UsedSpaceGB, ProvisionedSpaceGB | sort Name |
Export-Csv F:\Scripts\Output\datastores-Cluster.csv
```

Alle Volumes und belegter Platz für alle Cluster:

```
ForEach ($cluster in get-cluster){get-cluster "$cluster" | Get-VMHost | select
-first 1 | get-datastore | where {$_.name -like "?_*"} | Select Name,
FreeSpaceMB,CapacityMB,@{N="Number of VMs";E={@($_ | Get-VM).Count}},
@{N="VMs";E={@($_ | Get-VM | ForEach-Object {$_.Name})}},@{N="VM Size";E={@($_ |
Get-VM | ForEach-Object {$_.UsedSpaceGB})}} | Export-Csv D:\sjoerd\datastore-
$cluster-overview.csv}
```

Anzahl der Pfade pro Host innerhalb eines Clusters:

```
Get-Cluster "Cluster" | Get-VMHost | where {$_.State -eq "Connected"} |
Select Name, @{N="TotalPaths";E={($_ | Get-ScsiLun | Get-ScsiLunPath |
Measure-Object).Count}}
```

Alle verwaisten Pfade im Datacenter auflisten:

```
ForEach ($vmhost in (Get-Datacenter "The Netherlands" | Get-Vmhost | Sort)){
$deadpaths = Get-ScsiLun -vmhost $vmhost | Get-ScsiLunPath | where
{$_.State -eq "Dead"} | Select ScsiLun,State; Write-Host $vmhost $deadpaths}
```

Alle LUN-IDs, die bei ESX-Servern in Benutzung sind:

```
Get-ScsiLun -vmhost esx01 -luntype disk | select runtimename | sort runtimename
```

Alle LUN-IDs auf einem NetApp Filer:

```
Get-NaLun | get-nalunmap | select Path,LunId | Sort LunId
```

Anzahl der VMs pro Datenspeicher im Datacenter:

```
Get-Datastore | where {$_.datacenter -match "Datacenter"} |
Select Name, @{N="Number of VMs";E={@($_ | Get-VM).Count}} |
Sort "Number of VMs"
```

Alle Volumes eines Herstellers auf Round-Robin setzen:

```
Foreach ($vmhost in (get-vmhost))
{
 Get-VMHost $vmhost| Get-ScsiLun -CanonicalName "naa.6001405*" |
Set-ScsiLun -MultipathPolicy "roundrobin"
}
```

Mit esxcli arbeiten

In der Datei *esxcli.txt*, die Sie auf der Webseite zum Buch finden, sind alle möglichen Befehle aufgelistet. Hier folgen nur ein paar Beispiele zum Umgang mit dem Cmdlet.

Verbindung mit einem ESXi-Host in eine Variable speichern:

```
$esxcli = Get-EsxCli -VMHost 192.168.50.15
```

Informationen über die Möglichkeiten abrufen:

```
$esxcli
```

Informationen über die Möglichkeiten der Untergruppe (Elemente) abrufen:

```
$esxcli.hardware
```

Informationen über die Möglichkeiten der Untergruppe (Elemente) abrufen:

```
$esxcli.hardware.cpu
```

Informationen über den Inhalt der Untergruppe (Elemente) abrufen:

```
$esxcli.hardware.cpu.list()
```

Anzeige der laufenden VMs mit deren Prozessdetails:

```
$esxcli.vm.process.list()
```

Anzeige der vorhandenen Netzwerkkarten-Details:

```
$esxcli.network.nic.list()
```

VMs erstellen und damit arbeiten

Erstellen von VMs

Eine Standard-VM erstellen:

```
New-VM -Name VM-XP-1
```

Die Standard-VM: XP Prof, 1 vCPU, 256 MB RAM, Hardwareversion vmx-10, ohne Floppy, BusLogic SCSI-Festplatte, Netzwerkadapter Flexibel

Eine angepasste VM erstellen:

```
New-VM –Name VM-W7-1 –DiskGB 30 –DiskStorageFormat Thin –MemoryGB 4 –NumCPU 2
-GuestID "windows7_64Guest" –Version v9
```

Bei der Erstellung kann noch das Betriebssystem, der Host, der Storage etc. angegeben werden. An Hardware zusätzlich nur Floppy und CD/DVD, Einstellungen zu HA und DRS, Ressourcenpool etc. Für Details sehen Sie sich auch die Datei New-VM.txt an, die alle möglichen Optionen und die dazugehörige Syntax auflistet.

Liste der GuestIDs bekommen Sie mit dem Befehl:

```
[VMware.Vim.VirtualMachineGuestOsIdentifier].GetEnumValues()
```

Eine VM mithilfe einer XML-Datei erstellen

Beispiel: MeineVM.xml

```
<CreateVM>
<VM>
  <Name>VM1</Name>
  <HDDCapacity>60</HDDCapacity>
</VM>
<VM>
  <Name>VM2</Name>
  <HDDCapacity>100</HDDCapacity>
</VM>
</CreateVM>
```

Vorgehensweise:

1. Die Informationen aus der XML-Datei lesen

   ```
   [xml]$s = Get-Content MeineVM.xml
   ```

2. Die Maschine erstellen

   ```
   $s.CreateVM.VM | foreach {New-VM -VMHost $vmHost1 -Name $_.Name
   -DiskGB $_.HDDCapacity}
   ```

Dieses Beispiel lässt sich natürlich noch weiter ausbauen.

Arbeiten mit VMs

Liste aller VMs holen:

```
Get-VM
```

VM einschalten:

```
Start-VM –VM vm-dc1
```

VM herunterfahren mit Sicherheitsabfrage:

```
Shutdown-VMGuest –VM vm-dc1
```

VM herunterfahren ohne Sicherheitsabfrage:

```
Shutdown-VMGuest –VM vm-dc1 –Confirm:$false
```

VM hart ausschalten:

```
Stop-VM -VM vm-dc1
```

Einstellungen der VM ändern

VM in der Bestandsliste umbenennen:

```
Set-VM -VM vm-vcs -Name vcs-alt
```

RAM und CPUs bei der VM ändern:

```
Set-VM -VM vm-vcs -NumCPU 4 -MemoryGB 8 -Confirm:$false
```

Anmerkungen eintragen:

```
Set-VM -VM vm-vcs -Notes "vCenter Server"
```

Anmerkungen ändern:

```
Set-VM -VM vm-vcs -Notes "Soll der vCenter Server werden"
```

Geräte zur VM hinzufügen

VM eine Festplatte in ihrem Ordner hinzufügen:

```
Get-VM -Name VM1 | New-HardDisk -CapacityGB 20 -StorageFormat Thin
```

VM eine Festplatte an neuem SCSI-Adapter in ihrem Ordner hinzufügen:

```
Get-VM -Name VM1 | New-HardDisk -CapacityGB 20 -StorageFormat Thin |
New-SCSIController -Type ParaVirtual
```

VM eine Netzwerkkarte hinzufügen:

```
Get-VM -Name VM1 | New-NetworkAdapter -NetworkName "VM Network"
-StartConnected -Type e1000
```

Die Route im Gastbetriebssystem ändern

Die bisherige Route anzeigen lassen:

```
Get-VMGuestRoute -VM $vm1 -GuestUser user -GuestPassword pass2 -ToolsWaitSecs 50
Get-VMGuestRoute -VMGuest $guest -GuestUser user -GuestPassword pass2
```

Die Route ändern:

```
$route = New-VMGuestRoute -VM $vmWin -GuestUser user -GuestPassword pass2
-Destination 192.168.100.10 -Netmask 255.255.255.255 -Gateway 10.23.112.58
-Interface $interface.RouteInterfaceId -ToolsWaitSecs 50
```

Details der VM anzeigen lassen:

```
Get-VM -Name VM1 | Format-List -Property *
```

Geräte einer VM ändern

Festplatte einer VM vergrößern:

```
Get-VM -Name VM1 | Get-HardDisk | Where-Object {$_.Name -eq "Hard Disk 1"} |
Set-HardDisk -CapacityGB 30 -Confirm:$false
```

Festplatte einer VM verschieben und deren Format ändern:

```
Get-VM -Name VM1 | Get-HardDisk | Where-Object {$_.Name -eq "Hard Disk 1"} |
Move-HardDisk -Datastore esx6-datastore2 -StorageFormat Thick -Confirm:$false
```

Zweite Netzwerkkarte einer VM verändern:

```
Get-VM -Name VM1 | Get-NetworkAdapter | Where-Object {$_.Name -eq "Network Adapter
2"} | Set-NetworkAdapter -MACAddress 00:50:56:00:11:22 -Type vmxnet3
-Confirm:$false
```

Geräte einer VM löschen/entfernen

Festplatte einer VM entfernen:

```
Get-VM -Name VM1 | Get-HardDisk | Where-Object {$_.Name -eq "Hard Disk 3"} |
Remove-HardDisk -DeletePermanently -Confirm:$false
```

Netzwerkkarte einer VM entfernen:

```
Get-VM -Name VM1 | Get-NetworkAdapter | Where-Object {$_.Name -eq
"Network Adapter 2"} | Remove-NetworkAdapter -Confirm:$false
```

VMware Tools aktualisieren:

```
Get-VM -Name VM1 | Update-Tools
```

Befehle im Betriebssystem der VM ausführen

Beispiel: ipconfig /all

```
$GC = Get-Credential
Invoke-VMScript -VM vm-dc1 -ScriptText "ipconfig /all" -GuestCredential $GC
```

Konsole einer VM im Browser anzeigen

```
Open-VMConsoleWindow -VM vm-dc1
```

Alle möglichen Werte eines Objektes anzeigen

Beispiel: Netzwerkadapter

```
Get-NetworkAdapter -vm VM1 | select *
```

Allgemeines zu Skripten

Die oben gelisteten und die hier noch folgenden Beispieltexte braucht man nur in einem Texteditor zu kopieren und die Endung der Datei auf *.ps1* zu ändern.

Abfragen bestimmter Eigenschaften:

VM mit CPU Reservation

```
Get-VM | Get-VMResourceConfiguration | where {$_.CPUReservationMhz -ne '0'}
```

und *CPU-Reservierung auf 0* setzen:

```
Get-VM | Get-VMResourceConfiguration | where {$_.CPUReservationMhz -ne '0'} |
Set-VMResourceConfiguration -CPUReservationMhz 0
VM mit CPU-Limit
Get-VM | Get-VMResourceConfiguration | where {$_.CPULimitMhz -ne '-1'}
```

und *CPU-Limit auf unlimitiert* setzen:

```
Get-VM | Get-VMResourceConfiguration | where {$_.CPULimitMhz -ne '-1'} |
Set-VMResourceConfiguration -CPULimitMhz $null
VM mit Memory Reservation
Get-VM | Get-VMResourceConfiguration | where {$_.MemReservationMB -ne '0'}
```

und *RAM-Reservierung auf 0* setzen:

```
Get-VM | Get-VMResourceConfiguration | where {$_.MemReservationMB -ne '0'} |
Set-VMResourceConfiguration -MemReservationMB 0
```

Wenn Sie die Memory Reservation aufheben und es ist später nicht genügend Platz auf dem Storage, dann kann die VM nicht eingeschaltet werden. Um das zu verhindern, können Sie den folgenden Befehl nutzen:

```
ForEach ($vm in (Get-VM | Get-VMResourceConfiguration | where {$_.MemReservationMB
-ne '0'} | ForEach {$_.VM}))(Get-VM $vm | Select
Name,PowerState,@{N="Reservation";E={Get-VMResourceConfiguration -VM $_ | ForEach
{$_.MemReservationMB}}},@{N="Datastore";E={Get-Datastore -VM $_}},@{N="Datastore
Free Space";E={Get-Datastore -VM $_ | ForEach {$_.FreeSpaceMB}}})
```

Falls der Storage genug freien Platz hat, kann man das folgende Skript verwenden, um alle Reservierungen zu löschen:

```
ForEach ($vm in (Get-VM | Get-VMResourceConfiguration | where {$_.MemReservationMB
-ne '0'} | ForEach {$_.VM})){
  # $name = (Get-VM $vm | ForEach {$_.Name})
  $powerstate = (Get-VM $vm | ForEach {$_.PowerState})
  [int]$reservation = (Get-VMResourceConfiguration -VM $vm |
                ForEach {$_.MemReservationMB})
  $datastore = (Get-Datastore -VM $vm )
  [int]$dsfreespace = $datastore.FreeSpaceMB
  [int]$numberofds = (Get-Datastore -VM $vm |Measure-object).Count
  write-host "VM = $vm `n`t PowerState = $powerstate `n`t Memory Reservation =
$reservation `n`t DataStore VM = $datastore `n`t Free Space on datastore =
$dsfreespace `n`t Number of Datastores is $numberofds"
    if ((($dsfreespace - $reservation) -gt "0") -and ($numberofds -eq "1")){
      Write-Host "Now removing the memory reservation $reservation for VM $vm"
      -ForegroundColor Green
      Get-VMResourceConfiguration -VM $vm | Set-VMResourceConfiguration
      -MemReservationMB 0
  }
  else {
    Write-Host "Memory reservation ($reservation) cannot be removed because there
    is not enough free space on the datastore, or because the VM has multiple
    datastores." -ForegroundColor Red
  }
}
```

Um nur die VMs gelistet zu bekommen, bei denen die Reservierung nicht aufgehoben werden kann, kann man die »Write-Host«-Zeilen auskommentieren.

VM mit Memory Limit

```
Get-VM | Get-VMResourceConfiguration | where {$_.MemLimitMB -ne '-1'}
```

und das *Limit aufheben*:

```
Get-VM | Get-VMResourceConfiguration | where {$_.MemLimitMB -ne '-1'} |
Set-VMResourceConfiguration -MemLimitMB $null
```

Alle CPU- und RAM-Werte anzeigen

```
$startdir = "C:\Temp"
$csvfile = "$startdir\memlimits.csv"

$myCol = @()

foreach ($VM in (Get-VM | Get-VMResourceConfiguration |
where {$_.MemLimitMB -ne '-1'})){

$vmview = Get-VM $VM | Get-View

$VMInfo = "" |select-Object
VMName,CPUReservation,CPULimit,CPUShares,NumCPU,MEMSize,MEMReservation,MEMLimit,
MEMShares
$VMInfo.VMName = $vmview.Name
$VMInfo.CPUReservation = $vmview.Config.CpuAllocation.Reservation
If ($vmview.Config.CpuAllocation.Limit-eq "-1"){$VMInfo.CPULimit = "Unlimited"}
Else{$VMInfo.CPULimit = $vmview.Config.CpuAllocation.Limit}
$VMInfo.CPUShares = $vmview.Config.CpuAllocation.Shares.Shares
$VMInfo.NumCPU = $VM.NumCPU
$VMInfo.MEMSize = $vmview.Config.Hardware.MemoryMB
$VMInfo.MEMReservation = $vmview.Config.MemoryAllocation.Reservation
If ($vmview.Config.MemoryAllocation.Limit-eq "-1"){$VMInfo.MEMLimit = "Unlimited"}
Else{$VMInfo.MEMLimit = $vmview.Config.MemoryAllocation.Limit}

$myCol += $VMInfo
}

$myCol |Export-csv -NoTypeInformation $csvfile
```

Version der VMWare Tools abfragen

```
get-vm |% { get-view $_.id } | select Name, @{ Name="ToolsVersion";;
Expression={$_.config.tools.toolsVersion}}
```

Beschreibungen bei VMs setzen

Das Einzige, was man braucht, ist eine einfache CSV-Datei:

```
VMName, Description
vm-DC01, Domänencontroller
vm-SQL, Datenbankserver
```

Mit dem folgenden Kommando wird eine gegebenenfalls vorhandene Beschreibung überschrieben:

```
Import-Csv "C:\Temp\Beschreibung.csv" |
% { Set-VM $_.VMName -Description $_.Description -Confirm:$false}
```

Eine Anpassungsspezifikation an eine geklonte VM setzen

(nur 32-Bit-PowerShell)

Eine vorhandene Anpassungsspezifikation temporär kopieren:

```
Get-OSCustomizationSpec Spec | New-OSCustomizationSpec -Type NonPersistent -Name
ClientSpec
```

Der Kopie einen anderen Namen geben:

```
Set-OSCustomizationSpec -Spec ClientSpec -NamingPrefix VM1
```

Die Netzwerkkarteneinstellungen in der temporären Anpassungsspezifikation ändern:

```
Get-OSCustomizationNicMapping -Spec ClientSpec | Set-OSCustomizationNicMapping
-IpMode UseStaticIP -IpAddress 192.168.150.130 -SubnetMask 255.255.255.0
-DefaultGateway 192.168.150.10 -Dns 192.168.150.10
```

Eine VM namens VM1 von einer bestehenden VM erstellen:

```
Get-VM VM | New-VM -VMHost esx3 -Datastore iSCSI1 -OSCustomizationSpec ClientSpec
-Name VM1
```

Es ist auch möglich, mehrere VMs mit statischen IPs aus einer Spec zu generieren. Dazu kann man wiederum eine CSV-Datei (*C:\Temp\StaticIPs.csv*) erstellen:

Eine Namenskonvention für die VMs setzen:

```
$vmNameTemplate = "VM-{0:D3}"
```

Das Cluster in eine Variable speichern:

```
$cluster = Get-Cluster CSSV-Cluster
```

Das Template ebenfalls in eine Variable speichern:

```
$template = Get-Template VM1Template
```

Die virtuellen Maschinen erstellen:

```
$vmList = @()

for ($i = 1; $i -le 100; $i++) {
    $vmName = $vmNameTemplate -f $i
    $vmList += New-VM -Name $vmName -ResourcePool $cluster -Template $template
}
```

Die statischen IP-Adressen aus der CSV-Datei in eine Variable speichern:

```
$staticIpList = Import-CSV C:\Temp\StaticIPs.csv
```

Die Anpassungsspezifikation erstellen:

```
$linuxSpec = New-OSCustomizationSpec -Name LinuxCustomization -Domain cssv.dom
-DnsServer "192.168.150.10", "192.168.150.20" -NamingScheme VM -OSType Linux
```

Die Anpassungsspezifikation temporär klonen:

```
$specClone = New-OSCustomizationSpec -Spec $linuxSpec -Type NonPersistent
```

Die neuen Anpassungsspezifikation an die VMs binden:

```
for ($i = 0; $i -lt $vmList.Count; $i++) {
    # Acquire a new static IP from the list
    $ip = $staticIpList[$i].IP
    # The specification has a default NIC mapping - retrieve it and update it with
the static IP
    $nicMapping = Get-OSCustomizationNicMapping -OSCustomizationSpec $specClone
    $nicMapping | Set-OSCustomizationNicMapping -IpMode UseStaticIP -IpAddress $ip
-SubnetMask "255.255.252.0" -DefaultGateway "192.168.0.1"
    # Apply the customization
    Set-VM -VM $vmList[$i] -OSCustomizationSpec $specClone -Confirm:$false
}
```

Ressourcenpools mit Ballooning und Swapping

```
$myCol = @()
foreach($clus in (Get-Cluster)){
 foreach($rp in (Get-ResourcePool -Location $clus | Get-View | Where-Object `
  {$_.Name -ne "Resources" -and \
   $_.Summary.QuickStats.BalloonedMemory -ne "0"})){
    $Details = "" | Select-Object Cluster, ResourcePool, `
    SwappedMemory ,BalloonedMemory

    $Details.Cluster = $clus.Name
    $Details.ResourcePool = $rp.Name
    $Details.SwappedMemory = $rp.Summary.QuickStats.SwappedMemory
    $Details.BalloonedMemory = $rp.Summary.QuickStats.BalloonedMemory

    $myCol += $Details
  }
}
$myCol
VMs mit Ballooning und Swapping
$myCol = @()
foreach($vm in (Get-View -ViewType VirtualMachine | Where-Object `
  {$_.Summary.QuickStats.BalloonedMemory -ne "0"})){
    $Details = "" | Select-Object VM, \
    SwappedMemory ,BalloonedMemory

    $Details.VM = $vm.Name
    $Details.SwappedMemory = $vm.Summary.QuickStats.SwappedMemory
    $Details.BalloonedMemory = $vm.Summary.QuickStats.BalloonedMemory

    $myCol += $Details
  }
$myCol
```

Netzwerkinformationen zu VMs

```
(get-vm) | %{
  $vm = $_
  echo $vm.name----
  $vm.Guest.Nics | %{
    $vminfo = $_
    echo $vminfo.NetworkName $vminfo.IPAddress $vminfo.MacAddress
    echo ";`n";
  }
}
VMs Boot Time
$LastBootProp = @{
  Name = 'LastBootTime'
    Expression = {
      ( Get-Date ) - ( New-TimeSpan -Seconds $_.Summary.QuickStats.UptimeSeconds )
    }
}

Get-View -ViewType VirtualMachine -Property Name, Summary.QuickStats.UptimeSeconds
| Select Name, $LastBootProp
```

Werte für Eigenschaften aus einer CSV-Datei lesen

Hier wird als Beispiel die Memory-Reservierung für spezielle VMs gesetzt. Das ist auch für das Rückgängigmachen von Einstellungen sehr hilfreich. Sie können als Eingabe sowohl eine separate *vms.txt*-Datei als auch die *vmsinput.txt* mit den Reservierungseinstellungen nutzen.

vms.txt:

```
WINXP-TESTVM2
WINXP-TESTVM3
WINXP-TESTVM4
```

vmsinput.txt:

```
VMName,MEMReservation
WINXP-TESTVM2,128
WINXP-TESTVM3,256
WINXP-TESTVM4,128
$sourcevms = "C:\Temp\PowerCLI scripts\vms.txt"
$sourcememory = "C:\Temp\PowerCLI scripts\vmsinput.txt"
$list = Get-Content $sourcevms | Foreach-Object {Get-VM $_ }

foreach($item in $list){
          $vm = $item.Name
      # Die nächste Zeile gibt alle Informationen in @= format. Dieses ist
      nicht direkt verwendbar.
      $memres = import-csv $sourcememory | where-object {$_.vmname -eq "$vm"}
      # Hiermit bekommen Sie nur den Wert aus der Variable.
      $memresvm = $memres.MEMReservation
      Get-VM $vm | Get-VMResourceConfiguration | where
      {$_.MemReservationMB -eq '0'} | Set-VMResourceConfiguration
      -MemReservationMB $memresvm
      }
```

Name der VM entspricht nicht dem Namen des Ordners

Dieses Skript vergleicht die Namen der VMs mit den Namen der Ordner, in denen sie liegen.

Beispielausgabe:

VM	Path
Neue VM 1	[storage1] Neue VM
vm-AB12	[storage1] Der Test
vm-SQL1	[SAN11] Neue VMSQL
vm-127	[SAN11] Windows Server 2003

Skript:

```
# Connect-VIServer MYVISERVER
$VMFolder = @()
Foreach ($VM in (Get-VM |Get-View)){
$Details = "" |Select-Object VM,Path
$Folder = ((($VM.Summary.Config.VmPathName).Split(']')[1]).Split('/
'))[0].TrimStart(' ')
$Path = ($VM.Summary.Config.VmPathName).Split('/')[0]
If ($VM.Name-ne $Folder){
$Details.VM= $VM.Name
$Details.Path= $Path
$VMFolder += $Details
}
}
$VMFolder |Export-Csv -NoTypeInformation C:\temp\Path-Name.csv
```

Skript für die Überwachung von VMs

Dieses Skript gibt für alle VMs die Anzahl der CPUs, RAM, CPU-Nutzung über x Tage und RAM-Nutzung über x Tage aus:

```
Get-VM | Where {$_.PowerState -eq "PoweredOn"} |
Select Name, Host, NumCpu, MemoryMB, @{N="Cpu.UsageMhz.Average";
  E={[Math]::Round((($_ |
Get-Stat -Stat cpu.usagemhz.average -Start (Get-Date).AddHours(-24)-IntervalMins 5
-MaxSamples (12) |
Measure-Object Value -Average).Average),2)}}, @{N="Mem.Usage.Average";
  E={[Math]::Round((($_ |
Get-Stat -Stat mem.usage.average -Start (Get-Date).AddHours(-24)-IntervalMins 5
-MaxSamples (12) |
Measure-Object Value -Average).Average),2)}} | Export-Csv c:\Temp\stats.csv
```

Anmeldedaten speichern und holen

Über den Befehl *New-VICredentialStoreItem* kann man eine *.xml*-Datei erstellen, in der der Username und das Passwort für bestimmte Verbindungen (vCenter Server und Hosts) abgelegt werden. Das Passwort wird verschlüsselt gespeichert, ist aber nicht besonders sicher.

Anschließend kann auf den »Credstore« auch in Skripten zugegriffen werden.

Eine neue *.xml* -Datei erstellen:

```
Connect-VIServer -Server vm-vcs.cssv.dom -User cssv\Goepel -password GanzGeheim
    -SaveCredentials
```

Damit wird die Datei im Standardordner des Users abgelegt, also z.B. in *C:\Users\ Goepel\AppData\Roaming\VMware\credstore\vicredentials.xml*.

Möchte man die Datei lieber im Arbeitsverzeichnis liegen haben, z.B. in *C:\Temp*, so kann man auch den Befehl *New-VICredentialStoreItem* nutzen und einen Pfad mit angeben.

Den Zugriff auf die abgespeicherten Daten erhält man dann z.B. mit:

```
$Creds = Get-VICredentialStoreItem -User 'cssv\goepel' -Host 'vm-vcs55.cssv.dom'
    -File 'C:\Users\user1\AppData\Roaming\VMware\credstore\vicredentials.xml'
Connect-VIServer vm-vcs55.cssv.dom -User $Creds.User -Password $Creds.Password
```

Alle Beispiele zu PowerCLI können von der Webseite zum Buch heruntergeladen werden. Dort habe ich noch weitere Skripte hinterlegt, z.B. wie eine Ausgabe von Informationen zu VMs in eine Excel-Tabelle exportiert werden kann.

Falls eines der Beispiele nicht funktioniert, überprüfen Sie Ihre Version der Power-Shell.

Viel Spaß damit.

## KAPITEL 10

Ein Cluster erstellen

Wir haben nun unsere Umgebung mit mehreren ESXi-Servern aufgebaut und einen gemeinsamen Speicherplatz eingerichtet. Unsere virtuellen Maschinen laufen auf den Hosts ohne Probleme. Was noch fehlt, sind die wichtigen Funktionen eines Clusters.

Der nächste logische Schritt ist die Erstellung eines Clusters, das Hinzufügen der Hosts und die Konfiguration der Clusterumgebung.

Ein Cluster ist eine Gruppe von Hosts, deren Ressourcen (CPU, RAM usw.) vom vCenter Server gemeinsam verwaltet werden, ähnlich einem alles umfassenden Ressourcenpool. Nur im Cluster können Funktionen wie vMotion, Fault Tolerance, DRS und HA genutzt werden.

Bei den meisten VMs funktionieren die bei der Erstellung zugewiesenen Standardressourceneinstellungen (NORMAL) ohne weiteren Eingriff. Diese können bei Bedarf später verändert werden, um Prioritäten, also einen anteilsabhängigen Prozentsatz für CPU, Arbeitsspeicher, Festplattenspeicherzugriff und Netzwerkgeschwindigkeit, oder eine garantierte CPU- und Arbeitsspeicherzuteilung zuzuweisen (siehe dazu Kapitel 19). Beim Einschalten der virtuellen Maschine überprüft der vCenter Server, ob ausreichende Ressourcen verfügbar sind, und ermöglicht dann gegebenenfalls das Einschalten oder auch nicht. Dieser Vorgang, den man auch außer Kraft setzen kann, wird als Zugangssteuerung bzw. Admission Control bezeichnet.

Aus dem Kontextmenü des Datacenters lässt sich der Assistent für das Erstellen eines Clusters aufrufen. Sie können auch mehrere Cluster erstellen und Ihre Hosts und VMs dann aufteilen. Haben Sie sehr unterschiedliche CPUs in Ihren Servern, sollten Sie sich überlegen, eventuell mehrere Cluster anzulegen, anstatt den EVC-Modus (*Enhanced vMotion Compatibility*) zu nutzen.

 Wenn Sie ein weiteres Cluster erstellen, können Hosts im Wartungsmodus vom einen zum anderen Cluster mit der Maus verschoben werden. Die auf diesem Host ausgeschalteten oder im Suspend-Modus befindlichen Maschinen werden mit verschoben. Laufende VMs können von einem Cluster zum anderen migriert werden, wenn die sonstigen Voraussetzungen (gleicher Storage, gleiche CPU usw.) gegeben sind. Beim Entfernen des Clusters werden auch die Hosts und VMs entfernt, laufen aber weiter und müssen dann wieder manuell dem anderen hinzugefügt werden – oder Sie verschieben vorher alle Objekte und löschen das leere Cluster.

 Beachten Sie bitte, dass es beim einzelnen Host im Cluster zwar immer noch die Konfiguration für den automatischen Start der VMs gibt und dass Sie diesen Punkt wieder aktivieren können, aber nach dem nächsten Neustart wird dieser wieder deaktiviert.

Wie funktioniert HA?

VMware High Availability (HA), also Hochverfügbarkeit, ist eine Clusterfunktion, bei der der Ausfall einer Hosthardware erkannt wird und die darauf ehemals laufenden VMs auf einem oder mehreren verbliebenen ESXi-Servern im selben Cluster neu gestartet werden. Beim Ausfall der Hardware ist der Inhalt des Arbeitsspeichers der VM natürlich weg. Die Maschine wird auf einem anderen Host neu gestartet, und aus ihrer Sicht sieht es so aus, als hätten Sie sie hart ausgeschaltet.

Um den Ausfall des ESXi-Servers erkennen zu können, wird regelmäßig ein Signal (Heartbeat) über das Management Network (konfigurieren Sie am besten zwei davon in unterschiedlichen Subnetzen) an andere Hosts und das Standardgateway gesendet. Bleibt dieses Signal aus, schaut der andere beteiligte Host auf den gemeinsamen Storage, um den »Lock« der VM-Festplatten zu überprüfen. Wenn dort keine Sperrung mehr gesetzt ist, müsste in der Konfigurationsdatei (.*vmx*, CleanShutdown) ein Hinweis über das Herunterfahren, das Anhalten oder Abschalten der VM stehen. Ist das nicht der Fall (CleanShutdown="FALSE"), wird versucht, die Maschine neu zu starten. Weitere Details finden Sie weiter unten beim Einrichten von HA.

Wie funktioniert vMotion?

In der Terminologie von VMware wird das Verschieben einer virtuellen Maschine von einem ESXi-Server zu einem anderen *Migration* genannt. Die Verlagerung von Dateien der VM auf einen anderen Datenträger (VMFS oder NFS) heißt *Storage Migration* oder auch *Storage vMotion*. Vereinfacht gesagt: Bei vMotion wird zunächst der Arbeitsspeicher der VM von einem Host zum anderen übertragen. Während dieser Zeit landen die Änderungen innerhalb des Arbeitsspeichers der VM in einer Deltadatei. Ist das RAM übertragen, wird die erste Deltadatei kopiert und Änderungen landen in einer neuen Datei. Der Vorgang wird so lange fortgeführt, bis das letzte Delta im Bruchteil einer Sekunde übertragen werden kann. Im Prozessor der VM wird eine Ausnahmebedingung (Exception) ausgelöst, um den Cache zu leeren. Anschließend wird die virtuelle CPU auf dem anderen Host aktiviert – die Maschine läuft jetzt dort weiter.

Beim Verschieben kann ein *ping*-Signal verloren gehen, aber die User bleiben angemeldet und Daten bleiben konsistent.

Bei Storage vMotion ist der Vorgang ähnlich, nur dass hier der Inhalt der Festplatte und alle Konfigurationsdateien verschoben werden.

 Wenn Sie eine virtuelle Maschine in der Bestandsliste vor dem Verschieben umbenennen, werden auf dem Ziel das Verzeichnis der VM und alle betroffenen Dateien umbenannt. Innerhalb der Konfigurationsdateien findet die Umbenennung ebenfalls statt. Die Funktionalität der VM wird dadurch nicht beeinträchtigt.

Neu ab der Version 6.0 von vSphere ist das Verschieben von VMs zu anderen vCenter Servern und sogar in andere Netzwerke. Durch die Erhöhung der erlaubten Latenzzeit beim Verschieben auf 100 ms sind also fast keine Grenzen mehr gesetzt. Nachteilig kann das bei der Lizenzierung von Oracle-Datenbanken sein, weil schlimmstenfalls alle möglichen Rechenzentren für einen Server lizenziert werden müssten.

Wie funktioniert DRS?

Das Planungsprogramm *Distributed Resource Scheduling* (DRS) steuert die Arbeitslast der laufenden virtuellen Maschinen und die Ressourcenauslastung der Hosts, um Ressourcen automatisch zuweisen zu können und VMs mittels vMotion nach Last zu verteilen. Der vCenter Server schaut also jeweils bei den Hosts die Auslastung bezüglich CPU und RAM an und vergleicht die Abweichung zu den anderen. Ist ein ESXi-Server durch die auf ihm laufenden VMs stärker ausgelastet als ein anderer, werden die Maschinen automatisch anders verteilt (siehe Abbildung 10-1).

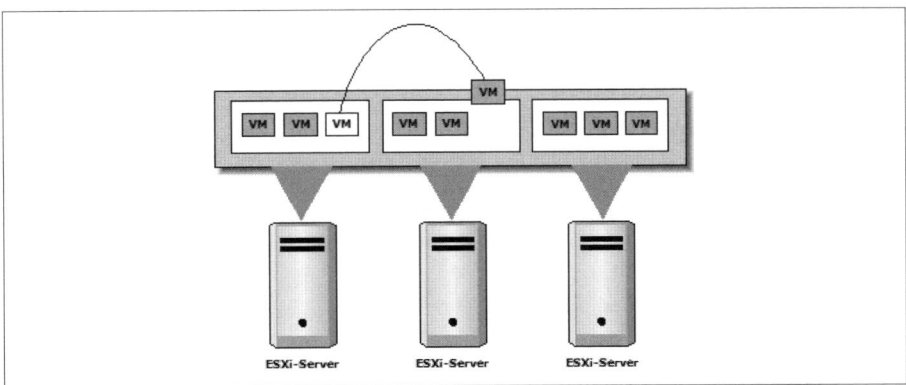

Abbildung 10-1: Funktionsprinzip von DRS

Dabei wird auch die kurzfristige Last einer VM berücksichtigt und diese nicht sofort verschoben.

Weitere Details finden Sie weiter unten beim Einrichten von DRS im Abschnitt »Clusterkonfiguration für DRS« auf Seite 350.

Wie funktioniert DPM?

Das DPM (*Distributed Power Management*) ist eine Energieverwaltung für das Cluster. Über die eingerichtete Funktionsweise des DRS werden bei Bedarf laufende virtuelle Maschinen auf andere Hosts verschoben, und anschließend wird ein freier Host in den Suspend-Modus versetzt. Dieses wird so lange fortgesetzt, wie genügend freie Ressourcen auf den verbleibenden Hosts zur Verfügung stehen. Das kann auch bedeuten, dass die Failover-Kapazität des HA außer Kraft gesetzt wird und nur noch ein Host aktiv läuft, wie in Abbildung 10-2 gezeigt.

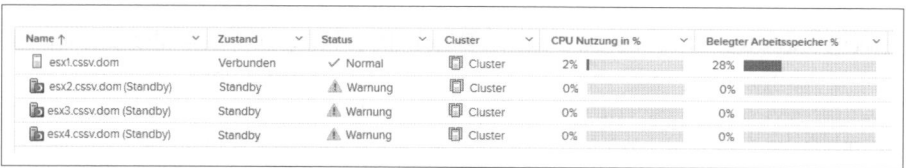

Name ↑		Zustand	Status	Cluster	CPU Nutzung in %	Belegter Arbeitsspeicher %
esx1.cssv.dom		Verbunden	✓ Normal	Cluster	2%	28%
esx2.cssv.dom (Standby)		Standby	⚠ Warnung	Cluster	0%	0%
esx3.cssv.dom (Standby)		Standby	⚠ Warnung	Cluster	0%	0%
esx4.cssv.dom (Standby)		Standby	⚠ Warnung	Cluster	0%	0%

Abbildung 10-2: Drei ESXi-Server im Standby-Modus

Sollten die Kapazitäten nicht mehr ausreichen, werden so viele Hosts neu gestartet, bis allen VMs genügend CPU-Leistung und Arbeitsspeicher zur Verfügung steht. Voraussetzung ist dabei die richtige Konfiguration der Umgebung.

Bei Tests habe ich Folgendes festgestellt:

Von vier zur Verfügung stehenden ESXi-Servern mit insgesamt 25 laufenden virtuellen Maschinen, die keine große Auslastung hatten, wurden nach und nach alle VMs nach der Einrichtung von DPM auf nur noch einen ESXi-Server verschoben. Die anderen drei gingen in den Suspend-Modus.

Als ich durch ein Programm auf jeder VM eine hohe Last erzeugte und der verbliebene ESXi-Server bei 100 % Auslastung war, dauerte es weitere zwei Minuten, bis der vCenter Server einen der schlafenden Server reanimierte. Es wurde ein Neustart durchgeführt, und nach sechs Minuten war der Server wieder vorhanden. Nach weiteren vier Minuten begann der vCenter Server, die erste VM zu verschieben. Wenn Sie diese Funktion nutzen wollen, testen Sie sie vorher also unbedingt aus!

Weitere Details finden Sie wiederum weiter unten im Abschnitt »DPM einrichten« auf Seite 360.

Wie funktioniert FT?

Bei FT (*Fault Tolerance*) wird eine wichtige VM auf einem anderen ESXi-Server nach dem Einrichten gespiegelt. Beide Maschinen, die primäre und die sekundäre, haben eigene Festplatten und Konfigurationsdateien. Die Schreibanforderungen laufen bei beiden VMs gleichzeitig auf die Platten. Richtet man FT über den Web Client ein, können die Festplatten auch auf lokalen Storages liegen, es wird aber zusätzlich für Metadaten ein gemeinsames Volume benötigt. Der Inhalt der Arbeitsspeicher und der Caches der Prozessoren werden durch einen zusätzlichen Agenten auf beiden VMs ständig synchronisiert. Anfragen aus dem Netz bekommen beide gleichzeitig zugesandt, somit müsste bei der gleichen Aufgabe auch das gleiche Ergebnis herauskommen. Auch direkte Eingaben an der Konsole werden zur sekundären VM geschickt.

Kommt es zum Ausfall des Hosts mit der primären Maschine, was durch ein Taktsignal erkannt werden kann, übernimmt die sekundäre sofort deren Aufgaben. User bleiben angemeldet und alle Daten bleiben vorhanden.

Weitere Details gibt es im Abschnitt »Fault Tolerance einrichten« auf Seite 361.

Wie funktioniert EVC?

Bei EVC (*Enhanced vMotion Compatibility*) werden alle im Cluster vorhandenen Prozessoren – wenn möglich – auf einen gemeinsamen Nenner gebracht. Haben Sie nur identische CPUs in Ihren Hosts verbaut, sollten Sie diesen Modus nicht einschalten. Liegen aber Unterschiede vor, so kann es sein, dass eine VM Funktionen eines Prozessors nutzt, die die andere CPU auf dem anderen ESXi-Host nicht hat. Somit kann die virtuelle Maschine natürlich nicht zur Laufzeit auf den anderen Host verschoben werden. Beim Einschalten von EVC versucht der vCenter Server, die Funktionen auszublenden, die nicht bei allen Host-CPUs vorhanden sind, damit diese von den VMs gar nicht erst gesehen werden.

Weitere Details finden Sie weiter unten im Abschnitt »VMware EVC« auf Seite 358.

Clusterkonfiguration für vSphere HA

Im Assistenten für das Erstellen eines Clusters können Sie sowohl HA (vSphere Availability) als auch DRS und vSAN (je nach Lizenz) sofort mit anwählen und konfigurieren. Nachdem die jeweilige Schaltfläche aktiviert und auf OK geklickt wurde, wird das Cluster erstellt und der Fokus auf die Konfiguration mit dem Schnellstart gelenkt. Dort können zunächst die Hosts hinzugefügt und anschließend die Konfigurationen begonnen werden.

HA (intern immer noch als »DAS« bezeichnet) ist die erste zu konfigurierende Komponente. Hierbei gibt es in einem Cluster nur einen Master bzw. Primary und gegebenenfalls mehrere Slave bzw. Secondary Hosts. Die Anzahl der Knoten ist in einem Cluster auf 64 beschränkt, es können auch nur maximal die Anzahl der Hosts minus eins als Hostausfälle ignoriert werden. Derjenige Host, der die meisten Zugriffe auf gemeinsame Storages hat, oder der erste, wenn alle Storage-Zugriffe gleich sind, wird als Primary initialisiert. Fällt der Primary aus, so wird ein anderer ESXi-Server als Master von den verbliebenen Hosts ausgewählt. Das passiert ebenfalls, wenn der Primary heruntergefahren, im Wartungsmodus oder im Standby-Modus ist oder aus dem Cluster entfernt wird.

Der primäre Host ist für die Überwachung der Sekundärknoten und der Zugriffe auf die Storages sowie für die Meldungen an den vCenter Server zuständig. Die sekundären Hosts senden ihre Statusinformationen und die ihrer VMs sowie die sekündlichen Heartbeats nur an den primären Host. Nur dieser kann darüber entscheiden, welche ausgefallene VM wo neu gestartet wird.

- Nachdem Sie das Häkchen bei HA gesetzt haben, können folgende Einstellungen für High Availability (HA), die Sie in Abbildung 10-3 sehen, konfiguriert werden.

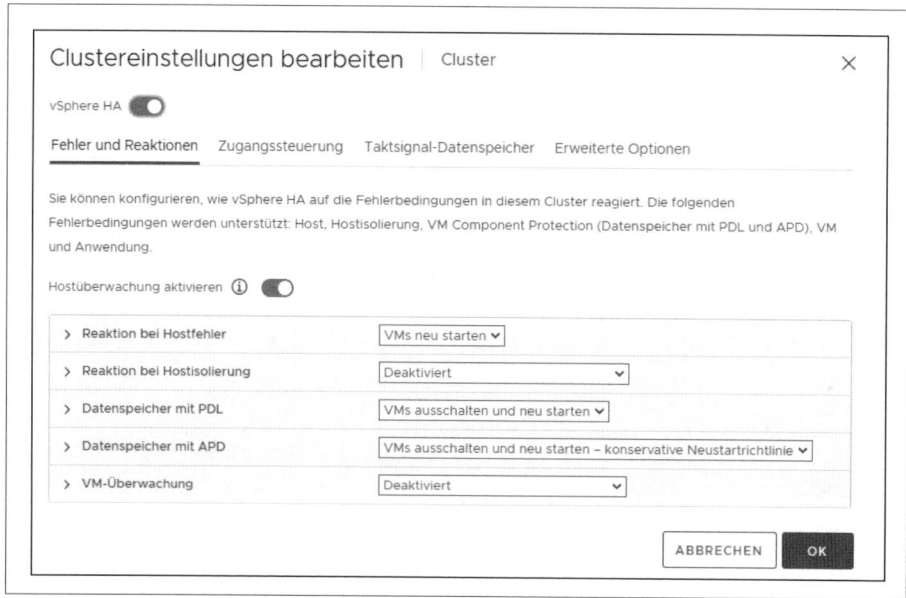

Abbildung 10-3: Einstellungen zu HA

Fehler und Reaktionen

Die HOSTÜBERWACHUNG ist für kurzfristige Netzwerkarbeiten gedacht, wenn die Konnektivität zwischen den Hosts gefährdet ist, z.B. beim Tauschen eines Switch oder Kabels. Der HA-Agent auf dem ESXi-Server nutzt für die Kommunikation den Management-Network-Port, nicht einen anderen VMkernel-Port.

Unter REAKTION BEI HOSTFEHLER können Sie einstellen, was mit den ausgefallenen VMs geschehen soll und wann. Standardmäßig werden die vorher laufenden VMs auf einem verbliebenen Host neu gestartet – das lässt sich hier auch deaktivieren.

Die VM-NEUSTARTPRIORITÄT steht zunächst auf MITTEL und lässt sich in vier weiteren Stufen einstellen. Hier sollten Sie den Standard übernehmen und für individuelle VMs Ausnahmen unter VM-AUßERKRAFTSETZUNGEN (weiter unten) konfigurieren.

Bei NEUSTARTBEDINGUNGEN FÜR VM-ABHÄNGIGKEIT kann je nach Auslastung der verbliebenen Hosts einer von vier Modi gewählt werden. Eine zusätzliche Verzögerung um maximal 3.600 Sekunden (1 Stunde) zwischen den gewählten Neustartbedingungen und eine Zeitüberschreitung von maximal 86.400 Sekunden (24 Stunden), wenn die Bedingung nicht erfüllt ist, lässt sich hier einstellen.

Was ist, wenn eine HOSTISOLIERUNGSREAKTION auftritt, wenn also ein Host die anderen ESXi-Server und sein Standardgateway nicht mehr erreicht? Soll dieser versuchen, die noch auf ihm laufenden VMs herunterzufahren, diese auszuschalten, oder sollen die VMs eingeschaltet (Deaktiviert) bleiben (siehe Abbildung 10-4)?

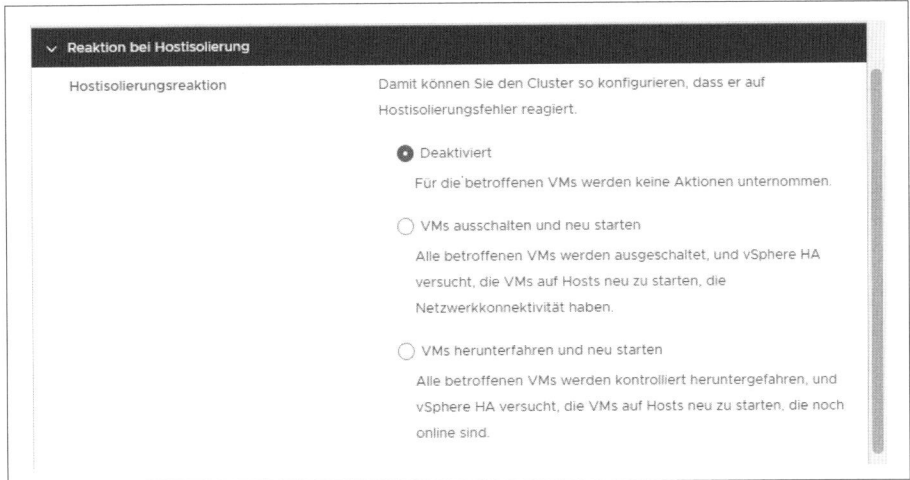

Abbildung 10-4: Optionen für die virtuellen Maschinen

 Solange eine virtuelle Maschine auf dem ESXi-Server eingeschaltet ist, befindet sich ihre Festplattendatei im aktiven Lock-Modus. Bevor also versucht wird, eine VM auf einem anderen Host zu starten, wird dieser Modus überprüft. Da es sich hier um einen aktiven Modus handelt, ist der Lock automatisch weg, wenn der Host nicht mehr läuft (oder sich »aufgehängt« hat) oder die Verbindung zum Storage unterbrochen ist. Bei einem externen Storage kann es mit dem HERUNTERFAHREN manchmal Probleme geben, wenn die Verbindung unterbrochen ist. Stellen Sie dann die VMs auf AUSSCHALTEN (siehe auch weiter unten).

Damit der Zustand der HOSTISOLIERUNGSREAKTION auch einwandfrei festgestellt werden kann, muss eine Portgruppe (PG) für das Management Network über zwei Netzwerkkarten verfügen, oder es muss über eine weitere Netzwerkkarte eine zweite PG dafür eingerichtet worden sein. Fehlt diese bei der Erstellung des Clusters, wird eine Warnmeldung vom vCenter Server beim Host angezeigt (siehe Abbildung 10-5 und Abschnitt »Hostisolierungsreaktion richtig einstellen« auf Seite 344). Haben Sie das Problem behoben, klicken Sie auf dem Kontextmenü des ESXi-Hosts FÜR VSPHERE HA NEU KONFIGURIEREN an.

Konfigurationsprobleme

Dieser Host verfügt momentan über keine Verwaltungsnetzwerkredundanz

---

Abbildung 10-5: Meldung über HA-Konfigurationsprobleme

Eine Empfehlung zu DATENSPEICHER MIT PDL (Permanent Device Lost, dauerhafter Geräteausfall) und DATENSPEICHER MIT APD (All Path Down, keine Pfade verfügbar) lässt sich nicht geben. Wird Ihr Storage gegebenenfalls noch von anderen Hosts erreicht, so sollte der Host, der den Zustand erkannt hat, die VMs ausschalten, damit diese auf einem anderen ESXi-Server neu gestartet werden können.

Überlegen Sie sich hierzu Szenarien, wie: »Was muss passieren, dass ein Host die Pfade zum Storage nicht mehr sieht?« oder »Wie kann ein Host feststellen, dass ein Storage ausgefallen ist?« und »Sehen die anderen Hosts die Pfade noch oder ist dort gegebenenfalls ein gespiegelter Storage redundant vorhanden?« – Dann entscheiden Sie sich erst für eine der drei bzw. vier Optionen.

Der letzte Punkt in diesem Abschnitt betrifft die VM-ÜBERWACHUNG. Hier kann eingestellt werden, was passieren soll, wenn das Taktsignal der Agenten der VMware Tools nicht mehr funktioniert. Kommt das Signal nicht in einem festzulegenden Zeitraum, wird ein Zähler inkrementiert. Passiert dieses mehrmals in einem bestimmten Zeitraum, wird die Maschine zurückgesetzt, also ein harter Reset gemacht. Sie können zwischen NIEDRIG, MITTEL, HOCH und BENUTZERDEFINIERT wählen.

In früheren Versionen von vSphere konnte diese Funktion für eine oder mehrere VMs ausgewählt werden. In der aktuellen Version nur für alle, da es sich um eine Clustereinstellung handelt. Bei VM-AUSSERKRAFTSETZUNGEN müsste das wieder für alle anderen VMs abgeschaltet werden.

Zugangssteuerung

Die ZUGANGSSTEUERUNG regelt die Ressourcen bei einem Ausfall des Hosts bezüglich des Neustartens der VMs auf anderen Servern. Überlegen Sie sich, ob lieber alle Maschinen ein bisschen langsamer laufen sollen (Deaktivieren) oder gar nicht erst gestartet werden, wenn nicht mehr genügend Ressourcen vorhanden sind (Aktivieren). Normalerweise werden z. B. in einem Viererccluster 25 % der CPU- und RAM-Ressourcen reserviert, im Dreiercluster 33 % usw.

Bei der ZUGANGSSTEUERUNGSRICHTLINIE wählen Sie die Anzahl der zu tolerierenden Hostfehler (maximal die Anzahl der Hosts minus eins), die Steckplatzgröße (Ressourcen aller eingeschalteten VMs) oder den Prozentsatz der für HA zu reservierenden Ressourcen aus. Bei einem tolerierten Hostfehler würden die VMs nicht neu gestartet, wenn zwei Hosts ausfallen. Die für HA reservierten Ressourcen stehen keiner VM zur Verfügung, es sei denn, ein Host ist ausgefallen.

DEDIZIERTER FAILOVER-HOST ist der Server, der keine virtuellen Maschinen besitzt. Erst im HA-Fall wird dieser zum Pool mit hinzugenommen, und die VMs werden dann auf alle verbliebenen ESXi-Server verteilt. Über das grüne Plus bekommen Sie eine Liste aller im Cluster befindlichen ESXi-Server und können sich dann auf der linken Seite einen oder mehrere Hosts als Failover aussuchen.

 Wenn Sie bei der Zugangssteuerung nicht den oberen Punkt (DE-AKTIVIERT) gewählt haben, werden die Ressourcen für die virtuellen Maschinen im Cluster sofort eingeschränkt. Haben Sie nur zwei Hosts, können Ihre VMs maximal 50 % der gesamten CPU-Leistung und des Arbeitsspeichers bekommen. Wollen Sie Updates für die ESXi-Server einspielen, muss die Zugangssteuerung (Admission Control) jeweils deaktiviert werden.

Ausnahmen FÜR VIRTUELLE MASCHINEN können im Fenster VM-AUßERKRAFTSET-ZUNGEN gesetzt werden.

Taktsignal-Datenspeicher

Eine weitere Funktion, die mit der Version 5.0 von vSphere eingeführt wurde, sind die Taktsignale, die über Datenspeicher ausgetauscht werden. Diese Komponente soll die Hostisolierung eindeutig feststellen und Maßnahmen zum Neustart von ausgefallenen VMs veranlassen. Die Datenspeicher-Taktsignale kommen erst in Betracht, wenn der Host mit der Primär-HA-Rolle nicht mehr mit einem Sekundär-HA-Host über das Management Network kommunizieren kann. Wird über den Storage ebenfalls kein Taktsignal mehr empfangen, gilt der jeweilige ESXi-Server als isoliert oder ausgefallen. Dann erst werden die VMs neu gestartet.

Der vCenter Server stellt nur Datenspeicher für diese Funktion zur Verfügung, der von mindestens zwei im Cluster vorhandenen Hosts erreicht wird. Welche zwei Volumes der vCenter Server selbst gewählt hat, sieht man über die Registerkarte ÜBERWACHEN und dann im Abschnitt VSPHERE HA unter TAKTSIGNAL. Diese müssen nicht denen entsprechen, die manuell in den Clustereigenschaften angeklickt wurden, weil letztendlich der vCenter Server selbst entscheidet, welche er wählt.

Auf diesem Storage wird dann pro Cluster ein verstecktes Verzeichnis mit Namen *.vSphere-HA* angelegt, das meist ca. 3 MByte Platz beansprucht. Da dieselben Volumes auch von einem anderen Cluster verwendet werden können, befindet sich in dem oben angegebenen Ordner noch ein eindeutiger Unterordner pro Cluster unter anderem mit dem Namen des vCenter Servers.

In dem Unterordner gibt es pro Host zwei Textdateien mit einem Namen wie z.B. *host-10-hb* für den Heartbeat und *host-10-poweron*, in der die eingeschalteten Maschinen aufgelistet sind. In der gemeinsamen binären Datei *protectedlist* sind alle durch HA geschützte VMs gelistet.

Wenn Sie bei der HA-Hostisolierungsreaktion AUSSCHALTEN gewählt haben, ergeben Datenspeicher-Taktsignale keinen Sinn – schalten Sie diese dann besser ab und: Ein Virtual SAN unterstützt keine Datenspeicher-Taktsignale.

Proactive HA

Diese Funktion lässt sich nur einschalten, wenn auch DRS aktiv ist. Anschließend überwacht der vCenter Server den Health-Status der Hosts und kann gegebenenfalls VMs von einem fehlerhaften ESXi-Server verschieben, bevor ein Ausfall stattfindet. Unter dem Punkt WARTUNG verbergen sich dafür drei Möglichkeiten, die die Ressourcen der fehlerfreien Hosts berücksichtigen – wobei die Erklärungen zu den Punkten selbsterklärend sind.

 Je nachdem, welche Serverhardware Sie einsetzen, kann es hier zu unterschiedlichen Reaktionen kommen: Ein IBM-/Lenovo-Server ist in der Lage, ein defektes RAM-Modul vom Speicher auszuschließen, was keinerlei Proactive HA benötigt, ein Fujitsu-Server kann dies beispielsweise nicht. Manche Serverhersteller bieten ein Plug-in für den vCenter Server an, über das weitere Fehlerbedingungen eingestellt werden können.

Hostisolierungsreaktion richtig einstellen

Viele meiner Kunden hatten große Verständnisprobleme mit der korrekten Einstellung der Hostisolierungsreaktion in ihrem Umfeld. Deshalb gehe ich auf die drei möglichen Einstellungen an dieser Stelle nochmals detailliert ein.

Das Wichtigste vorweg: Eine Empfehlung zum Ausschalten, Laufenlassen oder Herunterfahren der virtuellen Maschinen kann man ohne genaue Kenntnis der Verkabelung des Netzwerks und der Storages nicht treffen.

Die folgenden Schilderungen sollen Ihnen dabei helfen, für Ihre Umgebung die richtige Einstellung zu finden.

Der ESXi-Server stellt fest, dass er isoliert ist, indem er keine Heartbeats mehr von anderen Hosts im HA-Cluster bekommt und sein Standardgateway nicht mehr auf einen *ping*-Befehl antwortet. Das ist auch der Grund, warum man in so einem Cluster eine Redundanz für das Management Network haben muss. Wichtig ist hierbei auch, ob die laufenden VMs auf dem Server noch eine Verbindung zu ihrem Storage haben. Haben Sie beispielsweise ein SAN über Fibre Channel oder iSCSI angeschlossen, so können die virtuellen Maschinen meistens ohne Probleme weiterhin auf ihre Festplatten zugreifen. In Abbildung 10-6 sehen Sie ein Beispiel dafür.

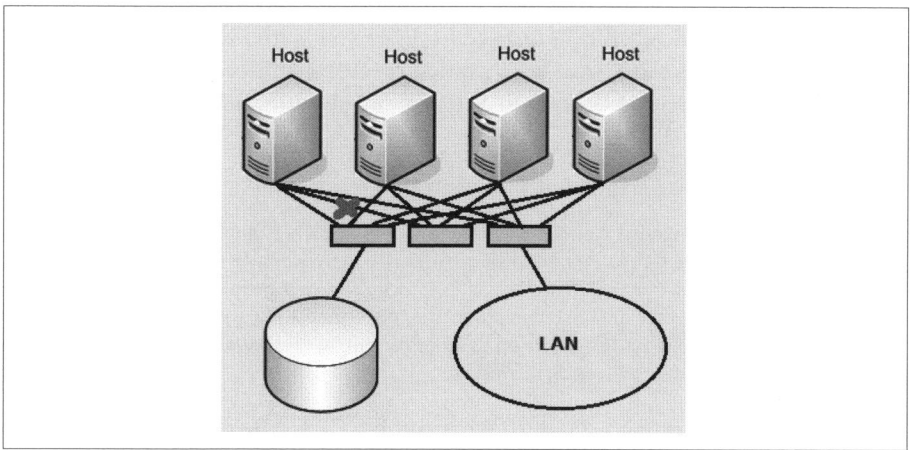

Abbildung 10-6: HA-Hostisolierungsreaktion: Eingeschaltet lassen

Hier ist lediglich die Kommunikation zwischen den Hosts gestört, die User können aber weiterhin auf die VMs zugreifen, da diese über einen zusätzlichen Switch eine Verbindung zu ihren Daten haben und die Verbindung zu deren Festplatten noch besteht. Die richtige Einstellung für den Hostisolierungsmodus wäre also in diesem Fall: DEAKTIVIERT (eingeschaltet lassen).

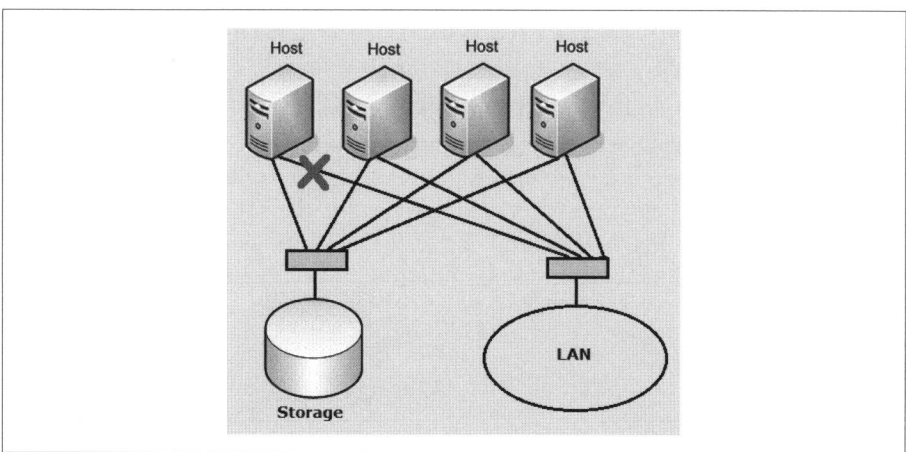

Abbildung 10-7: HA-Hostisolierungsreaktion: Herunterfahren

Anders sieht es im zweiten Beispiel aus: In der vereinfachten Darstellung in Abbildung 10-7 sehen Sie, dass nicht nur die Kommunikation der Hosts untereinander gestört ist, sondern dass auch keine Verbindung mehr zum LAN besteht und die Benutzer nicht mehr an die auf den Servern liegenden Daten herankommen.

Die VMs laufen zwar noch weiter, aber das hilft den Benutzern nicht. Die korrekte Einstellung wäre in so einem Fall: VMs HERUNTERFAHREN UND NEU STARTEN. Dabei wird aber in der Konfigurationsdatei der jeweiligen Maschine ein Hinweis gegeben, damit die anderen ESXi-Hosts diese VMs neu starten können (CleanShutdown = "FALSE"). Nach kurzer Zeit werden die auf dem isolierten Host ehemals laufenden VMs auf den anderen ESXi-Servern neu gestartet und die Benutzer können weiterarbeiten.

Beachten Sie dabei, dass eine VM nur vom Host heruntergefahren werden kann, wenn die VMware Tools installiert sind und laufen. Sind die Tools nicht auf bestimmten VMs vorhanden, müssen Sie diese VMs abweichend von der Standardeinstellung auf AUSSCHALTEN stellen, ansonsten werden die VMs innerhalb von 5 Minuten ausgeschaltet (konfigurierbar über ERWEITERTE OPTIONEN bei HA: das.isolationShutdownTimeout).

Sollte durch die Isolierung auch der Zugriff auf die Festplatte der VMs verloren gehen, können die Maschinen nicht heruntergefahren werden. Üblicherweise hängen sich die Betriebssysteme auf, wenn sie nicht mehr an ihre Festplatten herankommen, oder laufen mit 100% Netzwerk- und CPU-Last weiter. Der Lock der VMDK-Dateien geht verloren, da der ESXi-Server ebenfalls keinen Zugriff mehr hat, und die beteiligten Rechner werden auf anderen Hosts neu gestartet. Nun laufen diese doppelt im System, was im Fachjargon »Split Brain« genannt wird. Um Konflikte in so einer Umgebung zu vermeiden, müssen die VMs auf dem isolierten Host ausgeschaltet werden – eine andere Möglichkeit besteht nicht. Hier ist also die richtige Wahl: VMs AUSSCHALTEN UND NEU STARTEN. Dieser Zustand wird in der stark vereinfachten Abbildung 10-8 nochmals verdeutlicht.

Wenn im letzten Fall der Fehler behoben wird, bevor die isolierten VMs abgeschaltet wurden, bekommen Sie in Ihrem Netzwerk ein heilloses Chaos! Nicht nur weil die »Zombie«-VMs extreme Last im LAN verursachen, sondern weil diese im Gesamtsystem nun doppelt vorhanden sind. Das ist auf alle Fälle zu vermeiden – ein Ausschalten der betroffenen VMs und dadurch ein eventueller Datenverlust ist bei Weitem nicht so schlimm wie dieses Szenario.

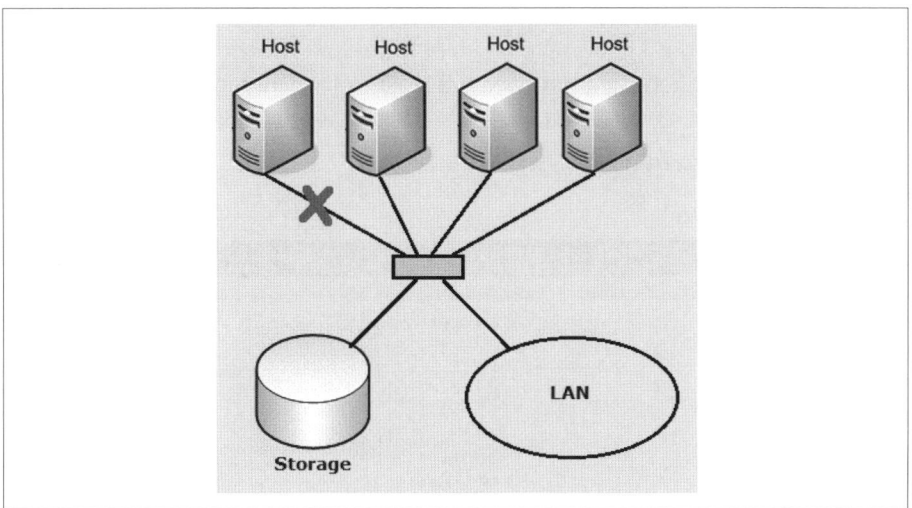

Abbildung 10-8: HA-Hostisolierungsreaktion: Ausschalten

Sollten durch diese Isolierung ein oder mehrere Domänencontroller betroffen sein, können Sie sich durch eine falsche Einstellung das Active Directory »zerschießen«! Wählen Sie hier unbedingt AUS-SCHALTEN.

VM-Komponentenschutz

Eine neue Funktion von HA mit dem Namen VM-Komponentenschutz (VM Component Protection) kann das oben beschriebene »Split Brain« verhindern. Hierbei überwacht HA die Verbindungen von eingeschalteten VMs auf deren Storage. Sollte die Verbindung zur Festplatte der virtuellen Maschine unterbrochen sein, wird die VM ausgeschaltet und auf einem anderen Host, der noch eine Verbindung zu dem Laufwerk hat, neu gestartet. Dabei wird zwischen PDL (Permanent Device Lost) und APD (All Paths Down) unterschieden, wie bereits oben angesprochen.

Diese Funktion lässt sich über den vSphere Client sowohl allgemein als auch für einzelne VMs aktivieren:

1. Melden Sie sich mit administrativen Berechtigungen über den Browser am vCenter Server an.
2. Navigieren Sie in der Struktur zu Ihrem Cluster und wählen Sie dieses aus.
3. Klicken Sie auf der rechten Seite auf den Eintrag VSPHERE AVAILABILITY, dann auf BEARBEITEN und anschließend auf die Schaltfläche FEHLER UND REAKTION.

4. In dem Fenster (siehe Abbildung 10-9) klicken Sie die gewünschte Option an und bestätigen die Änderung mit einem Klick auf OK. Um diesen Schutz aktivieren zu können, dürfen nur ESXi 6.0 Hosts oder neuer in dem Cluster sein.

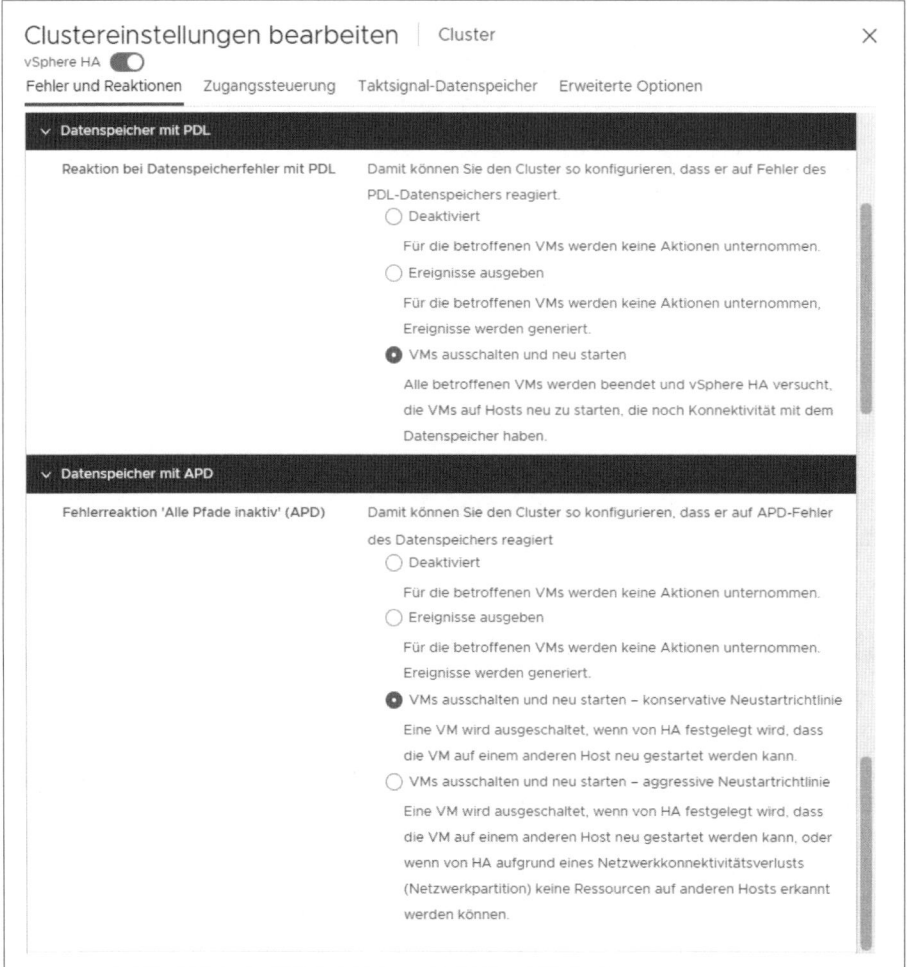

Abbildung 10-9: VM-Komponentenschutz aktivieren

Die Texte in dem Fenster sind selbsterklärend und zusammen mit den oben bereits gemachten Erklärungen eindeutig, sodass ich hier nicht detaillierter darauf eingehe.

VM-Außerkraftsetzungen

Bei VM-AUßERKRAFTSETZUNGEN kann für jede einzelne Maschine das Verhalten bezüglich HA und DRS sehr übersichtlich detailliert pro VM gewählt werden. Die wichtigsten Maschinen oder die, die zuerst neu gestartet werden sollen, stellen Sie bei VM-NEUSTARTPRIORITÄT auf HOCH oder HÖCHSTE, weniger wichtige lassen Sie auf MITTEL oder CLUSTEREINSTELLUNGEN VERWENDEN und noch weniger wichtige auf NIEDRIG oder NIEDRIGSTE (siehe Abbildung 10-10). Auch DEAKTIVIERT, also kein Neustart, kann hier ausgewählt werden.

Abbildung 10-10: Virtuelle Maschinen individuell einstellen

Die VM-ÜBERWACHUNG kann nur für einzelne VMs eingestellt werden, wenn im Cluster diese Funktion aktiv ist.

Fügen Sie dazu in dem Fenster VM-AUßERKRAFTSETZUNGEN die gewünschte Maschine hinzu und wählen Sie bei VM-ÜBERWACHUNG die Option BENUTZERDEFINIERT aus. Es erscheint das in Abbildung 10-11 gezeigte Fenster, in dem Sie Ihre Konfiguration auswählen können.

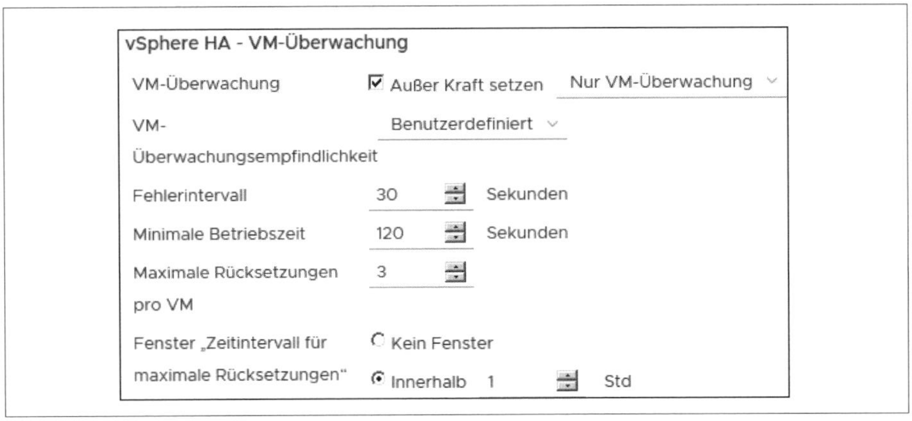

Abbildung 10-11: VM-Überwachungseinstellungen

Die MINIMALE BETRIEBSZEIT sollte nicht zu kurz gewählt werden, weil die VMware Tools ja erst geladen sein müssen. Das höchstens dreimalige Zurücksetzen innerhalb einer Stunde soll vermeiden, dass die VM in dem gewähltem Zeitfenster öfter als drei Mal neu gestartet wird.

Bei der Überwachung werden nicht nur die VMware Tools, sondern auch die Aktivität der VM auf dem Storage und im Netzwerk überprüft. Können die Tools keine Heartbeats mehr senden, ist aber die I/O-Aktivität im Zeitintervall von 120 Sekunden feststellbar, so wird die VM nicht neu gestartet.

Die Anwendungsüberwachung funktioniert nur über das Software Development Kit (SDK) mithilfe von VMware Application Monitoring (VAM) und für spezielle Standardanwendungen, die VAM unterstützen. Damit kann dann eine Anwendung auf der Maschine wie bei der VM-Überwachung überprüft und die VM gegebenenfalls neu gestartet (Reset) werden.

Clusterkonfiguration für DRS

Nach der Konfiguration von HA können Sie direkt mit dem Einstellen von DRS (Distributed Resource Scheduler) weitermachen. Erscheinen die Details zu DRS nicht, müssen Sie unter CLUSTERFUNKTIONEN erst das Häkchen bei DRS setzen.

Klappen Sie die DRS-AUTOMATISIERUNGSEBENE auf und wählen Sie die AUTOMATISIERUNGSEBENE. Die drei Einstellungsmöglichkeiten bedeuten jeweils Folgendes:

MANUELL: Der vCenter Server gibt Empfehlungen dafür, wie das Load Balancing zwischen den Hosts bezüglich CPU- und Arbeitsspeicherlast am besten verteilt werden sollte. Es werden keine VMs verschoben.

TEILAUTOMATISIERT: Es werden keine laufenden VMs verschoben. Beim Einschalten (nicht beim Neustart) einer VM schaut der vCenter Server nach den Ressourcen und wählt den Host aus, der am wenigsten belastet ist oder fragt bei Ihnen nach.

VOLLAUTOMATISCH: Beim Einschalten einer VM nimmt der vCenter Server den Host, der am wenigsten belastet ist. Laufende virtuelle Maschinen werden auf andere ESXi-Server migriert, wenn die Last nicht ausgeglichen ist. Wie konservativ oder aggressiv das geschehen soll, wird über den Schieberegler bei MIGRATIONSSCHWELLENWERT eingestellt.

Im produktiven Einsatz hat sich die mittlere Einstellung (1, 2 und 3), wie in Abbildung 10-12 gezeigt, am besten bewährt. VMs werden dann beim Hochfahren, oder wenn Sie kurzfristig viel Last brauchen, nicht unnötig verschoben. Erst wenn die Balance einige Minuten im Ungleichgewicht ist, werden Migrationen durchgeführt. DRS überprüft nur alle fünf Minuten die Lasten.

Abbildung 10-12: DRS-Automatisierungsebene

In der unten stehenden Tabelle 10-1 sind die verfügbaren Migrationsschwellenwerte aufgelistet.

Tabelle 10-1: Migrationsschwellenwerte

Schwellenwert	Anwendung
Ebene 1, sehr konservativ	Nur Empfehlungen mit Priorität 1. Wendet Empfehlungen an, die befolgt werden müssen, um Clusterbedingungen zu erfüllen, zum Beispiel Affinitätsregeln und Hostwartung.
Ebene 2	Empfehlungen mit Priorität 2 oder höher. Umfasst sowohl Empfehlungen der Ebene 1 als auch Empfehlungen, die bei einer erheblichen Abweichung der Lastverteilung des Clusters einsetzen.
Ebene 3	Empfehlungen mit Priorität 3 oder höher. Umfasst sowohl Empfehlungen der Ebenen 1 und 2 als auch Empfehlungen, die bei einer deutlichen Abweichung der Lastverteilung des Clusters einsetzen.
Ebene 4	Empfehlungen mit Priorität 4 oder höher. Umfasst sowohl Empfehlungen der Ebenen 1 bis 3 als auch Empfehlungen, die bei einer mäßigen Abweichung der Lastverteilung des Clusters einsetzen.
Ebene 5, sehr aggressiv	Alle Empfehlungen. Umfasst sowohl Empfehlungen der Ebenen 1 bis 4 als auch Empfehlungen, die bei einer leichten Abweichung der Lastverteilung des Clusters einsetzen.

Wie hoch die Abweichung zwischen den Hosts ist, sieht man über den vSphere Client auf der Registerkarte HOSTS und detailliert für CPU, RAM und Netzwerk auf der Registerkarte ÜBERWACHEN unter vSphere DRS (siehe Abbildung 10-13).

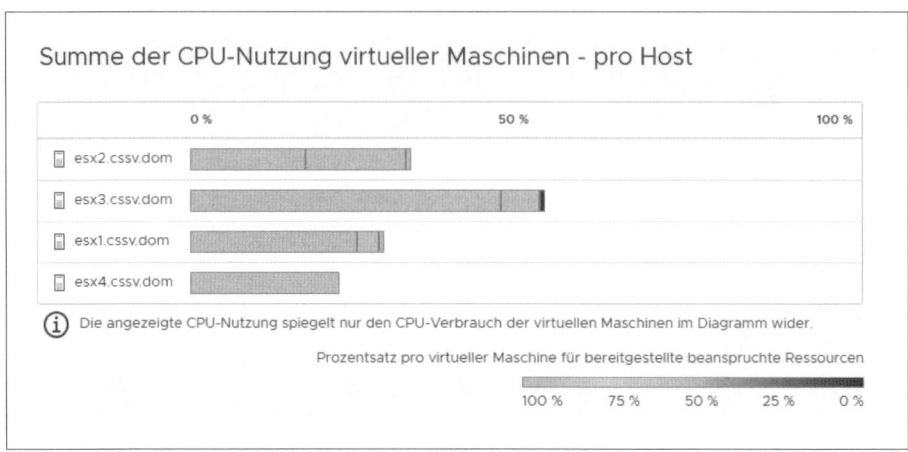

Abbildung 10-13: DRS-Lastabweichung

Predictive DRS

Haben Sie eine vSphere-Lizenz mit dem vRealize Operations Manager erworben und setzen Sie diesen ein, so kann dieser zusätzliche Server aufgrund von »erlernten« Abweichungen im Voraus VMs verschieben, also bevor es zu einem Ungleichgewicht kommt.

VM-Automatisierung

Um einzelne VMs vom DRS ausnehmen zu können, muss dieses Kästchen aktiviert sein. Dann kann für individuelle Maschinen die Automatisierungsebene auf deaktiviert, manuell, teilautomatisch oder vollautomatisch bei den VM-Außerkraftsetzungen eingestellt werden.

Zusätzliche Optionen

Drei weitere Einstellungsmöglichkeiten befinden sich hier:

- VM-VERTEILUNG: eine gleichmäßige Verteilung anhand der Anzahl der VMs
- CPU-ÜBERBELEGUNG: VMware empfiehlt nicht mehr als vier vCPUs pro echtem CPU-Kern der Hosts zu verteilen. Hier lässt sich der Grenzwert auf bis zu 500 vCPUs einstellen.
- SKALIERBARE ANTEILE: Bei der Erstellung von Ressourcenpools in Ressourcenpools können die relativen Anteile von CPU und RAM an diese vererbt werden.

Energieverwaltung

Ob Sie die Energieverwaltung (Distributed Power Management, DPM) verwenden wollen, bleibt Ihnen überlassen. Standardmäßig ist sie deaktiviert. Reichen für die laufenden VMs, z.B. nachts, die Ressourcen von nur einem Teil der Hosts aus, wird ein Host freigeräumt und anschließend in den Schlafmodus gesetzt. Gegebenenfalls wird das Prozedere wiederholt, bis nur noch ein ESXi-Server alle VMs hostet. Über Wake on LAN (WOL), IPMI oder ein iLO-Board werden bei Bedarf ein oder mehrere Hosts reaktiviert.

Sie können gegebenenfalls unter KONFIGURIEREN → HOSTOPTIONEN einzelne ESXi-Server auswählen, die nicht in den Suspend-Modus gehen oder nur manuell dort hingeschickt werden sollen (siehe Abbildung 10-14).

Abbildung 10-14: Hostoptionen für die Energieverwaltung

 Die Automatisierungsebene von DPM entspricht nicht der von DRS. So wird z.B. bei MANUELL nur eine Empfehlung gegeben.

 Wenn das oben erwähnte Szenario in Ihrem Betrieb sinnvoll ist, testen Sie die Funktionalität und den Zeitbedarf des Wiedererweckens vorher aus. Wollen morgens um acht Uhr alle Mitarbeiter gleichzeitig auf Ihre Server zugreifen, müssen die Hosts aus dem Suspend-Modus kommen, neu gestartet werden, und die VMs müssen alle wieder verteilt (migriert) werden.

Seit der Version 4.1 von VMware vSphere gibt es die Möglichkeit, einen geplanten Task zu erstellen, der die DPM-Einstellungen zu einem bestimmten Zeitpunkt ändert. Sie können also z.B. den DPM-Modus jeden Abend nach der Datensicherung automatisch einschalten. Der erste Host fährt erst in den Suspend-Modus, wenn die Last dementsprechend niedrig ist. Für den Morgen können Sie dann DPM ca. eine Stunde vor Dienstbeginn wieder ausschalten, damit die ESXi-Server bis zum Dienstantritt alle gestartet sind und die VMs nach Last über DRS verteilt haben (siehe auch »DPM einrichten«, weiter unten).

Den Punkt zum Ein- und Ausschalten von DPM finden Sie auf der Registerkarte KONFIGURIEREN unter GEPLANTE AUFGABEN.

Zum Sinn einer solchen Einstellung (Green IT) kann man sich z.B. folgendes Rechenbeispiel vorstellen:

Ein ESXi-Server, der nur wenig ausgelastet ist, verbraucht ca. 200 Watt Strom pro Stunde. Wenn man diesen 365-mal im Jahr für 5 Stunden in den Suspend-Modus schaltet, spart man im Jahr 365*5*200/1000= 365 kWh. Bei 0,20 € pro kWh ergäbe das eine Ersparnis von 73,00 € im Jahr pro Server. Dabei sollte man bedenken, dass Server für das Durchlaufen konzipiert sind und dass diese nach fünf Stunden einen Kaltstart machen müssen. Bei einem Kaltstart pro Tag kann die Hardware enorm leiden – und macht die Energieersparnis gegebenenfalls zunichte.

DRS-Regeln und -Gruppen

Wenn Sie DRS in Ihrem Unternehmen einsetzen können, haben Sie auch die Möglichkeit, Regeln für virtuelle Maschinen und Gruppen für ESXi-Hosts einzurichten. Gerade wenn sich mehrere Hosts in einem Cluster befinden, ist es oft sinnvoll, die VMs nach Bedarf anders zu verteilen, als es vom vCenter Server rein über die Last gesteuert wird.

Haben Sie zwei örtlich getrennte Rechenzentren, garantiert eine Gruppenbildung über mehrere Hosts, dass die VMs zum Beispiel regional getrennt laufen können. Das ist z.B. nützlich, wenn Sie mehrere Domänencontroller (DC) haben und diese auf unterschiedlichen ESXi-Servern, Rechenzentren oder sogar Standorten laufen sollen.

Die Regeln für die VMs umfassen das Zusammenhalten und das Separieren. Für DCs wäre also das Separieren sinnvoll, aber für einen Anwendungsserver, der über das Netzwerk auf eine externe Datenbank zugreift, das Zusammenhalten, damit der Netzwerkverkehr nur über den virtuellen Switch läuft.

- VIRTUELLE MASCHINEN ZUSAMMENHALTEN ist für VMs gedacht, die sich z.B. viel über das Netzwerk unterhalten. Sind diese auf demselben Host, ist die Datenübertragung deutlich höher, weil die Pakete die Netzwerkkarte gar nicht erst erreichen.

- SEPARATE VIRTUELLE MASCHINEN laufen immer (außer eventuell bei einem HA-Fall) auf unterschiedlichen Hosts. Das ist sinnvoll, wenn man z.B. ein Microsoft-Cluster aufbauen möchte. Fällt ein Host aus, sind nicht gleich beide Maschinen betroffen.

- VIRTUELLE MASCHINEN ZU VIRTUELLEN MASCHINEN betrifft eine Gruppe von VMs, die im HA-Fall als Gruppe vor einer anderen Gruppe neu gestartet werden sollen. Dies lässt sich auch für mehrere Gruppen einrichten.

- VIRTUELLE MASCHINEN ZU HOSTS betrifft eine Gruppe von VMs, die auf einer Gruppe von Hosts laufen sollen. Dies lässt sich auch für mehrere Gruppen einrichten.

Lassen Sie mich das an einem einfachen Beispiel verdeutlichen:

Einer meiner Kunden hat zwei Serverräume, die durch eine Feuerschutzwand voneinander getrennt sind. Die insgesamt zehn ESXi-Server haben Zugriff auf einen gemeinsamen Storage, auf dem sich alle VMs befinden. Fünf der Hosts laufen links, die anderen fünf rechts. Er möchte seine Domänencontroller separieren und seinen Datenbank- und Anwendungsserver auf einem Host zusammenhalten. Außerdem sollen alle Windows-Clients nur im linken Serverraum laufen, weil dort die beste Anbindung über VMware Horizon View (Virtual Desktops) für die Thin Clients besteht.

Zuerst erstellen wir zwei Gruppen für die ESXi-Server:

1. Wählen Sie auf der linken Hälfte des Fensters den Eintrag VM/HOST-GRUPPEN aus.

2. Klicken Sie rechts im oberen Teil, unter VM/HOST-GRUPPEN auf HINZUFÜGEN, wählen Sie als Typ HOSTGRUPPE und tippen Sie bei NAME: *RZ-Links* ein. Übernehmen Sie die fünf Hosts für diese Gruppe. Wenn Sie auf OK klicken, kehren Sie automatisch zurück.

3. Wiederholen Sie den Vorgang für die Gruppe *RZ-Rechts*.

4. An der gleichen Stelle können wir jetzt die Gruppe der virtuellen Maschinen für VMware Horizon View erstellen. Klicken Sie auf den Button HINZUFÜGEN im oberen Teil des Fensters.

5. Tippen Sie bei NAME *Horizon Clients* ein. Übernehmen Sie die gewünschten VMs für diese Gruppe, indem Sie die Häkchen in die Kästchen setzen. Wenn Sie auf OK klicken, kehren Sie automatisch zurück.

6. Nun wählen wir VM/HOST-REGELN aus und klicken oben auf HINZUFÜGEN.

7. Geben Sie den Namen *Horizon Links* ein, wählen Sie unter Typ VIRTUELLE MASCHINEN ZU HOSTS. Bei VM-GRUPPE steht die angelegte Gruppe bereits drin. Überlegen Sie sich, ob die Windows-10-Maschinen links laufen *müssen* oder *sollten*, und klicken Sie auf OK.

8. Zurückgekehrt klicken wir wieder oben auf HINZUFÜGEN. Geben Sie den Namen *Datenbankserver* ein und wählen Sie unter Typ VIRTUELLE MASCHINEN ZUSAMMENHALTEN. Anschließend wählen Sie HINZUFÜGEN und aktivieren die Kästchen für Ihre beiden Datenbank- und Anwendungsserver. Da wir hier nicht festlegen müssen, ob diese links oder rechts laufen, brauchen wir nichts weiter zu tun.

9. Die Regel für die Domänencontroller können wir mit SEPARATE VIRTUELLE MASCHINEN allein leider nicht erschlagen, denn einer soll ja links und der andere rechts laufen. Dafür müssen wir für jeden DC wieder eine Gruppe erstellen und diese dann aufteilen. Der Vorgang ist ähnlich wie bei der View-Gruppe, deshalb wiederhole ich es nicht extra.

Haben Sie alle Regeln eingetragen, bekommen Sie das Bild, das in Abbildung 10-15 zu sehen ist.

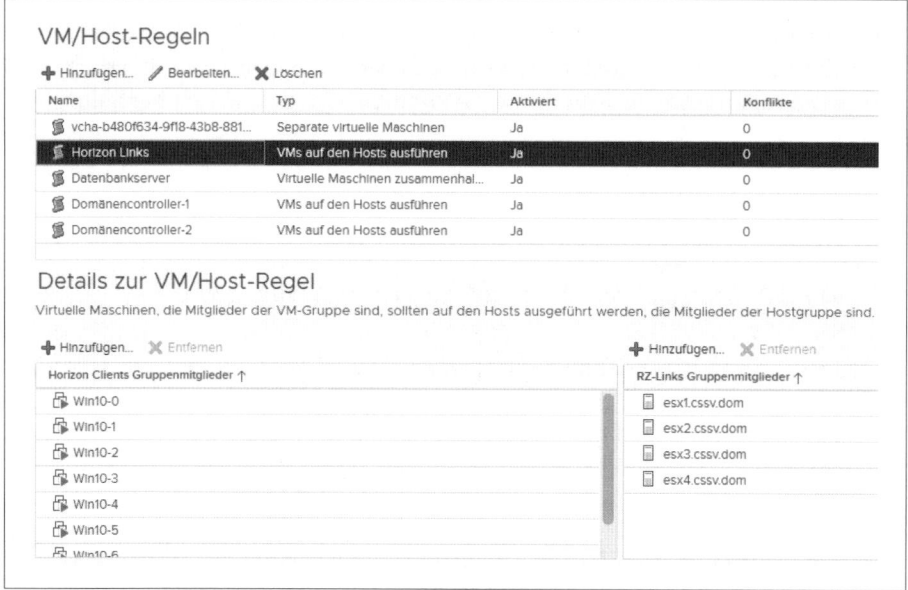

Abbildung 10-15: DRS-Gruppen

Die Gruppe *RZ-Rechts* hätte nicht extra für die DCs erstellt werden müssen, denn Sie können für den zweiten DC im Gruppenmanager auch wählen DARF/SOLLTE NICHT AUF HOSTS IN DER GRUPPE AUSGEFÜHRT WERDEN. Das geht zwar, ist aber unübersichtlich.

Beachten Sie dabei, dass sowohl bei DARF NICHT AUF ... als auch bei MUSS AUF ... die Regel bestimmt, dass bei einem HA-Fall diese Rechner nicht auf den anderen ESXi-Host neu gestartet werden. Umgekehrt, wenn Sie SOLLTE wählen, kann der Lastausgleich bei DRS dafür sorgen, dass die VMs trotzdem gegen diese Regeln verstoßen.

Haben Sie Regeln erstellt, die sich widersprechen oder nicht erfüllt werden können, so wird dies meist bereits in diesem Fenster angezeigt. Zur Sicherheit können Sie aber auch auf der Registerkarte ÜBERWACHEN – VSPHERE DRS auf den Eintrag FEHLER klicken. Dort werden auch Fehler angezeigt, die erst zur Laufzeit aufgetreten sind oder erkannt wurden. Grundsätzlich gilt, dass bei gegensätzlichen Regeln die zuerst erstellte gültig ist und die jüngere ungültig.

 Durch falsche Regeln können Sie verhindern, dass DRS korrekt funktioniert. Können VMs nicht verschoben werden, funktioniert auch das DPM nicht und der Host kann nicht in den Wartungsmodus versetzt werden. Somit scheitert auch der Lifecycle Manager!

VM-Außerkraftsetzungen

Wie bereits oben erwähnt, kann an diesem Punkt die Automatisierungsebene für einzelne VMs außer Kraft gesetzt werden. Bestimmen Sie, ob eine einzelne VM verschoben werden soll (VOLLAUTOMATISCH), nur beim Einschalten automatisch platziert wird (TEILAUTOMATISIERT) oder immer auf demselben Host läuft (DEAKTIVIERT oder MANUELL). Über den Browser können Sie zentral bei VM-AUßERKRAFTSETZUNG für einzelne VMs sowohl die HA- als auch die DRS-Optionen gleichzeitig konfigurieren, wie in Abbildung 10-16 gezeigt wird.

VM-Außerkraftsetzung für dc-1 bearbeiten | Cluster ✕

vSphere DRS

DRS-Automatisierungsebene ☐ Außer Kraft setzen Vollautomatisiert ⌄

vSphere HA

VM-Neustartpriorität ☑ Außer Kraft setzen Hoch ⌄

VMs mit der nächsten Priorität unter folgenden Bedingungen starten: ☐ Außer Kraft setzen Zugewiesene Ressourcen ⌄

Zusätzliche Verzögerung: ☐ Außer Kraft setzen 0 Sekunden

Zeitüberschreitung bei Bedingung für Priorität für Neustart der VM: ☐ Außer Kraft setzen 600 Sekunden

Hostisolierungsreaktion ☐ Außer Kraft setzen Deaktiviert ⌄

vSphere HA - Einstellungen für PDL-Schutz

Fehlerreaktion ⓘ ☐ Außer Kraft setzen VMs ausschalten und neu starten ⌄

vSphere HA - Einstellungen für APD-Schutz

Fehlerreaktion ⓘ ☐ Außer Kraft setzen VMs ausschalten und neu starten – ⌄

Verzögerung für VM-Failover ☐ Außer Kraft setzen 3 Minuten

Reaktion bei Wiederherstellung ☐ Außer Kraft setzen Deaktiviert ⌄

vSphere HA - VM-Überwachung

VM-Überwachung ☐ Außer Kraft setzen VM- und Anwendungsüberwachung ⌄

VM-Überwachungsempfindlichkeit Benutzerdefiniert ⌄

Fehlerintervall 30 Sekunden

Minimale Betriebszeit 120 Sekunden

Maximale Rücksetzungen pro VM 3

Fenster „Zeitintervall für maximale Rücksetzungen" ○ Kein Fenster
◉ Innerhalb 12 Std

[ABBRECHEN] [OK]

Abbildung 10-16: VM-Optionen für HA und DRS

VMware EVC

EVC (*Enhanced vMotion Compatibility*) steht für den Kompatibilitätsmodus der beteiligten Prozessoren aller Hosts, die beim Migrieren der VMs beteiligt sind. So kann verhindert werden, dass Hosts zum Cluster hinzugefügt werden, die nicht kompatibel sind. Außerdem werden für alle beteiligten VMs die Masken für die CPU-Funktionen angeglichen, damit bei vMotion keine Fehler passieren.

 Die in Abbildung 10-17 dargestellte Meldung sollte von Ihnen genau gelesen werden. Bei der angezeigten Meldung handelt es sich um VMs, die Funktionen nutzen, die die anderen beteiligten Hostprozessoren nicht haben. Die Meldung über nicht kompatible ESXi-Server-Prozessoren im Cluster sieht genauso aus!

Abbildung 10-17: EVC-Modus-Meldung: nicht kompatible virtuelle Maschinen

Allgemein – Speicherort der Auslagerungsdatei

Für alle im Cluster befindlichen VMs kann hier der Ort der Auslagerungsdatei festgelegt werden. Diese Einstellung überschreibt keine anderen explizit gewählten
Optionen, z. B. in den Einstellungen der VM. Beachten Sie aber, dass die *.vswp*-Da-
tei der virtuellen Maschine auf einem anderen Storage die Performance negativ beeinflussen kann.

Wenn Sie alle Einstellungen vorgenommen haben und das Assistentenfenster ge-
schlossen wurde, werden auf den Hosts die HA-Agenten aktiviert und für das
Cluster konfiguriert. Im unteren Teil des Bildschirms bei KÜRZLICH BEARBEITETE
AUFGABEN sehen Sie die Fortschrittsbalken der einzelnen Hosts.

Sind alle ESXi-Server mit dem Vorgang fertig und werden weiterhin
gelbe Dreiecke für Warnungen oder rote Rauten für Fehlermeldungen angezeigt, stimmt meist etwas nicht mit dem Netzwerk. Entweder funktioniert DNS nicht (Sie müssen die Hosts manuell hinzufügen), die IP-Adresse wurde einem anderen Rechner zugewiesen
oder die Hosts-Datei enthält einen Schreibfehler. Sobald der Fehler
behoben ist, klicken Sie mit der rechten Maustaste auf den Host
und wählen im Kontextmenü FÜR VSPHERE HA NEU KONFIGURIE-
REN.

Allgemein – Standard-VM-Kompatibilität

Neu zu erstellende VMs bekommen die hier ausgewählte Hardwarekompatibilität.
Haben Sie noch ältere Hosts, die gegebenenfalls auch eine neue VM hosten müssen, oder wollen Sie eine VM einem Kunden mit älterer Umgebung schicken, dann
sollte hier die benötigte Kompatibilität eingestellt werden. Wie Sie eine Hardwareversion der VM nachträglich nach unten korrigieren können, steht in Kapitel 19.

Cluster-Zusammenfassung

Auf der Registerkarte ÜBERSICHT des Clusters wird eine Anzeige mit acht Abschnitten und Ihren Einstellungen gefüllt. Bei CLUSTERVERBRAUCHER gibt es noch
mal einen Unterpunkt VIRTUELLE MASCHINEN, über die weitere Infos angezeigt
werden.

DPM einrichten

Voraussetzung für *Distributed Power Management* ist zunächst ein Cluster, das über einen vCenter Server ausgeführt wird. Nur so können ESXi-Hosts in den Suspend-Modus geschickt und auch neu gestartet werden. Für das Erwachen bzw. den Neustart benötigen die Hosts eines von drei Energieverwaltungsprotokollen mit unterstützter Hardware:

- IPMI – Intelligent Platform Management Interface
- iLO – Hewlett-Packard Integrated Lights-Out
- WOL – Wake on LAN

Hat ein Host mehrere der drei obigen Möglichkeiten, wird eine feste Reihenfolge von VMware definiert: IPMI, iLO, WOL.

Beachten Sie bei der Konfiguration die Hinweise des Hardwareherstellers und die Einstellungen im BIOS jedes Systems, damit das Aufwecken auch erfolgreich ist. Bei IPMI unterstützt VMware nur die MD5- und textbasierte Authentifizierung. Die notwendigen Informationen für das Aufwecken können Sie am Host über die Registerkarte KONFIGURIEREN → SYSTEM → ENERGIEVERWALTUNG einrichten.

Einrichten von WOL für DPM

Zunächst sollten Sie überprüfen, welche von Ihren Netzwerkkarten überhaupt WOL (*Wake on LAN*) unterstützen. Das finden Sie beim Host über die Registerkarte KONFIGURIEREN → NETZWERK → PHYSISCHE ADAPTER heraus, wie in Abbildung 10-18 dargestellt. Merken Sie sich die Adapter und schauen Sie nach, ob die VMkernel-Portgruppe für Management eine unterstützte Karte angeschlossen hat, sonst funktioniert es nicht.

Physische Adapter

Netzwerk hinzufügen... Aktualisieren | Bearbeiten

Gerät	Tatsächlich...	Konfigurierte Ge...	Switch	MAC-Adresse	Überwachte IP-Ber...	Wake-on-LAN unte...
vmnic0	1 GBit/s	Autom. aushandeln	vSwitc...	50:9a:4c:7a:aa:79	10.0.0.48-10.0.0.48	Nein
vmnic1	1 GBit/s	Autom. aushandeln	vSwitc...	50:9a:4c:7a:aa:7a	10.0.0.48-10.0.0.48	Nein
vmnic2	10 GBit/s	Autom. aushandeln	vSwitch1	68:05:ca:05:6e:9e	0.0.0.1-255.255.255....	Nein
vmnic3	10 GBit/s	Autom. aushandeln	vSwitch1	68:05:ca:05:6e:9f	0.0.0.1-255.255.255....	Nein
vmnic4	1 GBit/s	Autom. aushandeln	vSwitc...	00:26:55:eb:20:3d	10.0.0.48-10.0.0.48	Ja
vmnic5	1 GBit/s	Autom. aushandeln	vSwitc...	00:26:55:eb:20:3c	10.0.0.48-10.0.0.48	Nein
vmnic6	Ausgefallen	Autom. aushandeln	--	00:26:55:eb:20:3f	Keine Netzwerke	Nein
vmnic7	Ausgefallen	Autom. aushandeln	--	00:26:55:eb:20:3e	Keine Netzwerke	Nein

Abbildung 10-18: Ansicht der Netzwerkkarten, die WOL unterstützen

Des Weiteren müssen Sie im Cluster mindestens zwei unterstützte Hosts ab Version 6.5 haben, und der Management-Netzwerkverkehr darf nicht gerouted werden, muss sich also im selben Subnetz befinden.

Beachten Sie, dass manche NICs WOL nur dann unterstützen, wenn sie auf die automatische Geschwindigkeit und den automatischen Duplexmodus gestellt sind, also nicht auf z. B. 1000/Voll.

 Überprüfen Sie unbedingt die korrekte Funktionalität anhand eines manuellen Suspend-Modus für jeden beteiligten Host, sonst kann es passieren, dass ein nicht unterstützter Server bei Bedarf nicht wieder automatisch startet. Außerdem sollten Sie den vordefinierten Alarm *Fehler bei Standby-Beendigung* unbedingt für eine Meldung einrichten.

 Beachten Sie auch andere installierte Überwachungssoftware, z. B. SNMP, sonst bekommen Sie unnötige Meldungen, wenn ein Host in den Standby-Modus geht.

Fault Tolerance einrichten

Wie bereits oben erwähnt, kann man wichtige laufende VMs auf einen anderen Host »spiegeln«, damit bei einem Ausfall der Hardware diese VMs weiterlaufen und alle Daten konsistent bleiben (siehe Abbildung 10-19). Die angemeldeten Benutzer merken von einem möglichen Ausfall dann nichts. Der Ressourcenverbrauch ist durch zwei Maschinen zwar doppelt so hoch, da die sekundäre Maschine aber keine Anfragen aus dem Netz beantwortet, ist die Performance der VM nicht höher.

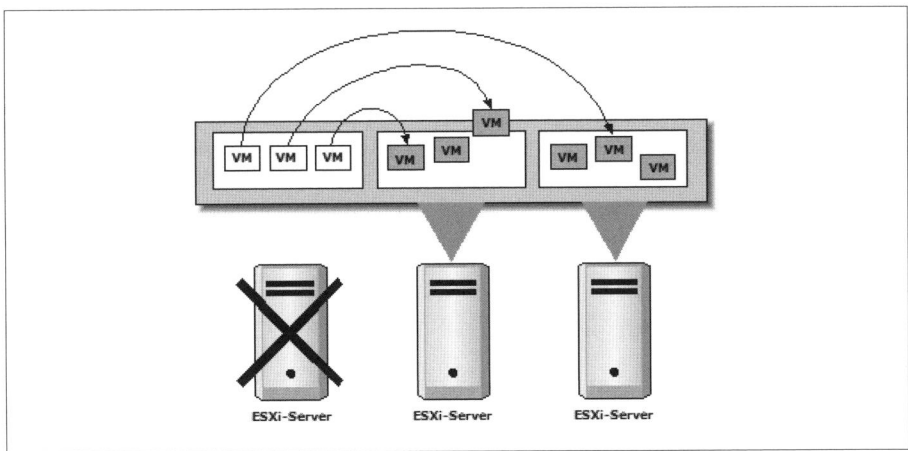

Abbildung 10-19: Funktionsprinzip von Fault Tolerance

Als Voraussetzung für den Einsatz von FT ist einiges mitzubringen:

1. Sie müssen ein laufendes, funktionierendes HA-Cluster mit mindestens zwei Hosts haben, die als FT-tauglich ausgewiesen sind (siehe *http://www. vmware.com/resources/compatibility/search.php*).

2. Mindestens zwei Hosts im Cluster müssen die gleichen und von FT unterstützten Prozessoren haben, die die Hardware MMU-Virtualisierung über Intel EPT oder AMD RVI besitzen. Dazu gehören z.B. Intel Xeon-Prozessoren der Serien ab Intel Sandy Bridge sowie dementsprechende AMD-Prozessoren (AMD Bulldozer oder höher). Je nach Prozessor und Gastbetriebssystem muss die VM ausgeschaltet sein, damit FT aktiviert werden kann (siehe auch *http:// kb.vmware.com/kb/1008027*).

3. Im BIOS des ESXi-Servers muss die Hardwarevirtualisierung (HV, Intel VT oder AMD-V) eingeschaltet sein und alle Hosts sollten die gleiche Prozessorfrequenz haben. VMware empfiehlt zudem, bei den beteiligten Hosts im BIOS die Energiesparoption abzuschalten bzw. maximale Leistung zu wählen.

4. Es muss jeweils ein VMkernel-Port für FT (Protokollierung der Fehlertoleranz) eingerichtet sein, der wegen der Bandbreite nicht gleichzeitig für vMotion oder iSCSI-Zugriff genutzt werden sollte. Hier werden 10-GBit-Ethernet und Jumbo-Frames empfohlen, ab vier vCPUs wird das vorausgesetzt. vMotion wird zusätzlich gebraucht. Des Weiteren sollten Sie für die beteiligten Portgruppen der VMs denselben Namen benutzen und aus Datensicherheitsgründen ein getrenntes Netz oder VLAN verwenden. Alle Daten werden von VMware bei der Synchronisation ohne Verschlüsselung übertragen.

5. vMotion und FT sollten in unterschiedlichen Subnetzen betrieben werden.

6. Über den vSphere Client können VMs mit vier vCPUs bei Standard- und Enterprise-Lizenz und acht vCPUs mit Enterprise-Plus-Lizenz eingerichtet werden. Bis Version 5.5 des ESXi-Hosts konnte nur eine vCPU zugeteilt sein.

7. Die maximale Anzahl der FT-VMs pro ESXi-Host ist vier (primäre und sekundäre VMs zählen jeweils extra) und insgesamt dürfen alle FT-Maschinen nicht mehr als acht vCPUs pro Host bekommen.

8. Es wird zwar virtuelles SAN (vSAN), aber keine virtuellen Volumes (vVol), keine Speicherrichtlinien und kein I/O-Filter unterstützt.

9. Linked Clones (verknüpfte Klone, z.B. über VMware Horizon View) werden nicht unterstützt.

10. Der VM-Komponentenschutz (siehe oben) wird für die FT-Maschinen automatisch deaktiviert.

11. Die Hostzertifikatsüberprüfung muss für alle Hosts aktiviert sein.

12. Alle Hosts müssen dieselbe Version und dasselbe Patch-Level haben, erkennbar auf der ESXi-Seite über den Registern.

13. Die VMs dürfen keine Bindung von CD oder Floppy am Host oder Client haben.

14. Es sollten nicht mehr als 16 virtuelle Festplatten zur VM gehören und keine davon darf größer als 2 TByte sein.

15. Ein Raw Device Mapping (RDM) wird nicht unterstützt, ebenfalls darf die virtuelle Maschine keine N_Port-ID-Virtualisierung (NPIV) nutzen.

16. Das Hinzufügen von USB und Soundkarten wird hier nicht unterstützt.

17. Eine Festplattenverschlüsselung, TPM, VBS und UPIT können nicht genutzt und müssen gegebenenfalls ausgeschaltet werden.

18. Die Festplatten der primären und der sekundären VM dürfen und sollten auf unterschiedliche Volumes liegen – sogar auf lokalen Platten der ESXi-Hosts. Ein gemeinsamer Storage muss trotzdem für Datentransfers (Tie-Breaker-File) vorhanden sein, um ein sogenanntes Split Brain auszuschließen, die Konfigurationsdatei (*.vmx) und die FT-Konfigurationsdatei müssen sich dort befinden.

19. Die NIC-Passthrough-Funktion wird von der Fehlertoleranz nicht unterstützt und muss daher ausgeschaltet werden.

20. Netzwerkschnittstellen für Legacy-Netzwerkhardware, also veraltete Netzwerkkarten, sind nicht möglich. Verwenden Sie möglichst eine vmxnet3- oder E1000(e)-Karte.

21. Es kann keine Hardware im laufenden Betrieb hinzugefügt werden.

22. Die virtuelle Maschine darf nicht die Paravirtualisierung (VMI) verwenden, da sie sonst nicht ordnungsgemäß eingeschaltet wird.

23. Der zugewiesene RAM der VM (maximal 128 GByte) wird als Reservierung gesetzt und muss komplett auf beiden ESXi-Servern vorhanden sein. Weiterhin wird EPT/RVI (*Extended Page Table / Rapid Virtualization Indexing*) automatisch deaktiviert.

24. Einige der Dateien der VM müssen von beiden beteiligten Hosts erreichbar sein. Zu den akzeptierten, gemeinsam genutzten Speicherlösungen gehören Fibre Channel, iSCSI (Hardware und Software), NFS, vSAN und NAS.

25. VMware DRS ist für die gespiegelten Maschinen ab vSphere 6.7 verfügbar, Sie müssen auch kein EVC mehr einschalten und die Hosts können dabei ab Version 6.5 genutzt werden.

26. Vorhandene Snapshots müssen vorher entfernt werden, und während der Spiegelung können keine manuell erstellt werden. Damit sind auch keine Datensicherungen über die meisten Sicherungsprogramme möglich. Lediglich bei dem VADP-Verfahren (vStorage APIs for Data Protection) kann ein Programm hier Datensicherungen mithilfe von Snapshots machen.

27. Storage vMotion ist für virtuelle Maschinen mit aktivierter Fehlertoleranz nicht möglich. Wenn Sie es dennoch benötigen, sollten Sie die Fehlertoleranz vorübergehend deaktivieren und die Storage vMotion-Aktion durchführen. Danach können Sie die Fehlertoleranz wieder aktivieren.

28. Die VM darf keine serielle oder parallele Schnittstelle verwenden. Achten Sie auch auf die Firmware-Einstellungen.

29. Bei der Grafikkarte wird 3D nicht unterstützt.

Als Gastbetriebssystem kann man fast alles wählen, was vSphere als VM-Betriebssystem in der Auswahlliste bereitstellt. Übrigens müssen ab der Version 6.x die Festplatten der VM nicht mehr auf eagerzeroedthick konvertiert werden, es werden sogar thin provisioning-Festplatten unterstützt.

Fehlertoleranz einschalten

Über die rechte Maustaste auf einer VM können Sie die Fehlertoleranz über den vCenter Server einschalten – der Failover wird über die Hosts ausgeführt, dabei wird die VCSA nicht benötigt. Wenn Ihr Versuch, die Fehlertoleranz für eine virtuelle Maschine einzuschalten, die Validierungsprüfungen besteht, wird die sekundäre virtuelle Maschine erstellt, und der gesamte Zustand der primären virtuellen Maschine wird kopiert. Die Platzierung und der sofortige Status der sekundären virtuellen Maschine sind davon abhängig, ob die primäre virtuelle Maschine eingeschaltet oder ausgeschaltet war, als Sie die Fehlertoleranz eingeschaltet haben.

Wenn die primäre virtuelle Maschine eingeschaltet ist, ...

- ... wird die sekundäre virtuelle Maschine auf einem separaten kompatiblen Host erstellt und eingeschaltet, sofern die freien Ressourcen das zulassen.
- ... lautet der im vSphere Client auf der Registerkarte ÜBERSICHT für die virtuelle Maschine angezeigte Fehlertoleranzstatus GESCHÜTZT.

Wenn die primäre virtuelle Maschine ausgeschaltet ist, ...

- ... wird die sekundäre virtuelle Maschine sofort erstellt und bei einem Host im Cluster registriert (sie wird möglicherweise auf einen besser geeigneten Host verschoben, wenn sie eingeschaltet wird).
- ... wird die sekundäre virtuelle Maschine erst eingeschaltet, wenn die primäre virtuelle Maschine eingeschaltet wurde.
- ... lautet der im Client auf der Registerkarte ZUSAMMENFASSUNG für die virtuelle Maschine angezeigte Fehlertoleranzstatus NICHT GESCHÜTZT, VM WIRD NICHT AUSGEFÜHRT (siehe Abbildung 10-20).
- ... werden die oben aufgeführten zusätzlichen Überprüfungen durchgeführt, wenn Sie versuchen, die primäre virtuelle Maschine einzuschalten, nachdem die Fehlertoleranz eingeschaltet wurde.

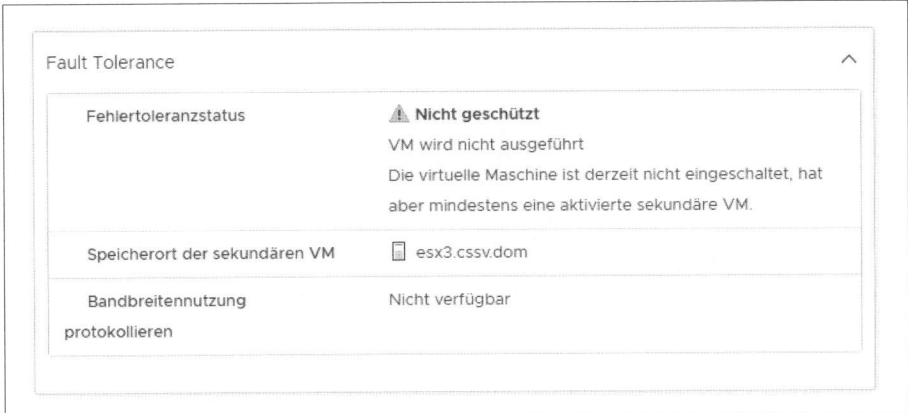

Abbildung 10-20: Fehlertoleranzstatus

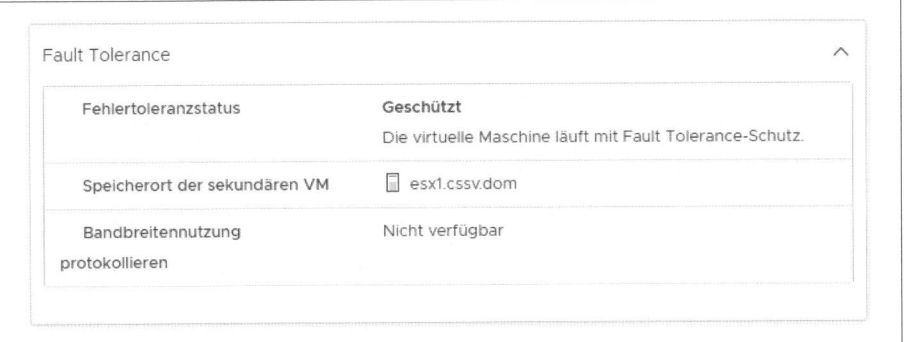

Abbildung 10-21: Meldung über geschützten FT-Status

- ... werden die primäre und die sekundäre virtuelle Maschine eingeschaltet und auf separaten, kompatiblen Hosts platziert, wenn diese Tests bestanden wurden. Der im Client auf der Registerkarte ZUSAMMENFASSUNG für die virtuelle Maschine angezeigte Fehlertoleranzstatus lautet dann GESCHÜTZT (siehe Abbildung 10-21).

Nach dem Einschalten der Fault-Tolerance-VM befinden sich im Ordner der sekundären virtuellen Maschine folgende Dateien:

- *VM1.vmx* ist fast identisch mit der Originaldatei der primären VM.

- *VM1.vmxf* ist fast identisch mit dem Original – bei neuen VMs entfällt die Datei.

- Nach dem Einschalten bekommt die sekundäre VM noch eine BIOS-/EFI-Datei namens *VM1.nvram*.

- Die Logdateien und Festplatten werden ebenfalls für beide Maschinen separat gehalten. Auch die Auslagerungsdatei der VMs gibt es jetzt doppelt, allerdings ist sie jeweils 0 Byte groß, weil der RAM vollständig reserviert ist.

Im Ordner der primären FT-Maschine gibt es zusätzlich die Datei *shared.vmft* mit folgendem Inhalt:

```
.encoding = "UTF-8"
uuid = "50 01 60 8f 33 de fe 02-15 59 f0 2d 82 a1 23 d8"
primary.uuid = "50 21 1e fc ac 3c 93 74-26 cd 39 02 8f a1 dc b4"
primary.vmxFilePath = "/vmfs/volumes/17242d64-5ea52551-0000-000000000000/Win10-0/
Win10-0.vmx"
secondary.secondary0.uuid = "50 01 60 8f 33 de fe 02-15 59 f0 2d 82 a1 23 d8"
secondary.secondary0.vmxFilePath = "/vmfs/volumes/17242d64-5ea52551-0000-
000000000000/Win10-0_1/Win10-0.vmx"
secondary.secondary0.enabled = "1"
secondary.secondary0.valid = "1"
```

Haben Sie an alles gedacht und hat alles funktioniert, sollten Sie den Status bei der primären VM sehen können, der in Abbildung 10-22 dargestellt ist.

Abbildung 10-22: Anzeige der primären und sekundären VM

Sollten Sie Probleme mit der Aktivierung von Fault Tolerance bei Ihrem Gast haben, empfehle ich Ihnen das kostenlose Tool *SiteSurvey* von VMware, das Sie unter

http://www.vmware.com/download/shared_utilities.html herunterladen können.

Nur wenige Sekunden nach der Installation zeigt das Programm über den Standardbrowser die Ergebnisse an. Achten Sie auf die kompatiblen Hosts und vor allem auf die roten Kästchen bei den VMs, die die Begründung für das erfolglose Einschalten von FT anzeigen.

 In der normalen Bestandsliste sehen Sie anschließend nur die primäre Maschine. Auf dem ESXi-Server oder auf dem Cluster können Sie aber das Register VMs anklicken, dann sehen Sie beide, wie beispielhaft in Abbildung 10-22 gezeigt. Die in kräftigem Blau ist die primäre, die mit dem fast weißen Symbol die sekundäre VM.

Sollten trotz aller Maßnahmen Fehler bei den gespiegelten VMs auftreten, hilft Ihnen die deutsche PDF-Datei *vsphere-esxi-vcenter-server-70-availability-guide.pdf* ab Seite 54 weiter, die Sie sich von der Website von VMware herunterladen können.

Cluster-Registerkarten

Die weiteren Registerkarten auf der Clusterebene bieten eine gute Übersicht über die Einstellungen, Übersichten und Fehler, die das Cluster betreffen. Einen Teil davon haben wir in diesem Kapitel schon kennengelernt, die ich im Folgenden nicht wiederhole, und andere besprechen wir erst in den nächsten Kapiteln. Hier folgt also nur der Rest.

Überwachen

Unter dieser Registerkarte finden Sie neun Abschnitte, die zum Teil auch mehrere Unterpunkte beinhalten.

Überwachen – Probleme und Alarme

An diesem Punkt werden eventuell vorhandene Probleme tabellarisch dargestellt. Dies umfasst auch alle untergeordneten Objekte, wie die Hosts und die VMs. Unter AUSGELÖSTE ALARME finden wir ebenfalls alle Warnungen und Fehlermeldungen des Clusters, der Hosts und der VMs mit dem Schweregrad und ob diese schon bestätigt wurden. Bei Alarmdefinitionen werden alle vordefinierten Alarme, die hier Sinn ergeben, aufgelistet. Alarme für Netzwerk oder Storage werden hier nicht angezeigt, weil diese hierarchisch über das Datacenter angeschlossen sind. Zu den Alarmen kommen wir in Kapitel 16.

Überwachen – Leistung

Hier sehen Sie die zweigeteilten LEISTUNGSDIAGRAMME mit Überblick über die Auslastung der Hosts bezüglich CPU und RAM sowie die erweiterte Ansicht, die ebenfalls CPU, RAM und zusätzlich Clusterdienste und VM-Vorgänge anzeigt. Über den blauen Link DIAGRAMMOPTIONEN können jeweils zu den vier Themengebieten noch etliche andere Indikatoren ausgesucht werden. Welche davon wirklich aussagekräftig sind, wird in Kapitel 19 ausführlich behandelt.

Überwachen – Aufgaben & Ereignisse

Hierzu habe ich in Kapitel 3 schon einiges geschrieben, was an dieser Stelle genauso zutrifft. Über den alten vSphere Client waren geplante Aufgaben zentral über HOME erreichbar – über den Browser leider nicht: An fast jedem Objekt findet man die Möglichkeit, unter KONFIGURIEREN eine zeitlich gesteuerte Aufgabe zu erstellen. Diese sind jedoch sehr eingeschränkt, was beim Cluster z.B. nur das Erstellen einer VM, das Hinzufügen eines Hosts und das Bearbeiten von DRS beinhaltet.

Überwachen – Sonstiges

- vSphere DRS: EMPFEHLUNGEN, FEHLER, VERLAUF sowie CPU- und RAM-NUTZUNG und die NETZWERKAUSLASTUNG jeweils als grobe Übersicht, sehr schön der Eintrag DRS-PUNKTZAHL DER VM, bei dem man sowohl das Ballooning als auch Swapping aller VMs sehen kann.
- vSphere HA: ÜBERSICHT, TAKTSIGNAL, KONFIGURATIONSPROBLEME UND DATENSPEICHER UNTER APD ODER PDL (Details in diesem und in Kapitel 19) sowie

- RESSOURCENZUTEILUNG für CPU, RAM und Speicher der VMs mit ihren prozentualen Anteilen (Details in Kapitel 19)
- AUSLASTUNG: noch eine Übersicht über CPU und Arbeitsspeicher im Cluster
- SPEICHERÜBERSICHT: Auflistung der Hosts mit Anzahl Speicheradapter, Geräte und Pfade zum Storage
- SICHERHEIT: Übersicht aller geprüften Hosts mit TPM-Modul

Berechtigungen

Unter dieser Registerkarte finden Sie die BERECHTIGUNGEN, die von hier auf alle untergeordneten Objekte vererbt werden. Details dazu finden Sie in Kapitel 3 und detailliert in Kapitel 18, die hier genauso gelten.

Die weiteren Registerkarten:

- HOSTS: eine tabellarische Übersicht der ESXi-Server und Ressourcenpools
- VMS: eine tabellarische Übersicht der virtuellen Maschinen und vApps (Details in Kapitel 12)
- DATENSPEICHER: eine tabellarische Übersicht der Datenspeicher und Datenspeicher-Cluster
- NETZWERKE: eine tabellarische Übersicht der Portgruppen für die virtuellen Maschinen auf Standard- und Distributed Switches (Details in Kapitel 6 und 12)
- LIFECYCLE MANAGER: ESXi-Hosts auf die neueste Version bringen (Details in Kapitel 14)

Jetzt kennen Sie die wichtigsten Komponenten und Funktionen des vCenter Servers. Was es sonst noch alles gibt und welche Möglichkeiten Sie damit jeweils haben, schildere ich in den folgenden Kapiteln.

vSphere Client und Fernzugriff auf virtuelle Maschinen

Nach der Installation der vCenter Server Appliance kann man sich mit dem vSphere Client mittels eines Browsers anmelden, um die Umgebung zu nutzen. Seit der Version 7.0 gibt es nur noch diese Möglichkeit, die bei den Vorgängerversionen genutzte Variante mit Flash und Java wird nicht mehr unterstützt. Mittlerweile sind auch alle Funktionen im HTML5-Client erreichbar.

Auf den einzelnen ESXi-Host greift man über den Host-Client zu, der leider nur wenige Funktionen bietet, verglichen mit dem Zugriff über den vCenter Server.

Der bisherige, nur unter Windows zur Verfügung stehende vSphere Client (auch Fat Client, C#-Client und ähnlich betitelt) wurde mit der vSphere Version 6.7 endgültig abgeschafft. Bei meinen Kunden, Lehrgangsteilnehmern und mir stößt dies auf Unverständnis. Wer bisher mit dem alten Windows-Client gearbeitet hat, muss sich spätestens jetzt umstellen. Der aktuelle HTML5-Client wurde wegen der vielen Wünsche, die an VMware gestellt wurden, den alten Client wieder zurückzubekommen, in vSphere Client umbenannt.

Für Benutzer, die auf den Desktop der VMs zugreifen sollen, möchte man aber vielleicht nicht die direkte Anmeldung über den vCenter Server oder einen Host realisieren, da hier zu viele Informationen angezeigt werden sowie viele Optionen, die der Benutzer nicht sehen oder ändern soll. Sicherlich lässt sich einiges über die Rechte und Rollenvergabe erledigen, aber es gibt auch andere Möglichkeiten, sich den Desktop der VM zu holen, die nicht nur einige Geschwindigkeitsvorteile bieten.

Die wichtigsten alternativen Möglichkeiten möchte ich Ihnen im zweiten Teil dieses Kapitels näherbringen.

vSphere Client

Auf den vCenter Server kann also nur noch mit dem neuen vSphere Client zugegriffen werden. Die Oberflächen sehen bei den meisten gängigen Browsern gleich aus, bei wenigen gibt es kleinere Darstellungsunterschiede.

Funktioniert der Zugriff mittels Browser auf den vCenter Server nicht, gibt es dafür mehrere mögliche Ursachen und Problemlösungen:

- Wenn Sie eine Fehlermeldung bekommen, dass der Server nicht gefunden wird, versuchen Sie es mit *https://<IP-Adresse>* statt mit dem Namen. Überprüfen Sie dann unbedingt die IP-Einstellungen Ihres Rechners und die Namensauflösung, z. B. mit *nslookup*.

- Wenn Sie eine Meldung bekommen, dass es eine Zeitüberschreitung (Einige Elemente konnten nicht angezeigt werden ...) oder einen Verbindungsfehler gab, ist der Webdienst gegebenenfalls (noch) nicht gestartet. Der Fehler 503 »Service Unavailable« deutet ebenfalls darauf hin. Warten Sie etwa drei bis fünf Minuten und versuchen Sie es dann erneut. Da Ihr vCenter Server eine VM ist, können Sie sich direkt auf dem Host anmelden und sich die Konsole ansehen. Sehen Sie hingegen kurze Zeit später die Meldung »The vSphere Client server is initializing«, dann versuchen Sie es kurze Zeit später nochmals.

- Versuchen Sie den Zugriff auf die Portadresse 5480 der vCenter Server Appliance, also z. B. *https://<IP-Adresse oder Name>:5480*. Darüber kommen Sie auf das Management der Appliance und können dort auch die Dienste gegebenenfalls manuell starten. Details zu der Oberfläche finden Sie in Kapitel 4.

Helfen die oben genannten Problemlösungen nicht, so können Sie vielleicht eine Datensicherung zurückspielen, in den VMware Knowledge-Base-Artikeln nach einer Lösung suchen oder einen neuen vCenter Server bereitstellen.

Browserfenster

Melden Sie sich über einen geeigneten Browser am Server an. Dazu gehören laut VMware:

- Google Chrome 75 oder neuer
- Mozilla Firefox 60 oder neuer
- Microsoft Edge 44 oder neuer

Sie müssen gegebenenfalls noch das Zertifikat bestätigen. Sollten Sie keine Berechtigung für die Anmeldung haben, so verwenden Sie als Benutzer zunächst *administrator@vsphere.local* mit dem während der Installation vergebenen komplexen Passwort. Legen Sie anschließend die notwendigen Berechtigungen, wie in Kapitel 4 beschrieben, an.

Nach der Anmeldung am vCenter Server, wie in Abbildung 11-1 dargestellt, erscheint ein zweigeteiltes Fenster, in dem auf der linken Seite die Bestandsliste und auf der rechten Seite die Details zum links Ausgewählten angezeigt werden.

Abbildung 11-1: Anmeldung über vSphere Client

Nun können Sie über die angezeigten Icons oder über die Liste auf der linken Seite navigieren. Falls Sie hier Grundeinstellungen zum Zeitformat, zu der Sprache, der Standardkonsole und der Bestandsliste ändern möchten, finden Sie das unter Ihrem Anmeldenamen bei MEINE EINSTELLUNGEN, wie in Abbildung 11-2 gezeigt.

Abbildung 11-2: Grundeinstellungen ändern unter MEINE EINSTELLUNGEN

Klicken Sie sich am Anfang erst einmal durch die einzelnen Seiten und Register und machen Sie sich mit der Oberfläche vertraut.

Zugriffsrechte für den Client

Wenn Sie über den vCenter Server auf die Webseite zugreifen, müssen dort die jeweiligen Rechte gesetzt und die Benutzer oder Gruppen angelegt sein.

Der Zugriff auf die Einstellungen und Optionen einer virtuellen Maschine ist von den Benutzerberechtigungen für den Zugriff auf die Konfigurationsdatei der virtuellen Maschine abhängig. Die Berechtigungen legen fest, ob Sie eine virtuelle Maschine durchsuchen, mit ihr interagieren, sie konfigurieren und/oder administrieren können und ob Sie nur eine, mehrere oder alle VMs sehen können.

Der Zugriff und die Konfiguration des ESXi-Servers sind ebenfalls möglich. Der vCenter Server kann dagegen auch mit administrativen Rechten nicht geändert werden.

Nutzen Sie am besten die jeweiligen Rollen, die sowohl auf dem ESXi als auch auf dem vCenter Server zur Verfügung stehen. Schauen Sie in Kapitel 18 über die Rollen auf dem ESXi- und vCenter Server nach den Möglichkeiten und Einschränkungen, wenn Sie sich unsicher sind. Probieren Sie die Einstellungen erst selbst aus, bevor Sie z. B. einem Benutzer eine Webverknüpfung auf seinen Desktop legen.

Tastenkombinationen für vSphere Client

Sie haben die Möglichkeit, den Remote-Bildschirm einer VM in den Vollbildmodus zu bringen, indem Sie die Tastenkombination Strg+Alt+Enter drücken. Bei der Webkonsole ist es die Taste F11. Um wieder in den Fenstermodus zurückzukehren, drücken Sie erneut die Taste F11. Die Windows-Anmelde-Tastenfunktion Strg+Alt+Entf sollten Sie vermeiden, weil das durch das Betriebssystem Ihres Rechners abgefangen wird. Verwenden Sie statt Strg+Alt+Entf alternativ Strg+Alt+Einfg oder klicken Sie mit der Maus im Menü auf die Schaltfläche STRG+ALT+ENTF SENDEN. Über die Funktionstaste F11 können Sie auf der VMRC die obere Leiste des Browsers ausblenden, auf der Seite des vCenter Servers geht das, je nach Browser, nur vor der Anmeldung bzw. dem Aufruf der Seite.

Fehlerbehebung

Oben habe ich schon etwas über den automatischen Start des Dienstes (vCenter Server) geschrieben. Der Fehlercode ist dabei üblicherweise 503 DIENST NICHT VERFÜGBAR. Es können aber noch weitere Fehlfunktionen auftreten, die ich hier kurz erwähne:

1. Mit dem Internet Explorer sollten Sie nicht mehr arbeiten, da dieser nicht mehr unterstützt wird und sehr häufig Fehler anzeigt.

2. Der Browser-Cache spielt bei vielen Browsern häufig eine Rolle, wenn die Darstellung nicht wie gewollt aussieht. Beenden Sie zunächst alle Sitzungen, löschen Sie den Cache und schließen alle Browserfenster – dann starten Sie den Browser neu, das hilft oft.

3. Um die Remote Console zu bekommen, muss diese zunächst installiert sein. Haben Sie sie installiert, muss gegebenenfalls noch eine Bestätigung beim erneuten Aufruf des Browsers erfolgen. Sollten Sie noch eine ältere Version haben, laden Sie sich die neue Version herunter und installieren Sie das Plugin einfach erneut. Die ältere Version müssen Sie meist nicht unter SYSTEMSTEUERUNG → SOFTWARE deinstalliert haben. Im Browserfenster können Sie

die Einstellungen zur Konsole in dem Menü unter dem Anmeldenamen konfigurieren.

4. Falls Sie mit Firefox arbeiten, erkennen Sie die ältere Version unter EXTRAS → ADD-ONS. Gegebenenfalls sollten Sie eine neuere Version installieren. Auch wenn die Installation beim ersten Mal fehlgeschlagen ist, empfehle ich die erneute Installation.

5. Unter Linux ist der Firefox-Browser häufig schon bei der Installation des Betriebssystems dabei. Falls bei Ihnen Fehler auftreten, sollten Sie die neueste Version herunterladen und installieren.

6. Konfigurieren Sie eventuell den Proxy erneut, damit dieser die Verbindung nicht falsch weiterleitet oder die Verbindung untersagt.

7. Falls die Anmeldung mit der IP-Adresse nicht funktioniert, versuchen Sie es mit dem DNS-Namen. Tragen Sie sich die Kombination in die *Hosts*-Datei auf Ihrem Rechner ein. Manchmal hilft es, die Erweiterung */ui* mit anzugeben, also z. B. *https://vcsa.cssv.dom/ui*.

Abschließend ist anzumerken, dass die Browseroberfläche von VMware nicht nur deutlich übersichtlicher und intuitiver zu bedienen ist, sondern auch die Geschwindigkeit deutlich gesteigert wurde.

Fernzugriff auf VMs

Um einzelnen Benutzern nur den Zugriff auf die Oberfläche einer VM zu geben, muss dazu nicht unbedingt auf deren Rechnern etwas eingerichtet werden. Es gibt mehrere Möglichkeiten dafür, die nachfolgend beschrieben werden.

VMRC – VM Remote Console

Da es bei einigen neuen Browsern Probleme mit dem NPAPI (Netscape Plugin Application Programming Interface) gab und diese aus den meisten Anwendungen verbannt wurden, hat VMware ein neues Programm für die Remote Console der VMs in den Browser-Client eingepflegt. Diese Anwendung kann auch direkt von der Webseite von VMware unter *www.vmware.com/go/download-vmrc* heruntergeladen und installiert werden.

Nach der Installation kann man die Konsole einer VM mit folgendem Befehl aufrufen, wenn der ESXi-Host bekannt ist:

```
"C:\Program Files (x86)\VMware\VMware Remote Console\vmrc.exe"
vmrc://root@esx5.cssv.dom/?moid=27
```

Anschließend wird nach dem Passwort des Benutzers *root* oder einem anderen auf dem Host angelegten Benutzer gefragt und Sie werden auf den Bildschirm der VM durchgereicht.

Da Sie die interne ID der VM für den Zugriff brauchen, muss diese zunächst ermittelt werden. Dazu können Sie das Werkzeug RVTools von Rob de Veij nutzen, das ich in Kapitel 19 näher vorstelle, oder auch PowerCLI (siehe Kapitel 9). Über den Host-Client lässt sich die ID ermitteln, indem Sie einmal die VM auf dem ESXi anklicken, dann können Sie im Adressfeld die ID auslesen (z. B. *https://esx2.cssv.dom/ui/#/host/vms/36*). Auf der Kommandozeile des Hosts funktioniert auch der Befehl vim-cmd vmsvc/getallvms.

Über EINSTELLUNGEN BEARBEITEN → VM-OPTIONEN kann man bei einer ausgeschalteten Maschine noch die Anzahl der gleichzeitigen Zugriffe auf die Konsole der VM reduzieren, wie in Abbildung 11-3 gezeigt wird.

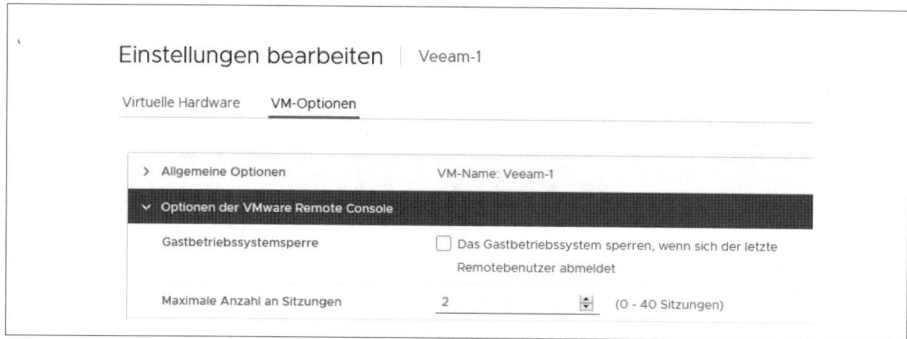

Abbildung 11-3: VM-Optionen für die Verknüpfung einrichten

Mit dem neuen Programm *vmware-vmrc.exe* hat der Benutzer je nach Berechtigungen deutlich mehr Einfluss – sogar auf die Hardwareeinstellungen der VM. Einige Details zu diesem Programm hatte ich schon in Kapitel 5 erwähnt.

Bei einem Neustart des Betriebssystems der VM bleibt das Fenster geöffnet, sodass man sogar in das BIOS wechseln könnte. Beim Herunterfahren und Ausschalten wird das Fenster nicht automatisch geschlossen und man könnte die VM hierüber auch wieder starten. Ist die Maschine ausgeschaltet, so wird zwar eine Verbindung aufgebaut, aber das Betriebssystem der VM nicht automatisch gestartet. Falls diese Maschine immer laufen soll, können Sie eine Alarmaktion dafür einrichten (siehe Kapitel 16).

Über das Menü am oberen Rand des Fensters, das sich unter den Buchstaben VMRC verbirgt, haben Sie die Möglichkeit, über WECHSELMEDIEN ein CD/DVD- oder Diskettenlaufwerk mit einem Datenträger zu verbinden und die Netzwerkkarte zu konfigurieren (nur im eingeschalteten Zustand). Verbundene Geräte werden dann am oberen rechten Rand des Fensters angezeigt, wobei ein abgeblendetes Symbol bedeutet, dass das Gerät nicht verbunden ist. Neue Geräte können über VERWALTEN – VM-EINSTELLUNGEN hinzugefügt und bearbeitet werden. Fügen Sie über den ESXi-Host oder den vCenter Server ein Gerät hinzu, wie z. B. eine neue Festplatte, wird es am oberen rechten Rand sofort angezeigt, wie in Abbildung 11-4 dargestellt.

Abbildung 11-4: Geräte der VM bei vmware-vmrc.exe

Das optische Laufwerk ist in der Abbildung nicht verbunden, deshalb wird es abgeblendet dargestellt.

Über die Schaltfläche VMRC am oberen linken Rand des Fensters haben Sie folgende Optionen:

- LEISTUNG: Einschalten, Gast herunterfahren, Anhalten und Gast neu starten.
- WECHSELMEDIEN: Floppy, CD-/DVD-Laufwerk und Netzwerkadapter verbinden, trennen oder konfigurieren. Hat die VM einen USB-Controller, können auch USB-Geräte vom lokalen PC hier an die VM durchgereicht werden.
- STRG+ALT+ENTF SENDEN: Sendet die Tastenkombination Strg+Alt+Entf an das Betriebssystem, z. B. um sich anzumelden oder den Computer zu sperren. Meist funktioniert auch die Tastenkombination Strg+Alt+Einfg.
- VERWALTEN: VMware Tools installieren oder aktualisieren, Nachrichtenprotokoll ansehen, VM-Einstellungen verändern.
- VOLLBILDSCHIRM: Maximiert das Fenster und zeigt die oberste Zeile ähnlich wie bei RDP an.
- EINSTELLUNGEN ...: Beim Start auf Produkt-Updates prüfen, Informationen über das Programm an VMware senden und einen virtuellen Drucker aktivieren (nicht unter vSphere).
- HILFE: Hilfethemen und Support verzweigt auf die VMware-Webseite, wo weitere Informationen angezeigt werden können, Software-Updates schaut im Internet nach Updates, Hinweise lassen sich aktivieren oder deaktivieren und es gibt Infos zu VMRC.

VMware-VMRC nutzt nicht das herkömmliche RDP-Protokoll. Es ist daher auch möglich, Zugriff auf die Oberfläche einer VM zu bekommen, die keine Netzwerkkarte hat oder sich in einem anderen Subnetz befindet. Eine Besonderheit gibt es hier noch: Bei einer ausgeschalteten VM ist es möglich, über VERWALTEN → VM-EINSTELLUNGEN die Festplatte zu erweitern, zu defragmentieren und zu komprimieren, wie in der Abbildung 11-5 abgebildet.

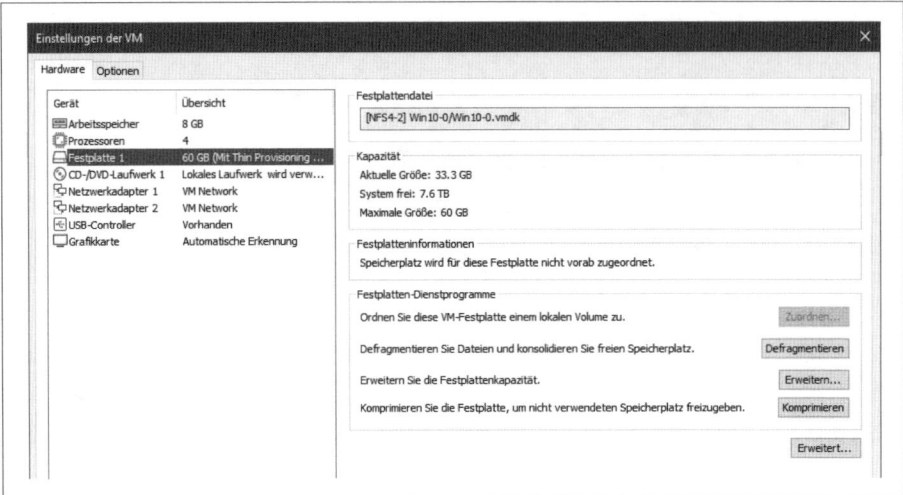

Abbildung 11-5: Festplattenfunktionen der VMRC

Sollte die VMRC mal nicht funktionieren, versuchen Sie eine Webkonsole zu öffnen. Funktioniert das, so liegt es vermutlich an der
Namensauflösung. Die Verbindung der Remote Console wird über
den ESXi-Host, die Webkonsole über den vCenter Server initiiert.

Remote Desktop Protocol

Über das Remote Desktop Protocol (RDP) auf einen entfernten Rechner zuzugrei-
fen, ist keine Besonderheit mehr. Diese Technologie, die schon bei den mittlerweile veralteten Betriebssystemen von Microsoft Standard war, ist in Unternehmen heute sehr häufig anzutreffen. Warum sollte also darüber in diesem Buch
geschrieben werden? Weil man damit einige Funktionen erreichen kann, die unter
vSphere 7 nicht laufen.

Mehrere Monitore

Wie bereits ausführlich in Kapitel 5 beschrieben, kann man in den Einstellungen
der virtuellen Maschine mehrere Monitore auswählen. Diese Option wird nur leider nicht für den Aufruf der VM über irgendeine Möglichkeit dargestellt. Lediglich
über VMware Horizon (View) funktioniert das.

Wenn Sie RDP verwenden, können Sie unabhängig davon, ob es sich um eine virtuelle oder physische Maschine handelt, den Parameter /span angeben. Rufen Sie
also das Programm *mstsc.exe* mit dieser Option auf, so wird der Desktop des Ziel-
rechners über alle angeschlossenen Bildschirme »gespannt«.

USB in der VM

Bei einer virtuellen Maschine ab der Version 8 können Sie einen USB-Hostcontroller zur Hardwareliste hinzufügen. Innerhalb des Betriebssystems der VM steht dann ein USB-Adapter mit maximal 20 Anschlüssen zur Verfügung (siehe Abbildung 11-6). Dieser lässt sich auch im laufenden Betrieb hinzufügen und die Geräte sollten automatisch verbunden werden.

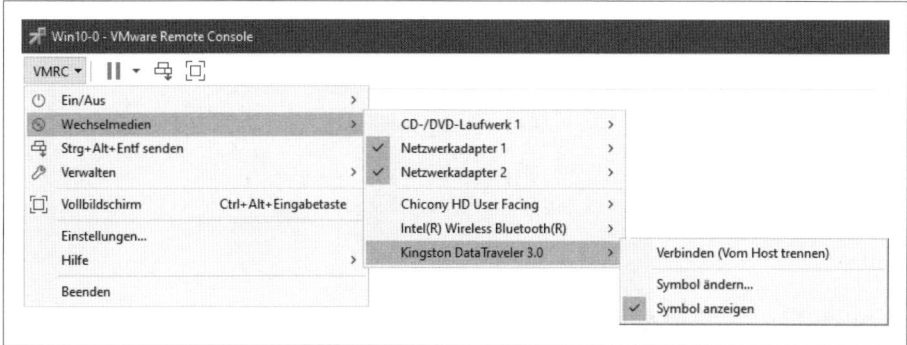

Abbildung 11-6: USB in der VM

 Mittlerweile muss das USB-Gerät nicht mehr unbedingt mit dem Host verbunden sein, sondern ein Durchreichen vom lokalen Arbeitsplatz über den vSphere Client in die VM ist ebenfalls möglich. Dafür wird am lokalen PC ein VMware USB Device installiert und angesteckte Geräte kann man über ein zusätzliches Icon in der Symbolleiste mit der VM verbinden. Das funktioniert auch mit den meisten Dongles, Websticks, USB-Festplatten etc. Rufen Sie anschließend die Eigenschaften der VM auf, steht das verbundene USB-Gerät ebenfalls in der Liste.

Über eine Remote-Desktop-Verbindung können Sie ebenfalls lokale USB-Sticks mit der Remote-Maschine verbinden. Wenn Sie die Remote-Desktop-Verbindung aufgerufen haben, klicken Sie auf die Schaltfläche OPTIONEN und anschließend auf die Registerkarte LOKALE RESSOURCEN. Im unteren Bereich des Fensters klicken Sie auf die Schaltfläche WEITERE. In dem folgenden Fenster, wie in Abbildung 11-7 gezeigt, können Sie sowohl LAUFWERKE, DIE SPÄTER ANGESCHLOSSEN WERDEN, als auch GERÄTE, DIE SPÄTER ANGESCHLOSSEN WERDEN, an die entfernte Maschine durchreichen.

USB-Dongles, Scanner, Drucker und andere Geräte können auch über einen USB-Device-Server angebunden werden – es gibt z. B. den Digitus DN-13009, einen 4-Port-USB-Hub mit 100-MBit-Ethernet-Anbindung oder den »myUTN-50« von SEH mit zwei Ports; die Firma SILEX bietet sogar GBit-Verbindungen für USB im LAN an und AnywhereUSB stellt ebenfalls eine Netzwerklösung für USB bereit.

Abbildung 11-7: USB-Geräte in der VM über RDP

Das Programm *mstsc.exe* können Sie auch noch mit einer Reihe anderer Parameter aufrufen. Wählen Sie beispielsweise START → AUSFÜHREN → MSTSC /?, dann bekommen Sie einige Möglichkeiten angezeigt, die in Abbildung 11-8 aufgelistet sind. Die Parameter unterscheiden sich übrigens bei unterschiedlichen Versionen. So gibt es bei älteren Softwareständen den Befehl */admin* und bei den neueren */console*, die beide die gleiche Funktionalität haben. Hiermit kann man die Remote-Verbindung so aufbauen, als säße man direkt am Rechner. Der Unterschied fällt meist erst auf, wenn zum Beispiel versucht wird, eine etwas kompliziertere Software zu installieren. Mit dem Parameter geht es, ohne nicht.

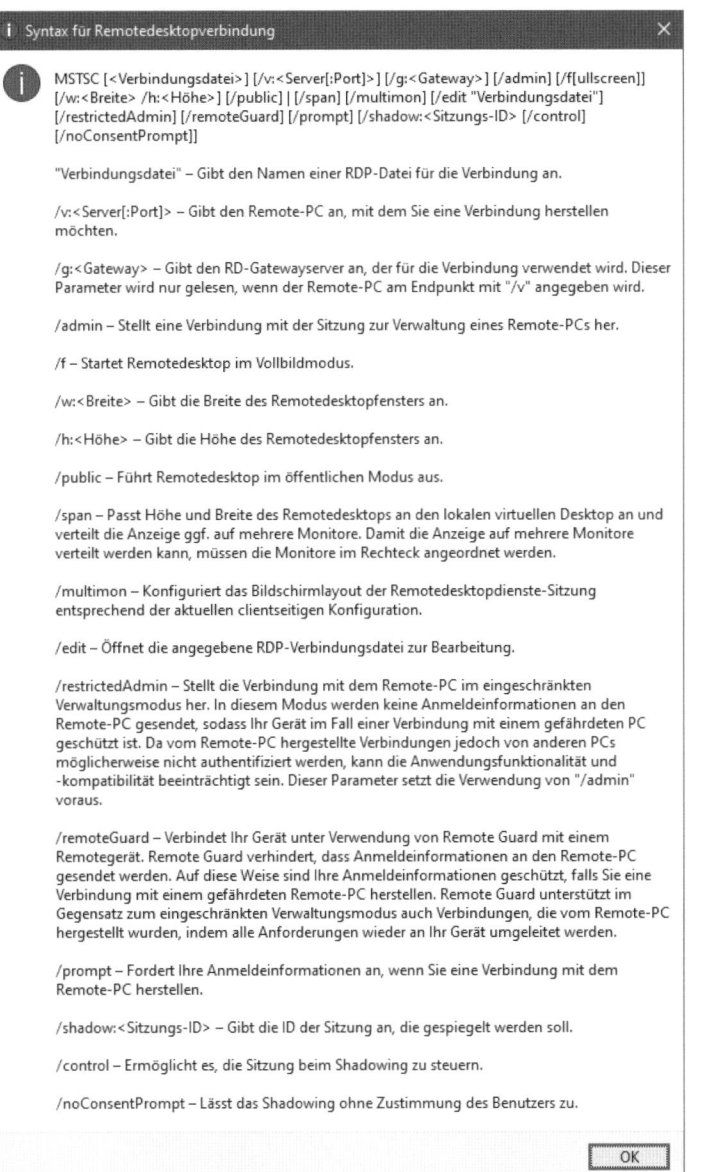

Abbildung 11-8: Informationen über Parameter von RDP

## KAPITEL 12

VMware Distributed Switches und vApp

Das Gruppieren von VMs mit eigenem Switch, eigener Startreihenfolge und weiteren Angaben – die sogenannte vApp – wird im zweiten Teil dieses Kapitels besprochen. Im ersten Teil soll es zunächst um die Besonderheiten des verteilten Switch gehen.

vSphere Distributed vSwitch

Bei der teuersten Variante des vSphere-Lizenzmodells, Enterprise Plus, kann man sogenannte verteilte vSwitches erstellen. Diese Distributed vSwitches (DSwitch) werden über den vCenter Server mit dem vSphere (HTML5-)Client angelegt und auf alle beteiligten ESXi-Hosts verteilt. Man muss also nicht auf jedem Host diese einzeln konfigurieren, was in großen Umgebungen Vorteile bietet.

Da bei den Portgruppen der VMs die Schreibweise des Namens entscheidend ist, kann es hier auch nicht zu Fehleingaben kommen. Außerdem geht bei einem vMotion-Vorgang kein *ping* (echo request und echo reply) verloren, was bei manchen Anwendungen sehr wichtig ist.

Distributed Switch anlegen

Hier folgt nun eine detaillierte Vorgehensweise beim Erstellen eines DSwitch:

1. Melden Sie sich am vCenter Server mit administrativer Netzwerkberechtigung an, navigieren Sie zu den Netzwerken und erweitern Sie die Baumstruktur. Von den Standard vSwitches werden hier nur die vorher erstellten Portgruppen der VMs angezeigt.

2. Klicken Sie auf das DATACENTER mit der rechten Maustaste und wählen Sie aus dem Kontextmenü DISTRIBUTED SWITCH – NEUER DISTRIBUTED SWITCH aus.

3. Übernehmen Sie den generierten Namen oder geben Sie einen neuen, zutreffenderen für die gewünschte Bestimmung ein.

4. Haben Sie nur aktuelle Hosts der Version 7, können Sie bei der Abfrage der Version auf WEITER klicken, sind noch ältere ESXi-Server im Cluster, wählen Sie entsprechend eine ältere Version aus.

5. Auf der nächsten Seite können mehrere Einstellungen für den neuen Switch bearbeitet werden, wie in Abbildung 12-1 dargestellt. Wählen Sie die Anzahl der Uplinks (physische NICs pro Host) aus. Beim Anlegen eines DSwitch wird von jedem Host die gleiche Anzahl an physischen Netzwerkkarten benötigt und diese sollten nicht schon mit anderen Funktionen belegt sein.

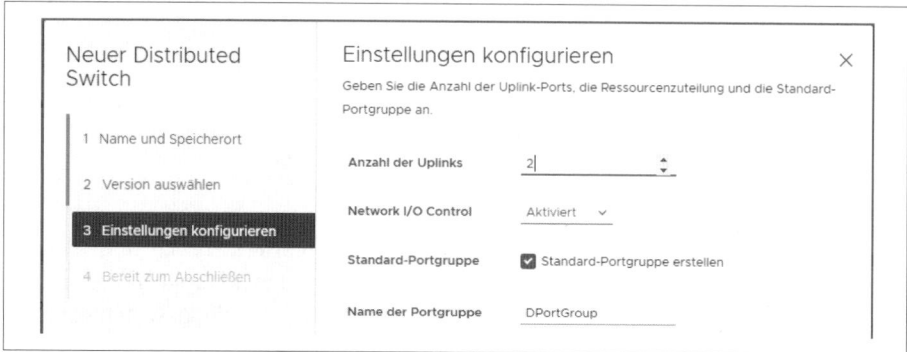

Abbildung 12-1: Einstellungen des DSwitch

6. Im gleichen Fenster kann NETWORK I/O CONTROL aktiviert werden. Darüber kann unter anderem der Datenverkehr priorisiert werden.

7. Über das Kästchen STANDARD-PORTGRUPPE ERSTELLEN wird eine dvPort-gruppe mit Standardeinstellungen angelegt und diese hinterher auf alle Hosts verteilt. Spezielle Portgruppen können erst nach dem Anlegen des DSwitch erstellt werden. Wollen Sie also nur VMkernel-Portgruppen erstellen, so nehmen Sie das Häkchen raus.

8. Wählen Sie bei der Portgruppe einen sprechenden Namen oder übernehmen Sie den Vorschlag. Klicken Sie anschließend auf WEITER und dann auf BEENDEN, um den Distributed Switch zu erstellen.

Ist der Vorgang abgeschlossen, so müssen noch die beteiligten Hosts zu dem neuen Switch hinzugefügt werden. Klicken Sie dazu im Kontextmenü auf dem Switch auf den Eintrag HOSTS HINZUFÜGEN UND VERWALTEN.

9. Lesen Sie sich die drei Möglichkeiten in dem neuen Fenster durch und wählen Sie das Zutreffende. Beim ersten DSwitch nehmen Sie die erste Auswahl: HOSTS HINZUFÜGEN und klicken Sie auf WEITER.

10. Klicken Sie auf das grüne Pluszeichen NEUE HOSTS und setzen Sie die Häkchen bei allen beteiligten ESXi-Servern.

11. Nachdem Sie auf WEITER geklickt haben, werden die Hosts mit allen Netzwerkkarten aufgeführt. Wählen Sie nun für jeden Host die vorher festgelegte Anzahl an Netzwerkkarten aus und klicken Sie jeweils auf die Schaltfläche UPLINK ZUWEISEN (eine Mehrfachauswahl wird nicht unterstützt). Sind bei allen Hosts dieselben Netzwerkkarten frei, können Sie im unteren Teil des Fensters festlegen, dass auf den restlichen Hosts diese Einstellung übernommen wird.

12. Im nächsten Fenster werden die bereits konfigurierten VMkernel-Schnittstellen angezeigt. Hier haben Sie die Möglichkeit, diese auf den neuen DSwitch zu migrieren, wie in Abbildung 12-2 gezeigt wird. Achten Sie darauf, dass Sie für jeden Host die gleichen VMkernel-Ports wählen.

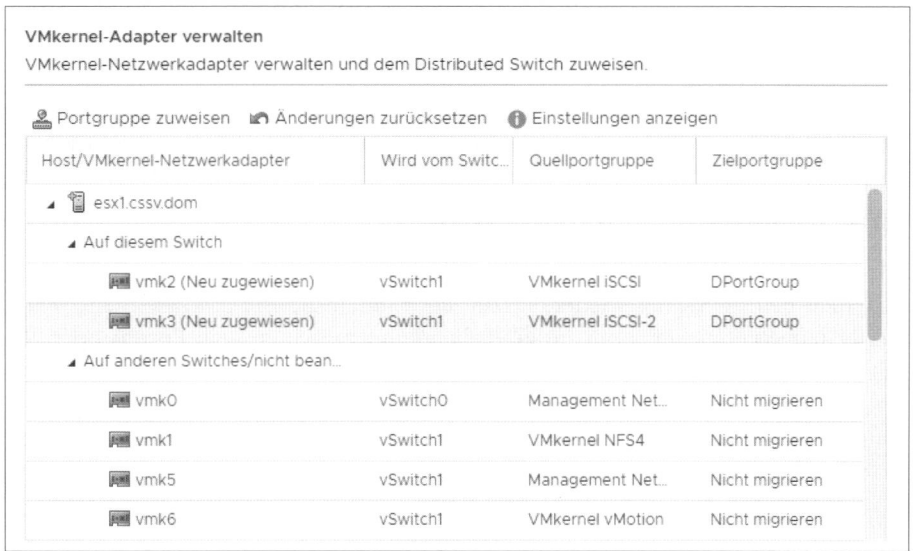

Abbildung 12-2: VMkernel-Ports auf DSwitch zuweisen

13. Im nächsten Fenster können Sie die Portgruppen der VMs migrieren, falls gewünscht. Überprüfen Sie auf der letzten Seite Ihre Änderungen und klicken Sie auf FINISH.

Eine Standardportgruppe für die VMs wird selbstständig zum DSwitch hinzugefügt und Sie können jetzt die dafür vorgesehenen VMs unter den Einstellungen zur Netzwerkkarte dort positionieren.

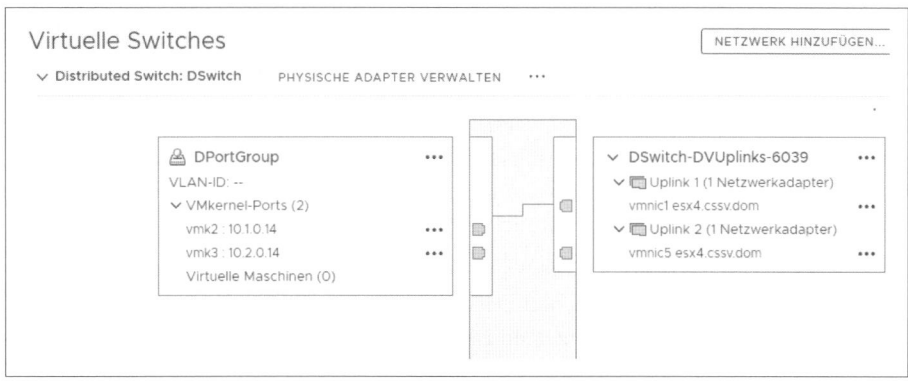

Abbildung 12-3: Zuordnung der VMs auf DSwitch

Klicken Sie im vSphere Client auf einen Host, anschließend auf die Registerkarte KONFIGURIEREN und dann unter NETZWERK – VIRTUELLE SWITCHES. Erweitern Sie links vom Switch die Portgruppe und rechts davon die Uplink-Adapter, so sehen Sie die grafische Zusammengehörigkeit, wie in Abbildung 12-3 dargestellt.

Jetzt können Sie weitere VMs zu dieser Portgruppe zuordnen, weitere Hosts mit physischen Adaptern hinzufügen, weitere Portgruppen für VMs oder den VMkernel erstellen und etliche Einstellungen vornehmen – ähnlich wie bei einem gut konfigurierbaren physischen Switch. Eine detaillierte Beschreibung würde aber den Rahmen dieses Buches sprengen, deshalb im Folgenden nur das Wichtigste.

Unterschiede zum Standardswitch

Alle Eigenschaften des Standardswitch, die ich in Kapitel 6 erläutert habe, finden sich auch beim DSwitch wieder. Dazu gehört auch die MTU sowie Sicherheits- und Datenverkehrseinstellungen. Natürlich kann man hier auch Portgruppen für den VMkernel für alle Funktionen konfigurieren, Netzwerkkarten hinzufügen, entfernen und einstellen sowie Hosts hinzufügen und entfernen. VLANs für VMs können auch in einer Portgruppe mehrfach, durch Komma getrennt angegeben werden (VLAN Trunking), was über den Standardswitch nicht geht.

Da die Vorgehensweisen fast identisch mit einem Standard-vSwitch sind und die Funktionen meist selbsterklärend sind und über Assistenten vorgenommen werden, gehe ich dazu nicht detaillierter ein.

Zusätzlich gibt es hier noch Folgendes:

- Multicast-Filtermodus: Multicast wird häufig für Videokonferenzen genutzt, bei denen eine bestimmte Gruppe von Rechnern teilnehmen soll. Dafür nutzt man meist das Internet Group Management Protocol (IGMP) oder das Multicast Listener Discovery Protocol (MLDP). Beides wird hier unterstützt.

- Discovery Protocol: Hiermit ist das Cisco Discovery Protocol, das in Kapitel 6 erklärt wurde, sowie das Link-Layer Discovery Protocol (LLDP) gemeint.

- Administratorkontakt: Hier können Kontaktdaten des zuständigen Bearbeiters angegeben werden.

Darüber hinaus kann man Ressourcenpools erstellen, VMs einzelnen Ports zuweisen, diese überwachen und Leistungsdaten aufzeichnen. Beim Traffic-Shaping lassen sich sowohl der eingehende wie auch der ausgehende Datenverkehr beschränken. Bei NIC-Teaming kann zusätzlich zu den bereits beschriebenen Einstellungen ein Lastausgleich der physischen Adapter angegeben werden.

Sehr schön sind auch die grafischen Darstellungen (Topologiediagramme genannt), die man sich über den Client anzeigen lassen kann. Darüber lassen sich sogar Änderungen durchführen. Wählen Sie dafür z.B. auf dem DSwitch die Registerkarte KONFIGURIEREN, dann unter EINSTELLUNGEN den Eintrag TOPOLOGIE. Standardmäßig ist ein Filter gesetzt, der nur maximal 1.000 VMs, 32 Portgruppen sowie 64 Hosts anzeigt. In größeren Umgebungen kann der Filter deaktiviert werden.

Klickt man auf der linken Seite eine VM an, so werden auf der rechten Seite die zugehörigen Adapter hervorgehoben.

Fast alle der bisher erwähnten Einstellungen und Änderungen lassen sich auch hierüber erledigen.

Sichern und Wiederherstellen von DSwitch

Über den Browser-Client lassen sich die DSwitches sichern und im Bedarfsfall wieder herstellen. Das ist ab der Version 5.1 möglich und lässt sich eingeschränkt auch für ein Upgrade auf 7.0 nutzen.

Über das Kontextmenü des DSwitch wählt man EINSTELLUNGEN – KONFIGURATION EXPORTIEREN. Die Zuordnung der physischen Adapter wird dabei nicht berücksichtigt, muss also anschließend manuell wiederhergestellt werden. Bei einer Neuinstallation eines ESXi-Hosts muss dieser manuell wieder zum DSwitch hinzugefügt werden. Der vCenter Server speichert sich in seiner Datenbank die IDs der jeweiligen Adapter und diese sind nach der Neuinstallation natürlich anders. Lediglich bei einem Upgrade bleiben sie erhalten.

VM-Portgruppe auf DSwitch konvertieren

Über das Kontextmenü des DSwitch wählt man HOSTS HINZUFÜGEN UND VERWALTEN aus, klickt anschließend auf HOSTNETZWERK VERWALTEN und wählt diese aus. Danach bekommt man die Auswahl NETZWERK VON VIRTUELLEN MASCHINEN MIGRIEREN. In dem Assistenten wählt man nun die gewünschten VMs mit deren Netzwerkverbindungen aus und verbindet diese mit der Portgruppe auf dem DSwitch. Hier ist eine Mehrfachauswahl durch Drücken der Strg-Taste möglich.

Es lassen sich auch ganze vSwitches mit physischen Adaptern in DSwitch migrieren und die jeweiligen Portgruppen mitnehmen. Beachten Sie dabei aber eventuelle Schwierigkeiten, z.B. mit iSCSI-Ports. Diese dürfen nur einen aktiven und keinen Standby-Adapter haben.

Migrieren von DSwitch zu vSwitches

Natürlich kann man auch den umgekehrten Weg gehen. Will man die zusätzlichen Funktionen des Distributed vSwitch nicht nutzen, findet sie zu unübersichtlich oder kauft eine neue Lizenz, die diese nicht beinhaltet, muss man nicht alles neu installieren.

Problematisch wird es nur, wenn man auf den Hosts keine freien Netzwerkkarten mehr zur Verfügung hat. Dann sollte man zunächst so viele wie möglich von dem DSwitch trennen und diese an neue Standard-vSwitches anhängen. Anschließend können die VMkernel-Portgruppen und die Portgruppen der VMs Schritt für Schritt migriert werden.

Über den vSphere Client können Sie einen vSwitch auswählen und eine VMkernel-Portgruppe migrieren. Beachten Sie dabei die notwendigen Einstellungen und gegebenenfalls auch die VLAN-ID. Ziehen Sie dazu auch das Kapitel 6 zurate.

Wenn Sie Ihren vCenter Server neu installieren möchten, z.B. weil Sie kein Upgrade auf die neue Version machen möchten, sollten Sie ebenfalls diesen Weg bevorzugen.

VMware vApp

Eine Funktion, die mit Version 4 von vSphere eingeführt wurde, ist die sogenannte vApp. Mit einer vApp können virtuelle Maschinen ähnlich wie in einem Ressourcenpool zusammengefasst und gemeinsam verwaltet werden. Auf einem einzelnen ESXi-Host haben Sie diese Möglichkeit nicht – sie wird also über den vCenter Server bereitgestellt, der die Informationen in einer Datenbank speichert. Eine vApp kann eine oder mehrere virtuelle Maschinen enthalten, sie kann ein- und ausgeschaltet sowie geklont werden und läuft unabhängig von einem ESXi-Host im Cluster.

Sie können eine vApp nutzen, um zum Beispiel mehrere voneinander abhängige virtuelle Maschinen mit einem Applikationsservice-Level zusammenzufassen. Wenn Sie eine Datenbankanwendung auf dem einen und die eigentlichen Daten auf einer anderen VM haben, können Sie diese in einer vApp zusammenfassen und Ressourcen sowie Regeln für die vApp erstellen.

Ähnlich wie bei einer einzelnen virtuellen Maschine kann eine gesamte vApp in das OVF-/OVA-Format exportiert werden, um z.B. eine Sicherung mit allen Metadaten davon zu erstellen oder die gesamte vApp inklusive aller Einstellungen und virtuellen Maschinen anderen als Demoversion zur Verfügung zu stellen.

Eine vApp wird über den vSphere Client in der Ansicht HOSTS UND CLUSTER auf einem Cluster angezeigt oder erstellt. Die Übersichtsseite mit dem aktuellen Status und die relevanten zusammengefassten Informationen geben z.B. alle genutzten Storages und Netzwerke der VMs wieder.

Eine vApp erstellen

Über das Kontextmenü auf dem Cluster oder über das Menü AKTIONEN → NEUE VAPP... oder NEUE VAPP AUS BIBLIOTHEK... können Sie eine neue vApp erstellen. Das geht auch in einem Ressourcenpool, je nach Konfiguration auch in einer vApp und in einem bestehenden Ordner.

Geben Sie einen treffenden Namen für diese Zusammenfassung an, wählen Sie einen Ordner oder ein Datacenter aus und teilen Sie der vApp auf der nächsten Seite

RESSOURCENZUTEILUNG CPU- und Arbeitsspeicherressourcen zu. Setzen Sie gegebenenfalls das Häkchen bei SKALIERUNG und klicken Sie auf WEITER und dann auf BEENDEN, um sie zu erstellen. Haben Sie bereits eine vApp, kann diese auch geklont werden.

Wenn die Option SKALIERUNG ausgewählt ist, werden die Anteile, die jedem absteigenden Ressourcenpool oder der vApp zugewiesen sind, angepasst, um sicherzustellen, dass die relativen Anteile, die den VMs zugewiesen sind, beibehalten werden. Die Anteile, zu denen ich Prioritäten sage, wurden in Kapitel 5 bereits erklärt.

Jetzt können Sie in diesem Objekt neue virtuelle Maschinen erstellen oder auch bereits konfigurierte mit der Maus (per Drag & Drop) dort hineinschieben. Falls Sie dabei eine Warnmeldung erhalten, wie in Abbildung 12-4 gezeigt, sollten Sie gegebenenfalls die Ressourcen nochmals anpassen.

Abbildung 12-4: Warnhinweis zu den Ressourceneinstellungen

Nach der Erstellung einer vApp haben Sie einige Einstellungsmöglichkeiten, die vorher nicht auswählbar waren – ähnlich wie beim Erzeugen eines Clusters.

vApp-Einstellungen

Jetzt können mehrere Aspekte der vApp bearbeitet und konfiguriert werden, wie z. B. Startreihenfolge, Ressourcen und benutzerdefinierte Eigenschaften (siehe Abbildung 12-5).

- RESSOURCEN: Wie bei der virtuellen Maschine oder einem Ressourcenpool werden hier CPU- und RAM-Kapazitäten verteilt. Das Maximale, was im Cluster möglich ist, steht dort als Grenzwert und kann zugewiesen werden.

- STARTREIHENFOLGE: Ähnlich wie bei den VMs auf einem einzelnen Host kann man über die Reihenfolge Verzögerungen usw. beim Starten und Herunterfahren der untergeordneten Objekte erreichen. Dabei können auch Gruppen zusammengefasst werden. Hier wird übrigens beim Herunterfahren der vApp die korrekte umgekehrte Reihenfolge eingehalten: also zuerst die Gruppe, die als Letztes gestartet wurde. Beim einzelnen Host wird der erste Eintrag auch zuerst heruntergefahren.

- Eine Festlegung der Startreihenfolge für alle Maschinen unter dem vCenter Server gibt es leider nicht. Lediglich über die Priorisierung bei HA kann man bedingt etwas Ähnliches erreichen.

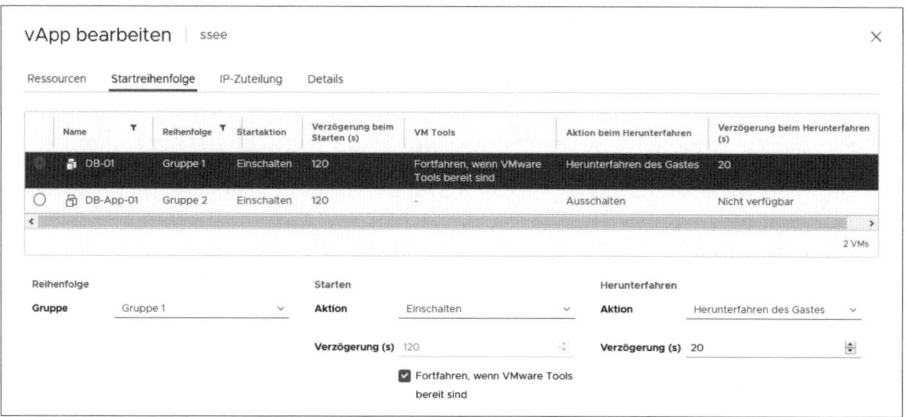

Abbildung 12-5: Konfiguration der Eigenschaften von vApp

- IP-ZUTEILUNG: Hier können Einstellungen für die automatische Zuteilung von IP-Adressinformationen der beteiligten VMs ausgewählt werden. Darauf gehe ich im nächsten Abschnitt detailliert ein.

- IP-ZUTEILUNG → ERSTELLEN: Hier wird zunächst nur eingestellt, ob an der Portgruppe der beteiligten VMs ein DHCP-Server zur Verfügung steht oder die OVF-Umgebung IP-Informationen verteilen soll. Dabei kann IPv4, IPv6 oder beides gewählt werden. Wenn Sie hier OVF-Umgebung anklicken, können Sie hinterher bei IP-Zuteilungsrichtlinie zwischen festen oder vom vCenter Server zugewiesenen Informationen wählen. Haben Sie OVF und DHCP angeklickt, haben Sie vier Auswahlmöglichkeiten auf der Seite BEREITSTELLUNG – IP-ZUTEILUNG: DHCP, Statisch – Manuell, Statisch – IP-Pool und Vorübergehend – IP-Pool.

- DETAILS: Hier können zunächst Informationen zur vApp eingetragen werden. Ist das Feld PRODUKT-URL ausgefüllt, wird über den Link diese Seite mit dem Standardbrowser geöffnet. Achten Sie darauf, die Angaben http:// oder https:// mit anzugeben, sonst wird die Seite auf dem vCenter Server gesucht.

- Beachten Sie, dass die vApp-Optionen bei der VM auf der Registerkarte KONFIGURIEREN auf AKTIV gesetzt sein müssen, damit das funktioniert. Über den Link BEARBEITEN können weitere Angaben zu der IP-Zuteilung gemacht werden.

IP-Pools konfigurieren

Damit die VMs in der vApp IP-Adressinformationen über den vCenter Server erhalten, muss ein IP-Pool angelegt werden. Dazu wählen Sie auf der Seite VAPP-EINSTELLUNGEN BEARBEITEN unter ERSTELLEN den Punkt IP-ZUTEILUNG. Dort legen Sie zunächst das Schema und die Protokollversion fest (siehe oben).

Die eigentliche Festlegung eines IP-Pools mit den dazugehörigen Optionen erledigt man über das Datacenter.

Auf der Registerkarte KONFIGURIEREN – NETZWERKPROTOKOLLPROFILE müssen Sie zunächst ein Profil hinzufügen. Geben Sie einen Namen an und klicken Sie anschließend auf das grüne Pluszeichen.

Geben Sie zunächst das Subnetz (z. B. 10.7.0.0 / 24) an und tragen Sie das dazugehörige Gateway sowie die DNS-Serveradresse ein. Wenn Sie das Häkchen bei IP-POOL AKTIVIEREN gesetzt haben, können Sie den IP-Bereich angeben. Die Angabe des IP-Adressbereichs ist ein wenig gewöhnungsbedürftig. Zunächst wird die erste zu verteilende IP-Adresse angegeben, danach ein # gesetzt und die Anzahl der zu vergebenden Adressen angefügt. Nach einem Komma kann man weitere Bereiche oder auch einzelne Adressen anführen.

Die Einstellung /24 legt die Subnetzmaske fest, hier also 255.255.255.0, denn das sind binär gesehen 24 Bit, und es bleiben 8 Bit für die IP-Adressen übrig (von 1 bis 254). Sie können anhand der Subnetzmaske auch größere oder kleinere Netze einrichten, indem Sie die Zahl verringern oder erhöhen. Die zur Verfügung Abbildung 12-6 gezeigt wird.

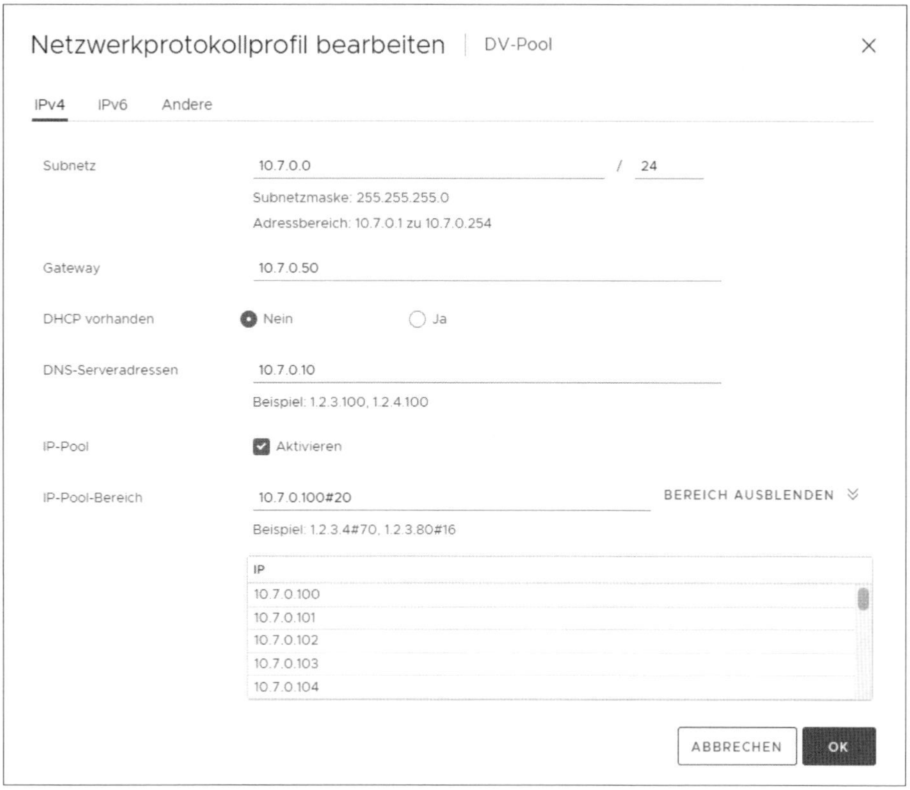

Abbildung 12-6: IP-Pool-Zuweisungen

Die Einstellungen auf den anderen Registerkarten entsprechen der normalen Funktionsweise eines DHCP-Servers mit Bereichsoptionen.

Einem IP-Pool kann mindestens eine Portgruppe der virtuellen Maschinen zugewiesen werden, die unter ZUGEWIESENE NETZWERKE aufgelistet werden (siehe Abbildung 12-7). Übrigens werden die gesetzten VLAN-IDs nur beim DSwitch angezeigt.

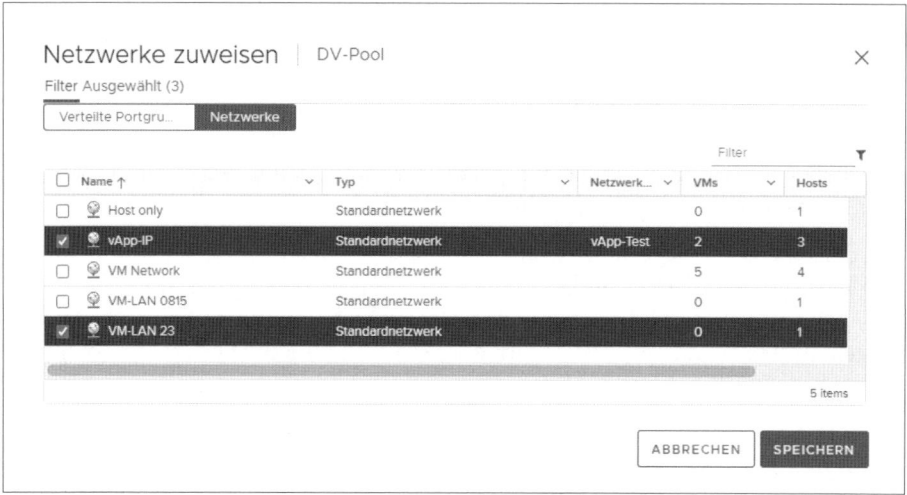

Abbildung 12-7: Verknüpfung auf bestehende Portgruppe für die vApp

Umgekehrt kann einer Netzwerkportgruppe nur ein IP-Pool auf einmal zugewiesen werden.

Fertige vApps können Sie auch über das Kontextmenü mittels eines Assistenten klonen oder auch komplett mit allen Abhängigkeiten im OVF-Format exportieren.

vApps löschen oder entfernen

Im Kontextmenü der vApp haben Sie die Möglichkeit, diese vApp aus der Bestandsliste zu entfernen oder von der Festplatte zu löschen, wenn alle darin befindlichen VMs ausgeschaltet sind. Seien Sie beim Löschen von vApps vorsichtig! Lesen Sie den Hinweis, der beim Löschen erscheint:

Abbildung 12-8: Warnmeldung beim Löschen einer vApp

Die enthaltenen virtuellen Maschinen werden nicht nur aus der Bestandsliste entfernt, sondern es werden tatsächlich alle Dateien der VMs gelöscht, daher die Warnmeldung, die Sie in Abbildung 12-8 sehen können. Wenn Sie Ihre VMs behalten wollen, sollten Sie diese vorher aus dem Pool herausnehmen und dann erst die leere vApp löschen.

Wählen Sie aus dem Kontextmenü AUS BESTANDSLISTE ENTFERNEN, sieht das Fenster fast genauso aus (siehe Abbildung 12-9), jedoch werden Ihre VMs nicht von der Festplatte gelöscht.

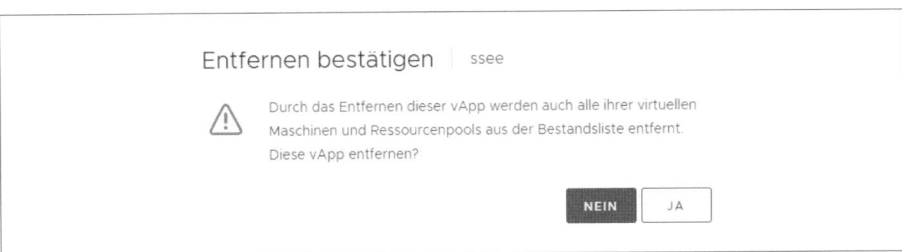

Abbildung 12-9: Warnmeldung beim Entfernen einer vApp aus der Bestandsliste

Verschieben Sie am besten vorher die VMs aus der vApp heraus, wenn Sie diese behalten wollen. Haben Sie die vApp aus der Bestandsliste entfernt, so können Sie die vorher darin befindlichen VMs über den Datenspeicherbrowser aus dem Menü auf der *.vmx*-Datei wieder zur Bestandsliste hinzufügen.

vVol, vSAN und Hostprofile

Mit der bis zur Version 5.5 vorhandenen Lösung mit dem Namen vSphere Storage Appliance (VSA), die seit April 2014 nicht mehr gepflegt wird, war es möglich, lokale Platten von bis zu drei ESXi-Hosts über das Netzwerk in Form eines NFS-Laufwerks als gemeinsamen Storage (mit vMotion, HA usw.) zu nutzen. Dafür hat man seit 2014 die Möglichkeit, ein virtuelles SAN (vSAN) mit virtuellen Volumes einzurichten, das Software Defined Storage genannt wird. Wenn Sie viele ESXi-Server der Version 7 haben, können Sie Hostprofile nutzen, um Unterschiede in der Konfiguration der Hosts festzustellen. Wollen Sie eine sehr große Anzahl von ESXi-Servern schnell bereitstellen, verwenden Sie vSphere Auto Deploy.

Bei den Hostprofilen können Sie sich einen Referenzhost aussuchen, von diesem ein Profil erstellen und damit die anderen Server vergleichen. Sie müssen auch nicht jeden Host einzeln über die grafische Oberfläche oder die Kommandozeile manuell einstellen. Die Funktionen Hostprofile und Auto Deploy sind nur in der Enterprise-Plus-Version verfügbar oder auch, solange Sie Ihre Lizenz noch nicht eingespielt haben – im Evaluierungsmodus stehen Ihnen alle Funktionen bis zu 60 Tage zur Verfügung.

Von einem Referenzhost werden die Netzwerkeinstellungen, Storages (bedingt), das Sicherheitsprofil (Firewall), NTP-Einstellungen und noch einiges mehr in einem Hostprofil abgespeichert. Das erstellte Profil kann auch auf ein Cluster angewendet werden, damit alle darin befindlichen Server überprüft werden.

Hostprofil erstellen

Richten Sie sich einen Host vollständig nach Ihren Bedürfnissen und Erfordernissen ein und erstellen Sie anschließend von ihm ein Hostprofil (Hostprofil extrahieren). Achten Sie auf die genauen Einstellungen Ihres Referenzhosts (siehe auch Kapitel 3), denn folgende Konfigurationen werden dabei berücksichtigt:

Allgemeine Systemeinstellungen
> Dazu gehören unter anderem: alle Hardwaregeräte, Kernelmodule, NTP-Konfiguration, Management-Agents, Konsolenkonfiguration etc.

Speicherkonfiguration

Die hinterlegten Werte für NFS, FCoE (Fibre Channel over Ethernet), Multipathing und iSCSI sowie vSAN und vVol

Netzwerk

Die Anzahl der virtuellen Netzwerk-Switches, deren Portgruppen, Einstellungen zum Standardgateway, Duplexmodus und Geschwindigkeit der Netzwerkkarten, Sicherheitseinstellungen beim vSwitch und dessen untergeordneten Portgruppen und gegebenenfalls Gruppierungsrichtlinien (NIC-Teaming)

Sicherheit und Dienste

Die Einstellungen zur Firewall mit geöffneten oder geschlossenen Ports (nicht die Einstellungen, die ggf. auf der Kommandozeile vorgenommen wurden) und den zugehörigen Diensten bzw. Daemons

Sicherheitskonfiguration

Passwort des Users *root* und SSH-Schlüssel für ihn

Erweiterte Konfiguration

Eingestellte Werte in der erweiterten Konfiguration des ESXi-Servers. Falls Sie hier Änderungen vorgenommen haben, weil Sie der VMware-Support dazu veranlasst hat, werden diese auch in das Profil übernommen.

Benutzer

Die erstellten Benutzer

Weitere Optionen

Dazu gehören Ressourcenpools, Energierichtlinien, Host-Cache-Einstellungen etc.

Haben Sie an alles gedacht und alle Einstellungen vorgenommen, klicken Sie mit der rechten Maustaste auf den fertigen ESXi-Server und wählen aus dem Kontextmenü HOSTPROFIL → HOSTPROFIL EXTRAHIEREN.

Geben Sie einen Namen und eine Beschreibung für das Profil an, wie beispielhaft in Abbildung 13-1 gezeigt. Es ist von Vorteil, den Namen des Hosts mit anzugeben, damit später eine Identifikation einfacher ist.

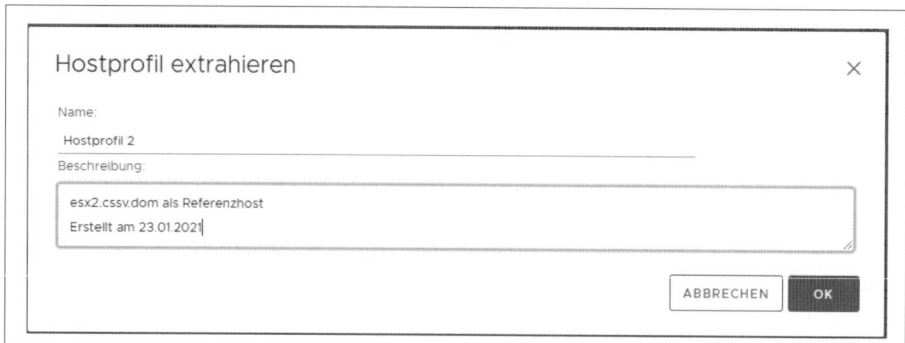

Abbildung 13-1: Referenzprofil von einem Host erstellen

Klicken Sie auf OK und kurze Zeit später ist das Profil erstellt.

Über MENÜ RICHTLINIEN UND PROFILE können Sie Ihr Werk begutachten. Dort haben Sie auch die Möglichkeit, die Angaben zu bearbeiten, indem Sie in der Liste auf den Profilnamen klicken (KONFIGURIEREN) und dann auf HOSTPROFIL BEARBEITEN. Über das Drop-down-Feld AKTIONEN finden Sie alles, was man sonst noch hiermit machen kann. Beim Exportieren wird die Datei im VMware-Profilformat (*.vpf*) gespeichert, wobei die Passwörter dort nicht übernommen werden.

Überprüfen Sie das Profil und nehmen Sie gegebenenfalls die Einstellungen zum iSCSI heraus. Sie sehen die Probleme nach der Übernahme nicht sofort, sondern erst, wenn der Host neu gestartet wurde. Dann kann der Host eventuell keine VM mehr starten oder per vMotion bekommen, die auf einem iSCSI-Volume residiert.

In diesem Menü können Sie auch ein Profil duplizieren, umbenennen, löschen etc. Über den Assistenten können Sie hier ebenfalls einen ESXi-Server auswählen, der als Referenzhost gelten soll.

Möchten Sie sich die Einstellungen für später aufheben oder ein anderes Cluster damit konfigurieren, können Sie das Profil im VMware-Profilformat *.vpf* exportieren und z. B. im Netzwerk oder auf einem USB-Stick abspeichern. Zum Importieren gehen Sie wieder den gleichen Weg wie vorher: Über MENÜ RICHTLINIEN UND PROFILE – HOSTPROFILE klicken Sie auf den Link HOSTPROFIL IMPORTIEREN. Im Assistenten wählen Sie DATEI AUSWÄHLEN zum Importieren eines Profils, geben Speicherort und Dateiname an und klicken auf OK. Wählen Sie einen aussagekräftigen Namen und gegebenenfalls eine Beschreibung, anschließend müsste das importierte Profil in der Liste erscheinen.

Hostprofil bearbeiten

Wenn Sie sich ein Profil erstellt haben, können Sie es natürlich nachträglich noch bearbeiten oder ändern. Manchmal fällt einem erst nach einer gewissen Zeit auf, dass die eine oder andere gewählte Einstellung oder Richtlinie vielleicht doch nicht so gut war.

Über MENÜ RICHTLINIEN UND PROFILE wählen Sie das zu bearbeitende Profil aus und klicken auf den HOSTPROFILNAMEN. Jetzt können Sie den Namen und die Beschreibung ändern und die Richtlinie bearbeiten. Klicken Sie anschließend auf SPEICHERN, um den Profileditor zu schließen.

Eine Richtlinie bearbeiten

Eine Richtlinie beschreibt, wie eine bestimmte eingestellte Konfiguration angewendet werden soll. Mit dem Profileditor können Sie diese Richtlinien bearbeiten.

Auf der linken Seite des Profileditors können Sie das Hostprofil erweitern, um die Unterprofile anwählen zu können, die nach Funktionsgruppen und Konfigurationsinstanzen festgelegt sind. Jedes Unterprofil enthält meist einige Richtlinien, die die für das Profil relevanten Konfigurationen beschreiben.

Wenn Sie sich bis zu der zu ändernden Einstellung durchgehangelt haben, wählen Sie auf der rechten Seite des Fensters die Konfigurationsdetails. Jetzt können Sie über das oder die Drop-down-Menü(s) eine Richtlinienoption auswählen und den gewünschten Parameter festlegen.

Deaktivieren von Richtlinien

Bei den Hostprofilrichtlinien können Sie festlegen, ob eine Übereinstimmungsprüfung für jede Richtlinie durchgeführt werden soll. Im Profileditor navigieren Sie zu der gewünschten Richtlinie und wählen das blaue Kästchen links neben dem Eintrag aus. Soll diese Richtlinie ausgenommen werden, deaktivieren Sie einfach das Kontrollkästchen. Alle anderen Richtlinien werden weiterhin geprüft.

Hostprofil anhängen

Nachdem Sie ein Profil einer beispielhaften Konfiguration erstellt haben, können Sie den zweiten ESXi-Server auswählen und – wie oben – über das Kontextmenü ein Profil anhängen. Sie haben ebenfalls die Möglichkeit, die gesamten im Cluster befindlichen Hosts gemäß dem erstellten Profil zu überprüfen und auch das Referenzprofil allen Hosts im Cluster gleichzeitig zuzuweisen.

Vom Übernehmen eines Profils auf Clusterebene rate ich im Produktivbereich dringend ab, weil der jeweilige Host in den Wartungsmodus gesetzt werden muss. Sollten Probleme bei der Übernahme auftreten, befinden sich die Hosts gegebenenfalls in einem Zustand, in dem keine VM mehr gestartet werden kann. Wenn Änderungen an den Netzwerkeinstellungen vorgenommen werden müssen, bekommen Sie unnötig viele Alarmmeldungen.

Es gibt insgesamt vier Möglichkeiten, einem Host oder Cluster ein Profil anzuhängen:

1. Über die Hauptansicht HOSTPROFILE
2. Über das Kontextmenü eines Hosts
3. Über das Kontextmenü eines Clusters
4. Über die Registerkarte KONFIGURIEREN-HOSTPROFIL des Clusters

Wählen Sie jetzt aus dem Kontextmenü auf dem Host HOSTPROFILE → HOSTPROFIL-ÜBEREINSTIMMUNG PRÜFEN aus. Über die Registerkarte KONFIGURIEREN-HOSTPROFIL des Hosts sehen Sie die Ergebnisse der Prüfung. Klicken Sie auf den Link HOSTANPASSUNG BEARBEITEN, dann öffnet sich ein neues Fenster, in dem Sie noch Anpassungen zum Beispiel zu den Netzwerk-IP-Adressen vornehmen können.

Ergeben sich bei der Prüfung Fehler, finden Sie unter ÜBERWACHEN – EREIGNISSE und AUFGABEN Erklärungen dazu, z.B. dass eine Netzwerkkarte in einem falschen Slot steckt. Nur wenn die Hardware identisch ist, lässt sich der Vorgang fortsetzen. Ein Beispiel dazu sehen Sie in Abbildung 13-2.

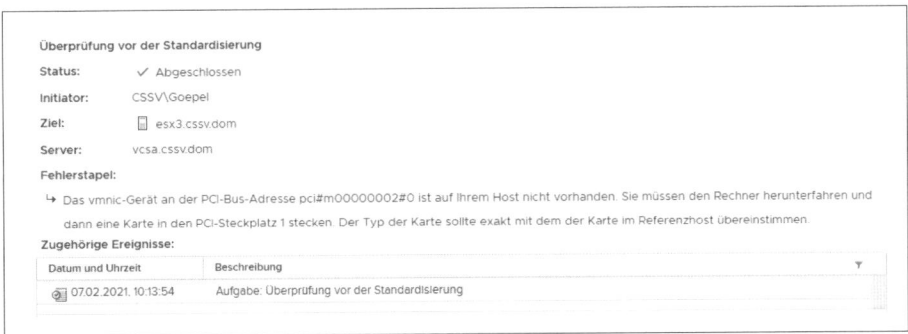

Abbildung 13-2: Meldung der Differenzen zum Referenzprofil

Als Nächstes klicken Sie auf den Link STANDARDISIEREN und führen gegebenenfalls eine Überprüfung vor der Standardisierung durch. Der ESXi-Server wird in den Wartungsmodus versetzt und das Profil übernommen. Ein Neustart ist meist nicht notwendig. Das Ergebnis der Standardisierung wird dann auch auf der Registerkarte ÜBERSICHT angezeigt, wie in Abbildung 13-3 beispielhaft gezeigt.

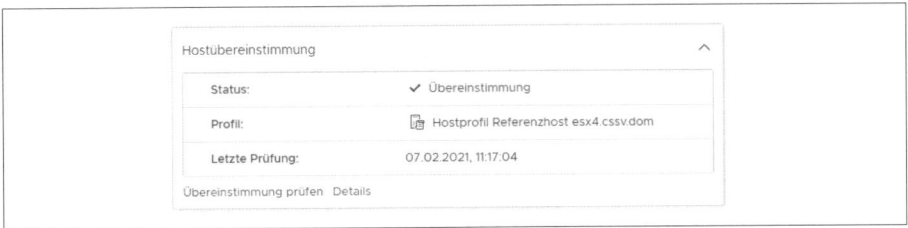

Abbildung 13-3: Abschnitt Hostübereinstimmung

 Wenn der Vorgang abgeschlossen ist, wird die Meldung mit den Übereinstimmungsfehlern nicht automatisch zurückgesetzt. Klicken Sie erneut auf HOSTPROFIL-ÜBEREINSTIMMUNG PRÜFEN, bevor Sie nach möglichen Fehlern suchen. Lösen Sie gegebenenfalls das Profil und hängen es wieder an, falls Sie Änderungen daran durchgeführt haben.

Sollte bei Ihnen keine Übereinstimmung mit dem Referenzprofil zustande kommen, klicken Sie auf den blauen Link, neben Profil-Übereinstimmung, um Details zu sehen. Eventuell ist ein Neustart des Hosts nötig, damit er die Änderungen an seiner Konfiguration übernehmen kann. Wenn Sie in Ihrer Konfiguration auch unterschiedliche Management-Network-Switches hatten, wird der Switch oder die Portgruppe gelöscht und anschließend neu mit der vorgegebenen Konfiguration erstellt. Dabei ist die Verbindung zum vCenter Server natürlich kurz unterbrochen. Sie werden also auf der Registerkarte ALARME → AUSGELÖSTE ALARME einen Eintrag finden, der besagt, dass die Netzwerkverbindung unterbrochen ist bzw. war.

Überprüfen Sie dann in den Einstellungen unter KONFIGURATION → NETZWERK, ob alles richtig geändert wurde und die Netzwerkkarten korrekt wieder verbunden sind, also die Verbindung wieder steht. Schauen Sie ebenfalls nach der richtigen Übertragungsrate der NICs, also z.B. »vmnic0 1.000 Voll«. Wenn alles in Ordnung ist, setzen Sie den Alarm auf grün, indem Sie ihn über das Kontextmenü löschen (rechte Maustaste).

Leider ist diese sehr hilfreiche Funktion nur in der teuersten Edition der Lizenzmodi von VMware enthalten, in vSphere Enterprise Plus. Da man die Konfiguration der ESXi-Server aber immer am Anfang der Einrichtung der virtuellen Welt vornimmt, kann man diese Funktion im nicht lizenzierten 60-Tage-Modus fast zwei Monate lang ausprobieren.

Auch wenn Sie ein Upgrade von vSphere 6 auf vSphere 7 planen, sind die Hostprofile ein sehr nützliches Tool. Da ich in Umgebungen mit bis zu zehn ESXi-Servern und bis zu 300 virtuellen Maschinen ein etwas anderes Vorgehen bevorzuge, als VMware empfiehlt, habe ich für meine Kunden dieses Tool schon häufiger eingesetzt.

Dazu ein Beispiel:

Sie haben drei ESXi-Server, mehrere virtuelle Maschinen und einen vCenter Server. Sie greifen üblicherweise mit dem vSphere Client auf den vCenter Server zu. VMware empfiehlt, als Erstes den vCenter Server auf den neuesten Stand zu bringen. Das geht meist auch mit der Upgrade-Funktion der neuen VCSA.

Nach der Installation oder dem Upgrade des vCenter Servers können Sie den *Lifecycle Manager* nutzen (in der Appliance bereits vorhanden), um hinterher Ihre Hosts auf den neuesten Stand zu bringen. Die Details zum Upgraden einer alten auf die neue Version werden in Kapitel 14 ausführlich beschrieben.

Besser ist es, Sie installieren den vCenter Server neu und binden die »alten ESXi-Hosts« wieder an. Sie können die Daten aus der Datenbank des alten vCenter Servers exportieren und in den neuen vCenter Server importieren – wenn Sie das für notwendig erachten. Sie können aber auch den alten Server herunterfahren und später gegebenenfalls auf diesem die alten Daten nachsehen.

Haben Sie mehrere Hosts in der Vorgängerversion und möchten lieber eine »saubere« Neuinstallation durchführen, sind die Hostprofile allerdings eine nützliche Sache. Nehmen Sie sich einen ESXi-Server heraus, bringen Sie diesen auf den neuesten Stand, konfigurieren Sie ihn anschließend wie gewünscht und erstellen Sie ein Hostprofil von ihm. Der nächste neu installierte Host kann dann dieses Profil übernehmen usw.

 Falls Sie gar nicht mit den Hostprofilen klarkommen, können Sie die Anpassung der Hosts auch komplett über die PowerCLI erledigen. Vieles von dem, was Sie dazu brauchen, steht in Kapitel 9.

vSphere Auto Deploy

In großen Umgebungen kann man die Installation der gewünschten ESXi-Hosts mithilfe von Skripten deutlich vereinfachen und beschleunigen (siehe Kapitel 3) oder nach der Installation ein PowerShell-Skript verwenden (siehe Kapitel 9). Ein standardmäßig installierter Host kann, wie bereits erwähnt, durch Hostprofile an die Clusterumgebung angepasst werden. vSphere Auto Deploy bietet eine weitere Möglichkeit, eine große Anzahl von ESXi-Servern in kürzester Zeit an den Start zu bringen. Auch hier werden Skripte und Hostprofile eingesetzt.

Die heutige Hardware für die ESXi-Server besitzt Netzwerkkarten, die beim Starten Informationen über PXE (Preboot Execution Environment) aus dem Netzwerk ziehen können. Dabei muss eine gewisse Infrastruktur vorliegen, die in Abbildung 13-4 schematisch dargestellt ist.

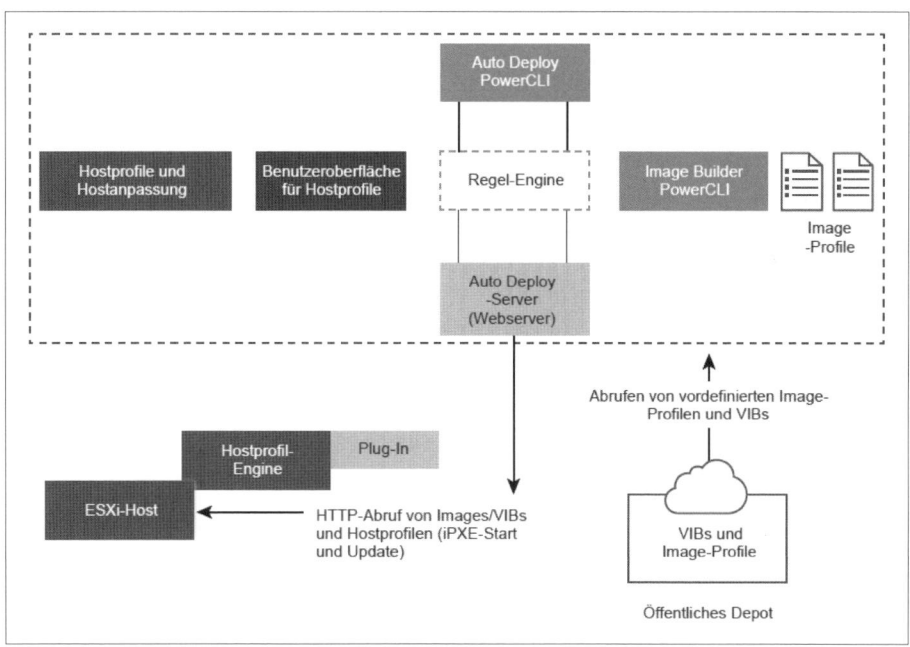

Abbildung 13-4: Komponenten von vSphere Auto Deploy

Sie brauchen also zunächst einen korrekt eingerichteten vCenter Server. Bei der vCenter Server Appliance auf Basis von Photon Linux muss der Auto Deploy-

Dienst/-Daemon separat über die Management-Oberfläche gestartet werden. Außerdem benötigen Sie

- *die Installation des ESXi Dump Collectors,*
- *(optional, aber empfohlen) den Syslog Collector,*
- *das Paket vSphere Auto Deploy,*
- *das Image des ESXi-Servers, das direkt in den Arbeitsspeicher des Hosts geladen wird,*
- *ein Auto Deploy Repository,*
- *gegebenenfalls einen vSphere Authentication Proxy und*
- *eine oder mehrere Antwortdateien.*

Zu den Einzelheiten gibt es ein auf Deutsch verfasstes PDF-Dokument von VMware namens *vsphere-esxi-70-upgrade-guide.pdf*. Dort wird ab Seite 90 detailliert die Vorgehensweise beschrieben, weshalb ich sie hier nicht wiederholen möchte. Einzelheiten zum Hostprofil können Sie diesem Dokument entnehmen, Installationsskripte sind in diesem Buch dafür ausreichend in Kapitel 3 und 9 beschrieben.

vCenter High Availability

Seit der Version 6.5 der vCenter Server Appliance gibt es die Möglichkeit, diesen ausfallsicher zu betreiben, bei der Windows-Variante ging das nicht. Dabei wird der vorhandene Server geklont und eine weitere VM als Zeuge (Witness) installiert. Für diese Bereitstellung benötigen Sie also mindestens drei Hosts und wenn möglich auch drei Volumes, damit möglichst nie mehr als eine Komponente gleichzeitig ausfallen kann. Auch ein dediziertes Netzwerk für die Kommunikation untereinander wird empfohlen. Die PostgreSQL-Datenbank wird dafür von der aktiven auf die passive VCSA (peer) repliziert und für die Änderungen am Dateisystem wird *rsync* benutzt. Für die Einrichtung werden drei Standorte empfohlen, denn nur dann macht es Sinn, diese Funktion zu nutzen.

Sollten Updates für den Management-Server vorliegen, sollten Sie diese zuerst installieren (siehe Kapitel 4) – ansonsten müssten Sie später alle drei VMs über eine ISO-Datei updaten.

vCenter High Availability (VCHA) kann in einer Basis- und einer erweiterten Version bereitgestellt werden, wobei es hinterher keine Unterschiede dabei gibt: Die Basisversion konfiguriert alles selbst, bei der erweiterten Fassung müssen die Details wie zweite NIC, Größe der Witness-VM, DRS-Einstellungen etc. manuell angegeben werden. Die Advanced-Version muss nur gewählt werden, wenn die Appliance in einer anderen SSO-Domäne residiert als die Hosts, auf der sie läuft, oder wenn die drei zusammengehörigen VMs an verschiedenen Standorten laufen sollen.

vCenter Server mit VCHA

Wogegen hilft diese Funktion und was passiert in einem Fehlerfall, also wenn der aktive Knoten ausfällt? Folgende Fehler können auftreten:

- Hardware- oder kompletter Hostausfall
- Netzwerkfehler oder Isolation
- Storage-Ausfall oder Verbindungsverlust (APD oder PDL)
- Dienstausfall, -fehler oder Betriebssystem korrupt

Fällt ein Host aus, wird die VM mit oder ohne VCHA auf einem anderen Host neu gestartet, bei einem Netzwerkfehler und APD/PDL entscheidet die Zeugen-VM, welches der aktive und welches der passive Knoten ist, beim letzten Punkt ist der andere Knoten gegebenenfalls auch betroffen. An einigen Punkten der obigen Liste wird deutlich, dass eine Datensicherung also trotzdem unabdingbar ist.

Im Fehlerfall wird also der passive zum aktiven Knoten und ändert seine IP-Adresse in die des ehemals aktiven. Dieser Vorgang kann im DNS bei unterschiedlichen Standorten allerdings Fehler hervorrufen, weil der Name des passiven Knotens ja bestehen bleibt. Schlimmstenfalls kann der verbliebene Server nicht korrekt starten.

Vorgehensweise:

Erstellen Sie auf den beteiligten Hosts eine zusätzliche Portgruppe für VMs, die den Datenverkehr für VCHA sicherstellt. Die Verbindungen müssen kleiner als 10 ms liefern.

Fügen Sie Ihrer VCSA eine weitere Netzwerkkarte in der Portgruppe hinzu.

Klicken Sie in der Bestandsliste oberhalb des Datacenters auf den vCenter Server, dann auf die Registerkarte KONFIGURIEREN und wählen Sie den Eintrag VCENTER HA aus.

 Achten Sie darauf, dass die VCSA keinen Snapshot hat und dass SSH eingeschaltet wurde, sonst schlägt die Einrichtung ganz zum Schluss fehl.

Betätigen Sie die Schaltfläche VCENTER HA EINRICHTEN und wählen Sie in dem neuen Fenster DURCHSUCHEN, um die vorher angelegte Netzwerkportgruppe auszuwählen.

Lassen Sie das Häkchen für das automatische Klonen gesetzt und überprüfen Sie die Einstellungen in dem Kasten für den aktiven Knoten.

Klicken Sie in dem Kasten für den passiven Knoten auf BEARBEITEN, wählen Sie einen Speicherort (Ordner oder Cluster), dann ein Cluster oder einen Host, im nächsten Fenster einen Datenspeicher und schließlich die Portgruppen für das Verwaltung- und HA-Netzwerk aus.

Führen Sie die unter Punkt 6 aufgeführten Schritte nun für den Zeugen aus (Klicken Sie zwischendurch nicht woanders hin, weil die Eingaben sonst verloren gehen). Der Zeuge benötigt lediglich eine Verbindung im HA-Netzwerk zu dem aktiven und passiven Knoten.

Überprüfen Sie Ihre Eingaben, wie in Abbildung 13-5 gezeigt, und klicken Sie auf WEITER.

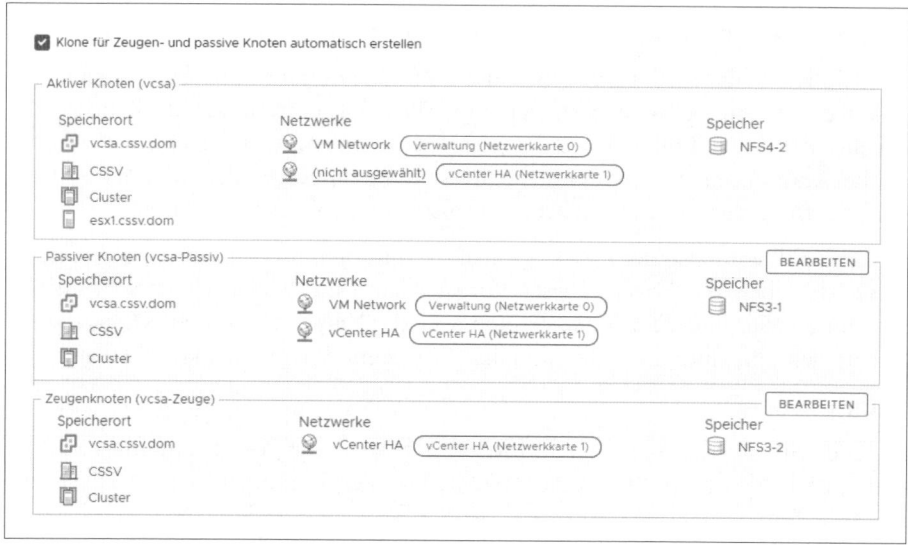

Abbildung 13-5: Einstellungen zu vCenter HA VMs

Wählen Sie im dann erscheinenden Fenster je eine IP-Adresse für die drei Netzwerkkarten in einem bisher noch nicht genutzten Netzwerk.

Wenn Sie im letzten Fenster auf BEENDEN klicken, wird zunächst die VCSA in den passiven Knoten geklont, anschließend die Zeugen-VM erstellt und dann die Anpassung der VMs vollzogen.

Auf der Seite vCENTER SERVER – KONFIGURIEREN – vCENTER HA sehen Sie den jeweiligen Zustand und gegebenenfalls auch Fehlermeldungen. Ist die Umgebung einmal eingerichtet, kann hierüber VCHA in den Wartungsmodus gesetzt werden, um Updates einzuspielen, oder auch das HA wieder entfernt werden, wie in Abbildung 13-6 dargestellt.

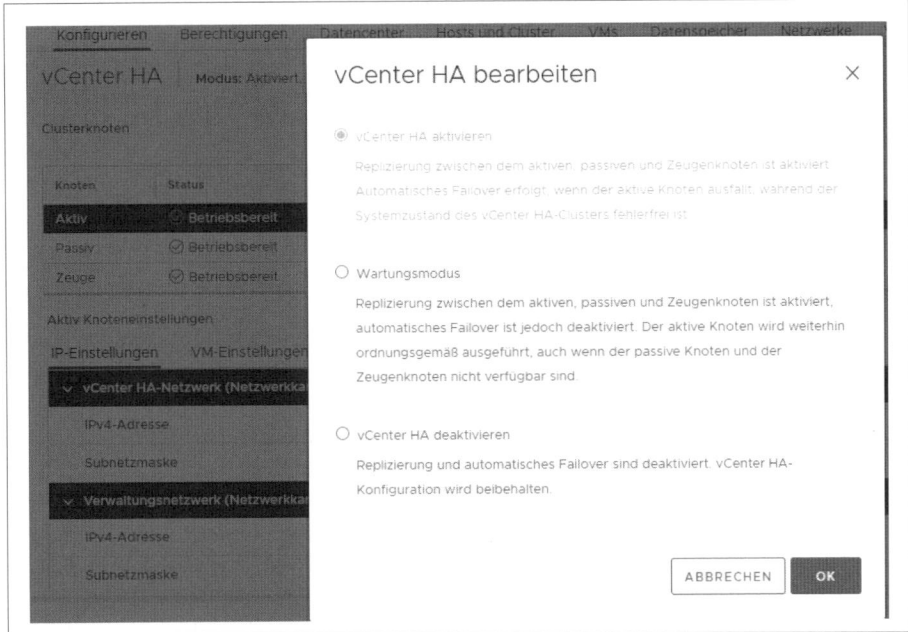

Abbildung 13-6: vCenter HA bearbeiten

Virtuelle Volumes und vSAN

Mit der vSphere Storage Appliance (VSA) wurde in Version 5 von VMware vSphere eine neue Technologie für einen gemeinsamen Storage eingeführt. Das Besondere daran war die gemeinsame Nutzung von lokalen Platten der beteiligten ESXi-Server. Diese Möglichkeit hat VMware nicht weitergeführt, sondern zum April 2014 zugunsten von vSAN (Virtual SAN) und vVOL (Virtual Volumes) eingestellt. Von anderen Herstellern gibt es aber die Möglichkeit der Nutzung von lokalem Speicher als »gemeinsamem« Storage immer noch.

Der Name »Appliance« sagt aus, dass es sich um eine vorgefertigte virtuelle Maschine handelt. Diese wird auf jedem Host (zwei oder drei) installiert bzw. als OVF-Vorlage bereitgestellt. Diese VM nimmt sich den gesamten lokalen VMFS-Speicher und teilt ihn in zwei Bereiche auf. Das sogenannte *VSA Storage Cluster* repliziert einen Bereich jeweils auf den Nachbarhost und stellt damit einen gespiegelten NFS-Storage dem jeweils anderen Host zur Verfügung, wie in Abbildung 13-7 gezeigt wird. Bei einem Ausfall eines ESXi-Servers steht der gespiegelte Bereich den anderen Hosts zur Verfügung, sodass HA weiterhin funktioniert.

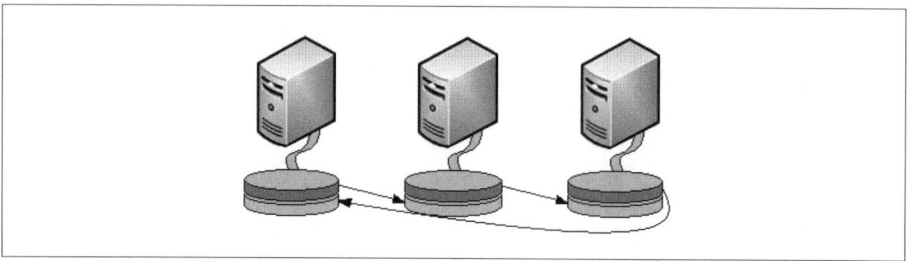

Abbildung 13-7: Funktionsprinzip des vSAN Storage

Eine ähnliche Strategie wie oben beschrieben verfolgt VMware mit virtuellen Volumes und vSAN seit der Version 5.5. Innerhalb eines Clusters können die lokalen Platten der minimal drei und maximal 64 Hosts zu einem Pool zusammengeschlossen und als sogenannter *Shared Storage* genutzt werden (siehe beispielhaft Abbildung 13-8). VMware spricht hier von Speichervirtualisierung für das *Software Defined Datacenter*, allerdings ist das kein Ersatz für ein herkömmliches SAN. In einem Cluster kann man alle leeren Datenträger der ESXi-Server zu einem vSAN-Cluster automatisch oder manuell zu dem Pool hinzufügen. Externe Festplatten können in der aktuellen Version 7.0 des vSAN ebenfalls verwendet werden. Der ESXi-Kernel hat dafür die Erweiterung bereits implementiert, sodass eine zusätzliche Appliance als VM entfällt. Jedoch braucht jeder Host mindestens eine zusätzliche SSD-Festplatte für den Pool, womit die Leistungsfähigkeit nochmals erhöht wird. Ein vSAN nur mit Flash-Speicher ist ebenfalls möglich und lässt sich mittlerweile nicht nur über die Kommandozeile mit dem Befehl »esxcli« einrichten.

Ein vSAN-Cluster mit nur zwei Hosts ist nur dann möglich, wenn ein dritter Host die »Zeugen«-Funktion übernimmt. Dieser Zeuge sollte sich auch an einem anderen Standort befinden.

Da die Anbindung der Laufwerke zwischen den Hosts über ein Netzwerk realisiert wird, empfiehlt VMware 10-GBit-Netzwerkkarten, wenn möglich sogar mehrere und gegebenenfalls zu einem Team zusammengefasst. Darüber könnten dann auch Hosts auf den Storage-Pool zugreifen und diesen nutzen, ohne selbst an dem Shared Storage beteiligt zu sein. Eine vollständige Beschreibung der Funktionen würde den Rahmen dieses Buches sprengen. VMware hält im Internet ausführliche deutschsprachige Seiten dazu bereit, die man sich auch als PDF-Datei von der Website herunterladen kann.

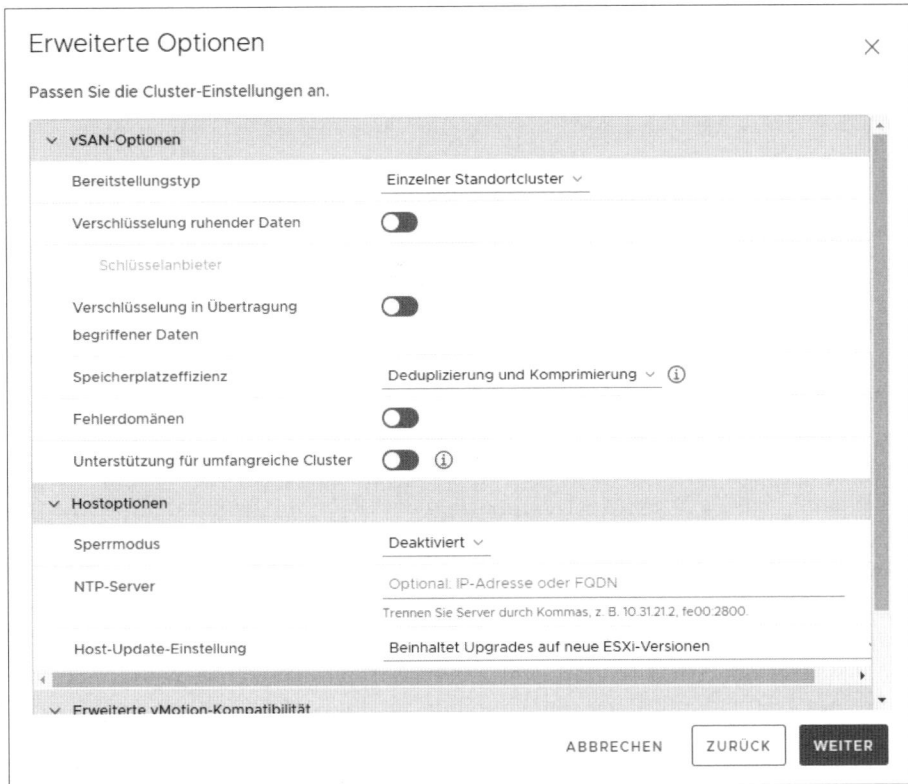

Abbildung 13-8: Virtual SAN mit mehreren Hosts

VASA

Das herkömmliche Anlegen von Volumes im SAN hat gegenüber dem virtuellen SAN (vSAN) bzw. virtuellen Volumes (vVol) Nachteile, die sich auf die Leistung der VMs negativ auswirken können. Einige Speicherhersteller bieten für vSphere angepasste Lösungen an, die vordefinierte Softwareschnittstellen (VMware API for Storage Awareness, VASA) für den Zugriff bieten. Auf der Speicherseite können Definitionen für SLAs (Service Level Agreements) und Performance eingerichtet werden, die dann transparent an die vSphere-Umgebung weitergegeben werden.

Bietet der Datenspeicher beispielsweise verschiedene RAID-Gruppen mit unterschiedlichen Geschwindigkeiten und verschiedenen Datenträgern (SATA, SAS und SSD) an, so kann man Gruppen bzw. Speichercontainer für verschiedene Bedürfnisse erstellen. Diese Container stehen dann auch im vCenter Server zur Verfügung und können über den Browser-Client für VMs genutzt werden.

Einer VM wird dann keine *.vmdk*-Datei auf einem VMFS-Volume, sondern ein Speicherplatz in einer vorher definierten Gruppe (langsam, mittel oder schnell) zugeordnet. Damit werden die Verwaltung und das Layout an den Datenspeicher übertragen und nicht mehr vom ESXi-Server gehandhabt. Dieser hat keinen direkten Zugriff auf das virtuelle Volume.

Ein virtuelles Volume wird nicht wie ein Standardvolume im Voraus erstellt, sondern z.B. beim Anlegen oder Klonen einer VM dynamisch auf dem Storage erzeugt. Auch Snapshots einer VM können davon profitieren oder werden direkt vom Speicheranbieter unterstützt. Innerhalb der VM bemerkt man davon nichts, das Betriebssystem sieht wie üblich ihren SCSI-Datenträger mit einer maximalen Kapazität von 62 TByte. Eine VM kann auch mehrere virtuelle Volumes belegen. Deren Ausdehnung entspricht dann der jeweiligen Festplattendatei, wobei für die Startfestplatte auch eine andere Gruppe als für die Datenplatten ausgewählt werden kann. In der früheren Version sprach VMware deshalb auch von einem *VM Granular Storage*.

Für die Konfigurations- und Logdateien der VM wird ein Konfigurationsvolume mit VMFS (nicht bei NFS) angelegt. Dabei handelt es sich ebenfalls um ein virtuelles Volume. Für die RAM-Auslagerungsdatei (*.vswp*) und die Snapshot-RAM-Datei (*.vmsn*) werden vom System dynamisch weitere vVols angelegt. Das heißt also mindestens drei vVols pro VM. Achten Sie auf die Begrenzungen bei Ihrem Storage: Gegebenenfalls können dort nur 200 dieser Volumes angelegt werden, andere Hersteller bieten bis zu 1.000.000 Volumes. Da die maximale Anzahl an Volumes, die der Host verarbeiten kann, nicht mehr als 1024 LUNs beträgt, bedient man sich eines Tricks: Ähnlich wie damals bei der analogen Telefonie, wo nur vier Leitungen mittels eines Primärmultiplexers auf bis zu 30 Leitungen vervielfacht wurden, setzt man auf spezielle *Demultiplexer LUNs*, die die Vielzahl der notwendigen Volumes quasi als Proxy zur Verfügung stellen. Diese nennen sich bei VMware *Protocol Endpoint* (PE) und werden vom Speicherhersteller implementiert.

Damit die Kommunikation zwischen den beiden Welten funktioniert, muss auf dem vCenter Server eine zusätzliche Software des Speicherherstellers installiert bzw. registriert werden. Nur dann kann die Verbindung zwischen den Komponenten von vSphere und dem Speicheranbieter über den in vSphere enthaltenen Speicherüberwachungsdienst (Storage Monitoring Service, SMS) zustande kommen und die Speichercontainer genutzt werden.

Beim Erstellen einer neuen VM werden Sie nach einer VM-Speicherrichtlinie gefragt. Das Kontextmenü, das in Abbildung 13-9 dargestellt ist, zeigt dabei alle konfigurierten Möglichkeiten:

- *Erstellung der VM auf einem vorhandenen VMFS-Datenträger*
- *Erstellung der VM mit Verschlüsselung*
- *Virtuelles Volume ohne weitere Einstellungen*
- *Virtuelles SAN mit Standardkonfiguration*

In der erworbenen Lizenz von vSphere ist die Technik von virtuellen Volumes zwar enthalten, vom vSAN jedoch nicht, diese muss pro CPU-Sockel der beteiligten Hosts extra erworben werden.

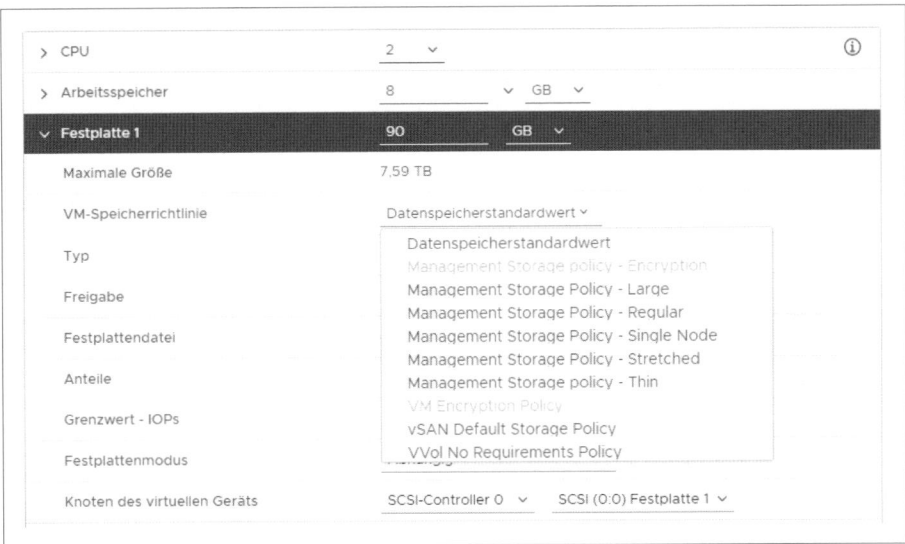

Abbildung 13-9: Möglichkeiten bei der VM-Speicherrichtlinie

Eine zusätzliche Besonderheit, die zurzeit nur bei vVols durchgeführt wird, sind *reverse Snapshots*. Dabei werden die Änderungen nach einem Snapshot nicht in die Deltadatei, sondern direkt auf die Festplatte geschrieben. Sollten Blöcke geändert, gelöscht oder überschrieben werden, landen diese Daten in der Redo-Datei. Durch dieses Verfahren ist die Übernahme des aktuellen Zustandes der VM so schnell wie vorher das Zurückkehren zum Snapshot. Da das Übernehmen des aktuellen Zustandes deutlich häufiger vorkommt, hat man erheblich Zeit gespart. Muss man doch einmal zu dem vorherigen Zustand zurückkehren, dauert es allerdings so lange wie vorher das Übernehmen.

Mit NFS 4.1 und IPv6 können virtuelle Volumes nicht verwendet werden und als Lizenz benötigen Sie Enterprise Plus.

Da es bei der detaillierten Konfiguration sehr stark auf den Speicher und den Speicheranbieter ankommt und es dabei erhebliche Unterschiede gibt, kann ich hier aus Platzgründen nicht weiter darauf eingehen.

Jetzt können Sie Ihre virtuellen Maschinen in den neuen gemeinsamen Storage legen oder dort neue erstellen.

## KAPITEL 14

VMware Lifecycle Manager, Upgrade und Converter

Bei der Installation der vCenter Server Appliance wird auch die Installation des Lifecycle Managers vorgenommen, da dieser in dem Installationspaket integriert ist. Der Lifecycle Manager löst den ehemaligen Update Manager ab und versucht nach der Bereitstellung, schon Informationen aus dem Internet herunterzuladen, um potenzielle Patches, Updates und Benachrichtigungen anzeigen zu können, die sogenannten »Baselines« (Grundeinstellungen für Updates) zugeordnet werden. Die notwendige Vorgehensweise und die komplette Konfiguration des vLCM (vSphere Lifecycle Manager) besprechen wir im zweiten Teil dieses Kapitels.

Der in vSphere integrierte vCenter Server Converter, wie man ihn aus den vorigen Versionen her kennt, ist nicht mehr Bestandteil des Installationsmediums der vCenter Server Appliance. Als Standalone-Variante kann man ihn allerdings herunterladen und auf jedem Windows-Rechner nutzen.

Konsolidieren

Eines der wichtigsten Themen bei der Virtualisierung in einer produktiven Umgebung ist die Übernahme bereits vorhandener physischer Rechner in die virtuelle Welt. Man spricht hier von einer *Konsolidierung*, weil meist mehrere Computer auf nur wenig Hardware zusammengefasst werden.

Da der Zugriff auf die Datenträger beim Booten des physischen und virtuellen Servers meistens unterschiedlich ist, kommt es in erster Linie auf die Anpassung des zukünftigen Gastbetriebssystems vor dem ersten Start in der virtuellen Welt an. Schlägt die Anpassung fehl, startet die VM später nicht.

Für die Virtualisierung von physischen Rechnern gibt es mehrere Möglichkeiten. Eine Methode, die auch meistens funktioniert, ist der Import durch den VMware Converter, der nachfolgend besprochen wird. Hat man keine vSphere-Umgebung mit dem Management-Server, kann man trotzdem den VMware Converter Standalone als unabhängiges Produkt von der VMware-Webseite (nach Registrierung) herunterladen.

Neben dem VMware Converter gibt es noch einige weitere Produkte, die ebenfalls für die Konvertierung genutzt werden können. Der vConverter von Vizioncore (ehemals Quest, jetzt Dell) ist nicht mehr erhältlich, die Firma wurde aufgelöst.

Acronis Backup & Recovery ist ebenfalls in der Lage, physische Maschinen in die virtuelle Welt zu holen. Dabei erstellt man ein Image des laufenden oder ausgeschalteten Rechners und spielt es in eine bereits vorhandene VM ein. Mit diesem Produkt kann man auch den umgekehrten Weg gehen, also den Export einer VM in eine physische Maschine.

Eine weitere Möglichkeit bietet die Firma Veeam Software Group GmbH mit Hauptsitz in der Schweiz mit dem Produkt *Backup & Replication*. Hiermit können physische Windows- und Linux-Rechner gesichert und anschließend in der virtuellen Welt wiederhergestellt werden. Vorteilhaft ist bei diesem Verfahren, dass sehr große Maschinen zeitunabhängig konvertiert werden können und zu guter Letzt nur noch eine inkrementelle Sicherung vom physischen ins virtuelle System eingespielt wird. In meinem Buch »Praxishandbuch Veeam Backup & Replication 10« aus dem O'Reilly Verlag wird diese Vorgehensweise detailliert abgehandelt. In der neuen Version ist es sogar möglich, eine gesicherte physische Maschine aus dem Backup-Speicher direkt auf einem Host zu starten. Dabei gehen am wenigsten Daten zwischen der Konvertierung verloren, da die Maschine nach ca. 2 Minuten wieder zur Verfügung steht.

VMware Converter Standalone

Ob der Converter wie bei früheren Versionen als Plug-in im vCenter Server oder als unabhängiges Produkt eingesetzt wird, spielt beim Import auf einen ESXi- oder vCenter Server keine Rolle. Es ist auch egal, ob eine Windows- oder Linux-Maschine virtualisiert werden soll oder ob es bereits eine laufende virtuelle Maschine auf einem anderen Produkt ist, z.B. Microsoft Hyper-V.

Folgende Importmöglichkeiten stehen – mit der allerdings schon drei Jahre alten Version – nur noch zur Verfügung:

- Ein laufender Rechner über das Netzwerk (administrativer Zugriff vorausgesetzt)
- Eine ausgeschaltete VM von allen VMware-Produkten und Microsofts Hyper-V

Die Konvertierung eines Rechners mit (U)EFI statt BIOS und umgekehrt ist möglich, es kann aber gegebenenfalls Probleme geben.

Die aktuelle Version 6.2 kann nur noch physische und Microsoft Hyper-V-VMs konvertieren. Brauchen Sie eine andere Möglichkeit oder wollen Sie einen älteren Rechner virtualisieren, hilft eventuell eine Vorgängerversion.

Der VMware Converter Standalone kümmert sich automatisch um das Alignment der Festplatte der virtuellen Maschine!

Installation des Converters

Der vCenter Converter Standalone automatisiert und vereinfacht die Konvertierung physischer in virtuelle Maschinen oder anderer virtueller Maschinen in ESXi-VMs. Eine Konvertierung zurück in das physische Format ist hiermit nicht möglich. Der Converter wird üblicherweise auf einem Rechner im Netzwerk installiert, der Zugriff auf die zu klonende Maschine und den Zielrechner, z. B. ESXi-Server oder vCenter Server, hat.

 Sollte es doch einmal notwendig sein, eine virtuelle wieder in eine physische Maschine zu konvertieren, können Sie sich dabei wohl am ehesten auf *Veeam Backup & Replication* oder auch *Acronis Backup & Recovery* verlassen. In allen bisherigen Fällen ging der Umzug zwischen verschiedenen Hardwareplattformen (virtuell oder physisch) meist ohne Probleme vonstatten.

Die Installation von Converter Standalone kann auf fast jeder Windows- und Linux-Plattform durchgeführt werden:

- Windows Vista 32 und 64 Bit mit SP2
- Windows 7, 8, 8.1 und 10 mit 32 und 64 Bit
- Windows Server 2008 R2 64 Bit
- Windows Server 2012 mit und ohne R2 64 Bit sowie 2016
- Red Hat Enterprise Linux ab Version 4
- SuSE Linux Enterprise ab Version 10
- Ubuntu LTS 12.04, 14.04 und 16.04

Alle diese Maschinen können als Converter-Client und als Converter-Server dienen und auch vom Converter selbst als physische oder virtuelle Maschine in die virtuelle Welt importiert werden. Es muss nicht unbedingt eine vSphere-Umgebung für die neue virtuelle Maschine angegeben werden – man hat auch die Möglichkeit, eine andere Virtualisierungssoftware von VMware dafür zu nutzen.

Der vCenter Converter Standalone kann von der VMware-Webseite kostenlos (nach einmaliger Anmeldung) heruntergeladen und installiert werden (*VMware-converter-en-6.2.0-8466193.exe* oder *-7348398.odp.tgz*). Nutzen Sie für die Installation das benutzerdefinierte Setup und wählen Sie, wie in Abbildung 14-1 beispielhaft gezeigt, die Komponenten aus, die Sie benötigen.

Wenn der Begrüßungsbildschirm angezeigt wird, klicken Sie auf WEITER.

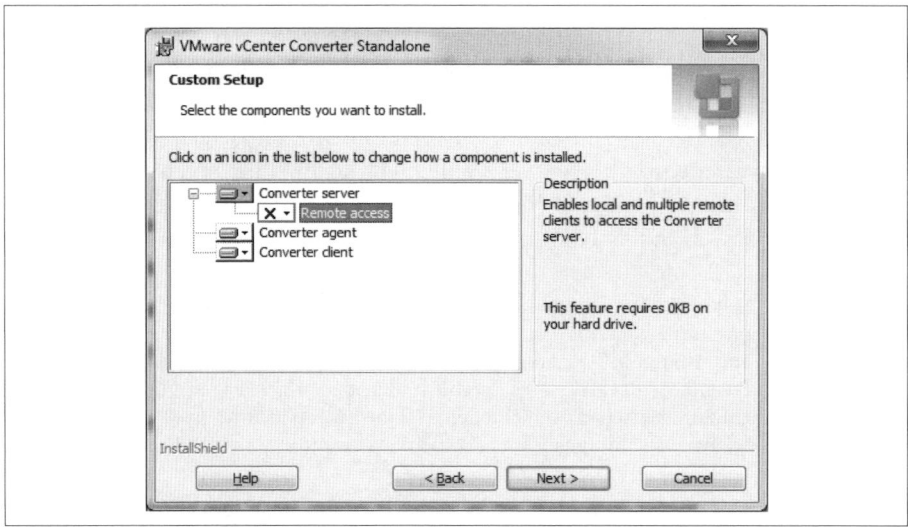

Abbildung 14-1: Installation des vCenter Converter Standalone

Wählen Sie aus den folgenden Möglichkeiten das Passende aus:

- CONVERTER-SERVER: Dieser kann zentral auf einem Computer installiert werden, auf dem dann die eigentliche Arbeit verrichtet wird.
- CONVERTER-SERVER REMOTE ACCESS: Hiermit kann ein Zugriff von externen Rechnern auf den Server ermöglicht werden.
- CONVERTER-AGENT: Ist nur notwendig, wenn der lokale Rechner konvertiert werden soll.
- CONVERTER-CLIENT: Mit dem Client kann über eine grafische Oberfläche auf den Converter-Server zugegriffen werden. Dafür wird der Port 9089 benötigt.

Sie brauchen die Portnummern für HTTP und HTTPS, standardmäßig verwendet vCenter Server dafür die Ports 80 und 443 sowie den Port 9089 für einen Remote-Zugriff.

Eine physische Maschine konvertieren

Die häufigste Anwendung für den Converter ist wohl das Migrieren eines eingeschalteten Rechners im laufenden Betrieb über das Netzwerk. Diese Vorgehensweise (Hot Clone) hat den Vorteil, dass der Ausgangsrechner ohne Unterbrechung zur Verfügung steht und man den Vorgang ohne Probleme auch jede Nacht laufen lassen kann, um z.B. eine VM als Sicherheit bei einem Ausfall des physischen Rechners zu haben. Dabei werden folgende Phasen durchlaufen, die ich nachfolgend schildere:

1. Der Computer, an dem die Aufgabe gestartet wird, nimmt über den Namen oder die IP-Adresse Kontakt zum Quellrechner auf (ADMIN$ Freigabe).

2. Auf dem Quellrechner wird ein Agent installiert und mit administrativen Berechtigungen ausgeführt.

3. Der Agent überprüft die Quellmaschine und meldet die gesammelten Informationen über Betriebssystem und Hardware an den Converter.

4. Anhand der vorliegenden Informationen wird auf dem Zielrechner (ESXi- oder vCenter Server) eine neue VM erstellt, die möglichst die gleiche Hardware (Festplattengröße, Anzahl der CPUs und RAM usw.) hat.

5. Der Agent auf dem Ausgangs-PC macht einen Snapshot der beteiligten Volumes und übergibt die Daten dem ESXi-Server. Dieser speichert die Daten in der *.vmdk*-Datei.

6. Die erforderlichen Treiber werden in die *.vmdk*-Datei kopiert, und das Betriebssystem wird entsprechend geimpft (z.B. Registry-Änderungen bei Windows).

7. Auf dem Quellrechner wird der Agent deinstalliert.

8. Beim ersten Start wird die MAC-Adresse der Netzwerkkarte der VM angepasst.

Wie Sie in Abbildung 14-2 sehen, kann die Festplattengröße vor der Konvertierung noch angepasst werden. Zu große Volumes können verkleinert und zu kleine vergrößert werden. Das funktioniert auch bei bereits bestehenden virtuellen Maschinen, indem Sie die VM über den Converter in eine VM klonen oder anpassen. Außerdem können Sie hier Partitionen in Laufwerke konvertieren und nicht benötigte Volumes aussparen. Brauchen Sie eine zusätzliche Partition, können Sie das ebenfalls jetzt oder nachträglich bei der VM erledigen.

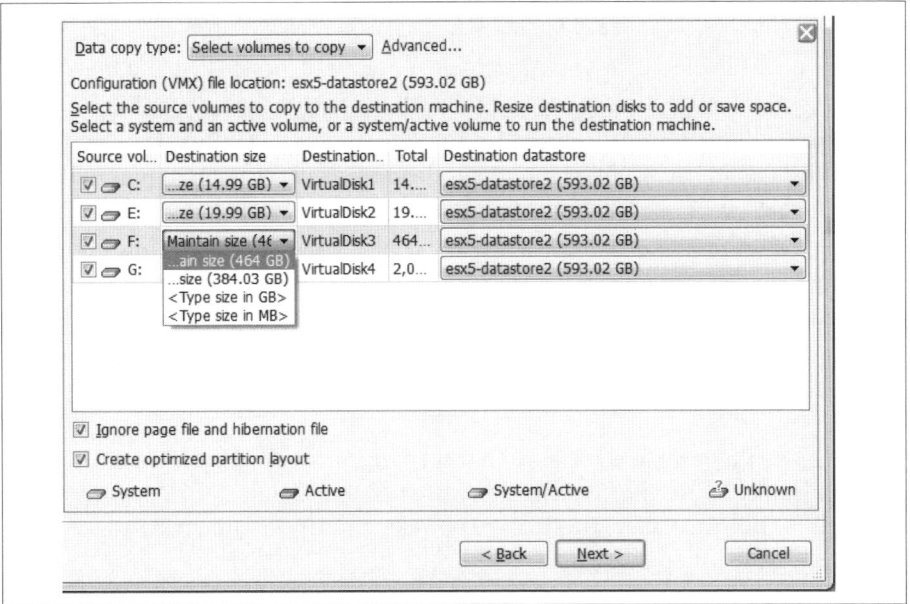

Abbildung 14-2: Festplattenanpassung mit vCenter Converter

Des Weiteren haben Sie die Möglichkeit,

- die Anzahl der Prozessoren zu ändern,
- die Menge an Arbeitsspeicher anzupassen,
- die Netzwerkkarte zu konfigurieren,
- laufende Dienste mit ihrer Startart anzupassen,
- eine Synchronisation nach dem Klonen anzustoßen,
- das Gastbetriebssystem in der VM benutzerdefiniert anzupassen (z.B. *Sysprep* bei Windows) und
- Wiederherstellungspunkte bei Windows zu entfernen (empfohlen).

 Wenn Sie in der fertigen VM einen Wiederherstellungspunkt von vor der Konvertierung auswählen, startet die Maschine wahrscheinlich nicht mehr.

Nachdem der Converter das Quellsystem in eine virtuelle Maschine migriert hat, sollten Sie noch ein paar weitere Arbeiten durchführen:

1. Vor dem Start der konvertierten VM schauen Sie sich zuerst die Einstellungen zur Hardware an. Entfernen Sie alles, was Sie in der VM nicht brauchen, z.B. serielle und parallele Schnittstellen, USB (funktioniert mittlerweile), Diskettenlaufwerke usw.

2. Ist die physische Maschine noch eingeschaltet, nehmen Sie in der VM den Link zur Netzwerkkarte heraus, um doppelte Namen oder IP-Adressen im Netzwerk zu vermeiden. Am besten entfernen Sie die NIC ganz und fügen eine neue hinzu, die besser zur virtuellen Maschine passt (siehe Kapitel 5).

3. Fährt die VM ohne Probleme hoch und laufen alle benötigten Anwendungen zu Ihrer Zufriedenheit, sollten Sie die VMware Tools (Windows) oder open-vm-tools (Linux) installieren und gegebenenfalls die Auslagerungsdatei sowie Bildschirmauflösung und -farbtiefe usw. anpassen.

4. Nach dem Neustart sollten Sie die nicht mehr vorhandene Hardware entfernen. Gerade Windows merkt sich in der Registry alle jemals angeschlossenen Geräte und bekommt dadurch schon mal Probleme.

   Geben Sie als Administrator in einer DOS-Box Folgendes ein:

   ```
   set devmgr_show_nonpresent_devices=1
   devmgmt.msc
   ```

   Schalten Sie anschließend unter ANSICHT die ausgeblendeten Geräte ein und deinstallieren Sie die nicht mehr vorhandenen Geräte (abgeblendet dargestellt) – mit Ausnahme des RAS-ADAPTERS und des gesamten Zweigs NICHT-PNP-GERÄTE.

5. Beachten Sie, dass die Security-ID die gleiche ist wie bei der physischen Maschine. Meistens ist das gewollt, da die VM ja die Hardware ablösen soll.

6. Ist eine Anwendung an die MAC-Adresse der Maschine gebunden und lässt sich diese nicht durch eine Neueingabe im Treiber der NIC austricksen, können Sie diese in den Einstellungen der VM (ausgeschaltet) unter NETZWERKKARTE frei wählen.

Wenn Sie alles richtig gemacht haben, sollte Ihre VM nun die neue MAC-Adresse haben und damit auch starten können.

Probleme bei der Konvertierung

Nicht immer geht die Migration einer physischen in eine virtuelle Maschine ohne Weiteres vonstatten. Bei der Arbeit mit dem VMware Converter werden über die Schaltfläche PROTOKOLLINFORMATIONEN die Speicherorte der Logdateien auf beiden beteiligten Rechnern angezeigt. Diese Logdateien sind die erste Anlaufstelle, wenn es zu Komplikationen kommt. Die Lösungen zu Meldungen am Ende der Datei können auch bei VMware online abgefragt werden unter *http://kb.vmware.com*.

Beachten Sie, dass Fehler häufig aus einer nicht funktionierenden Namensauflösung resultieren. Wenn Sie dieses Problem nicht in den Griff bekommen, weil die ESXi-Server in einem anderen Subnetz liegen, können Sie die physische Maschine zunächst in eine VMware Workstation-Maschine konvertieren und anschließend von dort in eine vSphere-VM. Das sollte fast immer funktionieren.

Die aktuelle Version des Converters kann nur aktuelle Betriebssysteme importieren. Wollen Sie ein älteres OS virtualisieren, nehmen Sie einfach eine ältere Version des Converters.

Gerade bei älteren Windows-Versionen kann es zu Problemen beim Festplattenzugriff kommen. Microsoft hat im Artikel 314082 einen Workaround dafür festgehalten (siehe *http://support.microsoft.com/kb/314082/de*). Weitere Probleme mit dem Bootsektor können meist durch das Starten von CD/DVD in der Wiederherstellungskonsole behoben werden, indem auf der Kommandozeile die Befehle fixmbr und fixboot eingegeben werden. Ein weiteres mögliches Problem besteht in der falschen Sortierung der Festplatten und damit falschen Einträgen in der *Boot.ini*. Dieses Problem lässt sich meist durch den Befehl bootcfg /rebuild ebenfalls in der Wiederherstellungskonsole beheben.

Sollte bei dem importierten Windows alle obigen Schilderungen scheitern, importieren Sie nochmals und wählen beim Festplattenadapter IDE aus. Damit sollte die VM anschließend starten. Da eine IDE-Festplatte aber in der virtuellen Welt sehr langsam ist, sollten Sie diese kurzfristig in z. B. LSI Logic ändern. Wie das geht, erfahren Sie in Kapitel 19.

Bei Windows Vista und 7 ist die Vorgehensweise ähnlich: Starten Sie den Rechner von der CD und wählen Sie COMPUTERREPARATUROPTIONEN. Damit müsste alles automatisch repariert werden. Falls das nicht fruchtete, versuchen Sie es bei Vista mal mit einer Windows-7-CD – meist klappt es damit.

Wenn Sie einen Domänencontroller (DC) virtualisieren wollen, müssen Sie dabei sehr vorsichtig sein. Beachten Sie, dass der importierte DC wie ein Klon ist – mit gleichem Namen und gegebenenfalls gleicher IP-Adresse. Sollten Fehler beim oder nach dem Migrieren auftreten, lesen Sie den KB-Artikel 1006996 von VMware. Dort wird eine Vorgehensweise erklärt, die bei meinen Kunden mehrfach problemlos funktionierte. Ich empfehle aber, eine neue VM zu erstellen und die FSMO-Rollen (Flexible Single Master Operations) auf den neuen DC zu verschieben. Das funktioniert immer und ist eine saubere Vorgehensweise, zumal man dabei auch gleich eine neuere Windows-Version nehmen kann.

Einen Windows NT-Domänencontroller sollten Sie nicht konvertieren. Erstellen Sie besser eine VM als Backup-Domänencontroller, stufen Sie diesen (nach zwei bis drei Tagen Replizierung) anschließend hoch, machen Sie einen Snapshot und aktualisieren Sie diesen auf die neue Version.

Datenbankserver und Exchange-Server sollten ebenfalls vorsichtig behandelt werden. Beenden Sie vor dem Import die jeweiligen Dienste und versuchen Sie es erst dann.

Falls Sie den Rechner direkt auf einen ESXi-Server migrieren wollen, beachten Sie Folgendes:

- Sie brauchen zur Anmeldung den User *root* und sein Passwort.
- Verwenden Sie lieber die IP-Adresse des ESXi-Servers anstelle des DNS-Namens.
- Stellen Sie sicher, dass die Ports 443 und 902 zugänglich und nicht blockiert sind.
- Denken Sie an die Größe der Volumes bei VMFS-Versionen vor Version 5: Bei 1 MByte Clustergröße können nur maximal 256 GByte große Dateien angelegt werden.
- Nutzen Sie einen eindeutigen Namen für Ihre VM, der noch nicht vergeben ist.

Lifecycle Manager

Der Lifecycle Manager löst den bisherigen Update Manager ab. Wenn Sie bisher mit dem VUM (vSphere Update Manager) gearbeitet haben, gibt es zum vLCM (vSphere Lifecycle Manager) zunächst nicht viel Neues. Zukünftig soll er aber weitere Funktionen wie das Updaten von Firmware beherrschen.

Nach der Installation der vCenter Server Appliance steht der Lifecycle Manager bereits zur Verfügung und versucht im Hintergrund, Informationen über potenzielle Updates und Patches von VMware herunterzuladen. Des Weiteren versucht er, jede Stunde einmal Benachrichtigungen über zurückgezogene Updates und Patches von VMware zu bekommen. Die Meldungen darüber sehen Sie am unteren Bildschirmrand bei KÜRZLICH BEARBEITETE AUFGABEN. Hat die VCSA keinen Zugriff auf das Internet, so kann weiterhin der UPDATE MANAGER DOWNLOAD SERVICE für das Herunterladen von Daten eingesetzt werden. Einstellungen und Informationen zum LCM sehen Sie über MENÜ unter LIFECYCLE MANAGER.

Den Lifecycle Manager konfigurieren

Sie können den Lifecycle Manager als zentrale Instanz für Patches und Updates der Hosts ansehen. Sie können für Ihre VMs keine Microsoft- oder Linux-Updates installieren, sondern lediglich die VMware Tools updaten oder ein Hardware-Upgrade durchführen. Für Appliances werden keine Patches und Updates mehr hierüber angeboten. Haben Sie einen WSUS-Server (Windows Server Update Service), müssen Sie die VMs auch damit bestücken. Bei den VMware Tools handelt es sich um eine Ausnahme, denn die bekommen Sie sonst nirgendwo, wären aber auch in einer physischen Maschine nicht besonders sinnvoll.

Die eigentliche Konfiguration des LCM erfolgt auf der letzten Registerkarte EINSTELLUNGEN. Wie bereits erwähnt, kann die Netzwerkkonnektivität nicht hier, sondern nur über das VCSA-Management (Port 5480) festgelegt bzw. geändert werden.

Die PATCH-DOWNLOADS-Einstellungen können über die Schaltfläche BEARBEITEN eingesehen und verändert werden. In dem Fenster sind standardmäßig das Häkchen bei »Patches herunterladen« und der Zeitraum auf einen Tag gesetzt. Zusätzlich kann man ein oder mehrere E-Mail-Adressen angeben, an die eine Nachricht bei Vorliegen von neuen Patches gesendet werden. Voraussetzung dafür ist, dass bei VCSA der SMTP-Server hinterlegt wurde.

Bei PATCH-SETUP sollten Sie zunächst den Konnektivitätsstatus prüfen: Hier muss »Verbunden« stehen. Falls nicht, melden Sie sich am Appliance Management an und konfigurieren die Proxy-Einstellungen oder Sie nutzen den Update Manager Download Service, den ich später bespreche.

 Auch wenn VMware im Allgemeinen nur noch vom Lifecycle Manager spricht, taucht noch häufig der alte Begriff Update Manager auf.

An dieser Stelle können Sie über DOWNLOAD-QUELLE ÄNDERN nur festlegen, ob direkt aus dem Internet oder über eine URL die Patches zur Verfügung stehen sollen. Die weiteren Überschriften über der Tabelle werden nur aktiv, wenn es für VMware sinnvoll erscheint: Neue Download-Quellen hinzufügen geht immer, bestehende verändern oder löschen nur für selbst hinzugefügte, deaktivieren nur für aktivierte und aktivieren nur für deaktivierte Quellen.

Das sofortige Herunterladen und das manuelle Importieren von Patches kann an dieser Stelle über den Link AKTIONEN ausgelöst werden. Auch eine Synchronisation der HCL (Hardware Compatibility List) wird hierüber erreicht. Den Vorgang sehen Sie dann unter KÜRZLICH BEARBEITETE AUFGABEN.

Hat man in einem Cluster alle Hosts vom gleichen Anbieter, mit identischer Hardware, von der Festplatte gebootet und keine zusätzlichen oder unterschiedlichen Lösungen (wie Dell VxRail, VMware NSX und vSphere Replication), kann ein Image statt Baselines verwendet werden. Bei der Nutzung eines Images statt Baselines kann zusätzlich die Firmware der Hosts aktualisiert, die Hardwarekompatibilität überprüft und es können Empfehlungen zu Updates und Upgrades erhalten werden. Die Anwendung eines Images oder von Baselines im Cluster führe ich weiter unten auf.

Hoststandardisierung – Images

Klicken Sie nun unter HOSTSTANDARDISIERUNG auf IMAGES und dann auf die Schaltfläche BEARBEITEN. In einem Cluster ist es möglich, mehrere Hosts nacheinander oder parallel zu aktualisieren und die Einstellungen hier festzulegen. In dem neuen Fenster können allgemeine Konfigurationen für Hosts im Cluster festgelegt werden. Der Schnellstart ist standardmäßig nicht aktiv, kann aber bei unterstützter Hosthardware zu einer Zeitersparnis beim Neustart des ESXi-Servers nach der Installation der Updates führen (siehe dazu *https://kb.vmware.com/s/article/52477*).

In einem DRS-Cluster werden die VMs zunächst auf andere ESXi-Server verteilt, dann wird der Host in den Wartungsmodus versetzt und schließlich upgedatet. Funktioniert das nicht sofort, wird der Vorgang standardmäßig dreimal wiederholt. Ähnlich wie bei Diensten wird eine Wiederholung mit Zeitverzögerung im Falle eines Fehlschlages eingeräumt. Haben Sie kein DRS oder es ist deaktiviert, können VMs auch in den Standby-Modus wechseln oder ausgeschaltet werden. Angehaltene oder ausgeschaltete VMs müssen üblicherweise nicht während des Updatevorgangs verschoben werden.

Im unteren Teil des Fensters kann nach Bedarf oder tatsächlicher Umgebung noch eingestellt werden, dass z.B. DPM (Distributed Power Management) für den Updatevorgang deaktiviert wird. Je nachdem, wie viele Hosts Sie haben, kann das angebracht sein. Das Gleiche trifft auf HA und FT zu. Haben Sie im Cluster die Zugangssteuerung aktiviert (siehe Kapitel 19), müssen Sie zum STANDARDISIEREN den Punkt HA-ZUGANGSSTEUERUNG (High Availability-Zugangssteuerung) AUF DEM CLUSTER DEAKTIVIEREN anhaken, sonst schlägt der Updatevorgang fehl. Die Hardwarekompatibilität wird üblicherweise jedes Mal geprüft, bevor ein ESXi-Server auf den neuesten Stand gebracht wird. Über das letzte Kästchen wird gesteuert, ob ein Update durchgeführt wird, wenn Probleme mit Treibern erkannt werden.

Hoststandardisierung – Baselines

Klicken Sie nun unter HOSTSTANDARDISIERUNG auf BASELINES und dann auf die Schaltfläche BEARBEITEN. In einem Cluster ist es möglich, mehrere Hosts nacheinander oder parallel zu aktualisieren und die Einstellungen hier festzulegen. In dem neuen Fenster können allgemeine Konfigurationen für Hosts im Cluster festgelegt werden. In einem DRS-Cluster werden die VMs zunächst auf andere ESXi-Server verteilt, dann wird der Host in den Wartungsmodus versetzt und schließlich upgedatet. Funktioniert das nicht sofort, wird der Vorgang standardmäßig dreimal wiederholt. Ähnlich wie bei Diensten wird eine Wiederholung mit Zeitverzögerung im Falle eines Fehlschlages eingeräumt. Haben Sie kein DRS oder es ist deaktiviert, können VMs auch in den Standby-Modus wechseln oder ausgeschaltet werden, was man in dem Drop-down-Feld auswählen kann.

Der nächste Punkt betrifft das Updaten von Hosts, die über PXE mit Auto Deploy erstellt wurden. Entscheiden Sie, ob Sie diese auch auf dem neuesten Stand haben oder lieber bei Bedarf neu installieren wollen. Angehaltene oder ausgeschaltete VMs müssen üblicherweise nicht während des Updatevorgangs verschoben werden.

Überlegen Sie sich, ob es nicht sinnvoll sein könnte, die Wechselmedien von den VMs zu trennen, damit diese verschoben werden können. Dafür müssen Sie das vierte Kästchen anklicken. Der Schnellstart (letztes Kästchen) ist standardmäßig nicht aktiv, kann aber bei unterstützter Hosthardware zu einer Zeitersparnis beim Neustart des ESXi-Servers nach der Installation der Updates führen (siehe dazu *https://kb.vmware.com/s/article/52477*).

Hoststandardisierung – VMs

Unter VMs – BEARBEITEN können Sie festlegen, ob Snapshots vor einem Upgrade gemacht und wie lange sie aufbewahrt werden, bevor sie automatisch übernommen werden. Wenn Sie über den LCM z.B. Hardware-Upgrades für Ihre VMs durchführen lassen wollen, sollten Sie die automatische Löschung der Snapshots aktivieren, damit dieser Vorgang nicht aus Versehen vergessen wird. Siehe dazu auch Kapitel 8.

Baselines

Unter der Registerkarte BASELINES finden wir vordefinierte und selbsterstellte BASELINES und BASELINE-GRUPPEN für Hosts. Es gibt Baselines für Upgrades, Patches und Erweiterungen und Baseline-Gruppen, die alles enthalten können. Nach der Bereitstellung der VCSA mit dem Lifecycle Manager sind bereits drei Baselines vordefiniert: kritische, nicht kritische und Sicherheits-Host-Patches.

Klicken Sie eine der Baselines an, werden im unteren Teil des Fensters weitere Informationen zu den Patches angezeigt, wie Sie in Abbildung 14-3 sehen können.

Für große Umgebungen ist das Gruppieren von Baselines gedacht. Sie können sich auch eigene Baselines mit einem Assistenten erstellen und nach Ihren Wünschen konfigurieren.

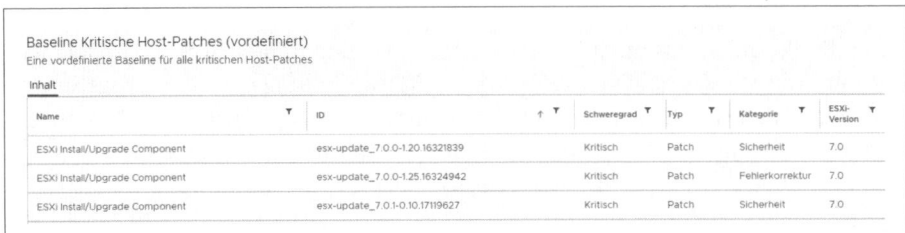

| Baseline Kritische Host-Patches (vordefiniert) | | | | | | | |
| Eine vordefinierte Baseline für alle kritischen Host-Patches | | | | | | | |

Inhalt

Name		ID		Schweregrad	Typ	Kategorie	ESXi-Version
ESXi Install/Upgrade Component		esx-update_7.0.0-1.20.16321839		Kritisch	Patch	Sicherheit	7.0
ESXi Install/Upgrade Component		esx-update_7.0.0-1.25.16324942		Kritisch	Patch	Fehlerkorrektur	7.0
ESXi Install/Upgrade Component		esx-update_7.0.1-0.10.17119627		Kritisch	Patch	Sicherheit	7.0

Abbildung 14-3: Patch-Details

IMPORTIERTE ISO-DATEIEN ist die dritte Karte in dem Register. Hier kann man ISO-Dateien zum Upgraden von Hosts zur Verfügung stellen. Über den Link ISO IMPORTIEREN gelangen Sie in einem Browserfenster zum Suchen der Vorlagen. Diese Images werden anschließend im Lifecycle Manager zur Verfügung gestellt, damit darüber ein Upgrade von einer älteren Hostversion auf 7.0 erreicht werden kann. Lesen Sie dazu den Abschnitt »Upgrade der Umgebung« durch.

Die Registerkarte UPDATES zeigt Informationen zu den bisher erlangten Informationen über Downloads an. Diese Liste kann natürlich nach jeder beliebigen Spalte sortiert werden.

In der ersten Karte IMAGE-DEPOT werden die möglichen ESXi-Images, die Anbieter-Add-ons und Komponenten untereinander angezeigt. Komponenten bestehen unter anderem aus Treibern, Tools und Software für die Hosts. Alle drei Abschnitte werden einmal täglich aktualisiert.

Geplante Aufgaben

Die Zeitpläne für das Prüfen von Patches, Benachrichtigungen und der HCL finden wir über den vCenter Server auf der Registerkarte KONFIGURIEREN – GEPLANTE AUFGABEN. Hier können auch Änderungen zu den drei Jobs gemacht, diese deaktiviert oder manuell ausgeführt werden. Über das Größer-Zeichen können jeweils Details zu der geplanten Aufgabe aufgerufen werden.

CHECK NOTIFICATION (Benachrichtigungen) ist ebenfalls eine vordefinierte Aufgabe. Hier wird stündlich auf der Webseite von VMware nachgeschaut, ob es bei anderen Kunden zu Problemen mit Patches oder Updates gekommen ist. Wenn ja, wird der Patch aus dem Repository entfernt. Haben Sie diesen schon installiert, bekommen Sie eine Nachricht vom LCM mit Details. Sie können sich auch eine E-Mail zusenden lassen, wenn eine Benachrichtigung vorliegt.

Einen Host über Baselines updaten

Wie Sie einen alleinstehenden ESXi-Host updaten, steht in Kapitel 9. Da es in diesem Fall keinen Lifecycle Manager gibt, wird das über die Kommandozeile erledigt.

Klicken Sie auf den Host, den Sie auf den neuesten Stand bringen wollen, und navigieren Sie zum Register UPDATES. Zuerst muss eine oder mehrere Baselines an den Host gehängt werden.

Klicken Sie dazu auf den Link ANHÄNGEN. Im folgenden Fenster wählen Sie die Baseline oder alle Baselines aus und klicken Sie auf ANHÄNGEN (siehe Abbildung 14-4).

Abbildung 14-4: Baseline oder Baseline-Gruppe anhängen

Welche von den Neuerungen vermutlich auf den Host zutreffen, erfahren Sie, wenn Sie auf den Link KONFORMITÄT PRÜFEN klicken. Die Schaltfläche im rechten Teil des Fensters BEREITSTELLEN ÜBERNIMMT ANSCHLIEẞEND DIE AUFGABE, DEM HOST DIE NEUERUNGEN ANZUBIETEN. Über diesen Assistenten wird die zu überprüfende Anzahl von Patches angezeigt. Das BEREITSTELLEN kann einige Zeit dauern. Beachten Sie die Hinweise unter KÜRZLICH BEARBEITETE AUFGABEN.

 Erst wenn einem Host Patches bereitgestellt werden, lädt der Lifecycle Manager diese Daten aus dem Internet. Je nach Internetverbindung kann das ein Weilchen dauern.

Sobald der Vorgang abgeschlossen ist, sehen Sie das Ergebnis in der Übersicht. Sollte ein gelbes Dreieck angezeigt werden, gibt es Neuerungen, die Sie dem Host zuteilen sollten. In dem Abschnitt werden die Anzahl der angehängten Baselines, die Anzahl der zutreffenden Patches insgesamt und die kritischen sowie Sicherheits-Patches mit roten Zahlen aufgeführt. Klicken Sie auf STANDARDISIEREN (besser ausgedrückt: auf den neuesten Stand bringen), bestätigen Sie die Auswahl mit STANDARDISIEREN oder setzen Sie im unteren Teil einen Termin fest. Haben Sie nichts geändert und auf STANDARDISIEREN geklickt, wird der Host in den Wartungsmodus gefahren und die Updates werden installiert. Das lässt sich unter KÜRZLICH BEARBEITETE AUFGABEN detailliert betrachten.

Sollte auf dem ESXi-Server der vCenter Server laufen, kann der Vorgang eventuell fehlschlagen. Verschieben Sie ihn besser vorher auf einen anderen Host mittels vMotion, weil der ESXi-Server sonst gegebenenfalls nicht den Wartungsmodus einleiten kann und somit keine Updates bekommt.

Auch wenn für einen Patch das Neustarten des Hosts festgelegt ist, muss dieser eventuell nicht neu gestartet werden. Dabei können Sie sich auf den Lifecycle Manager verlassen.

Sollten Sie eine Fehlermeldung erhalten wie »Der Host kann nicht aktualisiert werden, weil er Teil eines Clusters mit aktivierter Zugangssteuerung ist«, müssen Sie das Häkchen bei »Admission Control« setzen, um das kurzfristig auszuschalten.

Haben Sie kein DRS aktiviert oder bei einer oder mehreren VMs das Migrieren untersagt (manuell oder deaktiviert), müssen Sie die auf dem Host laufenden VMs manuell auf andere Hosts verschieben.

Wenn alles installiert ist, wird der Host meistens neu gestartet. Das kann in seltenen Fällen auch mehrfach notwendig sein. Ist er fertig, kehrt er automatisch aus dem Wartungsmodus zurück, und per DRS können wieder VMs aufgenommen werden. Unter ÜBERWACHEN – AUFGABEN sollten Sie den erfolgreichen Abschluss der Aktion sehen können.

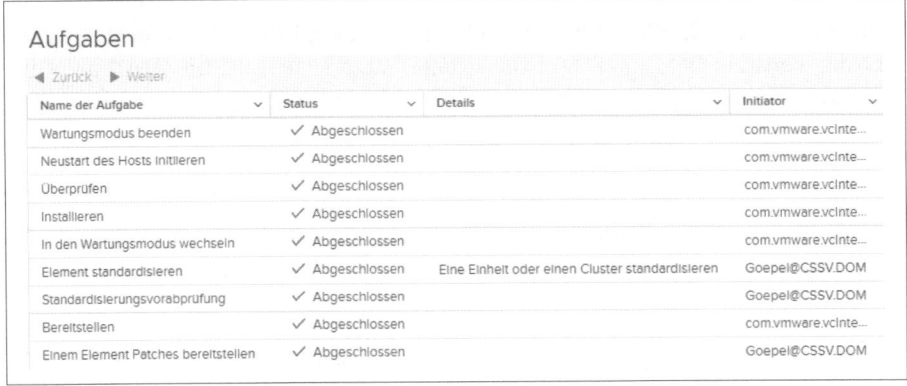

Abbildung 14-5: Aufgaben des Updates

Sollten Sie beim Prüfen auf Updates Fehlermeldungen bekommen, liegt es häufig an einer falschen DNS-Einstellung.

Vorgehensweise beim Patchen

Die Erfahrungen der letzten Jahre haben gezeigt, dass das Aktualisieren der Hosts in einer vSphere-Umgebung fast immer ohne Probleme vonstattengeht. Trotzdem kann auch die beste Firma nicht alle Eventualitäten vorher durchprobieren. Meine Empfehlung lautet also: Wenn neue Patches für Ihre ESXi-Server vorliegen, warten Sie noch ein paar Tage. Nehmen Sie sich dann zuerst einen Host vor und bringen Sie ihn auf den neuesten Stand. Erst wenn dieser ohne Probleme einige Zeit läuft, nehmen Sie sich die anderen der Reihe nach vor.

Haben Sie einen oder mehrere große Cluster (mit bis zu 64 Hosts), können Sie das PRÜFEN, BEREITSTELLEN und STANDARDISIEREN auch auf dem Cluster ausführen. Ist zusätzlich noch DRS aktiviert, wählen Sie beim Standardisieren des Clusters den Punkt PARALLELE STANDARDISIERUNG, dann kümmert sich der LCM automatisch um den gesamten Vorgang: Er versetzt einen oder zwei Hosts in den Wartungsmodus, verschiebt alle VMs, installiert die Patches und startet den oder die Hosts neu. Sind sie wieder zurück, holt er sie aus dem Wartungsmodus heraus und nimmt sich den nächsten vor – bis er alle auf dem neuesten Stand hat.

Die ESXi-Server können in einem Subnetz installiert und betrieben werden, das keine Verbindung zum eigentlichen LAN oder gar dem Internet hat. Auch wenn sicherheitskritische Updates vorliegen, brauchen Sie sich dann keine Gedanken zu machen. Der vCenter Server kann mit zwei Netzwerkkarten in unterschiedlichen Subnetzen oder VLANs betrieben werden, und nur er braucht Zugriff auf das Management Network der Hosts. vMotion- oder Storage-Zugriff kann ebenfalls über VLANs oder separate Subnetze betrieben werden. Nur wenn Treiber oder Firmware von Geräten auf den neuesten Stand gebracht werden müssen, ist ein schnelles Eingreifen in so einer gesicherten Umgebung unabdingbar.

Sollte wirklich mal ein Gau entstehen, haben Sie nach obigen Schilderungen höchstens einen ESXi-Server, der nicht mehr korrekt funktioniert. Dieser lässt sich schnell wieder installieren und neu einrichten.

Ein Cluster über Image updaten

Wie Sie ein Cluster über Baselines updaten, habe ich oben beschrieben, jetzt kommt die zweite Möglichkeit über ein einzelnes Image. Wie bereits oben erwähnt, müssen dafür einige Voraussetzungen erfüllt werden:

- Alle Hosts vom gleichen Anbieter
- Identische Hardware
- Von Festplatte gebootet
- Keine zusätzlichen oder unterschiedlichen Lösungen (wie Dell VxRail, VMware NSX und vSphere Replication)
- Die Version ESXi 7.0 oder neuer

Hat man in einem Cluster nur Hosts, die diese Voraussetzungen erfüllen, kann ein Image statt Baselines verwendet werden. Bei der Nutzung eines Images kann zusätzlich zu den oben beschriebenen Baselines die Firmware der Hosts aktualisiert, die Hardwarekompatibilität überprüft und es können Empfehlungen zu Updates und Upgrades erhalten werden.

Klicken Sie auf das gewünschte Cluster, wählen Sie die Registerkarte UPDATES und dann IMAGE aus. Ein Image importieren geht nur über eine JSON-Datei, deshalb wählen wir hier zunächst IMAGE EINRICHTEN. Als Erstes wird die Berechtigung für diesen Vorgang untersucht, was unter KÜRZLICH BEARBEITETE AUFGABEN ersichtlich ist. Wählen Sie anschließend im Schritt 1 die Version, gegebenenfalls Anbieter-Add-ons (von Hitachi, Lenovo, HPE, Dell etc.), Firmware und Treiber und Komponenten aus. Anschließend klicken Sie auf die Schaltfläche VALIDIEREN, um die Gültigkeit des Images zu überprüfen. Das Ergebnis sehen Sie dann oben, über Schritt 1, wie in Abbildung 14-6 gezeigt.

Abbildung 14-6: Gültigkeit des Images für Hosts

Über die Schaltfläche SPEICHERN wird zunächst die Konformität überprüft, was direkt den Schritt 2 einleitet. Ist dieser Schritt abgeschlossen, können Sie Ihre Hosts über das Image aktualisieren (Standardisieren starten). Es wird automatisch ein Host in den Wartungsmodus geschickt, aktualisiert und neu gestartet. Steht dieser wieder zur Verfügung, wird der nächste Host aktualisiert, usw.

 Achten Sie unbedingt darauf, den ersten Host auf eventuelle Probleme zu untersuchen, bevor der zweite aktualisiert wird. Notfalls brechen Sie den Standardisierungsvorgang ab.

Sie können bei einem Cluster jederzeit von Baselines zum Image wechseln, aber nicht zurück. Sie können jedoch die Hosts in ein neues Cluster verschieben, das dann über Baselines aktualisiert wird. Das erzeugte Image kann im Format JSON, ISO oder ZIP exportiert und in anderen Clustern importiert werden, wenn die oben genannten Voraussetzungen übereinstimmen.

UMDS: Update Manager Download Service

Der Update Manager Download Service ist auch für den vSphere Lifecycle Manager verfügbar, jedoch nicht wie bisher für Windows, sondern nur noch als Linux-VM. Als Version kommen nur Ubuntu (14.0.4, 18.04, 18.04 LTS und 20.04 LTS) und Red Hat Enterprise (7.4, 7.5, 7.7 und 8.1) infrage.

Man benötigt diese Komponente, wenn der vCenter Server (und damit der Lifecycle Manager) keine Verbindung zum Internet hat, um Patches und Updates für die Umgebung herunterzuladen. Die für die Installation benötigten Komponenten befinden sich auf dem ISO der VCSA im Unterordner UMDS als *.tar.gz*-Datei. Hat man die Datei übertragen und ausgepackt, so findet man im Ordner *vmware-umds-distrib* ein Perl-Skript, über das die Installation mit administrativen Rechten gestartet werden kann.

Nachdem Informationen aus dem Internet heruntergeladen wurden, können diese auf einer Webfreigabe oder einem Wechseldatenträger dem Lifecycle Manager zur Verfügung gestellt werden.

Upgrade der Umgebung

Da die Verbreitung von vSphere schon sehr weit fortgeschritten ist, ist die Wahrscheinlichkeit eines Upgrades auf die aktuelle Version sehr hoch. Und wenn der Wartungsvertrag (Support and Subscription) der Vorgängerversion (6.x) noch Bestand hat, können die Lizenzen meist kostenlos gegen eine Lizenz der neuen Version getauscht werden. Innerhalb der Version 7.x sind die Keys gleich geblieben.

VMware wirbt mit einigen neuen Features und Funktionen sowie mit deutlich verbesserter Performance. Einige der Neuigkeiten habe ich in den vorangegangenen Kapiteln schon beschrieben, andere folgen in den nächsten Kapiteln. Hier nur in Kürze das Wichtigste:

- Den vCenter Server gibt es nur noch als vorgefertigte Photon-Linux-VM (siehe Kapitel 4) als Appliance.
- Die Versionen vor 6.5 werden nicht mehr unterstützt, es ist also Zeit, upzudaten, zumal diese Version am 15.11.2021 ausläuft.
- Lokale ESXi-Platten können zu einem gemeinsamen Storage (vSAN, siehe Kapitel 13) zusammengeschlossen werden.
- Der vCenter Converter ist nicht mehr Bestandteil der vSphere-Umgebung, sondern nur noch als Standalone verfügbar (siehe dieses Kapitel).
- VMs können bis zu 256 virtuelle Prozessoren und 6 TByte RAM nutzen (siehe Kapitel 5).
- Die Lizenzierung nach Prozessorsockel ist geblieben und viele Features sind von einer höheren in eine niedrigere Lizenz übernommen worden. Ein Sockel darf aber nur noch 32 Kerne haben, sonst braucht man eine weitere Lizenz (siehe Kapitel 2 und 4).

- vSphere Auto Deploy ermöglicht das Einrichten vieler neuer physischer Hostsysteme in kurzer Zeit (siehe Kapitel 13).

- Auch neue Funktionen für Festplattenzugriffe und -größe sind hinzugekommen (siehe Kapitel 13 und 19) und der Host unterstützt 4K-HDDs sowie NVMe-Adapter. Über paravirtuelle SCSI-Adapter können bis zu 256 Geräte angeschlossen werden.

- Eine VM und die Daten beim Migrieren können verschlüsselt werden.

- ESXi unterstützt den persistenten Speicher für VMs, schützt sich selbst über TPM (Trusted Platform Model) und VMs über vTPM.

Wenn Sie eine komplette vSphere-Umgebung mit vCenter Server und externen Storages haben, können Sie zuerst den vCenter Server updaten oder neu installieren. Als Nächstes nehmen Sie sich die Hosts vor. Haben Sie allerdings nur eine kleine Umgebung mit lokalen Festplatten auf Ihrem ESXi-Host, müssen Sie zunächst alle VMs auf einen anderen Storage verlagern oder im OVF-Format exportieren, bevor Sie eine Neuinstallation oder ein Upgrade versuchen.

Der alte vSphere Client und der Flash-Client werden nicht mehr unterstützt, d. h., dass Sie sich nun mit dem HTML5-Zugriff anfreunden müssen. Mit dem neuen Client können Sie auch noch auf die alte Umgebung zugreifen. Ähnlich gelagert ist es beim vCenter Server: In der Version 6.5 haben Sie Zugriff auf ESXi-Hosts der Version 6.5 und älter – aber nicht neuer. Bei der 7er-Version des Servers können Sie also auf die 7er-Hosts und die älteren zugreifen. Auch ein gemischter Modus ist kein Problem. Das Gleiche gilt für die virtuellen Maschinen: Eine ältere VM mit Hardwareversion 7 oder 8 läuft auch auf einem 7er-Host, der üblicherweise die aktuelle Version 18 der virtuellen Hardware nutzt.

Alle möglichen Updateszenarien hier detailliert aufzulisten, würde den Umfang des Buches sprengen, deshalb beschränke ich mich im Folgenden auf das Wesentliche.

Achten Sie vor dem Upgrade unbedingt auf die Kompatibilität Ihrer Hardware und gegebenenfalls zusätzlich installierter Software zur neuen Version und besorgen Sie sich rechtzeitig die neuen Lizenzschlüssel, spätestens nach 60 Tagen, und gegebenenfalls die passenden VIB-Dateien.

Upgrade eines ESXi-Hosts

Liegt nur ein alleinstehender ESXi-Server vor, können Sie diesen, nachdem alle VMs heruntergefahren wurden, mit der neuen CD oder einem USB-Stick starten. Überlegen Sie sich, ob Sie – wie oben bereits erwähnt – Ihre VMs nicht doch lieber vorher sichern oder anderweitig kurzfristig auslagern wollen. Auch externe Storages sollten Sie vorher trennen, wenn nicht darauf die Bootpartition liegt. Beachten Sie die Hinweise bezüglich der BIOS-/EFI-Einstellungen des Servers, die ich in

Kapitel 3 beschrieben habe, zumal Sie hier meistens sowieso die Bootreihenfolge kurzfristig ändern müssen.

Im Allgemeinen geht der Upgradeprozess ohne Probleme vonstatten und die bisherige VMFS-Partition wird dabei nicht angetastet. Meine Empfehlung lautet aber eindeutig: Eine Neuinstallation ist in den meisten Fällen besser. Ein Upgrade auf die neue Version ist immer unumkehrbar.

 Ein direktes Upgrade von Version 6.0 auf 7.0 ist nicht möglich – hier müssen Sie zunächst auf Version 6.5 und anschließend dann auf Version 7.0 upgraden. Installieren Sie erst alle Updates der 6er-Version vor dem Upgrade auf 7.0 oder installieren Sie besser gleich neu.

Das VMFS-3-Format wird nicht mehr unterstützt. Alte Volumes werden beim Upgrade des Hosts automatisch auf die Version 5 gebracht.

Da ab der ESXi-Version 7.0 ein anderes Partitionslayout verwendet wird, empfehle ich eine Neuinstallation.

Vor dem Upgrade oder der Neuinstallation sollten Sie sich die MAC-Adressen der erkannten Netzwerkkarten (z. B. als Screenshot) abspeichern. Die neue Version findet die Adapter gegebenenfalls nicht in der gleichen Reihenfolge oder erkennt/unterstützt ältere Karten vielleicht nicht, dann kann es Probleme mit den Anschlüssen am physischen Switch geben.

Booten Sie Ihren alten ESXi-Server mit der neuen Version, sollten Sie eine Meldung wie in Abbildung 14-7 erhalten, die Ihnen maximal drei von vier Möglichkeiten bietet:

- UPGRADE ESXI, PRESERVE VMFS DATASTORE: Hier wird das Upgrade von ESXi durchgeführt unter Beibehaltung der VMFS-Partition.
- INSTALL ESXI, PRESERVE VMFS DATASTORE: ESXi wird neu installiert, nicht aktualisiert und die Daten auf dem VMFS-Volume bleiben erhalten.
- INSTALL ESXI, OVERWRITE VMFS DATASTORE: ESXi wird installiert, nicht aktualisiert und die Daten auf dem VMFS-Volume werden überschrieben.

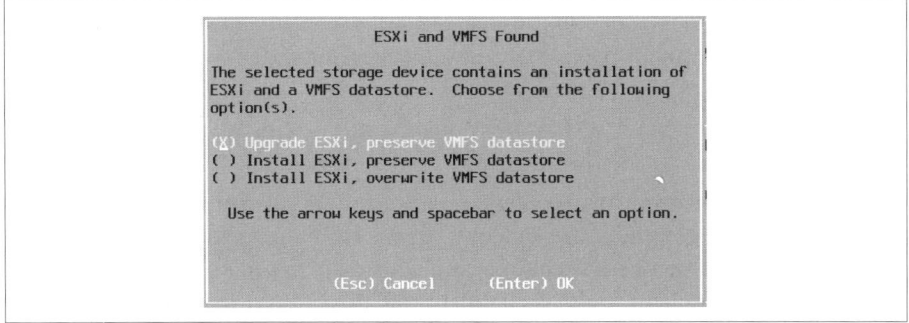

Abbildung 14-7: Meldung beim Upgrade eines Hosts

Nach kurzer Zeit ist der Vorgang erledigt und Sie können die Bootreihenfolge wieder umstellen, um den Host mit der neuen Version zu starten.

 Seien Sie nicht ungeduldig, wenn die Anzeige lange bei einigen Prozentzahlen stehen bleibt. Jetzt werden alle möglichen Treiber für die Storage- und Netzwerk-Adapter geladen.

Bei einem Upgrade auf ESXi 7.0 werden anschließend natürlich nicht alle vorigen Funktionen aktualisiert. Auch werden z. B. manuelle Änderungen zur Authentifizierung im Ordner */etc/pam.d/* auf Standardwerte zurückgesetzt und die Einstellungen zum SSH-Zugriff deaktiviert.

Überprüfen Sie anschließend über den Client die Netzwerkeinstellungen. Die zugewiesenen Netzwerkkarten werden manchmal in einer anderen Reihenfolge erkannt, also ist jetzt vielleicht die vmnic0 die vmnic3 oder ähnlich. Notieren Sie sich vorher die MAC-Adressen der Karten. Die vSwitches mit 64 oder 128 Ports werden in solche mit 2.560 oder mehr Anschlüssen gewandelt. Beachten Sie dabei, dass die Anzahl der Ports auf dem virtuellen Switch automatisch nach oben und nach unten angepasst werden. Achten Sie auch darauf, ob eventuelle DHCP-Adressen noch denselben Wert haben. Da es bei dem neuen Hypervisor nur noch ein Standardgateway gibt, müssen Sie dieses eventuell anpassen. Berücksichtigen Sie dabei die Hinweise in Kapitel 6 zur Netzwerktechnik und in Kapitel 10 zur Einstellung für HA. Bei Problemen mit HA ziehen Sie bitte auch Kapitel 19 zurate. Dort werden die meisten zusätzlich möglichen Optionen dazu besprochen. Sollten Sie einen ausfallsicheren vSwitch mit passiven und aktiven Adaptern installiert haben (wie in Kapitel 6 empfohlen wurde), müssen Sie einen Teil der Konfiguration manuell wiederherstellen – das kann der Upgradeprozess meist nicht richtig.

Kontrollieren Sie ebenfalls die Storage-Zugriffe (NFS-Einstellungen werden meistens übernommen, iSCSI-Zugriffe häufig nicht), Uhrzeit- und DNS-Einstellungen, die Startreihenfolge der VMs sowie gegebenenfalls die Authentifizierungsdienste. Hatten Sie vorher weitere manuelle Konfigurationen geändert, also z. B. bei der Firewall oder den *Erweiterten Einstellungen*, sollten Sie diese auch überprüfen. Kontrollieren Sie auch die angelegten User und deren Zugehörigkeiten zu Gruppen sowie deren Passwörter. Beim User *root* funktioniert die Migration üblicherweise problemlos. Seit einiger Zeit werden übrigens keine Gruppen mehr auf dem ESXi unterstützt.

Ressourcenpools müssen nach einem Upgrade ebenfalls überprüft werden. Hatten Sie fast alle Ressourcen an VMs verteilt, kann es sein, dass die neuen Funktionen von ESXi 7.0 einen Start der beteiligten virtuellen Maschinen verhindern.

Bei einer Neuinstallation der 7er-Version wird das GPT-Partitionsprinzip (GUID Partition Table) angewendet, bei einem Upgrade bleibt es bei der herkömmlichen Art und wird nicht neu geschrieben. Manuell erstellte zusätzliche Laufwerke sind nach dem Upgrade nicht mehr vorhanden, die alten Daten fehlen ebenfalls. Das Gleiche passiert mit dem Bootlaufwerk, wenn dieses nicht zusätzlich eine VMFS-Partition enthält.

Nach dem Upgrade durch Neuinstallation haben Sie eine erneute Testphase von 60 Tagen. Bei einem direkten Upgrade nicht. Vergessen Sie nicht, vor Ablauf dieser Frist die Lizenz einzugeben.

Upgrade einer vSphere-Umgebung

Besitzen Sie eine komplette Umgebung mit mehreren ESXi-Hosts und einem vCenter Server, dann können Sie auch den Lifecycle Manager für das Upgraden Ihrer Umgebung verwenden. Der Manager kann aber keinen vCenter Server oder die auf ihm laufenden zusätzlichen Dienste upgraden. Ein manuelles Erneuern der Umgebung ist auch möglich und wird von mir empfohlen.

Um eine komplette Umgebung upzugraden, empfehle ich, erst den vCenter Server und anschließend die Hosts auf den neuen Stand zu bringen, da die neue VCSA (vCenter Server Appliance) auch ältere Hosts bis zur Version 6.5 unterstützt, der alte Server aber keine neueren Hosts.

Ein Upgrade von einem Windows vCenter Server auf die Appliance ist ebenfalls möglich und der externe Plattform-Servicecontroller wird beim Upgrade in die Appliance integriert, da diese Form jetzt nicht mehr unterstützt wird.

Meine Empfehlung zum Upgrade ist folgende: Die Version 6.5 des vCenter Servers kann ohne Probleme aktualisiert werden. Vorherige Versionen werden nicht mehr unterstützt. Einen Host installiere ich lieber neu.

Ein Management-Server der Versionen vor 6.5 muss also neu installiert werden. Die Daten der Datenbank können aber anschließend bei Bedarf auf den neuen migriert werden, egal ob eine externe oder die zum Lieferumfang gehörende Datenbank genutzt wurde.

Da der Upgradeprozess genauso vonstattengeht wie die Installation, die ich in Kapitel 4 detailliert beschrieben habe, verzichte ich hier auf weitere Angaben und gehe hier nur auf die Unterschiede ein.

Binden Sie nun das von VMware heruntergeladene ISO an einen Rechner und starten Sie darauf die Datei *installer.exe* im Ordner *vcsa-ui-installer\win32*. In dem folgenden Fenster wählen Sie das zweite Kästchen UPGRADE, akzeptieren die EULA und geben im dritten Fenster den FQDN des bisherigen vCenter Servers an.

Klicken Sie dann auf CONNECT TO SOURCE, um eine Verbindung zum alten Server herzustellen. Füllen Sie den oberen und unteren Teil vollständig aus und bestätigen Sie gegebenenfalls die Zertifikatswarnung. Im nächsten Fenster wird angegeben, wo die aktualisierte VCSA laufen soll, gegebenenfalls müssen Sie nochmals das Zertifikat abnicken.

Nachdem ein Ordner und ein Host oder Cluster ausgewählt wurden, können der neue Name der Appliance und sein Passwort angegeben werden. Als Nächstes brauchen Sie eine temporäre IP für die Appliance. Der Rest erfolgt wie bei der Installation, die im Kapitel 4 nachgeschlagen werden kann. Der Assistent leitet Sie durch alle Optionen und gibt genug Hinweise zum Gelingen.

Beachten Sie aber, dass das Load Balancing über DRS (Distributed Resource Scheduler) während dieser Zeit nicht funktioniert. HA läuft allein zwischen den ESXi-Servern und wird durch den Upgradeprozess nicht behindert. Auch die VMs bekommen von dem Prozess nichts mit.

Haben Sie *Guided Consolidation* installiert, muss es vor dem Upgrade manuell deinstalliert werden.

Ist der erste Abschnitt (Stage 1) erledigt, wird der Assistent ein paar Test ausführen und gegebenenfalls Warnungen zum Lifecycle Manager und Proxy-Einstellungen anzeigen. Schließen Sie das Fenster und wählen Sie einen der drei Optionen aus. Die Konfiguration und die Bestandslisten werden immer übernommen und Sie können wählen, ob Sie auch die Aufgaben, Ereignisse und Performance-Statistiken übernehmen möchten. Nach der Bestätigung, dass Sie den Quellserver gesichert haben, können Sie auf FINISH klicken.

Ist der Vorgang abgeschlossen, können Sie sich über die IP-Adresse oder den Namen wie vorher an dem vCenter Server anmelden. Jetzt sollten Sie noch folgende Punkte überprüfen:

- Konfiguration des Lifecycle Managers (ehemals Update Manager)
- Proxy-Einstellungen des vCenter Servers und damit auch des Lifecycle Managers im Appliance Management
- Aufbewahrungsrichtlinie der Aufgaben und Ereignisse
- Lizenzzuweisung für VCSA und Hosts
- Passwort-Ablauf des vCenter Servers im Appliance Management und ob hier Updates für die VCSA vorliegen

Nachdem Sie damit fertig sind, können Sie sich um die Hosts kümmern: Diese können nach dem obigen Schema »Upgrade eines ESXi-Hosts« oder mit dem neuen Lifecycle Manager auf die neue Version gebracht werden. Beachten Sie, dass auch Hosts der Version 6.5 und 6.7 unter der neuen VCSA laufen können.

Da Sie jetzt auch für den vCenter Server bei Neuinstallation 60 Tage lang den Evaluierungsmodus einsetzen dürfen, können Sie z.B. einen Host mit Version 7.0 neu installieren, diesen so konfigurieren wie gewünscht und dann die in Kapitel 13 beschriebenen Hostprofile für die weiteren Server nutzen. Damit haben Sie sauber installierte ESXi-Hosts und können bei Bedarf Ihre bisherige Konfiguration neu überdenken und in das Profil einfließen lassen. Haben Sie beim vCenter Server ein »Inplace Upgrade« gemacht, müssen Sie die neue Lizenz einspielen, da die alte dann abgelaufen ist. Je nach eingespielter Lizenz können Sie dann keine Hostprofile nutzen.

ESXi-Upgrade mit Lifecycle Manger

Um einen ESXi-Host der Version 6.5 oder 6.7 mit dem Lifecycle Manager 7.0 auf die neue Version zu aktualisieren, benötigen Sie zunächst das ISO-Image des ESXi-7.0-Servers. Dieses kann von der Webseite von VMware heruntergeladen werden und trägt den Namen VMWARE-VMVISOR-INSTALLER-7.0U1-<BUILD-NUMMER>.X86_64.ISO.

1. Klicken Sie über MENÜ auf den LIFECYCLE MANAGER, dann auf die Registerkarte IMPORTIERTE ISO-DATEIEN.

2. Oben links befindet sich der Link mit dem Namen ISO IMPORTIEREN. Klicken Sie auf diesen Link.

3. Über die Schaltfläche DURCHSUCHEN können Sie im folgenden Browser das ISO-Image auswählen und hochladen. Ist der Vorgang abgeschlossen, können Sie jetzt eine neue Baseline erstellen, indem Sie auf den Listeneintrag und anschließend auf NEUE BASELINE klicken. Sie können dies auch später durchführen (siehe Punkt 5). Hat das Hochladen nicht funktioniert, nutzen Sie einen anderen Browser.

4. Wenn das Image in der Liste der importierten Images erscheint, klicken Sie auf die Registerkarte BASELINES.

5. Haben Sie bereits beim Importieren eine Baseline für das Upgrade erstellt, sollte diese hier erscheinen – wenn nicht, klicken Sie links auf NEU zum Erstellen.

6. Vergeben Sie in dem Fenster einen aussagekräftigen Namen für die Upgrade-Baseline und klicken Sie im unteren Teil den Kreis bei UPGRADE an.

7. Wählen Sie im nächsten Fenster das importierte Image aus und klicken Sie auf WEITER und anschließend auf BEENDEN.

Die gerade erstellte Baseline können wir nun einem alten ESXi-Host anhängen, um diesen auf die aktuelle Version zu bringen. Gehen Sie dazu über HOSTS UND CLUSTER auf den ersten Host, den Sie aktualisieren wollen.

1. Wählen Sie die Registerkarte UPDATES aus und klicken Sie unten auf den Link ANHÄNGEN.

2. Wählen Sie die gerade erstellte Upgrade-Baseline aus und klicken Sie auf ANHÄNGEN.

3. In dem Fenster unter ANGEHÄNGTE BASELINES sollte diese jetzt zu sehen sein.

   Der Host wird beim Aktualisieren automatisch in den Wartungsmodus versetzt. Wenn Sie die auf ihm laufenden VMs manuell verschieben oder herunterfahren müssen, sollten Sie das jetzt zuerst tun und anschließend bei Punkt 4 weitermachen.

4. Beim ersten zu aktualisierenden Host sollten Sie zunächst den Link KONFORMITÄT PRÜFEN verwenden. Wählen Sie unter ANGEHÄNGTE BASELINES das Upgrade aus und deaktivieren Sie gegebenenfalls die Schaltflächen für Patches, wie in Abbildung 14-8 dargestellt.

5. Nachdem Sie im Fenster auf die Schaltfläche OK geklickt haben, schließt es sich und der Host wird bezüglich des Upgrades geprüft.

Abbildung 14-8: Prüfen auf Upgrades

6. Wenn im unteren Teil des Bildschirms unter KÜRZLICH BEARBEITETE AUFGABEN der Job erledigt ist, sollten Sie auf der Registerkarte UPDATES die Ergebnisse sehen.

7. Nun können Sie auf die Schaltfläche STANDARDISIEREN (auf den neuesten Stand bringen) klicken. Füllen Sie in den jetzt folgenden Fenstern alles Nötige aus oder klicken Sie das Gewünschte an. Überlegen Sie sich, ob der Vorgang sofort starten soll oder ob Sie eine geplante Aufgabe daraus machen möchten und ob Sie Warnungen unterdrücken wollen (empfohlen).

8. Deaktivieren Sie gegebenenfalls die Funktionen in Ihrem Cluster, die eine Störung oder einen Alarm auslösen könnten (wie DPM, HA, FT usw.).

9. Klicken Sie auf BEENDEN.

Wenn die Standardisierung anfängt, wird der Server zunächst in den Wartungsmodus gefahren und gegebenenfalls alle VMs auf die anderen Hosts mittels DRS verschoben. Haben Sie kein DRS, müssen Sie das manuell erledigen. Dann beginnt die Installation, der ESXi-Server wird neu gestartet, überprüft die Aktualisierung und kommt automatisch aus dem Wartungsmodus heraus. Gegebenenfalls müssen Sie den neuen ESXi-Server mit dem vCenter Server (über das Kontextmenü auf dem Host) neu verbinden.

Anschließend sollten Sie die bereits oben unter »Upgrade eines ESXi-Hosts« geschilderten Funktionen und Einstellungen überprüfen. Gegebenenfalls macht es Sinn, den gerade auf die neue Version gebrachten Host mit Patches und Updates zu versorgen, bevor die VMs zurückgeschoben werden.

Ist alles so, wie Sie es brauchen, können Sie den nächsten Server frei räumen, diesem die erstellte Upgrade-Baseline anhängen, prüfen und dann STANDARDISIEREN wählen. Haben Sie alle Hosts auf den neuesten Stand gebracht, können Sie sich mit den neuen Funktionen vertraut machen. Denken Sie daran, Ihre Lizenzen rechtzeitig einzuspielen und die VMs bei Gelegenheit ebenfalls zu aktualisieren, wie im nachfolgenden Abschnitt beschrieben.

 Überprüfen Sie nach dem Upgrade die Ressourceneinstellungen der VMs. Gerade beim Arbeitsspeicher tauchen plötzlich etliche ungewollte Begrenzungen auf!

Upgrade der VMs

Um die virtuellen Maschinen kompatibel mit dem neuen ESXi-Server zu machen und alle neuen Funktionen nutzen zu können, z.B. mehr Prozessoren und Arbeitsspeicher als vorher, empfehlen VMware und auch ich, die VMs ebenfalls auf die aktuelle Hardwareversion 18 zu bringen. Eine ältere Hardwareversion als 18 ist kein kritischer Zustand, d.h., Sie können sich Zeit damit lassen und dies in Ruhe planen. Hierbei gibt es wieder zwei Möglichkeiten: erstens, die VMs manuell nach und nach zu erneuern, und zweitens, die VMs über den Lifecycle Manager zu aktualisieren. Auf beides möchte ich im Folgenden eingehen.

Upgrade einer einzelnen VM

Es ist sehr wichtig, dass vor dem Upgrade der Hardwareversion die aktuellen VMware Tools in der virtuellen Windows-Maschine und die open-vm-tools bei Linux installiert wurden. Das können Sie überprüfen, indem Sie in der Bestandsliste auf eine VM klicken und auf der Registerkarte ÜBERSICHT der VM den Status der Tools ansehen. Mit dem ESXi 7.0 werden gleichzeitig neue VMware Tools zur Verfügung gestellt. Sind diese installiert, so steht in der Anzeige WIRD AUSGEFÜHRT (AKTUELL). Ist das nicht der Fall, wird auf eine veraltete Version mit WIRD AUSGEFÜHRT (UPGRADE VERFÜGBAR) hingewiesen oder der Eintrag lautet LÄUFT NICHT (NICHT INSTALLIERT).

Um bei vielen VMs eine Übersicht über den Status der VMware Tools zu bekommen, können Sie im Cluster auf die Registerkarte VMS klicken und dort über das Menü auf einem Spaltenkopf die Spalten für VERSIONSSTATUS DER VMWARE TOOLS einblenden (siehe Abbildung 14-9). Die Liste können Sie mit einem Klick auf den jeweiligen Spaltenkopf nach dem gewünschten Eintrag sortieren.

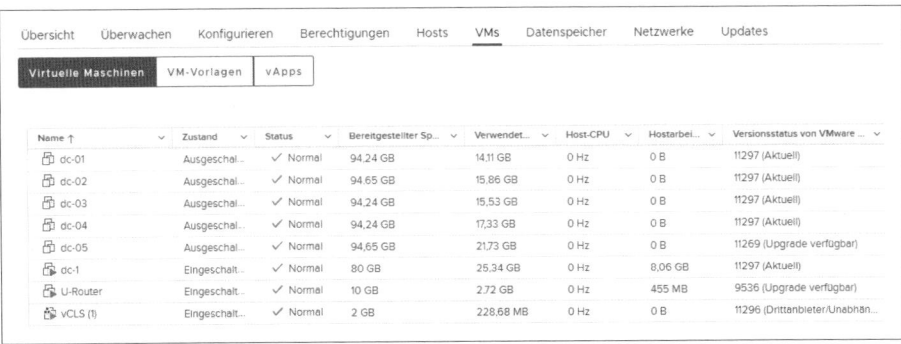

Abbildung 14-9: Status und Version der VMware Tools

Das Updaten der Tools und Treiber geht genauso vonstatten wie die Erstinstallation, die ich in Kapitel 5 ausführlich beschrieben habe. Denken Sie daran, dass die VM nach der Aktualisierung gegebenenfalls neu gestartet werden muss. Führen Sie den Neustart aus und warten Sie, bis die neue Version der Tools neben der Uhr (bei Windows-Systemen) korrekt angezeigt wird. Fahren Sie den Rechner anschließend herunter und schalten Sie ihn aus.

Ein Massen-Upgrade der VMware Tools erreichen Sie, indem Sie wie in Abbildung 14-9 alle laufenden VMs mit veralteten Tools mit gedrückter Strg-Taste markieren und dann über das Kontextmenü GAST → VMWARE TOOLS INSTALLIEREN / AKTUALISIEREN anklicken.

Sollten Sie ein Linux-System mit den VMware Tools aktualisieren, werden neue Netzwerkmodule zur Verfügung gestellt. Diese können aber erst nach dem Neustart verwendet werden. Sie haben natürlich auch die Möglichkeit, die alten Netzwerkmodule von VMware manuell zu entladen und dann die aktuellen zu laden. Aber für das Upgraden der Hardware muss die Maschine trotzdem ausgeschaltet werden. Beachten Sie auch die Hinweise zu den VMware Tools und open-vm-tools unter Linux in Kapitel 5.

Klicken Sie mit der rechten Maustaste auf den ausgeschalteten Computer und wählen Sie aus dem Kontextmenü den Eintrag KOMPATIBILITÄT – UPGRADE DER VM-KOMPATIBILITÄT. Auf Host- oder Clusterebene können Sie auch mehrere VMs mit der Strg-Taste für das Upgrade auswählen.

Die Hardwareversion 18 wird nicht auf Hosts der Version 6.5 oder 6.7 unterstützt, die aktualisierte Version der VMware Tools aber sehr wohl.

Hardware-Upgrade über den Lifecycle Manager

Mit dem Lifecycle Manager haben Sie die Möglichkeit, viele VMs mit der aktuellen Version der VMware Tools zu bestücken und anschließend das Hardware-Upgrade durchführen zu lassen. Der Vorgang ähnelt dem Upgrade des ESXi-Hosts, das ich oben in diesem Kapitel besprochen habe, deshalb hier nur die Kurzform für die VMs.

1. Klicken Sie beim Cluster auf die Registerkarte UPDATES und dann auf den Eintrag VM-HARDWARE.

2. Klicken Sie auf den Link STATUS ÜBERPRÜFEN, um eine Aktualisierung zu erreichen. Erst jetzt wird die Tabelle aktualisiert und die Ergebnisse angezeigt.

3. Wählen Sie nun die gewünschte VM aus. Eine Mehrfachauswahl können Sie über die Strg- und Shift-Tasten erreichen oder im Fenster individuelle VMs auswählen, wenn Sie auf den Link PASSEND ZUM HOST AKTUALISIEREN geklickt haben.

4. In der angezeigten Tabelle sehen Sie die Kompatibilität der Hosts und VMs und ob ein Upgrade verfügbar ist. Haben Sie PASSEND ZUM HOST AKTUALISIEREN angeklickt, werden ausgeschaltete VMs sofort aktualisiert, eingeschaltete heruntergefahren, aktualisiert und wieder gestartet.

5. Wenn Sie in dem Fenster ganz nach unten scrollen, können Sie auch PLANUNGSOPTIONEN festlegen, wie in Abbildung 14-10 gezeigt wird.

Sie haben mit diesem Werkzeug die Möglichkeit, eine einzelne oder viele VMs gleichzeitig upzudaten. Für dieses Vorhaben sollten Sie sich aber ein Zeitfenster aussuchen, in dem die virtuellen Maschinen nicht zur Verfügung stehen müssen. Planen Sie deshalb sorgfältig. Eine einzelne VM muss bei diesem Vorgehen neu gestartet werden und Sie dürfen nicht vergessen, die Snapshots anschließend manuell zu löschen.

Abbildung 14-10: HW-Upgrade der VMs

Jetzt fehlen nur noch die korrekte Konfiguration der Umgebung, die ich in Kapitel 16 ausführlich beschreibe, und eine vernünftige Datensicherung (siehe Kapitel 17). Im folgenden Kapitel geht es aber zunächst um die Templates (Vorlagen von VMs) und zum Schluss nochmals um die Optimierung.

## KAPITEL 15

Templates (Vorlagen für virtuelle Maschinen)

Mit Vorlagen, sogenannten Templates, kann man schnell neue virtuelle Maschinen erstellen und diese automatisch mit einer Anpassungsspezifikation multiplizieren. Dabei bekommt die VM über die Anpassung eine neue SID, einen neuen Namen und Sie können gegebenenfalls weitere individuelle Einstellungen übergeben. Auch wenn eine produktive VM durch Viren, Trojaner oder Ähnliches geschädigt ist, kann eine neue VM durch ein Template bereitgestellt und die Datensicherung zurückgespielt werden. Diese Funktion ist im vCenter Server für jede virtuelle Maschine bereits enthalten, Sie brauchen also keine weitere Software eines anderen Anbieters.

Templates und ihr Nutzen

Templates sind Vorlagen von virtuellen Maschinen, aus denen man neue VMs sehr zeitsparend erstellen kann. Diese können nicht gestartet oder geändert werden – Sie müssen sie erst wieder in eine VM konvertieren, um z.B. ein Update oder Servicepack einzuspielen. Sie können natürlich auch andere fertige VMs mit einer Anpassungsspezifikation klonen, der Vorgang ist gleich, aber diese VMs könnten versehentlich geändert werden.

Bei so einer Vorlage sollte man sich große Mühe geben, um Fehler zu vermeiden, die sich dann auf jede daraus erstellte Maschine auswirken.

Vorgehensweise:

- Anpassen der Hardware der VM wie in Kapitel 4 und 19 beschrieben
- Installation des Betriebssystems
- Eventuell löschen der Auslagerungsdatei, Defragmentieren der Festplatte und Setzen der Auslagerungsdatei auf einen festen Wert
- Installation aller notwendigen Treiber und VMware Tools
- Installation von Servicepacks, Patches und Hotfixes
- Gegebenenfalls Installieren der Anwendungen

- Anonymisierung durch *Sysprep* oder *NewSid* bzw. durch die Anpassungsspezifikation
- Herunterfahren des Systems

Wenn Sie DHCP für die Netzwerkkennung einsetzen, sollten Sie vor dem Herunterfahren die IP-Adresse wieder freigeben. Gehen Sie als Administrator auf die Kommandozeile und tippen Sie »ipconfig /release« ein.

- Konvertieren der VM in ein Template

Bei physischen Systemen kann man den Vorgang mit Symantec (Norton) Ghost oder Acronis Backup & Recovery durchführen. Um individuelle Einstellungen für den Klon zu bekommen, kann bei Microsoft-Betriebssystemen das Tool *Sysprep* (System-Preparation) genutzt werden. Auch das ehemals aus dem Hause Sysinternals, jetzt Microsoft, bekannte *NewSID* ist für solche Duplizierungen geeignet. Nachteilig bei diesem Verfahren ist die Hardwareabhängigkeit des Images: Nur bei identischer Hardware kann man sicher sein, dass der Rechner hinterher auch startet. Eine virtuelle Maschine sieht aber immer die gleiche Hardware, deshalb ist es in der virtuellen Welt ohne Probleme oder vorheriges Impfen mit allen erdenklichen Treibern möglich, VMs beliebig oft zu duplizieren.

Wenn Sie einen Snapshot einer VM erstellt haben, können Sie sogar im laufenden Betrieb die Festplattendatei der Maschine über den Datenspeicherbrowser an einen anderen Ort kopieren und damit eine neu VM generieren – die oben erwähnten Tools sollten Sie anschließend jedoch zum Einsatz bringen.

Trennen Sie möglichst die System- und Datenpartition einer VM, um hier flexibler zu sein. Damit könnten Sie auch viele verschiedene Betriebssystemvorlagen besser nutzen. Dieser Vorgang lässt sich sogar noch mithilfe von GEPLANTEN TASKS automatisieren und z. B. nachts erledigen.

Auch für ein Desaster Recovery kann man vorgefertigte Disks oder ganze VM-Vorlagen nutzen, um schnell wieder den gewünschten Zustand der Maschine zu erhalten. Das ist bei physischen Systemen meistens nicht möglich.

Wenn Sie Microsoft-Betriebssysteme vor Windows Vista einsetzen, also bis einschließlich Server 2003, können Sie die *Sysprep*-Tools beim vCenter Server hinterlegen und die VMs damit anonymisieren. Nachdem *Sysprep* den Rechner heruntergefahren hat, können Sie daraus eine Vorlage erstellen.

Auch auf einem Linux-System können Sie derartige Vorgänge durchführen, wie Abbildung 15-1 zeigt. Die dazu notwendigen Dateien bringt der vCenter Server bereits für die gängigsten Distributionen mit. Falls Sie ein System einsetzen, das nicht unterstützt wird, achten Sie auf die Netzwerkeinstellungen (die MAC-Adresse ändert sich automatisch) und den Namen, der im Netzwerk vielleicht schon bekannt ist.

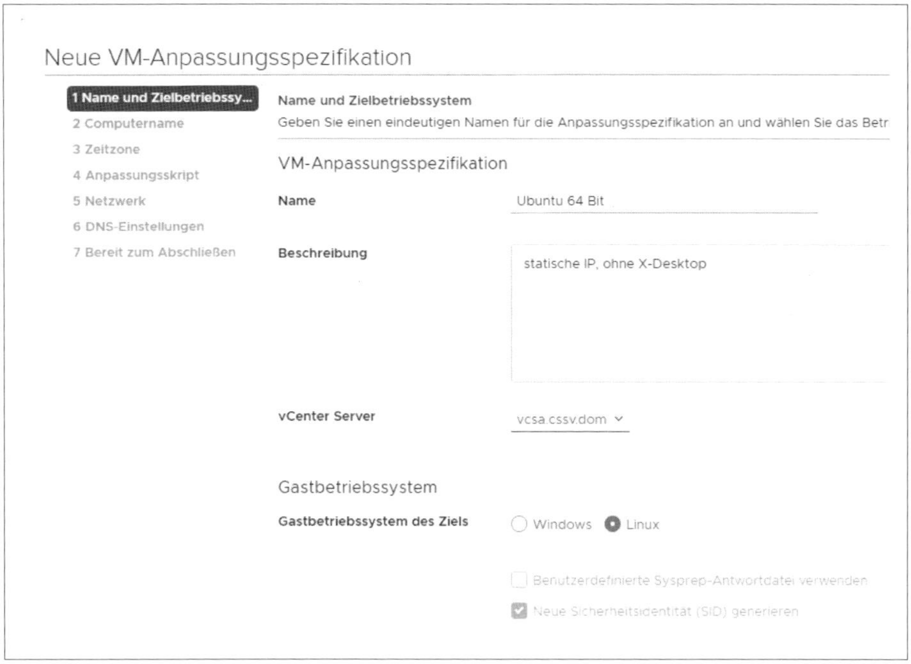

Abbildung 15-1: Linux-Gastanpassung

Damit ist die Erstellung schon abgeschlossen, und Ihnen steht ein funktionstüchtiges Template zur Verfügung. Die meisten manuellen Eingriffe nimmt Ihnen der VMware vCenter Server ab bzw. er führt Sie mittels eines Assistenten sehr einfach durch die notwendigen Schritte. Ein weiterer Vorteil des vCenter Servers zeigt sich darin, dass Sie sich nicht um das Format der Festplattendateien kümmern müssen, was bei einem manuellen Eingriff sehr wohl der Fall sein kann.

Format der Festplattendateien

Unter VMware ESXi können Festplattendateien einer virtuellen Maschine auf VMFS-Partitionen und damit im monolithischen Format genutzt werden. Dieses monolithische Dateisystem ist für große Dateien und für mehrere konkurrierende Zugriffe optimiert und eignet sich daher ideal als Grundlage für schnelle virtuelle Maschinen. Die Festplatte liegt in einem Stück vor und es existiert dafür eine Beschreibungsdatei, die Sie allerdings nur auf der Kommandozeile des ESXi-Hosts sehen können. Über den Datenspeicherbrowser werden diese Dateien als eine Einheit angezeigt. Beim Verschieben oder Kopieren einer Festplatte über diesen Browser werden automatisch beide Dateien verschoben oder kopiert.

Die Festplatten in diesem Format werden entweder mit der maximal möglichen Größe oder im Thin-Format dynamisch wachsend angelegt. Die Größenbegrenzung einer Festplattendatei unter VMware ESXi im monolithischen Format liegt zurzeit bei 62 TByte.

Wenn Sie sich so eine Festplatte angelegt haben, brauchen Sie nur eine virtuelle Maschine ohne Festplatte zu erstellen, kopieren anschließend die beiden *.vmdk*-Dateien über den Datenspeicherbrowser oder die Kommandozeile mit cp oder scp in den Ordner und fügen die Festplatte der neuen VM hinzu. Verwenden Sie nicht die Originalfestplattendatei, weil Sie ja sonst keine Vorlage mehr wäre.

Viel einfacher geht es aber über den vCenter Server: Wie schon oben erwähnt, können Sie eine bereits fertige Linux- oder Windows-VM über die Sysprep-Dateien wie gewünscht klonen.

Benutzerdefinierte Anpassung des Gastbetriebssystems

Wenn Sie eine neue virtuelle Maschine aus einem Template bereitstellen oder eine vorhandene virtuelle Maschine klonen, können Sie das neue Gastbetriebssystem benutzerdefiniert anpassen. Der Assistent zur benutzerdefinierten Anpassung des Gastbetriebssystems führt Sie durch die Konfigurationsoptionen.

Wenn Sie ein Windows-Gastbetriebssystem vor Windows Vista anpassen wollen, müssen Sie die erforderlichen Komponenten, also die Sysprep-Dateien, auf dem vCenter Server hinterlegen.

 Nach dem Bereitstellen und benutzerdefinierten Anpassen nicht volumenlizenzierter Versionen von Windows oder auch Office müssen Sie das Microsoft-Betriebssystem bzw. Microsoft-Anwendungen auf der neuen virtuellen Maschine möglicherweise erneut aktivieren. Denken Sie auch über einen KMS-Server (Key Management Service) von Microsoft nach.

Ein Windows-Gastbetriebssystem anpassen

Der Prozess der benutzerdefinierten Anpassung ist je nach Gastbetriebssystem, das auf der neuen virtuellen Maschine verwendet werden soll, unterschiedlich. Ob Sie ein Template bereitstellen oder eine virtuelle Maschine klonen wollen, ist dabei der gleiche Vorgang.

Microsoft bietet die Sysprep-Tools auf den Installations-CD-ROMs für Windows 2000, Windows XP und Windows 2003 an. Beachten Sie, dass es jeweils unterschiedliche Tools für jede Version und gegebenenfalls auch für 32 und 64 Bit gibt. Darüber hinaus kann Sysprep 1.1 für Windows 2000 von der Microsoft-Website bezogen werden.

 Die Sysprep-Tools für Vista sowie für Windows 7 und neuer und für Server Version 2008 und neuer befinden sich im Betriebssystem und müssen nicht extra auf dem vCenter Server installiert werden.

Während der benutzerdefinierten Anpassung sucht der vCenter Server nach dem Sysprep-Paket, das dem betreffenden Gastbetriebssystem entspricht. Wenn die Sysprep-Tools im entsprechenden Betriebssystemverzeichnis nicht gefunden werden, wird die benutzerdefinierte Anpassung der virtuellen Windows-Maschine nicht fortgesetzt.

VM-Anpassungsspezifikation

Über eine VM-Anpassungsspezifikation können Sie nun eine neue virtuelle Maschine mit einem unterstützten Windows-Gastbetriebssystem anpassen, wenn Sie eine vorhandene virtuelle Maschine klonen. Sie müssen diese vor dem Klonen erzeugt haben. Gehen Sie über MENÜ auf VERKNÜPFUNGEN und klicken Sie dort VM-ANPASSUNGSSPEZIFIKATIONEN an. In dem neuen Fenster klicken Sie auf NEU und füllen die Felder nach Bedarf aus:

1. Geben Sie der neuen Spezifikation einen Namen und tragen Sie möglichst weitere Informationen wie DHCP oder statische IP, in Domäne oder Arbeitsgruppe, mit Key oder nicht, in der Beschreibung ein. Wählen Sie unten bei GASTBETRIEBSSYSTEM die gewünschten Kästchen aus:

   - NEUE SICHERHEITS-ID (SID) GENERIEREN – Erzeugt eine neue Sicherheits-ID für die virtuelle Maschine

   - BENUTZERDEFINIERTE SYSPREP-ANTWORTDATEI VERWENDEN – Dort kann eine vorhandene XML-Datei ausgewählt oder erstellt werden, zu sehen in Abbildung 15-2.

Abbildung 15-2: Neue Sicherheits-ID erzeugen

2. Auf der Seite REGISTRIERUNGSINFORMATIONEN füllen Sie das Feld mit dem Namen aus und geben das Unternehmen für die virtuelle Maschine ein. Diese Angaben sind rein informativ. Sie haben keinen Einfluss auf die Funktionen der virtuellen Maschine.

3. Im Fenster COMPUTERNAME, das Abbildung 15-3 zeigt, können Sie der neuen VM einen Namen geben.

Abbildung 15-3: Individuelle Gastbetriebssystemeinstellungen

Der Computername ist der Name, der an eine bestimmte Instanz eines Gast-betriebssystems vergeben wird. Das Betriebssystem verwendet diesen Namen, um sich selbst im Netzwerk zu identifizieren. In Windows-Systemen wird er als Computername bezeichnet, in den meisten anderen Betriebssystemen heißt er Hostname. Dabei handelt es sich nicht unbedingt um den Namen der virtuellen Maschine, der zuvor im *Assistenten zum Bereitstellen von Tem-plates* oder im *Assistenten zum Klonen einer virtuellen Maschine* angegeben wurde. Sie können den Computernamen folgendermaßen angeben:

- *Indem Sie den Namen der virtuellen Maschine verwenden:* Der Computer-name, den der vCenter Server erstellt, ist identisch mit dem Namen der virtuellen Maschine, in der das Gastbetriebssystem ausgeführt wird.

- *Indem Sie einen bestimmten Namen zuweisen:* Der Name darf alphanume-rische Zeichen, Unterstriche (_) und Bindestriche (-) enthalten. Er darf keine Punkte (.) oder Leerzeichen enthalten und nicht ausschließlich aus Ziffern bestehen. Um einen mit Sicherheit eindeutigen Namen zu erstel-len und somit das Auftreten von Konflikten zu vermeiden, aktivieren Sie das Kästchen bei EINEN NUMERISCHEN WERT ANFÜGEN, um Eindeutigkeit zu gewährleisten.

- *Indem Sie einen Namen im Assistenten für das Klonen/Bereitstellen einge-ben:* Der vSphere Client übernimmt für den *Assistenten zum Bereitstellen von virtuellen Maschinen* eine Eingabeaufforderung für den Computerna-men, nachdem Sie alle Schritte im Assistenten abgeschlossen haben.

- *Indem Sie eine benutzerdefinierte Anwendung zum Erstellen eines Namens verwenden:* Der Client ruft eine benutzerdefinierte Anwendung auf, die auf dem vCenter Server gespeichert ist, um einen Namen zu erstellen. Wenn Sie diese Option auswählen, müssen Sie den absoluten Pfad der benutzerdefinierten Anwendung im zugehörigen Textfeld eingeben.

4. Geben Sie auf der Seite WINDOWS-LIZENZ den Windows-Lizenzschlüssel für das neue Gastbetriebssystem an (optional) und klicken Sie auf WEITER.

   Wenn Sie ein Windows-Server-Betriebssystem benutzerdefiniert anpassen, markieren Sie den entsprechenden Lizenzmodus: PRO ARBEITSPLATZ oder PRO SERVER. Wenn Sie PRO SERVER auswählen, geben Sie die maximale Anzahl gleichzeitiger Verbindungen an, die der Server akzeptieren soll. Beachten Sie dabei die erworbenen Lizenzen. Klonen Sie eine Workstation, so nehmen Sie das Häkchen raus.

5. Geben Sie auf der Seite ADMINISTRATORKENNWORT das Administratorkennwort für die virtuelle Maschine ein (komplex) und bestätigen Sie dieses durch nochmalige Eingabe. Klicken Sie auf WEITER.

   Geben Sie kein Kennwort ein, fordert Sie der Client auf, zu bestätigen, dass Administratorbenutzer kein Kennwort eingeben müssen.

   Wenn Sie sich beim Booten der virtuellen Maschine automatisch als Administrator anmelden möchten, wählen Sie AUTOMATISCH ALS ADMINISTRATOR ANMELDEN und geben an, wie oft die automatische Anmeldung ausgeführt werden soll. Das ist hilfreich, wenn Sie wissen, dass Sie mehrere Neustarts durchführen werden, bevor sich andere Anwender normal auf der virtuellen Maschine anmelden können.

 Bei neueren Windows-Betriebssystemen führt dieser Punkt allerdings häufig zum Abbruch der Anpassung!

6. Wählen Sie auf der Seite ZEITZONE die Zeitzone für die virtuelle Maschine aus (UTC+01:00 Amsterdam, Berlin, ...). Klicken Sie auf WEITER.

7. Geben Sie auf der Seite BEFEHLE ZUR EINMALIGEN AUSFÜHRUNG sämtliche Befehle ein, die Sie im Rahmen des ersten Starts für die neue virtuelle Maschine ausführen möchten. Klicken Sie nach Eingabe eines jeden Befehls auf HINZUFÜGEN. Mit den Optionen LÖSCHEN und VERSCHIEBEN können Sie die Ausführungsreihenfolge für die Befehle erstellen. Wenn die Befehlsliste vollständig ist, klicken Sie auf WEITER.

8. Werden alle Netzwerkschnittstellen der VM automatisch über einen DHCP-Server konfiguriert, markieren Sie auf der Seite NETZWERK die Option oder klicken Sie auf BENUTZERDEFINIERTE EINSTELLUNGEN. Wenn die automatische Konfiguration für Ihre Umgebung nicht geeignet ist, markieren Sie die anzupassende Netzwerkkarte (NIC) und klicken auf den Link BEARBEITEN, um zusätzliche Spezifikationen vorzunehmen. Das Dialogfeld mit den Netzwerkeigenschaften wird geöffnet.

Nehmen Sie im Dialogfeld NETZWERK BEARBEITEN die folgenden Schritte vor:

- Wählen Sie unter Punkt IPv4, ob Sie automatisch eine IP-Adresse über DHCP erhalten möchten, oder geben Sie die IP-Adressinformationen manuell ein.

- Gehen Sie bei IPv6 genauso vor.

- Geben Sie auf der Registerkarte DNS die DNS-Verbindungen an, indem Sie die DNS-Server-IP-Adressen und die DNS-Suffixe eingeben. Klicken Sie für jedes DNS-Suffix, das Sie eingeben, auf HINZUFÜGEN. Wenn Sie mehrere DNS-Verbindungen hinzufügen, können Sie die Reihenfolge, in der eine virtuelle Maschine die Verbindungen verwenden soll, mit NACH OBEN bzw. NACH UNTEN bestimmen.

- Geben Sie unter WINS die primäre und sekundäre WINS-Adresse an, indem Sie die IP-Adressen manuell in die Eingabefelder eingeben.

- Klicken Sie auf OK, um zum vorhergehenden Dialogfeld zurückzukehren. Klicken Sie im Dialogfeld NETZWERK auf WEITER.

9. Führen Sie auf der Seite ARBEITSGRUPPE ODER DOMÄNE folgende Schritte durch:

- Wenn Sie einer Arbeitsgruppe beitreten möchten, wählen Sie ARBEITS-GRUPPE aus, geben den Namen der Arbeitsgruppe ein und klicken auf WEITER.

- Möchten Sie einer Domäne beitreten, wählen Sie WINDOWS-SERVER-DOMÄNE aus, geben den kompletten Domänennamen sowie den Benut-zernamen eines Anwenders an, der Computer zur Windows-Domäne hin-zufügen darf, und sein Kennwort (meistens des Administrators). Klicken Sie auf WEITER.

10. Überprüfen Sie auf der Seite BEREIT ZUM ABSCHLIEßEN Ihre Eingaben und kli-cken Sie auf BEENDEN. Das schließt das Fenster und Sie sehen die neue Anpas-sungsspezifikation in der Liste.

 Mit dem Anpassungsspezifikationsmanager erstellte Konfiguratio-nen können abgespeichert, dupliziert, exportiert und öfter benutzt werden. Achten Sie darauf, die jeweilige Betriebssystemfamilie mit anzugeben.

Integrierter Assistent

Sie können den Assistenten zur benutzerdefinierten Anpassung des Gastbetriebs-systems nicht über ein Menü oder eine Symbolleistenoption starten, sondern nur indirekt über den Assistenten zum Bereitstellen von Templates oder den Assisten-ten zum Klonen einer virtuellen Maschine.

1. Starten Sie den Assistenten zur benutzerdefinierten Anpassung des Gastbe-triebssystems (KLONEN – AUF VIRTUELLE MASCHINE KLONEN) über das Kontextmenü.

2. Geben Sie auf der Seite NAME UND ORDNER AUSWÄHLEN den Namen und den Speicherort der virtuellen Maschine ein. Klicken Sie auf WEITER (siehe Abbildung 15-4).

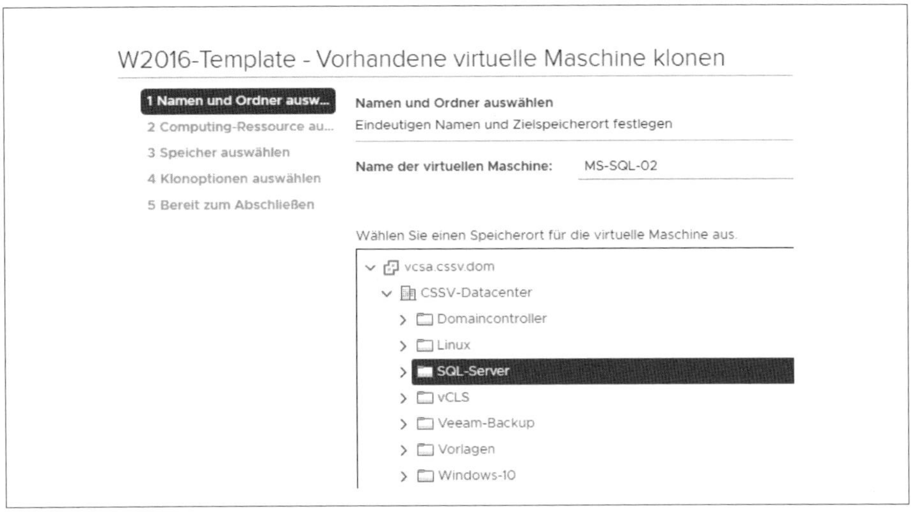

Abbildung 15-4: Assistent zur benutzerdefinierten Anpassung des Gastbetriebssystems

3. Nach der Wahl der Computing-Ressource und der Datenablage für die neue Maschine kann nun die Konfiguration des Anpassungsspezifikations-Assistenten gestartet werden. Auf der Seite in Abbildung 15-5 sollten Sie die Häkchen bei BETRIEBSSYSTEM ANPASSEN und VIRTUELLE MASCHINE NACH DEM ERSTELLEN EINSCHALTEN anklicken. Möchten Sie andere Hardware in dem Klon haben, setzen Sie auch das dritte Häkchen in der Mitte.

Abbildung 15-5: Klonoptionen auswählen

4. Haben Sie noch keine oder keine passende Anpassungsspezifikation, müssen Sie hier abbrechen und zuerst eine neue über MENÜ – VERKNÜPFUNGEN – VM-ANPASSUNGSSPEZIFIKATIONEN erstellen, ansonsten suchen Sie hier die passende aus und klicken auf WEITER.

5. Hatten Sie das Häkchen bei Hardware anpassen gesetzt, so können Sie diesen Vorgang nun durchführen. Nach einem Klick auf WEITER wird eine Übersichtsseite angezeigt und bei einer Bestätigung auf BEENDEN die VM geklont.

 Wenn Sie den Klon das erste Mal starten, fährt die Maschine zunächst ganz normal hoch und der Anmeldebildschirm wird angezeigt. Erst nach einer kurzen Zeit beginnt im Hintergrund die Arbeit: Die VM wird neu gestartet und die Gastanpassung wird durchgeführt. Haben Sie also Geduld und melden Sie sich nicht sofort an, sonst unterbrechen Sie den Anpassungsvorgang.

Anpassungsspezifikationsmanager

Der vCenter Server speichert die benutzerdefinierten Konfigurationsparameter in einer XML-Datei. Über MENÜ – VERKNÜPFUNGEN kommen Sie zum ANPASSUNGS-SPEZIFIKATIONSMANAGER, der sich unter ÜBERWACHUNG befindet.

Hier können Sie alle erstellten Spezifikationen einsehen, bearbeiten und importieren sowie exportieren. Wenn die benutzerspezifischen Einstellungen in einer Datei gespeichert sind, werden das Administratorkennwort der virtuellen Maschine unter Windows und das Kennwort des Administrators der Domäne gegebenenfalls in verschlüsseltem Format in der XML-Datei gespeichert. Die gespeicherten Dateien für die benutzerdefinierte Anpassung sind wegen der Verschlüsselung für jeden vCenter Server und für jede Version von vSphere 7 eindeutig. Sie müssen die Dateien für die benutzerdefinierte Anpassung für jede vCenter Server-Version neu erstellen. Die Verschlüsselung wird zwischen Upgradeversionen auf demselben vCenter Server beibehalten. Das heißt, Sie können nach dem Upgrade des vCenter Servers dieselben Dateien verwenden, müssen aber gegebenenfalls die Passwörter neu eingeben.

vCenter Server-Konfiguration und Alarme

Die Konfiguration des vCenter Servers ist eine wichtige Angelegenheit, bei der einige Einstellungen zum Verhalten der gesamten Umgebung angepasst oder neu konfiguriert werden müssen. In diesem Kapitel gehe ich auf die Besonderheiten und die damit verbundenen Möglichkeiten ein. In verschiedenen Gruppen von Dialogfeldern mit Eigenschaften und Einstellungen können Sie Anpassungen vornehmen.

Die Alarme des Systems hängen logisch von den Einstellungen des vCenter Servers ab, z.B. wann und wie E-Mails verschickt werden sollen. Die Alarme werden im zweiten Teil dieses Kapitels behandelt.

Einstellungen des vCenter Servers

Über den Eintrag des vCenter Servers in der Bestandsliste kommen Sie auf die Registerkarte KONFIGURIEREN und gelangen so zu den Einstellungen der vCenter-Umgebung, die zentral in einem Reiter angeboten wird.

Änderungen an diesen Einstellungen werden nur auf den aktuellen vCenter Server angewendet. Wenn Sie sich abmelden und bei einem anderen vCenter Server anmelden, gelten diese Einstellungen nicht für diesen Server, auch nicht für Server im verknüpften Modus.

Im Folgenden gehe ich alle Einstellungen der Reihe nach durch.

Allgemein

Wenn Sie rechts auf den Link BEARBEITEN klicken, können Sie in den Dialogfeldern folgende Konfigurationen vornehmen:

- *Statistik* – Geben Sie hier die Intervalldauer, die Aufbewahrungszeit für die Statistikerfassung und die Statistikerfassungsebene an. Die Auswirkungen der Änderungen an den Feldern auf Ihre vCenter-Datenbank hängen vom aktuellen vCenter und der Bestandslistengröße ab. Wenn Sie im unteren Teil des Fensters die Anzahl der physischen Hosts und deren virtuelle Maschinen ändern, wird auch der geschätzte erforderliche Speicherplatz der Datenbank aktualisiert, wie die Abbildung 16-1 zeigt. Damit reduzieren Sie nicht die Größe der Datenbank, da es sich hier nur um eine Rechnung handelt. Bei der Intervalldauer können vier Werte verändert werden: Tag, Woche, Monat und Jahr. Das beeinflusst natürlich auch die Größe der Datenbank. Bei den Tagesstatistiken können Sie z. B. die Werte für das Intervall auf eine Minute einstellen und damit fünfmal mehr Daten abspeichern als üblich. Setzen Sie gleichzeitig die Anzahl der Tage auf fünf, werden 25-mal mehr Werte anfallen, und bei der Statistikebene können Sie diesen Wert nochmals mit vier multiplizieren, was dann zum 100-fachen Datenvolumen führt. Wenn Sie beispielsweise die Latenzzeiten der Storages über einen ganzen Tag haben wollen, müssen Sie die Statistikebene anheben, sonst sehen Sie nur »Echtzeit«, also nur eine Stunde. Der blaue Link am unteren Ende des Fensters führt Sie auf das Management der Appliance. Dort können Sie die Belegung der 16 Festplatten einsehen (siehe auch Kapitel 4). Zu den Statistikebenen finden Sie weitere Details im Anschluss.

Statistik

Geben Sie die Einstellungen zum Erfassen von vCenter Server-Statistiken ein.

Aktiviert	Intervalldauer	Speichern für	Statistikebene
☑	5 Minuten ⌄	1 Tag ⌄	Ebene 1 ⌄
☑	30 Minuten ⌄	1 Woche ⌄	Ebene 1 ⌄
☑	2 Stunden ⌄	1 Monat ⌄	Ebene 1 ⌄
☑	1 Tag ⌄	1 Jahr ⌄	Ebene 1 ⌄

Datenbankgröße

Anhand der aktuellen Bestandsgröße des vCenter Server kann die Größe der vCenter Server-Datenbank geschätzt werden. Um eine Schätzung zu erhalten, geben Sie die in Ihrer Bestandsliste erwartete Anzahl an Hosts und virtuellen Maschinen ein.

Physische Hosts	50 ⬍	Geschätzter erforderlicher Speicherplatz:	16,71 GB
Virtuelle Maschinen	2000 ⬍		

vCenter-Datenbanknutzung und Festplattenpartition über Appliance-Management-Schnittstelle überwachen

Abbildung 16-1: Geschätzte Datenbankgröße

 Bei der Tagesstatistik ist eine Intervalldauer von fünf Minuten Standard. Das bedeutet, dass gegenüber der Echtzeit (ein Punkt alle 20 Sekunden) 15 Werte interpoliert werden. Bei der Wochen-, Monats- und Jahresstatistik verlieren Sie weiter an Genauigkeit.

- *Datenbank* – Geben Sie die maximale Anzahl von Datenbankverbindungen an, die erstellt werden sollen (standardmäßig 50). Ändern Sie diesen Wert, muss der vCenter Server zur Übernahme neu gestartet werden. Dieser Wert ist keine Einschränkung, sondern nur für die Performance interessant.

- *Datenbankaufbewahrungsrichtlinie* – Hier kann die Größe der Datenbank erheblich beeinflusst werden. Die Aufgaben und Ereignisse können einigen Speicherbedarf benötigen. Die statistischen Leistungswerte der VMs und Hosts werden ebenfalls in der Datenbank gehalten (siehe oben: Statistik). Achten Sie darauf, dass hier üblicherweise Löschungen nach 30 Tagen vorgenommen werden, wenn die Bereinigung aktiv ist. Überlegen Sie sich, ob es sinnvoll ist, die Leistungsdaten von mehr als einem Monat (ca. 30 Tage) aufzubewahren – wenn ja, geben Sie einen für Ihr Unternehmen passenden Wert bei *Aufgabenaufbewahrung* und bei *Ereignisaufbewahrung* ein. Nachträgliches Aktivieren der Bereinigung veranlasst kein Löschen von alten Daten. Alle Daten, die nach dem Einschalten in die Datenbank geschrieben werden, bekommen eine Löschmarkierung. Standardmäßig ist die Bereinigung mittlerweile gesetzt und ein Zeitraum von 30 Tagen vorgesehen. Achten Sie bei einem Upgrade auf Ihre Einstellungen und ob diese übernommen wurden.

- *Laufzeiteinstellungen* – Sehen Sie sich die Laufzeiteinstellungen für die vCenter Server-Installation an. Die eindeutige vCenter Server-ID liegt im Zahlenbereich von 0 bis 63. Eine Änderung ist nur notwendig, wenn Sie mehrere vCenter Server im verknüpften Modus betreiben und hier eine ID vom System doppelt vergeben wurde. Die ID des vCenter Server-Systems kennzeichnet jeden Server in einer gemeinsamen Umgebung eindeutig. Standardmäßig wird ein willkürlicher ID-Wert generiert. Die verwaltete IP-Adresse muss nicht eingetragen werden, selbst wenn der vCenter Server mit mehreren Netzwerkkarten in unterschiedlichen Subnetzen liegt. Sollte es doch einmal zu Problemen kommen, gehört hier die IP hinein, die die Hosts sehen können. Benennen Sie den vCenter Server um, muss diese Änderung im letzten Feld eingetragen werden. Nehmen Sie dafür den FQDN (Full Qualified Domain Name). Nur bei Änderungen des ersten Punktes auf dieser Seite muss der vCenter Server neu gestartet werden. Der bloße Neustart der Dienste reicht hier meist nicht aus.

- *Benutzerverzeichnis / Active Directory* – Sie können hier zunächst das Zeitlimit für Active-Directory-Abfragen einstellen. Der Wert von 60 Sekunden reicht üblicherweise aus. Befindet sich der nächstgelegene Domänencontroller nicht im selben Netz wie der vCenter Server, so kann dieser Wert nach oben auf maximal 180 Sekunden angepasst werden. Die maximale Anzahl von Anwendern und Gruppen, die im Dialogfeld BERECHTIGUNGEN HINZUFÜGEN angezeigt werden können, wird im zweiten Block eingestellt. ABFRAGEGRENZE AKTIVIEREN gibt die maximale Anzahl von Anwendern und Anwendergruppen aus der markierten Domäne an, die von vCenter gespeichert werden. Geben Sie 0 (null) ein oder nehmen Sie das Häkchen aus dem Kästchen, um keine Obergrenze anzugeben. Die Häufigkeit, mit der die Synchronisierung und Validierung der dem vCenter Server bekannten Anwender und Anwendergruppen durchgeführt wird, lässt sich im VALIDIERUNGSZEITRAUM angeben. 1440 Minuten entsprechen einem Tag und sind ein üblicher Wert. Hier wird in Sekunden angegeben, wie lange das Durchsuchen der markierten Domäne im vCenter Server höchstens dauern darf. Das Durchsuchen von sehr großen Domänen kann viel Zeit in Anspruch nehmen.

Benutzerverzeichnis

Geben Sie die Benutzerverzeichniseinstellungen für diese vCenter Server-Installation ein.

Benutzerverzeichnis – Zeitüberschreitung	60
Abfragegrenze	(●)
Größe der Abfragegrenze	5000
Validierung	(●)
Validierungszeitraum	1440

Abbildung 16-2: Einstellungen zu Active Directory

Wenn Sie kein Microsoft Active Directory haben, kann es beim Abholen der Daten zu Zeitüberschreitungen kommen. Setzen Sie die Grenze bei BENUTZER & GRUPPEN auf etwas über 1.000 fest, damit Sie überhaupt etwas erhalten (siehe Abbildung 16-2). Mit MS AD brauchen Sie üblicherweise keine Grenze.

- *E-Mail* – Geben Sie den SMTP-Server und das E-Mail-Konto an, über das Sie Benachrichtigungen z.B. bei Alarmen oder neuen Updates erhalten wollen. Das funktioniert nur mit eigenen E-Mail-Servern, nicht aber mit z.B. POP3-Konten im Internet. Möchten Sie eine Mail, z.B. bei Alarmen, nach Hause oder zum EDV-Support der Firma bekommen, können Sie Ihren E-Mail-Server entsprechend einstellen. Brauchen Sie einen anderen Port oder eine Authentifizierung, müssen Sie dieses bei VCSA unter den ERWEITERTEN EINSTELLUNGEN angeben. Suchen Sie dort nach »smtp«, um die möglichen Felder zu sehen.

- *SNMP* – Geben Sie die SNMP-Internetadressen der Empfänger, die Ports und Community-Zeichenfolgen an, wenn Sie das Simple Network Management Protocol für die vSphere-Umgebung nutzen wollen. Hiermit können dann aktiv SNMP-Traps geschickt werden. Eine Abfrage über SNMP ist standardmäßig möglich. Bis zu vier Empfänger können hier Nachrichten vom vCenter Server erhalten – üblicherweise bei Störungen oder Alarmen.

- *Webservice (Ports)* – Das Ändern der HTTP- und HTTPS-Ports für den Webservice kann hier nur eingesehen werden. Eigentlich sollte die Einstellung schon bei der Installation des vCenter Servers richtig gesetzt werden.

- *Zeitüberschreitungs-Einstellungen* – Geben Sie die Timeout-Einstellungen für die Verbindung des vSphere Clients für normale Vorgänge und lange Vorgänge an. Das normale Zeitlimit gibt an, wie lange (in Sekunden) der Browser-Client auf eine Antwort des vCenter Servers wartet, bis das Zeitlimit überschritten wird. Die Standardeinstellung lautet 30 Sekunden. Das lange Zeitlimit, z.B. bei externen VPN-Verbindungen, gibt an, wie lange (in Sekunden) der vSphere Client hier auf eine Antwort des vCenter Servers wartet. Die Standardeinstellung ist 120 Sekunden.

- *Protokollierungsoptionen* – Geben Sie den Detaillierungsgrad und den Protokollumfang an, die während des normalen Betriebs vom vCenter erfasst werden sollen. Die sechste Einstellung gibt die erweiterte ausführliche Protokollierung an und wird für die Fehlerbeseitigung und Problemlösung verwendet. Achten Sie unbedingt auf die Größe der abgespeicherten Dateien, wenn Sie hier etwas geändert haben.

- *SSL-Einstellungen* – Hier ist nur eine Ansicht von ehemaligen Einstellungsmöglichkeiten dargestellt – Änderungen lassen sich hier nicht mehr machen.

Statistikebenen

Dieser Begriff führt häufig zu Irritationen, weshalb ich hier nochmals genauer darauf eingehe: Auf der Ebene des ESXi-Servers, der VMs und der Datenspeicher können Sie in den Registerkarten ÜBERWACHEN unter LEISTUNG sich die Leistungsdaten anschauen. Diese Informationen kommen direkt vom Host und werden üblicherweise für eine Stunde in Echtzeit angezeigt, was einen Wert alle 20 Sekunden bedeutet. Um einen längeren Zeitraum als eine Stunde sehen zu können, wird ein Teil dieser Daten in die Datenbank des vCenter Servers eingetragen. Damit die Datenbankgröße in einem vertretbaren Wert ansteigt, werden nicht alle Informationen und nicht in der Ausgangsgenauigkeit abgespeichert. Beispielsweise wird bei der Tagesstatistik nur alle 5 Minuten ein Wert eingetragen – wir haben hier also eine Ungenauigkeit vom 15-Fachen (5 Minuten zu 20 Sekunden) und nicht alle Werte werden dabei übernommen. Beim Arbeitsspeicher können in Echtzeit über die DIAGRAMMOPTIONEN 38 Werte ausgewählt werden, bei der Tages-, Wochen-, Monats- und Jahresstatistik sind es nur noch 6 Werte.

Es werden z.B. die Leistungsdaten der Datenspeicher bei der Statistikebene 1 nicht in die Datenbank geschrieben, dazu muss auf die Ebene 3 erhöht werden. Alles, was bei der Tagesstatistik nicht enthalten ist, kann auch bei der Wochen-, Monats- und Jahresstatistik nicht enthalten sein, da diese Werte vom vCenter Server errechnet und nicht neu geholt werden. Wenn Sie Änderungen an den Statistiken machen, denken Sie bitte dabei nicht nur an das Anschwellen der Datenbankgröße, sondern auch an den zusätzlichen Arbeitsaufwand der vCenter Server Appliance.

Lizenzierung

Wie bereits in Kapitel 4 beschrieben, können hier die Lizenzen für die VCSA eingetragen werden. Sollten Sie bei dem Versuch eine Fehlermeldung bekommen, kann dies an genutzten Features liegen, die in Ihrer Lizenz nicht enthalten sind. Im Testmodus stehen Ihnen alle Optionen der Version Enterprise Plus zur Verfügung. Haben Sie also z.B. DRS getestet und in Ihrer Lizenz ist das nicht enthalten, müssen Sie alle Einstellungen diesbezüglich rückgängig machen, bevor Sie Ihre Lizenz zuweisen können. Im unteren Teil des Fensters sehen Sie die aktuell installierte Lizenz mit weiteren Angaben zum Produkt. Für die Hosts können hier keine Schlüssel eingetragen werden, das erreichen Sie im Menü über VERKNÜPFUNGEN – LIZENZIERUNG.

Meldung des Tages

Die Meldung des Tages wird bei Änderungen an alle angemeldeten Benutzer gesendet und wenn Sie nicht gelöscht wird, auch an jeden, der sich neu anmeldet. Da dies über den Browser geschieht, ist der Nachrichtendienst im Betriebssystem nicht notwendig.

Erweiterte Einstellungen

Auf der Seite ERWEITERTE EINSTELLUNGEN können Sie die vCenter Server-Konfigurationsdatei *vpxd.cfg* ändern. Auf dieser Seite können Sie bestehende Einträge bearbeiten, wenn Sie auf die dafür vorgesehene Schaltfläche klicken. VMware empfiehlt, dass Sie nur dann Änderungen an diesen Einstellungen vornehmen, wenn Sie vom technischen Support von VMware dazu aufgefordert werden oder wenn Sie die entsprechenden Anweisungen in der VMware-Dokumentation befolgen. Ausnahmen sind zum Beispiel die erweiterte Einstellung für Mails: Geben Sie in das Suchfeld bei *Name* die Buchstaben *mail* ein und drücken Sie Enter, um einen Filter auf dieses Wort zu setzen. Anschließend können Sie einige Werte wie den Port, Username und das Passwort ändern.

Authentication Proxy

Wenn Sie z.B. Auto Deploy für neue Hosts nutzen möchten, können Sie hier zusätzliche Informationen eingeben, um eine Authentifizierung über das Active Directory nutzen zu können. Weitere Informationen dazu finden Sie in Kapitel 13.

vCenter HA

Auch dieses Thema wurde bereits in Kapitel 13 besprochen.

Sicherheit – Trust Authority und Schlüsselanbieter

Dieses Thema wird wie alle anderen sicherheitsrelevanten Themen in Kapitel 18 erklärt.

Alarme

Auf dem vCenter Server gibt es nach der Installation einige vordefinierte Alarmdefinitionen, die bei bestimmten Gegebenheiten ausgelöst werden. Diese konfigurierbaren Alarme werden bei eingestellten Ereignissen, bei erfüllten Bedingungen oder beim Erreichen eines bestimmten Status ausgelöst. Hiermit können Sie fast alle Komponenten Ihrer Umgebung überwachen:

- *ESXi-Server (Hosts)*
- *Virtuelle Maschinen*
- *vCenter Server*
- *Datenspeicher und Datenspeicher-Cluster*
- *Netzwerke (auch verteilte Switches und Portgruppen)*
- *Cluster und Datacenter*
- *Lizenzierung und vCenter Server*
- Lifecycle Manager *(nur neue Updatemeldungen und Benachrichtigungen)*

Für jedes dieser Objekte gibt es eine oder mehrere eingerichtete Alarmfunktionen, die auch nur für diese Komponente gegebenenfalls eine Aktion auslösen. Zu den möglichen Aktionen gehört das Senden einer E-Mail, eines SNMP-Traps, das Ausführen eines Skripts oder Befehls, die Anzeige auf der Oberfläche des vSphere Clients, das Starten oder Herunterfahren einer VM oder eines Hosts und weitere Aktionen.

So gibt es zum Beispiel den vordefinierten Alarm für die Überwachung der CPU-Auslastung der virtuellen Maschine. Dieser ist von VMware so eingestellt, dass bei mehr als 75 % eine gelbe Warnmeldung und bei mehr als 90 % eine rote Alarmmeldung über den Browser-Client auf der Oberfläche angezeigt wird. Weitere mögliche Farben sind Grün, wenn die CPU-Nutzung unter 75 % liegt, und Grau, wenn keine Auslastungsangaben zur Verfügung stehen. Die Meldung über einen grauen oder grünen Zustand wird aber üblicherweise nur in den Ereignismeldungen angezeigt. Alarme oder Warnungen werden immer dann ausgelöst, wenn sich der Status ändert, also von Grün nach Gelb, von Gelb nach Rot und wieder zurück, also von Rot nach Gelb oder von Gelb nach Grün.

Ändern können Sie alle Einstellungen nur dort, wo sie definiert wurden, und eigene Alarme können Sie überall erstellen, auch zum Beispiel auf einer individuellen VM. Definieren Sie einen neuen benutzerdefinierten Alarm, so gilt dieser für alle Objekte an dieser Stelle und für alle untergeordneten Objekte. Erstellen Sie also zum Beispiel einen Alarm auf dem vCenter Server für Hosts, gilt dieser für alle ESXi-Server, die zu diesem vCenter gehören. Tun Sie dies aber auf einem ESXi-Server, gilt der Alarm nur für diesen und nicht für die anderen Hosts.

Wollen Sie Meldungen nur für bestimmte VMs und nicht für alle bekommen, können Sie diese in einen Ordner oder Ressourcenpool verschieben und dort den Alarm setzen.

Grundsätzlich bestehen Alarmdefinitionen aus zwei Komponenten: einem Auslöser und einer abhängigen Aktion. Ein Auslöser ist dabei üblicherweise eine Bedingung, die zutreffen muss, damit die Aktion (wie z.B. eine E-Mail senden) ausgelöst wird. Teilweise muss die Bedingung auch erst für einen definierbaren Zeitraum vorliegen, damit die Aktion ausgelöst wird. Beispielsweise wird der Standardalarm für die Nutzung des Arbeitsspeichers der virtuellen Maschine erst nach fünf Minuten ausgelöst.

Alarmmeldungen einstellen

Nach der Installation des vCenter Servers ist meist nur die Anzeige über den vSphere Client definiert. Um diese Meldungen per E-Mail oder SNMP-Trap zusätzlich bekommen zu können, müssen Sie das vorher über den Client im vCenter Server konfigurieren (siehe oben). Des Weiteren werden diese Vorkommnisse in den zugehörigen Logdateien und in der vCenter Server-Datenbank festgehalten. Ereignismeldungen sehen Sie auch unter dem jeweiligen Kartenreiter ÜBERWACHEN – EREIGNISSE.

Wenn Sie E-Mails und/oder SNMP-Traps gesendet bekommen wollen, gehen Sie im Browser in der Bestandsliste zum vCenter Server, klicken Sie auf die Registerkarte KONFIGURIEREN – ALLGEMEIN und anschließend auf BEARBEITEN, um das zu konfigurieren:

- Bei *E-Mail* geben Sie den SMTP-Server sowie das E-Mail-Konto an, über das Sie Benachrichtigungen z.B. bei Alarmen oder neuen Updates erhalten wollen.
- Bei *SNMP* geben Sie die SNMP-Internetadressen der Empfänger sowie die Ports und Community-Zeichenfolgen an, wenn Sie das Simple Network Management Protocol für die vSphere-Umgebung nutzen wollen.

Änderungen an diesen Einstellungen werden nur auf den aktuellen vCenter Server angewendet. Wenn Sie sich abmelden und bei einem anderen vCenter Server anmelden, gelten diese Einstellungen nicht für diesen Server.

Alarmmeldungen konfigurieren

Bei den vordefinierten Alarmmeldungen sollten Sie sich diejenigen heraussuchen, die für Ihre Umgebung wichtig sind, und diese konfigurieren. Klicken Sie dazu in Ihrer Bestandsliste auf den vCenter Server, dann auf die Registerkarte KONFIGURIEREN – ALARMDEFINITIONEN und klicken Sie anschließend beim zutreffenden Alarm auf die Schaltfläche BEARBEITEN.

Einer der wichtigsten Alarme ist *Hostverbindung und Betriebszustand*. Klicken Sie in den Kreis vor dem Alarm (Sie können die Liste alphabetisch sortieren und filtern) und wählen Sie den Link BEARBEITEN. Bei der Alarmregel klicken Sie auf *E-Mail Benachrichtigung senden* und füllen Sie das Feld bei *E-Mail an* aus. Überlegen Sie sich, ob Sie auch eine Nachricht beim *Regel zurücksetzen* bekommen möchten.

Wird ein ESXi-Server z. B. bei einem Update neu gestartet, ist er meistens nach 10 bis 15 Minuten wieder im Cluster vorhanden. Sehen Sie in Ihrem Postfach nur die Meldung *rot* und ist diese Meldung schon eine Stunde her, so müssen Sie tätig werden – ist aber auch die Meldung über den Status *grün* gekommen, brauchen Sie nichts zu machen.

Die ESXi-Server können von sich aus keine Alarme melden, das kann nur der vCenter Server. Sollte bei einem ESXi z. B. ein Problem mit der Hardware vorliegen, sieht man über den vCenter Server lediglich den ausgelösten Alarm. Auf der Registerkarte ÜBERWACHEN – HARDWARESTATUS des ESXi erfahren Sie dann die Gründe, die zu dem Alarm geführt haben, wie beispielhaft in Abbildung 16-3 dargestellt ist.

Abbildung 16-3: Hardwarealarm des ESXi-Hosts

Eigene Alarmmeldungen erstellen

Bei jedem Objekt, für das Alarme bereits vordefiniert sind oder für das Sie eigene Alarme erstellen können, haben Sie ein eigenes Menü unter ÜBERWACHEN – PROBLEME UND ALARME. Unter AUSGELÖSTE ALARME sehen Sie in der Liste auch, wo diese Alarme definiert wurden – und nur dort können sie auch verändert werden. Wurde ein benutzerdefinierter Alarm an diesem Punkt erstellt, so steht in der Spalte DEFINIERT IN: »DIESEM OBJEKT«.

Meist möchte man Alarme für eine virtuelle Maschine oder einen ESXi-Server neu erstellen.

Beispiel:

In diesem Beispiel soll eine Alarmmeldung über den vSphere Client angezeigt und zusätzlich die gerade heruntergefahrene oder ausgeschaltete VM sofort neu gestartet werden, weil sie wichtige Aufgaben zu erledigen hat und von unwissenden Benutzern häufiger heruntergefahren wird.

1. Klicken Sie auf die VM, die niemals aus sein darf.

2. Wählen Sie den Kartenreiter KONFIGURIEREN und anschließend den Eintrag ALARMDEFINITIONEN.

3. Über den Link HINZUFÜGEN können Sie hier einen neuen Alarm erstellen. Es öffnet sich das Fenster NEUE ALARMDEFINITION.

4. Geben Sie einen aussagekräftigen Namen ein, z.B. »vm-Lager-3 ist aus«, und optional auch eine Beschreibung dazu. Da hier nur ein Alarm auf eine VM erstellt werden kann, ist das Drop-down-Fenster ZIELTYP nur mit einem Eintrag gefüllt. Klicken Sie auf WEITER.

5. Wählen Sie beim oberen Drop-down-Feld unter BETRIEBS- UND VERBINDUNGSSTATUS den Eintrag VM AUSGESCHALTET und im unteren Drop-down-Feld ALS KRITISCH ANZEIGEN.

6. Über die Schaltfläche ERWEITERTE AKTION HINZUFÜGEN (blauer Link) können nun die Aktionen für den Alarm ausgewählt werden. Wählen Sie aus dem Drop-down-Feld VM EINSCHALTEN aus. Damit wird beim Alarm die VM sofort neu gestartet.

 Ein einmal aufgetretener Alarm bleibt je nach Typ so lange bei dem Objekt stehen, bis Sie ihn manuell bestätigen und auf Grün setzen (siehe Abbildung 16-4).

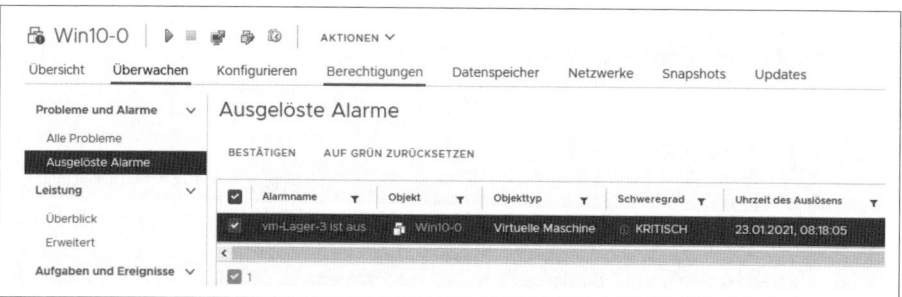

Abbildung 16-4: Alarm bestätigen und auf Grün setzen

Bei anderen Alarmtypen wird eine Verzögerung von meist fünf Minuten eingestellt, nach der der Alarm automatisch verschwindet, wenn die Bedingung nicht mehr zutrifft, z.B. bei der CPU-Nutzung einer VM.

Für das Erstellen, Ändern, Löschen, Bestätigen sowie für das Deaktivieren von Alarmaktionen und Festlegen des Alarmstatus sind besondere Berechtigungen notwendig. Diese können über eine Rolle einer Gruppe oder einem Benutzer zugeordnet werden. So können Sie beispielsweise einer Gruppe das Recht geben, eine Alarmaktion zu bestätigen, aber diese nicht auf *Grün* zu setzen. Anschließend sehen Sie als Administrator weiterhin den Auslöser und wer diesen Alarm bestätigt hat.

Alarm mit mehreren Bedingungen

Es besteht die Möglichkeit, mehrere Bedingungen für das Auslösen eines Alarms oder einer Warnmeldung zu erstellen. Sie können beispielsweise eine Alarmdefinition erstellen, die nur eine Meldung ausgibt, wenn die CPU-Last und der verbrauchte Arbeitsspeicher einer VM einen bestimmten Wert überschreiten oder auch wenn nur eine der Bedingungen zutrifft. Überprüfen Sie aber, ob es nicht schon einen vordefinierten Alarm für den Zustand gibt, sonst bekommen Sie gegebenenfalls zu viele Meldungen.

Es sind sogar unsinnige und widersprüchliche Bedingungen möglich (siehe Abbildung 16-5). So einen Alarm erstellt man natürlich nur, wenn man z. B. die E-Mail-Funktion überprüfen möchte – aber nicht als echte Funktion in einer produktiven Umgebung.

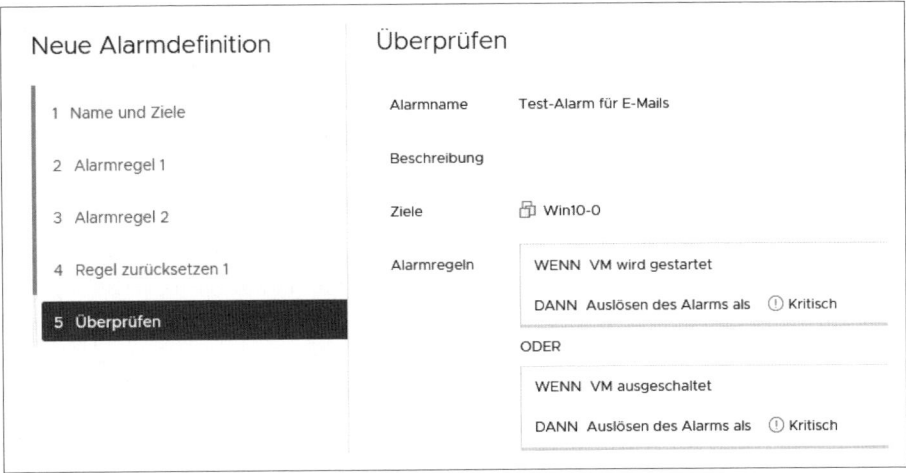

Abbildung 16-5: Widersprüchliche Alarmmeldungen

 Vordefinierte Alarme lassen sich nicht auf unterer Ebene entfernen oder deaktivieren und Sie können die Vererbung auf untergeordnete Objekte nicht einschränken.

Zeitbedingungen bei Alarmen

Für einige Auslösertypen können Zeitangaben für die Länge des Zustands mit angegeben werden, bevor eine Aktion ausgelöst wird – bei einigen vordefinierten Alarmen ist das bereits konfiguriert, bei anderen Auslösertypen ist dies nicht möglich und meist auch nicht sinnvoll.

So sind bei der CPU-Nutzung der VM jeweils fünf Minuten vorgesehen, bevor eine Warnung oder ein Alarm ausgelöst wird. Wird eine virtuelle Maschine neu gestartet, verbraucht sie üblicherweise mehr CPU-Last als hinterher im Betrieb. Wären hier keine Zeiten angegeben, so würde bei jedem Start einer Maschine auch eine Meldung kommen.

In den Feldern zur Bedingungslänge können Sie zwischen 0 Sekunden und 60 Minuten wählen. Eine manuelle Eingabe der Zeit ist hier nicht zulässig. Grundsätzlich sind Zeitangaben bei Alarmen zu Netzwerk, vCenter Server, Datencenter, Cluster und Storage nicht möglich, weil hier nur Ereignisse auftreten können, die sofort gemeldet werden. Lediglich beim Host oder der VM können zu einer Bedingung oder einem Status Zeiten ausgewählt werden – aber eben nicht bei jedem Auslösertyp.

Befehle und Skripte als Alarmaktion

Beim ESXi-Server und der virtuellen Maschine haben Sie die Möglichkeit, Anwendungen oder Shell-Skripte als Alarmaktion festzulegen. Beachten Sie dabei, dass diese Aktionen über den vCenter Server ausgeführt werden.

Die VCSA kann mit *.bat-Dateien nichts anfangen. Wollen Sie Ihre bisherigen Windows-Skripte behalten, können Sie auf der Appliance z.B. ein Python-Skript für WMI erstellen, das einen Befehl auf einem Windows-Rechner ausführt. Sie können auch einen SNMP-Trap schicken, dessen Erhalt wiederum ein PowerCLI- oder sonstiges Skript ausführt. Sie können auch das in der VCSA integrierte pyvmomi nutzen, um Befehle abzusetzen.

Deaktivieren von Alarmen

Sie können einen Alarm an der Stelle, wo er definiert wurde, löschen oder bearbeiten. Das Deaktivieren geht an jeder Stelle. Haben Sie einen Alarm deaktiviert, wird dies in der Tabelle angezeigt.

Um alle Alarme für ein Objekt zu deaktivieren, also z.B. für einen Storage, gehen Sie wie folgt vor:

1. Klicken Sie auf das Symbol DATENSPEICHER.

2. Wählen Sie den Storage aus, für den Sie den Alarm aussetzen wollen.

3. Klicken Sie mit der rechten Maustaste auf diesen Storage und wählen Sie dann aus dem Kontextmenü ALARME → ALARMAKTIONEN DEAKTIVIEREN aus, wie in Abbildung 16-6 gezeigt.

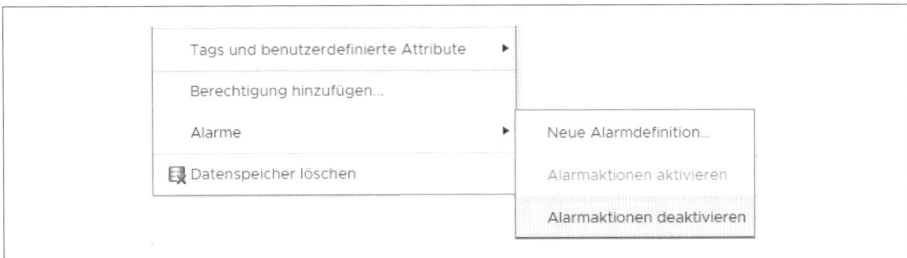

Abbildung 16-6: Alarmmeldungen für einzelnes Objekt deaktivieren

4. Bestätigen Sie den ausgelösten Alarm und löschen Sie ihn.

5. Um diesen Alarm wieder aktiv zu schalten, gehen Sie genauso wie oben beschrieben vor. Das Kontextmenü ändert sich bei einem deaktivierten Alarm auf ALARME → ALARMAKTIONEN AKTIVIEREN. Die vorgenommene Änderung wird dabei sofort wieder gültig – ein erneuter Alarm wird aber erst wieder bei geänderten Werten ausgelöst.

## KAPITEL 17

Datensicherung und -wiederherstellung

Backup und Recovery sind mit die wichtigsten Aufgaben, die bei einer produktiven Umgebung anfallen. Hierbei spielt es keine Rolle, ob es sich um die virtuelle Welt handelt oder ob physische Systeme gesichert werden müssen. Auch eine Probewiederherstellung sollte zu den regelmäßigen Aufgaben eines jeden Administrators gehören.

Leider zeigt sich in der Praxis, dass dieses wichtige Thema im produktiven Bereich nur allzu oft vernachlässigt wird. Einige Betriebe sind sogar vom Gesetzgeber her verpflichtet, Sicherungen einzurichten und bei Anfrage auch nachzuweisen, aber dieser Umstand ist vielen EDV-Mitarbeitern häufig unbekannt. Außerdem müssen einige Daten noch nach zehn oder gar dreißig Jahren auf Verlangen abrufbar sein.

Im Falle eines Falles muss man sich auf ein Backup verlassen können, und man sollte dieses auch regelmäßig durch ein Recovery überprüfen. Nur wer das oft übt, wird im Katastrophenfall oder in Stresssituationen richtig handeln und einen größeren Datenverlust zu verhindern wissen. In diesem Kapitel finden Sie Erläuterungen zu allen wichtigen Vorgehensweisen und Hinweise zu deren richtiger Verwendung.

Backup-Unterschiede zwischen den Welten

Wenn Sie Ihre physischen Maschinen mittels Agenten im Betriebssystem bisher auf Band oder Platte gesichert haben, können Sie das auch weiterhin tun, u.a. mit dieser Software. In der virtuellen Welt gibt es aber andere Möglichkeiten, die einem die Wiederherstellung eines Rechners deutlich erleichtern. Die bloßen Daten eines Rechners kann man erst wieder in eine fertig aufgesetzte Maschine mit installiertem Backup-Agenten zurückspielen. Welche Hardware und Treiber vorher in der physischen oder virtuellen Maschine waren, lässt sich nachträglich nicht immer zweifelsfrei bestimmen. Bei einer virtuellen Maschine (VM) können aber alle beteiligten Dateien auf ein Volume des Hypervisors zurückkopiert werden, und die Maschine ist sofort wieder einsatzbereit – ohne Umwege über eine Neuinstallation des Betriebssystems und Installation einer Backup-Software bzw. eines Agenten.

In letzter Zeit haben viele Hersteller recht gute Produkte für die Sicherung und Wiederherstellung für virtuelle Maschinen programmiert. Dabei gibt es sowohl kostenlose Produkte als auch Kaufversionen mit den unterschiedlichsten Ansätzen. Erfahrungen können Sie meist über voll funktionierende, zeitlich begrenzte Versionen sammeln und sich dann für ein Produkt entscheiden. Schauen Sie sich z. B. die Möglichkeiten an, die die Firmen Quest Software (ehemals Vizioncore, jetzt Dell, *www.quest.com/virtualization*), Veeam (*www.veeam.com/de*), Broadcom (ehemals Symantic Backup, *www.broadcom.com*) oder auch Acronis (*www.acronis.de*) bieten.

Die Ansätze der einzelnen Produkte sind zwar zum Teil sehr unterschiedlich, wichtig ist aber nur, dass Sie eine Software finden, mit der Sie einfach, schnell und unkompliziert diese Aufgabe erledigen können.

Sicherung des Hosts

Die Meinungen beim Backup eines ESXi-Servers gehen weit auseinander. Muss der Host überhaupt gesichert werden, oder setzt man ihn einfach neu auf? Beides ist möglich!

Da beim neu installierbaren Hypervisor von VMware (ESXi) kein Betriebssystem mehr als Grundlage vorhanden ist, schlagen die üblichen Backup-Methoden wie bei Linux fehl. Welche Möglichkeiten gibt es dann überhaupt? Mit dem Befehl vicfg-cfgbackup.pl über vCLI o. Ä. können die wichtigsten Konfigurationsdateien des Hosts gesichert und wieder zurückgespielt werden. Bei der kostenlosen Version funktioniert das Zurückspielen aber nicht, weil der Host sich nach dem Einspielen der Lizenz im schreibgeschützten Modus befindet bzw. die sonst üblichen Softwareschnittstellen geschlossen sind. Setzt man einen neuen ESXi auf, trägt man die Lizenz einfach erst nach dem Zurückspielen der Sicherung ein. Natürlich kann die Konfiguration aber auch per Hand nach einer Neuinstallation wieder eingepflegt werden. Probleme gibt es dann aber gegebenenfalls bei der neuen Identität, die den Zugriff auf einen externen Storage, z. B. wegen eines anderen IQN (iSCSI Qualified Name), verhindern kann.

Eine weitere Möglichkeit besteht darin, den Befehl vm-support aufzurufen. Dieser sammelt unter anderem auch die komplette Konfiguration. Die anschließend erstellte gepackte Datei kopiert man sich auf einen beliebigen Datenträger. Muss der Host neu installiert werden, so entfernt man aus dem Paket die nicht benötigten Verzeichnisse wie z. B. /proc und /vmfs und kopiert die restlichen Daten in die Originalverzeichnisse zurück. Wenn man anschließend den Server neu startet, ist die komplette Konfiguration wiederhergestellt.

Hat man ein Fibre-Channel- oder iSCSI-SAN, so kann man die Installation des Hosts auch dort vornehmen. Über zusätzliche Funktionen des Storage können auch diese Daten gesichert werden. Einen neuen Server lässt man einfach vom SAN booten und braucht sich keinerlei weitere Gedanken über das Backup zu machen.

Bootet man den Host von einem USB-Stick oder einer Flash-Speicherkarte, so kann man diesen auch klonen. Das funktioniert auch im laufenden Betrieb, da der Host alle Daten im RAM vorhält.

Sicherung der VMs

Wie schon eingangs erwähnt, kann man bei der Sicherung von virtuellen Maschinen genauso verfahren wie bei physischen Systemen. Besser ist es jedoch, wenn eine Backup-Software die Dateien der VM von der VMFS-Partition sichert. Dazu gehören die Festplattendateien (*.vmdk* und *-flat.vmdk*), die Konfigurationsdateien (*.vmx* und *.vmxf*) sowie gegebenenfalls das BIOS/EFI (*.nvram*, nur notwendig, wenn BIOS-/EFI-Einstellungen geändert wurden). Haben Sie aktive Snapshots, müssen Sie diese ebenfalls berücksichtigen und zusätzlich die Snapshot-Datei (*.vmsd*) sichern. Auf jeden Fall ist es besser, wenn Sie die Snapshots vor der Sicherung entfernen bzw. übernehmen (siehe Kapitel 8), zumal das CBT-Verfahren sonst nicht greifen kann.

Die meisten Softwarelösungen für diese Aufgabe machen vor dem Backup einen Snapshot der Maschine, weil dann die Festplattendatei ohne Probleme kopiert werden kann. Ist der Vorgang abgeschlossen, wird der dann aktuelle Zustand übernommen (der Snapshot wird gelöscht).

 Achten Sie unbedingt auf die korrekte Rücknahme der Snapshots. Bei Problemen kann das jeweilige Volume schnell volllaufen. Schuld daran ist manchmal die VSS-Komponente in den VMware Tools. Ändern Sie die Einstellungen der Tools und wählen Sie VSS ab (siehe Kapitel 4 und 8). Manchmal ist auch der Eintrag »disk.EnableUUID = "TRUE"« in der *.vmx*-Datei schuld. Ändern Sie den Eintrag dann auf "FALSE".

Wenn Sie eine wirklich gute Lösung für Backup- und Replikationsjobs suchen, empfehle ich *Veeam Backup & Replication*, das ich nachfolgend vorstelle. Seit Oktober 2020 gibt es das deutsche Buch (von mir) mit dem Titel »Praxishandbuch Veeam Backup & Replication 10«, ebenfalls aus dem O'Reilly Verlag, deshalb beschreibe ich hier nur die wichtigsten Funktionen.

Veeam Software

Die Firma Veeam Software Group GmbH mit Hauptsitz in Baar (Schweiz) entwickelt Produkte für Datensicherung und Management in virtuellen Umgebungen. Sie wurde im Jahre 2006 gegründet, war zwischenzeitlich eine AG und wurde im Januar 2020 von dem amerikanischen Unternehmen Insight Partners übernommen.

Das kostenlos angebotene Tool *FastSCP* und das Reporting-Tool *Veeam One* werden in Kapitel 19 noch näher beschrieben.

Die Firma bietet noch weitere interessante Tools an, über die Sie sich Informationen über deren Website ansehen können.

Veeam Backup & Replication

Die Backup-Lösung *Veeam Backup & Replication* ist mittlerweile in der Version 11 für vSphere 7 erschienen und macht einen sehr guten Eindruck. Eine 30-Tage-Testversion kann von der Internetseite *www.veeam.com/de* heruntergeladen werden. Lizenziert wird hier pro CPU-Sockel des ESXi-Hosts oder Instanzen (physische und virtuelle Maschinen) und einem Jahr (oder mehr) Support und Subscription – ähnlich wie bei vSphere. Eine Verlängerungslizenz ist für deutlich geringere Kosten erhältlich. Dieses Produkt wurde in der Vergangenheit mehrfach ausgezeichnet, z. B. als Produkt des Jahres und »Best of vmworld«.

Ähnlich wie andere Datensicherungsanwendungen für VMs unterstützt Backup & Replication einen deduplizierten Speicher pro Aufgabe sowie eine Kompression vor der Übertragung auf das Sicherungsmedium, was die Netzwerkbelastung und den Storage-Bedarf deutlich verringert.

Eine sehr interessante Lösung ist die integrierte Near-CDP (Near-Continuous Data Protection). Damit werden Änderungen an virtuellen Maschinen erkannt und die vorher erstellten Images laufend aktualisiert (Replikation).

VMs können im Katastrophenfall direkt über die Datensicherung gestartet werden – ein Zurückspielen der gesicherten VM kann dann später erfolgen. Auch lässt sich eine Art Sandbox nutzen, um in einer gesicherten Umgebung ein Backup zu überprüfen.

Selbstverständlich können auch über das *File-Level Restore* einzelne Dateien aus der Sicherung wiederhergestellt werden. Diese und viele weitere Produktmerkmale werden nachfolgend besprochen.

Installation von Backup & Replication

Legen Sie den Datenträger in das DVD-Laufwerk ein oder verbinden Sie das ISO-Image mit der virtuellen Maschine. Bei neueren Windows-Maschinen kann auch auf die ISO-Datei ein Doppelklick erfolgen, sodass der Inhalt als DVD-Laufwerk sofort zur Verfügung steht. Sollte der Autostart nicht durchgeführt werden, navigieren Sie auf dem Datenträger zu der Datei setup.exe und starten Sie diese manuell. Die Warnmeldung der Benutzerkontensteuerung können Sie mit »Ja« bestätigen.

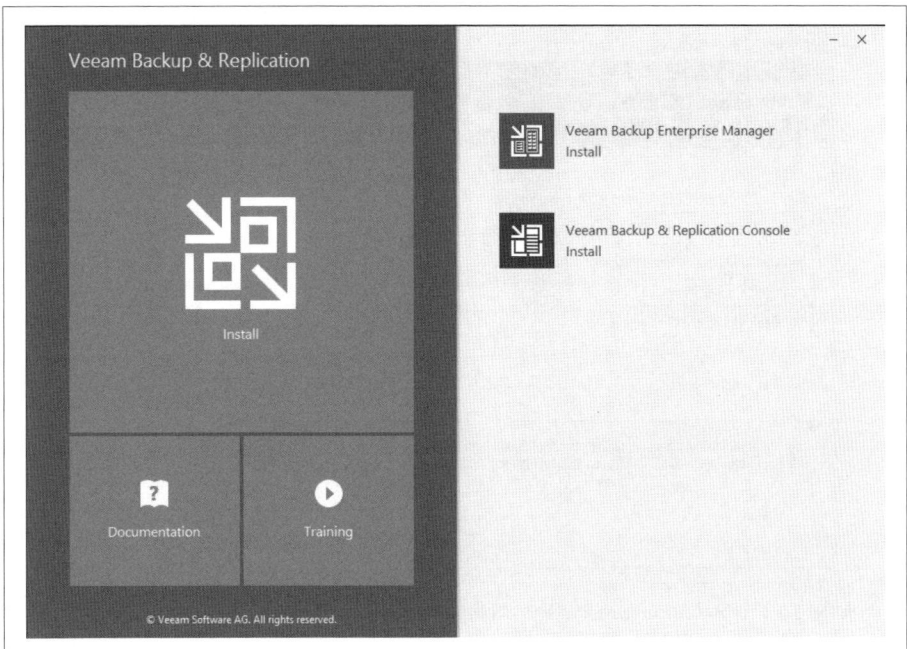

Abbildung 17-1: Auswahl bei der Installation

Klicken Sie, wie in Abbildung 17-1 gezeigt, auf die Schaltfläche INSTALL. Anschließend werden Sie gegebenenfalls aufgefordert, .NET Framework 4.7.2 zu installieren, das dem Paket beiliegt.

Akzeptieren Sie das EULA und geben Sie den Ort zur Lizenzdatei (*.lic) an, die Ihnen zugesendet wurde. Haben Sie keine, wird die Software in der freien Version (Community Edition) installiert. Nach der Installation kann die Lizenzierung jederzeit über den Menüpunkt HELP → LICENSE nachgeholt werden.

Nachdem Sie auf NEXT geklickt haben, werden in dem neuen Fenster drei Komponenten angezeigt. Üblicherweise werden Backup & Replication, Backup Catalog und die Console auf dem Backup-Server installiert, bestätigen Sie die Auswahl also mit NEXT.

Im nächsten Schritt haben Sie die Möglichkeit, die Voraussetzungen für die Installation nachzuholen und dann die kostenlose, mitgelieferte SQL-Express-Version zu installieren oder, wenn Sie andere Einstellungen bevorzugen, einen bestehenden SQL-Server (z.B. SQL 2014) für die Informationen des Systems anzugeben, wie in Abbildung 17-2 dargestellt.

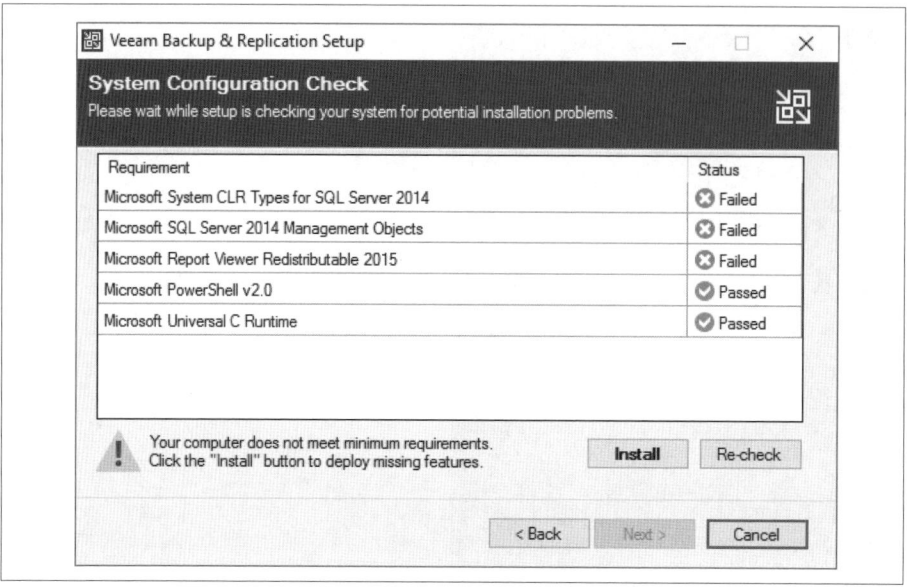

Abbildung 17-2: Installation notwendiger Komponenten

Haben Sie das Häkchen bei LET ME SPECIFY DIFFERENT SETTINGS gesetzt, werden Sie nach einem Usernamen und dessen Passwort gefragt, der NTFS-Berechtigungen auf dem lokalen Dateisystem hat und auch als Benutzer für den Zugriff auf die Datenbank fungiert. Das Recht *Anmelden als* wird diesem User automatisch verliehen.

Dann kommt die Auswahl des vorhandenen oder neu zu installierenden SQL-Servers und danach die drei Ports 9401, 9392 und 9393 für die Backup-Dienste, die im nächsten Fenster abgefragt werden. Diese sollten auf den meisten Systemen frei sein. Die Windows-Firewall wird hierbei automatisch konfiguriert.

Üblicherweise können Sie auch die beiden angefragten Ordner für den *VBRCatalog* (indexing) und für *vPower NFS* wie vorgeschlagen abnicken und dann die Installation starten.

Im Hintergrund werden unter anderem noch folgende Bestandteile mit installiert:

Veeam Explorer for Exchange, SharePoint, Active Directory, SQL, OneDrive Business und Oracle

- Veeam Agent für physische Linux- und Microsoft-Rechner
- Veeam Backup PowerShell Snap-In
- HP StoreServ Plug-in
- HP StoreVirtual Plug-in

Der *Veeam Backup Enterprise Manager* ist eine mitgelieferte Management- und Berichtskomponente, die für mehrere Backup & Replication-Anwendungen eine zentrale Weboberfläche bietet. Darüber werden auch Replikationen für alle installierten Umgebungen realisiert und er agiert dann als Lizenzserver für die Produkte von Veeam.

Produktupdates können übrigens unter *www.veeam.com/patches.html* heruntergeladen werden. Sollte ein wichtiges Update vorliegen, benachrichtigt Sie die Software.

Veeam-Dienste

Nach der Installation befinden sich neun weitere Dienste auf dem Server, davon sind fünf auf »Automatisch (Verzögerter Start)« gesetzt. Erst wenn alle Dienste gestartet sind, kann auf die Anwendung mit der Konsole zugegriffen werden, was z.B. bei einem Neustart der Maschine bis zu fünf Minuten dauern kann.

Erstkonfiguration der Umgebung

Nach dem ersten Start erscheint eine Oberfläche mit Menüzeile und Symbolleisten (Ribbons), die je nach ausgewähltem Unterpunkt sich – ähnlich wie beim aktuellen Microsoft Office – kontextsensitiv ändern. Vieles kann auch über Kontextmenüs mit der rechten Maustaste erreicht werden.

Bevor man ein Backup oder andere Jobs anlegen kann, muss man die Infrastruktur dafür zur Verfügung stellen. Dazu gehören der *Backup-Server*, *ein Backup-Proxy*, das *Backup-Repository* (Speicherplatz) und ein oder mehrere ESX(i)-Hosts oder der vCenter Server.

Der *Veeam Backup & Replication Server* wird der Umgebung als Proxy, Repository und Backup-Server automatisch hinzugefügt. Für eine größere Umgebung kann man zusätzliche dedizierte Server oder Proxys für diese Aufgaben hinzufügen.

vCenter Server als Managed Server hinzufügen

In einer kleinen Umgebung reicht es, als Nächstes den vCenter Server anzugeben, den Backup-Speicher und Anmeldeinformationen am vCenter Server sowie für die Sicherung von speziellen Maschinen, wie Exchange, SQL, Active Directory Domänencontroller etc.

Klicken Sie links unten in dem grauen Bereich auf BACKUP INFRASTRUCTURE und dann im oberen Bereich links auf MANAGED SERVERS. In dem nun folgenden Fenster (siehe Abbildung 17-3) wählen Sie den vCenter Server aus, indem Sie auf VMWARE VSPHERE klicken.

Geben Sie den DNS-Namen des vCenter Servers an und klicken Sie auf NEXT. Im nächsten Fenster klicken Sie auf die Schaltfläche ADD und geben dort die Domäne und den Namen des Zugriffsberechtigten an oder suchen Sie ihn über BROWSE. Vergessen Sie nicht, den Suchpfad auf die Domäne zu setzen und das Passwort einzutragen. Über den Link MANAGE ACCOUNTS sehen Sie alle schon eingetragenen Benutzer und können diese entfernen, bearbeiten oder weitere hinzufügen. Anschließend versucht Veeam B&R, eine Verbindung über den SSL-Port 443 mit dem Server aufzubauen. Sehen Sie sich die Zusammenfassung an und klicken Sie auf FINISH.

 VMWARE VSPHERE
Connect to your vSphere infrastructure by adding a vCenter Server (4.1 or later) or standalone vSphere Hypervisor (ESX/ESXi 4.1 or later). We recommend adding vCenter Servers rather than standalone hosts, as this provides vMotion awareness.

 VMWARE VCLOUD DIRECTOR
Connect to your vCloud infrastructure by adding a VMware vCloud Director Server (5.5 or later). Registering vCloud Director Servers enables creation of vCloud-aware backup jobs that in addition to actual VMs also back up vCloud metadata, such as vApp settings.

 MICROSOFT HYPER-V
Connect to your Hyper-V infrastructure by adding a System Center Virtual Machine Manager (SCVMM) Server, Hyper-V cluster or standalone host (Windows Server 2008 R2 SP1 or later).

 MICROSOFT SMB3 STORAGE
Add a SMB3 server cluster or standalone SMB3 server to enable change block tracking for VMs running on SMB3. Storage must be Microsoft Windows Server-based storage; third-party storage that implements the SMB3 protocol is not supported.

 MICROSOFT WINDOWS SERVER
Add a Microsoft Windows server (Windows Server 2008 or later). Windows servers can be used to run various Veeam backup infrastructure components and roles in a distributed deployment.

 LINUX SERVER
Add a Linux server (SSH and Perl required). Linux servers can be used as backup repositories only.

Abbildung 17-3: vCenter Server hinzufügen

Sie können jetzt weitere vCenter Server oder auch alleinstehende ESXi-Hosts (nur lizenzierte, keine kostenlosen) nach Bedarf hinzufügen. Diese sollten aber nicht gleichzeitig auch zum hinzugefügten vCenter Server gehören.

Bei einem Windows-Server kann es sich hier nur um einen BACKUP PROXY oder ein BACKUP REPOSITORY handeln, bei einem Linux-Server nur um ein BACKUP REPOSITORY. Auf jedem weiteren Windows-Server werden der *Veeam Installer*-Dienst und *Veeam Transport* installiert. Dafür muss die Datei und Druckerfreigabe aktiviert worden sein.

Veeam Backup Proxy hinzufügen

Dieser optionale Schritt kann in mittleren und großen Umgebungen gewählt werden. Ein Backup-Proxy wird auch als *Data Mover* bezeichnet. Er erhält die Daten, bearbeitet sie und transferiert sie anschließend auf den Zielspeicher. Ein Proxy entlastet den Backup-Server, da er die Daten für die Speicherung bereits vorbereitet.

Je größer eine vSphere-Umgebung ist, umso mehr Backup-Proxys sollte man einsetzen. Der *Transport mode* wird beim Hinzufügen eines Servers meistens richtig erkannt: direkter Zugriff auf das SAN, Virtual Appliance oder Netzwerk. Möchte man über langsame Verbindungen einen Datenaustausch vornehmen, so kann man hier auch die Bandbreite (Throttling) einstellen.

Backup-Speicher (Repository) hinzufügen

Auf einem Backup-Speicher werden alle relevanten Dateien einer oder mehrerer VMs aus einem Backup-Job abgespeichert. Ein solches Repository kann jeder Windows-oder Linux-Rechner, eine Windows-Freigabe oder auch eine oder mehrere lokale Festplatte(n) sein.

Klicken Sie links oben unter BACKUP INFRASTRUCTURE auf den Eintrag BACKUP REPOSITORIES und dann auf ADD REPOSITORY. In der Liste auf der rechten Seite ist der Standardspeicher bereits eingetragen, der aber eher nicht für große Datenmengen geeignet ist (siehe Abbildung 17-4).

Geben Sie einen sprechenden Namen für den Speicher und eventuell eine Beschreibung an.

NAME	TYPE	HOST	PATH	CAPACITY ↓	FREE	DESCRIPTION
Default Backup Rep...	Windows	vm-Veeam-91...	C:\Backup	79,7 GB	61,1 GB	Created by Veeam Backup
Full-Backup	Windows	vm-Veeam-91...	F:\Backups	2,9 TB	1,2 TB	Created by KHPORZ\Goepel at
Haupt-Backup-54TB	Windows	vm-Veeam-91...	E:\Backups	54,0 TB	37,3 TB	Created by KHPORZ\Goepel at

Abbildung 17-4: Backup-Repository hinzufügen

Wählen Sie einen der vier möglichen Typen aus, wählen Sie gegebenenfalls die Schaltfläche POPULATE, um alle angeschlossenen Datenträger mit ihrer Kapazität und ihrem freien Speicherplatz zu sehen.

Unter dem Punkt LOAD CONTROL können die maximal möglichen gleichzeitigen Tasks angegeben werden. Diese hängen von der Geschwindigkeit des jeweiligen Storage und der Anbindung ab. Auch kann man die maximale Anzahl von Daten (in MB pro Sekunde) angeben, damit der Datenspeicher nicht überfordert wird (meistens unnötig).

Hinter der Schaltfläche ADVANCED verbergen sich noch vier weitere Punkte:

- *Align backup file data blocks* bedeutet, dass bei Speichersystemen mit fester Blockgröße eine Ausrichtung der Daten an der 4- oder 64-KByte-Grenze gemacht wird. Damit kann zwar eine bessere Deduplizierung erreicht werden, aber gleichzeitig führt das zu einer höheren Fragmentierung und viel ungenutztem Speicher. Ist das Default Backup Repository mit ReFS (Resilient File System) formatiert, so ist diese Option standardmäßig ausgewählt, bei nachträglich hinzugefügtem Repository erst nach Abschluss des Assistenten. ReFS kann nicht gleichzeitig mit der Windows-Komprimierung genutzt werden.

- *Decompress backup data blocks before storing* bedeutet, dass die Daten vor der Speicherung wieder ausgepackt werden. Veeam komprimiert die Daten vor der Übertragung auf einen Speicher, um die Performance zu steigern. Gepackte Daten lassen sich auf einem deduplizierten Speicher aber nicht so platzsparend ablegen. Verschlüsselte Daten (encryption enabled) werden nicht komprimiert.

- *This Repository is backed by rotated hard drives* bedeutet, dass die Speicherung der Daten z. B. auf verschiedenen externen Festplatten erfolgt. Vergisst man diesen Punkt, so schlägt das übernächste Backup fehl, weil Veeam die vorherigen Daten nicht findet. Bei dieser Option wird immer ein Full Backup durchgeführt, wenn das letzte Medium nicht vorhanden ist bzw. ausgetauscht wurde. Das bedeutet auch, dass das Medium genug Platz für zwei Full Backups haben muss oder vor jedem Job geleert werden muss. Sind noch nutzbare Daten vorhanden, versucht der Backup-Server die bereits vorliegenden Blöcke zu nutzen und macht eine inkrementelle Sicherung. Diese beinhaltet alle Unterschiede zu den gefundenen Daten und kann je nach Stand der alten Sicherung sehr groß werden. Um vorherige Daten von dem Datenträger zu löschen, kann ein Skript genutzt oder es kann auch speziell für diesen Fall ein Eintrag in die Registry gesetzt werden. Wählt man diesen Punkt aus, so ist der letzte nicht mehr anwählbar; es kann kein GFS-Backup durchgeführt und darauf kein Backup-Copy-Job genutzt werden. Ändert sich der Laufwerksbuchstabe für eine leere Platte, so wird dieses Laufwerk nicht gefunden. Sind aber schon Daten vom Backup-Server darauf, so findet Veeam das Laufwerk trotzdem.

- *Use per-VM backup files* bedeutet, dass die Daten für einen deduplizierten Speicher optimiert abgelegt werden. Hierbei können mehrere I/O-Kanäle genutzt werden. Üblicherweise werden alle VMs in einem Job in einer einzelnen Datei auf das Repository geschrieben. Läuft nur jeweils ein Job für den Datastore, kann es sinnvoll sein, »Pro VM-Backup File« zu aktivieren, damit mehrere Streams die Übertragung zum Storage besser ausnutzen. Gerade auf einem deduplizierenden Store wird dies empfohlen, bei einem »Scale-out Repository« ist dies standardmäßig aktiv. Dafür sollte »Parallel Data Processing« aktiviert sein. Diese Option kann nicht für wechselnde Datenträger »This repository is backed by rotated hard drives« eingesetzt werden, und Data Deduplication erfolgt dann nicht mehr pro Job, sondern pro VM. Als Lizenz braucht man hierfür Enterprise oder höher, sonst steht die Option nicht zur Verfügung, und Backups schlagen fehl, wenn die Lizenz nachträglich herabgestuft, also unter Enterprise eingespielt wird. Ändert man die Einstellungen nachträglich, so werden bestehende Backups auf dem Repository nicht geändert. Erst nach dem nächsten Full Backup (FB) wirken die vorgenommenen Einstellungen. Bei synthetischen Full Backups jedoch nicht; man kann hier aber ein manuelles FB starten, um die Änderungen zu aktivieren.

vPower NFS kann im nächsten Abschnitt bestätigt werden. Handelt es sich um den lokalen Server, so kann man hier auf NEXT klicken. Ist es aber ein entfernter Windows-Speicher, so sollte dort auch diese Komponente installiert werden (über

Add Server). Über vPower NFS kann man aus dem Backup-Speicher heraus VMs direkt auf einem Host starten und später dann verschieben (Instant VM Recovery).

Im nächsten Fenster werden die notwendigen Komponenten aufgelistet, und falls auf diesem Speicher noch ältere Sicherungen von Veeam liegen, so können diese und eventuell vorhandene Indexe jetzt importiert werden (Kästchen anklicken).

Vorteile des Deduplizierungsspeichers

Die von Backup & Replication verwendete Deduplizierungs-Speichertechnologie wurde von Veeam selbst entwickelt und ist in die Anwendung integriert. Diese Technologie wertet auf dem Sicherungsspeicher vorhandene Blöcke aus, die in Wiederherstellungspunkten gespeichert werden, und überprüft, ob identische Abschnitte bereits vorhanden sind.

Speichern Sie gleiche Maschinen möglichst im selben Job, damit mehrere Sicherungsaufgaben über die Deduplizierungs-Speichertechnologie besser zusammengefasst und die Deduplizierungsraten maximiert werden. Sie müssen aber nicht alle gleichartigen VMs in derselben Sicherungsaufgabe zusammenfassen – die Deduplizierung funktioniert darüber aber deutlich besser.

Die Deduplizierung wird für alle gespeicherten virtuellen Maschinen ausgewertet, selbst wenn einige zurzeit nicht gesichert werden; es werden aber nur identische Blöcke innerhalb einer Sicherung berücksichtigt, also nicht jobübergreifend.

Es können Speicherplätze für die Sicherungen von fast beliebiger Größe angegeben werden, und die Anzahl ist jeweils nur auf das Betriebssystem beschränkt, auf dem Sie installieren.

Die Menge des benötigten Speichers für die Sicherungen variiert je nach der Menge an Festplattenspeicher, den die Deduplizierung durch die Ausführung von ähnlichen virtuellen Maschinen sparen kann.

Haben Sie als Repository einen deduplizierenden Storage gewählt, macht Veeam hier keine zusätzliche Deduplizierung.

Backup-Jobs erstellen

Jedes Backup, jede Replikation oder auch jede VM-Kopieraktion wird über einen Job erledigt, der gespeichert und zeitmäßig geplant werden kann. Für das Anlegen eines Jobs steht jeweils ein Assistent zur Verfügung, der alle notwendigen und möglichen Schritte abfragt.

Klicken Sie im unteren linken (grauen) Teil auf BACKUP & REPLICATION und dann auf BACKUP JOB.

Geben Sie im ersten Fenster (siehe Abbildung 17-5) einen sprechenden Namen für den Job an. Es empfiehlt sich, dort gegebenenfalls die VMs, die gesichert werden sollen, anzugeben. Das können die Namen der VMs sein oder der Name eines Ressourcenpools oder des Betriebssystems u. a. Wichtig ist, dass Sie die VM zum Wiederherstellen auch finden.

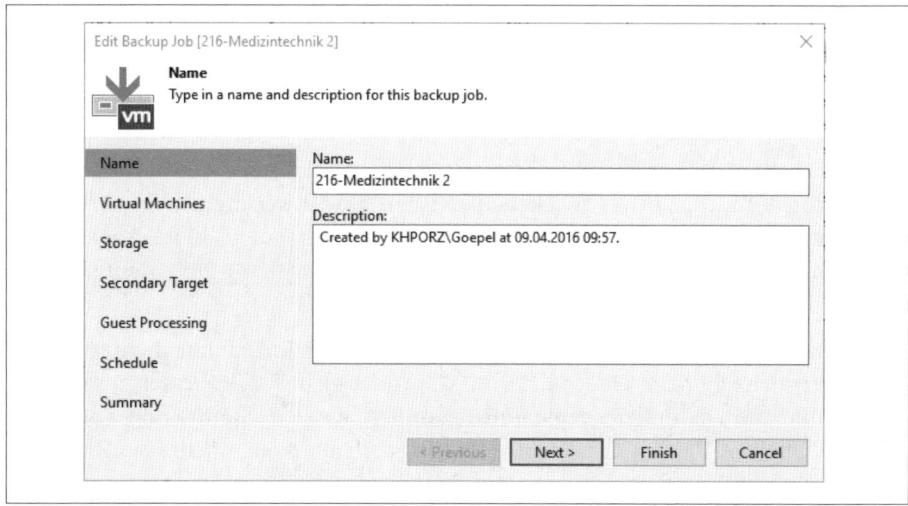

Abbildung 17-5: Backup-Job erstellen

Im nächsten Fenster können Sie über ADD die gewünschten VMs zur Liste hinzufügen. Auch ist es möglich, nach Namen oder Namensbestandteilen zu suchen, wie in Abbildung 17-6 dargestellt ist.

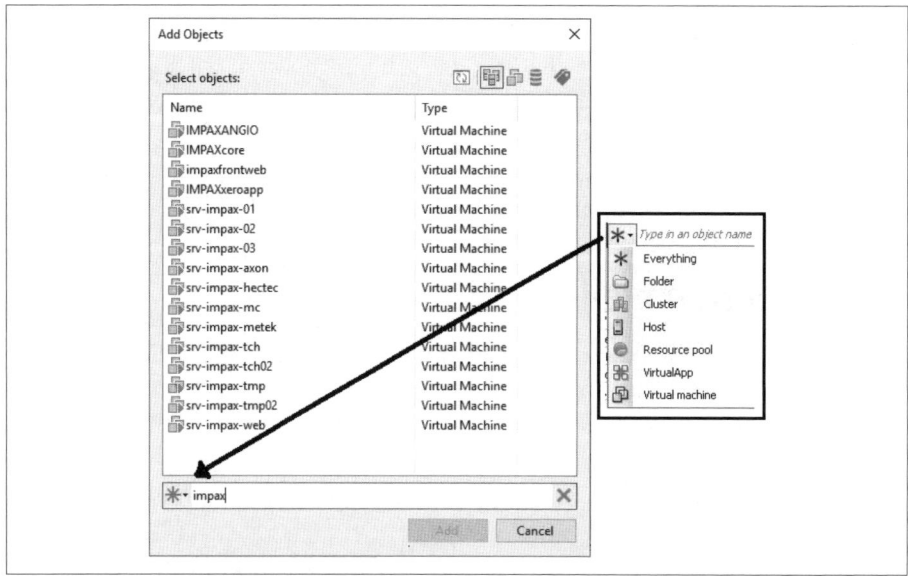

Abbildung 17-6: VMs für Backup-Job auswählen

Oben rechts im Fenster kann man die Ansicht aktualisieren, die Ansicht HOSTS UND CLUSTER, VMS UND TEMPLATES, DATENSPEICHER UND VMS sowie VMS UND TAGS auswählen.

Wenn man auf das lila Sternchen unten klickt, kann man noch ein weiteres Kontextmenü aufklappen und darüber nach Objekten wie VMs, Ordner, Cluster, Hosts, Ressourcenpools und vApp suchen oder diese anzeigen lassen.

Über die Schaltfläche EXCLUSIONS können für einzelne VMs noch bestimmte Festplatten aus der Sicherung herausgenommen werden (siehe Abbildung 17-7) oder auch VMs und Templates, die sich in einem Ordner befinden, aber nicht gesichert werden sollen.

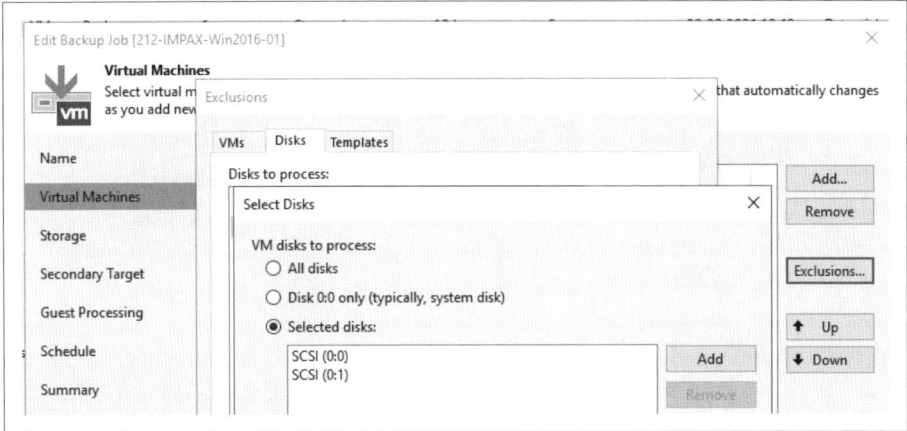

Abbildung 17-7: Festplatten vom Backup ausnehmen

Außerdem kann man die Reihenfolge der VMs nachträglich ändern, damit die Sicherung auch wie gewünscht abläuft.

Im dritten Fenster STORAGE wählen Sie den Backup-Proxy und den Sicherungsplatz (Backup-Repository) aus und geben an, wie viele Wiederherstellungspunkte (Restore Points) oder wie viele Tage (days) auf dem Storage behalten werden sollen. Die ältesten Sicherungen werden dann automatisch gelöscht, wenn die Anzahl überschritten wird.

Über den blauen Link MAP BACKUP können bereits vorhandene Sicherungen hinzugefügt werden, z.B. wenn man die Sicherungen auf einen anderen Storage verschoben hat oder Veeam Backup & Replication neu aufsetzen musste.

Backup-Strategien

Zusätzlich zu den Standard-Backup-Strategien wie Full Backup, differenzielles und inkrementelles Backup hat man bei Veeam noch die Auswahl von Reversed Incremental Backup und Synthetic Full Backup.

Full Backup

Bei einem vollständigen Backup werden jeden Tag alle Daten der VM gesichert. Diese Sicherung hat den Nachteil, dass sehr viel Speicherplatz belegt wird, aber den Vorteil, dass im Falle einer Wiederherstellung alle Daten schnell wieder bereitgestellt werden können (siehe Abbildung 17-8). Dieses Verfahren ist bei Veeam B&R eher nicht angebracht, da eine Wiederherstellung auch von großen Maschinen dadurch nur unwesentlich schneller gehen würde.

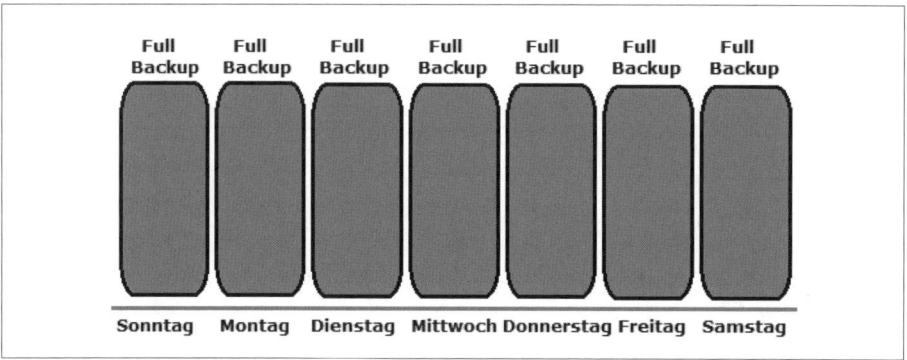

Abbildung 17-8: Full Backup

Inkrementelles Backup

Hierbei wird typischerweise sonntags ein Full Backup durchgeführt und in den Folgetagen werden jeweils nur die Unterschiede zum Vortag gesichert. Vorteil: wenig Speicherbedarf; Nachteil: hoher Zeitbedarf bei der herkömmlichen Wiederherstellung. Eine Wiederherstellung bei Veeam ist auch hier nur unwesentlich langsamer, da der Backup-Server sich die notwendigen Blöcke heraussucht und die Maschine in einem Rutsch zurückspielt (siehe Abbildung 17-9).

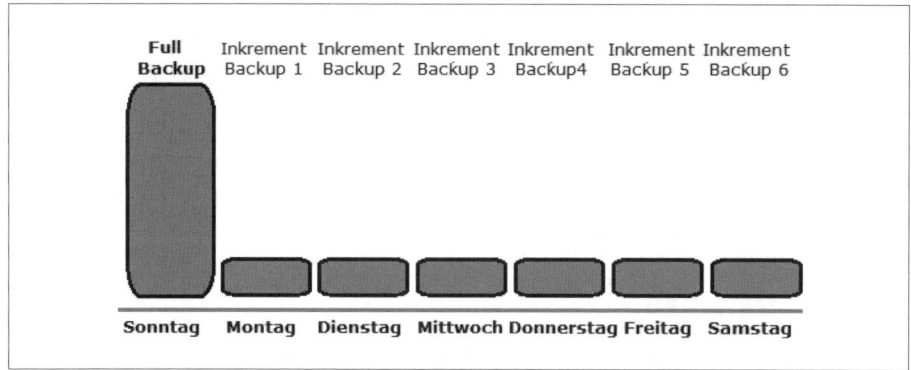

Abbildung 17-9: Inkrementelles Backup

Differenzielles Backup

Hier wird ebenfalls meistens am Sonntag ein Full Backup durchgeführt und in den nächsten Tagen werden jeweils die Unterschiede (Differenzen) zum letzten Full Backup gesichert. Daraus ergeben sich ein nicht so großer Speicherbedarf wie beim Full Backup und eine nicht so lange Zeit der Wiederherstellung wie beim inkrementellen Sichern (siehe Abbildung 17-10).

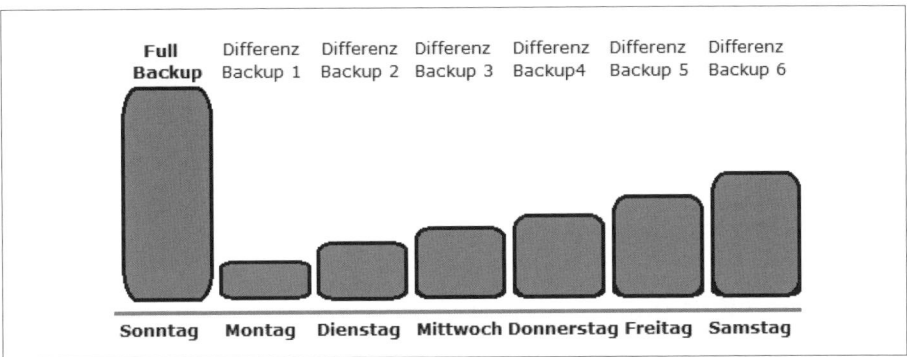

Abbildung 17-10: Differenzielles Backup

Ein differenzielles Backup bietet Veeam nicht an.

Reversed Incremental Backup von Veeam

Auch hier wird zunächst ein Full Backup erstellt (Schritt 1) und an den nächsten Tagen jeweils ein inkrementelles. Jedoch werden täglich die Unterschiede vom Vortag als neues Inkrement extrahiert und die Unterschiede zum neuen Full Backup integriert. Es steht damit jeweils ein aktuelles Full Backup zur Verfügung.

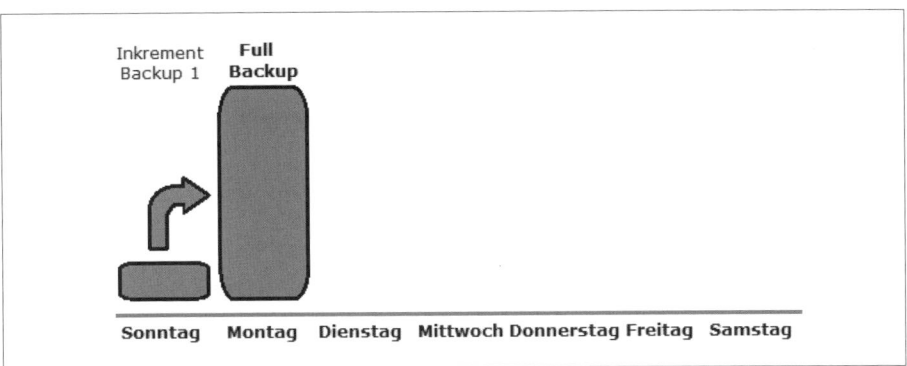

Abbildung 17-11: Reverses inkrementelles Backup, Schritt 2

Schritt 2: Erstes inkrementelles Backup wird in Full Backup integriert (siehe Abbildung 17-11).

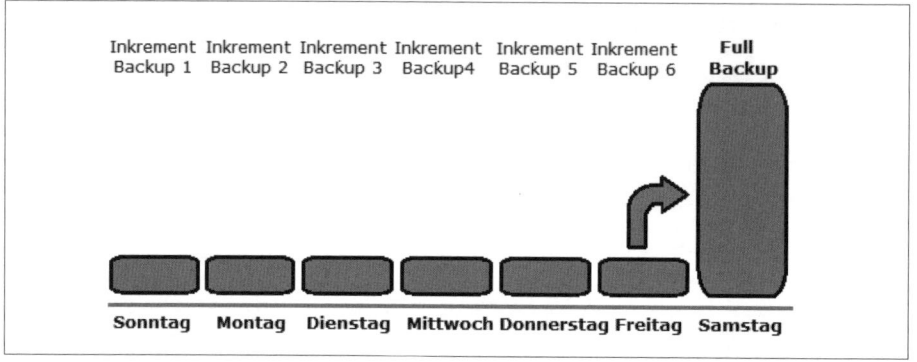

Abbildung 17-12: Reverses inkrementelles Backup, Schritt n

Schritt n: Weiteres inkrementelles Backup wird in Full Backup integriert (siehe Abbildung 17-12).

Synthetic Full Backup

Beim synthetischen Full Backup wählt man die Tage aus, an denen eine Integration des inkrementellen zum Full Backup hinzugefügt werden soll (siehe Abbildung 17-13).

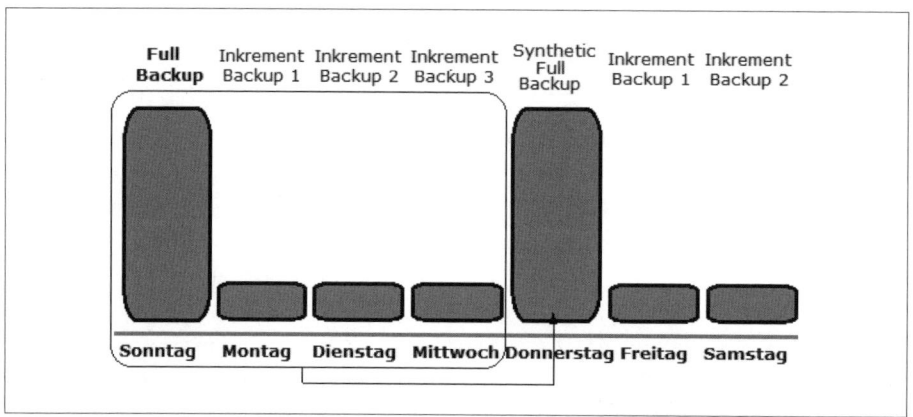

Abbildung 17-13: Synthetisches Full-Backup

Weitere Einstellungsmöglichkeiten zum Backup-Job

Unter der Schaltfläche ADVANCED finden sich weitere interessante Einstellungen wie z. B.:

- Wann ein Full Backup laufen soll und wie gesichert werden soll.
- Einstellungen zum Datenspeicher

- Benachrichtigungseinstellungen (bei mehreren Backup-Jobs kann dies besser für alle Jobs zusammen unter dem Punkt OPTIONS aus dem Grundmenü eingestellt werden)
- Ob für eine schnellere Sicherung das CBT-Verfahren (Changed Block Tracking) verwendet werden soll (Hardwareversion 7 oder neuer der VM).
- Einstellungen für automatische Integritätsprüfung der Backups, Auslassen der Auslagerungsdateien, wann gelöschte VMs aus dem Speicher entfernt werden, Befehle oder Kommandos vor und/oder nach dem Job

Die meisten dort aufgeführten Details sind mit einigermaßen guten Englischkenntnissen auch verständlich (siehe Abbildung 17-14).

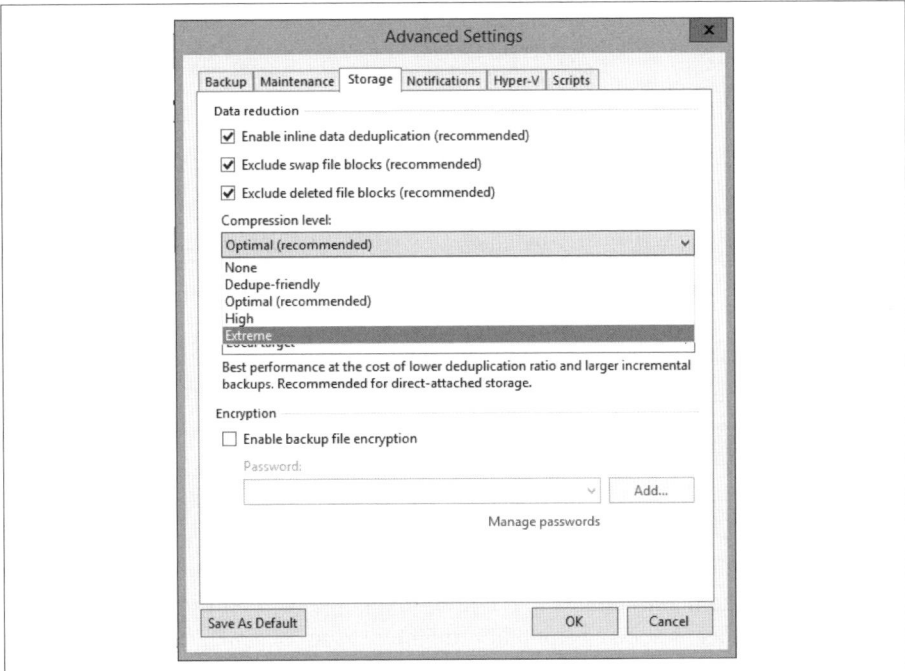

Abbildung 17-14: Erweiterte Einstellungen zum Backup

Im vierten Fenster GUEST PROCESSING können für bestimmte Anwendungen im Betriebssystem noch Einstellungen und Anmeldedaten hinterlegt werden, wie Abbildung 17-15 zeigt. Das ist angebracht bei Domänencontrollern, SQL-Servern, Exchange Servern sowie bei SharePoint. Mit dem angegebenen Account können die Daten auch einzeln wiederhergestellt werden, also einzelne Postfächer, Anlagen zu E-Mails, Zeilen aus Datenbanken, gelöschte Objekte aus Active Directory etc.

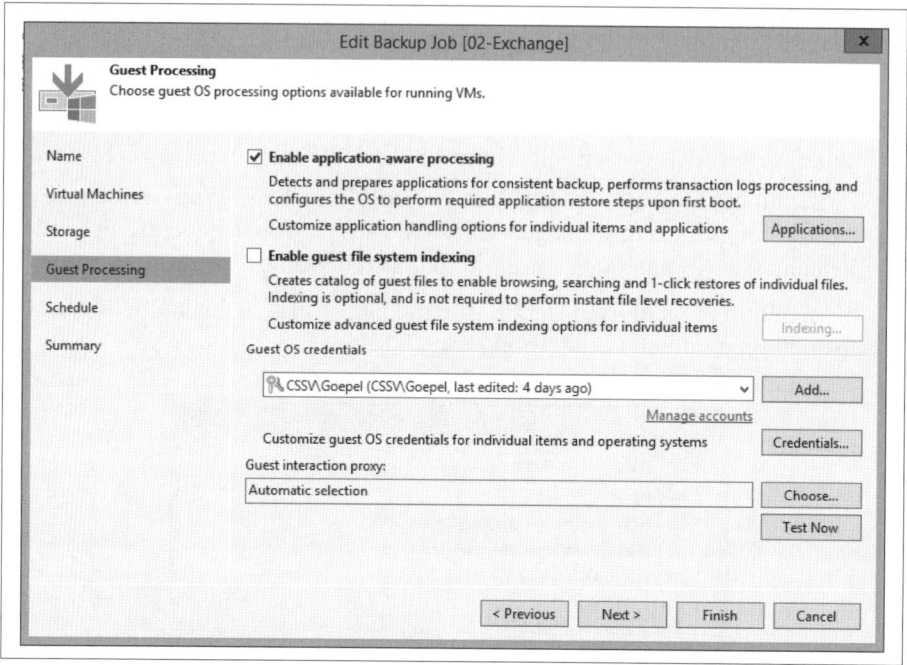

Abbildung 17-15: Auswahl für spezielle Anwendungen

Über die Schaltfläche APPLICATIONS können bei Bedarf weitere Einstellungen vorgenommen werden. Dazu gehört z.B. das Löschen von übrig gebliebenen Logdateien von SQL und Exchange. Wichtig ist hierbei, dass die VMware Tools korrekt
installiert sind und die VSS-Erweiterung der Tools läuft.

Auf der Registerkarte SCRIPTS lassen sich noch Batch-Dateien für Windows-An-
wendungen angeben, die keine Unterstützung durch VSS (*Volume Shadow Copy
System*) bieten, oder auch Shell-Skripte für Linux. Diese Dateien müssen sich auf
dem lokalen System befinden (also z.B. dem Backup-Server) und im Voraus fertig-
gestellt sein. Über solche Skripte könnte man zum Beispiel Dienste vor dem
Snapshot (*Pre-freeze script*) stoppen und anschließend (*Post-thaw script*) wieder
starten.

Hat man als Sicherung Windows- und Linux-Maschinen in einem einzigen Job, so
wird automatisch für Linux das Shell-Skript und für Windows die Batch-Datei verwendet.

Im vorletzten Fenster SCHEDULE kann man planen, wann und wie oft der Job laufen soll. Hier können eine Zeit, bestimmte Tage, Zeitabstände oder andere Optionen angegeben werden.

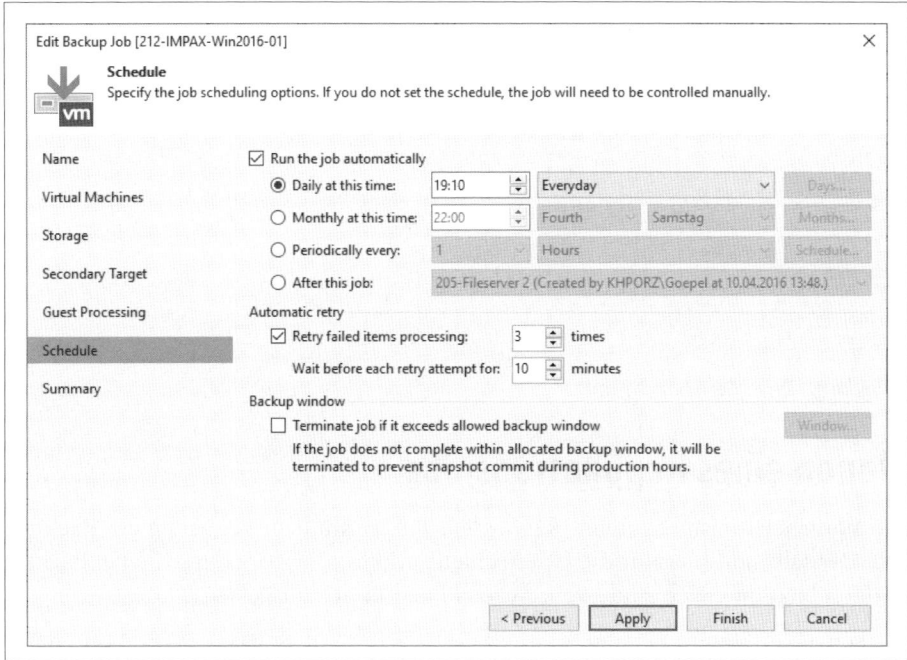

Abbildung 17-16: Zeitplan für das Backup

In Abbildung 17-16 sehen Sie die möglichen Einstellungen zum Zeitplan, dort kann der Job direkt nach Beendigung des vorherigen Jobs geplant oder wie in Abbildung 17-17 auch mehrere Jobs in die Warteschlange gestellt werden.

NAME ↑	TYPE	OBJE...	STATUS	LAST RUN	LAST RES...	NEXT RUN
205-Fileserver 2	VMware Backup	1	Stopped	19 hours ago	Success	22.02.2021 19:00
207-SRV-KHPDCs	VMware Backup	1	Stopped	19 hours ago	Success	22.02.2021 19:00
210-IMPAX Alle	VMware Backup	2	Stopped	19 hours ago	Success	22.02.2021 19:00
211-IMPAX-Win2016	VMware Backup	1	Stopped	19 hours ago	Success	22.02.2021 19:00
212-IMPAX-Win2016-01	VMware Backup	1	Stopped	19 hours ago	Success	22.02.2021 19:10
216-Medizintechnik 2	VMware Backup	1	Stopped	18 hours ago	Success	22.02.2021 19:30
217-Verwaltung 1	VMware Backup	1	Stopped	18 hours ago	Success	22.02.2021 19:40
218-Verwaltung 2	VMware Backup	1	Stopped	18 hours ago	Success	22.02.2021 19:50

Abbildung 17-17: Backup-Abfolge

Klicken Sie im letzten Schritt auf FINISH, nachdem Sie sich die Details zu dem Job angesehen haben. Einen Schritt zurück kann man hier nicht mehr gehen.

Nach dem Backup-Job kann man sich die Details zu der Sicherung anschauen und/oder auch per Mail als Bericht zusenden lassen, wie beispielhaft in Abbildung 17-18 dargestellt ist.

| Backup job: 212-IMPAX-Win2016-01 | | | | | | Success | |
| Nur die Platten 0+1 der Server im Ordner Created by KHPORZ\Goepel at 20.04.2020 10:41. | | | | | | 8 of 8 VMs processed | |

Sonntag, 21. Februar 2021 19:10:19

Success	8	Start time	19:10:19	Total size	1,4 TB	Backup size	215,6 GB	
Warning	0	End time	19:29:51	Data read	15,2 GB	Dedupe	4,7x	
Error	0	Duration	0:19:32	Transferred	6,9 GB	Compression	1,4x	

Details

Name	Status	Start time	End time	Size	Read	Transferred	Duration	Details
srv-impax-metek	Success	19:17:14	19:21:36	180 GB	1,7 GB	676,2 MB	0:04:21	
srv-impax-tmp02	Success	19:17:14	19:22:32	180 GB	1,6 GB	683,9 MB	0:05:17	
srv-impax-axon	Success	19:18:34	19:22:35	180 GB	1,6 GB	699,7 MB	0:04:00	
srv-impax-tch	Success	19:19:45	19:24:02	180 GB	1,4 GB	629,5 MB	0:04:17	
srv-impax-01	Success	19:21:10	19:29:21	180 GB	4 GB	2,3 GB	0:08:11	
srv-impax-tmp	Success	19:21:20	19:29:18	180 GB	1,6 GB	731,2 MB	0:07:57	
srv-impax-tch02	Success	19:22:26	19:28:34	180 GB	1,6 GB	679,3 MB	0:06:08	
srv-impax-02	Success	19:23:26	19:29:37	180 GB	1,7 GB	691,3 MB	0:06:11	

Abbildung 17-18: Bericht per Mail

Planen eines Replikationsjobs

Die Vorgehensweise bei einem *Replication Job* ist ähnlich wie bei einem Backup-Job. Deshalb sind hier nur die Unterschiede erklärt, die Vorgänge, die bei Backup und Replikation gleich sind, werden aus Platzgründen ausgespart.

Klicken Sie im unteren linken (grauen) Teil auf BACKUP & REPLICATION und dann auf REPLICATION JOB.

Geben Sie im ersten Fenster einen sprechenden Namen für den Job an. Es empfiehlt sich, dort gegebenenfalls die VMs, die repliziert werden sollen, anzugeben. Das können u. a. die Namen der VMs sein, der Name eines Ressourcenpools oder des Betriebssystems. Wichtig ist, dass Sie die VM zum jeweiligen Job schnell wiederfinden.

Im unteren Teil des Fensters können noch drei weitere wichtige Einstellungen für diesen Job ausgewählt werden:

- *Low connection bandwith*: Wenn man eine VM auf einen entfernten Standort über eine langsame Anbindung replizieren möchte, ohne diese zu stark zu belasten.
- *Separate virtual networks*: Hiermit kann man weitere Details zum anderen Netzwerk des Zielnetzwerks einstellen.
- *Different IP addressing scheme*: Hiermit wird die replizierte Windows-VM an ein anderes IP-Adressschema angepasst.

Durch das Setzen der Häkchen wird anschließend die Anzahl der aufzurufenden Seiten für diesen Job erhöht. Die zusätzlichen Seiten bieten dann die gewünschten Einstellungsmöglichkeiten. Da die Vorgehensweise hier der bereits oben beim Backup-Job beschriebenen entspricht, gehe ich auf die Details nicht weiter ein, zumal das meiste selbsterklärend ist.

Wiederherstellung einer VM

Wenn wichtige Daten einer VM defekt sind oder gelöscht wurden, kann man die gesicherten Daten natürlich wiederherstellen. Dazu gibt es mehrere Möglichkeiten:

VM aus dem Backup starten

Unter INSTANT VM RECOVERY versteht man das Starten einer VM aus dem Backup-Repository direkt auf einem ESXi-Host. Dazu benötigen Sie mindestens eine erfolgreiche Sicherung der VM und 10 GByte freien Speicher auf dem Laufwerk, wo vPower NFS liegt (*C:\ProgramData\Veeam\Backup\NfsDatastore*), für die Redo-Logs. Stellen Sie sicher, dass die defekte Maschine dabei ausgeschaltet ist.

Unter HOME klicken Sie zunächst auf BACKUPS – DISK und suchen Sie die VM, die Sie aus dem Backup starten möchten. Wählen Sie anschließend aus dem Kontextmenü oder dem Ribbon den ersten Punkt INSTANT VM RECOVERY. Suchen Sie sich auf der nächsten Seite die gewünschte VM aus der Liste heraus. Das Datum der letzten und die Größe der gespeicherten Sicherungen werden dann angezeigt, und über die Schaltfläche POINT können Sie einen älteren Wiederherstellungspunkt auswählen.

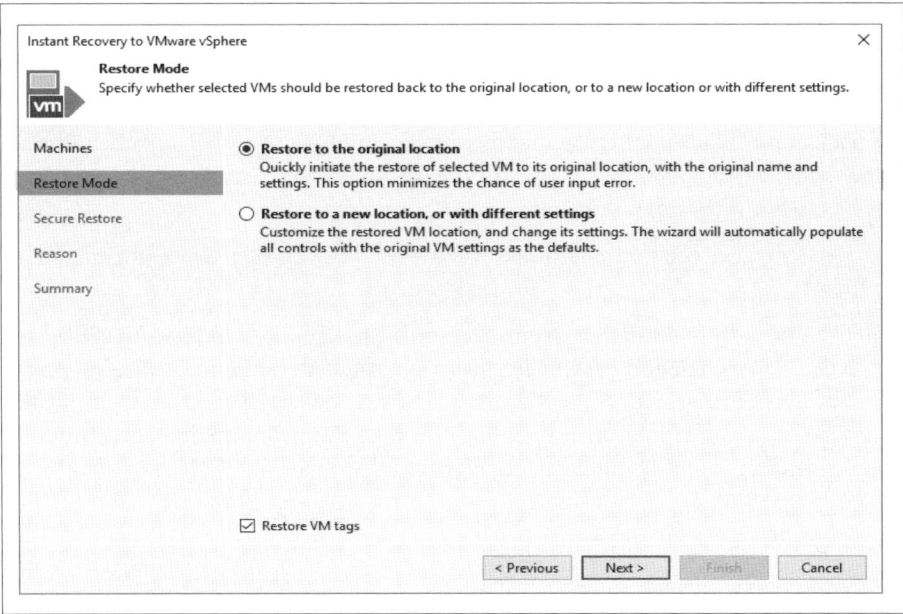

Abbildung 17-19: Instant Recovery Modus

Auf der zweiten Seite RESTORE MODE haben Sie die Wahl zwischen dem bisherigen oder einem anderen Storage mit geänderten Einstellungen. Wählen Sie den zweiten Punkt, so erscheinen im linken Teil des Fensters weitere Einstellmöglichkeiten.

Haben Sie den zweiten Punkt gewählt, so können Sie auf der Seite DESTINATION gegebenenfalls einen abweichenden Namen eingeben, einen ESXi, einen Ordner für die VM sowie einen Ressourcenpool auswählen. Über die Schaltfläche AD-VANCED kann noch die ID der VM gewählt werden: Ist die Original-VM nicht mehr vorhanden, so wählen Sie PRESERVE BIOS UUID, um die Identität beizubehalten. Soll die VM aus Testzwecken aus der Datensicherung gestartet werden, wählen Sie Generate NEW BIOS UUID, damit es keine Konflikte mit doppelten IDs gibt.

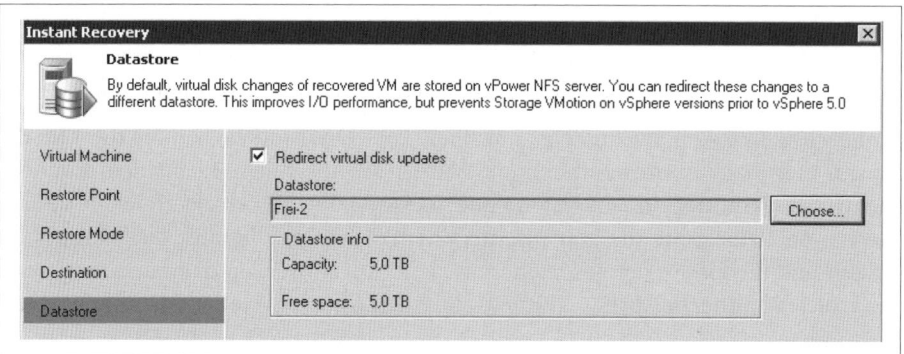

Abbildung 17-20: Festplatten umleiten

Unter DATASTORE können Sie eine Umleitung für den Speicherort angeben, wie in Abbildung 17-20 zu sehen ist.

Im nächsten Fenster können Sie noch einen Grund für diesen Job angeben und im vorletzten Fenster noch einstellen, ob die VM nach der Erstellung gestartet und das Netzwerk verbunden sein soll.

Das letzte Fenster zeigt dann ähnlich wie in Abbildung 17-21 den Status der Operation an.

Das Fenster wird geschlossen, wenn Sie auf FINISH geklickt haben. Anschließend sehen Sie den neuen Job *Instant Recovery* oberhalb der anderen Jobs. Wenn Sie nun auf den Eintrag klicken, stehen Ihnen zusätzliche Schaltflächen, z.B. für das Migrieren in die Produktionsumgebung (Storage vMotion, auch wenn Ihre VM-ware-Lizenz das nicht beinhaltet), zur Verfügung.

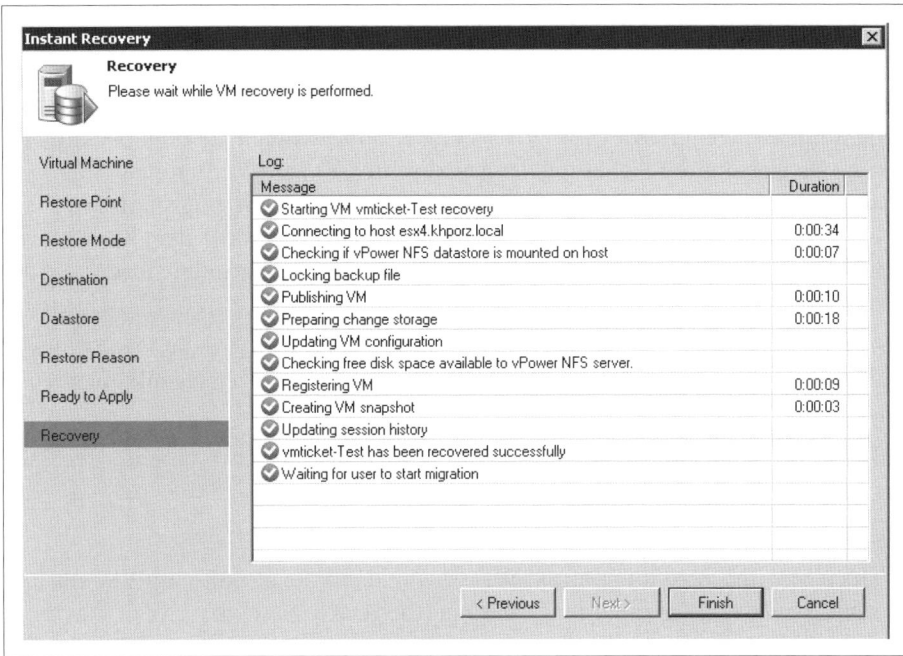

Abbildung 17-21: Starten einer VM aus dem Backup

Möchten Sie den Vorgang abbrechen, so klicken Sie auf STOP PUBLISHING, anschließend folgt wiederum ein Fenster, das den Status anzeigt, wie beispielhaft in Abbildung 17-22 gezeigt wird.

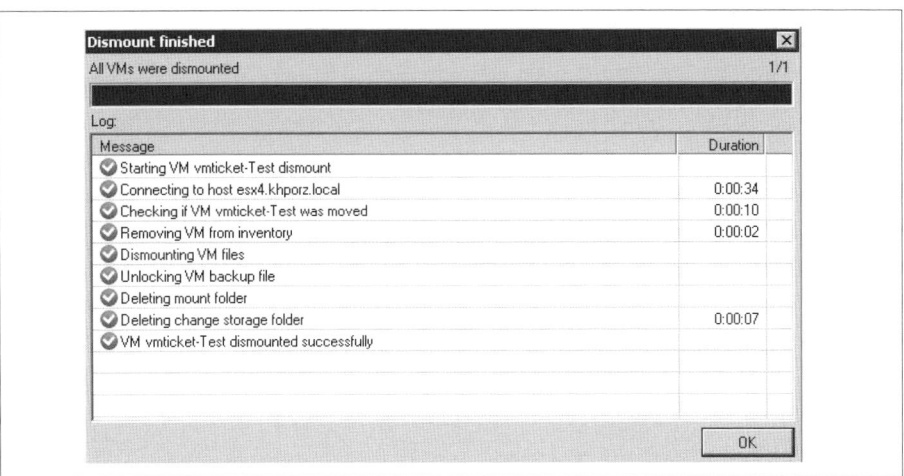

Abbildung 17-22: Status nach Wiederherstellung

Anschließend ist die VM rückstandslos aus der vSphere-Umgebung entfernt.

Dateien aus einer VM wiederherstellen

Um einzelne Dateien aus dem Betriebssystem einer Windows-VM zurückzubekommen (*File-Level Recovery*), nutzt Veeam Backup & Replication ein separates Programm namens *Virtual Disk Driver* (VDK). Dabei werden auf dem Backup-Server die Dateien aus der Sicherung der gewünschten VM zur Verfügung gestellt und können so z.B. über das Netzwerk kopiert werden. Die Sicherungsplatte wird eingehängt und Sie können mit einem *Veeam Backup Browser* oder dem Explorer die Dateien kopieren, als wären sie auf Ihrem Rechner gespeichert. Eine Änderung der Dateien ist nicht möglich.

Nutzen Sie das normale inkrementelle Backup, so können Sie die Dateien sogar während des laufenden Jobs wiederbekommen – beim reversen inkrementellen Backup und beim Replizieren nicht.

Falls Sie die Dateien direkt in die laufende VM zurückschreiben möchten, müssen die VMware Tools dort laufen.

Hier wird der *Restore Wizard* von Veeam für die Arbeiten genutzt.

Wählen Sie zunächst GUEST FILES (WINDOWS), dann die gewünschte VM aus und anschließend den Zeitpunkt der Sicherung (RESTORE POINT) der VM.

Geben Sie bei Bedarf eine Begründung ein und starten Sie den Job mit einem Klick auf FINISH.

In einem neuen Fenster (siehe Abbildung 17-23) wird der Inhalt der Datensicherung im Backup-Browser angezeigt.

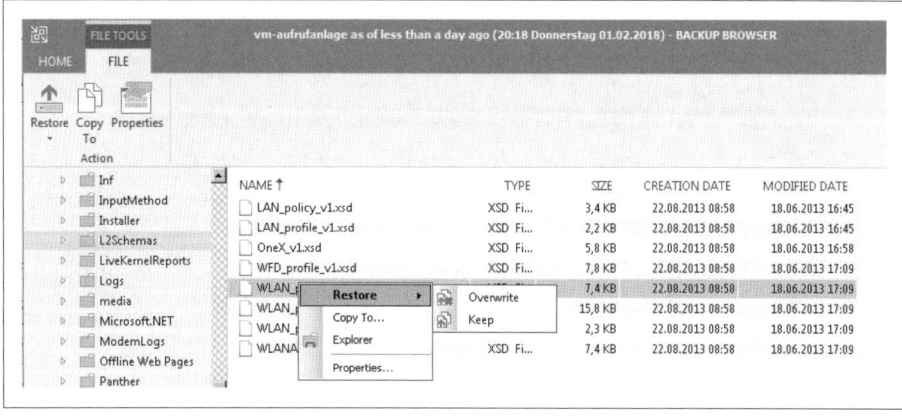

Abbildung 17-23: Dateien von Windows wiederherstellen

Hier haben Sie folgende Möglichkeiten:

- Die Datei(en) und Ordner an den Originalplatz zu kopieren (RESTORE)
- Die Dateien und Ordner an einen anderen Platz zu kopieren (COPY TO)
- Sich die Eigenschaften der Datei anzeigen zu lassen (PROPERTIES)

Unter HOME haben Sie diese Möglichkeiten:

- Die Ansicht der Liste einzustellen
- Den Inhalt der Festplatte im Explorer zu sehen (*C:\VeeamFLR\<VM Name>\ Volume n*)
- Unter APPLICATION ITEMS können Objekte aus dem Active Directory, Objekte aus Exchange, SharePoint und SQL wiederhergestellt werden.

Wenn Sie fertig sind, schließen Sie das Fenster einfach über das weiße Kreuz auf rotem Grund oben rechts in der Ecke. Der Ordner *C:\VeeamFLR* bleibt zwar bestehen, ist aber anschließend leer, da die Sicherung gelöst (ausgehängt) wurde.

Wollen Sie beispielsweise Objekte (ITEMS) von einem Exchange Server wiederherstellen und wählen diese unter APPLICATION ITEMS aus, so wird der *Veeam Explorer für Exchange* gestartet und zeigt Ihnen die Datenbank(en) an, damit Sie dort Zugriff auf die Objekte bekommen. Es ist auch möglich, hier nach einstellbaren Kriterien zu suchen. (Näheres erfahren Sie im Abschnitt »Veeam Explorer für Microsoft Exchange«).

Dateien von Nicht-Windows-VMs wiederherstellen

Mit dem *Veeam multi-OS Restore Wizard* können auch Dateien aus anderen Betriebssystemen von VMs wiederhergestellt werden. Insgesamt werden zurzeit 19 Dateisysteme von Linux, Unix, BSD, MacOS, Novell und anderen unterstützt.

Für die Wiederherstellung einzelner Dateien aus diesen Dateisystemen nutzt Veeam eine temporäre VM (Virtual Appliance), die zur Laufzeit in der vSphere-Umgebung bereitgestellt wird, und bindet die gewünschten Festplatten aus der Datensicherung direkt an diese VM.

Nutzen Sie das normale inkrementelle Backup, so können Sie die Dateien sogar während des laufenden Jobs wiederbekommen – beim reversen inkrementellen Backup und beim Replizieren geht das nicht.

Falls Sie die Dateien direkt in die laufende VM zurückschreiben möchten, müssen die VMware Tools dort laufen. Wollen Sie die Dateien auf einen anderen Rechner übertragen (COPY TO) und dazu eine Linux-Maschine nutzen, dann muss diese Maschine in der Liste der Server auf dem Backup & Replication Server eingetragen sein.

Auch hier wird wieder der *Restore Wizard* für die Arbeiten genutzt.

Wählen Sie zunächst GUEST FILES (OTHER OS), dann die gewünschte VM und anschließend den Zeitpunkt der Sicherung (RESTORE POINT) der VM.

Geben Sie bei Bedarf eine Begründung ein und klicken Sie auf NEXT. Dann müssen Sie über die Schaltfläche CUSTOMIZE einen ESXi-Host für die Appliance auswählen und anschließend den Job mit einem Klick auf FINISH starten.

Auf dem ausgewählten Host wird ein NAS-Datenspeicher mit dem Namen *Veeam-Backup_<Name des Backup-Servers>* gemountet, auf dem sich die Appliance mit Namen *VeeamFLR_<Name der VM>* befindet. Diese belegt nur geringe Ressourcen: 1024 MB RAM, 1 vCPU und eine Festplatte mit der Größe der VM.

In einem neuen Fenster wird der Inhalt der Datensicherung im Backup-Browser angezeigt (siehe Abbildung 17-24).

Hier können Sie wie oben schon beschrieben weiter verfahren.

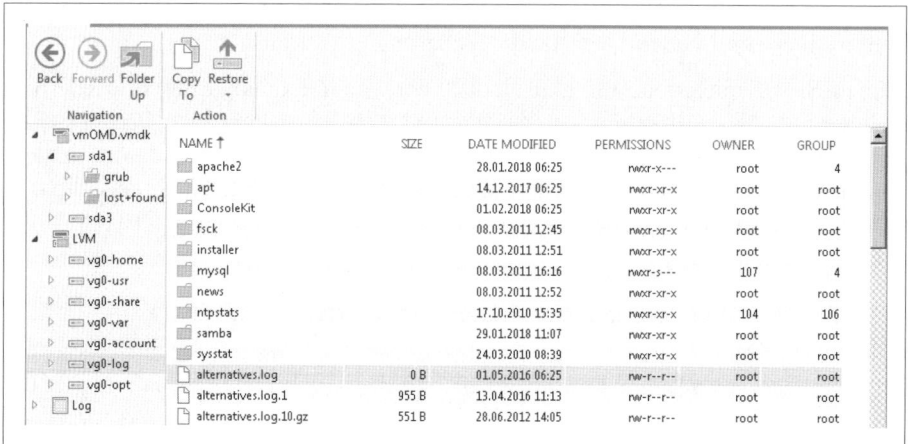

Abbildung 17-24: Dateien von Linux wiederherstellen

Wenn Sie das Fenster schließen, wird die Appliance gelöscht, aber der Datenspeicher auf dem Host gegebenenfalls weiter angezeigt. Um das zu bereinigen, klicken Sie beim ESXi auf den blauen Link AKTUALISIEREN.

Arbeiten mit Veeam Explorer

Mit dem *Veeam Explorer* können Objekte aus Anwendungen direkt von einem Backup oder Replikat wiederhergestellt werden. Dazu gehören Active Directory, Exchange, SQL, Oracle und SharePoint.

Veeam Explorer für Microsoft Active Directory

Sie können den *Veeam Explorer für Microsoft Active Directory* benutzen, um jegliche Objekte aus einer erfolgreichen Sicherung oder Replikation zurückzubekommen. Voraussetzung ist jedoch, dass der dazugehörige Sicherungsjob mit dem Häkchen bei APPLICATION-AWARE IMAGE PROCESSING versehen war und die dazugehörenden Optionen richtig konfiguriert waren, also z.B. der Anmeldename und das Passwort.

Um Objekte aus Microsoft Active Directory wiederherzustellen, gehen Sie wie folgt vor:

1. Klicken Sie unten links auf HOME und suchen Sie in der Liste z. B. unter BACKUPS → DISK nach dem gewünschten Backup- oder Replikationsjob.

2. Klappen Sie den Ordner auf, um die darin befindlichen, gesicherten VMs zu sehen, und klicken Sie die gewünschte an.

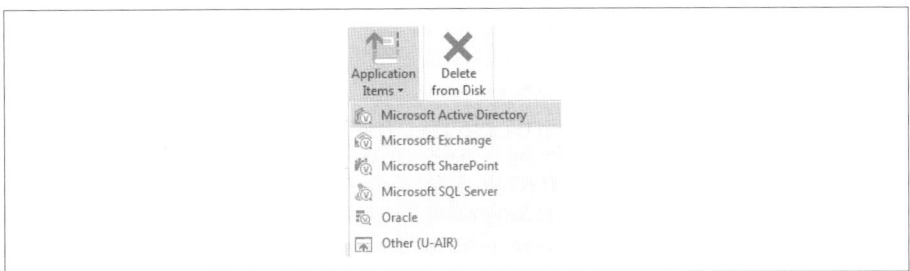

Abbildung 17-25: Anwendungsobjekte auswählen

3. Über das Icon APPLICATION ITEMS im Ribbon (Symbolleiste) erreichen Sie ein Drop-down-Feld, aus dem Sie aus fünf Einträgen dann MICROSOFT ACTIVE DIRECTORY auswählen (siehe Abbildung 17-25).

4. In dem folgenden Fenster können Sie den Wiederherstellungspunkt nach Datum und Typ (Increment oder Full) aussuchen.

5. Sie können auch hier eine Begründung für die Wiederherstellung eintragen und nach einem Klick auf FINISH wird der *Veeam Explorer für Microsoft Active Directory* gestartet.

In dem dann folgenden Fenster werden zunächst die Datenbank und die Domäne angezeigt, die in der Sicherung gefunden wurden. Ähnlich wie auf einem Domänencontroller zeigt der Explorer die Struktur an.

Je nachdem, welches Objekt man in der Baumstruktur anklickt, werden im Ribbon (Symbolleiste) verschiedene Icons angezeigt, über die Aktionen ausgelöst werden können, wie beispielhaft in Abbildung 17-26 gezeigt wird.

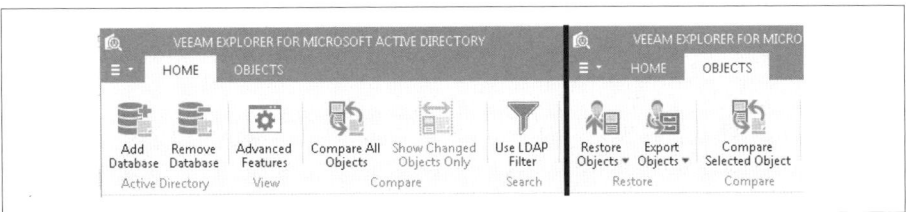

Abbildung 17-26: Veeam Explorer für Microsoft Active Directory

Bei großen Umgebungen kann man in der rechten Hälfte des Fensters den schmalen weißen Streifen benutzen, um nach Objekten zu suchen.

Je nach Objekt kann wiederum eine direkte Wiederherstellung oder auch ein Export (z. B. als *.ldf*-Datei) durchgeführt werden.

Außerdem gibt es die Möglichkeit, die gefundenen Objekte mit der Produktionsumgebung zu vergleichen (COMPARE WITH PRODUCTION).

Wenn Sie Ihre Arbeiten beendet haben, können Sie das Fenster schließen. Veeam löst die Bindung zu der Sicherung und schließt danach den Explorer.

Veeam Explorer für Microsoft Exchange

Sie können den *Veeam Explorer für Microsoft Exchange* benutzen, um jegliche Objekte aus einer erfolgreichen Sicherung oder Replikation des Exchange Servers zurückzubekommen. Voraussetzung ist jedoch, dass der dazugehörige Sicherungsjob mit dem Häkchen bei APPLICATION-AWARE IMAGE PROCESSING versehen war und die dazugehörenden Optionen richtig konfiguriert waren, also z. B. der Anmeldename und das Passwort.

Um Objekte aus Exchange wiederherzustellen, gehen Sie wie folgt vor:

1. Klicken Sie unten links auf HOME und suchen Sie in der Liste z. B. unter BACKUPS → DISK nach dem gewünschten Backup- oder Replikationsjob.

2. Klappen Sie den Ordner auf, um die darin befindlichen, gesicherten VMs zu sehen, und klicken Sie die gewünschte an.

3. Über das Icon APPLICATION ITEMS im Ribbon (Symbolleiste) erreichen Sie ein Drop-down-Feld, aus dem Sie aus fünf Einträgen dann MICROSOFT EXCHANGE auswählen.

4. In dem folgenden Fenster können Sie den Wiederherstellungspunkt nach Datum und Typ (Increment oder Full) aussuchen.

5. Sie können auch hier eine Begründung für die Wiederherstellung eintragen und nach einem Klick auf FINISH wird der *Veeam Explorer für Microsoft Exchange* gestartet.

In dem dann folgenden Fenster werden zunächst die *.edb*-Datenbank(en) angezeigt, die in der Sicherung gefunden wurde(n). Ähnlich wie auf einem Exchange Server zeigt der Explorer die Struktur an.

Je nachdem, welches Objekt man in der Baumstruktur anklickt, werden im Ribbon (Symbolleiste) verschiedene Icons angezeigt, über die Aktionen ausgelöst werden können, wie beispielhaft in Abbildung 17-27 dargestellt wird.

Abbildung 17-27: Veeam Explorer für Microsoft Exchange

Bei großen Umgebungen kann man in der rechten Hälfte des Fensters den schmalen weißen Streifen benutzen, um nach Objekten zu suchen.

Je nach Objekt kann wiederum eine direkte Wiederherstellung oder auch ein Export (z. B. als *.pst*-Datei) durchgeführt werden.

Außerdem gibt es die Möglichkeit, die gefundenen Objekte zu sichern oder auch zu verschicken. Was jeweils in dem Fenster auf der linken Seite angezeigt wird, hängt hier von den eingerichteten Objekten ab, wie beispielhaft in Abbildung 17-28 gezeigt ist.

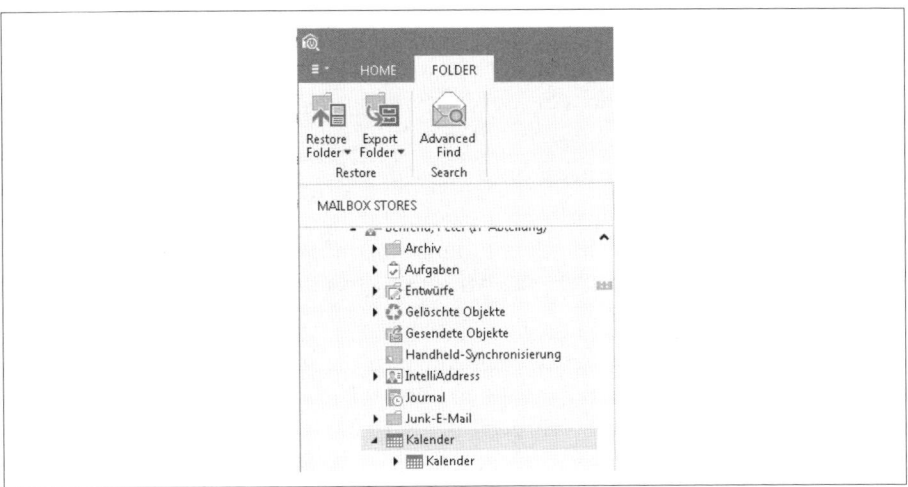

Abbildung 17-28: Objekte für die Wiederherstellung aus Microsoft Exchange auswählen

Wenn Sie Ihre Arbeiten beendet haben, können Sie das Fenster schließen. Veeam löst die Bindung zu der Sicherung und schließt danach den Explorer.

Veeam Explorer für Microsoft SharePoint

Sie können den *Veeam Explorer für Microsoft SharePoint* benutzen, um jegliche Objekte aus einer erfolgreichen Sicherung oder Replikation zurückzubekommen. Voraussetzung ist jedoch, dass der dazugehörige Sicherungsjob mit dem Häkchen bei APPLICATION-AWARE IMAGE PROCESSING versehen war und die dazugehörenden Optionen richtig konfiguriert waren, also z.B. der Anmeldename und das Passwort.

Um Objekte aus SharePoint wiederherzustellen, gehen Sie, wie bereits oben unter Exchange und Active Directory besprochen, vor.

Veeam Explorer für Microsoft SQL Server

Sie können den *Veeam Explorer für Microsoft SQL Server* benutzen, um jegliche Objekte aus einer erfolgreichen Sicherung oder Replikation eines SQL-Servers zurückzubekommen. Voraussetzung ist jedoch, dass der dazugehörige Sicherungsjob mit dem Häkchen bei APPLICATION-AWARE IMAGE PROCESSING versehen war und die dazugehörenden Optionen richtig konfiguriert waren, also z.B. der Anmeldename und das Passwort.

Um Objekte aus SQL wiederherzustellen, gehen Sie wie folgt vor:

1. Klicken Sie unten links auf HOME und suchen Sie in der Liste z.B. unter BACKUPS → DISK nach dem gewünschten Backup- oder Replikationsjob.

2. Klappen Sie den Ordner auf, um die darin befindlichen, gesicherten VMs zu sehen, und klicken Sie die gewünschte an.

3. Über das Icon APPLICATION ITEMS im Ribbon (Symbolleiste) erreichen Sie ein Drop-down-Feld, aus dem Sie aus fünf Einträgen dann MICROSOFT SQL SERVER auswählen.

4. In dem folgenden Fenster können Sie den Wiederherstellungspunkt nach Datum und Typ (Increment oder Full) aussuchen.

5. Sie können auch hier eine Begründung für die Wiederherstellung eintragen und nach einem Klick auf FINISH wird der *Veeam Explorer für Microsoft SQL Server* gestartet.

In dem dann folgenden Fenster werden zunächst die ausgewählte VM und die darauf befindlichen Datenbanken angezeigt, die in der Sicherung gefunden wurden. Ähnlich wie auf einem SQL-Server zeigt der Explorer die Struktur an.

Je nachdem, welches Objekt man in der Baumstruktur anklickt, werden im Ribbon (Symbolleiste) verschiedene Icons angezeigt, über die Aktionen ausgelöst werden können (siehe Abbildung 17-29).

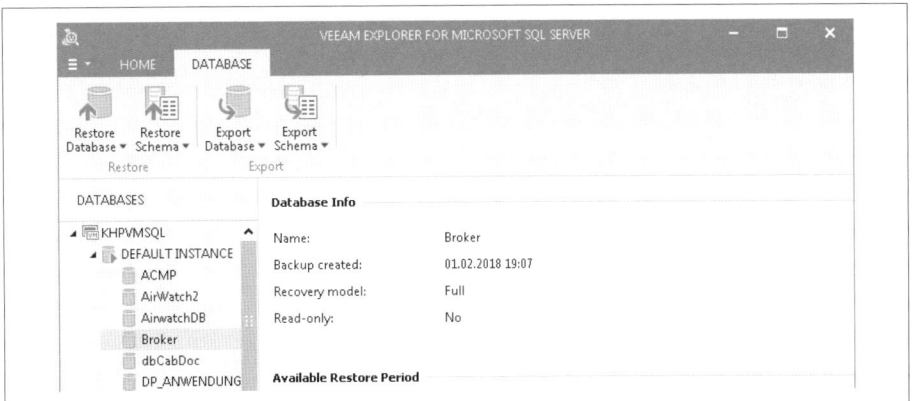

Abbildung 17-29: Veeam Explorer für Microsoft SQL Server

Je nach Objekt kann wiederum eine direkte Wiederherstellung (RESTORE DATA-BASE) oder auch ein Export (z.B. als *.mdf*- und *.ldf*-Datei) durchgeführt werden.

In dem Fenster auf der rechten Seite wird angezeigt, welche Daten sich hinter der jeweiligen Datenbank verbergen.

Wenn Sie Ihre Arbeiten beendet haben, können Sie das Fenster schließen. Veeam löst die Bindung zu der Sicherung und schließt danach den Explorer.

Ich kann dieses Produkt nur empfehlen und würde es anderer Software vorziehen. Selbst in der kostenlosen Version lässt sich schon einiges erledigen. Brauchen Sie detailliertere Informationen, so gibt es diese über den Hersteller nur in Englisch. Das Buch »Praxishandbuch Veeam Backup & Replication 10« aus dem O'Reilly Verlag ist komplett in Deutsch und enthält viele Schritt-für-Schritt-Anleitungen, Tipps und Hinweise auf 200 Seiten.

## KAPITEL 18

Sicherheit in der virtuellen Umgebung

Die Sicherheit wird bei vSphere 7 von VMware großgeschrieben. Über viele Menüs und Konfigurationsdateien lassen sich hier noch weitere Einstellungen vornehmen, um die gesamte Umgebung an eigene Sicherheitsbedürfnisse anzupassen. Das umfasst nicht nur die Zugriffe über den HTML5-Client und die Firewall, sondern noch weitere Zugriffe, an die man zunächst einmal nicht denkt.

In diesem Kapitel werden die wichtigsten Einstellungsmöglichkeiten zur Sicherheit in der vSphere-Umgebung vorgestellt.

VMwares Architektur der Sicherheitsfeatures

In diesem Abschnitt geht es um die Sicherheitsfeatures der Speicher, des Netzwerks und des ESXi-Servers.

Speichersicherheit

Zunächst einmal unterscheidet man hier zwischen lokalen Festplatten und entferntem Speicher wie Fibre Channel, Hard- und Software-iSCSI sowie NFS (*Network File System*).

Über das sogenannte *Zoning* können Zugriffsrechte für die SAN-Topologie bei Fibre Channel eingestellt werden. Auf diesem Weg können Geräte außerhalb der gewählten und eingestellten Zone nicht gesehen werden. Des Weiteren findet über die zugewiesenen Pfade innerhalb der *Fabric* (mehrere Pfade über Switches zum Storage) eine Kontrolle und Isolation statt. Damit wird der Zugriff von Nicht-ESXi-Systemen auf VMFS-Partitionen verhindert. Zudem kann so eine Testumgebung außerhalb der Produktivumgebung keinen Schaden anrichten.

 Beachten Sie dabei, dass der Speicher für Failover oder Load Balancing innerhalb derselben Zone liegen muss.

Bei sehr großen Umgebungen sollten Sie gegebenenfalls die ESXi-Server bzw. die dazugehörigen Cluster, die bestimmte VMs hosten, auch im SAN separieren. Andererseits ergibt es keinen Sinn, nur zwei oder drei Hosts mit je drei bis vier virtuellen Maschinen jeweils zu separieren. Bei der Aufteilung einer solchen Infrastruktur ist ein gewisses Augenmaß erforderlich.

ESX-Server ab Version 3.x unterstützen die sogenannte »Ein-Wege-CHAP-Authentifizierung« für iSCSI-Ziele, wie in Abbildung 18-1 gezeigt. CHAP steht für *Challenge-Handshake Authentication Protocol*. Das heißt, dass Sie hier für die Sicherheit eine gegenseitige Hashregel (Message Digest 5, MD5) erstellen können, damit ein unautorisierter Zugriff auf das VMFS-Volume nicht möglich ist. Diese Einstellungen erreichen Sie über die Konfiguration des ESXi-Servers auf der grafischen Oberfläche unter Speicher-Adapter ISCSI konfigurieren. Klappen Sie das Fenster CHAP-Authentifizierung auf und wählen Sie aus dem Drop-down-Menü CHAP verwenden. In dem nun folgenden Fenster können der Name und ein Kennwort festgelegt werden. Dieses Kennwort muss bei beiden Partnern eingegeben werden, weil es nicht übersendet wird. Vielmehr generiert jeder für sich den Hashwert und vergleicht ihn mit dem übermittelten. Stimmt er überein, wird der Zugriff gestattet.

Bei einer gegenseitigen CHAP-Authentifizierung muss sich der Storage auch bei Zugreifenden anmelden – was in einem vom LAN getrennten Netzwerk nicht notwendig ist.

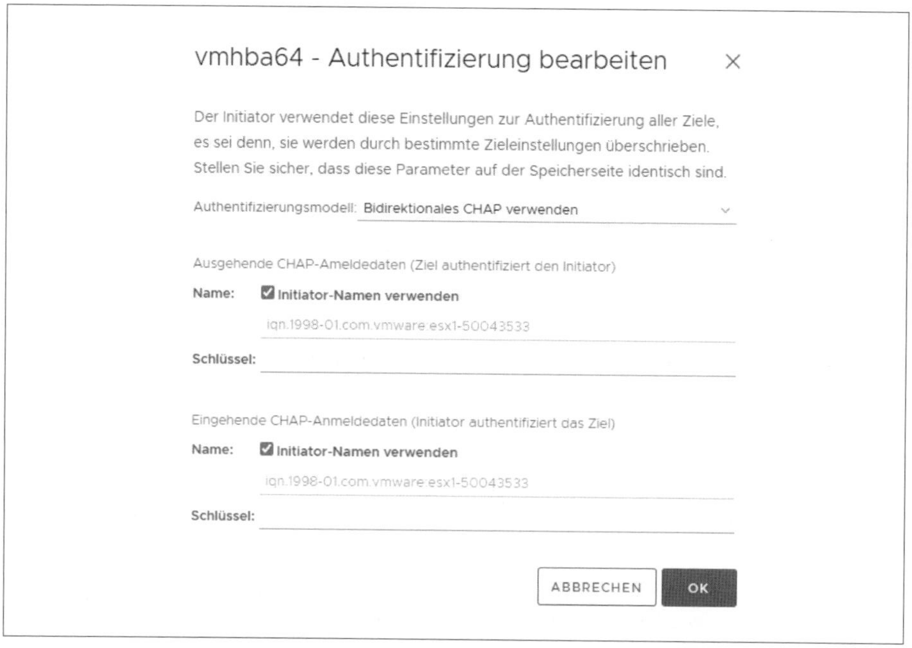

Abbildung 18-1: CHAP-Authentifizierungseinstellungen

 Es ist auch möglich, einen anonymen Zugriff zu gewähren. Probieren Sie immer zuerst diese Methode, und erst wenn der Zugriff funktioniert, ändern Sie die Authentifizierungsanforderung – nur um sicherzugehen, dass ein etwaiges Scheitern nicht an einem falschen Passwort liegt!

NFS Version 4.1

Wenn Sie das neue Protokoll NFS 4.1 für Ihren Zugriff auf einen Storage verwenden, können Sie zusätzlich zu der im Storage konfigurierten Zugriffssicherheit auch das Kerberos-5-Protokoll für die Authentifizierung nutzen. Hierbei können zwei unterschiedliche Verschlüsselungen zum Einsatz kommen: AES128 und AES256. Der Datenverkehr bei NFS 3 erfolgt unverschlüsselt, kann aber wie die neue Version auch über VLANs separiert werden.

Netzwerksicherheit

Da das Thema VLAN in Kapitel 6 ausführlich beschrieben wurde, erläutere ich hier nur die Sicherheitseinstellungen der Netzwerk-Switches.

Die virtuellen Switches von VMware schützen gegen bestimmte Gefahren von VLANs. Durch den Aufbau der virtuellen Switches schützen sie VLANs gegen viele Arten von Angriffen, die meist auf VLAN-Hopping basieren. Dieser Schutz garantiert jedoch nicht, dass Ihre virtuellen Maschinen gegen andere Arten von Angriffen immun sind. So schützen virtuelle Switches zum Beispiel nicht das physische Netzwerk vor diesen Angriffen, sondern nur das virtuelle.

Die folgende Liste vermittelt Ihnen die Grundlagen zu einigen Angriffsarten, gegen die virtuelle Switches und VLANs schützen können.

 Wenn Ihre Konfiguration ein iSCSI-SAN umfasst, das direkt durch den Host und nicht durch den Hardwareadapter konfiguriert wurde, sollten Sie einen eigenen virtuellen Switch anlegen, der eine gemeinsam genutzte Netzwerkkonnektivität für das Management Network und für iSCSI bietet. Diese zweite Netzwerkverbindung für das Management Network besteht zusätzlich zur primären Management-Network-Netzwerkverbindung, die Sie für die Kommunikation Ihrer Management-Tools verwenden. Die zweite Management-Network-Netzwerkverbindung unterstützt nur die iSCSI-Aktivitäten und Sie sollten sie nicht für Management-Aktivitäten oder die Management-Tool-Kommunikation verwenden.

- *MAC-Flooding* – Diese Angriffe überschwemmen den Switch mit Datenpaketen, die MAC-Adressen enthalten, die als von verschiedenen Quellen stammend gekennzeichnet wurden. Viele Switches verwenden eine assoziative Speichertabelle (CAM-Tabelle), um die Quelladresse für jedes Datenpaket zu speichern. Wenn die Tabelle voll ist, schaltet der Switch gegebenenfalls in einen vollständig geöffneten Status um, in dem alle eingehenden Pakete auf allen Ports übertragen werden, sodass der Angreifer den gesamten Datenverkehr des Switch abhören kann. In diesem Fall kann es auch zu Paketlecks in andere VLANs kommen. Zwar speichern die virtuellen Switches von VMware eine MAC-Adressentabelle, aber sie erhalten die MAC-Adressen nicht von abhörbarem Datenverkehr und sind daher gegen diese Art von Angriffen immun.

- *Angriffe durch 802.1q- und ISL-Kennzeichnung* – Bei diesem Angriff werden die Datenblöcke durch den Switch an ein anderes VLAN weitergeleitet, indem der Switch durch einen Trick dazu gebracht wird, als Trunk zu fungieren und den Datenverkehr an andere VLANs weiterzuleiten. Die virtuellen Switches von VMware führen das dynamische Trunking, das für diese Art des Angriffs notwendig ist, nicht aus und sind daher immun.

- *Doppelt eingekapselte Angriffe* – Bei dieser Art von Angriffen erstellt der Angreifer ein doppelt eingekapseltes Paket, in dem sich der VLAN-Bezeichner im inneren Tag vom VLAN-Bezeichner im äußeren Tag unterscheidet. Um Rückwärtskompatibilität zu gewährleisten, entfernen native VLANs standardmäßig das äußere Tag von übertragenen Paketen. Wenn ein nativer VLAN-Switch das äußere Tag entfernt, bleibt nur das innere Tag übrig, das das Paket zu einem anderen VLAN weiterleitet, als im jetzt fehlenden äußeren Tag angegeben war. Die virtuellen Switches von VMware verwerfen alle doppelt eingekapselten Datenblöcke, die eine virtuelle Maschine auf einem für ein bestimmtes VLAN konfigurierten Port senden möchte. Daher sind sie immun gegen diese Art von Angriffen.

- *Multicast-Brute-Force-Angriffe* – Bei diesen Angriffen wird eine große Anzahl von Multicast-Datenblöcken fast zeitgleich an ein bekanntes VLAN gesendet, um den Switch zu überfordern, sodass er versehentlich einige Datenblöcke in andere VLANs überträgt. Die virtuellen Switches von VMware erlauben es Datenblöcken nicht, ihren richtigen Übertragungsbereich (VLAN) zu verlassen, und sind daher gegen diese Art von Angriffen immun.

- *Spanning-Tree-Angriffe* – Diese Angriffe zielen auf das Spanning Tree Protocol (STP), das zur Steuerung der Überbrückung verschiedener Teile des LAN verwendet wird. Der Angreifer sendet Pakete der *Bridge Protocol Data Unit* (BPDU) in dem Versuch, die Netzwerktopologie zu ändern und sich selbst als Root-Bridge einzusetzen. Als Root-Bridge kann der Angreifer dann die Inhalte übertragener Datenblöcke mitschneiden. Die virtuellen Switches von VMware unterstützen STP nicht und sind daher gegen diese Art von Angriffen immun.

- *Zufallsdatenblock-Angriffe* – Bei diesen Angriffen wird eine große Anzahl von Paketen, bei denen die Quell- und Zieladressen gleich sind, die jedoch Felder unterschiedlicher Länge und Art mit verschiedenem Inhalt enthalten, versendet. Ziel des Angriffs ist es, zu erzwingen, dass Pakete versehentlich in ein anderes VLAN fehlgeleitet werden. Die virtuellen Switches von VMware sind gegen diese Art von Angriffen immun.

Portabsicherung virtueller Switches

Wie bei physischen Netzwerkadaptern kann ein virtueller Netzwerkadapter Datenblöcke versenden, die von einer anderen virtuellen Maschine zu stammen scheinen, oder eine andere virtuelle Maschine imitieren, damit er Datenblöcke aus dem Netzwerk empfangen kann, die für die jeweilige virtuelle Maschine bestimmt sind.

Außerdem kann ein virtueller Netzwerkadapter, genau wie ein physischer Netzwerkadapter, so konfiguriert werden, dass er Datenblöcke empfängt, die für andere virtuelle Maschinen bestimmt sind.

Jedem virtuellen Netzwerkadapter wird bei seiner Erstellung eine eindeutige MAC-Adresse zugewiesen. Diese Adresse wird »ursprünglich zugewiesene MAC-Adresse« genannt. Obwohl die ursprüngliche MAC-Adresse von außerhalb des Gastbetriebssystems neu konfiguriert werden kann, kann sie nicht vom Gastbetriebssystem selbst geändert werden. Außerdem verfügt jeder Adapter über eine geltende MAC-Adresse, die eingehenden Netzwerkverkehr mit einer MAC-Adresse, die nicht der geltenden MAC-Adresse entspricht, herausfiltert. Das Gastbetriebssystem ist für die Einstellung der geltenden MAC-Adresse verantwortlich. In der Regel stimmen die geltende MAC-Adresse und die ursprünglich zugewiesene MAC-Adresse überein.

Beim Versand von Datenpaketen schreibt das Betriebssystem die wirksame MAC-Adresse des eigenen Netzwerkadapters in das Feld QUELL-MAC-ADRESSE des Ethernet-Frames. Es schreibt auch die MAC-Adresse des Empfänger-Netzwerkadapters in das Feld ZIEL-MAC-ADRESSE. Der empfangende Adapter akzeptiert Datenpakete nur dann, wenn die Ziel-MAC-Adresse im Paket mit seiner eigenen geltenden MAC-Adresse übereinstimmt.

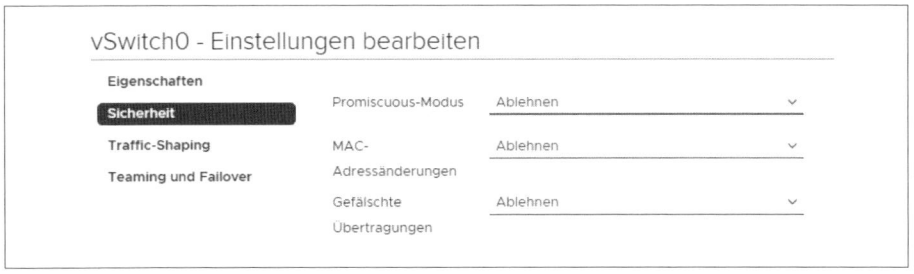

Abbildung 18-2: Sicherheitsrichtlinien des vSwitch

Mit den Sicherheitsprofilen für den virtuellen Switch (siehe Abbildung 18-2) auf den ESXi-Hosts können Sie sich gegen diese Art von Angriffen schützen, indem Sie drei Optionen einstellen:

1. MAC-ADRESSÄNDERUNGEN (MAC ADDRESS CHANGES) – In der Standardeinstellung ist diese Option bei neuen vSwitches auf AKZEPTIEREN (ACCEPT) gesetzt, d. h., der ESXi-Server akzeptiert Anfragen, die geltende MAC-Adresse

in eine andere als die ursprünglich zugewiesene Adresse zu ändern. Bei vSwitches, die bei der Installation des Hosts automatisch erstellt werden, ist diese Option auf ABLEHNEN (REJECT) gesetzt. Die Einstellungen der Option MAC-ADRESSÄNDERUNGEN beeinflussen den Datenverkehr, den eine virtuelle Maschine empfängt.

Zum Schutz gegen MAC-Imitation können Sie die Option bei selbst angelegten vSwitches auf ABLEHNEN (REJECT) setzen. In diesem Fall lehnt der ESXi-Server alle Anfragen ab, die geltende MAC-Adresse in eine andere als die ursprünglich zugewiesene Adresse zu ändern. Stattdessen wird der Port deaktiviert, der von dem virtuellen Adapter zum Senden der Anfrage verwendet wird. Als Folge erhält der virtuelle Adapter keine weiteren Datenpakete mehr, bis er die geltende MAC-Adresse ändert, sodass sie mit der ursprünglichen MAC-Adresse übereinstimmt. Das Gastbetriebssystem erkennt nicht, dass die Änderung der MAC-Adresse nicht angenommen wurde.

2. GEFÄLSCHTE ÜBERTRAGUNGEN (FORGED TRANSMITS) – In der Standardeinstellung ist diese Option bei neuen vSwitches auf AKZEPTIEREN (ACCEPT) gesetzt, d.h., der ESXi-Server vergleicht die Quelladresse nicht mit der geltenden MAC-Adresse. Bei vSwitches, die bei der Installation des Hosts automatisch erstellt werden, ist diese Option auf ABLEHNEN (REJECT) gesetzt. Die Einstellungen der Option GEFÄLSCHTE ÜBERTRAGUNGEN ändern den Datenverkehr, der von einer virtuellen Maschine versandt wird.

Zum Schutz gegen MAC-Imitation können Sie die Option auf Ablehnen (Reject) setzen. In diesem Fall vergleicht der Host die Quell-MAC-Adresse, die vom Betriebssystem übertragen wird, mit der geltenden MAC-Adresse des Adapters, um festzustellen, ob sie übereinstimmen. Wenn die Adressen nicht passen, verwirft der ESXi-Server das Paket.

Das Gastbetriebssystem erkennt nicht, dass der virtuelle Netzwerkadapter die Pakete mit der imitierten MAC-Adresse nicht senden kann. Der Host fängt alle Pakete mit imitierten Adressen vor der Auslieferung ab. Das Gastbetriebssystem geht gegebenenfalls davon aus, dass die Pakete verworfen wurden.

In bestimmten Situationen ist es tatsächlich notwendig, dass mehrere Adapter in einem Netzwerk dieselbe MAC-Adresse haben – z.B. wenn Sie Microsoft-Netzwerklastausgleich (NLB) im Unicast-Modus verwenden. Bei der Verwendung von Microsoft-NLB im Standard-Multicast-Modus haben die Adapter nicht dieselbe MAC-Adresse. Genauso verhält es sich bei LACP (Link Aggregation Control Protocol).

3. BETRIEB IM PROMISCUOUS-MODUS (PROMISCUOUS MODE) – In der Standardeinstellung ist diese Option auf ABLEHNEN (REJECT) gesetzt, d.h., der virtuelle Netzwerkadapter kann nicht im Promiscuous-Modus (Hub- statt Switch-Modus) betrieben werden. Der Promiscuous-Modus deaktiviert jegliche Empfangsfilterung, die der virtuelle Netzwerkadapter normalerweise aus-

führen würde, sodass das Gastbetriebssystem den gesamten Datenverkehr aus dem Netzwerk empfängt.

Zwar kann der Promiscuous-Modus für die Beobachtung der Netzwerkaktivitäten nützlich sein, aber er ist ein unsicherer Betriebsmodus, da jeder Adapter im Promiscuous-Modus Zugriff auf alle Pakete hat, auch wenn manche davon nur für einen spezifischen Netzwerkadapter bestimmt sind. Das bedeutet, dass ein Administrator oder root-Benutzer in einer virtuellen Maschine rein theoretisch den Datenverkehr einsehen kann, der für andere Gast- oder Hostbetriebssysteme bestimmt ist.

 Unter bestimmten Umständen ist es notwendig, einen virtuellen Switch in den Promiscuous-Modus zu setzen – z. B. wenn Sie eine Software zur Netzwerkeinbruchserkennung oder einen Paketmitschneider (Network-Sniffer, z. B. WireShark) verwenden wollen.

Benutzerkennwortbeschränkungen

Wie leicht sich ein Angreifer auf einem ESXi-Host anmelden kann, hängt davon ab, wie einfach er eine gültige Benutzername-Kennwort-Kombination finden kann. Ein böswilliger Benutzer kann ein Kennwort auf verschiedene Arten erlangen. Zum Beispiel kann er unsicheren Netzwerkdatenverkehr wie z. B. Telnet- oder FTP-Übertragungen auf erfolgreiche Anmeldeversuche abhören.

 Bedenken Sie immer, dass die meisten Angriffe nicht von extern, sondern von den eigenen Mitarbeitern durchgeführt werden.

Standardmäßig sind Telnet und FTP auf dem Host nicht installiert und die dafür vorgesehenen Ports sind geschlossen.

Ein anderes, häufig verwendetes Verfahren zum Knacken eines Kennworts ist die Verwendung eines Kennwortgenerators. Kennwortgeneratoren können für verschiedene Kennwortangriffe verwendet werden, z. B. für Brute-Force-Angriffe, bei denen der Generator alle möglichen Zeichenkombinationen bis zu einer bestimmten Kennwortlänge ausprobiert, und für Wörterbuchangriffe, bei denen der Generator existierende Wörter und einfache Abwandlungen existierender Wörter ausprobiert. Der Host wird das jeweilige Konto nach fünf erfolglosen Anmeldeversuchen für 15 Minuten sperren. Für eine höhere Sicherheit können diese Werte in den *Erweiterten Systemeinstellungen* und auf der Kommandozeile angepasst werden. Suchen Sie dort nach dem Eintrag »Security«.

Der Einsatz von Beschränkungen bezüglich der Länge, der verwendeten Zeichen und der Verwendungsdauer eines Kennworts kann Angriffe durch Kennwortgeneratoren schwieriger gestalten. Je länger und komplexer ein Kennwort ist, desto schwieriger ist es für einen Angreifer, das Kennwort herauszufinden. Je öfter Benutzer ihre Kennwörter ändern müssen, desto schwieriger ist es, ein Kennwort zu finden, das mehrmals funktioniert.

Denken Sie immer an mögliche menschliche Fehler, wenn Sie die Kennwortbeschränkungen einführen. Wenn Sie Kennwörter setzen, die man sich kaum merken kann, oder häufige Kennwortänderungen vorschreiben, kann es sein, dass die Benutzer ihre Kennwörter aufschreiben müssen und dadurch deren Sinn verwässern.

Zum Schutz der Kennwortdatenbank gegen Missbrauch wurde das Kennwort-Shadowing für ESXi-Server aktiviert, sodass die Kennwort-Hashes zugriffsgeschützt sind. Außerdem verwendet ESXi MD5-Kennwort-Hashes, die eine höhere Kennwortsicherheit bieten und es ermöglichen, Kennwörter mit einer Mindestlänge von mehr als sieben Zeichen zu fordern. Standardmäßig müssen die Kennwörter für Benutzer auf ESXi-Hosts der Version 7 komplex sein, mindestens einen Groß-, einen Kleinbuchstaben, eine Zahl und ein Sonderzeichen enthalten und mindestens sieben Zeichen lang sein.

Der ESXi-Server bietet eine Kennwortkontrolle auf zwei Ebenen, um Kennwort-Policies für Benutzer durchzusetzen und das Risiko des Knackens von Kennwörtern zu begrenzen:

- *Kennwortverwendungsdauer* – Bestimmt, wie lange ein Benutzerkennwort aktiv sein kann, bevor der Benutzer es ändern muss. Dadurch wird sichergestellt, dass das Kennwort oft genug geändert wird, sodass ein Angreifer, der ein Kennwort durch Abhören oder soziale Kontakte erhalten hat, nicht auf ewig auf den ESXi-Server zugreifen kann.

- *Kennwortkomplexität* – Stellt sicher, dass Benutzer Kennwörter auswählen, die für Kennwortgeneratoren schwer zu bestimmen sind.

Weitere Details habe ich in Kapitel 9 (im Abschnitt »User-Login«) beschrieben, auch wie man die Einstellungen an Firmenbedürfnisse anpassen kann.

Berechtigungen und Rollen

Zu diesem Thema habe ich in Kapitel 3 das Wichtigste erklärt, wenn es sich dabei nur um einen alleinstehenden Host handelt; hier geht es nun vor allem um Berechtigungen und Rollen über die VCSA.

Das Konzept für die Vergabe von Rechten auf der virtuellen Umgebung bei VMware vSphere ist anders als bei Systemen von Microsoft oder bei Linux, weshalb ich hier alles Wesentliche erläutere.

Zunächst betrachten wir die Rechte, die global gesetzt sind, wenn die vCenter Server Appliance zur Verfügung gestellt wird. Beim Ausrollen der VCSA wird nach einer SSO-Domäne gefragt, die als übergeordnete Domäne der virtuellen Umgebung dient (vsphere.local). Dort hat der Benutzer »Administrator« und die Gruppe »Administrators« die höchsten Berechtigungen. Ich empfehle, mindestens einen User zu der Gruppe hinzuzufügen, damit dieser in der SSO-Verwaltung Änderungen vornehmen kann. Anderen Benutzern oder Gruppen (z. B. aus dem AD) vergebe ich Berechtigungen an den Objekten über den vCenter Server.

Rollen

Auf jeder Hierarchieebene können Benutzern oder Gruppen Rechte in Form von Rollen zugeteilt werden. Eine Rolle ist ein vordefiniertes Set von Rechten, die Sie einem Benutzer zuteilen können. Die vorkonfigurierten 33 Standardrollen, die Sie unter MENÜ – VERWALTUNG – ZUGRIFFSSTEUERUNG finden, können nicht geändert werden. Wenn in bestimmten Situationen andere Zugriffsberechtigungen benötigt werden, erstellen Sie eine zusätzliche Rolle oder klonen Sie eine und passen sie Ihren Anforderungen an.

Die Standardrollen, die es bereits auf den Hosts gibt, findet man hier ebenfalls wieder. Dazu gehören:

- ADMINISTRATOR: Hiermit werden alle Berechtigungen für alle Objekte auf dem ESXi-Server vergeben. Sie können aber auch administrative Berechtigungen für untergeordnete Objekte, also VMs oder Ressourcenpools, vergeben, die sich nicht auf den ESXi-Host auswirken. Mit diesem Recht können Sie auch selbst Berechtigungen zuweisen.

- KEIN ZUGRIFF: Diese Rolle wird verwendet, um die eigentliche Vererbung der Berechtigungen wieder außer Kraft zu setzen. Ein User, dem diese Rolle z. B. für eine VM zugewiesen wird, kann diese nicht sehen oder ändern. Die Registerkarten sind zwar vorhanden und können angeklickt werden, der Inhalt ist aber leer.

- NUR LESEN: User mit diesem Recht können zwar alle Details sehen, aber nichts ändern. Alle Vorgänge über die Schaltflächen oder Kontextmenüs sind sichtbar, aber nicht auswählbar. Auch die VMware Remote Console ist für diesen Benutzer nicht erreichbar.

- KEIN KRYPTOGRAFIE-ADMINISTRATOR: User, denen diese Rolle zugewiesen wurde, haben dieselben Rechte wie ein Administrator, jedoch ohne die Möglichkeit, eine VM zu ver- oder entschlüsseln (nur über den vCenter Server möglich).

Nicht alle Möglichkeiten, die man durch Setzen von Häkchen in der Rolle hat, sind an jedem Ort sinnvoll. So beinhaltet die Rolle »Hauptbenutzer virtueller Maschinen« (siehe Beispiel) das Recht, einen Datenspeicher und das Netzwerk zu durchsuchen. Da der Datenspeicher und das Netzwerk aber über das Datacenter angebunden sind, reicht es nicht, einem User diese Rolle auf einer VM zu geben. Soll also ein Benutzer bei einer VM alles können, was die Rolle zulässt, muss man ihm diese an der VM, an dem Datenspeicher und an der Portgruppe zuteilen. Gibt man ihm dieses Recht auf der Ebene des Datacenters, so gilt es auch für alle untergeordneten Objekte in der Hierarchie, wenn man das Häkchen bei AN UNTERGEORDNETE OBJEKTE WEITERGEBEN auswählt.

Wenn Sie eine neue Rolle erstellen oder klonen, sollten Sie die gesetzten Berechtigungen vor dem Zuweisen an einen Benutzer auf jeden Fall testen. Manchmal übersieht man bei den vielen Kästchen Abhängigkeiten, die dann die gewünschte Arbeit des Users unmöglich machen. Eigene Rollen, die auf einem Host erstellt wurden, können beim vCenter Server nicht genutzt werden.

Beispiel:

Geben Sie einem angelegten Benutzer alle Berechtigungen auf eine virtuelle Maschine, indem Sie bei einer neuen Rolle das Häkchen bei VIRTUELLE MASCHINE setzen. Melden Sie sich als dieser User mit dem Client an und versuchen Sie, eine Festplatte der VM hinzuzufügen – das schlägt fehl, weil ihm der Zugriff auf den Datastore nicht erlaubt ist. Dies kann er nur über zusätzliche Berechtigungen auf Datacenter-Ebene bekommen. Die Rechte, die durch die dann erfolgende Vererbung gesetzt werden, können Sie über die Rolle KEIN ZUGRIFF wieder einschränken.

Wenn Sie einen ESXi-Server mit den gesetzten Berechtigungen zu einem vCenter Server hinzufügen und der Benutzer sich über diesen anmeldet, hat er die vorher vergebenen Rechte nicht, weil es sich um einen anderen User handelt. Beim vCenter Server müssen Sie Berechtigungen neu definieren, weil Sie dort nur lokale User des Linux- oder Microsoft-Betriebssystems, der AD-Domäne oder der Domäne vsphere.local hinzufügen können. Meldet der Benutzer sich aber am ESXi-Host direkt an, hat er wieder die Rechte.

Ändern Sie die Berechtigungen der vordefinierten User auf dem ESXi-Server nicht. Das kann sonst Probleme mit der Verwaltung des Hosts geben, auch wenn dieser zum vCenter Server hinzugefügt wird – denn der Management-Rechner greift über den Linux-User *vpxuser* auf den ESXi-Server zu und nicht mit dem User *root*.

Über die Registerkarte BERECHTIGUNGEN kann auf jeder Ebene nachgesehen werden, wer hier zugreifen darf und mit welchen Rechten. Weiterhin können Sie hier Benutzern und Gruppen andere Rechte ein- und austragen sowie Berechtigungen für vorher angelegte User vergeben.

Rechtevergabe

Für ein Unterobjekt definierte Berechtigungen überschreiben immer die von übergeordneten Objekten übernommenen Berechtigungen. Das heißt, wenn ein Benutzer Rechte auf einem übergeordneten Objekt besitzt, z.B. durch eine Gruppenzugehörigkeit auf dem Datacenter, und Sie andere Rechte auf einem untergeordneten Objekt setzen, z.B. einer virtuellen Maschine, hat er hier nur die Berechtigungen, die explizit gesetzt wurden – nicht gegebenenfalls höhere durch die Vererbung.

 Beachten Sie auch, dass Rechte, die einem User gegeben wurden, höherwertig sind als Gruppenrechte.

Da die Rechtevererbung hier gänzlich anders ist, als man allgemein erwarten würde, folgen noch ein paar klärende Sätze dazu:

Wenn Sie Berechtigungen anwenden, werden sie in der Hierarchie von oben nach unten überschrieben. Werden Berechtigungen für das gleiche Objekt definiert, sind mehrere Fälle möglich:

Fall 1: Ein Anwender ist Mitglied von mehreren Gruppen mit unterschiedlichen Berechtigungen. Für jedes Objekt, über dessen Berechtigungen die Gruppe verfügt, gelten die gleichen Berechtigungen, als wären sie dem Anwender direkt gewährt worden.

Fall 2: Für dasselbe Objekt wurden mehrere Gruppenberechtigungen definiert, und der Anwender gehört mindestens zwei dieser Gruppen an:

- Wenn für dieses Objekt keine zusätzlichen Rechte explizit für diesen Anwender angegeben wurden, werden ihm alle Berechtigungen gewährt, die den Gruppen für dieses Objekt zugewiesen wurden.
- Wenn für dieses Objekt explizit eine Genehmigung für diesen Anwender angegeben wurde, hat diese Berechtigung Vorrang vor allen Gruppenberechtigungen.

Beispiel 1: Erweitern der Berechtigungen eines Anwenders X

- Rolle 1 kann virtuelle Maschinen einschalten.
- Rolle 2 kann Snapshots von virtuellen Maschinen erstellen (zu Snapshots siehe Kapitel 8).
- Der Gruppe A wird die Rolle 1 in der virtuellen Maschine zugewiesen.
- Der Gruppe B wird die Rolle 2 in der virtuellen Maschine zugewiesen.

Anwender X wird keine explizite Genehmigung zugeteilt:

- Anwender X gehört zu den Gruppen A und B.
- Anwender X kann VM einschalten und Snapshots erstellen.

Beispiel 2: Einschränken der Berechtigungen eines Anwenders Y

- Rolle 1 kann virtuelle Maschinen einschalten.
- Rolle 2 kann Snapshots von virtuellen Maschinen erstellen.
- Der Gruppe A wird die Rolle 1 im übergeordneten Ordner der virtuellen Maschine zugewiesen.
- Der Gruppe B wird die Rolle 2 in der virtuellen Maschine zugewiesen.

Die Nur-lesen-Berechtigung von Anwender Y wird in der virtuellen Maschine entfernt:

- Anwender Y kann Snapshots erstellen, aber VMs nicht einschalten.

Wenn Sie Änderungen bei den Berechtigungen vornehmen, müssen sich die Anwender nicht ab- und wieder anmelden, damit diese wirksam werden. Alle Änderungen werden sofort wirksam.

Sicherheit bei der VM

Im Betriebssystem der VMs sollte man möglichst immer aktuelle Patches und Servicepacks sowie Updates installieren – genauso wie bei einer physischen Maschine. Die integrierte Firewall kann genutzt werden, nicht benötigte Funktionen und Dienste sollte man abschalten. Antivirensoftware kann im Betriebssystem oder als Appliance auf einem Host eingesetzt werden. Vielleicht wollen Sie sich nur einmal diese Mühe machen und wie in Kapitel 15 beschrieben ein Template erstellen?

Außerhalb des Betriebssystems können Sie Berechtigungen auf das notwendige Maß einschränken, die Anzahl der möglichen Konsolen beschränken, bei neueren Betriebssystemen UEFI Secure Boot nutzen und z. B. das Netzwerk über VLANs isolieren.

VMware Remote Console absichern

Standardmäßig ist das Kopieren von Dateien aus der Zwischenablage in die Konsole der VM nicht aktiviert, kann aber im Betriebssystem der VM über die Konfiguration der VMware Tools (Systemsteuerung) teilweise außer Kraft gesetzt werden. Mit den folgenden Werten in der Konfigurationsdatei *.vmx* der VM können Sie *drag and drop* ein- oder ausschalten:

Tabelle 18-1: Einträge für die VMware Remote Console (VMRC)

Name	Wert ein	Wert aus
isolation.tools.copy.disable	FALSE	TRUE
isolation.tools.paste.disable	FALSE	TRUE
isolation.tools.setGUIOptions.enable	TRUE	FALSE

Beachten Sie auch, dass in den Optionen der VM sich der maximale gleichzeitige Web- und Remote-Konsole-Zugriff zwischen 40 und 1 einstellen lässt und man die Verschlüsselung beim Migrieren (vMotion) von »opportunistic« auf »required« erhöhen kann.

Verschlüsselung virtueller Maschinen

In den Versionen 6.5 und 6.7 von VMware vSphere ist es möglich, über den Web Client fertige und neue VMs beim Anlegen zu verschlüsseln. Alle Dateien der VM sind davon betroffen, auch das BIOS, die Auslagerungs- und Snapshot-Datei, nicht jedoch die Logdateien, die Konfigurationsdatei und die Beschreibungsdatei der Festplatte. Deshalb sollten Sie auf dem Host einen zusätzlichen Proxy für die Datensicherung einplanen, weil diese sonst fehlschlägt.

Als Voraussetzung brauchten Sie – neben der Berechtigung – einen Key Management Server (KMS), der die Schlüssel zur Verfügung stellt, einen vCenter Server, der die Schlüssel vom KMS an den ESXi weiterleitet, und mindestens einen Host, bei dem der Verschlüsselungsmodus aktiviert ist.

Seit der Version 7.0 übernimmt diese Aufgabe die vSphere Trust Authority, die ein noch sichereres Verfahren bietet. Diese Funktion muss manuell auf einem Cluster aktiviert werden, alle enthaltenen Hosts mit TPM-Modul sind dann vertrauenswürdig und können Schlüssel zur Verschlüsselung direkt anfordern.

 Beachten Sie, dass eine VM mindestens doppelt so viel Festplattenspeicher braucht, wenn sie verschlüsselt wird.

Nachdem Sie einem Benutzer die Rechte in der SSO-Domäne gegeben haben (Gruppe TrustedAdmins), klicken Sie auf das Cluster, wählen die Registerkarte KONFIGURIEREN und dann den Eintrag TRUST AUTHORITY. Dort sollten Sie zunächst die Integrität überprüfen und, wenn diese ordnungsgemäß ist, das Cluster standardisieren, wie in der Abbildung 18-3 zu sehen ist.

Abbildung 18-3: Trust Authority Cluster

Anschließend können Sie (bisher nur) über vSphere PowerCLI das »Trust Authority-Cluster« aktivieren:

```
PS C:\Users\Ralph Göpel> Install-Module VMware.PowerCLI -Scope CurrentUser
PS C: \Users\Ralph Göpel> Connect-VIServer vcsa.cssv.dom
Name                            Port  User
----                            ----  ----
vcsa.cssv.dom                   443   CSSV\Goepel
PS C: \Users\Ralph Göpel> Get-TrustAuthorityCluster
Name              State              Id
----              -----              --
Cluster           Disabled           TrustAuthorityCluster-domain-c2011
PS C: \Users\Ralph Göpel> Set-TrustAuthorityCluster -TrustAuthorityCluster
'Cluster' -State Enabled
Confirmation
Setting TrustAuthorityCluster 'Cluster' with new State 'Enabled'. Do you want to
proceed?
[J] Ja  [A] Ja, alle  [N] Nein  [K] Nein, keine  [H] Anhalten  [?] Hilfe (Standard
ist "J"): j
Name              State              Id
----              -----              --
Cluster           Enabled            TrustAuthorityCluster-domain-c2011
```

Auf den beteiligten Hosts werden daraufhin der Bestätigungsdienst und der Schlüsselanbieterdienst gestartet.

Anschließend werden der generierte Host-TPM-Schlüssel, die Image-Metadaten eines Hosts und schließlich der Benutzerprinzipal (der die Berechtigung bekommen hat) z.B. auf dem lokalen Laufwerk des PCLI-Rechners exportiert und können einem weiteren Cluster zur Verfügung gestellt werden.

Bei der Erstellung einer VM können Sie dann unter VM-Speicherrichtlinie den Eintrag VM ENCRYPTION POLICY auswählen und Sie erhalten bei den Hardwareeinstellungen der VM einen Hinweistext sowie ein goldenes Schloss neben dem Eintrag.

Um eine bereits bestehende VM zu verschlüsseln, nutzen Sie das Kontextmenü auf der VM, wählen den Eintrag VM-RICHTLINIEN – SPEICHERRICHTLINIEN BEARBEITEN und wählen ebenfalls VM ENCRYPTION POLICY aus und klicken dann AUF ALLE ANWENDEN. Nachdem Sie auf OK geklickt haben, wird die Maschine nachträglich verschlüsselt.

Eine sehr ausführliche Dokumentation gibt es bei VMware auf folgender Seite: *https://docs.vmware.com/de/VMware-vSphere/7.0/com.vmware.vsphere.security.doc/ GUID-E6C5CE29-CD1D-4555-859C-A0492E7CB45D.html.*

Verschlüsseltes vMotion

Ebenfalls seit der Version 6.5 ist es möglich, den Datenaustausch bei vMotion zu verschlüsseln. Ist eine VM verschlüsselt, so wird das Migrieren immer auch verschlüsselt stattfinden und dies lässt sich auch nicht deaktivieren. Ist die VM nicht verschlüsselt, so kann trotzdem für diesen Vorgang eine Verschlüsselung erreicht werden, beim Storage vMotion jedoch nicht.

Unter den VM-OPTIONEN finden Sie den Eintrag VERSCHLÜSSELTES vMOTION. Dort gibt es drei Auswahlmöglichkeiten:

- DEAKTIVIERT – Es findet keine Verschlüsselung bei der Migration statt.
- OPPORTUNISTISCH – vMotion wird verschlüsselt, wenn Absender und Empfänger dies unterstützen (mindesten ESXi-Version 6.5).
- ERFORDERLICH – vMotion wird immer verschlüsselt. Unterstützen Absender und/oder Empfänger dies nicht, gibt es eine Fehlermeldung und die Migration wird nicht durchgeführt.

Allgemeine Sicherheitsempfehlungen

Beachten Sie bei der Überprüfung der Sicherheit und bei der Verwaltung des Management Network folgende Sicherheitsempfehlungen:

Installation von Antivirensoftware

Auch wenn Sie einen ESXi-Server betreiben können, ohne dass das Management Network an ein Netzwerk angeschlossen ist, ermöglichen die meisten Implementierungen des Management Network den Netzwerkzugriff. Da sich hinter dem Management Network aber kein vollständiges Betriebssystem befindet, brauchen Sie es – anders als normale Betriebssysteme und virtuelle Maschinen am Standort – nicht vor Viren zu schützen.

Antivirensoftware für VMs

Bei VMCI (VM Communication Interface) handelt es sich um eine Softwareschnittstelle (API) von VMware, die von diversen Herstellern genutzt wird, um die virtuelle Umgebung vor Viren, Trojanern und Ähnlichem zu schützen. VMware stellt dabei nur die API (*Application Programming Interface*) bereit, die durch Drittanbieter z. B. in Form einer Appliance genutzt werden kann. Diese Antivirus-VM kommuniziert mit dem Hypervisor und hat somit Einblick in alle VMs und was diese so tun. Somit werden Schadprogramme und Schadcode erkannt und eliminiert.

Vorteil dabei ist, dass nicht jede VM ihre eigene Software braucht und so keine Ressourcen durch zusätzlich installierte Programme verschwendet werden und die Schädlinge gar nicht erst in das Betriebssystem der virtuellen Maschine gelangen können. Achten Sie darauf, dass in den VMware Tools (oder open-vm-tools für Linux) die Komponenten *Gast-VM-Dateiintrospektionsunterstützung* und *Gast-VM-Netzwerkintrospektionsunterstützung* installiert wurden oder holen Sie dieses nach. Standardmäßig werden beide Treiber nicht installiert.

Etliche Firmen haben sich für dieses Projekt als Partner bei VMware eintragen lassen. Die ersten einsetzbaren Lösungen gab es auf dem Markt von Trend Micro, Kaspersky und McAfee. Häufig ist es finanziell günstiger, eine Appliance einzusetzen, als jede VM einzeln zu lizenzieren.

Die VMCI-Softwareschnittstelle kann auch anstelle der betriebssystemeigenen Firewall für die VMs verwendet werden. Dabei wird die Kommunikation zwischen allen beteiligten Komponenten (wie Server und Workstations bzw. Clients) überprüft und jeglicher Datenverkehr analysiert. Damit sind Angriffe aus dem LAN oder auch über den virtuellen Switch geblockt. Beachten Sie dabei, dass dazu in den VMware Tools die oben genannten Komponenten installiert sein müssen. Standardmäßig werden die Treiber nicht installiert.

Die vorherigen Schnittstellen VMSafe und vShield-Zonen werden in der aktuellen Version nicht mehr unterstützt, denn mittlerweile benötigt man dafür die VMware-Komponente NSX.

Beschränkung des Benutzerzugriffs

Beschränken Sie zur Verbesserung der Sicherheit den Benutzerzugriff auf das Management Network und setzen Sie Policies für die Zugriffssicherheit wie Kennwortbeschränkungen um – zum Beispiel durch Vorgabe der Kennwortlänge, Zeitbeschränkungen für Kennwörter und Verwendung eines grub-Kennworts beim Hochfahren des Hosts (siehe oben).

Das Management Network hat privilegierten Zugriff auf bestimmte Teile vom ESXi-Server. Daher sollten nur vertrauenswürdige Benutzer darauf zugreifen dürfen. Soll ein Benutzer Shell-Zugriff erhalten, muss dieser zusätzlich eine Rolle als Administrator auf dem Objekt zugewiesen bekommen.

Wenn von einem Benutzer auf den ESXi-Server zugegriffen wird und Sie diesen löschen, bleibt er weiter angemeldet. Setzen Sie die Berechtigung für diesen Benutzer allerdings auf »kein Zugriff«, so wirkt das sofort – er bleibt zwar angemeldet, kann aber nichts mehr sehen, geschweige denn ändern.

Versuchen Sie auch, so wenig Prozesse wie möglich auf dem Management Network auszuführen. Im Idealfall sollten nur die Prozesse, Dienste und Agenten ausgeführt werden, die wirklich notwendig sind, wie zum Beispiel Antivirenprogramme, Backups für die virtuellen Maschinen usw.

Verwaltung über den Client

Verwenden Sie den HTML5-Client oder ein Netzwerkmanagement-Programm von Drittanbietern zur Verwaltung der ESXi-Hosts, wenn das möglich ist, statt als *root* über die Befehlszeilenoberfläche zu agieren. Mit dem Client können Sie die Anzahl der Konten einschränken, die Zugriff auf das Management Network haben, Verantwortungen sicher weitergeben und Rollen einrichten, damit Administratoren und Benutzer keine Funktionen nutzen können, die sie nicht benötigen.

Sperrmodus für ESXi

Der Sperrmodus für den ESXi-Host ist ebenfalls eine Sicherheitsmaßnahme, die aber sehr restriktive Einschränkungen nach sich zieht. Außer dem *vpxuser,* den der vCenter Server nutzt, kann sich kein anderer Benutzer mehr an dem Host anmelden, Skripte über RCLI können nicht mehr abgesendet werden und einige Programme von Drittbietern schlagen fehl. Da der vCenter Server über *vpx* auf den ESXi zugreift, können hier aber weiterhin Funktionen genutzt werden. Einzig der Benutzer *root* hat die Möglichkeit, sich direkt an der Konsole des Rechners anzumelden. Das geht auch über ssh mit autorisierten Schlüsseln und mit dem vSphere Client.

Setzen Sie den Sperrmodus auf STRENG, so schneiden Sie jegliche Kommunikation mit dem Host ab – nur der vCenter Server kann über den *vpxuser* noch zugreifen. Auch der User *root* kann sich dann nicht mehr auf der Konsole anmelden. Ist der vCenter Server nicht erreichbar oder defekt, haben Sie sich selbst ausgesperrt. Richten Sie deshalb vor dieser Auswahl mindestens einen Benutzer mit einer Ausnahme ein. Denken Sie auch an einen Datensicherungs-User.

Der Sperrmodus kann erst aktiviert werden, wenn der ESXi-Server über den vCenter Server verwaltet wird. Dieses erreichen Sie dann an der Konsole des ESXi-Servers und mit dem vSphere Client über den vCenter Server unter KONFIGURATION → SICHERHEITSPROFIL des ESXi-Hosts.

 Aktivieren Sie den Sperrmodus über die direkte Konsole, werden alle Berechtigungen von Benutzern und Gruppen auf dem Host gelöscht – aber nicht, wenn Sie über den Client gehen.

Sollten Sie CIM und SNMP nicht nutzen, so können Sie dies unter FIREWALL abschalten. Brauchen Sie eines davon oder beides, dann sollte wenigstens die IP-Range für die Zugriffe eingeschränkt werden. Das Gleiche gilt für den Dienst SSH, die DCUI und die ESXi-Shell. Halten Sie den Host auch mit Updates und Patches immer auf den neuesten Stand.

Kontosperrverhalten für ESXi

Das Sperren von Konten für den Zugriff über SSH und das vSphere Web Services SDK wird unterstützt. Die DCUI und die ESXi-Shell unterstützen die Kontosperrung nicht. Standardmäßig wird das Konto nach maximal fünf fehlgeschlagenen Anmeldeversuchen gesperrt und nach 15 Minuten wieder entsperrt.

Konfigurieren des Anmeldeverhaltens

Das Anmeldeverhalten für Ihren ESXi-Host können Sie mit den folgenden erweiterten Optionen konfigurieren:

- Security.AccountLockFailures – Maximal zulässige Anzahl fehlgeschlagener Anmeldeversuche, bevor das Konto eines Benutzers gesperrt wird. Mit dem Wert »0« wird das Sperren von Konten deaktiviert.

- Security.AccountUnlockTime – Die Anzahl der Sekunden, die ein Benutzer gesperrt wird.

- Security.PasswordHistory – Anzahl der für jeden Benutzer zu speichernden Kennwörter. Bei null wird der Kennwortverlauf deaktiviert.

Verwendung von Paketen anderer Hersteller

Auf dem Host können zur Unterstützung von notwendigen Managementschnittstellen oder -aufgaben viele Pakete von Drittanbietern installiert und ausgeführt werden. Bei VMware können diese Pakete nur über eine VMware-Quelle aktualisiert werden. Wenn Sie einen Download oder Patch aus einer anderen Quelle nutzen, können die Sicherheit und die Funktionen des Servers gefährdet werden. Überprüfen Sie die Internetseiten von Drittanbietern und die VMware Knowledge Base regelmäßig auf Sicherheitswarnungen. Über die Konfiguration des Hosts erreichen Sie u. a. das Sicherheitsprofil. Dort lässt sich im unteren Teil des Fensters die Akzeptanzebene für Installationsmedien festlegen. Über den Link BEARBEITEN können vier Einstellungsmöglichkeiten gewählt werden (siehe Abbildung 18-4).

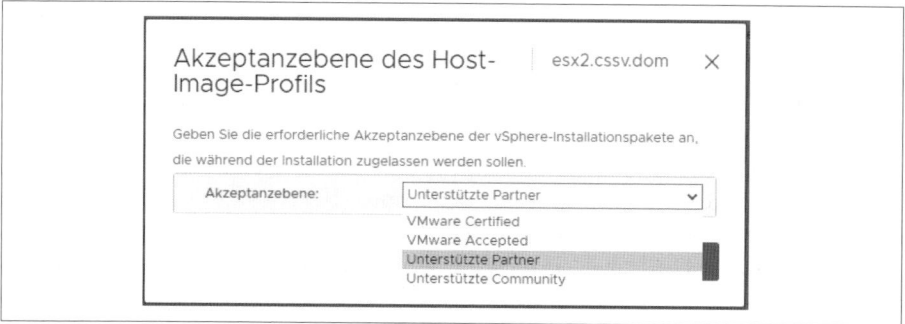

Abbildung 18-4: Akzeptanzebene des Host-Image-Profils

Firewall-Konfiguration im vCenter Server

Wenn Sie einen vCenter Server verwenden, können Sie die Firewall auf der Appliance-Management-Seite finden: Über *https://vcsa:5480* melden Sie sich als *root* mit dem komplexen Kennwort an. Unter dem Eintrag FIREWALL klicken Sie auf den Link HINZUFÜGEN, um eine Firewall-Regel zu erstellen. Wählen Sie die Netzwerkschnittstelle, geben Sie die IP-Adresse (IPv4 oder IPv6) sowie die Netzwerkmaske als Präfix ein und wählen Sie aus dem Kontextmenü aus, ob diese IP geblockt oder erlaubt werden soll. Wenn Sie mehrere Regeln erstellen, können Sie diese auch anschließend noch in der Reihenfolge neu anordnen, wie in Abbildung 18-5 beispielhaft gezeigt.

Abbildung 18-5: Firewall-Konfiguration des vCenter Servers

Netzwerke, die über einen vCenter Server konfiguriert werden, können Daten über verschiedene Typen von Clients erhalten: den vSphere Client sowie die Netzwerkmanagement-Clients von Drittanbietern, die SDK als Schnittstelle mit dem Host verwenden. Während des normalen Betriebs wartet vCenter auf bestimmten Ports auf Daten von verwalteten Hosts und Clients. vCenter geht auch davon aus, dass die verwalteten Hosts auf bestimmten Ports auf Daten von vCenter warten. Wenn sich zwischen diesen Elementen eine Firewall befindet, muss sichergestellt werden, dass in der Firewall Ports für den Datenverkehr freigegeben wurden.

Firewall-Ports freigeben über die GUI

Das Wichtigste vorweg: Ohne installierten Dienst oder einen Management-Agenten können keine Ports der Firewall über die VCSA auf dem Host freigegeben werden, das funktioniert nur über die Kommandozeile!

Bei der Installation des ESXi-Servers ist die Firewall so eingestellt, dass nur die notwendigen Dienste unterstützt und nur die unabdingbaren Ports geöffnet sind, wie in Abbildung 18-6 dargestellt.

Wenn Sie das Sicherheitsprofil des ESXi-Hosts im vCenter konfigurieren, werden durch das Hinzufügen oder Entfernen dieser Dienste oder Agenten automatisch festgelegte Ports freigegeben oder geschlossen, damit die Kommunikation mit dem Dienst oder dem Agenten möglich ist.

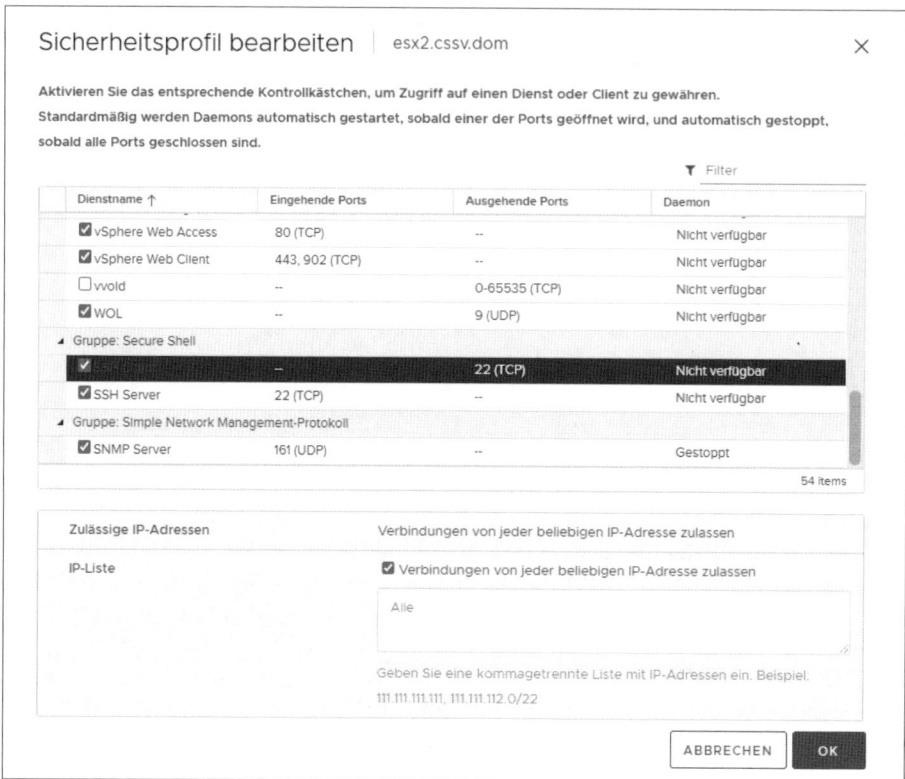

Abbildung 18-6: Firewall-Einstellungen über die GUI

Firewall-Ports freigeben über die Konsole

Die Änderung der Sicherheitseinstellungen des ESXi-Servers über die Kommandozeile sollte nur vorgenommen werden, wenn kein anderer Weg zum Erfolg führen
kann. Um überflüssige Schritte zu vermeiden, überprüfen Sie immer erst die Firewall-Einstellungen und Ihre Möglichkeiten in der grafischen Oberfläche, bevor Sie
manuelle Änderungen auf der Kommandozeile vornehmen.

Wie bereits in Kapitel 9 erwähnt, sind die Möglichkeiten des ESXi-Servers gegenüber der vorherigen ESX-Variante sehr eingeschränkt. Den ehemaligen Befehl
esxcfg-firewall gibt es nicht mehr, stattdessen werden eingeschränkte Möglichkeiten über den Befehl esxcli network firewall geboten.

Um sich die aktuellen Einstellungen der Firewall anzeigen zu lassen, können Sie
sich auf der ESXi-Shell als *root* anmelden und folgenden Befehl mit Parametern benutzen:

```
esxcli network firewall ruleset list
```

Daraufhin bekommen Sie eine Tabelle angezeigt mit den Namen der Dienste und der Angabe, ob die zugehörigen Ports geöffnet (Dienst aktiv) oder geschlossen (Dienst deaktiviert) sind.

Eine ausführliche Anzeige im Listenformat mit den eingehenden und ausgehenden Ports, dem Protokolltyp (TCP oder UDP) sowie dem dazugehörigen Dienst erhalten Sie, wenn Sie folgende Parameter mit angeben:

```
esxcli network firewall ruleset rule list
```

Um eine sortierte Liste zu bekommen (z.B. nach den Einträgen in der fünften Spalte), können Sie den Befehl um die Angabe von | sort ? 5 erweitern. Der vollständige Aufruf sieht dann folgendermaßen aus:

```
esxcli network firewall ruleset rule list | sort -k 5
```

Folgende weitere Parameter können Sie mit esxcli network firewall nutzen, um Informationen zur Firewall zu erhalten oder Änderungen vorzunehmen:

Tabelle 18-2: Parameter für Informationen zur Firewall

Parameter	Bemerkung
get	Standardaktion (Default Action) und Status der Firewall (Enabled und Loaded)
load	Neues Laden der Firewall-Konfigurationsdateien
refresh	Aktualisierung der Firewall-Konfiguration durch erneutes Lesen der Firewall-Konfigurationsdateien
unload	Firewall deaktivieren und Filter löschen
set	Aktivierung oder Deaktivierung (--enabled / --disabled) der Firewall und Setzen der Standardaktion (--defaultaction)
ruleset alowedall	Setzt die Firewall außer Kraft
ruleset alowedip list	Listet IP-Adressen auf, denen Zugriff gewährt wird
ruleset alowedip add	Ermöglicht IP-Adressen den Zugriff auf Dienste
ruleset alowedip remove	Verbietet IP-Adressen den Zugriff auf Dienste

Die eigentliche Konfigurationsdatei für die Firewall befindet sich auf dem ESXi-Server unter /etc/vmware/firewall/ und heißt service.xml.

Diese XML-Datei ist nach einem bestimmten Schema aufgebaut, das sich nach kurzer Betrachtung erschließt. Eine Änderung oder Erweiterung ist nicht mehr möglich. Wird der Firewall-Dienst neu gestartet (siehe Tabelle 18-2), werden die vorhandenen Dateien eingelesen und verarbeitet. Das Hinzufügen einer eigenen Datei wird nur über eine VIB-Datei unterstützt, selbst erstellte werden bei einem Neustart automatisch gelöscht. Mit dem VIB-Author-Tool von VMware Labs können Sie benutzerdefinierte VIBs erstellen. Um das benutzerdefinierte VIB zu installieren, müssen Sie die Akzeptanzebene des ESXi-Hosts in »Unterstützte Community« ändern.

Die Änderung der Sicherheitsstufe der Verwaltungsschnittstelle beeinflusst bestehende Verbindungen nicht. Wenn die Firewall zum Beispiel auf niedriger Sicherheitsstufe läuft und ein Backup auf einem Port ausgeführt wird, den Sie nicht ausdrücklich freigegeben haben, beendet eine Erhöhung der Sicherheitsstufe auf »Hoch« das Backup nicht. Da die Firewall so konfiguriert ist, dass die Pakete für zuvor hergestellte Verbindungen durchgelassen werden, wird das Backup abgeschlossen und die neue Verbindung freigegeben. Anschließend werden für diesen Port keine weiteren Verbindungen mehr akzeptiert.

VMware unterstützt das Öffnen und Blockieren der Firewall-Ports nur durch den vSphere Client oder den esxcli-Befehl, wie oben beschrieben. Eine Verwendung anderer Methoden oder Skripte zum Öffnen oder Blockieren der Firewall-Ports kann zu einem unerwarteten Verhalten führen.

Weitere Informationen zur Sicherheit finden Sie online bei VMware auf verschiedenen Seiten, die nach Gebieten unterteilt sind. Allgemeine Informationen über Sicherheit mit Warnungen und Downloads befinden sich auf *https://www.vmware.com/security.html* und im »Technical Resource Center«. Interessant ist auch die PDF-Datei *vsphere-esxi-vcenter-server-70-security-guide.pdf*, die zu den oben genannten Technologien weitere Infos bereithält.

Auf den Blogseiten und in der VMware-Community findet man auch aktuelle Hinweise, z. B. zu den Problemen der Intel-Prozessoren sogar mit entsprechenden Hinweisen zu dem Performance-Verlust, wenn aktuelle Patches eingespielt würden. Teilweise werden solche wichtigen Themen auch bei der c't und bei IX aus dem Heise-Verlag publiziert, wie in Abbildung 18-7 zu sehen ist. Ein Blick dorthin lohnt sich also auch.

Mögliche Performanceverluste durch den SCA-Scheduler laut VMware-Labor	
Anwendungs-Workload/Gast-OS	Performanceeinbußen nach Aktivieren des SCA-Scheduler
Datenbank OLTP/Windows	32 %
Datenbank OLTP/Linux (mit vSAN)	32 %
gemischte Workloads/Linux	25 %
Java/Linux	22 %
VDI/Windows	30 %

Abbildung 18-7: Foreshadow-Angriffsmethode patchen

Zertifikate für die VCSA

Durch den Zugriff auf die vCenter Server Appliance über einen Browser wird es immer wichtiger, Zertifikate für diese zu erstellen, zumal es schon manchmal nervig ist, immer wieder diese Meldungen wegzuklicken. Auch für die ESXi-Server werden Zertifikate von der VCSA ausgestellt, wenn diese hinzugefügt werden. Die Zertifikate sind fünf Jahre gültig.

In der Appliance werden intern eine Menge Zertifikate für die verschiedensten Zwecke benötigt, sei es für SSO oder den SSL-Zugriff auf die Hosts. Wollen Sie lediglich für eine kleine Anzahl an Rechnern die Zertifikatsmeldung abschalten, verbinden Sie sich einfach über einen Browser mit der Startseite des vCenter Servers (*https://vcsa.cssv.dom*), wie in der Abbildung 18-8 gezeigt wird, und klicken Sie auf den Link VERTRAUENSWÜRDIGE CA-ROOT-ZERTIFIKATE HERUNTERLADEN.

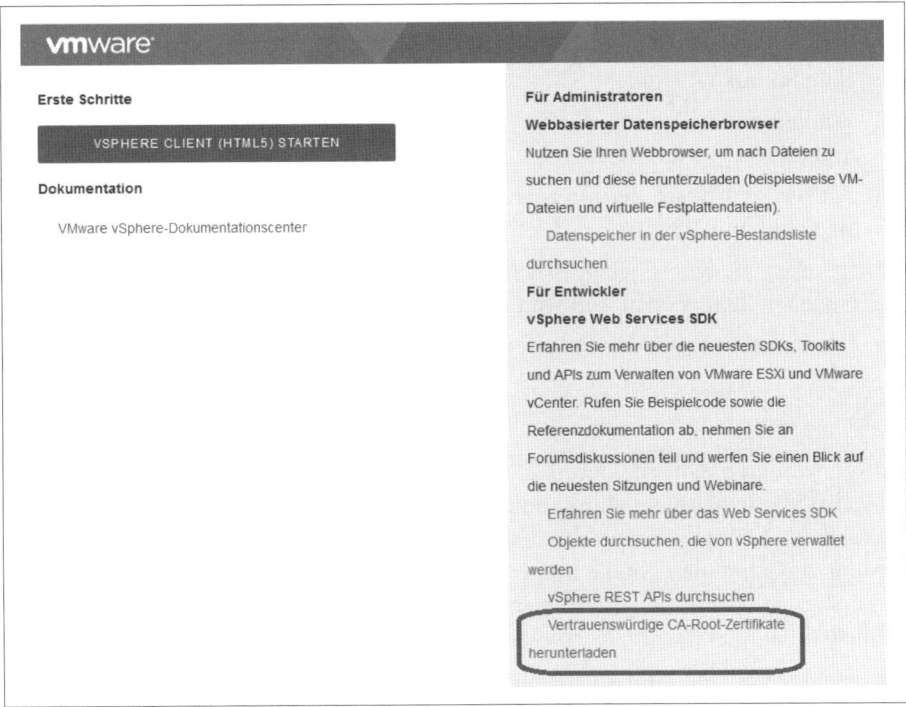

Abbildung 18-8: Vertrauenswürdige CA-Root-Zertifikate herunterladen

Dabei wird eine ZIP-Datei auf Ihrem Rechner installiert, die Sie anschließend auspacken sollten. Darin befindet sich ein Ordner *certs* mit den Unterordnern *lin*, *mac* und *win* und darin wiederum das notwendige Zertifikat und eine Zertifikatssperrliste. Über das Kontextmenü können Sie beides importieren. Beachten Sie, dass das Zertifikat in die Liste »Vertrauenswürdige Stammzertifizierungsstellen« aufgenommen werden muss.

Eigenes Zertifikat aus AD-Zertifizierungsstelle

Ich möchte mich hier lediglich auf das Maschinenzertifikat der VCSA für die Anmeldung über den Browser konzentrieren und ein Zertifikat von einer internen AD-Zertifizierungsstelle anfordern. Dazu benötigen Sie Active Directory mit der Funktionsebene 2008 oder höher.

Gehen Sie zu VERWALTUNG – AD BENUTZER UND COMPUTER und wählen Sie den Domänennamen (z. B. *cssv.dom*) mit der rechten Maustaste und aus dem Kontextmenü den Punkt DOMÄNENFUNKTIONSEBENE HERAUFSTUFEN aus. Hier sehen Sie die aktuelle Stufe und könnten gegebenenfalls auf eine höhere wechseln.

Domain-CA (Certificate Authority) erstellen

1. Wählen Sie auf einem Domänenkontroller im Server-Manager VERWALTEN und anschließend ROLLEN UND FEATURES HINZUFÜGEN aus.

2. Setzen Sie das Häkchen bei ACTIVE DIRECTORY-ZERTIFIKATDIENSTE und klicken Sie auf WEITER.

3. Wählen Sie zusätzlich die ZERTIFIZIERUNGSSTELLEN-WEBREGISTRIERUNG aus und klicken Sie auf WEITER.

4. Für die Zertifikate der internen Domäne reicht der obere Punkt UNTERNEHMEN und im nächsten Fenster STAMMZERTIFIZIERUNGSSTELLE aus.

5. Erstellen Sie einen neuen privaten Schlüssel, lassen Sie die Schlüsselzeichenlänge auf 2048 stehen und wählen Sie im nächsten Fenster 10 JAHRE aus.

6. Übernehmen Sie in den Folgefenstern die Standardeinstellungen.

Nach ein paar Minuten ist der Vorgang beendet und Sie können das Fenster schließen.

Auf der direkten Konsole der vCenter Server Appliance (VCSA) müssen Sie sich zunächst als *root* anmelden und eine Zertifikatsanforderung an den Zertifikatsserver stellen. Dafür gibt es verschiedene Möglichkeiten. Ich bevorzuge es, die Anforderung zunächst als CSR-Textdatei (Certificate Signing Request) von der VCSA ausstellen zu lassen, per Internet Explorer das Zertifikat anzufordern und es anschließend auf der VCSA zu ersetzen.

1. Melden Sie sich auf der Konsole der VCSA als *root* an (F2), wählen Sie in dem Menü den Punkt TROUBLESHOOTING MODE OPTION und anschließend ENABLE BASH SHELL.

2. Drücken Sie Alt+F1 und melden Sie sich hier als User *root* an.

3. Geben Sie den Befehl shell ein, damit wird eine Kommandozeilenumgebung zur Verfügung gestellt.

4. Für die spätere Datenübertragung geben Sie folgenden Befehl ein: chsh -s / bin/bash root. Ansonsten können Sie sich später nicht mit WinSCP anmelden.

5. Geben Sie folgenden Befehl ein, um ein Auswahlmenü zu bekommen: /usr/lib/vmware-vmca/bin/certificate-manager

6. Drücken Sie die Taste »1« und melden Sie sich als *administrator@vsphere.local* mit dem komplexen Passwort an.

7. Drücken Sie erneut die Taste »1« und geben Sie ein Verzeichnis für die Dateien an (z. B. */etc/ssl/*).

8. Beantworten Sie die Fragen, indem Sie z. B. Folgendes eingeben: DE, CA, cssv, Computers, NRW, Marl, 192.168.150.8, mail@cssv.de, vcsa.cssv.dom, vcsa.

9. Nachdem Sie die letzte Frage beantwortet haben, müssen Sie die generierte CSR-Datei auf einen Windows-Rechner portieren. Das geht z. B. mit WinSCP über SSH, wenn Sie den o. g. Befehl eingegeben haben.

   Der Inhalt der neuen Datei sieht dann ähnlich wie folgt aus:

   ```
   -----BEGIN NEW CERTIFICATE REQUEST-----
   MIIDzzCCArcCAQAwaDELMAkGA1UEBhMCREUxDDAKBgNVBAgMAO5SVzEOMAwGA1UE
   BwwFS291bG4xDDAKBgNVBAoMA2dmdTESMBAGA1UECwwJQ29tcHV0ZXJzMRkwFwYD
   VQQDDBB2bS12Y3M1MS5nZnUuZG9tMIIBIjANBgkqhkiG9w0BAQEFAAOCAQ8AMIIB
   ........
   cfkiMsPOYnVSNoOLvFPouEwyHb+aN74AUMOy1/m72U3T1YhC4P1o4/Y6vgI2CTYm
   McQsTQ3vFh+12bkBQDCRV2qGb5v4Wb8fTdkaaGbFcyrhQWfTI2ZobTWdq2ZIsNK/
   oFUnsMFn7LaRCISykuXwrfbMhw==
   -----END NEW CERTIFICATE REQUEST-----
   ```

10. Da das Microsoft CA standardmäßig keine Exportierung des privaten Schlüssels zulässt, wir das aber brauchen, müssen wir die Zertifikatvorlage »Webserver« duplizieren, ihr einen neuen Namen geben und diese anpassen: Auf der Registerkarte ANFORDERUNGSVERWALTUNG setzen wir das Häkchen bei EXPORTIEREN VON PRIVATEM SCHLÜSSEL ZULASSEN und auf der Karte SICHERHEIT geben wir den authentifizierten Benutzern das Recht *Registrieren*. Anschließend rufen wir über MMC (Microsoft Management Console) die lokale Zertifizierungsstelle auf und klicken mit der rechten Maustaste auf ZERTIFIKATSVORLAGEN – NEU – AUSSTELLENDE ZERTIFIKATSVORLAGE und wählen unsere neue Vorlage aus.

11. Den Inhalt der CSR-Datei kann man nun für die eigentliche Anfrage an den CA-Server nutzen. Dafür starten wir den Internet Explorer und geben *http://* gefolgt vom FQDN des Zertifikatservers und */certsrv* ein.

12. Auf der Willkommensseite wählen Sie EIN ZERTIFIKAT ANFORDERN und anschließend ERWEITERTE ZERTIFIKATANFORDERUNG.

13. Auf der nächsten Seite wählen wir eine »PKCS10-Datei« aus und kopieren den Inhalt der generierten CSR-Datei in das dafür vorgesehene Feld.

14. Als Zertifikatsvorlage wählen wir aus dem Drop-down-Feld KOPIE VON WEBSERVER aus, zusätzliche Attribute benötigen wir nicht.

15. Nach dem Einsenden wird das Zertifikat ausgestellt und wir können es im Ordner *SSL* oder woanders speichern.

Falls aber nichts passiert, beenden Sie den IE, schalten die erweiterte Sicherheitsfunktion aus und versuchen Sie es erneut.

16. Sie müssen nun das Base-64-codierte Zertifikat herunterladen z.B. ins Verzeichnis *C:\SSL\certnew.cer* und anschließend eine Umwandlung in das Format »crt« und »key« veranlassen. Dies kann z.B. über openSSL mit dem Befehl openssl pkcs10 -export -in certnew.cer -out certnew.crt erreicht werden.

```
"openssl x509 -inform DER -in certnew.cer -out certnew.crt"
"openssl x509 -inform PEM in certnew.cer -out certnew.crt"
```

17. Übertragen Sie die Dateien mit WinSCP wieder zum vCenter Server und starten Sie erneut den Zertifikatsmanager mit */usr/lib/vmware-vmca/bin/certificate-manager*.

18. Wählen Sie Punkt 1, melden Sie sich an und wählen Sie anschließend Punkt 2 für den Import.

19. Geben Sie den vollständigen Pfad und den Dateiamen für die beiden neuen Dateien an – fertig.

Eventuell einfacher ist es, das vertrauenswürdige CA-Root-Zertifikat samt Sperrliste per Gruppenrichtlinie an alle beteiligten Benutzer zu verteilen. Eine schöne Anleitung in Deutsch findet man unter: *https://sid-500.com/2017/04/01/active-directory-zertifikatsdienste-teil-4-zertifikate-mit-einer-gruppenrichtlinie-verteilen/*.

## KAPITEL 19

Ressourcen, Optimierung und Troubleshooting

In diesem Kapitel geht es in erster Linie um die bestmöglichen Einstellungen zu den Ressourcen der virtuellen Maschinen, die Optimierung der vSphere-7-Umgebung und die Fehlerbehebung in unserem Datacenter. Im Anschluss stelle ich noch ein paar sehr nützliche Tools vor, die ich regelmäßig bei meinen Kunden einsetze.

Ressourcenverwaltung

Jede virtuelle Maschine verbraucht einen Teil der CPU-, Speicher- und Netzwerkbandbreitenressourcen des ESXi-Servers. Basierend auf einer Reihe von Faktoren, garantiert der Host jeder virtuellen Maschine ihren Anteil an den darunterliegenden Hardwareressourcen:

- Verfügbare Ressourcen für den Host (oder das Cluster)
- Werte für Reservierung, Grenzen und Anteile der virtuellen Maschine. Diese Attribute der virtuellen Maschine verfügen über Standardwerte, die allerdings für eine Anpassung der Ressourcenzuweisung geändert werden können.
- Anzahl der eingeschalteten virtuellen Maschinen und ihre Ressourcennutzung
- Werte für Reservierung, Grenzen und Anteile, die der Administrator den Ressourcenpools innerhalb der Ressourcenpool-Hierarchie zugewiesen hat.
- Erforderlicher Overhead zum Verwalten der Virtualisierung

Der Server verwaltet unterschiedliche Ressourcen auf verschiedene Weise: Er verwaltet CPU- und Speicherressourcen auf Basis der insgesamt verfügbaren Ressourcen und der oben aufgeführten Faktoren, Netzwerk- und Festplattenressourcen verwaltet er dagegen Host-bezogen.

Der VMware ESXi-Server übernimmt Folgendes:

- Verwaltung von Festplattenressourcen über einen anteilsproportionalen Mechanismus
- Steuerung der Netzwerkbandbreite durch Netzwerk-Traffic-Shaping

Für jede virtuelle Maschine kann der Benutzer Werte für Shares (Anteile), Reservierungen und Grenzen (Limits) festlegen. Der Ressourcenmanager berücksichtigt diese Informationen anschließend, wenn er den einzelnen virtuellen Maschinen CPU und Speicher zuweist.

CPU und Arbeitsspeicher bestmöglich zuweisen

Die virtuelle Maschine kann in zwei verschiedenen Modi ausgeführt werden:

- *Direktausführung:* Unter bestimmten Umständen kann der ESXi-Server als Virtual Machine Monitor (VMM) die virtuelle Maschine direkt auf dem zugrunde liegenden Prozessor ausführen. Dieser Modus wird als Direktausführung bezeichnet und bietet eine beinahe originalgetreue Performance bei der Ausführung der CPU-Anweisungen der virtuellen Maschine.

- *Virtualisierungsmodus:* Wenn Direktausführung nicht möglich ist, müssen die Befehle der virtuellen Maschine der CPU virtualisiert werden. Je nach auszuführendem Vorgang wird durch diesen Prozess ein variabler Anteil an Virtualisierungs-Overhead hinzugefügt.

In den meisten Fällen gilt Folgendes:

- Nicht privilegierter Code für Anwendungen auf Benutzerebene wird im Direktausführungsmodus ausgeführt, da in den meisten Betriebssystemen der Code auf Benutzerebene nicht auf privilegierte Statusdaten zugreift.

- Der Betriebssystemcode ändert hingegen privilegierte Statusdaten und macht deshalb den Virtualisierungsmodus erforderlich.

Folglich wird ein Mikro-Benchmark, der nur Systemaufrufe durchführt, in einer virtuellen Maschine erheblich langsamer ausgeführt als auf einem ursprünglichen System. Im Direktausführungsmodus ausgeführter Code führt jedoch nur zu geringen Zusatzkosten für die Performance und profitiert von einer ursprungsnahen Geschwindigkeit der CPU-Anweisungen.

Stellen Sie Ein-Thread-Anwendungen auf virtuellen Einprozessormaschinen bereit (statt auf virtuellen SMP-Maschinen), um eine optimale Performance und Ressourcennutzung zu erzielen.

Ein-Thread-Anweisungen können nur eine einzelne CPU nutzen. Durch das Bereitstellen solcher Anwendungen in virtuellen Maschinen mit zwei Prozessoren kann die Anwendung nicht beschleunigt werden. Dies führt dazu, dass die zweite virtuelle CPU physische Ressourcen nutzt, die sonst durch andere virtuelle Maschinen genutzt werden könnten.

CPU-Affinität

CPU-Affinität bedeutet, dass in Systemen mit mehreren Prozessoren die Zuweisung virtueller Maschinen auf eine Untermenge der verfügbaren Prozessoren eingeschränkt werden kann (siehe Abbildung 19-1). Dies geschieht durch Festlegen einer Affinitätseinstellung für jede virtuelle Maschine direkt auf dem Host.

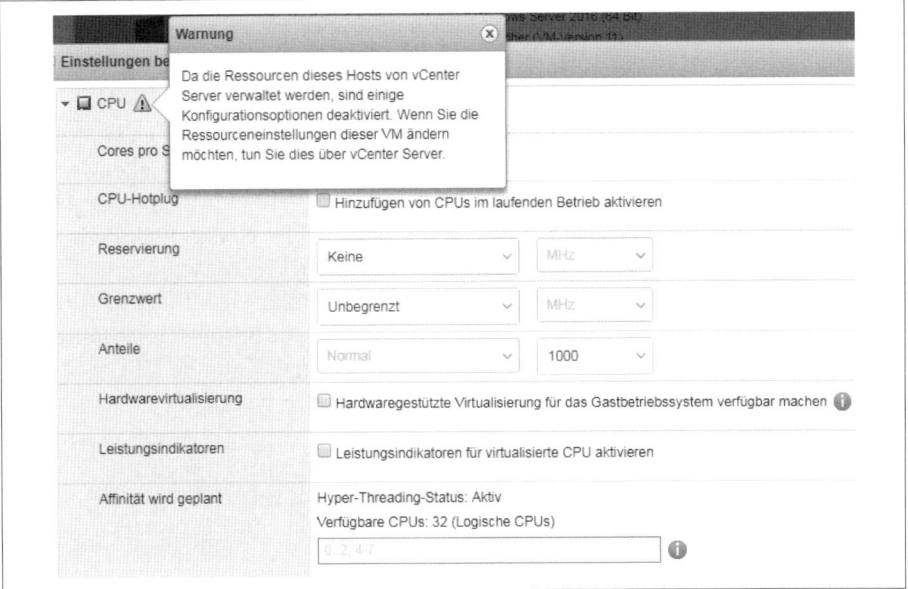

Abbildung 19-1: CPU-Affinität bei der virtuellen Maschine

Probleme mit der Affinität

Im Rahmen der Affinität virtueller Maschinen wird jede virtuelle Maschine den Prozessoren gemäß der festgelegten Affinitätseinstellung zugewiesen. Denken Sie vor der Verwendung der Affinität an folgende mögliche Probleme:

- Bei Systemen mit mehreren Prozessoren führen die ESXi-Server-Systeme einen automatischen Lastausgleich durch. Durch das Vermeiden der manuellen Spezifikation bei der Affinität der virtuellen Maschinen kann das Steuerprogramm die Last besser prozessorübergreifend ausgleichen.

- Affinität kann die Fähigkeit des ESXi-Hosts beeinträchtigen, der für eine virtuelle Maschine festgelegten Reservierung und den Anteilen gerecht zu werden.

- Da die CPU-Zugangskontrolle die Affinität nicht berücksichtigt, erhält eine virtuelle Maschine mit manuellen Affinitätseinstellungen möglicherweise nicht immer die für sie vorgesehene volle Reservierung.

- Umgekehrt werden virtuelle Maschinen ohne manuelle Affinitätseinstellungen nicht durch virtuelle Maschinen mit manuellen Affinitätseinstellungen beeinträchtigt.

- Bei der Verschiebung einer virtuellen Maschine zwischen zwei Hosts wird die Affinität möglicherweise aufgehoben, wenn der neue Host beispielsweise über eine andere Prozessorzahl verfügt.

- Das NUMA-Planungsprogramm ist möglicherweise nicht in der Lage, eine virtuelle Maschine zu verwalten, die bereits unter Verwendung der Affinität bestimmten Prozessoren zugewiesen wurde.

Hyperthreading und Affinität

Überdenken Sie Ihre Situation sorgfältig, bevor Sie die CPU-Affinität auf Systemen mit aktivierter Hyperthreading-Funktion einstellen. Wenn beispielsweise eine virtuelle Maschine mit hoher Priorität an CPU 0 und eine andere virtuelle Maschine mit hoher Priorität an CPU 1 gebunden ist, müssen beide virtuellen Maschinen denselben physischen Core verwenden. In diesem Fall ist es eventuell nicht möglich, den Ressourcenanforderungen dieser beiden virtuellen Maschinen gerecht zu werden. Sie müssen sicherstellen, dass die benutzerdefinierten Affinitätseinstellungen auf einem System mit Hyperthreading Sinn ergeben. Im Beispiel könnten Sie das sicherstellen, indem Sie die virtuellen Maschinen an CPU 0 und CPU 2 binden. Idealerweise sollten Sie gar keine Affinitätseinstellung verwenden.

In einem DRS-Cluster ist die Option *CPU-Affinität* nicht zulässig, und ihre Einstellungen werden gegebenenfalls gelöscht, wenn die VM auf einen anderen Server migriert wird. Falls die VM nicht verschoben werden kann, müssen Sie sich direkt am ESXi-Server anmelden und die Affinität löschen. Der Sinn dieser Option liegt allein in der Optimierung der Performance einer bestimmten Gruppe virtueller Maschinen auf demselben Server.

Wird die Affinität im DRS-Cluster nicht automatisch gelöscht, müssen Sie sich direkt mit dem ESXi-Host verbinden, um die Einstellungen ändern zu können, da dies über den vCenter Server nicht angezeigt wird.

Das Ausschalten von Hyperthreading bei einer VM kann seit der Version 6.0 nicht mehr erreicht werden. Auch die damaligen Einstellungen in der Konfigurationsdatei der VM:

```
sched.cpu.htsharing = "any"
sched.cpu.htsharing = "none"
sched.cpu.htsharing = "internal"
```

werden vom Host jetzt ignoriert.

Virtueller Speicher der VMs

Auf physischen Maschinen werden virtuelle Speicheradressen durch Seitentabellen in physische Speicheradressen übertragen. Bei virtuellen Maschinen pflegen die Seitentabellen des Gastbetriebssystems die Zuordnung von virtuellen Seiten des Gasts zu physischen Seiten des Gasts. Der ESXi-Server virtualisiert den physischen Speicher des Gasts, indem eine zusätzliche Ebene der Adressübertragung hinzugefügt wird.

- Der Virtual Machine Monitor (VMM) der einzelnen virtuellen Maschinen übernimmt die Zuordnung der physischen Speicherseiten des Gastbetriebssystems zu den physischen Speicherseiten der darunterliegenden Maschine. (VMware bezeichnet die darunterliegenden physischen Seiten als Maschinenseiten und die physischen Seiten des Gastbetriebssystems als physische Seiten.)

- Jede VM verfügt über einen angrenzenden nullbasierten, adressierbaren physischen Speicherplatz. Der darunterliegende Maschinenspeicher des von den virtuellen Maschinen verwendeten Servers ist nicht unbedingt angrenzend.

- Der VMM fängt Anweisungen virtueller Maschinen auf, die die Speicherverwaltungsstrukturen des Gastbetriebssystems manipulieren, sodass die eigentliche Speicherverwaltungseinheit (MMU) des Prozessors nicht direkt durch die virtuelle Maschine aktualisiert wird.

- Der Host pflegt die Zuordnungen von virtuellen Seiten zu Maschinenseiten in einer Schattenseitentabelle, die entsprechend den Zuordnungen von physischen Seiten zu Maschinenseiten (wird durch den VMM gepflegt, siehe oben) auf dem aktuellen Stand gehalten wird.

- Die Schattenseitentabellen werden anschließend direkt durch die Paging-Hardware des Prozessors verwendet.

Sobald die Schattenseitentabellen eingerichtet sind, ermöglicht dieser Ansatz der Adressübertragung, dass normale Speicherzugriffe innerhalb der virtuellen Maschine ohne zusätzlichen Adressübertragungs-Overhead erfolgen können. Da der TLB (*Translation Look-aside Buffer*) auf dem Prozessor direkte Caches der virtuell-maschinellen Zuordnungen erstellt, die er aus den Schattenseitentabellen abliest, wird durch den VMM beim Zugriff auf den Speicher kein zusätzlicher Overhead hinzugefügt.

Abbildung 19-2 veranschaulicht die Implementierung der Speichervirtualisierung beim ESXi-Server.

- Durch die Kästchen in der Abbildung werden Seiten dargestellt (4k-paging); die Pfeile veranschaulichen die verschiedenen Speicherzuordnungen.

- Die Pfeile vom virtuellen Speicher des Gasts zum physischen Speicher des Gasts zeigen die durch die Seitentabellen des Gastbetriebssystems gepflegte Zuordnung. (Die Zuordnung vom virtuellen Speicher zum linearen Speicher für Prozessoren mit x86-Architektur ist in der Abbildung nicht dargestellt.)

- Die Pfeile vom physischen Speicher des Gasts zum Maschinenspeicher stellen die durch den VMM gepflegte Zuordnung dar.

- Die gestrichelten Pfeile in der Abbildung zeigen die Zuordnung vom virtuellen Speicher des Gasts zum Maschinenspeicher in den Schattenseitentabellen, die ebenfalls durch den VMM gepflegt werden. Der darunterliegende Prozessor, der die VM ausführt, verwendet die Zuordnungen in der Schattenseitentabelle.

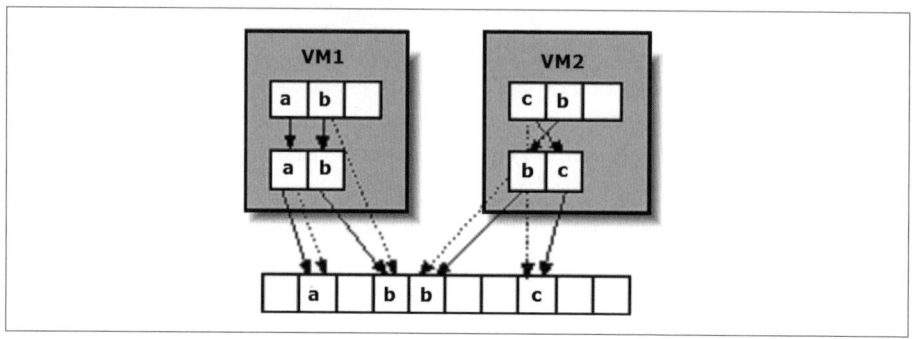

Abbildung 19-2: Speichervirtualisierung beim ESXi-Server

Der Host führt die virtuelle Speicherverwaltung ohne Wissen des Gastbetriebssystems aus und ohne das eigene Speicherverwaltungssubsystem des Gastbetriebssystems zu stören.

Die Parameter Mem.IdleTax, Mem.IdleTaxType und Mem.SamplePeriod steuern diesen Zugriff. Mithilfe der erweiterten Systemeinstellungen, die in Abbildung 19-3 dargestellt sind, können diese Parameter verändert werden. Mit Mem.IdleTax (Standard 75%) können Sie die Policy für das Abrufen von Leerlaufspeicher explizit angeben. Diese Option kann zusammen mit dem erweiterten Attribut Mem.IdleTaxType (Standard 1) verwendet werden, um zu steuern, wie das System Speicher abruft.

Erweiterte Systemeinstellungen

Name	1 ▲ Wert	Beschreibung
Mem.AllocGuestLargePage	1	Stützen von Gastarbeitsspeicher durch große Seiten aktivieren
Mem.CtlMaxPercent	65	Vmmemctl-Grenzwert als Prozentsatz der maximalen Größe virtueller Maschinen
Mem.IdleTax	75	Rate der Leerlaufbelastung für Arbeitsspeicher.
Mem.IdleTaxType	1	Inaktive 'Tax'-Typ. 0=flach, 1=variabel
Mem.MemDefragClientsPerDir	2	Clients, die auf Verzeichnisebene defragmentieren dürfen.
Mem.MemMinFreePct	0	Prozentsatz des Hostarbeitsspeichers, der zum Beschleunigen der Arbeitsspeicherzuteil
Mem.MemZipEnable	1	Cachespeicher für die Arbeitsspeicherkomprimierung aktivieren
Mem.MemZipMaxAllocPct	50	Legt die maximale Größe des Komprimierungscache als Prozentsatz der zugeteilten VM-
Mem.MemZipMaxPct	10	Legt die maximale Zielgröße des Komprimierungscache als einen Prozentsatz der zuget
Mem.SampleActivePctMin	0	Untergrenze für den abgetasteten aktiven Arbeitsspeicher
Mem.SampleDirtiedPctMin	0	Untergrenze für den abgetasteten aktiven modifizierten Arbeitsspeicher
Mem.ShareForceSalting	2	Mit dem PShare-Salting kann die transparente gemeinsame Nutzung von Seiten nur zwis

Abbildung 19-3: Einstellungen zum Speicherverhalten der VMs

 In den meisten Fällen ist eine Änderung von Mem.IdleTax weder notwendig noch angebracht und Mem.SamplePeriod ist mittlerweile fest eingestellt und wird nicht mehr angezeigt.

PShare-Salting

Der in der Abbildung 19-3 hervorgehobene Parameter `Mem.ShareForceSalting` wurde durch ein Update vom Wert 0 auf 2 neu eingestellt, wodurch der Speicherbedarf auf dem Host deutlich anstieg. Hiermit wird festgelegt, welche Speicherinhalte der ESXi-Server »deduplizieren« darf. Bei dem alten Standard »0« wurden alle Speicherinhalte im RAM des ESXi, egal von welcher VM, durch Zeiger auf eine gemeinsame Page umgebogen, wenn der Inhalt gleich war. Der neue Standard »2« lässt das Umbiegen der Zeiger aus Sicherheitsgründen nur innerhalb einer VM zu.

Interessant für Horizon View ist der Parameter »1«, weil beim Erstellen eines Desktop-Pools das gemeinsame Paging für diese VMs eingestellt werden kann. Der Parameter `sched.mem.pshare.salt` wird bei den VMs aus dem Pool dann automatisch in die *.vmx*-Datei eingetragen.

Möchten Sie Arbeitsspeicher sparen und haben eine abgeschottete Umgebung, so können Sie diesen Wert wie vorher auf »0« setzen und den Host neu starten, damit diese Einstellung übernommen wird.

Speicherballontreiber

Im Gastbetriebssystem ist durch die Installation der VMware Tools üblicherweise der Speicherballontreiber *vmmemctl.exe* geladen. ESXi-Server verwenden Swapping, um Speicher von einer virtuellen Maschine zu erzwingen, wenn aus folgenden Gründen kein *vmmemctl*-Treiber verfügbar ist:

- Er wurde nie installiert.
- Er wurde explizit deaktiviert.
- Er wird nicht ausgeführt (beispielsweise während des Startvorgangs des Gastbetriebssystems).
- Er ist vorübergehend nicht in der Lage, erforderlichen Speicher schnell genug abzurufen, um die aktuellen Systemanforderungen zu erfüllen.

Das Standardabruf-Paging-Verfahren lagert die Seiten wieder ein, sobald die virtuelle Maschine sie benötigt – sagt VMware. Die Erfahrung hat gezeigt, dass dies nicht (immer) der Fall ist. Verschieben Sie die VM mit Ballooning auf einen anderen Host oder fahren Sie die VM herunter und starten Sie diese wieder, dann ist der Ballooning-Speicher weg und die VM wieder performant.

 Bei einem Ausfall eines ESXi-Servers, auf dem virtuelle Maschinen ausgeführt wurden, die Swap-Dateien verwendet haben, bestehen diese Swap-Dateien weiterhin und belegen auch nach einem Neustart des ESXi-Servers Speicherplatz. Starten Sie die virtuelle Maschine neu und fahren Sie sie anschließend herunter. Dann können Sie die Dateien löschen.

Eine Übersicht, welche VM gegebenenfalls ein Ballooning durchführt, kann man beim Cluster auf der Registerkarte ÜBERWACHEN unter DRS-PUNKTZAHL DER VM sehen. Auch das Swapping (ausgelagerter Arbeitsspeicher) ist hier pro VM aufgelistet. Über das Tool RVTools (siehe unten) ist dies ebenfalls möglich.

Ressourcenpools für VM-Gruppen

Wie bereits eingangs erwähnt, verbraucht jede VM einen Teil des RAM sowie CPU-, Speicher- und Netzwerkbandbreitenressourcen des ESXi-Servers. Der Host garantiert jeder virtuellen Maschine ihren Anteil an den darunterliegenden Hardwareressourcen, was detailliert gesteuert werden kann.

Der Host oder das Cluster verwalten CPU- und Speicherressourcen auf Basis der insgesamt verfügbaren Ressourcen und der oben aufgeführten Faktoren. Diese Faktoren gelten gleichermaßen für einen Host wie für ein Cluster oder einen Ressourcenpool.

Sinn und Unsinn eines Ressourcenpools

Bei einem Ressourcenpool können CPU und RAM fest und dynamisch vergeben und in ihnen mehrere VMs gruppiert werden. Sie können bis zu 1.600 Pools pro Host anlegen, diese auch bis zu einer Tiefe von 8 (bei DRS nur 6) verschachteln und in einem Cluster bis zu 1.600 davon nutzen.

Für die CPU- und Arbeitsspeicherressourcen können auch Anteile vergeben werden, wie schon bei der Erstellung der virtuellen Maschine in Kapitel 5 beschrieben.

 Haben Sie ein reines HA-Cluster erstellt, also ohne DRS, ist es nicht möglich, einen Ressourcenpool hinzuzufügen. Wenn Sie DRS aktivieren, einen Pool hinzufügen und DRS wieder abwählen, erscheint die in Abbildung 19-4 gezeigte Meldung.

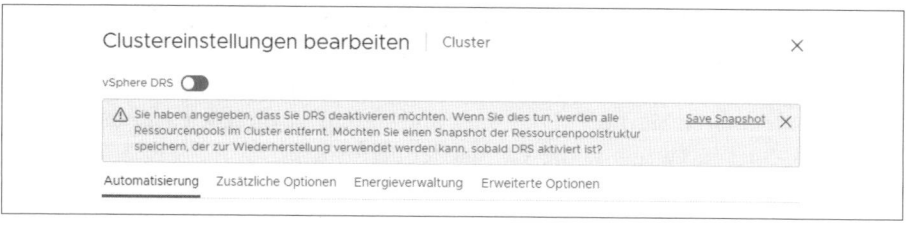

Abbildung 19-4: DRS deaktivieren

 Die im Pool enthaltenen VMs landen, wenn Sie auf JA klicken, wieder im HA-Cluster, und der Ressourcenpool wird gelöscht.

Bei den meisten meiner Kunden wurden schon erstellte Ressourcenpools wieder aufgelöst, nachdem ich ihnen die Bedeutung von Anteilen (Prioritäten) erklärt hatte. Mit Anteilen können einer VM viel präziser CPU, RAM und Festplattenzugriffe zugeordnet werden. Jede Maschine bekommt so lange alle Ressourcen, bis keine mehr frei sind. Erst dann wird nach den Prioritäten der VM geschaut, um niedrigeren etwas wegzunehmen und höheren etwas hinzuzugeben. Für die meisten produktiven Einsatzgebiete ist das die bessere Wahl und deutlich flexibler. Das unten stehende Schaubild (siehe Abbildung 19-5) verdeutlicht das nochmals.

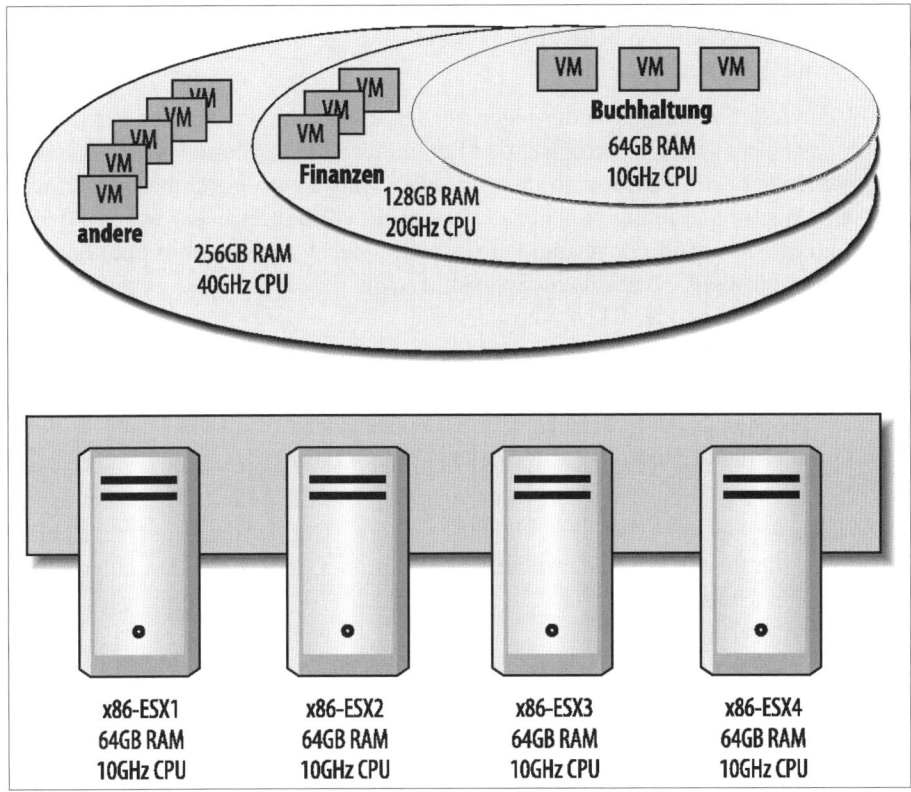

Abbildung 19-5: Ressourcenpool-Beispiel

Alle vier ESXi-Server bringen eine CPU-Leistung von jeweils 10 GHz, also zusammengefasst 40 GHz. Wenn die Buchhaltung alle Ressourcen verbraucht, bleiben der Finanzabteilung nur noch 10 GHz übrig. Braucht diese ebenfalls alles, bleiben dem Rest nur 20 GHz. Arbeitet die Buchhaltung nicht, kann die Finanzabteilung auf 20 GHz zugreifen. Arbeiten beide Abteilungen nicht, haben die anderen 40 GHz zur Verfügung. Gesetzt den Fall, die Buchhaltung muss einen Monatsabschluss machen und die anderen sowie die Finanzabteilung haben Dienstschluss, bekommt sie trotzdem nur 10 GHz CPU-Leistung.

Hätte man Anteile eingesetzt, ist es egal, wie hoch oder niedrig diese sind, die Buchhaltung könnte jetzt mit bis zu 40 GHz Leistung arbeiten!

Einer meiner Kunden hat einen Teil seiner Ressourcen an eine benachbarte Firma vermietet. Hier ist ein Ressourcenpool sinnvoll. Arbeitet der Mieter, kann er auf seine bezahlten und garantierten Ressourcen zugreifen. Ist er zu Hause, kann mein Kunde diese mitnutzen.

Ressourcenpool-Richtlinien

Die folgenden Richtlinien helfen Ihnen dabei, eine optimale Performance Ihrer virtuellen Maschinen zu erreichen:

- Wenn Sie eher häufige Änderungen bei den insgesamt verfügbaren Ressourcen erwarten, verwenden Sie besser den Parameter *Anteile* (Shares) statt der Reservierung, um die Ressourcen den virtuellen Maschinen gleichmäßig zuzuweisen. Wenn Sie nämlich Anteile verwenden und beispielsweise ein Host-Upgrade durchführen, verfügt jede virtuelle Maschine weiterhin über dieselbe Priorität (dieselbe Anzahl von Shares), obwohl jeder einzelne Anteil einen größeren Speicher- oder CPU-Wert darstellt.

- Verwenden Sie den Parameter *Reservierung*, um eine annehmbare Mindestgröße festzulegen. Der Host weist bei entsprechender Verfügbarkeit zusätzliche Ressourcen zu und richtet sich dabei nach der Anzahl der Shares und der für die virtuelle Maschine festgelegten Grenze (Limit).

- Verwenden Sie den Parameter *Reservierung*, um die Mindestreservierung für jede einzelne virtuelle Maschine festzulegen. Der Umfang der tatsächlich durch die Reservierung dargestellten Ressourcen ändert sich bei einer Änderung der Umgebung nicht, z.B. wenn virtuelle Maschinen hinzugefügt oder entfernt werden.

- Stellen Sie *Reservierung* nicht zu hoch ein. Eine zu hohe Reservierung kann zu einer Begrenzung der Anzahl virtueller Maschinen in einem Ressourcenpool führen.

- Berücksichtigen Sie beim Festlegen der Reservierungswerte für virtuelle Maschinen etwas Spielraum: Vergeben Sie nicht alle Ressourcen. Je dichter Sie sich an einer vollständigen Reservierung aller Kapazitäten des Systems bewegen, desto schwieriger wird es, Änderungen an der Reservierung und der Ressourcenpool-Hierarchie vorzunehmen, ohne dabei die Zugangskontrolle zu verletzen. In einem Cluster mit aktivierter DRS-Funktion kann eine Reservierung, die eine vollständige Vergabe der Kapazität eines Clusters oder einzelner Hosts des Clusters vorsieht, dazu führen, dass VMs nicht über DRS zwischen zwei Hosts migriert werden.

- Verwenden Sie für ein delegiertes Ressourcenmanagement Ressourcenpools. Um einen Ressourcenpool vollständig zu isolieren, setzen Sie den Ressourcenpool auf den Typ fest und verwenden Reservierung und Grenzwert.

- Gruppieren Sie VMs für einen Multi-Tier-Dienst in einem Ressourcenpool. Mithilfe von Ressourcenpools kann der ESXi-Server Ressourcen für den Dienst insgesamt zuweisen.

- Aktivieren Sie *PortFast* an *PortFast*-fähigen physischen Switches, um die Kommunikation zwischen HA-Clustern und anderen Clusterknoten sicherzustellen.

Abschließend möchte ich noch erwähnen, dass man Ressourcenpools auch als Gliederung wie Ordner nutzen kann, indem man keine Grenzwerte einsetzt. Diese Pools lassen sich auch für eine Datensicherung nutzen, indem man z. B. alle VMs im Pool sichert.

VM-Speicherprofil und Storage DRS

Eine weitere Funktion, die mit vSphere 5 eingeführt wurde, sind *Datenspeicher-Cluster*. Hiermit ist es möglich, VMs per Storage vMotion automatisch auf die Volumes zu verteilen, ähnlich wie es bei DRS in Kapitel 10 erwähnt wurde. Das nennt sich dann *Storage DRS* (SDRS) bzw. *Speicher-DRS*. Damit kann man Schwellenwerte für I/O und Speicherplatz definieren, die beim Erreichen dazu führen, dass VMs verschoben werden oder dass zumindest eine Empfehlung hierfür generiert wird, wenn der Speicher auf einem Volume zu knapp wird oder I/O-mäßig überlastet ist.

Des Weiteren können Affinitätsregeln für bestimmte VMDKs erstellt werden, damit bestimmte Maschinen immer auf dem Storage verbleiben oder Festplatten einiger VMs auf verschiedene Storages aufgeteilt werden.

Die Vorgehensweise beim *Speicher-DRS* ist also vom Sinn her mit dem herkömmlichen DRS vergleichbar. Nach dem Einrichten bekommen Sie eine neue Registerkarte SPEICHER-DRS-EMPFEHLUNGEN angezeigt, auf der Migrationsempfehlungen mit Begründungen aufgelistet werden, wenn Sie nicht den Automatikmodus verwenden.

Über den vCenter Server können Sie solche Cluster erstellen, indem Sie auf das Datenspeichersymbol klicken und über Aktionen SPEICHER – NEUER DATENSPEICHER-CLUSTER auswählen. Dort beantworten Sie die Fragen des Assistenten bis zum Abschluss und können auch die SDRS-LAUFZEITEINSTELLUNGEN und die SDRS-AUTOMATISIERUNG einstellen.

Beachten Sie dabei, dass

- NFS- und VMFS-Datenspeicher nicht in einem Storage-Cluster vereint werden können,

- replizierte und nichtreplizierte Speicher nicht in einem Storage-Cluster vereint werden dürfen,

- nur ESXi-Hosts ab 5.0 auf so ein Cluster zugreifen können,

- der Speicher nur für ein Datacenter zugänglich sein darf und

- die Hardwarebeschleunigung bei allen Storages entweder nicht aktiv oder bei allen aktiv sein muss – also kein Mischbetrieb möglich ist.

VM-Speicherprofil

Was in der englischen Literatur von VMware mit *Profile Driven Storage* bezeichnet wird, lautet in der deutschen Einstellung VM-SPEICHERPROFIL. Dabei wird für eine virtuelle Maschine zwischen den Konfigurations- und Logdateien (VM-Home-Dateien) sowie der Festplatte(n) unterschieden, die über unterschiedliche Profile verfügen können. Beim Erstellen, Klonen und Verschieben einer VM können die jeweiligen Volumes nach dem Bedarf (Profil) ausgesucht werden, falls Sie über die Version Enterprise Plus verfügen.

So ein Profil kann nach Kapazität, Leistung, Verfügbarkeit, Redundanz usw. ausgesucht und erstellt werden, nicht aber für RDM (Raw Device Mapping). Über die VMware vStorage APIs (Application Programmable Interface), die von einigen Speicherherstellern angeboten werden, bekommt man viele Details zum angeschlossenen Speicher mitgeteilt und kann diese für eine Einstufung benutzen. Werden über die APIs bestimmte Funktionen automatisch erkannt und eingetragen, nennt man diese *systemdefinierte Funktionen* im Gegensatz zu *benutzerdefinierte Funktionen*. Jeder Datenspeicher kann maximal eine *systemdefinierte* und eine *benutzerdefinierte* Funktion haben.

Die VM-Speicherprofile werden direkt am Storage festgelegt und über eine zusätzliche Software (vStorage APIs for Storage Awareness, VASA) über den vCenter Server an die Oberfläche durchgereicht. Beim Erstellen einer VM kann man dann das gewünschte Profil über ein Drop-down-Menü auswählen. Über Speicher-DRS kann eine einzelne Platte dann auch auf einem anderen Speicher verschoben werden, wenn zum Beispiel die I/O-Performance es erfordert.

Selbstverständlich können Sie auch nachträglich ausgeschaltete oder laufende VMs mit einem Speicherprofil verknüpfen, indem Sie es dort in den Einstellungen der VM über die Registerkarte VIRTUELLE HARDWARE bei der Festplatte unter VM-SPEICHERPROFIL auswählen.

Über das Kontextmenü auf der VM (VM-RICHTLINIEN – VM-SPEICHERRICHTLINIE BEARBEITEN) erhalten Sie ein ausführlicheres Fenster und können nun den Home-Dateien (den Konfigurations- und Logdateien) und den Festplattendateien jeweils ein Profil zuordnen. Hat die VM mehrere Festplatten, so können auch unterschiedliche Profile dafür genutzt oder über die Schaltfläche AUF ALLE ANWENDEN dasselbe zugewiesen werden.

Über das Kontextmenü VM-RICHTLINIE - EINHALTUNG DER VM-SPEICHERRICHTLINIE PRÜFEN kann man nun abfragen, ob alles in Ordnung ist oder ob die VMDK-Festplatten eventuell verschoben werden müssen.

Optimierung von VMs

Über die Methoden und Faktoren, die die virtuelle Infrastruktur zur Verfügung stellt, habe ich bereits gesprochen. Innerhalb der virtuellen Maschine kann aber ebenfalls einiges erreicht werden, um die Ressourcen besser verteilen zu können.

Optimierung über den vSphere Client

Ob man mit dem Browser-Client nun auf den ESXi-Host oder den vCenter Server zugreift, ist bei den folgenden Optimierungen gleich. Beachten Sie zunächst folgende Faktoren:

- Achten Sie bei der Erstellung virtueller Maschinen darauf, deren Größe – genau wie bei physischen Maschinen – dem tatsächlichen Bedarf anzupassen. Überkonfigurierte virtuelle Maschinen verschwenden gemeinsam nutzbare Ressourcen.

- Deaktivieren Sie zugunsten der besseren Performance sämtliche nicht verwendeten Geräte wie COM-Ports, LPT-Ports, Diskettenlaufwerke, CD-ROMs, USB-Adapter usw. Diese Geräte werden nämlich auch dann regelmäßig vom Gastbetriebssystem abgefragt, wenn sie nicht verwendet werden. Durch dieses unproduktive Abfragen werden gemeinsam nutzbare Ressourcen verschwendet. Achten Sie darauf, dass im BIOS der VM diese Geräte dann ebenfalls deaktiviert werden müssen, im (U)EFI gibt es diese Einstellungen nicht.

- Installieren Sie die VMware Tools. Sie unterstützen Sie, eine bessere Performance zu erreichen, können zu einer effizienteren CPU-Nutzung führen und enthalten Treiber zum Abrufen von Festplatten-, Netzwerk- und Speicherressourcen.

- Überlegen Sie, ob Sie die Ausführung der vier Skripte der VMware Tools brauchen oder diese (meist unsinnigen) deaktivieren.

Optimierung innerhalb der VM

Optimieren Sie – genau wie beim physischen System – das Betriebssystem der virtuellen Maschine durch Register, Swap-Bereich usw. und passen Sie die Größe der Auslagerungsdatei an. Deaktivieren Sie unnötige Programme und Dienste wie z.B. Bildschirmschoner und WLAN-Adapter. Unnötige Programme und Dienste verschwenden gemeinsam nutzbare Ressourcen. Aktualisieren Sie das Gastbetriebssystem stets durch aktuelle Patches. Falls Sie als Gastbetriebssystem Microsoft Windows verwenden, überprüfen Sie, ob es in der Wissensbasis von Microsoft Artikel über bekannte Probleme mit dem Betriebssystem gibt.

Beobachten Sie den Graphen für den Host, den Ressourcenpool oder das Cluster, wie in Abbildung 19-6 dargestellt. Stellen Sie diesen gegebenenfalls auf eine andere Ansicht um oder exportieren Sie die Daten nach Excel (CSV), um eine Langzeitübersicht zu bekommen.

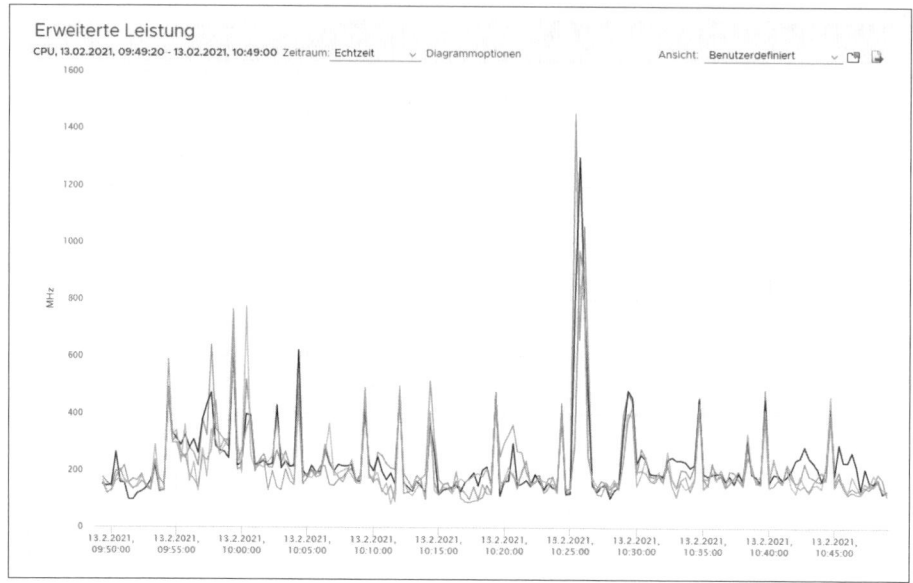

Abbildung 19-6: Leistungsdiagramm über die CPU-Auslastung

Beachten Sie auch, dass sich auf der linken Seite die Zahlen auf den Graphen beziehen und nicht auf die Gesamtkapazität! Bewegen Sie die Maus über die dargestellten Linien, um die tatsächliche Last zu sehen (siehe Abbildung 19-7).

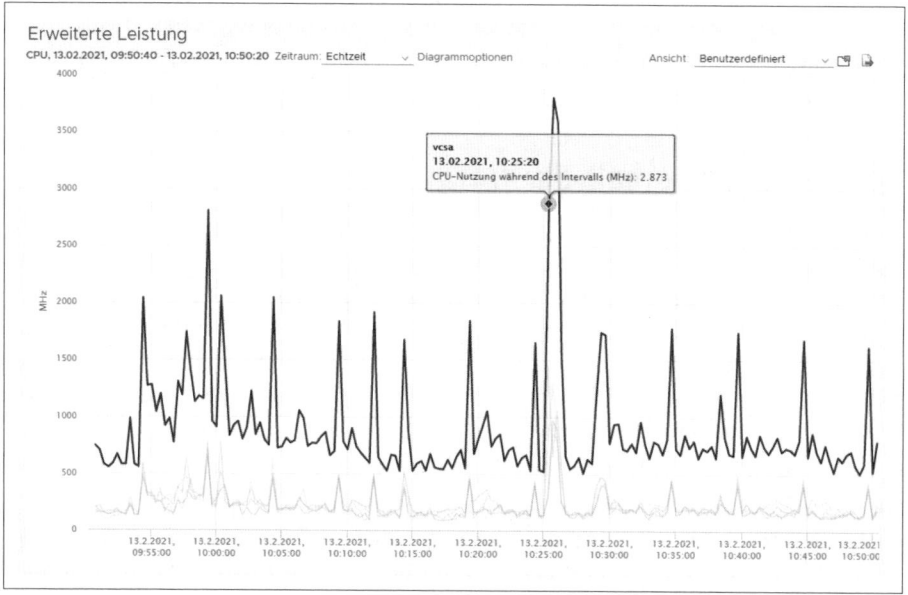

Abbildung 19-7: Genauere Angaben zur prozentualen Auslastung

Empfehlung für VM-Optimierung

Hier sind noch einmal die wichtigsten Optimierungsmöglichkeiten für die virtuelle Maschine zusammengefasst:

- *VM-Hardwareeinstellungen*
  - Diskettenlaufwerk entfernen
  - CD/DVD nicht verbunden
  - USB-Controller und -Geräte entfernen
- *VM-BIOS*
  - Floppy und seine Schnittstelle deaktivieren
  - LPT und COM deaktivieren
  - IDE nur am primären Anschluss oder bei SATA deaktiviert
  - Boot von Festplatte
- *VM-Betriebssystem (Beispiel Windows)*
  - Anzeigeauflösung nur 16 Bit
  - Grafik-Hardwarebeschleunigung auf maximal
  - Bildschirmschoner ausschalten (oder wenigsten nur schwarz)
  - Unnötige Dienste ausschalten
  - Autostart und Registry-RUN-Zweige überprüfen

Dies sind allgemein gefasste Empfehlungen. Wenn Sie in der VM beispielsweise ein Diskettenlaufwerk oder einen LPT-/COM-Anschluss benötigen, schalten Sie diese natürlich nicht ab.

Nach der Konvertierung einer physischen in eine virtuelle Windows-Maschine sollten Sie die nicht mehr vorhandene Hardware deinstallieren. Geben Sie als Administrator in einer DOS-Box Folgendes ein:

```
set devmgr_show_nonpresent_devices=1
devmgmt.msc
```

Schalten Sie im Gerätemanager anschließend unter ANSICHT die AUSGEBLENDETEN GERÄTE ein und deinstallieren Sie die nicht mehr vorhandenen, abgeblendet dargestellten Geräte in allen Zweigen – mit Ausnahme des RAS-Adapters und des gesamten Zweigs NICHT-PNP-GERÄTE.

Optimierung für SQL- oder Exchange-VMs

Bei vSphere 7 können bis zu 256 vCPUs verteilt werden, aber Sie sollten nur so viele vergeben, wie notwendig sind, weil sonst andere VMs negativ beeinflusst werden können. Hinterher kann man bei Bedarf mehr vCPUs zuteilen. Auf die Version und die Lizenz von Windows muss geachtet werden! 2008 R2 Standard unterstützt z. B. nur vier CPUs.

Sie sollten bei hochkritischen Systemen kein CPU-Overcommitment machen, also nicht mehr Kerne an die VMs verteilen, als der ESXi-Server tatsächlich hat (pro Kern der Host-CPU und nicht der logischen CPUs mit Hyperthreading). Laut VMware kann bei normalen produktiven Umgebungen ein CPU-Overcommitment vom Vierfachen gemacht werden.

Übrigens sind CPU-Reservierungen normalerweise unnötig, auch bei hochperformanten Systemen.

Eventuell sollten Sie DRS für diese VMs auf AUS schalten und auch ein manuelles Migrieren vermeiden. DRS sollten Sie aber nicht grundsätzlich für alle VMs deaktivieren! Wenn vMotion z.B. bei einem Exchange Cluster notwendig wird, setzen Sie den Wert »samesubnetdelay« mit *cluster.exe* bei beiden Clusterknoten auf 2 Sekunden. Microsoft empfiehlt, den Wert nicht höher als 10 Sekunden einzustellen – der Standard ist 1 Sekunde. Belassen Sie das Heartbeat-Intervall dabei auf 5.

Für vMotion können Sie auch einen DSwitch und/oder mehrere Netzwerkkarten mit mehreren Portgruppen für vMotion einrichten, dann klappt es auch mit dem Migrieren. Eine weitere gute Idee sind dabei Jumbo-Frames mit einer MTU von 9000, was aber auch von den physischen Switches unterstützt werden muss. Bei mindestens zwei NICs und jeweils einer MTU von 9000 brauchen Sie auch den Delay-Wert im System nicht hochzusetzen. Noch besser sind natürlich 10-GBit/s-Karten.

Virtuelle Kerne, virtuelle Sockel und NUMA-Knoten

Bei Windows Server 2008 R2 Standard kann man mehrere Kerne pro Sockel nehmen – dann werden auch mehr als vier Kerne unterstützt.

Nur bei Software, die NUMA-Knoten unterstützt, ist eine Performance-Verbesserung bemerkbar, wenn mehrere virtuelle Kerne auf virtuellen Sockeln laufen. Exchange bis zur Version 2013 gehört nicht dazu, wohl aber der ESXi-Host und neuere SQL-Server. Deshalb sollte man einem Exchange Server nicht mehr vRAM geben, wie ein NUMA-Knoten zur Verfügung hat. ESXi wird die VM automatisch innerhalb dieses Knotens halten. Achten Sie gegebenenfalls auf die BIOS- oder EFI-Einstellung des Hosts bezüglich NUMA, diese sollte aktiv (enabled) sein. VMwares Dokumentation enthält dazu eine gute Darstellung (siehe Abbildung 19-8).

Bei einem »normalen« SQL-Server sollten Sie weniger oder gleich viel vCPUs nehmen, wie ein Sockel des ESXi-Hosts bereitstellt, bei einem hochperformanten SQL-Server sollten Sie darauf achten, dass die NUMA-Knoten wenn möglich eingehalten werden. Machen Sie dann kein vCPU-Overcommitment.

Von Microsoft gibt es spezielle Aussagen zur Größenbestimmung (Sizing) von SQL und Exchange, die in der virtuellen Welt bei vSphere auch so übernommen werden können.

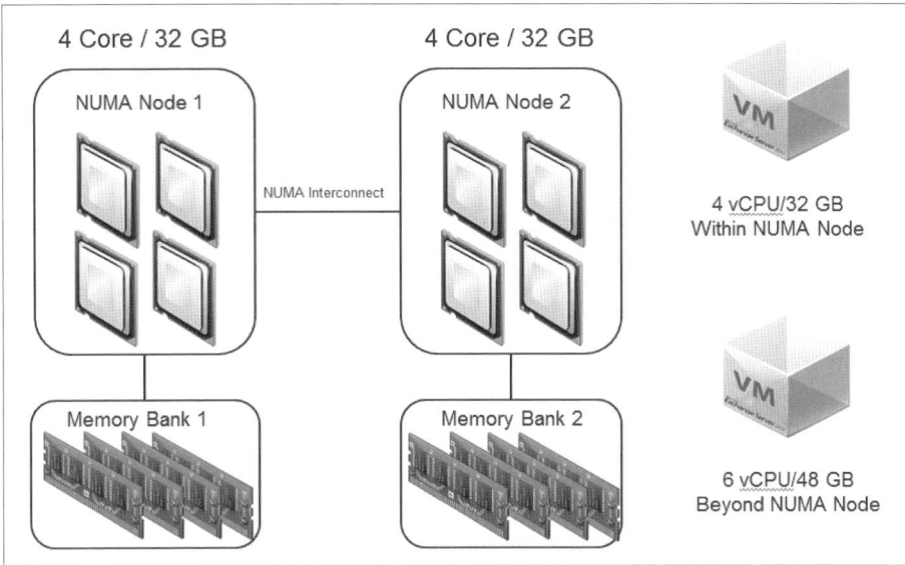

Abbildung 19-8: NUMA-Knotenwahl des ESXi-Hosts

Hyperthreading-Technologie, auch Symmetric Multithreading oder SMT genannt, wird bei physischen Systemen mit Exchange von Microsoft nicht empfohlen, auf einem ESXi-System sollte es aber aktiv sein, weil dieser ganz anders mit diesen Ressourcen umgeht und dabei 10 – 30 % mehr Performance hat.

Bei den VMware Tools sollte der Speicherballontreiber *vmmemctl.exe* installiert sein. Das Reservieren des gesamten RAM der VM kann helfen, wenn bei anderen VMs ein Memory Overcommitment gemacht wird. Vergeben Sie aber nur so viel vRAM wie nötig, weil sonst andere VMs darunter leiden. Setzen Sie auf keinen Fall ein Limit (Grenzwert) für den RAM oder die CPU.

Achten Sie auf die Leistungsgraphen bezüglich CPU und RAM bei der VM sowie der Netzwerkauslastung beim ESXi und den Storage-Latenzen bei den Volumes. Bei einem SQL-Server stimmen die RAM-Leistungsdiagramme nicht bezüglich des aktiven Arbeitsspeichers, die über den ESXi-Server angezeigt werden. Vertrauen Sie lieber den Anzeigen innerhalb der VM (im Gastbetriebssystem), da SQL ein eigenes Memory Management und eigenes Caching-System hat, was nicht mit anderen VMs verglichen werden kann.

Auf keinen Fall darf im Arbeitsspeicher-Leistungsdiagramm ein Swapping oder Ballooning bei diesen VMs erscheinen.

Der Host sollte zum Storage, auf dem die SQL- oder Exchange-VM liegt, mindestens vier Pfade haben (Multipathing). Ein Raw Device Mapping (RDM) sollten Sie vermeiden. Nehmen Sie für das Betriebssystem eine Festplatte an einem LSI Logic SAS Controller und weitere Festplatten an je einem paravirtuellen Adapter. Vermeiden Sie das Partitionieren der Festplatten – fügen Sie lieber neue Festplatten hinzu. Verwenden Sie bei Bedarf alle vier der möglichen SCSI-Controller mit einer oder mehreren Festplatten. Bis zu vier Controller mit jeweils bis zu 15 Festplatten können pro VM zugewiesen werden, bei paravirtuellen Controllern sogar bis zu 64. Achten Sie bei hochperformanten Systemen darauf, alle Festplatten (außer OS) als »eagerzeroed« (Thick-Provision Eager-Zeroed) anzulegen, da dies die höchste Geschwindigkeit bietet. Verwenden Sie beispielsweise bei SQL eine Disk fürs Betriebssystem, eine für die Daten, eine für die Transaktionsprotokolle und eine für die »Temp-DB«-Dateien.

Die Möglichkeit, innerhalb der VM den iSCSI-Initiator zu nutzen, sollten Sie außer Acht lassen. Der gesamte Datenverkehr würde über eine Netzwerkkarte laufen und diese ist üblicherweise an dem ESXi-Host angeschlossen und bedient dort mehrere VMs. NAS über NFS in der VM wird von Microsoft bisher nicht genügend unterstützt und für Exchange und SQL ausdrücklich nicht empfohlen. Der ESXi-Host unterstützt dieses aber sehr wohl. Bei einer schnellen, redundanten Anbindung kann NFS auch für Exchange und SQL-Server genutzt werden.

Achten Sie bei den Storages und Volumes auf das Alignment! Schlagen Sie gegebenenfalls in Kapitel 7 nochmals nach.

Wenn Sie ein Cluster für Exchange oder SQL einsetzen, können Sie eine LUN auswählen, auf der mehrere VMs liegen, setzen Sie hingegen einen Standalone-Rechner für die Applikationen ein, so verwenden Sie besser ein separates Volume für diese Rechner. Für den Einsatz von Database Mirroring oder Log Shipping bei SQL suchen Sie sich möglichst ein Non-Shared Volume aus. Achten Sie auch auf die Hardwarebeschleunigung des Storage, denn nur dann kann eine Thick-Festplatte erstellt werden, was hier unabdingbar ist. Sollte der Storage selbst ein Thin-Provisioning anwenden, legen Sie Ihr SQL-Cluster lieber auf einen anderen Storage.

Beim Netzwerk müssen Sie darauf achten, dass der vMotion- und iSCSI- sowie NFS-Netzwerkverkehr nicht über dieselbe Karte wie ein VM Network-Datenverkehr geht. Nehmen Sie dafür möglichst dedizierte NICs. Ob Sie für die VMs einen DSwitch oder einen vSwitch verwenden ist dabei unerheblich. Überlegen Sie sich, ob Sie 802.1q-VLANs für die Trennung von Netzwerkdatenverkehr einsetzen möchten. Das ist für die Übertragungsgeschwindigkeit vorteilhaft. Verwenden Sie auch immer mindestens zwei physische Adapter für die virtuellen Switches. Bei 10-GBit-Adaptern werden mehrere Queues aufgebaut und diese Trennung ist dann nicht notwendig.

Bei der VM sollten Sie als Adapter wenn möglich den Typ VMXNET 3 einsetzen. Die Adaptertypen E1000 und E1000e liefern nur 1 GBit/s, VMXNET 3 dagegen 2,8 GBit/s und unterstützt als einziger TSO und LRO (Transmission (TCP) Segmentation Offload und Large Receive Offload). Nutzen Sie für Exchange DAG (Database Availability Group) z.B. mindestens zwei NICs für die Replikation und MAPI (Messaging Application Programming Interface) und unterteilen Sie diese in unterschiedliche VLANs oder zumindest in unterschiedliche Portgruppen. Dieses Vorgehen wird auch von Microsoft empfohlen.

Auch hierzu hat VMware eine schöne grafische Gegenüberstellung in seiner Dokumentation, wie Abbildung 19-9 zeigt.

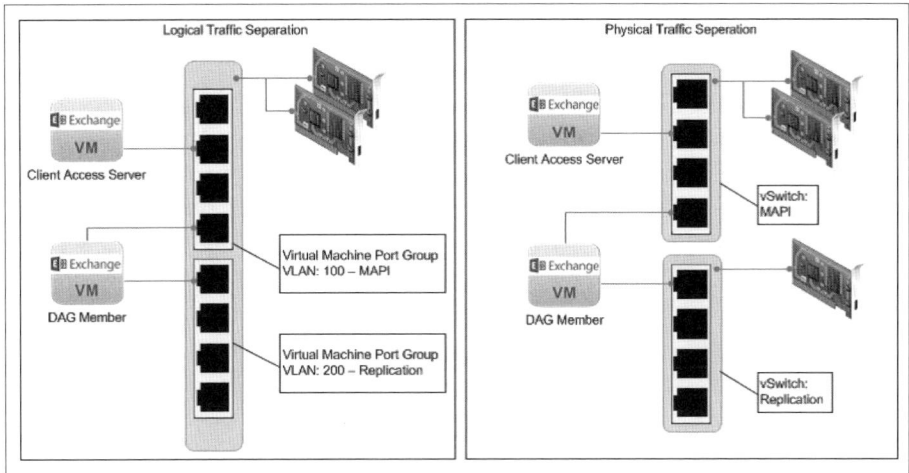

Abbildung 19-9: Netzwerkkonfiguration für Exchange

Wenn Sie ein SQL- oder Exchange Server-Cluster betreiben, denken Sie an die Möglichkeit, unter DRS das Separieren der VMs einzustellen. Haben Sie einen Anwendungs- und einen SQL-Server, so halten Sie diese besser zusammen auf einem Host, damit der größte Netzwerkdatenverkehr möglichst nur über den virtuellen und nicht über den physischen Switch geht. Auch das Clustering von VMs ist unter vSphere ohne Probleme möglich.

Überlegen Sie sich, ob Sie bei HA die Zugangssteuerung (HA Admission Control) einschalten wollen, wenn Sie Ihren VMs RAM und CPU-Ressourcen fest zugewiesen haben. Im HA-Fall kann es passieren, dass die VMs nicht neu gestartet werden, wenn nicht mehr genügend Ressourcen vorhanden sind.

Abschließend sei noch erwähnt, dass innerhalb der Betriebssysteme für SQL- und Exchange Server einige Einstellungen zur Verbesserung der Performance gemacht werden können – diese sollten Sie bei Microsoft nachlesen oder einen guten Kurs bei der GFU Cyrus AG besuchen.

Performance überwachen

Grafisch

Über die grafische Oberfläche kann man mittels der Performance-Graphen die Auslastung der VMs, Hosts, Netzwerke, Storages usw. sehr schön überwachen. Leider werden häufig die Anzeigen falsch gedeutet, wie oben schon kurz angerissen. Entscheidend sind bei allen Betrachtungen nur die vier Performance-Graphen für CPU, RAM, Netzwerk und Storage (Four Core).

Auf der Registerkarte ÜBERBLICK sehen Sie die Auslastung bezüglich CPU und RAM sowohl bei der VM als auch dem Host. Das reicht für einen ersten Eindruck. Ist der Host jedoch bezüglich RAM stark ausgelastet, so sollten Sie unbedingt das Ballooning und Swapping überprüfen. Die Kurven für beide und deren angezeigten Werte sollten immer bei 0 liegen.

Ob eine Netzwerkkarte stark ausgelastet ist, kann über das Leistungsdiagramm nicht erkannt werden. Die y-Achse passt sich dynamisch an die Werte an und eine prozentuale Anzeige gibt es hier nicht. Als Anhaltspunkt können Sie bei einer 1-GBit-Karte von maximal 120.000 KB pro Sekunde ausgehen, bei 10-GBit-Karten von 1.200.000 KB pro Sekunde. Sollte dieser Wert erreicht werden, ist die Netzwerkkarte zu 100% ausgelastet – was bei vMotion über 1-GBit-Karten normal ist, bei sonstigem Datenverkehr jedoch nicht.

Wenn Sie die von VMware empfohlene maximale Menge von 16 VMs pro SCSI-Datenträger (lokale SCSI-Platte, iSCSI-Storage oder Fibre-Channel-SAN) einhalten, dürfte es auf dem Storage selbst nur selten zu Verzögerungen (Latenzen) kommen. Manche VMs machen mehr I/O als andere, deshalb sollte man hier trotzdem die Leistungsdaten im Auge behalten. Neuerer Speicher kann die VASA-API über den vCenter Server nutzen, dann ist die Grenze von 16 VMs pro Volume nicht mehr so wichtig. Bei virtuellen Volumes (vVol) entfällt diese komplett.

Über das Datenspeichersymbol kommen Sie zu den Volumes. Klicken Sie auf das Volume, das Sie überprüfen möchten, und anschließend auf die Registerkarte ÜBERWACHEN – LEISTUNG – ÜBERBLICK. Wählen Sie rechts aus dem Drop-down-Feld HOSTS aus und nehmen Sie anschließend als Zeitraum die Echtzeitstatistik. Der einzige wirklich interessante Graph ist hier *Gerätelatenz pro Host*. Die Latenz sollte hier im Durchschnitt nicht höher sein als 10 ms (siehe Abbildung 19-10).

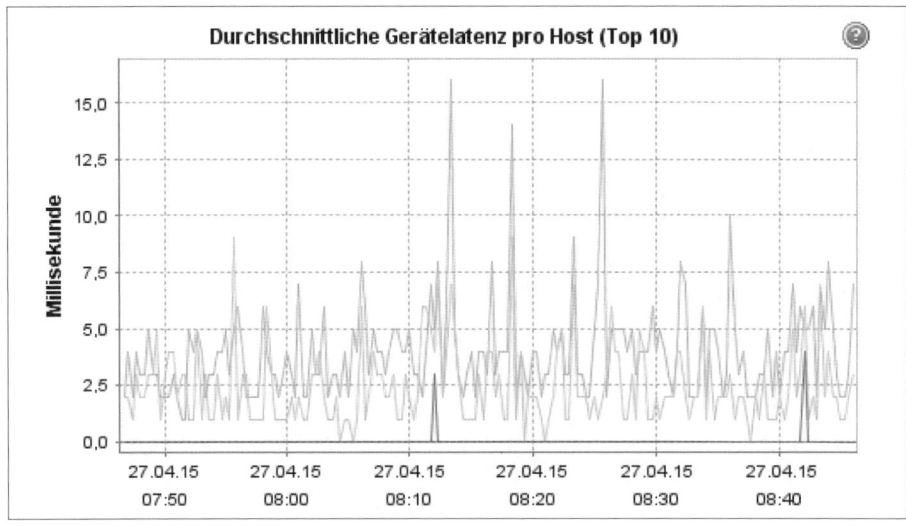

Abbildung 19-10: Gerätelatenz pro Host

Einzelne Peaks können gegebenenfalls höher sein, dürfen aber nicht wie in der folgenden Abbildung 19-11 aussehen.

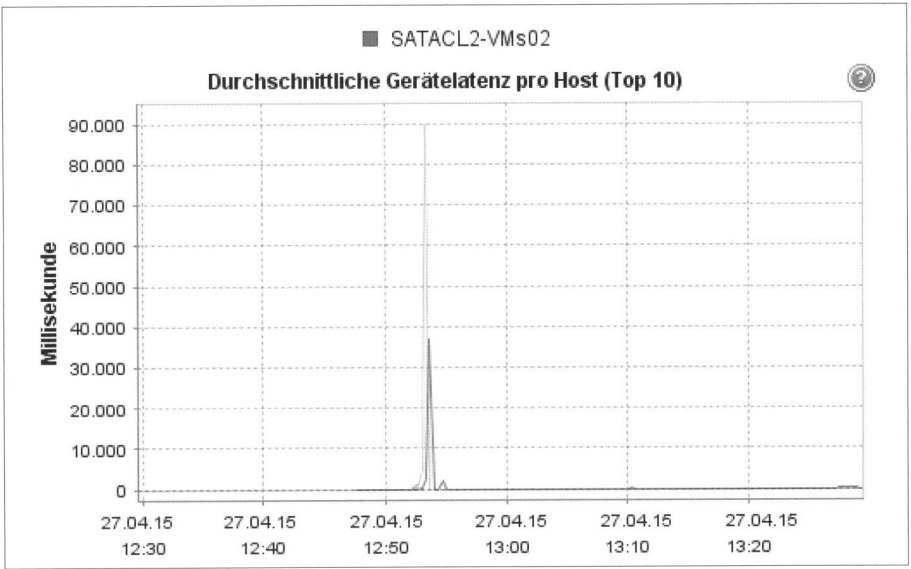

Abbildung 19-11: Starker Peak bei Gerätelatenz pro Host

 Beachten Sie bitte, dass der Graph nur bei manuell erhöhter Statistikebene (3) mehr als Echtzeit (z. B. Tagesdauer) anzeigt.

Nicht grafisch

Sie können die Performance des ESXi-Servers auch über die Kommandozeile überwachen. Das Linux-Kommando top gibt es aber nicht für den ESXi-Server, verwenden Sie stattdessen den Befehl esxtop.

Das Befehlszeilentool esxtop bietet einen sehr ausführlichen Überblick darüber, wie ein ESXi-Server Ressourcen in Echtzeit nutzt. Das Tool wird auf der Kommandozeile des Hosts ausgeführt.

1. Stellen Sie sicher, dass Sie *root*-Rechte besitzen.

2. Geben Sie den Befehl mit den gewünschten Optionen ein:

   esxtop [-] [h] [v] [b] [s] [R vm-support_dir_path] [d delay] [n iter]

Das *esxtop*-Dienstprogramm liest seine Standardkonfiguration aus der Datei *~/.esxtoprc*. In den ersten vier Zeilen sind Klein- und Großbuchstaben enthalten, durch die die Felder und deren Reihenfolge in den Fenstern CPU, ARBEITSSPEICHER, SPEICHER und NETZWERK festgelegt werden. Die Buchstaben entsprechen den Buchstaben in den Fenstern FELDER oder REIHENFOLGE des jeweiligen *esxtop*-Fensters. In der fünften Zeile sind Informationen über die anderen Optionen enthalten. Wichtig ist hierbei Folgendes: Wenn Sie eine Konfiguration im sicheren

Modus gespeichert haben, erhalten Sie erst dann ein unsicheres esxtop, wenn Sie das s aus der fünften Zeile der Datei *~/.esxtoprc* entfernt haben. Die Verzögerungszeit zwischen einzelnen Aktualisierungen wird durch eine Zahl festgelegt. Wie im interaktiven Modus wird durch die Eingabe von c, m, d oder n festgelegt, mit welchem Feld esxtop startet.

 Von der Bearbeitung der Datei wird abgeraten. Wählen Sie stattdessen die Felder und die Reihenfolge in einem gerade ausgeführten esxtop-Prozess aus, nehmen Sie die gewünschten Änderungen vor und speichern Sie diese Datei mithilfe des interaktiven Befehls W.

Beispielanzeige:

```
7:32:59am up 19 min, 49 worlds; CPU load average: 0.01, 0.01, 0.01
PCPU(%):    3.87,    0.87 ;   used total:    2.37
CCPU(%):    0 us,    1 sy,   99 id,    0 wa ;      cs/sec:     58
    ID    GID NAME             NWLD  %USED   %RUN   %SYS   %WAIT   %RDY
     1      1 idle                2 195.25 196.86   0.00    0.00   3.14
     2      2 system              6   0.01   0.01   0.00  599.95   0.00
     6      6 helper             22   0.01   0.01   0.00 2199.89   0.01
     7      7 drivers            16   0.34   0.34   0.00 1599.58   0.02
     8      8 vmotion             1   0.00   0.00   0.00  100.00   0.00
     9      9 console             1   2.77   2.78   0.01   97.14   0.08
    15     15 vmware-vmkauthd     1   0.00   0.00   0.00  100.00   0.00
```

Folgende Kommandos sind in dem Fenster verfügbar:

```
^L        - redraw screen
space     - update display
h or ?    - help; show this text
q         - quit
```

Interaktive Kommandos sind:

```
fF   Add or remove fields
oO   Change the order of displayed fields
s    Set the delay in seconds between updates
#    Set the number of instances to display
W    Write configuration file ~/esxtoprc
e    Expand/Rollup Cpu Statistics
V    View only VM instances
```

Sortierung nach:

```
U:%USED    R:%RDY    N:Default
```

Anzeige umschalten:

```
m:ESX memory   d:ESX disk adapter   u:ESX disk drive   v:ESX disk VM
n: ESX nic
```

Die Zeile Betriebszeit, die sich oben befindet, zeigt die aktuelle Zeit, die Zeit seit dem letzten Neustart sowie die Anzahl der derzeit ausgeführten worlds (Welten) und durchschnittliche Lasten an. Als Welt bezeichnet man eine durch den ESXi-VMkernel planbare Instanz, die mit einem Prozess oder Thread anderer Betriebssysteme vergleichbar ist.

Darunter werden die Durchschnittslasten der letzten Minute, der letzten fünf Minuten und der letzten 15 Minuten angezeigt. Innerhalb der Lastendurchschnitte werden sowohl die gerade ausgeführten als auch die betriebsbereiten Welten berücksichtigt.

Ein Lastendurchschnitt von 1,00 bedeutet, dass alle physischen CPUs vollständig genutzt werden. Ein Lastendurchschnitt von 2,00 heißt, dass das System möglicherweise doppelt so viele physische CPUs benötigt, wie derzeit verfügbar sind. Dementsprechend bedeutet ein Lastendurchschnitt von 0,50, dass die physischen CPUs nur zur Hälfte genutzt werden.

esxtop gibt es auch als Windows-Programm unter dem Namen *visualesxtop*. Auch hiermit können detaillierte Informationen und Statistiken abgerufen werden.

Statistikspalten und die Reihenfolge

Wenn Sie f, F, o oder 0 eingeben, zeigt das System eine Seite mit der Feldreihenfolge in der oberen Zeile sowie kurze Beschreibungen der Feldinhalte. Handelt es sich bei dem Buchstaben in der zu einem Feld gehörenden Feldzeichenfolge um einen Großbuchstaben, wird das Feld angezeigt. Ein Sternchen vor der Feldbeschreibung gibt an, ob ein Feld angezeigt wird.

Die Reihenfolge der Felder entspricht der Reihenfolge der Buchstaben in der Zeichenfolge. Folgende Aktionen sind im Fenster FELDAUSWAHL möglich:

- Wechseln zwischen der Anzeige eines Felds durch Eingabe des entsprechenden Buchstabens.
- Verschieben eines Felds nach links durch Eingabe des entsprechenden Großbuchstabens.
- Verschieben eines Felds nach rechts durch Eingabe des entsprechenden Kleinbuchstabens.

esxtop im Batch-Modus

Mithilfe des Batch-Modus können Sie Ressourcennutzungsstatistiken in einer Datei erfassen und speichern. Für die Ausführung im Batch-Modus sind folgende vorbereitende Schritte erforderlich.

So bereiten Sie das Ausführen von esxtop im Batch-Modus vor:

1. Führen Sie *esxtop* im interaktiven Modus aus.
2. Wählen Sie in allen vier Fenstern die für Sie interessanten Spalten aus.
3. Speichern Sie diese Konfiguration in der Datei *~/.esxtop3rc*, indem Sie den interaktiven Befehl W ausführen. (~ ist das jeweilige Home-Verzeichnis des Benutzers).

So führen Sie esxtop im Batch-Modus aus:

1. Rufen Sie *esxtop* auf, um die Ausgabe in eine Datei umzuleiten, zum Beispiel:

   ```
   esxtop -b > daten.csv
   ```

   Der Dateiname muss die Erweiterung *.csv* haben. Diese ist zwar für esxtop selbst nicht zwingend erforderlich, aber für die nachverarbeitenden Tools.

2. Die im Batch-Modus erfassten Statistiken können in Tools wie z.B. Microsoft Excel und Perfmon verarbeitet werden.

Im Batch-Modus akzeptiert esxtop keine interaktiven Befehle. Das Tool wird ausgeführt, bis es die angeforderte Anzahl Wiederholungen erzeugt hat (weitere Informationen finden Sie unter der Befehlszeilenoption unten) oder bis Sie den Prozess durch Drücken der Tasten STRG+C abbrechen.

Die folgenden Befehlszeilenoptionen sind im Batch-Modus verfügbar:

- b Führt esxtop im Batch-Modus aus.
- d Legt die Verzögerung zwischen einzelnen Statistik-Snapshots fest. Die Standardeinstellung ist fünf Sekunden. Das Minimum beträgt zwei Sekunden. Wird ein Wert unter zwei Sekunden festgelegt, wird die Verzögerung automatisch auf zwei Sekunden eingestellt.
- n Anzahl der Wiederholungen. esxtop sammelt und speichert Statistiken so oft, wie hier angegeben, und wird dann beendet.

CPU-Fallstricke

Sehr häufig komme ich zu Kunden, deren CPU-Auslastung pro Host 30% oder mehr anzeigt. Dem Kunden erschließt es sich nicht, dass diese Anzeige nichts über die tatsächliche Auslastung der beteiligten Prozessoren aussagt. Häufig werden hier mehr als vier vCPUs pro »echtem« Kern des ESXi-Servers (also ohne Hyperthreading) verteilt. Stellt man die Anzeige aber über den Link DIAGRAMMOPTIONEN um auf *Co-Stopp* (costop) und *Bereit* (ready), dann zeigt sich plötzlich ein ganz anderes Bild!

Co-Stopp: Zeit, die die virtuelle Maschine zum Ausführen bereitsteht, aber wegen Zeitplaneinschränkungen nicht ausgeführt werden kann.

Bereit: Zeit, die die virtuelle Maschine bereit war, deren Ausführung auf der physischen CPU während des letzten Messintervalls aber nicht geplant werden konnte.

Der *Co-Stopp*-Wert sollte maximal einstellig sein, also unter 10, was bei einer vCPU-Mehrfachvergabe häufig nicht der Fall ist. Der Wert *Bereit* wird über einen Zeitraum von 20 Sekunden summiert über alle auf dem Host laufenden VMs, deshalb ist er nicht sofort eindeutig. Bei 24.000 ms Spitze und 23 VMs auf dem Host ergibt sich folgende Rechnung: 24.000 / 23 ergibt eine Wartezeit von 1.043 ms pro VM. Berücksichtigt man dabei die 20 Sekunden (20.000 ms) Zeitspanne, sind es 19,16 ms oder auch 5,2%. Werte ab 5% sind grenzwertig, über 10% problematisch.

(Rechnung: 1.043 ms geteilt durch 20.000 ms = 0,05217 oder in Prozent 5,22%)

vSphere-7-Troubleshooting

Nachfolgend finden Sie einige Hinweise, Tipps und Tricks zum Troubleshooting für virtuelle Maschinen, ESXi-Hosts und Cluster.

vCenter Server-Startprobleme beheben

Wenn Sie sich am vCenter Server nicht anmelden können, sollten Sie zunächst überprüfen, ob die Anmeldung an der Appliance-Management-Seite (Port 5480) möglich ist. Wenn ja, schauen Sie nach, ob die notwendigen Dienste für VMware alle korrekt gestartet wurden:

Falls ein Dienst nicht wie im Starttyp angegeben läuft, versuchen Sie, diesen erneut manuell zu starten. Hinterher aktualisieren Sie die Anzeige, um den aktuellen Status sehen zu können.

Weiterhin können Sie unter Überwachen → Festplatten den Füllgrad der 16 Festplatten einsehen. Ist hier ein Laufwerk zu 95 % oder mehr belegt, kann gegebenenfalls der Dienst nicht starten. Ausgenommen hiervon ist die 13. Festplatte für das Archiv: Diese muss erst volllaufen, bis alte Daten automatisch gelöscht werden, also sollten Sie dieses Laufwerk nicht erweitern.

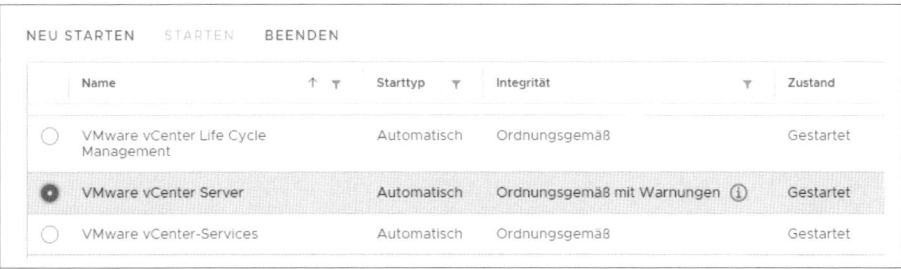

Abbildung 19-12: Integrität der vCenter Server-Dienste

Sollte es beim Neustart des Dienstes zu Problemen kommen, schauen Sie in der Ereignisanzeige nach, ob dort hilfreiche Informationen zu finden sind.

Die Protokolldateien finden Sie über den Client unter VCENTER SERVER → ÜBERWACHEN → AUFGABEN & EREIGNISSE oder im Verzeichnis */var/log/* direkt auf der VCSA.

Wenn Sie sich an der Appliance-Management-Seite nicht anmelden können, so versuchen Sie dies direkt an der Konsole der VCSA mit dem User *root*. Geben Sie anschließend `shell` ein und führen Sie folgenden Befehl aus: `service applmgmt restart`.

Eine Partition auf dem vCenter Server erweitern

Zunächst sollte man auf der Management-Konsole der Appliance (Port 5480) unter »Überwachen« – »Festplatten« überprüfen, welche Partition zu klein ist. Über den vSphere Client kann die Platte dann im laufenden Betrieb vergrößert werden.

 Die Festplatte 13 (Archiv) soll nicht erweitert werden, weil alte Daten erst gelöscht werden, wenn die Platte voll ist.

Was dann noch gemacht werden muss:

1. Öffnen Sie die Konsole der vCenter Server Appliance.
2. Melden Sie sich als User *root* an (F2).
3. Navigieren Sie zu »Troubleshooting Mode Options« und aktivieren Sie die »Bash Shell«.
4. Drücken Sie Alt+F1 und geben Sie auf der Konsole den User *root* und das Passwort erneut ein.
5. An dem Prompt »Command>« tippen Sie shell ein und drücken Sie Enter.
6. Überprüfen Sie mit dem Befehl df -h oder lsblk die Größe der Partitionen.
7. Starten Sie anschließend folgendes Skript: /usr/lib/applmgmt/support/ scripts/autogrow.sh. Damit werden die Partitionen automatisch vergrößert.
8. Überprüfen Sie mit dem Befehl df -h oder lsblk die neue Größe der Partitionen.
9. Geben Sie exit zweimal ein, kehren Sie mit Alt-F2 zurück und beenden Sie die Shell.

In der Appliance-Verwaltung muss man ca. fünf Minuten warten, bis die neue Größe der Festplatte richtig angezeigt wird.

Probleme bei der Kommunikation zwischen dem vCenter Server und den ESXi-Server-Hosts können auch an der Netzwerkumgebung liegen. Achten Sie immer auch auf DNS-Einträge oder Hosts-Dateien.

Bei der Appliance kommen selten Fehler vor, aber nach einem harten Reset oder Hostausfall kann es Probleme geben. Öffnen Sie dann ein Konsolenfenster und schauen Sie sich die Meldungen auf dem Monitor an. Beim Starten wird üblicherweise in Grün ein OK und in Rot ein FAILED angezeigt. Gegebenenfalls kann der Fehler an dem Dateisystem liegen, was mit dem Befehl fsck.ext4 behoben werden kann. Die Daemons (Dienste) können Sie über eine Konsolenverbindung mit dem Befehl service -status-all überprüfen und mit service Dienst-Name -full-restart starten. Schlimmstenfalls stellen Sie eine neue Appliance zur Verfügung und holen dabei die gespeicherten Informationen zurück.

VCSA-root-Passwort abgelaufen

Nach der Zurverfügungstellung der VCSA ist ein Ablauf des Users *root* auf 90 Tage gesetzt. Um ein abgelaufenes Passwort des Users *root* zurückzusetzen, muss man sich auf der direkten Konsole des vCenter Servers verbinden. Drücken Sie die Taste F2, um sich an dem Server anzumelden, dort geht es noch mit dem alten Passwort.

Wählen Sie »Troubleshooting Mode Options« aus und drücken Sie Enter. Aktivieren Sie dann die Bash Shell.

Über die Tastenkombination Alt+F1 kommen Sie auf die Konsole. Geben Sie hier shell ein und anschließend passwd. Geben Sie jetzt zweimal hintereinander ein neues Passwort ein.

Funktioniert die Anmeldung nur auf der Appliance-Management-Schnittstelle (5480) nicht, kann der Dienst auf der Kommandozeile neu gestartet werden:

Geben Sie hier wieder shell ein (falls noch nicht geschehen) und anschließend service-control -status applmgmt. Steht dort als Rückgabe »Stopped«, starten Sie den Dienst mit service-control -start applmgmt. Danach sollten Sie sich wieder anmelden können.

vCenter Server-Plug-ins

Meldet sich ein Benutzer am vCenter Server an, so wird versucht, ihm alle vorhandenen Plug-ins zur Verfügung zu stellen. Das bringt unter KÜRZLICH BEARBEITETE AUFGABEN aber häufig Fehlermeldungen. Sie können nicht benötigte Plug-ins über MENÜ – VERWALTUNG – CLIENT-PLUG-INS deaktivieren, indem Sie auf den Kringel vor dem Eintrag klicken und dann auf den Link DEAKTIVIEREN.

Leider ist das nicht bei allen Einträgen möglich, aber Sie können die Plug-ins komplett entfernen: Gehen Sie zur Webseite *https://vcsa/mob*. Damit öffnet sich die Seite mit dem Managed Object Reference Manager. Melden Sie sich dort mit administrativen Rechten an und klicken Sie auf den Link CONTENT. Anschließend klicken Sie auf den Link EXTENSIONMANAGER und sehen alle registrierten Erweiterungen, allerdings nicht im Klartext. Wählen Sie aus der Liste einfach einen Eintrag aus und klicken Sie im neuen Fenster auf DESCRIPTION, damit Sie die Beschreibung hierfür erhalten. Haben Sie den gewünschten Eintrag gefunden, so kopieren Sie den KEY ohne Hochkomma in die Zwischenablage (z.B. *com.vmware.vsan.health*). Gehen Sie nun zurück zum EXTENSIONMANAGER, wählen Sie dort den Link UNREGISTEREXTENSION und fügen Sie den kopierten Wert im Feld VALUE ein. Über den Link INVOKE METHOD wird diese Erweiterung entfernt.

Schnellstart der ESXi-Hosts

Um zu überprüfen, ob der jeweilige Host kompatibel mit dem Quick Boot des Lifecycle Manager ist, kann man auf der Kommandozeile folgendes Skript ausführen:

```
"/usr/lib/vmware/loadesx/bin/loadESXCheckCompat.py"
```

IDE-Festplatte in SCSI umwandeln

Haben Sie bei einer VM aus Versehen eine IDE- anstelle einer SCSI-Platte verwendet und das Betriebssystem schon installiert, kann die Performance beim Datenzugriff darunter erheblich leiden. Haben Sie bei der Erstellung einer älteren Workstation-Version von Windows (2000/XP) TYPISCH gewählt, wird Ihre VM mit ziemlicher Sicherheit einen IDE-Adapter mit Festplatte haben. Dies kommt auch häufig beim Konvertieren einer VM vor.

Um diesen Missstand zu beheben, gehen Sie wie folgt vor:

1. Gehen Sie in die Einstellungen der VM und klicken Sie auf die Schaltfläche NEUES GERÄT – AUSWÄHLEN.

2. Wählen Sie NEUE FESTPLATTE und klicken Sie auf HINZUFÜGEN.

3. Klappen Sie über das Dreieck die Informationen auf und ändern Sie gegebenenfalls die Größe auf MB (da die Größe keine Rolle spielt).

4. Bei KNOTEN DES VIRTUELLEN GERÄTES wählen Sie SCSI und eine freie ID und klicken dann auf OK.

5. Starten Sie das Betriebssystem und melden Sie sich mit administrativen Rechten an. Das neue Gerät müsste automatisch erkannt werden und nach den Treibern fragen.

6. Legen Sie einen Datenträger mit den richtigen Treibern für den SCSI-Adapter ein (z.B. das Floppy-Image LSI.FLP) und lassen Sie automatisch nach den Treibern suchen.

7. Ist der Vorgang beendet, schauen Sie im Festplattenmanager nach, ob auch die Platte angezeigt wird. Wenn ja, VM herunterfahren und ausschalten, wenn nein: anderen Treiber wählen.

8. Gehen Sie wieder in die Einstellungen der VM und klicken Sie auf die zweite Festplatte (SCSI) und entfernen und löschen Sie diese auch von der Festplatte, wie in Abbildung 19-13 gezeigt.

Abbildung 19-13: Festplatte der virtuellen Maschine löschen

9. Wählen Sie nun die erste Platte aus und entfernen Sie diese von der VM – ohne *Dateien von der Festplatte löschen* und klicken Sie auf OK.

10. Verbinden Sie sich mit der Kommandozeile des ESXi-Servers (durch putty, WinSCP oder über die direkte Konsole) und editieren Sie die *.vmdk*-Datei der VM.

11. Suchen Sie nach dem Eintrag »ide« und ersetzen ihn durch »lsilogic«:
    - *ddb.adapterType = "lsilogic"*

12. Gehen Sie wieder zurück in die Einstellungen der VM und fügen Sie jetzt eine bestehende Festplatte hinzu, hangeln Sie sich bis zum Verzeichnis der VM und wählen Sie die *.vmdk* -Datei aus.

13. Stellen Sie sicher, dass der richtige SCSI-Controllertyp, passend zum installierten Treiber, ausgewählt wurde. Ändern Sie ihn gegebenenfalls und klicken Sie auf OK.

14. Starten Sie Ihre VM – fertig.

Sollte es wider Erwarten nicht funktionieren, z. B. weil ein falscher Treiber verwendet wurde, können Sie den obigen Vorgang jederzeit wiederholen, indem Sie in die *.vmdk*-Datei »ide« reinschreiben und von vorne beginnen.

Hardwareversion 18 in 14 umwandeln

Wenn eine virtuelle Maschine eine Hardwareversion hat, die auf einem älteren ESX(i)-Server nicht läuft, weigert sich dieser, die VM zu starten. Das Problem lässt sich leicht auf der Kommandozeile des Hosts abstellen:

1. Gehen Sie z. B. mit WinSCP auf das Verzeichnis der ausgeschalteten virtuellen Maschine. Die Hardwareversion wird nur in zwei Dateien zur VM festgehalten: in der *.vmx-* und *.vmdk*-Datei.

2. Öffnen Sie die Datei *<Name der VM>.vmdk* und editieren Sie diese. Suchen Sie nach der Zeile mit ddb.virtualHWVersion = "18" und ändern Sie die 18 in 14 um. Speichern und schließen Sie die Datei. Sollte dort die Version »4« angezeigt werden, ändern Sie hier nichts.

3. Öffnen Sie die Datei *<Name der VM>.vmx* und editieren Sie diese. Suchen Sie nach der Zeile mit virtualHW.version = "18" und ändern Sie die 18 in 14 um. Speichern und schließen Sie die Datei.

4. Wählen Sie aus dem Kontextmenü auf der VM Aus Bestandsliste entfernen, navigieren Sie zu dem Ordner der VM auf dem Datastore, klicken Sie auf die *.vmx*-Datei und anschließend auf den Eintrag VM registrieren.

5. Starten Sie Ihre VM auf dem alten Host.

Sollte Ihre VM neuere Hardware benutzen, die die alte Version des ESX(i)-Servers nicht unterstützt, so bekommen Sie gegebenenfalls eine Fehlermeldung. Das lässt sich aber einfach durch Entfernen und Hinzufügen über den Browser-Client erledigen. VMs mit einem *paravirtuellen SCSI-Adapter* können z.B. nicht auf Hosts mit der Version 3.x, VMs mit SATA-Controller nicht auf Hosts vor Version 5.5 laufen.

VMs hart abschalten

Um eine VM hart abzuschalten, wenn diese über den HTML5- Client nicht ausgeschaltet werden kann, können Sie folgende Befehle auf der Kommandozeile des ESXi-Servers nutzen:

```
esxcli vm process list
```

Listet die laufenden VMs auf. Das benötigen Sie, um die »World ID« herauszufinden. Geben Sie dann

```
esxcli vm process kill --type force --world-id 77301
```

oder kurz

```
esxcli vm process kill -t force -w 77301
```

ein. Anschließend ist die VM abgeschaltet.

Zeitsynchronisierung in der vSphere-Umgebung

Für die Zeitsynchronisierung in einer typischen Umgebung unterscheidet man zwischen vier verschiedenen Systemen: dem ESXi-Host, dem ersten Domänencontroller (PDC-Emulator), Domänenmitgliedern und alleinstehenden Rechnern (nicht Mitglied einer Domäne).

Der Domänencontroller, der die Rolle als PDC-Emulator innehat (einmal pro Domäne, d.h., dass auch untergeordnete Domänen jeweils einen haben), ist für die Zeitsynchronisierung in der gesamten Domäne verantwortlich. Dieser sollte mit einer externen Zeit synchronisiert werden (z.B. von einer Funkuhr, aus dem Internet oder vom Zeitserver der übergeordneten Domäne). Alle Domänenmitglieder synchronisieren ihre Zeit automatisch mit diesem Rechner.

Da eine VM beim Starten und beim Fortsetzen (Resume) die Zeit vom ESXi-Server bekommt, sollten Sie alle Hosts ebenfalls mit dem PDC-Emulator abgleichen. Das können Sie über den Browser unter KONFIGURIEREN → UHRZEITKONFIGURATION einstellen. Wenn Sie die Hosts mit derselben Quelle (z.B. dem Internet) abgleichen und die ESXi-Server gegebenenfalls keinen Zugriff darauf haben, kann auch hier die Zeitinformation nach einiger Zeit erheblich abweichen.

Bei Rechnern, die nicht Mitglieder der Domäne sind, haben Sie drei Möglichkeiten: Sie aktualisieren die Zeit über das Häkchen in den Einstellungen zur VM oder über die VMware Tools mit dem ESXi-Host (einmal pro Minute) oder Sie stellen manuell die Synchronisierung im Betriebssystem ebenfalls mit dem Domänenzeitserver ein.

Auf keinen Fall sollten Sie in Ihrer Active-Directory-Umgebung gemischte Zeit-quellen nutzen. Beachten Sie auch, dass bei unterschiedlichen Uhrzeiten (mehr als fünf Minuten Abweichung) das Zugriffsdomänenticket (Kerberos) seine Gültigkeit verliert. Dann können die Benutzer nicht mehr auf Freigaben o.Ä. in der Domäne zugreifen!

Damit ein PDC-Emulator auch Nicht-Domänenmitgliedern, also auch den ESXi-Hosts, antwortet, müssen Sie den Server anpassen. Die folgenden Zeilen können Sie als Reg-Datei speichern und auf dem PDC-Emulator einlesen oder die Schlüssel manuell eintragen:

```
Windows Registry Editor Version 5.00
[HKEY_LOCAL_MACHINE\SYSTEM\CurrentControlSet\Services\W32Time\Parameters]
"Type"="NTP"
rem Timeproviders (NtpServer) für Windows 2008 und neuer im Unterschlüssel
[HKEY_LOCAL_MACHINE\SYSTEM\CurrentControlSet\Services\W32Time\TimeProviders]
"NtpServer"="ptbtime1.ptb.de,0x1 ptbtime2.ptb.de,0x1 ptbtime3.ptb.de,0x1"
[HKEY_LOCAL_MACHINE\SYSTEM\CurrentControlSet\Services\W32Time\Config]
"AnnounceFlags"=dword:00000005
"MaxNegPhaseCorrection"=dword:00000e10
"MaxPosPhaseCorrection"=dword:00000e10
[HKEY_LOCAL_MACHINE\SYSTEM\CurrentControlSet\Services\W32Time\TimeProviders\
NtpServer]
"Enabled"=dword:00000001
[HKEY_LOCAL_MACHINE\SYSTEM\CurrentControlSet\Services\W32Time\TimeProviders\
NtpClient]
"SpecialPollInterval"=dword:00000258
rem Für "alle 10 Minuten", hexadezimal oder 900 dezimal für alle 15 Minuten
```

Probleme bei vMotion und HA

Das Verschieben einer virtuellen Maschine von einem Host auf einen anderen wird Migration genannt. Die Migration einer laufenden virtuellen Maschine nennt man vMotion. Die Migration mit vMotion, die zur Verwendung in hochkompatiblen Systemen entwickelt wurde, ermöglicht es Ihnen, eingeschaltete virtuelle Maschinen ohne Ausfallzeiten zu verschieben. Der Protokollstapel des VMkernels muss richtig eingerichtet sein, damit vMotion ordnungsgemäß funktioniert.

»IP-Speicher« bezeichnet jede Art von Speicher, die auf TCP/IP-Netzwerkkommunikation beruht. Dazu gehören iSCSI und NAS/NFS für ESXi-Server. Da diese beiden Speichertypen netzwerkbasiert sind, können beide dieselbe Portgruppe verwenden.

Die vom VMkernel zur Verfügung gestellten Netzwerkdienste (iSCSI, NFS und vMotion) verwenden einen TCP/IP-Stapel im VMkernel. Dieser TCP/IP-Stapel ist vollständig getrennt von dem TCP/IP-Stapel, der im Management Network verwendet wird. Jeder dieser TCP/IP-Stapel greift durch die Anbindung mindestens eines vSwitch an mindestens eine Portgruppe auf verschiedene Netzwerke zu.

Richtlinien

Beachten Sie bei der Konfiguration des VMkernel-Netzwerks folgende Richtlinien:

- Die IP-Adresse, die Sie dem Management Network während der Installation zuweisen, darf nicht der IP-Adresse entsprechen, die Sie dem TCP/IP-Stapel des VMkernels auf der Registerkarte KONFIGURATION → NETZWERK über den vSphere Client zusätzlich zugewiesen haben.

- Vor der Konfiguration von Software-iSCSI für den ESXi-Host muss ein Firewall-Port durch Aktivierung des iSCSI-Software-Clientdienstes geöffnet werden. Meist geschieht dies automatisch bei der Aktivierung vom iSCSI-Softwareadapter.

- Nutzen Sie für vMotion möglichst den eigens dafür vorgesehenen TCP/IP-Stack (siehe Kapitel 6). Überprüfen Sie das Kontrollkästchen DIESE PORT-GRUPPE FÜR VMOTION VERWENDEN, damit diese Portgruppe anderen ESXi-Servern melden kann, dass sie die Netzwerkverbindung ist, an die vMotion-Datenverkehr gesendet werden soll. Das funktioniert nur, wenn mindestens eine Management-Network-Adresse jedes Hosts im selben Subnetz ist.

- Achten Sie auf die Schreibweise bei vMotion-Portgruppen. Diese sollte – muss aber nicht – bei allen beteiligten Hosts identisch sein.

Auf jedem ESXi-Host kann diese Eigenschaft nur für eine vMotion- und IP-Speicher-Portgruppe aktiviert werden, bei Bedarf aber auch mehrfach, z.B. zwei vMotion-Portgruppen mit mindestens zwei NICs. Wenn diese Eigenschaft für keine der Portgruppen aktiviert wurde, ist eine vMotion-Migration auf und von diesem Host nicht möglich.

Benennen Sie Ihre VMkernel-Portgruppen eindeutig, also z.B. »VMkernel iSCSI« oder »VMkernel vMotion«, damit Sie beim Zuordnen nicht durcheinanderkommen.

An HA beteiligte Komponenten

Das Herzstück eines VMware High Availability-Konzepts ist ein Cluster. Fügen Sie möglichst drei oder mehr ESXi-Server dieser Unterteilung hinzu. Beachten Sie auch die in Kapitel 10 gegebenen Hinweise, bei sehr vielen Hosts lieber Unterteilungen in mehrere Cluster vorzunehmen.

Beim Hinzufügen eines Hosts zum Cluster werden die Informationen und Komponenten auf diese Maschine übertragen.

- Der vCenter Agent *vpxa* wird nach dem Übertragen automatisch gestartet.

- AAM ist die VMware High Availability-Komponente, die für die Hochverfügbarkeit zuständig ist.

- VMap ist das Verbindungsstück zwischen *vpxa* und AAM.

In einem Cluster sollten Sie möglichst nur gleich ausgestattete ESXi-Server einsetzen. Vermeiden Sie unterschiedliche Prozessoren, eine unterschiedliche Anzahl logischer CPUs sowie verschiedene RAM-Ausbaustufen. Gerade im Zusammenhang mit DRS kann dies zu Problemen führen.

vSphere Clustering Service (vCLS)

Seit dem Update 1 der vSphere Version 7 werden in einem Cluster automatisch vom vCenter Server maximal drei zusätzliche Appliances mit dem Namen vCLS(#) ausgerollt, die ein Cluster-Quorum bilden. Diese erste Version bietet die Grundlage, um eine entkoppelte und verteilte Steuerungsebene für Clustering-Dienste in vSphere zu schaffen. Das DRS (Distributed Resource Scheduler / Load Balancing der Host-Ressourcen) hängt von der Verfügbarkeit der VCSA ab und wird jetzt über die vCLS-VMs unterstützt.

Diese Appliances werden direkt über den vCenter Server gemanagt, Sie müssen sich also nicht darum kümmern. Ist eine dieser VMs defekt, wird sofort eine neue zur Verfügung gestellt. Den Status dieses Clusterdienstes können Sie auf der Oberfläche unter der Übersichtsseite des Clusters finden, wie in Abbildung 19-14 dargestellt wird.

Abbildung 19-14: Zustand der vSphere Cluster Services

Es gibt 3 Gesundheitszustände für die Clusterdienste:

Healthy – Der vCLS-Zustand ist grün, wenn mindestens eine Appliance im Cluster ausgeführt wird. Um die Verfügbarkeit der Appliances aufrechtzuerhalten, ist ein Cluster-Quorum von drei vCLS-VMs implementiert.

Degraded – Dies ist ein vorübergehender Zustand, wenn mindestens eine der Appliances nicht verfügbar ist, aber DRS seine Logik aufgrund der Nichtverfügbarkeit der vCLS-VMs nicht übersprungen hat. Das Cluster könnte sich in diesem Zustand befinden, wenn entweder Appliances neu bereitgestellt werden oder nach einer Beeinträchtigung der laufenden VMs eingeschaltet werden.

Unhealthy – Ein vCLS-Unhealthy-Status tritt auf, wenn ein nächster Lauf der DRS-Logik (Workload-Platzierung oder Ausgleichsvorgang) aufgrund der Nichtverfügbarkeit der vCLS-Kontrollebene (mindestens eine Agenten-VM) übersprungen wird.

Die Appliances werden nur unter »Virtual Machines and Templates« angezeigt und liegen dort im Ordner *vCLS*. VMware plant die Funktionalität dieser Maschinen in den ESXi-Host zu integrieren, sodass diese wohl demnächst wegfallen.

High Availability: Isolation und Neustart

Überlegen Sie sich beim Einrichten und Konfigurieren von HA, was Ihnen wichtiger ist: das Starten aller VMs auf den nicht ausgefallenen Servern oder dass bestimmte Maschinen mit einigermaßen guter Performance laufen.

 Wenn Sie in einem Cluster die Zugangssteuerung aktivieren, wird ein gewisser Prozentsatz der zur Verfügung stehenden Ressourcen für einen Hostausfall reserviert. Das bedeutet, dass Sie diese Ressourcen erst nutzen können, wenn ein HA-Fall eintritt – wollen Sie das wirklich?

Sie können über die grafische Oberfläche des vSphere Clients für jede virtuelle Maschine einzeln einstellen, was passieren soll, wenn ein ESXi-Server ausfallen sollte (siehe Abbildung 19-15). Richten Sie sich bei diesen Einstellungen nach den Bedürfnissen Ihrer Umgebung!

Abbildung 19-15: HA-Einstellungen zur virtuellen Maschine

Sie können HA benutzerdefiniert anpassen, um NEUSTARTPRIORITÄT und ISOLIERUNGSREAKTION zu bestimmen:

- NEUSTARTPRIORITÄT – Bestimmt, in welcher Reihenfolge virtuelle Maschinen nach einem Hostausfall neu gestartet werden. Die Neustartpriorität wird zwar immer berücksichtigt, ist allerdings in folgenden Fällen besonders wichtig:
- Wenn für den Hostausfall eine Hostanzahl bestimmt wurde (z.B. drei), tatsächlich aber mehr Hosts ausfallen (z.B. vier).
- Wenn die strikte Zugangskontrolle deaktiviert wurde und mehr virtuelle Maschinen gestartet wurden, als HA einstellungsbedingt unterstützt.

Diese Priorität gilt nur bezogen auf den jeweiligen Host. Fallen mehrere Hosts aus, startet der HA-Master zuerst alle virtuellen Maschinen des ersten Hosts in der Reihenfolge der festgelegten Priorität, dann alle virtuellen Rechner des zweiten Hosts ebenfalls in der Reihenfolge der festgelegten Priorität usw.

- ISOLIERUNGSREAKTION – Bestimmt, was geschieht, wenn die Netzwerkkonsolenverbindung eines Hosts innerhalb eines HA-Clusters unterbrochen wird, der Host aber weiterhin ausgeführt wird. Der primäre Host (Master) des Clusters erhält kein Signal mehr von diesem Host, erklärt ihn für ausgefallen und versucht, die anderen virtuellen Maschinen neu zu starten. Fällt der primäre Host aus, so übernimmt ein sekundärer automatisch diese Rolle.

- Durch eine Festplattensperre wird verhindert, dass zwei Instanzen einer virtuellen Maschine auf zwei unterschiedlichen Hosts ausgeführt werden (Split Brain). Standardmäßig werden virtuelle Maschinen im Falle eines Hostisolierungsereignisses auf dem isolierten Host über die VMware Tools heruntergefahren. Ist dies nicht möglich, werden sie automatisch nach fünf Minuten ausgeschaltet, damit sie auf einem anderen Host neu gestartet werden können. Dieses Verhalten kann für einzelne virtuelle Maschinen geändert werden. Sie können die Option *Eingeschaltet lassen* auswählen, wenn Sie möchten, dass die virtuellen Maschinen auf dem isolierten Host weiterhin ausgeführt werden, auch wenn der Host nicht mehr mit den anderen Hosts des Clusters kommunizieren kann. Dies wäre beispielsweise dann angebracht, wenn sich das Netzwerk der virtuellen Maschine auf einem anderen stabilen und redundanten Netzwerk befindet oder die virtuellen Maschinen einfach weiterhin ausgeführt werden sollen. Beachten Sie dazu die ausführlichen Hinweise zur Isolierungsreaktion in Kapitel 10!

HA-Fehlervermeidung

Bei NAS- oder iSCSI-Speicher verliert die virtuelle Maschine bei der Trennung des Hosts von der Netzwerkkonsole möglicherweise auch den Zugriff auf ihre Festplatte. In diesem Fall kann die Festplattensperre aufgehoben und die virtuelle Maschine erfolgreich auf einem anderen Host eingeschaltet werden. Die VM auf dem isolierten Host wird weiterhin ausgeführt, hat jedoch keinen Zugriff mehr auf ihre Festplatte (auch wenn die Netzwerkverbindung wiederhergestellt wird), da sie ihre Festplattensperre verloren hat. Diese virtuelle Maschine kann Netzwerk-I/O-Last erzeugen und verbrauchen. Es wird daher dringend empfohlen, die Isolierungsreaktion für virtuelle Maschinen auf NFS- oder iSCSI-Speicher auf AUSSCHALTEN (je nach Ihrem Netzwerkdesign) zu ändern. Ist der Zugriff auf die Storages redundant ausgelegt, planen Sie EINGESCHALTET LASSEN oder HERUNTERFAHREN für Ihre Umgebung.

Um bei der Isolierungsreaktion ganz sicherzugehen, dass die VM nicht doch noch Zugriff auf ihre Festplatte hat, können Sie einen weiteren Management-Network-

Port (MNP) auf demselben vSwitch wie dem VMkernel-Port für iSCSI- oder NFS-Storage anlegen. Wird auch dieser MNP nicht von den anderen Hosts erreicht, so hat die VM auch keinen Zugriff auf ihre Festplatte und kann getrost ausgeschaltet werden. Ein Herunterfahren ist dann nicht mehr möglich!

Wenn Sie einen Host einem Cluster hinzufügen, wird die Neustartpriorität für alle virtuellen Maschinen in diesem Cluster standardmäßig auf MITTEL und die Isolierungsreaktion auf EINGESCHALTET LASSEN eingestellt. Überprüfen Sie am besten vorher Ihre Einstellungen.

Über den Browser-Client können darüber hinaus noch weitere Einstellungen wie ALLE PFADE VERLOREN oder STORAGE IST KAPUTT mit zusätzlichen Wartezeiten pro VM angegeben werden. Dieser sogenannte VM-KOMPONENTENSCHUTZ ist in Kapitel 10 ausführlich beschrieben.

HA-Troubleshooting

Falls Sie häufiger Probleme mit dem sekündlichen Taktsignal (Heartbeat) zwischen den ESXi-Servern bekommen, können Sie bei den Clustereinstellungen unter ERWEITERTE OPTIONEN die zusätzliche Variable das.failureDetectionInterval mit einem höheren Wert als eine Sekunde eintragen. Das Fenster bei ERWEITERTE OPTIONEN ist üblicherweise leer und keiner der folgenden Werte sollte ohne Notwendigkeit eingefügt werden. Intern wird übrigens immer noch die Abkürzung DAS für High Availability genutzt.

Sie können der Fehlerzeit das.failureDetectionTime auch einen neuen Wert in Millisekunden zuweisen, z.B. 60.000. Dadurch wird ein Host erst als isoliert betrachtet, wenn das Signal 60 Sekunden lang nicht kommt. Standardmäßig ist dieser Wert auf 15 Sekunden (15.000 Millisekunden) eingestellt.

Zwei weitere interessante Einstellungen betreffen das Netzwerk: Über den Eintrag das.allowVmotionNetworks mit dem Wert true können Sie einem Host, der nur eine Netzwerkkarte für das Management Network und vMotion besitzt, trotzdem das Migrieren von VMs erlauben. Sonst wird diese Portgruppe ignoriert und vMotion ist nicht möglich.

Um den HA-Netzwerkverkehr über eine andere als die Standardadresse laufen zu lassen, z.B. wenn man verschiedene Subnetze dafür generiert hat, kann man den Eintrag das.allowNetworkX (wobei X ein Wert von 0 bis 10 sein kann) z.B. mit dem Wert Management Network 2, also dem Namen der jeweiligen Portgruppe, belegen. Es sind auch mehrere Einträge möglich:

- das.allowNetwork0Management Network
- das.allowNetwork1Management Network 2

usw.

Standardmäßig kann ein isolierter Host seine eigene Netzwerkisolation feststellen, indem er das Gateway des Management Network überprüft und nicht erreicht (siehe Abbildung 19-16). Damit er dann nicht gleich mit dem Herunterfahren oder Ausschalten der VMs beginnt, kann man auch hier noch eine weitere Sicherheit einbauen: Über den Eintrag das.isolationaddressX (X von 1 bis 10) kann man ihm weitere IP-Adressen zur Überprüfung mitgeben:

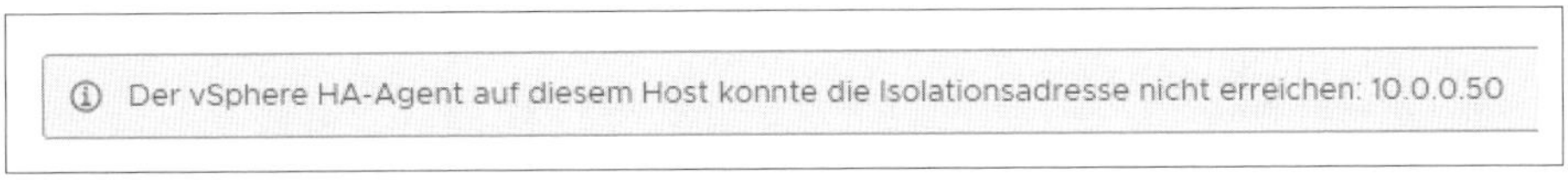

> ① Der vSphere HA-Agent auf diesem Host konnte die Isolationsadresse nicht erreichen: 10.0.0.50

Abbildung 19-16: HA-Konfigurationsprobleme

- das.isolationAddress1 10.0.0.253
- das.isolationAddress2 10.0.0.254

Hierfür kann auch eine IP aus einem anderen Subnetz gewählt werden, wenn sich dort ein weiterer Management-Network-Port befindet. Überprüfen Sie unbedingt, ob sich diese Adressen auch »pingen« lassen. Kann das Standardgateway keinen »echo respond«, also eine Antwort auf einen *ping*-Befehl, senden, so ergänzen Sie die Liste um folgenden Eintrag:

- das.useDefaultIsolationAddress false

Der Eintrag (Standard ist gesetzt, wird aber nicht angezeigt) das.maxVmRestartCount ist intern auf 5 gesetzt. Das bedeutet, dass fünfmal versucht wird, eine VM neu zu starten. Der Wert kann durch einen Eintrag in der Liste auch auf 0 gesetzt werden, damit gar nicht versucht wird, die VM zu starten. Der Wert kann aber auch höher gewählt werden, was aber meist nicht sinnvoll ist.

Um die Warnung im vCenter Server zu unterbinden, die anzeigt, dass keine Netzwerkredundanz vorhanden ist, tragen Sie in die Liste das.ignoreRedundantNetWarning mit dem Wert true ein. Tun Sie das aber nur, wenn es nicht möglich ist, eine zusätzliche Netzwerkkarte an den MNP zu binden oder eine weitere Portgruppe hierfür einzurichten.

Es gibt noch weitere mögliche Einträge in den erweiterten Einstellungen zu HA, die aber eher seltener gebraucht werden. Ich möchte aber nochmals ausdrücklich darauf hinweisen, dass ich nicht empfehle, eine der oben genannten Einstellungen als Standard zu nehmen und einzutragen. Nur in absoluten Ausnahmesituationen ist es angebracht, hier andere als die Standardwerte zu verwenden.

Ab vSphere 4.1 gibt es die Möglichkeit, sich Fehler in HA über einen Link mit dem Namen KONFIGURATIONSPROBLEME (Configuration Issues) auf der Registerkarte ÜBERWACHEN – vSPHERE HA – KONFIGURATIONSPROBLEME anzusehen. Ist die Liste leer, gibt es keine Probleme. Ansonsten werden der oder die Einträge auch in der Übersicht angezeigt (siehe Abbildung 19-17).

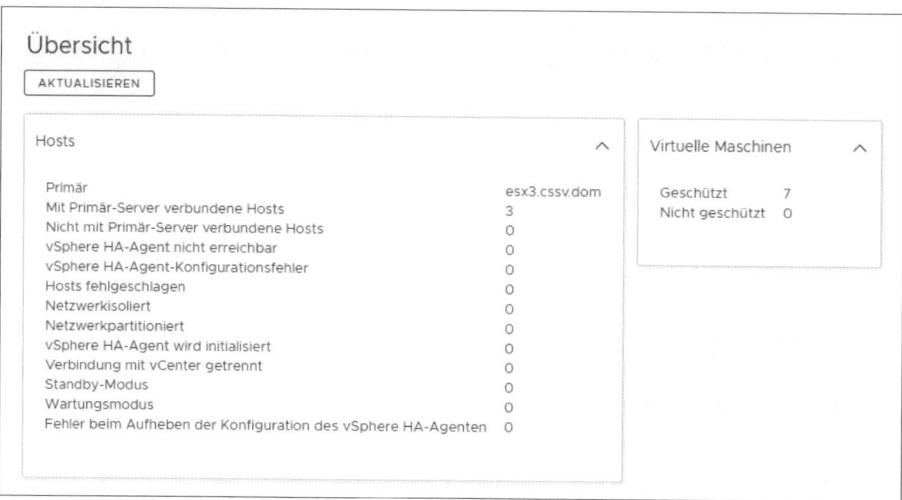

Abbildung 19-17: Betriebsstatus des Clusters

Sollten übrigens zwei Ihrer Hosts ausfallen, so werden zuerst die VMs des ersten und anschließend erst die des zweiten ESXi-Servers neu gestartet, da sich nur der primäre Host (*Master*) um den Neustart kümmert. Sollte dieser ausfallen, wird ein anderer automatisch zum Master.

Datenspeicher-Taktsignale

Für ein HA-Cluster werden zwei Volumes für die HA-Taktsignale benötigt. Hat man nur eine sehr kleine Umgebung mit nur einem Volume, so kann die Warnmeldung diesbezüglich mit dem Eintrag das.IgnoreInsufficientHBdatastore = true ausgeschaltet werden.

Sie können das erweiterte Attribut das.heartbeatsperhost verwenden, um die Anzahl der Datenspeicher-Taktsignale zu ändern, die für jeden Host vom vCenter Server ausgewählt wurden. Der Standardwert beträgt zwei und der Maximalwert fünf.

 Wenn Sie eine Netzwerkumgebung bereitstellen, in der der Speicher- und der Verwaltungsnetzwerkverkehr über dieselben physischen Netzwerkkarten übertragen werden, deaktivieren Sie die Datenspeicher-Taktsignale. Sie bieten bei dieser Art von Netzwerk keine Vorteile.

Weitere Tools

Zum Abschluss möchte ich Ihnen noch ein paar weitere Tools näher erläutern, u. a. für die Kommandozeile und deren Benutzung.

Tools lspci

Über die vorhandenen PCI-Geräte und -Busse informiert das Programm *lspci*, das Sie über die Kommandozeile als *root* ausführen können. Detaillierte Informationen können mit dem Schalter -p erreicht werden, noch mehr Ausgaben erhält man häufig mit -v. Der Parameter -n zeigt numerisch die Hersteller- und Geräte-ID an, ohne die Namen und weitere Infos aufzulisten.

Tool tail

Das Programm *tail* ist eigentlich dafür gedacht, jeweils die letzten Zeilen einer Datei zu betrachten. Für Logdateien ist es sinnvoll, sich damit über die letzten Meldungen zu informieren. Über den Schalter -f kann man sich aber auch interaktiv die Zeilen einer Datei anzeigen lassen, und die Anzeige wird so lange aktualisiert, bis man sie mit der Tastenkombination Strg+C abbricht.

Beispiel:

```
tail -f /var/log/vmkwarning
```

Um zu sehen, in welche Logdatei als Letztes geschrieben wurde, kann man eine Kombination von ls -al mit sort verwenden. Das Tool *sort* sortiert dabei nach Nummern und Alphabet in der Spalte, die Sie angegeben haben.

Mit folgendem Befehl kann man auch eine umgekehrte Sortierung (revers) anzeigen lassen:

```
ls -al | sort -r
```

Anschließend können Sie die zuletzt angezeigte Logdatei mit tail -f überwachen.

Einfacher geht es mit den Parametern -ltr beim Aufruf von ls. Geben Sie also ls -ltr ein, um die Anzeige nach Datum und Uhrzeit sortiert zu bekommen.

Kommt es in der Datei */var/log/vmkwarning* häufig zu Meldungen über SCSI-Reservierungskonflikte, kann das übrigens an einer falschen Konfiguration des Fibre-Channel-Switch liegen. Stellen Sie dann die Übertragungsrate auf beiden Seiten der Verbindung »fix« ein, also z. B. auf »2G«.

ESXi-Server hängt

Sollte beim Starten oder Herunterfahren das System hängen bleiben, hilft oft die Ausgabe von Informationen auf der zwölften Konsole. Schalten Sie mit (Strg+) Alt+F12 auf diese Konsole und lesen Sie die Meldungen, die der ESXi-Server dort auflistet. Dabei handelt es sich um Einträge, die auch in die *vmkernel.log*-Datei geschrieben werden.

Eine häufige Ursache ist das Fehlen oder Nichtreagieren von SAN- und iSCSI-Speicher. Normalerweise reicht ein Timeout von zwei bis drei Minuten, sodass der

ESXi-Server mit dem Herauf- oder Herunterfahren weitermacht. Sollte das nicht zum Ziel führen, hilft leider nur noch der harte Reset.

Dies ist allerdings keine Garantie dafür, dass es anschließend besser klappt. Wenn nicht, starten Sie den Server gegebenenfalls mit zusätzlichen oder weniger Optionen, indem Sie beim Start die Tastenkombination Shift+O drücken.

Fehlermeldungen der Client-Plug-ins

Meldet sich ein Benutzer an der VCSA an, so wird versucht, für den Client bestimmte Plug-ins zur Verfügung zu stellen. Da aber bei den meisten Umgebungen einige Funktionen nicht benutzt werden, kommt es hier jeweils zu einer Fehlermeldung. Die nicht benötigten Plug-ins können zentral über MENÜ – VERWALTUNG – CLIENT-PLUG-INS mit Administrator-Berechtigungen deaktiviert werden.

RVTools

Ein sehr mächtiges Werkzeug hat der Holländer Rob de Veij auf Basis von .NET 4.6.1 mit dem VI SDK (Software Development Kit) programmiert. Unter *www.robware.net* kann man es samt einer englischsprachigen Dokumentation kostenlos herunterladen. Zurzeit ist die Version 4.0.7 vom Dezember 2020 aktuell, mit der man auch die Umgebung von vSphere 7 untersuchen kann.

Man erhält damit nicht nur in Listenform Informationen der ESXi-Server und der virtuellen Maschinen, z. B. zu CPU, Netzwerkkarten, IP-Adressen und Arbeitsspeicher, sondern es werden auch aktive Snapshots, verbundene optische und Diskettenlaufwerke ausgegeben und viele weitere nützliche Informationen aufgelistet, die ich in diesem Kapitel bisher behandelt habe. Man kann darüber sogar Änderungen bei der Konfiguration der VMs durch einfaches Setzen eines Häkchens erreichen.

Auf der letzten Registerkarte mit Namen TABVHEALTH, wie in Abbildung 19-18 zu sehen ist, wird unter anderem Folgendes angezeigt:

- VM-Dateien, die zu keiner virtuellen Maschine mehr gehören.
- Speicherplatz auf den Laufwerken der VMs und der Storages, die weniger als 10 % freien Speicher haben.
- Ob die VMware Tools aktualisiert werden müssen oder gar nicht installiert sind.
- Ob der Ordnername mit dem Namen der VM in der Bestandsliste übereinstimmt.
- Ob mehr als vier vCPUs pro Kern eines ESXi-Hosts laufen.
- Ob mehr als 16 VMs auf einem Volume liegen (bei NFS unwichtig).

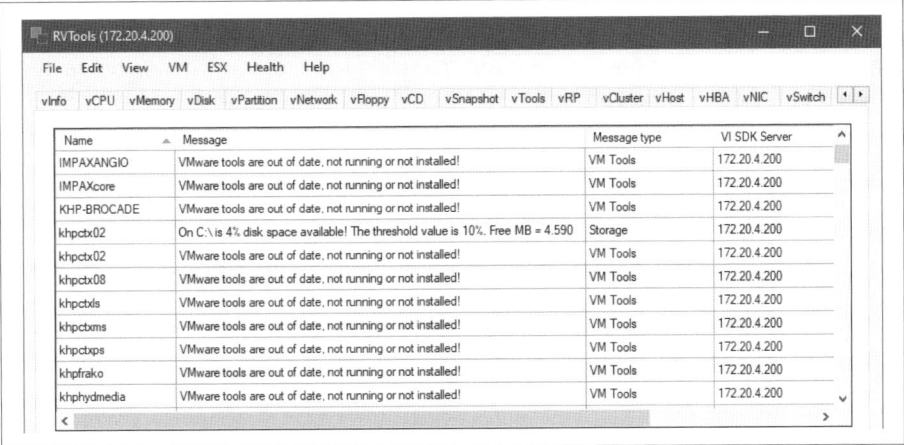

Abbildung 19-18: RVTools, Beispielkarte vHealth

Die gesammelten Ergebnisse lassen sich exportieren – sogar in eine Excel-Arbeitsmappe.

Ähnlich wie ich es in Kapitel 5 beschrieben habe, können dem Programm Parameter übergeben werden, die denen des alten vSphere Clients ähneln. Dazu gehört auch der Benutzername mit *–u*, das Passwort mit *–p* und der vCenter Server mit *–s*. Des Weiteren können für den Aufruf noch Exportbefehle mit Verzeichnis *–d* und Dateiname *–f* übergeben werden und die Angabe, ob es eine *.csv-* oder *.xls*-Datei sein soll.

Ein Beispielaufruf kann also folgendermaßen aussehen:

```
RVTools.exe -u root -p ganzgeheim -s 192.168.100.50 -c ExportAll2xls -d c:\Temp -f
2021-02-13.xls.
```

Um nur eine Tabelle zu exportieren, z.B. die oben erwähnte »Gesundheitsliste«, kann man beispielsweise die Parameter *–c ExportHealth2xls –d c:\Temp –f vHealth.xls* angeben.

Ich kann nur jedem empfehlen, dieses Tool einmal auszuprobieren und sich bei Bedarf die ausführliche, 121 Seiten starke Dokumentation anzusehen.

Bei den Kunden, die ich betreue, nehme ich dieses Werkzeug regelmäßig zur Hand und bin begeistert davon – mit zwei Ausnahmen: Auf der Seite mit den verbundenen optischen (tabvCD) und Diskettenlaufwerken (tabvFloppy) der virtuellen Maschinen stimmen die Angaben häufig nicht. Aber man sieht hier wenigstens, ob die Laufwerke verbunden sind oder nicht – und diese Anzeige stimmt. Zweitens werden mehr als 16 VMs auf einem NFS-Volume angemeckert, wobei das egal ist. Lediglich bei Fiber Channel, iSCSI und SCSI sollten es nicht mehr sein.

Veeam FastSCP

Dieses Tool ist die richtige Lösung für schnelles Kopieren auf den Storage eines Hosts und für das Kopieren oder Verschieben zwischen ESXi-Servern. Der Transfer läuft über eine sichere Verbindung mittels SSH, das auch vom ESXi unterstützt wird. Die Geschwindigkeit eines Transfers über FastSCP (Secure Copy) geht ca. sechsmal schneller als über herkömmliches SCP oder den Datenspeicherbrowser. Außerdem können Sie zu mehreren Hosts gleichzeitig eine Verbindung aufbauen (Single Sign-on). FastSCP stellt die Umgebung ähnlich wie im Explorer dar und ermöglicht es sogar, Attribute von Dateien und Ordnern zu ändern. Und das Ganze ist kostenlos von der Internetseite des Herstellers (*www.veeam.com/de/*) herunterladbar.

Index

W

X

Z

Über den Autor

Ralph Göpel ist Diplominformatiker, Microsoft Certified System Engineer und VMware Certified Professional. Er gibt Unterrichte in den verschiedensten IT-Bereichen und Themen. Seit 1996 ist er selbstständig und arbeitet seit 1999 als Consultant und Dozent mit den Produkten von VMware. Seit Anfang 2020 unterrichtet er auch die neue Version von VMware vSphere 7.0. Er unterstützt seine Kunden bei der Implementierung, macht Troubleshooting und übernimmt die Betreuung von Upgrades. In seiner Freizeit joggt er und genießt bei einem Glas Whisky die freien Minuten mit seiner Frau.

Kolophon

Die auf dem Cover dieses Buchs dargestellte Stephalia Corona gehört zu den Staatsquallen (Siphonophoren), einer Ordnung der Nesseltiere. Sie werden Staatsquallen genannt, weil sie freischwebende oder schwimmende Kolonien bilden, deren Einzeltiere polymorph und hochspezialisiert sind. Man findet sie vor allem im westlichen Südpazifik in unterschiedlicher Tiefe.

Ihr rascher Einstieg in
Veeam

Ralph Göpel

Praxishandbuch Veeam Backup & Replication 10

ISBN 978-3-96009-155-4
2. Auflage 2021, 214 Seiten
Print: 36,90 € (D), E-Book: 29,99 € (D)

Veeam Backup & Replication ist die Backup- und Replikationslösung für virtuelle und physische Maschinen mit Windows und Linux als Betriebssystem und VMware oder Hyper-V als Basis. Dieses Buch begleitet Sie durch Installation und Konfiguration, gibt Hinweise und Tipps aus der Praxis und bietet Lösungsmöglichkeiten bei Problemen. Dabei erklärt es Funktionen wie 3-2-1, GFS, synthetische Backups, Wiederherstellungsmöglichkeiten von AD, SQL, Oracle, Exchange sowie SharePoint, Einrichten von SureBackup-Jobs und vieles mehr.

www.oreilly.de

Rezensieren
Sie dieses Buch

Senden
Sie uns Ihre Rezension
unter **www.oreilly.de/rez**

Erhalten
Sie Ihr Wunschbuch aus
unserem Verlagsangebot